히틀러와 스탈린

독소전쟁 4년의 증언들

독소전쟁 4년의 증언들

Hitler and Stalin

히틀러와
스탈린

지은이 로런스 리스
옮긴이 허승철

페이퍼로드
paperroad

이 책의 기원은 설명하기 쉽다. 필자는 지난 30년(원서 출간 2020년 기준) 동안 제3제국, 스탈린주의, 제2차 세계대전에 관한 다큐멘터리를 제작하고 관련 도서를 집필했다. 이 과정에서 히틀러와 스탈린의 통치로 고통받은 사람, 두 독재자를 열렬히 지지하는 사람을 포함해 수백 명의 사람을 만났다. 이러한 직접적인 증인들을 만나 흥미로운 사실을 알게 된 것을 계기로 이 책의 집필을 결심했다.

한 예로, 나는 14년 전에 모스크바의 한 아파트에서 제2차 세계대전 당시 신문만화가로 활동한 보리스 예피모프Boris Yefimov를 만났다.[1] 그는 자신의 작업이 철저하게 통제를 받았고, 예민한 주제에 관한 만평은 스탈린의 승인을 받아야 했다고 증언했다. 자신이 생각하는 바를 표현할 수 없고 국가가 통제하는 선전물만 창작해야 하는 예술가로서 어떤 감정을 느꼈냐고 집요하게 캐묻자, 예피모프는 이렇게 답했다.

예술가는 국민과 국가에 해를 끼치지 말아야 할 책임이 있음을 깨달아야 합니다.[2]

이러한 발상은 오늘날 유럽에서 통용되는 예술가의 역할과는 완전히 다르다. 나는 그와 얘기를 나누면서, 오래전 나치의 악명높은 선동가 요제프 괴벨스Josheph Goebbels를 위해 일했던 영화감독들을 만났을 때도 이와 유사한 이야기를 들었던 사실을 떠올렸다.[3] 그들도 자신의 작업이 국가에 봉사해야 한다는 필요성을 언급했다. 최소한 이런 면에서 두 체제는 많이 유사하다.

이와 달리 히틀러와 스탈린을 정기적으로, 그러면서 개인적으로 만났던 사람들은 너무나 상반된 증언을 했다. 같은 방에 들어가더라도, 그 방에서 히틀러를 만나는 것과 스탈린을 만나는 것은 분명히 달랐다. 한 인간의 개성이라는 측면에서 두 폭군은 완전히 달랐다.

오랜 기간에 걸쳐 나는 두 지도자와 두 체제의 공통점과 차이점을 고민했다. 무엇이 차이의 핵심인가? 어떤 면에서 두 체제가 비슷한가? 무엇보다 가장 중요한 문제의식은, 히틀러와 스탈린은 자신들의 시대를 만드는 데에 얼마나 많은 영향을 끼쳤으며 그들의 시대는 두 폭군을 형성하는 데에 얼마나 많은 영향을 끼쳤는지였다.

기나긴 고심 끝에 나는 1939~1945년에 주목하기로 결정했다. 이 시기 동안에 히틀러와 스탈린이 서로에게 직접 영향을 끼쳤기 때문이다. 처음에는 일종의 동맹 파트너로서, 그다음으로는 단순한 맞수가 아니라 세계 역사상 가장 강력한 군사지도자로서 두 사람은 전쟁을 벌였다. 두 사람은 서로 직접 만난 적은 없으나 상대를 무척이나 잘 알았다. 두 사람은 상대의 무자비함을 존경하기도 하였다.[4] 히틀러와 스탈린은 6년간 밀접했다. 내 생각에, 히틀러와 스탈린의 차이점을 현저하게 부각한 시기도 바로 이 6년의 기간이었다.

히틀러와 스탈린

두 독재자를 비교한 앨런 불럭Alan Bullock의《히틀러와 스탈린: 평행적 삶Hitler and Stalin: Parallel Lives》[5]과는 달리 이 책은 전쟁 시기를 강조한다. 불럭의 책이 출간된 후 30년이 흘렀고, 나는 그동안 누적된 수많은 학술 자료의 도움을 받았다. 다만 나는 불럭과 달리 수많은 증언을 인용했다. 이 사실이 불럭의 책과 이 책의 가장 큰 차이점이다. 이 차이는 정말로 크다. 이 책에 인용된 인터뷰 내용은 이전에 출간된 도서에서는 거의 볼 수 없기 때문이다. 연구자로서의 직업 생활이 내게 선사한 가장 큰 이익이기도 하였다.

나는 다큐멘터리 제작진과 함께 구소련 지역 곳곳을 여행했다. 그리고 한때는 공개적으로 역사를 증언할 수 없었던 사람들을 만났다. 오랜 기간 여러 프로젝트를 수행하면서, 시베리아―우크라이나―칼미크 공화국―바렌츠해―리투아니아―볼가강까지 여행했다. 그곳에서 전직 비밀경찰, 독일군과 소련군 양측으로부터 고통받은 시골 마을 사람들, 스탈린그라드 전투와 모스크바 전투 같은 거대 전쟁에 동원되었던 퇴역 병사들, 1941년 10월에 스탈린이 모스크바를 거의 탈출할 뻔했다고 증언한 스탈린의 타자수를 만났다. 만일 베를린 장벽이 무너지지 않고 소련 체제가 붕괴하지 않았더라면, 세기적 사건을 경험한 이 증인들은 보복을 당할 두려움 없이 증언할 기회를 얻지 못했을 것이다. 그리고 그들의 이야기는 완전히 사라졌을 것이다.

그들의 증언, 1차 사료는 두 독재자를 비교 및 분석하는 맥락에서 매우 중요하다. 두 독재자는 따뜻하고 편안한 환경을 누리면서 정작 수백만 명을 고통으로 몰아넣는 결정을 내렸고, 그들의 손에 의해 고통을 받은 평범한 사람들은 각자가 증인으로서 증언할 이유가 있기 때문이다. 그러나 그들의 증언을 다루려면 특별한 주의를 기울여야 한다. 나는 한때 증언의 신빙성을 어떻게 검증했고 증언을 어떻게 다루어야 하는지를 서술한 적이 있었다.[6] 오랜 기간 증언을 연구한 나는, 당사자의 목소리를 당대의 문서자료보다 "덜 신뢰할 만하다."라고 평가하는 것은 잘못됐다고 생각한다. 약 30년 전, 나는 도모브란치Domo-branci라 불렸던 슬로베니아 게릴라 그룹을 소재로 한 영화를 제작했다. 그때 증인들의 증언을 기록하고 영화에 담는 경험을 하며 '증언'의 사료적 가치가 중요하다는 사실을 절실하게 깨달았다. 이 게릴라 집단은 1945년 여름, 영국군에 의해 티토Tito 세력에 인계됐다.[7] 이들은 티토 병사들의 잔혹함, 영국군의 수수방관을 털어놓았다.* 그러나 당시 영국군 장교의 보고서에는 완전히 다른 내용이 서술되었다. 보고서만 본다면, 티토 병사들은 죄수들을 존중하였다. "그들(도모브란치)은 친절한 대우를 받았고, 간식도 받았다."라고 기록되었다.[8]

내가 해당 보고서를 쓴 영국군 장교를 만났을 당시, 그는 당시 상관들로부터 거짓말을 기록하도록 지시받았다고 증언했다. 그는 의도적으로 역설적인 이야기를 서술했고, 자신의 보고서를 있는 그대로 신뢰하는 사람이 있다는 사실에 놀라워했다. 그는 그런 상황에서 티토 병사들이 죄수들에게 간식을 제공하는 것이 가능하다고 생각하는 게 가당키나 하냐고 되물었다.[9]

◆ 제2차 세계대전 당시 독일은 유고슬라비아의 수도 베오그라드를 침공했다. 이후 유고슬라비아 공산주의자 '요시프 티토'는 나치독일에 저항하고자 파르티잔을 조직했다. 유고슬라비아 해방을 주도한 티토는 전쟁 이후 막강한 권력을 획득했고, 나치 협력자는 물론 야당 세력도 탄압하였다. 반공주의 게릴라 집단 '도모브란치'는 전쟁 중 나치에 협력했다는 혐의로 티토 정권에서 가혹한 탄압을 받고 처형당했다.

히틀러와 스탈린

나는 똑같은 문제를 기록한 '자료'보다 '증언'이 더 신뢰할 만하다고 주장하고자 이 사례를 제시하는 것이 아니다. 단지 역사가는 모든 자료를 회의적으로 평가해야 한다는 사실을 지적하고 싶었을 뿐이다.[10] 특히 이 시기의 역사를 다루는 문서 증거의 중요성에 의문을 제기하려는 것도 아니다. 오랫동안 감춰졌던 자료가 발견되면, 해당 시기를 둘러싼 기존의 이해가 재구성되는 경우가 많다. 일례로, 스탈린이 제2차 세계대전 초창기에 폴란드군 장교 수천 명의 학살을 재가할 때 서명한 서류 한 장이 있다. 이 자료는 소련 체제가 붕괴한 이후 세상에 등장하게 되었다.[11]

나는 이 책의 초점을 제2차 세계대전에 맞추었지만, 이 책의 내용을 이해하는 데에 도움이 될 다른 핵심 사건들도 다루었다. 가령 1930년 소련군의 대숙청이 이후 핀란드군과의 장기전에 끼친 영향이 무엇인지도 서술했다. 또, 곧바로 나올 서론에서는 이 책을 이해하는 데에 유용한 맥락과 이 책의 주요 주제들을 미리 소개할 것이다.

이 책은 일단 역사 도서다. 그렇지만 나는 이 책이 현실에도 특별한 시사점이 있으리라 생각한다. 세상에는 여전히 많은 폭군이 군림하고 있고, 그들 중 일부는 우리의 세계를 파괴할 수단을 보유하고 있기 때문이다.

히틀러와 스탈린은 주류의 세상 밖에서 태어났다. 스탈린은 1878년 12월 제정 러시아의 중심지인 상트페테르부르크에서 약 2092km 떨어진 조지아에서 태어났다. 히틀러는 1889년 독일의 정치적 중심지에서 멀리 떨어진, 오스트리아의 브라우나우암인Braunau am Inn에서 태어났다. 두 사람 모두 평범한 가정 출신이다. 히틀러의 아버지는 세관원이었고, 스탈린의 아버지는 무척 가난한 제화공이었다. 두 아버지 모두 술주정뱅이였으며 아들을 폭행했다. 그러나 당시를 살았던 수많은 사람이 똑같은 환경에서 양육되었음에도 수백만 명의 사람을 공포에 몰아넣는 폭군이 되지 않았다는 사실을 우리는 유념해야 한다. 우리는 히틀러와 스탈린 같은 인물은 위대한 권력을 쟁취할 운명을 타고났다는 유혹도 거부해야 한다. 그들은 그런 인물이 아니었다.

히틀러와 스탈린은 본인들이 통제할 수 없을 정도로 시대를 뒤흔들었던 제1차 세계대전이 한창이던 와중에 높은 자리로 솟구쳐 올라갔다. 제1차 세계대전이 발발하기 직전인 1914년 7월 당시 24세인 히틀러가 세계 역사에서 가장 악명 높은 지도자 중 한 사람이 될 것이라 예

사진1 제1차 세계대전 당시 아돌프 히틀러
전쟁 당시 동료였던 한 증인에 따르면, 히틀러에게서 '무언가 특이한 것'을 느꼈다고 한다.

상한 사람은 아무도 없었다. 그는 정치인으로 경력을 쌓을 생각도 하지 않았고, 독일의 뮌헨에서 궁핍한 화가로 어렵게 살았으며, 그곳에서 빈으로 이주했다. 그는 '별종'으로 평가됐다. 그는 예술과 문학에 관한 장광설을 늘어놓으며 자신이 실패한 원인을 세상 탓으로 돌렸다. 제1차 세계대전이 발발하기 전, 오스트리아에서 그와 함께 방을 사용했던 동료는 이렇게 회상했다.

그를 격분시킬 일은 수도 없이 많았다. 아주 사소한 일도 해당됐다.[1]

빈에서 생활하던 당시, 나는 아돌프가 불안정한 사람이었다는 인상을 받았다. 그는 사소한 일에도 쉽게 격분했다.[2]

만일 당신이 제1차 세계대전 전에 히틀러를 만났다면, 당신은 참호에서 히틀러와 함께 복무했던 동료의 판단에 동의했을 것이다.

그에게는 뭔가 특이한 면이 있었다.[3]

히틀러와 다르게 스탈린은 1914년에 이미 혁명가로 활동했다. 1914년으로부터 15년 전, 그는 사제 교육을 받던 신학교를 중퇴하고 국가 전복을 목표로 삼은 마르크스주의자로 거듭났다. 제1차 세계대전의 포성이 울릴 때 전과자였던 그는 시베리아에서 유배 생활을 하였다. 그의 범죄 경력 중 가장 유명한 사례는 1907년 조지아의 티플리스(Tiflis, 현재의 트빌리시)에서 저지른 은행 강도였다.* 스탈린은 혁명을 향한 열정적인 믿음을 품고 있었고, 자신의 이름인 이오시프 주가슈빌리Iosif Jughashvili를 극적인 의미가 담긴 스탈린(러시아어로 철의 남자라는 뜻)으로 개명했다.[4] 그러나 그가 소속된 혁명 집단이 권력을 장악할 가능성이

◆ 1907년 6월 26일 러시아제국은행으로 현금을 수송하던 마차를 스탈린이 지휘하는 일당이 습격해 약 24만 루블을 강탈했다. 총격과 수류탄을 이용한 습격으로 총 40명의 경찰과 시민이 사망했다. 레닌, 리트비노프 등이 이 강탈사건을 계획했다. 이러한 불법행위를 금지한 러시아사회민주노동당(RSDLP) 규약으로 인해 당내에서는 볼셰비키를 향한 비난이 컸고, 볼셰비키 정파에서도 이 사건으로 내분을 겪었다.

사진2 1919년 이오시프 스탈린

제1차 세계대전 이전 조지아에서 그와 함께 투옥되었던 동료 수감자가 증언하기를, 스탈린의 성격은 빙하처럼 차갑다고 하였다.

당시에는 없어 보였다.

두 사람의 운명은 제1차 세계대전이 뒤바꾸었다. 식량 폭동과 연이은 패전으로 제정 러시아의 차르 니콜라이 2세는 1917년 3월에 스스로 퇴위했다. 그렇다고 스탈린이 속한 볼셰비키 그룹이 곧장 권력을 장악한 건 아니었다. 차르가 물러난 뒤 구성된 임시정부는 재앙에 가까운 결정을 내렸고, 이윽고 정치·경제 제도가 붕괴하며 결정적인 사건이 임박했다. 1917년 여름, 임시정부는 세계대전에 참전한 러시아군에 총공세를 명령했다. 블라디미르 레닌이 이끄는 볼셰비키 그룹은 이 기회를 놓치지 않았다. 오늘날 우크라이나 서부에서의 전투에 오스트리아—헝가리 군대가 가담하면서 러시아군은 반란을 일으켰다. 각 부대에 포진한 볼셰비키 혁명군이 병사들을 선동해 지휘관에게 반기를 들게끔 유도했다. 몇 달 후인 10월, 레닌과 볼셰비키는 권력을 장악했다.

제1차 세계대전이라는 조건 없이 이 모든 일이 일어났을지 상상하긴 어렵다. 1918년 11월 독일군의 패배라는 조건이 없었다면, 히틀러는 독일 수상직은커녕 한 정당의 당수조차 될 수 없었을 것이다. 독일의 패전이라는 실망과 분노가, 이러한 참극을 만든 주범을 찾아야 한다는 욕망과 결합하며 히틀러를 정계로 밀어 넣었다. 그는 1919년 9월 뮌헨에서 조직된 '독일노동자당'이라는 소규모 급진 정당에 가입했다. 2년 후 그는 이 정당의 지도자가 되었고, 당명을 '국가사회주의독일노동자당'으로 개칭했다. 이 명칭은 후에 축약해서 나치Nazis로 불렸다.

1920년대 중반 히틀러와 스탈린은, 각자 물려받은 정치 세계에서 완전히 상반되는 역할을 맡았다. 스탈린과 다르게 히틀러는 전형적인 카리스마형 지도자였다. 이것은 독일 사회학자 막스 베버Max Weber가 처음 제시한 개념이었다. 카리스마형 지도자는 자신의 개성에 의존하여 자신의 직무를 정당화한다. 이들은 관료주의적 조직에 잘 맞지 않고, 거의 선교사적인missionary 아우라(광휘)를 발산한다.[5] 1920년 히틀러의 연설을 들은 후 나치 당원이 된 한스 프랑크Hans Frank는 "모든 것이 그의 진심에서 우러나왔고, 그는 우리 모두의 심금을 울렸다."라고 회고

히틀러와 스탈린

했다.

> 그는 현장에 있던 모든 사람의 생각을 대신 명쾌하게 말했고, 고
> 통 속에서 새로운 프로그램을 희망하던 사람들의 보편적인 소망
> 과 모두의 경험을 연결했다. 그러나 그뿐만이 아니었다. 그는 길
> 을 보여주었다. 역사적인 패배를 맛본 모든 사람에게 유일한 길을
> 보여주었다. 그는 용기, 믿음, 행동할 준비, 고된 노동, 위대하고
> 빛나는 공통의 목표를 향한 헌신을 통해 사람들을 깊은 실망의 늪
> 에서 벗어나게 한 후 새롭게 출발하도록 하였다. 나는 오직 히틀
> 러만이 독일의 운명을 주도할 능력이 있다고 확신했다.[6]

프랑크의 회고 속 "모든 사람의 생각을 대신 말했다."라는 부분은, 히틀러의 매력이 무엇인지를 이해할 중요한 실마리를 제공한다. 히틀러 같은 카리스마형 지도자는 청중들이 지도자의 신념을 받아들일 준비가 되어있을 때만 유효하다. 만일 1920년대에 당신이 히틀러의 신념에 근본적으로 동의하지 않았다면, 당신은 히틀러의 '카리스마'에 영향을 받지 않았을 것이다. 히틀러의 연설은 제1차 세계대전 참전 용사였던 헤르베르트 리히터Herbert Richter 같은 사람에게는 확신을 주지 않았다. 그는 히틀러를 지지할 생각이 없었다. 헤르베르트는 "히틀러는 갈라진 목소리로 말하고, 대체로 무척 단순한 정치적 이상향만 소리친다."라고 회고했다.[7]

이와 대조적으로 스탈린은 카리스마형 지도자의 정반대형이었다. 그는 남을 자극하는 연설가도 아니었고, 자신이 포용한 관료제도의 요

구를 멀리하지 않았다. 스탈린은 정치적인 역정을 몸소 경험하며 위원회Committee의 힘을 깊이 체득했다. 그런 점에서 스탈린의 개성은 소비에트가 요구하는 새로운 구조와 정확하게 일치했고, 바로 이것이 그의 행운이었다. 그는 소비에트가 관료제를 발전시키는 과정을 주도했다. 1929년에는 약 400만 명에 불과했던 당 관료가 1939년에는 약 1,400만 명으로 증가했다.[8]

스탈린은 1922년 4월에 개최한 제11차 당대회에서 소련공산당 서기장으로 임명됐다. 결과적으로 엄청나게 비대해진 공산당 관료제도를 통제해야 했고, 인사 문제도 담당했다. 이러한 '행정제국'이 곧 스탈린의 권력 기반이었다. 레닌과 다른 주요 볼셰비키 리더들이 권력의 중앙화를 이루고자 했던 욕망도 스탈린을 도왔다. 그 욕망의 상징으로 정치국Politburo이나 조직국Orgburo* 같은 위원회가 창설됐다. 하지만 정치국, 조직국, 당서기국 모두에서 위원이 된 인물은 스탈린이 유일했다.[9] 이 기간에 스탈린은 스포트라이트를 받는 자리에서 멀리 떨어져 있었다. 역사학자들은 그가 소련에서 독보적인 인물이 된 정확한 시점을 두고 여전히 논쟁한다. 1924년 레닌이 죽자 그는 소련을 운영하는 여러 명의 고위 당원 중 한 명에 불과했다. 그는 1930년대 초가 되어서야 다른 사람들을 밀치고 선두에 나섰다. 그는 국가수반이 된 적이 없었다. 국가수반 역할은 다른 볼셰비키 혁명가인 미하일 칼리닌Mikhail

---

◆ 소련 정치국은 1917년 볼셰비키 혁명 직후 설립된 조직으로, 당 중앙위원회 소집을 기다릴 수 없을 만큼 시급한 사안을 결정하였다. 스탈린 통치기에는 정치국의 역할이 축소되었고, 스탈린 사망 후 간부회의(Presidium)로 개칭되었다. 정치국은 1966년 부활하여 소련 붕괴 전까지 존속되었다. 사실상 소련의 최고 의사결정 기관으로 기능하여 당서기장 선출, 주요한 국내·국외 정책을 결정했다. 한편 조직국은 1919~1952년에 존속된 조직으로, 당 간부 인사와 행정업무를 주로 담당하였다. 훗날 비서국으로 통합되었다.

히틀러와 스탈린

Kalinin이 맡았다. 그러나 칼리닌은 체제 내부에서는 정치적 영향력이 거의 없었다. 그의 힘이 너무 약한 나머지 스탈린은 1938년에 칼리닌의 부인인 예카테리나를 체포하여 레포르토보Lefortovo 감옥에서 고문을 받도록 조치했다.

스탈린이 권력을 장악한 정확한 시점은 여전히 불분명하다. 하지만 히틀러는 다르다. 그는 1933년 1월 30일에 바이마르공화국의 수상이 되었고, 대통령 파울 폰 힌덴부르크Paul von Hindenburg가 사망하면서 1934년 8월 2일에는 국가수반이 되었다. 그때부터 전 세계는 히틀러가 독일의 운명을 운전하는 핵심 인물이 되었다는 사실을 알았다. 천우신조로 스탈린의 개성이 새로운 소련 체제에 부합했듯이 히틀러의 개성 역시 1930년대 초반 경제적 혼란을 겪던 수백만 명의 독일 국민에게 매력적이었다. 안정된 시기였으면 그를 정치에서 배제했을 바로 그 자질이, 당시 독일 국민의 눈에는 약점이 아니라 강점으로 보였다. 기성 정치인들이 연달아 실패하는 상황에서, 독일 국민은 히틀러의 정치 경력이 짧다는 점을 신선함으로 받아들였다. 많은 사람이 상황을 통제하는 강력한 인물을 원했기 때문에 다른 사람의 관점에 귀를 기울이고 타협점을 찾는 능력이 결여된 히틀러를 긍정적으로 평가했다. 당시 독일 국민은 민주주의가 독일을 수렁에 빠트린 커다란 원인이라 판단했기 때문에, 히틀러가 민주주의를 혐오하는 것도 얼마든지 납득할 수 있었다.

뛰어난 웅변가와 위원회의 한 구성원. 히틀러와 스탈린을 가르는 이러한 이분법은 매우 중요하다. 이는 당대 역사를 이어가는 실마리가 된다. 이것이 각자가 관장하는 정당을 대하는 태도의 차이를 만들었다. 스탈린은 시간이 흐를수록 비밀경찰과 특정 경제부처끼리 공산당 내부의 권력 경쟁을 하도록 유도했지만, 공산당을 완전히 파괴하려고 하진 않았다. 그는 최소한 이론적으로는 소련공산당의 헌신적인 종복을 자처했다. 이와 반대로 히틀러는 자신의 권력을 제한하려는 제도적 제약을 의심했다. 그는 궁극적으로 본인의 권력을 제압할 수 있는 모든 중앙 구조를 해체하는 데에 심혈을 기울였다. 이를 위해 그는 독일 내각을 최대한 위축시켰다. 내각 회의는 1938년 이후 개회한 적이 없었다. 그는 본인이 큰 힘을 쏟은 나치당조차 얼마든지 없앨 수 있다고 생각했다. 한스 프랑크의 증언에 따르면, 1938년 저녁 식사 자리에서 히틀러는 "만일 나치당이 더는 필요치 않다고 판단하면, 불타는 장작을 던지는 최초의 사람이 되어 기꺼이 나치당을 급진적으로 파괴하는 사람이 되겠다."라고 말했다.[10]

나치당은 소련공산당보다 훨씬 배타적으로 당원을 모집했다. 1939년 약 500만 명이 나치당 당원증을 소지했지만 같은 시기 볼셰비키 당원에 비해 약 200만 명이나 적은 수치다. 소련의 인구가 독일 인구보다 두 배가 넘는다는 사실을 감안하더라도 적은 숫자다. 스탈린은 소련공산당을 엘리트 조직으로 편성했지만 히틀러는 나치당에 전적으로 헌신하진 않았다.

독일 각 지역의 대관구지휘자Gauleiter가 모인 자리를 분석하면 히틀러의 통치 방식을 알 수 있다. 약 40명의 대관구지휘자는 전적으로 총통인 히틀러 덕분에 권위를 유지하였다.[11] 히틀러는 대관구지휘자를 한 사람씩 만나서 이들이 히틀러 본인의 비전을 위협하지 않고 지지하도록 만들었다. 이들은 친위대장 하인리히 힘러Heinrich Himmler＊가 내린 지시도 무시할 정도로 권한이 막강했다. 때에 따라 힘러를 향해 농담할 수 있을 정도로 권력이 막강했다. 나치친위대가 몹시 싫어했던, 단치히와 서부 프러시아의 대관구지휘자였던 알베르트 포르스터Albert Forster는 이렇게 말하기도 했다.

만일 내가 힘러처럼 생겼다면, 나는 인종에 관해 이야기하지 않겠다.[12]

소련 체제에서는 스탈린의 부하 중 누구라도, 독일의 힘러에 해당하는 소련의 비밀경찰, 내무인민위원부NKVD의 수장 라브렌티 베리야Lavrenti Beria＊＊에 관해 이따위 농담을 할 수 없었다. 업무 처리 방식이 달랐던 것처럼, 히틀러와 스탈린을 개인적으로 만났던 사람들의 경험도 무척 다르다. 열성적인 나치당원이었던 프리츠 다르게스Fritz Darges의 경험이 전형적이었다. 그는 전쟁 중 히틀러의 부관이 된 나치친위대원이었다. 그는 이렇게 회고했다.

그의 형형한 눈은 무척 인상적이다. 나는 총통의 마음이 나를 뚫고 지나갔다는 느낌을 받았다. 당시의 나는 그를 신뢰한다고 생각

◆　나치친위대(슈츠슈타펠, Schutzstaffel, 약칭 SS)는 아돌프 히틀러와 나치당의 준군사조직으로, 1925년에 설립되어 1945년까지 운영되었다. 1929년 1월, 하인리히 힘러가 SS제국지도자(SS-Obergruppenführer)에 취임한 이후 그는 친위대와 비밀경찰을 지휘했다.

◆◆　소련은 1946년 이전까지 중앙 행정부의 장관급 부서를 '인민위원부'라 불렀고, 해당 부서의 장관을 '인민위원 (People's Commissar)'이라 불렀다. 그중 NKVD(엔카베데, Narodnyy Komissariat Vnutrennikh Del)는 소련의 내무부로, '소련의 안전'을 지킨다는 명목으로 첩보 및 방첩 활동을 담당하며 비밀경찰을 조직·운영했다. 라브렌티 베리야는 스탈린처럼 조지아 출신으로, 스탈린 집권기에 내무인민위원(NKVD의 수장)으로 활동했다.

했다. 우리가 처음 만났을 때도 나는 그가 신뢰와 확신을 물씬 풍기는 사람이라 생각했다. 나는 겁을 먹을 필요가 없었고, 그가 있는 자리에서 나 자신을 억제할 필요도 없었다. 나는 내가 신뢰하고 잘 알고 있는 사람에게 말하듯이 그에게 말하곤 했었다.[13]

전쟁 발발 전 5년 동안 히틀러의 시종으로 일한 카를 빌헬름 크라우제Karl Wilhelm Krause는 "히틀러는 좋은 사람이고, 독일 국민을 위해 최선을 다했다."라는 주장에 동의하는 사람이었다. 전쟁 후 나치 정권을 지지했던 다른 사람과 마찬가지로 크라우제는 히틀러 자신보다는 그의 주변 사람들이 나치가 저지른 무서운 범죄에 책임이 있다는 잘못된 신념을 버리지 않았다. 크라우제가 보기에 "히틀러는 아무 죄도 없었다." 이뿐만 아니라 "그는 폭군이 아니었다. 절대 아니었다. 그는 때때로 화를 냈지만 그러지 않는 사람이 어디 있는가?"라고 떠들었다.[14]

외국 정치가들도 히틀러의 매력에 빠지곤 했다. 캐나다의 매켄지 킹Mackenzie King 총리는 1937년 히틀러를 만났을 때, "그의 눈에서 날카로운 인식과 깊은 동정심을 담은 액체 같은 형광을 보았다."라고 회고했다. 킹 총리는 "히틀러는 동포와 국가를 진정으로 사랑하는 사람이고, 그들을 위해 어떤 희생도 감수할 수 있는 사람이다."라고 평가했다.[15] 그러나 히틀러의 견해에 부분적으로나마 동조하던 사람만이 그의 매력에 말려드는 것이다. 매켄지 킹 총리는 독일 외무장관 노이라트Neurath와 점심을 먹으며 유대인의 권력을 제어해야 한다는 그의 논증을 경청했다. 이듬해 독일이 오스트리아를 점령한 이후, 킹 총리는 유대인 난민이 캐나다에 오는 것을 강하게 거부했다.[16]

이와 달리 히틀러에게서 매력을 느끼지 않은, 선입견이 없던 정치인들이 느낀 첫인상은 아주 달랐다. 영국 외무장관 핼리팩스Halifax는 독일 바이에른에 자리한 히틀러의 별장에서 그와 처음 만났다. 그곳에서 히틀러를 문지기로 착각해 그에게 자신의 코트를 넘겨줄 뻔했으나 주의를 받은 후에야 실수하지 않았다.[17] 영국의 총리 네빌 체임벌린도 1938년 히틀러를 만났을 때 특별한 인상을 받지 못했다. 후에 그는 히틀러를 두고 "가장 평범하게 보이는 작은 개처럼 보였다."라고 말했다.[18]

핼리팩스와 체임벌린을 포함해 많은 사람이 평가하기를, 히틀러는 눈에 띄는 사람이 아닐뿐더러 이성적인 설득과 경청을 거부하는, 엄포를 난발하는 대중선동꾼이었다. 그는 젊은 시절부터 그랬었다. 제1차 세계대전 전부터 히틀러를 알았던 아우구스트 쿠비제크August Kubizek는, 히틀러는 본인이 읽은 책에 관해 이야기할 때 타인의 의견에 전혀 귀를 기울이지 않았다고 회고했다.[19] 베니토 무솔리니Benito Mussolini가 증언하듯이 히틀러와 만나는 사람은 거의 말할 수 없었다. 이탈리아 외무장관이었던 갈레아초 치아노Galeazzo Ciano는 1942년 4월에 히틀러를 만난 후 "히틀러는 말하고, 말하고, 또 말한다."라고 일기에 적었다.

> 무솔리니는 무척 곤란했다. 그는 말을 많이 하는 습관이 있는 사람인데, (히틀러와 만났을 때) 그는 오랫동안 입을 다물고 있어야 했다. 둘째 날 점심 식사 후 모든 얘기가 끝난 다음에 히틀러는 1시간 40분을 쉬지 않고 말했다. 그는 어떤 주제도 놓치지 않았다. 전쟁과 평화, 종교와 철학, 예술과 역사에 관해 이야기했다.[20]

이 말인즉슨 당신이 보는 관점에 따라 히틀러는 아주 지루한 사람일 수도 있고 영감을 자극하는 이상주의자일 수도 있다는 것이다. 하지만 이오시프 스탈린을 만났다면 양극단으로 나뉜 인상을 느끼긴 힘들 것이다. 이런 면에서 스탈린은 히틀러와 정반대였다. 스탈린은 대체로 다른 사람의 말을 들었다. 그는 적극적인 청취자였고, 그보다 더욱 열렬한 관찰자였다. 1930년대 크렘린에서 자란 스테판 미코얀Stepan Mikoyan이 증언하기를, "스탈린은 천성적으로 아주 세심했다."

스탈린은 말을 할 때 상대의 눈을 직시했다. 만일 당신이 그의 눈을 똑바로 보지 않으면, 그는 상대가 자신을 속이고 있다고 의심한다. 그러면 그는 가장 유쾌하지 않은 조치를 취할 수도 있다.[21]

스탈린의 통역관으로 일한 블라디미르 예로페예프Vladimir Yerofeyev는 스탈린이 얼마나 소리 없이 움직이는지를 기억했다.

스탈린이 방으로 들어올 때, 나는 등을 벽으로 향한 채 앉아 있었다. 나는 그가 들어오는 소리를 듣지 못했지만, 누군가 방에 들어온 것은 분명히 감지했다.

그는 스탈린이 얼마나 말을 아꼈는지도 회고했다.

그가 어떤 주제에 언급할 때면 그는 자신이 해야 할 말만 말했다. 그런 다음 그는 다른 사람들이 해당 주제를 두고 무슨 말을 하는지를 들었다. 그를 위해 일하는 것은 안전하지는 않았다. 그는 무언가 마음에 들지 않으면 관용을 절대로 베풀지 않았다.[22]

이뿐만이 아니다. 히틀러와 다르게 스탈린이 무슨 생각을 하는지 알아내기란 거의 불가능했다. 제1차 세계대전 이전에, 스탈린과 함께 조지아 감옥에 수감되었던 그리골 우라타제Grigol Uratadze는 이렇게 회고했다.

그의 내면은 도저히 뚫고 들어갈 수 없었다. 우리는 쿠타이시Kutaisi 감옥에서 반년 이상 같이 지냈다. 그러나 나는 그가 한 번이라도 흥분하거나 자제력을 잃거나, 화를 내거나 큰소리를 내거나 욕을 하는 것을 보지 못했다. 간단히 말해 그는 '완전한 차분함' 이외의 다른 모습을 보이지 않았다. 그리고 그를 아는 많은 사람이 공감하듯이 그의 목소리는 스탈린의 '얼음장 같은 인상'에 무척 어울린다.[23]

스테판 미코얀에 의하면 스탈린의 주요한 개성 중 하나는 '의심'이다.

그는 아주 의심이 많아서 다른 사람을 속이고 배반하는 데에 능했고, 다른 사람들도 그렇게 행동할 것이라고 의심했다. 그는 누군가 거짓말을 하면 바로 알아챘다. 아니면 당신이 진실을 말하고 다른 사람이 다른 말을 하면, 스탈린은 당신이 다른 말을 한 사람에게 거짓말을 했을 거라 생각한다. 그리고 스탈린에게 거짓말이

란 가장 큰 범죄였다.[24]

이러한 통찰력의 중요성은 과대평가할 수 없다. 스탈린은 세상 만물을 의심했다. 그의 마음속에서 가장 중요한 질문은 "누가 나를 배반할 것인가?"였다. 한 사례를 들자면, 스탈린은 위병들이 늘어선 크렘린궁 복도를 걸어가다가 한 장교에게 이렇게 말했다.

여기 얼마나 많은 위병이 있는지 보게. 나는 복도를 걸어갈 때마다, "어느 놈일까?"라고 생각하네. 만일 이 친구라면 그는 내 등 뒤에서 총을 쏠 것이고, 모퉁이를 돌아서 보는 위병이라면 그는 내 앞에서 나를 쏠 것이네.[25]

스탈린의 처조카인 키라 알릴루예바Kira Alliluyeva는 "항상 의심을 옆에 두는 스탈린의 성격은 그가 태어날 때부터 가진 것"이라 생각했다.[26] 그럴 수도 있었다. 우리는 스탈린이 이런 성격을 갖게 된 이유를 정확히 알 수 없다. 다만 그가 아무도 믿지 못하는, 무언가에 쫓기는 혁명가로 살았던 장기간의 경험이 스탈린의 '의심병'을 만드는 데에 일조한 것은 분명하다.

히틀러는 스탈린만큼 개인적인 의심을 보이지는 않았다. 그는 자신의 최측근 사람들이 결정적으로 배신의 기미를 보이지 않으면 대체로 그들을 신뢰하는 편이었다. 그가 이렇게 남을 믿지 않았다면 1944년 7월 클라우스 폰 슈타우펜베르크Claus Von Strauffenberg의 암살 시도는 불가능했을 것이다. 실제로 히틀러의 목숨을 노린 암살 시도는 여러 번 있

히틀러와 스탈린

었지만, 스탈린 암살 시도와 관련된 기록은 없었다. 스탈린의 의심 많은 성격이 이런 면에서 유리했던 것이 틀림없다.

한편 대중이 히틀러와 스탈린을 인식하는 데에 당시 '기술'이 어떤 영향을 주었는지를 살펴볼 필요가 있다. 두 사람은 사상 처음으로 자신과 별개의 인물을 선전영화에 담은 지도자들이었다. 이전의 지도자들도 본인의 이미지를 투사하기 위해 다양한 매체를 이용했었다. 동전, 동상 또는 초상화 등이 대표적인 예시다. 그러나 영화는 달랐다. 영화라는 매체를 통해 수많은 사람이 히틀러와 스탈린을 볼 수 있었고 알 수 있었다. 스크린에 나타나는 이들의 모습은 최고의 효과를 내기 위해 행동 하나하나가 세심하게 편집되었다.

이로 인해 때때로 불가피하게 선전 이미지와 실제 현실 사이의 괴리가 나타났다. 영국의 외무장관 핼리팩스가 실제로 본 히틀러는 괴벨스가 만든 뉴스영화 속 반(半)신적인 존재보다는 하인에 가까웠다. 전쟁 중 실제로 스탈린을 만나 본 영국군 장교 휴 룽기Hugh Lunghi는 큰 충격을 받았다.

> 내 앞에는 키가 작은 신사가 서 있었다. 그는 나보다도 작았다. 나도 큰 키는 아니다. 그는 친절하고 나이든 아저씨처럼 보였다. 그가 입을 열었을 때, 나는 다시 한번 충격을 받았다. 그는 조지아 억양이 아주 강하기는 했지만, 완벽하고 뛰어난 러시아어를 구사했다. 다만 아주 낮은 목소리로 말했기 때문에 그가 하는 말을 알아듣기 위해서는 신경을 곤두세워야 했다.[27]

미국 외교관 조지 케넌_{George Kennan}은 스탈린을 회상할 적에 이렇게 증언했다.

> 스탈린의 몸집은 땅에 달라붙을 듯이 작았지만 차분함, 집약된
> 힘, 거친 준수함이 돋보였다. 그의 이는 누렇게 탈색됐고, 듬성듬
> 성 난 콧수염은 거칠었으며 색도 일정치 않았다. 천연두 자국이
> 새겨진 얼굴과 누런 눈동자가 이런 인상과 어우러지자 그는 싸움
> 에서 상처를 입은 호랑이 같은 인상을 풍겼다. 그는 최소한 우리
> 와 함께 있는 자리에서는 아주 소탈하고, 조용했으며, 젠체하지
> 않는 태도를 유지했다.[28]

서방 연합국의 다른 인사들은 스탈린이 히틀러와 다르게 소박했을
뿐만 아니라 거의 눈에 띄지 않았다고 증언했다. 세련된 미국 정치인
애버렐 해리먼_{Averell Harriman}은 이렇게 말했다.

> 스탈린은 루스벨트보다 많은 정보를 알고 있고, 처칠보다 더 현실
> 적이었다. 어떤 면에서 그는 세 지도자 중 가장 유능했다. 이와 동
> 시에 그는 살인을 일삼는 폭군이었다. 스탈린은 내가 만난 사람
> 중에서 가장 이해하기 어렵고 모순적인 인물이다.[29]

히틀러와 스탈린은 모두 평범하게 옷을 입었다. 1930년대 히틀러는
갈색의 군대식 의복을 자주 입었고, 스탈린은 회색의 노동자 복장을 착
용했다.[30] 이는 우연이 아니었다. 두 사람은 자국을 직전까지 통치했던

히틀러와 스탈린

군주들의 허례허식을 의식했다. 독일제국의 카이저 빌헬름 2세와 제정 러시아 차르 니콜라이 2세에게는 골라 입을 수 있는 휘황찬란한 의상이 많았다. 이들은 오로지 혈통이라는 이유 하나 때문에 그 옷을 입었지, 그런 의상을 입을 자격에 걸맞은 일을 한 적이 거의 없었다. 히틀러와 스탈린은 검박한 의상을 착용하여 평범한 일반 국민에게 다가가기를 희망했을 뿐만 아니라 앞서 통치했던 군주들과의 거리를 벌렸다.

히틀러와 스탈린 모두 군주제를 혐오했다. 1942년 3월 대화에서, 히틀러는 "10명의 왕 중 8명은 만일 평범한 사람으로 태어났다면 식품점도 제대로 경영하지 못했을 것이다."라고 말했다.[31] 스탈린은 세습군주제에 정반대되는 가치를 지닌 국가를 건설해야 했다. 군주 대신에 러시아를 통치해야 할 집단은, 1918년 니콜라이 2세와 그 가족을 살해한 볼셰비키들이었다. 바로 그런 점에서 히틀러와 스탈린이 생의 마지막 순간까지 자국을 통치했다는 사실이 참으로 아이러니하다. 히틀러와 스탈린이 손에 쥔 권력은 이들의 심장박동이 멈춘 후에야 풀어졌다. 이들의 성격과 이들 주변의 정치 구조를 보았을 때 두 사람 모두 자발적으로 권좌에서 물러나기가 불가능했다. 이런 면에서 이들은 자신들이 인정한 수준보다 훨씬 심각하게 절대왕정의 군주와 비슷했다.

두 폭군 사이에는 다른 유사점도 있었다. 제2차 세계대전이 시작되는 시점을 기준으로 두 사람 모두 미혼이었다. 스탈린은 두 번 결혼했는데, 첫 번째 아내는 1907년에 병으로 사망했고 두 번째 부인은 1932년에 크렘린에서 자살했다. 스탈린은 '합법적인' 세 자녀와의 관계도 좋지 않았다. 맏아들은 전쟁 중 자살했고, 둘째 아들은 알코올 중독자였으며, 스탈린은 외동딸의 남자친구를 강제수용소로 보냈다. 그는 몇 명의 혼외자와는 관계를 끊었다. 한편 히틀러는 결혼한 적이 없었고 혼외 관계 및 기타 관계에서 자식을 둔 적도 없었다. 그는 자신의 여자친구인 에바 브라운을 가끔 만났다. 그는 1945년에 생의 마지막 순간에서야 에바 브라운과 결혼했다.

스탈린의 두 번째 아내가 자살했고, 히틀러와 가까운 관계였던 여자들도 자살하거나 자살을 시도했다는 사실에 주목할 필요가 있다. 스탈린의 두 번째 아내는 자신을 대하는 남편의 방식 때문에 극단적 선택을 했다고 알려져 있다. 에바 브라운도 1930년대에 자살을 시도했었다. 히틀러에게 매혹된 베르히테스가덴Berchtesgaden의 상점 종업원이었던 마리아 라이터Maria Reiter는 1928년 목을 매어 자살을 시도했었다. 히틀러의 조카인 겔리 라우발Geli Raubal은 1931년 히틀러의 아파트에서 히틀러의 권총을 사용해 자살했다. 히틀러와 스탈린의 성생활, 특히 히틀러의 성생활에 관련된 충격적인 이야기가 많이 나돌지만, 핵심적인 내용은 없다. 1939년 제2차 세계대전이 시작되는 시점에 두 사람 모두 독신이었다. 두 사람은 밀접한 관계를 맺은 여인도 없었던 것으로 추정된다.

그러나 이 모든 유사점을 히틀러와 스탈린이 공유한 핵심적인 자질과 비교하면 아무것도 아닌 것으로 보인다. 두 사람 사이에 훨씬 중요한 연계점은 따로 있다. 두 사람은 마피아 두목을 닮은 듯한 평범한 독재자들과는 달랐다. 이들은 중요한 무언가를 실제로 믿었다. 그렇다고 이들이 기독교적 신앙을 간직한 과거의 봉건 군주와 같다는 건 아니다. 오히려 두 독재자는 기독교를 경멸했다. 사적인 대화에서 히틀러는 "기독교는 병든 두뇌가 만들어낸 것이다."라고 말했다.[32] 그러나 그는 실용

적인 이유로 자신의 종교관을 독일 국민에게 드러내지 않았다.[33]

물론 두 사람은 계몽된 인물상과는 거리가 멀었다. 이들은 신은 죽었을 뿐, 새롭고 일관된 이념으로 대체되었다고 믿었다. 두 독재자를 추종한 수많은 사람도 새로운 진리에 확신을 느꼈다. 당연히 히틀러와 스탈린이 믿은 대상은 달랐다. 히틀러가 주장한 바와 스탈린이 신봉한 바는 같지 않았다. 하지만 두 사람은 인간 생의 본질을 밝혔다고 여겨지는 이념의 창시자가 아니라는 점, 그리고 다른 사람의 저작에서 그 이념을 빌려왔다는 면에서 똑같았다.

히틀러가 신봉한 믿음의 출발점은 '인종race'이었다. 그는 사람의 가치를 평가하기 위해서는 '인종적 유산'을 조사해야 한다는 신념을 내재화했다. 이러한 신념은 1855년 프랑스 외교관이었던 아르튀르 드 고비노Arthur de Gobineau가 《인종불평등론Essai sur l'inégalité des races humaines》을 출간하면서 유명해졌다. 이 저작에서 아르튀르는 "역사의 교훈을 보면 모든 문명은 백인종에서 나왔고, 어떤 것도 백인종의 도움 없이 존재하지 못했으며, 사회는 그것을 창조한 고귀한 집단의 피를 보존할 때만 위대하고 밝아질 수 있다."라고 주장했다.[34]

히틀러는 '인종의 순수성'을 보존하는 것이 아주 중요하기 때문에 '인종적으로 열등한 인종'은 도태시킬 필요가 있다고 간주했다. 다시 한번 말하지만, 히틀러의 발상은 결코 새롭지 않다. 독일 의사인 알프레트 플로에츠Alfred Ploetz는 1895년에 출간한 저서에서, 의사들은 인종적 가치를 바탕으로 어느 아기는 살고 어느 아기는 죽어야 할지를 정해야 한다고 주장했다.[35] 25년 후인 1920년 알프레트 호헤Alfred Hoche 교수는 '불치의 병을 앓고 있는 사람'과 '정신적으로 죽은 사람'은 죽여

야 한다고 주장하며, 이러한 죽음은 "국가의 전반적 복지를 위해 바람직하다."라고 주장했다.[36]

독일의 여러 정치집단은 '인종'이 존재의 본질을 이해하는 데에 가장 중요한 개념이라고 선언했다. 일례로 1918년 11월 뮌헨을 근거지로 한 툴레협회Thule Society의 설립자인 루돌프 글라우어Rudolf Glauer *는 "독일에서 정치적 불안은 독일 민족을 더럽히려는 열등한 인종들이 야기하는 것"이라 주장했다. 이 시기에 글라우어는 자신이 인수한 주간지인 《뮌헤너 베오바흐터Münchener Beobachter》('뮌헨의 관찰자'라는 뜻)에 이런 기사를 실었다.

> 독일인이여, 자신들의 혈통을 깨끗하게 보존하라. 인종의 순수성은 공공 건강과 직결되었다. 국민의 모든 요소가 혈통의 순수성을 보존하는 데에 집중하면, 사회 문제는 해결된다.[37]

툴레협회 같은 집단에는 반유대주의적 기류가 팽배했다. 글라우어는 1918년 행한 연설에서 "독일이 당면한 인종적 위험에서 가장 큰 문제는 우리의 숙적인 유대인"이라고 주장했다.[38] 하지만 유대인이 인종적으로 위험하다는 유언비어를 만들어 낸 장본인은 글라우어가 아니다. 1890년 후반, 영국계 독일인 철학자인 휴스턴 스튜어트 체임벌린

---

* '툴레협회'는 독일 뮌헨에서 조직된 정치 단체로, 정식 명칭은 고대 게르만족 연구 모임(Studiengruppe für germanisches Altertum)이다. 여기서 '툴레'는 유럽의 고전 문학과 지도에 등장하는 낱말로, 최북부(Far North)에 있는 가상의 지역을 의미한다. 아돌프 히틀러가 툴레협회에 참여하진 않았으나 훗날 주요 나치 인사가 될 인물들이 이 단체의 회원으로 활동했다. 툴레협회가 인수한 《뮌헤너 베오바흐터》는 이후 나치당의 기관지, 《푈키셔 베오바흐터》('민족의 관찰자'라는 뜻)로 바뀐다.

Houston Stuwart Chamberlain이 《19세기의 기초Foundations of the Nineteenth Century》라
는 저서에서 독일인 대부분을 포함하는 '아리안 인종'은 유대인과의
전투 상황에 직면했다고 주장했다. 체임벌린이 보기에 아리안 인종과
유대인은 자신들의 인종 집단 외에 후손이 퍼지지 않도록 노력하고,
그 결과로 두 인종은 우월한 지위를 차지하기 위한 싸움을 벌이고 있
다고 주장했다.[39]

히틀러는 자신보다 앞서 이러한 아이디어를 제시한 사람들의 공로
를 인정하지 않은 채 저서인 《나의 투쟁》에서 비전을 공표했다. 그는
1923년 뮌헨에서의 쿠데타(뮌헨 맥주홀 반란)에 실패한 후 감옥에서 수
감 생활을 하면서 이 책을 썼다. 그에게 인생이란 끝이 없는 투쟁 과정
이다. "살기를 원하는 사람은 투쟁해야 한다. 영구적인 투쟁의 연속인
이 세계에서 투쟁하기를 원하지 않는 사람은 살 자격이 없다."라고 그
는 책에 썼다.[40] 이 영구적인 투쟁에서 유대인은 가장 큰 적이다. "유대
인은 전형적인 기생충이며, 우호적인 매개체가 생기기만 하면 급격히
퍼지는 유독한 간균(桿菌, Bacillus)보다 더 강력한 기생충이다."라고 히틀
러는 주장했다.[41] 히틀러에 의하면 유대인들은 또한 '마르크스주의'라
불리는 종교에도 책임이 있었다. 제1차 세계대전 직후 뮌헨과 베를린
에서 사회주의 혁명이 일어났다가 진압되었기 때문에 히틀러는 이 이
념은 독일에 위협이 되었다고 말했다.[42]

히틀러는 그의 급진적인 아이디어들이 단순한 이론이 아니라고 말
했다. 이것은 사실이고, 우리 주위의 자명한 증거로 존재하는 현실이
다. 히틀러가 보기에 "지구는 인류가 없는 상태에서 수백만 년 동안 대
기Ether 중에서 이동을 했고, 인간이 몇몇 정신 나간 이념가들의 아이디

어가 아니라 자연의 엄격하고 근엄한 법칙에 대한 지식과 무자비한 적용이라는, 즉 더 높은 존재에 의존하고 있다는 사실을 잊으면 다시 그렇게 될 수 있다."라고 주장했다.[43]

히틀러가 보기에 '자연의 엄격하고 근엄한 법칙에 동의하지 않는 것'은 지구가 평평하다고 주장하는 것처럼 쓸모없는 행동이다. 그리고 이에 따라 수많은 교조적 결론이 도출된다. 그중 제일 중요한 주장은, 특정한 나라의 가치를 평가하는 기준으로서 경제적 지표보다 그 인구의 인종적 구성이 가장 우선한다는 것이다. 이러한 뒤틀린 사고방식 때문에 히틀러는 미국이 소련보다 잠재적으로 더 위험한 경쟁자가 될 거라 예상했다. 1920년대 후반에 집필되어 히틀러 사후에 출간된《두 번째 책Hitlers Zweites Buch》에서 이렇게 말했다.

> 미국에 최상위층에는 인종적 품질을 갖춘 인구들이 포진되어 있다. 오직 의도적으로 고안된 인종-민족 정책만이 미국의 주도권 탈취를 방지할 것이다.[44]

다른 한편으로, 히틀러 본인은 '러시아'라 불렸던 소련에 관해서는 이렇게 평가했다.

> 러시아 주민들에게 그런 내재적 가치가 없어서 그 거대한 영토는 세계의 자유에 위험이 될 수 있다. 이 위험은 세계 나머지 부분을 경제, 정치 권력으로 지배하는 것을 의미하는 게 아니다. 지금 러시아에서 발견되는 '병'을 일으키는 '박테리아의 홍수'를 의미한다.[45]

히틀러와 스탈린

히틀러는 외부 인종과의 혼혈, 해외 이주로 인한 인종 구성의 변화가 독일에 재앙을 불러 일으킬 것이라 예측했다. 특히 인종적으로 가장 뛰어난 종족을 보유한 미국으로의 이주가 그런 결과를 초래할 것으로 보았다.

> 우리 독일 국민 내부에서 노르딕(Nordic) 요소가 점차 사라지면 우리의 인종 전반의 질이 저하되고, 우리의 기술·문화·정치적 생산력이 약화하는 결과가 초래될 것이다.[46]

만일 당신이 히틀러의 인종적 이론을 받아들인다면, 삶의 목적은 모든 수단을 동원하여 인종적 사회를 강화하는 것으로 정해진다. 후손을 퍼뜨리는 사람을 통제하고 좀 더 많은 땅을 차지해서 최상의 인종적 요소가 번성하게 만드는 것이다. 힘센 자는 늘 옳다. 다른 것을 주장하는 것은 '자연의 엄격하고 근엄한 법칙'에 반하는 행위다.

히틀러의 《두 번째 책》 마지막 부분에 실린 이 언명은 그의 세계관을 들여다보는 또 다른 중요한 실마리를 제공한다.

> 인간의 탄생부터 죽는 순간까지, 모든 과정이 의문투성이다. 유일하게 분명한 사실은 죽음이다. 그렇기에 마지막 헌신(commitment)이 가장 어렵지는 않다. 이것은 어느 날엔가 어떤 방식으로든 요구되는 것이기 때문이다.[47]

히틀러는 여기서 근본적인 문제를 논하고 있다. 우리의 죽음을 가능한 지연시키는 방식에 초점을 맞추지 않는다. 죽음이 곧바로 다음 순간에 찾아올지, 아니면 50년 뒤에 찾아올지는 사소한 문제라는 것이다. 죽음은 개의치 않고 우리를 찾아온다. 여기서부터 "인생은 모험을 취하는 것"이라는 논리가 파생된다. 죽음은 과감하고 용기 있는 사람뿐만 아니라 지루하게 조심하는 사람에게도 찾아오기 때문이다. 제1차 세계대전에 참전한 군인 출신이자 전쟁에서 비참하고 갑작스러운 죽음을 수없이 목격한 히틀러는 '존재의 무작위성'을 잘 알고 있었다.

여러 열정적인 신념을 내면화한 히틀러는, '인종적으로 원치 않게 탄생한 아이들'의 살해를 옹호한 알프레트 플로에츠 의사의 관점을 지지했다. 1929년 행한 연설에서 히틀러는 새로 태어난 독일의 어린이 70~80퍼센트를 살해하면 이익을 볼 수 있을 것이라는, 쉬이 믿을 수 없는 말을 했다.

만일 독일에 매년 백만 명의 어린이가 태어나고, 이 중 허약한 70~80만 명을 제거하면, 궁극적으로 전력이 강화될 것이다. 우리가 자연적 우생 선택의 과정을 단절하고 있다는 점이 가장 위험하다.

그는 "이러한 인종적 법칙을 체계적으로 적용한, 가장 인종적인 국가 스파르타"를 옹호했다.

범죄자도 생식 가능성이 있는데, 타락한 자들은 (범죄자를) 인위적으로 정성껏 대우한다. 따라서 우리는 천천히 약한 자들을 증가시키

고 강한 자들을 죽이게 된다.[48]

수상이 된 후 히틀러는 정신병 같은 질병을 앓는 사람뿐만 아니라 심각한 알코올 중독을 겪는 사람들을 불임으로 만드는 법안의 입법을 추진했다. 나치 정권은 '동물의 왕국'에서 적용되는 법칙을 거론하며, 이러한 조치를 정당화하려고 했다. 강제 불임수술을 옹호할 목적으로 제작되어 1935년 상영된 「유산Das Erbe」이라는 선전용 단편 영화는, 선의를 품은 순진한 대학생이 실험실에서 연구 대상이 된 벌레들을 보고 "숲에 그대로 두었다면 그들이 더 평화롭게 살았을 것"이라 말하는 장면으로 이야기를 시작한다. 그녀의 말을 교수가 조용히 반박하면서 "자연에는 어디에도 평화로운 삶이 없고, 동물들은 모두 약자가 죽는 지속적인 투쟁 상태에서 살고 있다."라고 설명한다.[49]

히틀러의 폭력적인 반유대주의는 이런 세계관에 잘 부합했다. 그는 종교에 바탕을 둔 과거의 반유대주의가 아니라 '현대적인 인종 혐오'에 바탕을 둔 반유대주의를 내세웠다. "유대인은 그 혈통으로 인해 태생적으로 위험하다."라고 히틀러는 주장했다. 유대인을 탄압하려는 히틀러의 욕구는 너무 강해서, 1939년 기준으로 유대인은 온갖 잔인한 차별 대우로 고난을 겪었다. 제2차 세계대전 이전에 독일 내에 있는 유대인 거주지를 향한 가장 거대한 공격은 1938년 11월 9일에 발생했다. 이른바 '수정의 밤Kristallnacht 사건'이었다.* 이 사건으로 유대인의 재물이 유

◆ 1938년 11월 9일 밤부터 10일 새벽 사이, 독일 전역에서 나치당원과 독일인이 유대인 상점을 약탈하고 유대인 회당(시나고그)을 방화한 사건이다. 당시 유대인 상점의 진열대 유리창이 깨지며 수많은 파편이 거리를 뒹굴었고, 이 모습을 빗대어 '수정의 밤'이라 부른다.

실 및 파괴되고, 유대인의 사원인 시나고그가 전소됐다. 90명 이상의 유대인이 살해당하고, 3만 명 이상의 유대인이 수용소에 수감됐다.

인종 집단에서 '아리안족'에 속하는 사람들은, 아리안족이 가장 우월하고, 그렇기 때문에 인종적 순수함을 중시해야 한다는 이야기를 들었다. 나치친위대원인 요제프 알트로게Joseph Altrogge는 "우리에게는 우리의 혈통을 순수하게 지키고 이것을 우리의 자손에게 전수해야 할 성스러운 의무가 있다."라고 기록했다. 교회의 전통적 가르침과는 다르게 영구적인 삶의 기회를 제공하는 것은 바로 여기서 말하는 '성스러운 의무'였다.

> 우리 하나하나는 우리로부터 먼 후손에게 이어지는 유전적 흐름의 고리를 잇는 연결점이다. 우리가 이 유전적 흐름을 자르지 않으면 우리는 우리의 자녀와 손자 손녀 안에 살게 되어 진실로 불멸의 존재가 된다. 우리는 이 고리에서 가장 약한 연결점이 되거나, 순결을 지키고 자식을 낳지 않는 존재가 되기를 원하지 않는다. 이 목표를 달성하기 위한 '투쟁'은 이제 막 시작되었고, 우리의 자녀와 손자 손녀는 이것을 계속 지속할 것이다. 그래서 어느 날엔가 제3제국(the Reich), 국민(the Volk), 신념(the Faith)의 삼위일체가 달성될 것이다.[50]

자손을 통하지 않고는 영속적 삶을 지속할 수 없으므로 사후에 '심판의 날'을 전혀 두려워할 필요가 없다는 논리가 뒤따른다. 요제프 알트로게 같은 나치친위대원의 신념은 무신론자인 소련의 볼셰비키가

히틀러와 스탈린

품은 신념과 똑같았다.

히틀러와 마찬가지로 스탈린도 다른 사람들이 쓴 저작에서 신념을 얻었다. 이중 카를 마르크스Karl Marx의 저작이 가장 중요하다. 스탈린을 신학교에서 벗어나서 혁명의 세계에 뛰어들게 한 것은 주로 마르크스의 가르침이었다. 《공산당 선언》(프리드리히 엥겔스Friedrich Engels와 공저, 1848년 출간)을 비롯해 《자본론》(1867년 출간, 마르크스 사후인 1883년 2권이 추가로 출간)은 산업혁명 시기 노동자가 당면한 문제를 적나라하게 밝혀냈다. 마르크스는 '프롤레타리아'라고 불리는 노동자들이 생산 생활에서 소외되었다고 주장했다. 19세기 암울한 공장에서의 노동은, 자족감을 느끼는 노동과 달리 인간 영혼을 파괴한다. 노동자들은 몇 가지 면에서 소외된다. 이들은 자신이 생산한 생산품에서 소외된다. 노동자들은 체제의 톱니바퀴에 불과하다. 자신이 만든 생산품으로 인한 만족을 얻지 못한다. 노동자들은 인간성Humanity에서도 소외당한다. 이들은 공장소유자를 위한 생산품으로만 가치를 평가받기 때문이다. 그리고 현대 공장은 협업적이지 않기 때문에 노동자들은 서로에게서 소외된다.[51]

마르크스는 노동자와 공장 소유주 사이의 관계에 수반된 불공정을 강조했다. 노동자들은 생산품을 만들어내기 위해 삶의 상당 부분을 포기한다. 여기서 창출된 이윤은 건물을 소유한 부자들에게 돌아간다. 공장소유자들은 무위도식하며 소외된 노동자들의 땀이나 고통과는 전혀 상관없는 평탄한 생활을 구가한다. 이것이 가능한가? 이런 상황이 어떻게 계속 묵인될 수 있는가? 마르크스는 19세기 노동 현장을 설득력 있게 분석하고 문제를 지적했다. 그의 이론은 소련의 농지보다는 영국 맨체스터의 열악한 노동 현장에 더욱 적합하다. 그렇지만 스탈린은 이 이론을 신봉했다. 스탈린은 쿨라크Kulak라고 불리는 부유한 농민들이 가난한 농민들의 고혈을 착취하는 세상은 불공평하다는 인식을 죽는 순간까지 버리지 않았다.

마르크스는 당대의 문제를 분석하는 데는 뛰어났다. 하지만 그가 제안한 해결책은 설득력이 없었다. 일단 마르크스는 역사가 일정한 단계를 거치며 진화한다고 주장했다. 그는 고대 제국 단계, 중세 단계, 자본주의 단계, 사회주의 단계, 공산주의 단계가 있다고 주장했다.[52] 마르크스가 이런 저작을 쓸 때, 그는 주로 자신이 지금 통과하고 있다고 본 자본주의 단계에 주의를 기울였다. 그러면서도 세계는 궁극적으로 공산주의로 나아간다고 믿었다. 역사의 최종 단계에서는 생산수단의 공동 소유와 착취 없는 공평한 사회가 도래하고, 국가는 결국 사라지게 될 것이기 때문에 정부 역시 필요 없게 된다고 주장했다.

마르크스의 추종자들은 이 위대한 이론가가 예언과 이론으로 의미한 것이 정확히 무엇인지, 이것을 실행하는 최상의 방법이 무엇인지 논쟁했다. 마르크스 추종자들은 중세 기독교가 서로를 이단이라고 비난한 것처럼 마르크스의 교조를 훼손했다며 서로를 비방했다. 마르크스를 추종하는 혁명가인 블라디미르 레닌은 1902년《무엇을 할 것인가?》라는 소책자를 발간했다. 레닌은 이 소책자에서, 자본주의 과정을 건너뛰기 위해 마르크스의 역사 이론을 수정했다. 자본주의의 압제가 너무 심하기 때문에, 노동자들이 스스로 봉기를 일으켜 세계를 바꾸기보다는 세계를 사회주의로 이끄는 데에 열성적인 혁명가들이 필요하다고 주장했다. 레닌의 주장과 그의 다른 이론들 때문에, 레닌은 러시아사회민주노동당* 내 다른 마르크스주의자들과 충돌했다. 1903년에 사회민주노동당은 분열되었다. 레닌의 추종자들이 일시적으로 다수를 차지하면서 이들은 볼셰비키(러시아어에서 Bolshinstvo는 다수를 뜻함)라고 불리게 되었다. 레닌에 동의하지 않는 사회주의자들은 멘셰비키(러시아어로 소수파를 뜻함)라고 불렀다.

러시아사회민주노동당이 분열하고 2년이 지난 1905년, 레닌을 만난 스탈린은 열성적인 볼셰비키가 되었다. 레닌과 마찬가지로 그는 전문적 혁명가들이 사회를 바꾸는 데에 필요한 혁신적인 변화를 이끌어야 한다고 믿었다. 여기에다가 그는 노동계급은 폭력으로만 부유한 주인을 대체할 수 있다는 입장을 공고히 했다. 1934년 스탈린은 영국의 저널리스트이자 소설가인 허버트 조지 웰스H. G. Wells와의 인터뷰에서 이렇게 말했다.

> 공산주의자들은 폭력을 결코 이상화하지 않는다. 그렇다고 기습을 당할 수는 없다. 공산주의자들은 옛 세계가 자발적으로 사라지지 않는다는 사실을 알고 있다. 구체제는 격렬하게 자신을 방어할 것이다. 이것이 공산주의자들이 노동계급에 다음과 같이 이야기하는 이유다. 폭력에는 폭력으로 대항하라. 죽어가는 구체제가 너희들을 분쇄하지 못하도록 모든 일을 하라. 구체제를 전복해야 할 너희들의 손을 수갑으로 묶지 못하게 하라.[53]

◆ 러시아의 사회민주노동당(1898~1917)은 러시아 최초로 마르크스주의를 채택한 사회주의 혁명정당이었다. 1917년 10월 혁명(러시아 혁명) 이후 사회민주노동당을 이끌던 볼셰비키 세력은 당명을 '러시아 공산당'으로 바꾼다.

레닌은 스탈린을 행동가로 인정했다. 스탈린이 1907년 티플리스에서 저지른 은행 강도 행각은 이를 증명했다. 그렇지만 마르크스주의 사상가로 인정받은 시기는 1913년 스탈린이 《마르크스주의와 민족 문제Marxism and the National Question》라는 책을 저술한 이후였다.*

제정 러시아는 스탈린을 배출한 조지아인을 포함해 많은 민족을 품고 있었다. 러시아에서 민족주의는 예민한 문제였고, 볼셰비키는 이 문제에 확실한 정책을 수립해야 했다. 스탈린의 명제는 간단했다. 그는 다른 어떤 역사 현상과 마찬가지로 민족도 그 고유의 역사와 그 시작과 종말을 가지고 있다고 설파했다.[54] 새로운 볼셰비키 국가에서는 각 민족에 나름의 자치권은 허용할 수 있으나 이는 임시방편에 불과하다. 마르크스 이론은 모든 민족 간 경계가 궁극적으로 사라질 것이라 정의했기 때문이다. 레닌은 스탈린의 저작을 인정하고, 혁명 후 그를 민족 문제를 담당하는 장관직인 민족인민위원으로 임명했다.

이렇듯 히틀러와 스탈린의 세계관은 크게 다르다. 한 사람은 열렬한 인종주의자였고, 다른 한 사람은 기본적으로 환경이 인간을 형성한다고 생각했다. 한 사람은 자연의 법칙을 믿었고, 다른 한 사람은 카를 마르크스의 열렬한 추종자였다. 중요한 점은 두 사람은 상대의 신념 체계를 적극적으로 혐오했다는 사실이다. 히틀러는 볼셰비즘을 두려워하고 멸시했으며, 스탈린은 나치즘을 경멸했다.

이런 배경에서 히틀러가 국가사회주의독일노동자당을 이끌었다는

◆ 하버드대학교의 리처드 파이프스(Richard Pipes) 교수는 자신의 박사논문을 책으로 만든 《The Formation of the Soviet Union》에서, 스탈린의 해당 저서에 표절과 대필의 흔적이 상당하게 보인다고 지적했다.

사실은, 당시 역사에 익숙하지 않은 독자들에게 혼란을 불러일으킨다. 스탈린도 공산주의로 향하는 경로에 있는 사회주의 신봉자가 아닌가? 그러면 히틀러와 스탈린은 많이 비슷하지 않은가? 그렇지 않다. 그들은 같지 않았다. 스탈린은 절대악으로 상정한 자본주의를 파괴하는 것을 목표로 삼았다. 그는 이 목표를 숨기지 않고 말했다. "자본주의자들을 제거하지 않고서는, 생산수단의 사적 소유 원칙을 철폐하지 않고서는 계획경제를 수립하는 것은 불가능하다."라고 말했다.[55] 그러나 히틀러는 이런 주장을 한 적이 없었다. 그는 강력한 자본가들의 도움을 받아 권좌에 올랐다. 단지 자신을 사회주의자로 내세우는 프로파간다가 독일 노동자들에게 효과가 있다고 보았다.

'사회주의'란 말은 독일에서 모든 계급적 경계를 제거하려는 나치의 열망을 상징했다. 히틀러는 모든 진정한 독일인들이 '국가의 선'을 이룩하기 위해 단합하는 국민 공동체Volksgemeinschaft를 만들기를 원했다. 모든 대기업은 다른 모든 집단과 마찬가지로 이 목표 달성을 위해 협조해야 했다. 1922년 4월 히틀러는 연설에서 이렇게 말했다.

> 우리는 스스로 이렇게 말한다. 계급은 없다. 그런 것은 있을 수 없다. 계급은 카스트를 의미하고, 카스트는 인종을 의미한다. 같은 혈통을 공유하는 독일인은 똑같은 눈동자를 가지고 있고, 같은 언어를 말한다. 여기에는 계급이 있을 수 없다. 여기에는 단 하나의 국민만이 있고, 다른 것은 있을 수 없다.[56]

그러나 히틀러가 꿈꾼, "모든 사람이 단일 인종으로 구성된, 계급 없는 독일"에서는 자본가들이 노동자들의 땀을 착취하여 폭리를 확보할 여지가 아주 많았다. 국가사회주의독일노동자당의 당수임에도 불구하고, 히틀러는 스탈린이 꿈꾼 계획경제를 시행할 생각이 전혀 없었거니와 본인부터가 확실히 사회주의자가 아니었다.

두 독재자의 궁극적인 목표 사이에도 큰 간극이 있었다. 국가 없는 사회를 지향한 공산주의의 목표는 폭력적인 인종주의에 입각한 히틀러의 거대한 제국 아이디어와 극명한 대조를 이루었다. 이 차이는 두 이념이 오늘날 사람들에게 어떻게 받아들여지는지를 파악하는 데에 좋은 단서를 제공한다. 히틀러의 사고방식을 구성하는 핵심 아이디어인 '인종주의'는 큰 비난을 받고, 이러한 신념을 표현하는 것은 많은 나라에서 범죄로 취급한다. 이에 반해 아직도 많은 사람이 자신을 마르크스주의자라고 자랑스럽게 내세운다. 그러나 '스탈린의 지도력'이란 맥락에서는 이러한 분석에 문제가 있다. 정부가 사라진 국가라는 볼셰비키의 이상적 목표는 스탈린 치하에서는 절대 성취될 수 없었다. 스탈린 본인도 이를 거의 인정했다. 1939년 3월, 제18차 공산당대회에서 행한 연설에서 스탈린은 마르크스와 그의 사상적 동료인 엥겔스가 늘 맞는 말만 한 것은 아니라고 주장했다.

국가에 관한 마르크스주의의 일반적 명제의 일부는 불완전하고 적절하지 않게 제시되었다. 더는 압제할 것이 없어지면 국가는 사라질 것이라고 말한 엥겔스는 국제적 요인을 고려하지 않았다. 다른 나라들이 아직 공산주의에 도달하는 경로에 오르지 않았기 때문에 소련은 방어를 위한 체계적으로 조직된 군대와 사찰 기관,

히틀러와 스탈린

강력한 정보 조직이 필요하다.[57]

그렇다면 스탈린은 세계 전체가 공산주의가 될 가능성이 없고, 가까운 장래에 그렇게 될 수도 없으니 "체계적으로 조직된 군대와 사찰 기관"이 도처에 깔린 상황이 익숙해져야 한다고 말한 것인가?

마지막으로 역설적이지만 히틀러와 스탈린 사이의 현저한 유사점을 인정해야 한다. 두 사람 모두 미래의 유토피아를 제시했다. 물론 두 유토피아는 다르지만, 유토피아라는 사실은 맞다. 거기에 이르는 길은 험난하다. 1939년 스탈린은 유토피아에 도달하는 데에 상상보다 훨씬 더 오랜 시간이 소요될 것이라 말했다. 그렇지만 멋진 목표가 이들 앞에 있었다. 두 독재자 모두 종교적 믿음이 없으면 의미를 찾을 수 없는 생에서 가장 중요한 목적을 제시했다.

러시아 혁명이 일어난 1917년에 태어난 나코노르 페레발로프Nikonor Perevalov는 자신의 존재 이유를 분명하게 밝혔다.

나는 공산당이 러시아 땅에 만들어진 이유가 처음에는 사회주의 사회를 건설하고, 그다음으로 장래에 공산주의를 건설하기 위함이라는 점을 잘 알고 있다. 내가 공산당에 가입한 이유는 의식 있는 사람이 되어서 인민에게 사회주의와 공산주의의 승리 필요성을 알려주기 위해서였다. 우리는 러시아 인민의 생활을 개선하기를 원했다.[58]

그래서 페레발로프는 "러시아 인민의 생활을 개선하기 위해" 비밀경찰NKVD에 가담했고, 소수민족의 대규모 강제이주를 감독했다.

그로스-로젠Gross-Rosen 집단수용소의 감독관이었던 요하네스 헤이서브룩Johannes Hassebroek도 나치친위대에 가담하면서 페레발로프처럼 인생의 목표를 발견했다.

> 나는 친위대가 나에게 제시해 준 지적 인도에 한없이 감사하다. 우리는 모두 이에 감사하고 있다. 우리 중 많은 사람은 이 조직에 들어오기 전에 방황했다. 우리는 우리 주변에서 일어나는 일을 이해하지 못했고, 모든 것이 뒤죽박죽이었다. 친위대는 우리에게 쉽게 이해할 수 있는 일련의 단순한 아이디어를 제공해주었고, 우리는 그것을 신봉했다.[59]

히틀러와 스탈린이 설파한 이념이 가르쳐 준 "단순한 아이디어" 중 하나는 자유민주주의에 대한 격렬한 반대였다. 두 독재자 모두 오늘날 자유를 구성하는 원칙을 절대적으로 거부했다. 두 독재자 모두 자유 언론을 멸시하고, 모든 수준의 인권을 공격했다. 무엇보다도 두 독재자 모두 독립적인 개인이 될 인간의 능력을 파괴하려고 했다. 그들의 체제에서는 자아를 선택할 권리가 박탈되었다. 궁극적으로 히틀러와 스탈린은 유토피아를 앞세워 폭정을 일삼았다는 비난에서 자유로울 수 없다. 약속의 땅에 도달하더라도, 이 새로운 낙원을 좋아하지 않는다고 말할 만큼 체제에 반대하는 사람은 징벌을 받았다. 나는 이 책에서 압제는 두 독재자의 체제에서 분리될 수 없었다는 사실을 보여주려고 한다. 압제가 그들 체제의 본질이자 그 자체였다.

히틀러와 스탈린

|차|례|

지도 목록

사진 목록

사진 저작권에 관한 모든 문의를 환영합니다. ©는 사진의 출처 및 저작권 소유자를 가리킵니다.

1장

비밀협정
1939년 8월

리벤트로프는 모스크바에서 스탈린과 마음이 잘 통한다는 사실을 발견했다. 양측이 얼굴을 맞대고 협상하자, 이들은 서로를 쉽게 이해할 수 있었다. 최소한 서로 친구인 척은 할 수 있었다.

1939년 8월, 이념적으로 최악의 숙적인 히틀러와 스탈린은 아주 특별하고 예외적인 야합을 도모했다. 둘은 친선협정, 독소 불가침 조약을 맺었다. 두 사람의 지지자 대다수가 보기에 이것은 모든 논리에 반하는 행동이었다. 당시 젊은 독일 수병이었던 카를 헤르만 뮐러Karl Herman Müller는 이렇게 말했다.

우리는 전혀 이해할 수 없었다. 우리는 공산주의와 싸웠다. 최소한 그때까지는 그랬다. 그런데 다른 한편으로 공산주의자들과 협정을 맺다니, 전혀 이해할 수 없는 일이었다.[1]

카를 헤르만에게 일어난 혼란과 수백만 명이 느낀 당혹감은 쉽게 이해할 수 있었다. 오랜 기간 히틀러는 소련을 향한 공격을 선동했다. 이미 1924년에 자신의 저서 《나의 투쟁》에서 이렇게 말했다.

> 현재 러시아(소련)의 지도자들은 손에 피를 묻힌 범죄자들이고 인간쓰레기다. 이들은 비극적인 시간 동안 위대한 국가를 전복하고, 야만적인 피의 살육으로 수천 명의 러시아 인텔리겐치아(지식인)를 살육하고 제거했다. 이들은 권력을 잡은 후 역사상 가장 잔인하고 압제적인 정권을 운영하고 있다.[2]

히틀러는 전적으로 인종적 시각에 입각해 세상을 바라봤다. 그는 볼셰비키의 행동을 이해하는 핵심이 바로 인종이라 믿었다.

> 이 지도자들(소련 지도자들)은 전례가 없는 동물적인 잔인성과 가늠하기 어려운 기만술을 결합하여 오늘날 전 세계를 유혈적으로 압제하는 사명에 사로잡혔다.[3]

이런 말로도 충분하지 않은 듯했던 히틀러는 《나의 투쟁》에서 소련이 위험한 이유를 충격적이면서도 궁극적으로 설명했다.

> 러시아(소련)는 국제 유대인(the international Jew)•들이 지배한다는 사실

◆ 1920년대 초, 미국에서 반유대주의적인 내용이 담긴 《국제 유대인(The International Jew)》이라는 4권의 책이 출간되었다. 이 책은 독일어로 번역되었고, 훗날 히틀러가 《나의 투쟁》을 집필하는 데에 상당한 영향을 미쳤다.

을 잊지 말아야 한다. 이들은 독일을 동맹국으로 여기지 않는다. 제정 러시아처럼 공산주의자들의 손에 의해 붕괴해야 할 국가로 간주하고 있다.

추가로, 소련의 통제는 유대인이 획책한 음모의 첫 단계에 불과하다고 주장했다.

러시아 볼셰비즘을 통해 20세기에 세계를 지배하려는 유대인들의 시도를 확인할 수 있다.[4]

히틀러가 생각하기에 소련과의 정치적 거래는 상상할 수 없는 일이었다. 그는 《나의 투쟁》에서 "누구든 유일한 관심사가 상대의 파괴인 사람들과 협정을 맺진 않을 것이다."라고 분명히 말했다.[5]

수많은 히틀러 지지자가 소련을 향한 히틀러의 거친 이론을 수용했다. 이들은 공개적이든 잠재적이든 반유대주의자였다. 또한 제1차 세계대전에서의 패전으로 굴욕을 겪은 독일 국민들은, 특히 우파-민족주의 정당을 지지하는 국민은 희생양을 물색했다. 이들은 '유대인 민주주의자들'이 독일의 패전을 위해 후방에서 공작을 벌였다고 주장했다. 즉 유대인 민주주의자들이 종전 후 혐오의 대상이 된 평화협정, 특히 가장 치욕적인 베르사유 조약의 협상을 진행했다고 비난했다.* 이

➜ 히틀러와 나치당은 평화협정과 11월 혁명의 배후에 볼셰비키의 지원을 받은 유대인이 있다고 주장하며, 사회민주당-유대인-볼셰비키를 하나로 묶어 '독일의 배신자'라는 식으로 비난했다.

들은 1918년 베를린과 뮌헨에서 11월 혁명이 시도되었을 때에 러시아 볼셰비즘의 지원을 받은 유대인들이 독일을 장악하려 했다고 주장했다. 패전의 희생양을 찾던 그들은 자신들에게 유리한 사실만 끌어대며 억지 주장을 옹호했다. 11월 혁명의 여파로 1919년에 바이에른에 아주 잠깐 '소비에트 공화국'이 설립되었을 당시, 많은 유대인이 그 공화국에 가담하지 않았는가? 오토 란츠베르크Otto Landsberg 같은 유대인 정치인들이 베르사유 조약 협상에 참여하지 않았는가? 레온(레프) 트로츠키Leon(Lev) Trotsky 같은 대표적인 볼셰비키들은 유대인이 아니었는가? 그리고 공산주의 사상가 카를 마르크스조차 유대인으로 태어나지 않았는가?

그러나 편견에 사로잡힌 모든 주장이 그렇듯이 이런 기이한 논리는 객관적 사실 앞에서는 붕괴한다. 소수의 유대인이 뮌헨에서 11월 혁명에 가담한 것은 사실이지만, 대다수 유대인은 질서를 준수하며 생활했고, 무력 봉기를 혐오했다. 오토 란츠베르크가 베르사유 조약 협상에 참여한 것은 사실이지만, 그는 이 조약에 반대하여 사임했다. 레온 트로츠키가 유대인 가족에서 태어난 것은 사실이지만, 스탈린과 몰로토프처럼 주요 볼셰비키 중에는 그렇지 않은 자도 있었다. 마지막으로 마르크스의 조상 중에 유대인이 있었던 것은 사실이지만, 마르크스 본인은 유대교를 신봉하지 않았다. 애당초 마르크스의 아버지는 개신교로 개종했다.

그러나 히틀러는 이러한 섬세한 사실관계에 아무런 관심이 없었다. 히틀러는 정치인으로 생활하던 내내 이런 문제에 큰 신경을 쓰지 않았다. 그리고 소련을 향한 히틀러의 맹목적인 혐오란 그가 세상을 이해

히틀러와 스탈린

하는 데에 쓰이는 프레임이기도 하였다. 히틀러는《나의 투쟁》에서 러시아 볼셰비즘을 향한 혐오를 밝혔다. 그의 외교정책에서 이보다 더 열정적이고 확고하게 고수한 외교정책은 상상하기 힘들다. 소련을 향한 히틀러의 광범위한 편견은 그의 이념적 사고의 핵심 줄기였다. 이것이 그의 인종주의, 반유대주의, 그리고 "적을 파괴하려는 민족(유대인)에 의해 독일인의 '혈통적 순수성'이 훼손될 수 있다."라는 두려움의 기원이다.[6]

히틀러는 독일이 소련의 영토를 빼앗아야 한다는 것을 공식적으로 인정했다. 그는《나의 투쟁》에서 "독일이 남쪽과 서쪽으로 끝없이 팽창하는 것을 멈추고, 우리의 시선을 동쪽으로 돌리기로" 결정했다고 서술했다.[7] 그는 자신의 '시선'이 "러시아(소련)와 봉신국(소련 가입국) 동맹으로 향한다."라고 분명하게 언급했다. 그는 소련 서부 지역에 새로운 독일제국을 건설하려고 했다. 그리고 그 야망을 최측근과의 비밀회의가 아니라 공개적으로 출간된 책에서 밝혔다.

대중적으로 알려진 '신화'로, 히틀러의 과대망상증이 발현된 첫 번째 예시로 소련의 땅을 정복하려던 욕망이 자주 인용된다. 소련을 정복하기를 원한다니, 이 사람은 얼마나 미친 사람인가? 버나드 몽고메리Bernard Montgomery 원수가 말한 대로 전쟁의 첫 번째 법칙은 "모스크바로 행진하지 말라."였다.[8] 그러나 당시에는 이런 생각이 없었다.

《나의 투쟁》을 출간한 1924년 당시 히틀러는 그로부터 불과 6년 전에 볼셰비키가 독일의 요구에 굴복해 혁명 이전 러시아의 거대한 땅과 인구의 3분의 1을 내놓았다는 과거를 인식하고 있었다. 1918년 체결된 독일과 소련의 브레스트-리토프스크 조약에서, 볼셰비키는 발트해 국가들과 우크라이나 외에도 상당히 넓은 지역을 포기했다. 그래서 1918년의 독일인들에게 '러시아' 침공이란 막대한 이익을 얻을 사업과 같았다.

레닌은 제1차 세계대전에서 빠져나오고 싶었기 때문에 이 굴욕적인 조약에 동의했다. 그는 러시아 공산혁명에 집중해야 했고, 이를 위해 대가를 치러야 했다. 레닌은 1918년 3월 브레스트-리토프스크 조약을 두고, "더러운 평화로 여길 수 있지만, 만일 볼셰비키가 전쟁에서 빠져나오지 않으면 우리 정부는 쓸려갈 것"이라는 의견을 밝혔다.[9] 후에 레닌은 독일과의 평화협정을, 범죄자와의 타협으로 비유했다.

> 만일 무장한 강도들이 당신의 차를 세웠다고 상상해 보라. 당신은 그들에게 돈과 신분증, 권총과 차를 넘겨주어야 한다. 그 대가로 당신은 친절해진 그들과 헤어질 수 있다. 우리가 독일 제국주의 강도와 맺은 타협은 그런 타협이다.[10]

독일인들은 평화협상에 나온 볼셰비키 대표들 면면을 보고 크게 실망했다. 독일 대표로 협상에 참여한 막스 호프만Max Hoffman 소장은 이렇게 회고했다.

> 나는 우리의 첫 만찬을 잊지 못할 것이다. 내 맞은편에 앉은 사람은 노동자였다. 그는 테이블 위에 놓인 다양한 음식을 보고 큰 혼란을 느꼈던 것이 분명하다. 그는 테이블 위 접시의 음식들을 이것저것 먹어 보았다. 적포도주와 백포도주 중 어느 것을 원하냐고

묻자, 상대는 무엇이든 좀 더 센 술을 달라고만 요청했다.[11]

브레스트-리토프스크 조약은 오래 지속되지 못했다. 이 조약은 1918년 11월 독일이 패배하면서 와해했다. 그러나 히틀러가 《나의 투쟁》을 쓸 때 이 조약의 타협에 관한 히틀러의 기억은 여전히 살아 있었다.[12] 그래서 1918년 초에 볼셰비키가 수용한 타협안을 언젠가는 다시 강제할 수 있을 것이라는 히틀러의 망상이, 당시에는 비이성적인 판단이 아니었다. 볼셰비키가 아직 협정을 이행할 준비를 하지 않았다면, 그들이 독일을 상대로 비겁하게 행동한다는 뜻이 아닌가?

사람들은 아돌프 히틀러의 여러 면을 비판할 수 있다. 하지만 그의 이념적 비전에 일관성이 없다고 비난하긴 어렵다. 일례로 1936년에 그가 저술한, 폭넓은 주제를 다룬 몇 개 안 되는 비망록에서 그는 다시금 '볼셰비즘'의 위험에 얼마나 집착하고 있는지를 보여주었다.

프랑스 혁명 발발 이후 세계는 점점 더 빠른 속도로 새로운 충돌을 향해 달려가는 중이고, 이 현상의 가장 극단적인 결말은 볼셰비즘이라 불린다. 그러나 볼셰비즘의 핵심은 지금까지 인류를 이끈 지도 계층의 인물을 모두 제거하고, 그 자리를 전 세계의 유대인으로 대체하려는 것이다. 어느 국가도 이 역사적 충돌 과정에서 벗어나거나 멀리 있을 수가 없다. 러시아에서 승리를 거둔 마르크스주의는 앞으로의 작전을 위해 세계에서 가장 거대한 제국에 전진기지를 마련했고, 이 문제는 실로 위협적이다.[13]

히틀러가 한 말의 의미를 정확히 이해하지 못하는 사람이 없도록 헤르만 괴링Hermann Göring은 1936년 각료회의에서 그 의미를 간단명료하게 설명했다. 그는 총통의 비망록은 "소련과의 대결이 불가피하다는 기본 명제에서 출발한다."라고 선언했다.[14] 히틀러는 대중 연설에서 동쪽의 땅을 빼앗겠다는 포부를 더는 공개적으로 거론하지 않는 대신, 소련의 존재가 야기할 어마어마한 위험을 반복해서 강조했다. 1937년 9월 뉘른베르크에서 히틀러는 볼셰비즘과의 투쟁을 서사적인 언어로 연설했다. 그는 과장법을 한껏 구사하며, 볼셰비즘과의 투쟁은 "세계 역사의 커다란 사건"이고 볼셰비키 세력은 "고대 국가들의 붕괴 이후 인류의 문화와 문명을 위협하는 가장 거대한 위험"이라고 묘사했다.

히틀러는 볼셰비즘과의 갈등이 모든 분야에서 전개될 것이라고 강조했다. 모든 것이 위협을 받고 있었다. 정신적 생활, 경제, 국가의 성격 및 특성 그리고 생명을 결정하는 모든 제도가 위협을 받고 있었다. 히틀러는 볼셰비즘 뒤에 유대인들이 있다는 내용을 청중들에게 각인했다. 이로 인해 나타날 무서운 위협에 관한 이미지를 형성했다. 히틀러는 "철저히, 아주 철저히 열등한 인종인 유대인이, 자신들이 지배하는 다른 인종의 지배 계급을 멸절시키는 정책을 추구하고 있다."라고 주장했다. 유대인들은 그렇게 하지 않으면 '우월한 지성'에 의해 패배할 것이기 때문에 이런 정책을 추구한다고 히틀러는 주장했다. 요약하자면, 히틀러는 소련에는 유대인 볼셰비키 범죄자 국제 길드가 존재한다고 주장했다. 그리고 이들의 목적은 "모스크바에서 독일을 지배하는 것"이라고 갈파했다.[15]

우리는 히틀러가 소련 침공의 필요성으로 단지 독일의 영토 확보만 주장한 건 아니라는 점에 주목해야 한다. 오히려 그는 독일이 볼셰비키가 추구하는 '세계혁명'에 의해 위협을 받는다고 주장했다. 그는 대중 앞에서 본인을 존재론적인 위협에 관해 경고하는 예언자로 내세웠다. 히틀러의 궁극적인 목적을 고려하자면 이러한 전략은 아주 영리한 방식이다. 명시적으로 말하지는 않았지만, 볼셰비키의 팽창을 막기 위한 한 가지 방법으로, 그들이 독일을 공격하기 전에 독일이 그들을 공격해야 한다는 논리가 성립할 수 있기 때문이다. 즉 독일인은 제국주의자라서가 아니라 자기방어의 '의도치 않은 결과'로 동쪽의 땅을 얻게 될 예정이었다.

1930년대 히틀러를 향한 스탈린의 태도는 전혀 솔직하지 않았다. 히틀러가 독일 수상이 되기 1년 전인 1932년, 스탈린은 독일공산당에 "독일 내 다른 사회주의 정당들보다 나치당이 제기하는 위험에 집중하지 않도록 하라."라고 명령했다. 일군의 독일공산당원들이 스탈린에게 찾아가 그의 마음을 바꾸도록 설득했지만, 그는 그들의 우려를 무시했다. 그들 중 한 사람인 프란츠 노이만Franz Neumann에게 이렇게 되물었다.

노이만. 만일 국가주의자가 독일의 권력을 장악하면, 그리고 그가 서방과의 투쟁에 완전히 몰두하면, 우리(소련)는 평화롭게 사회주의를 건설할 수 있을 거라고 생각하지 않는가?[16]

스탈린은 베르사유 조약을 체결한 '11월의 범죄자들'을 향한 나치의 요란한 공격을, 베르사유 조약을 변경하기 위해 히틀러가 서방 국가들과의 투쟁에 집중할 것이라는 신호로 간주했다. 그의 판단은 어느 정도 맞았다. 히틀러의 이념적 적수는 항시 소련이었지만, 단기적으로 프랑스, 영국, 미국이었다. 그들과 독일의 관계가 단기적으로는 더 중요했다. 독일에 막대한 타격을 입힌 배상금, 영토의 상실, 베르사유 조약 이후 독일에 부과된 군비 제한의 1차 책임은 소련이 아니라 이 나라들에 있었다. 그렇다고 스탈린이 소련에 관한 히틀러의 구상을 일절 몰랐다는 것은 아니다. 스탈린은 히틀러의《나의 투쟁》을 꼼꼼히 읽고 중요한 구절을 색연필로 표시했다.[17] 그러나 그는 지리적인 문제로 히틀러가 바로 물리적 위협을 가할 수 없다는 사실을 알고 있었다. 그 이유는 다른 나라들, 특히 폴란드가 독일과 소련 사이에 장벽처럼 존재했기 때문이었다. 그리하여 "러시아와 그 위성국들"의 땅을 탐한 히틀러의 욕구는, 이 목적을 실제로 어떻게 달성할 수 있을 것인지로 귀결되었다.

히틀러의 주장과 달리 소련은 당시 '독일 통치'라는 목표를 추진하지 않았다. 스탈린이 다른 국가에서의 혁명을 지원하는 데에 거부했다고 단언하는 건 너무 단순한 결론이지만, 그가 1930년대에는 이 목표에 열의가 거의 없었다는 건 사실이다. 스탈린은 1919년 결성된 국제 공산주의자 집단인 코민테른을 해체하지는 않았지만, 그가 1932년 독일공산당에 내린 지시에서도 알 수 있듯이 그의 주요 관심사는 소련의 사회주의 실험에 위협이 될 거라 생각되는, 좌파 진영 내부의 다른 집단을 분쇄하는 것이었다.

스탈린은 아주 소수의 사례에서만 외국의 분쟁에 관여하는 것을 승인했다. 그렇게 하면서도 일관되게 행동하지도 않았다. 예를 들어 스탈린은 스페인에서 프랑코에 대항하는 투쟁에는 자금과 무기를 보냈지만, 자신이 지원하는 집단의 '정확한 성격'*을 늘 우려했다. 특히 그는 가장 핵심적인 질문에 관한 답을 원했다. 자신이 극도로 증오하는 레온 트로츠키를 그들이 지지하는지, 그 여부를 알고 싶어 했다.

스탈린은 1920년대 혁명동지였던 트로츠키를 제압하는 데에 성공했다. 트로츠키의 카리스마 넘치는 개성과 지적 재능은 스탈린의 참을성 있는 교활함에는 상대가 되지 않았다. 스탈린은 1929년 트로츠키를 소련에서 추방했고, 이후 트로츠키는 소련에 계속 문제를 일으켰다. 스탈린과 달리 재능 있는 저술가였던 트로츠키는 망명지에서 스탈린의 정책이 아니라 스탈린이라는 인물 자체를 거듭 비판했다. 무엇보다도 그는 스탈린이 세계혁명을 원하는 모든 바람을 거부하여 혁명을 배신했다고 주장했다. 스탈린은 혁명 대신 본인의 권력 기반을 구축하면서 소련에 숨 막히는 관료주의 구조를 만들어냈다고, 트로츠키는 주장했다. 이런 이유로 그는 스탈린의 제거를 요구했다. 1933년 트로츠키는 스탈린이 권력을 내려놓기 위해서는 "프롤레타리아 전위대가 스탈린의 관료주의를 무력으로 제거해야 한다."라고 주장했다.[18] 4년 후인 1937년, 그는 여기서 더 나가 한 인터뷰에서 "모든 비판 위에 존재하는 인간"으로 자신을 내세운 스탈린을 권좌에서 몰아내는 유일한 방법은 암살이라고 말했다.[19] 그해에 가장 격렬한 논증서인《기만의 스탈린 학파The Stalin School of Falsification》가 영어로 출간되었다. 트로츠키는 이

◆ 1936년 7월, 스페인 제2공화국은 프란시스코 프랑코가 이끄는 극우-파시스트 세력이 내란을 일으키자 자유주의자, 사회주의자, 공산주의가 연합한 '인민전선'이 이에 맞섰다. 스탈린은 당시 장비와 무기를 좌익 세력 및 공화국 군대에 제공했다. 그러면서도 스페인 좌익 세력의 정치적 노선을 의심하고 경계했다. 당시 스페인에는 소련과는 다른 노선을 추구하는 공산주의자부터 스탈린의 대숙청을 피해 도망친 공산주의자까지 있었다.

책의 결론을 이렇게 내리며 스탈린을 공격했다.

> 인용을 가지고 장난치고, 자신의 연설에 관한 속기록을 숨기며,
> 레닌의 편지와 논문의 회람을 금지한다. 불성실하게 선별된 인용
> 을 위조했다. 스탈린은 혁명의 역사를 다시 쓰려고 노력하고 있
> 다. 당신(스탈린)은 역사적 문서들을 억압하고, 감추고, 태워버릴 수
> 있다. 당신은 혁명 사건을 담은 사진과 영화 기록에까지 검열을
> 확대할 수 있다. 이것이 스탈린의 만행이다. 그러나 그 결과는 그
> 의 기대를 정당화시키지 않고, 앞으로도 그럴 것이다. 스탈린처럼
> 편협한 생각을 지닌 인간만이, 이러한 측은한 노력으로 현대 역사
> 의 거대한 사건을 사람들로부터 잊게 할 것이라 상상할 수 있다.[20]

그러나 최종 승자는 트로츠키가 "편협한 생각을 지녔다."라고 비난
한 남자였다. 스탈린이 트로츠키 암살을 명령한 다음 스페인 공산주의
자 라몬 메르카데르Ramon Mercader가 1940년 8월 20일 멕시코에서 도끼
로 트로츠키를 암살했다. 트로츠키는 공격받은 다음 날에 사망했다.
　1930년대 스탈린은 다른 나라에서 발생한 볼셰비키 혁명이 실패할
까 두려워하기보다는, 트로츠키주의자의 혁명이 성공할까 두려워했
다. 이러한 사실은 스탈린의 많은 부분을 설명한다. 트로츠키는 스탈
린의 걱정거리였고 이로 인한 불안이 가뜩이나 의심 많은 성격을 더욱
강화하였다. 그는 항상 소련 내에서 비밀리에 공작을 벌이는 트로츠키
주의자가 누구인지를 '질문'했다. 대답을 찾는 과정에서 수천 명이 죽
음을 맞이해야 했다. 이것이 1939년 봄, 스탈린이 중요한 대외 정책 연

설을 한 배경이었다. 그해 3월 10일 제18차 공산당대회에서 그는 미국, 영국, 프랑스 같은 "비공격적 국가들이 공격적 국가들(스탈린에게는 독일, 이탈리아, 일본을 의미함)에 계속해서 양보한 것은 믿기 힘들지만 사실"이라고 말했다. 아마도 비공격적 국가들이 유화정책을 펼친 이유는 만일 다시 전쟁이 일어나면 자신들 국가에서 혁명이 일어날 수 있다고 염려했기 때문일 것이라고 그는 주장했다. "1차 제국주의 세계 전쟁(제1차 세계대전)" 기간 중 볼셰비키 혁명이 러시아에서 제일 먼저 발생했다는 사실은 모두가 다 알고 있었다. 아니면 이 국가들이 집단 안보 대신에 중립을 택했기 때문일 수도 있다고, 스탈린은 덧붙여 말했다. 그리고 그들의 유화정책은 공격적 국가들이 범죄적인 일을 하는 것을 조장하기만 했다.[21]

스탈린은 여기서 더 나가 비공격적 국가들은 소련과 관련된 비밀 계획을 수립했다고 주장했다. 그는 이 국가들이 오스트리아와 체코슬로바키아를 향한 독일의 침공에 유약한 대응만 했고, 언론에는 '러시아 군대의 취약성'과 '러시아 공군의 사기 저하'에 관한 거짓말을 공표했다는 점을 지적했다. 그래서 이 비공격적 국가들은 독일이 얻을 수 있는 이익을 강조했고, 독일이 동쪽으로 더 진군하도록 선동했으며, "볼셰비키를 상대로 전쟁을 벌여라, 모든 것이 잘 될 것이다."라고 부추겼다고 연설에서 주장했다.[22] 이 연설에서 스탈린은 "소련은 다른 사람의 손을 빌려 모닥불 속 밤을 꺼내는 데에 익숙한 전쟁광들의 분쟁에 휘말리지 않을 것"이라는 유명한 말을 남겼다.[23]

스탈린의 연설에 윈스턴 처칠은 크게 우려했다. 당시 기준으로 내각에 합류하지 않았던 하원의원 처칠은 영국 주재 소련대사 이반 마이스키Ivan Maisky에게 "그 연설이 스탈린이 민주주의자들과 협력할 준비를 했다는 뜻을 의미하는가?"라고 물었다. 마이스키는 "민주주의자들이 침략자들과 대화만 하지 말고 싸울 준비를 하라는 요청에 더 가깝다." 라고 대답했다.[24]

이런 일이 벌어지던 상황에서, 히틀러는 자신의 의도를 드러내는 결정적인 움직임을 보였다. 1939년 3월, 그는 독일에 복종적인 국가인 슬로바키아를 동쪽에 설치하고 서쪽의 보헤미아와 모라비아를 보호령으로 만드는 방식으로 체코슬로바키아를 분해하는 데에 성공했다. 이 사건은 직전 해에 일어난 일들 때문에 무척 중요해졌다. 1938년 3월, 독일군은 먼저 오스트리아를 침공한 다음 체코슬로바키아를 위협했다. 전면전이 일어나는 것을 피하고자 히틀러는 체코슬로바키아 전체를 점령하려는 자신의 계획을 뒤로 미루었다. 그해 9월, 뮌헨 회담에서는 독일과의 국경 지역이자 주로 독일인들이 거주하는 수데텐란트(주데텐란트) 지역만 차지하는 데에 동의했다. 이 마지막 사건이 히틀러에게 무척 중요했다. 히틀러는 1930년대에 독일어를 사용하는 주민들을 통치하겠다는 목표를 달성할 것이라고 공개적으로 선언했다. 이런 입장에서, 히틀러는 국제적인 동정 여론을 의식하는 한편, 전쟁을 벌이려는 열정도 없었다. 영국 외무부의 프랭크 로버츠Frank Roberts가 말한 대로 "(영국의) 여론은 프랑스의 동맹국으로 유럽에서 독일과 전쟁을 벌여 독일이 다른 (지역의) 독일인들을 통합하는 것을 막아야 한다는 사실을 이해하지 못했다."[25] 이러한 무사안일한 태도는 히틀러가 체코슬로바키아의 나머지 부분도 해체하고 나서야 바뀌게 되었다. 그리고 히틀러가 체코슬로바키아를 해체한 방법은, 그가 자신의 잔인한 방식으로 외교정책을 수행한다는 점뿐만 아니라 약소국을 얼마나 하찮게 바라보고 있는지를 잘 보여준다. 앞으로 확인하겠지만, 스탈린과 히틀러의 공통점은 약소국을 경멸했다는 것이다.

체코슬로바키아의 동쪽 지역을 차지하고 있는 슬로바키아는 뮌헨 협정 이후 프라하 정부로부터 특별한 지위를 부여받았고, 가톨릭 사제인 요제프 티소Jozef Tiso가 슬로바키아 자치 지역의 총리로 임명되었다. 그러나 1939년 3월 초 체코 대통령 에밀 하하Emil Hacha는 티소를 해임했다. 그는 티소가 이끄는 슬로바키아가 독립을 선언할까 두려워했다. 이는 독일이 공작한 사안이었다. 그러나 티소는 히틀러를 만나서 어떻게 상황을 해결해야 할지를 몰랐다. 히틀러는 슬로바키아인들의 결정과는 상관없이 체코 지역에 진입할 것이라고 티소에게 통보했다. 슬로바키아인들에게 남은 선택지는 둘 중 하나였다. 독립을 선언할 것인가? 아니면 나치 정권이 자국에 대한 헝가리의 계획에 동의할 것인지를 지켜봐야 하는가? 직전 달에 슬로바키아 대표단을 만난 헤르만 괴링은 "당신들은 독립을 원하는가? 아니면 헝가리인들이 당신들을 소유하기를 원하는가?"라고 단호하게 질문했다.[26]

히틀러와 만난 다음 날인 3월 14일, 티소는 슬로바키아 비상 의회에 참석하기 위해 수도 브라티슬라바Bratislava로 돌아왔다. 그 자리에 있었던 정치인 중 한 사람인 마르틴 소콜Martin Sokol은 당시의 긴장된 상황을 이렇게 표현했다.

아무도 역사 앞에서 책임을 지려고 하지 않았다. 왜냐하면 그날 오후, 슬로바키아에 어떤 일이 일어날지 아무도 몰랐기 때문이다.[27]

그런데도 슬로바키아 지도부는 균형을 잡기 위해서는 독립이 가장 덜 위험한 방법이라고 결정하고 즉각 슬로바키아 국가 출범을 선언했다. 같은 날인 3월 14일 화요일 저녁, 체코슬로바키아의 에밀 하하 대통령이 히틀러와 면담하고자 베를린에 도착했다. 이 면담은 국가 정상 간의 대화라기보다는 의도적인 무시와 굴종의 장이 되었다. 히틀러는 프라하로부터 오랜 여행에 지친, 병을 앓고 있는 66세의 하하를 기다리게 했다. 대통령을 만나지 못할 만큼 급했던 히틀러의 업무란 「가망 없는 상황Ein hoffnungsloser Fall」이라는 독일 로맨틱 코미디 영화 시청이었다. 그는 새벽 1시경에서야 하하를 만났고, 바로 분노에 찬 목소리를 폭발시켰다. 히틀러는 제3제국을 방어하는 유일한 길은 즉각적인 체코 점령이라고 말했다. 하하에게 "즉각 프라하에 전화를 걸어 독일군에 저항하지 말라는 명령을 내리지 않으면, 유혈 사태가 일어날 것"이라 위협했다. 면담에 배석한 괴링은 독일 공군기들이 그날 아침 프라하를 폭격할 것이라 위협했다. 이 순간 하하는 정신을 잃고 쓰러졌다.

젊은 독일 외교관이었던 만프레트 폰 슈뢰더Manfred von Schröder는 그다음에 일어난 일을 이렇게 묘사했다.

우리는 의사를 불러야 했다. 그것이 내가 맡은 임무였다. (유명한 히틀러의 주치의였던) 테오도어 모렐(Theodor Morell) 교수가 근처에 있었다. 나는 그에게 도움을 청했고, 그가 들어와서 하하에게 주사를 놓았다. 사람들은 그가 히틀러가 원하는 모든 것을 하게 만드는 주사를 놓았다고 말했다. 그러나 내가 보기에 모렐 교수가 환자의 팔에 놓은 주사는 정상적인 주사였다. (다시 정신을 차린) 하하는 다시 돌

히틀러와 스탈린

아와 체코슬로바키아 할양 협정에 서명했다.[28]

그날 밤 사건으로 심신이 무너진 하하가 떠난 다음, 히틀러는 비서들에게 이렇게 말했다.

오늘은 내 인생에서 가장 행복한 날이다. 몇 세기 동안 헛되이 시도된 일을, 운 좋게도 내가 성취했다. 나는 제3제국과 체코슬로바키아의 통합을 성취했다. 하하는 이 협정에 서명했다. 나는 역사에 가장 위대한 독일인으로 남을 것이다.[29]

히틀러는 무자비한 위협으로 "인생에서 가장 행복한 날"을 만들었다. 그는 생존을 위한 영원한 투쟁에서 친구가 없는 약소국을 좀 더 크고 강한 국가가 원하는 대로 다룰 수 있을 거라 믿었다. 이는 스탈린도 정확하게 이해한, 냉혹한 정치·지리적 현실이었다.

그러나 히틀러는 체코 영토 병합과 슬로바키아에 나치의 봉신국을 만든 결과로 인해 새로운 문제에 직면하게 되었다. 그는 1년 전 수데텐란트가 자신의 "마지막 영토 요구"라고 약속한 협정을 분명히 어겼기 때문이다. 그리고 체코슬로바키아에는 자신을 독일인으로 생각하지 않는 주민이 너무 많았다. 독일어를 사용하는 사람들만 통합하기를 원한다는 히틀러의 주장은 거짓으로 드러났다.

영국 외무부의 알렉산더 캐도건Alexander Cadogan 차관은 1939년 3월 20일 일기에 "우리는 교차로에 다다랐다."라고 썼다. 히틀러가 독일어를 사용하는 주민들이 거주하는 영토를 획득하려고 시도하는 한, 영국은 "히틀러에게 나름대로 논거가 있다."라는 시늉을 할 순 있지만, 만일 "히틀러가 다른 민족들도 집어삼키기 시작하면, 이때는 '중지Halt!'라고 외쳐야 한다."[30]

히틀러의 행동은 특히 영국 총리 네빌 체임벌린Neville Chamberlain에게 큰 타격을 주었다. 그는 이제 휴짓조각이 된 뮌헨 협정에 서명했을 뿐만 아니라 나치 전차가 프라하로 진입하기 바로 며칠 전 기자들에게 떠들었던 것처럼 상황을 완전히 오판했다. 그는 기자들에게 "외국의 상황은 덜 염려스럽고, 잠시 전개된 우려스러운 상황에 관해 나는 이전보다 덜 걱정한다."라고 말했다.[31]

나치가 체코 영토를 신속히 점령하자, 체임벌린은 체코의 독립을 회복하고자 자신이 할 수 있는 일은 없다고 보았다. 대신에 이제는 독일의 확장, 특히 폴란드로의 확장을 막아야 했다. 히틀러는 오랫동안 베르사유 조약의 결과로 폴란드에 상실한 독일 영토를 회복하겠다고 말해왔다. 그래서 전 세계에 신호를 보내는 것이 절실했던 체임벌린은 3월 31일 영국 의회 연설에서 이렇게 말했다.

> (독일이) 폴란드의 독립을 분명히 위협하고, 폴란드 정부가 국방력을 동원해 이에 저항하는 것이 필수적이라고 느끼는 행동이 있는 경우, 영국 정부는 모든 힘을 동원하여 폴란드 정부를 지원해야 할 책임이 있다고 생각한다.[32]

노동당 의원인 아서 그린우드Arthur Greenwood는 체임벌린에게 "소련을 다른 나라와 함께 그의 구상, 즉 폴란드의 안전을 보장하는 체계에 끌어들일 생각이 있는지"를 묻자, 체임벌린은 "외무장관인 핼리팩스가 오늘 아침 소련대사를 만났고, 우리가 행동하고 있는 원칙을 소련이 충분히 이해하고 평가하고 있다고 본다."라고 대답했다.[33] 그러나 이 대답은 솔직하지 않은 변명이었다.

소련대사인 이반 마이스키는 핼리팩스 외무장관과의 면담 내용을 일기에 상세히 기록했다. 핼리팩스는 마이스키에게 체임벌린의 연설문을 넘겨주며, 영국 정부는 몇 시간 후 소련이 이를 승인했다고 발표해도 되는지를 물었다. 마이스키는 자신이 이 연설문을 처음 보았고, 본국 정부도 아직 이것을 보지 못한 상태에서 어떻게 소련이 이를 승인했다고 말할 수 있냐고 되물었다. 핼리팩스는 이 대답에 당황하며 "당신 말이 옳을 수도 있다."라고 대답했다.[34]

소련 정부를 피상적으로 상대한 핼리팩스의 태도는 영국이 얼마나 스탈린과 그 정권을 경계하고 있는지를 보여준다. 체임벌린은 내각 각료들에게 자신의 느낌을 있는 그대로 털어놓았다. 4월 5일, 그는 자신이 러시아(소련)를 아주 불신하고, 그 나라로부터 적극적이고 지속적인 지원을 얻어낼 수 있을지 결코 확신하지 않는다고 말했다.[35] 여기에다가 그는 "러시아가 우리를 구할 수 있는 열쇠라고 믿는 그 기대감이란, 서글픈Pathetic 믿음일 뿐"이라고 생각했다.[36]

체임벌린과 핼리팩스를 포함한 영국의 지도부 일부가 왜 이런 식으로 생각했는지를 이해하기란 어렵지 않다. 이들은 볼셰비키가 권력을 잡은 후 러시아 황제 가족을 어떻게 살해했는지를 잘 알고 있었다. 영국 상류층과 왕족은 영국에서 공산주의 혁명이 일어나면 그와 똑같은 유혈적인 방법으로 자신들을 처형할 것이라 생각할 수 있었다. 거기다 볼셰비키는 자신들의 '세계혁명'을 확산시키겠다고 말했다.

한편, 소련이 아니라 독일에서 찾아온 즉각적인 위협으로 시간이 갈수록 절망에 빠졌다. 그래서 영국과 프랑스는, 두 국가가 폴란드에 제공한 것처럼 유사한 보장을 폴란드에 제공해줄 것을 스탈린에게 제안했다. 소련은 4월 17일 영국의 제안에 답신을 보내서 영국, 프랑스, 소련 간의 광범위한 군사동맹 체결을 제안했다. 이것은 세 국가 중 한 국가가 공격을 당하면 나머지 국가들이 지원을 제공할 뿐만 아니라 소련에 인접한 국가들이 침략을 당할 때도 세 나라가 간섭할 것을 포함하고 있었다. 그런데 이 아이디어로 인해 영국은 의심을 품었다. 캐도건은 당시 건의서에 이렇게 적었다.

> 우리는 러시아(소련)와의 서면 약속이 선사할 이익과 러시아와의 공개적인 동맹 체결이 야기할 불이익을 저울질해야 한다. 아무리 적게 보아도, 이익 자체에 문제가 있었다.

영국인들이 보기에 소련이 제안한 동맹에는 문제가 있었다. 캐도건이 지적한 것처럼, "소련은 어떻게 폴란드를 통과하거나 영공 위로 병력을 파견하지 않으면서 의무를 수행할 수 있겠는가?" 폴란드인들이 겁을 먹은 이유도 바로 이것이었다.[37]

핼리팩스는 폴란드인들이 느끼는 불안을 좀 더 단도직입적으로 표현했다. "영리한 토끼는 자신보다 몸집이 열 배나 큰 동물의 보호를 받으려고 하지 않는다. 그것이 보아뱀처럼 먹이를 압박해 죽이는 동물로 소문이 난 경우 더욱 그렇다."[38]

소련이 폴란드 영토를 침범할 가능성에 관한 우려는 몇 달 동안 이어진 양국 간 토론으로도 해소되지 않았다. 사실 이러한 불안이 사라질 것이라 예견하기는 너무 어려웠다. 독일군과의 전쟁을 명목으로 자국 땅에 진입한 소련군이 이후 자발적으로 철수할 것이라고, 폴란드인들이 어떻게 믿을 수 있겠는가? 특히 폴란드는 불과 20년 전 볼셰비키 정권과 영토 문제로 전쟁을 벌인 바가 있었다. 영국이 그리스와 루마니아를 위한 추가 보장을 요구하면서 문제는 더욱 복잡해졌다. 이 두 나라에도 소련이 도움을 제공하러 오는 것에 관해 설득해야 했다.

영국은 소련의 군사력을 크게 신뢰하지 않았다. 1939년 4월 영국 총참모부는 소련군이 규모는 크지만 구조와 지휘구조에 많은 약점이 있다고 보고했다. 체임벌린 총리도 "러시아(소련)의 군사력은 현재로서는 공격용으로 큰 군사적 가치가 없다고 본다."라고 말하며 이 보고서의 내용에 동의했다.[39]

그러나 이것이 다가 아니었다. 영국 총참모부는 소련군이 안고 있는 문제에도 불구하고, 소련군의 규모 자체는 나름의 이익을 제공한다고 평가했다.

폴란드와 루마니아가 적에게 점령당할 만큼 전쟁이 연합국에 불리하게 전개되어도, 소련군은 상당수의 독일군을 동부전선에 묶어둘 수 있었다.

총참모부는 만일 영국이 소련과 손을 잡지 않으면 영국이 감수해야 할 거대한 위험부담도 마치 예언처럼 지적했다.

독일과 소련 사이에 타협이 이루어질 가능성에는 중대한 군사적 위협이 내재한다. 이것에 주의를 기울여야 할 것이다.[40]

그러는 사이 스탈린의 의심 많은 성격은 사방에서 음모를 찾도록 스탈린을 추동했다. 만일 영국과 프랑스가 공모하여 소련을 홀로 독일과의 전쟁에 내몰면 어떻게 할 것인가? 소련이 영국 및 프랑스와 동맹을 맺는다면 이런 참극이 실제로 일어나지 않겠는가? 스탈린이 이렇게 의심한 이유는, 전장에서 폴란드에 직접 지원이 가능한 나라는 오직 소련뿐이기 때문이다. 영국과 프랑스는 온갖 그럴듯한 말에도 불구하고 독일군이 폴란드의 바르샤바를 향해 진군한다면 팔짱을 끼고 멀리서 보고만 있을 수 있다. 이보다 더 나쁜 가정도 가능하다. 영국과 프랑스는 독일과의 비밀거래를 성사시켜 폴란드를 히틀러에게 줘버리고, 그다음으로 소련과 국경을 맞대게 할 수도 있지 않은가? 체임벌린은 히틀러를 만족시키기 위해 온갖 유화정책을 펼쳤는데, 그가 그런 짓거리를 다시 저지르지 않으리라 어찌 확신할 수 있는가?

이 모든 의심과 가능성으로 인해, 영국과 프랑스에 스탈린이 군사동맹을 제안한 이유가 무엇인지 짐작하기 아주 어려웠다. 스탈린은 폴란드 문제의 해결이 거의 불가능하다는 사실을 알았음이 틀림없었다. 가장 그럴듯한 가설은, 스탈린이 모든 선택지를 자신의 손으로 쥐고 싶어 했다는 것이다. 그는 영국과 프랑스를 위해 자기 손으로 모닥불 속 밤을 꺼내려 하고 싶지도 않았거니와 소련이 고립되는 상황을 피하고자 무척 경계했다.

영국도 어떻게 해야 할지 확신이 없었다. 지도부 일부는 스탈린을 여전히 불신했다. 한 정파는 스탈린을 극도로 불신했다, 외무부의 알렉산더 캐도건 차관은 스탈린의 군사동맹 제안을 "해악을 끼치는 것"이라고 표현했다.[41] 체임벌린 총리도 소련을 향한 의심을 거두지 않았다. 만일 그에게 결정권이 있었다면 그는 스탈린과 최소한의 합의를 하는 데에 그쳤을 것이다. 그는 '러시아'를 '신뢰하기 너무도 어려운 우방'으로 생각했을 뿐만 아니라 제1차 세계대전이 발발하기까지의 과정도 잘 기억하고 있었다. 그는 1914년과 마찬가지로 동맹 블록이 형성되면, 그 동맹 블록은 전쟁을 예방하기보다는 전쟁으로 몰아넣는 역할을 할 수 있었다.[42]

그러나 내각의 다른 각료들은 이런 생각에 동의하지 않았고, 이들의 의견이 점차 영향력이 커졌다. 이들은 소련이 중립국으로 남거나 히틀러와 동맹을 맺게 될 경우, (영국이) 소련과 타협하는 경우에 발생하는 피해보다 훨씬 더 심각한 피해를 초래할 것이라 판단했다. 그래서 5월 말 영국 정부는 스탈린과의 타협을 모색하기로 결정했다. 우리는 이러한 결정이 내려진 배경의 중요성을 꼼꼼히 살필 필요가 있다. 단지 스탈린의 군사동맹 제안을 거절했던 영국이 갑자기 입장을 전환했기에 중요하다는 뜻이 아니다. 민주주의 국가와 독재 국가 사이의 근본적인 차이가 이 과정에서 잘 나타나기 때문이다. 히틀러와 스탈린은 주요 외교정책을 스스로 결정했다. 물론 두 사람이 완전히 고립된 상태에서, 오로지 혼자만의 생각으로 중차대한 결정을 내리지는 않았다. 하지만 이들은 본인 주위에 포진한 여러 정파의 의견을 고려할 필요가 없었고, 더 넓게는 폭넓은 여론도 고려할 필요 없이 앞으로 나아갈 방향을 스스로 결정했다. 우리가 앞으로 읽게 될 내용처럼 1939년 독일이 9월에 폴란드를 침공한다는 결정을 단독으로 내린 주체는 히틀러였고, 독일과 비밀협정을 맺겠다고 단독으로 결정한 주체는 스탈린이다. 그러나 1939년 5월 체임벌린은 본인의 의견과는 달리 스탈린과의 협상에 동의했다. 두 독재자와는 다르게 영국의 총리는 내각 동료의 의견에 귀를 기울여야 했고, 영국 정부는 총리가 싫어하는 정책을 채택했다.

이후 몇 주 동안 영국과 소련 사이에 협상이 진행되었고, 결국 7월 말 영국은 군사대표단을 모스크바에 파견했다. 처음에는 (양국 관계의) '중대한 발전'이라 생각했던 영국 주재 소련대사 이반 마이스키는 영국 대표단이 소련으로 출발하기 전 이들을 대사관으로 초청하여 오찬을 베풀었을 때 크게 경악했다. 그 이유는 '레지널드 에일머 랜펄리 플런켓-언리-얼-드랙스Reginald Aylmer Ranfurly Plunkett-Ernle-Erle-Drax'라는, 네 겹의 가문 이름을 보유한 군사대표단장은 '많은 짐'을 가져가야 하기 때문에 비행기로 모스크바에 가는 게 불편하다고 말했다. 마이스키는 대표단이 비행기 대신 기선을 타고 소련으로 간다는 통보를 '믿기지 않는 뉴스'라고 서술했다. "영국 정부는 협정을 맺을 의사가 과연 있기는 한 것인가?"라고 그는 일기에서 자문했다.[43]

영국이 느린 속도로 모스크바에 보낼 대표단을 파견하고자 준비할 때, 독일과 소련이 협정을 맺을 수도 있다는 첫 번째 징조가 나타났다. 무능한 드랙스 제독과 영국 대표단이 런던의 소련대사관에서 점심 식사를 하기 일주일 전인 7월 26일, 독일과 소련 관리들은 무역협상을 가장하여 베를린에서 만났다. 이 접촉에 이어 8월 2일 독일 외무장관 요아힘 폰 리벤트로프Joachim von Ribbentrop는 소련 외무인민위원부 관리인 게오르기 아스타호프Georgi Astakhov와 '독일-소련 관계의 재설정'에 대해 논의했다. 이 회동에서 리벤트로프는 "발트해와 흑해 사이의 문제는 우리 양측이 만족할 수 있는 방식으로 해결할 수 있다."라고 말할 정도로 적극적 자세를 보였다.[44]

영국과는 다르게 독일은 소련과 타협을 맺기 위해 신속하게 움직였다. 무엇보다 양국의 타협을 향한 리벤트로프의 열정이 대단했다. 영국 정보부의 일원이었던 맬컴 크리스티Malcolm Christie 대위의 말에 의하면 리벤트로프는 오랫동안 독일, 이탈리아, 일본, 소련 사이의 동맹을 결성하는 데에 관심이 많았다.[45] 그러나 리벤트로프는 히틀러에게 충실히 복종하는 부하였기 때문에 히틀러의 승인 없이는 소련과의 논의를 절대 진행할 수 없었다.

1939년 4월 28일 히틀러의 연설을 보면, 히틀러가 말한 내용보다는 말하지 않은 부분에서 그의 생각을 추측할 실마리를 발견할 수 있다. 광범위한 주제를 언급한 그의 연설, 그리고 해당 연설의 국제적 중요성에도 불구하고, 그는 공공연히 알려진 '볼셰비키'를 향한 혐오를 거의 드러내지 않았다.[46] 대신에 그는 '영국-독일의 밀접한 우호와 협력'에 관한 자신의 희망을 강조했다. 그는 영국이 제국을 만들기 위해 '아주 가끔, 가장 혹독한 폭력'을 사용하긴 했지만, '대영제국의 존재'가 지닌 중요성에 관한 자신의 믿음을 확실히 표현했다. 히틀러는 "그런데도 나는 다른 방법으로 제국이 건설된 사례를 알지 못한다."라고 덧붙이기도 했다.[47] 그러나 최근 영국의 행보로 인해 영국은 항상 독일과 대립한다는 결론을 내리지 않을 수 없었다고, 그래서 영국의 행보를 심히 유감스럽게 생각한다고도 말했다.[48] 미국 대통령 루스벨트는 히틀러에게, 독일이 과거에 거론한 여러 나라를 실제로는 침공할 의도가 없다고 선언해달라 요청한 적이 있었다. 이 연설은 루스벨트의 요구에 대한 히틀러의 사악한 대답이었다. 히틀러는 루스벨트의 중재를 신랄하게 조롱하면서, "미국은 1918년 이후에만 여섯 번이나 해외에 군사적으로 개입했다."라며 그의 위선을 비난했다.[49]

이 연설은 독일과 미국 관계의 분수령이 되었다. 1938년 봄 루스벨트가 오스트리아와 독일에서 유대인이 당하는 고난을 다루는 회의를 개최하기로 제안한 것을 시작으로 이런 회의가 몇 달 후 에비앙_{Évian}에서 열린 것까지 포함해, 히틀러는 미국을 점증하는 위협으로 간주했다. 에비앙 회의_{Évian Conference}•가 아무런 결과를 내지 못하고 끝났고, 실제로 도움을 받은 유대인이 거의 없었다는 사실은 큰 의미가 없었다. 다른 국가들이 '유대인 문제'에 관해 위선적으로 행동한다는 히틀러의 믿음이 강화되기만 하였다. 또, 루스벨트가 유대인에게 지나치게 동정을 베푼다는 게 히틀러에게 중요하였다. 히틀러는 1920년대 초 유대인에 관한 첫 번째 연설 이후, "유대인은 너무 이중적이라 볼셰비즘과 자본주의 모두를 통제하려고 한다."라고 주장했다. 그래서 그가 보기에 유대인과 연관된 일련의 사건들은, 세계에서 가장 거대한 자본주의 국가가 유대인에게 조종되고 있다는, 히틀러 본인의 신념을 증명하는

◆ 1938년 7월 6일부터 7월 15일까지 프랑스 에비앙레뱅(Évian-les-Bains) 지역에서 미국을 포함한 32개의 국가 대표단과 24개 구호단체 대표단이 소집된 국제회담이다. 독일에서 히틀러와 나치당이 집권한 이후 독일-오스트리아 출신 유대인 난민 문제가 대두되었고, 이를 해결하기 위해 루스벨트 미국 대통령이 해당 회담을 소집했다. 그러나 주최국인 미국을 포함한 각국의 대표단은 자국에 유대인 난민이 유입되기를 꺼렸고, 유대인 난민의 이민 규제를 완화하는 데에도 인색했다. 결국 회담은 실패로 끝났고, 그해 11월에 나치당은 '수정의 밤' 사건을 일으켜 독일 내 유대인을 향한 테러와 국가폭력을 감행했다.

사례에 불과했다.

　근본적인 이념적 차이는 사라질 수 없었다. 히틀러는 자신의 관점을 기준으로 '잘못된 전쟁의 방향'으로 나아가고 있었다. 그는 오랫동안 영국과의 동맹을 원했다. 1939년 4월 대영제국을 치켜세운 그의 연설은, 히틀러가 아직은 영국을 추앙한다는 사실을 보여주었다. 그러나 영국이 히틀러를 거부하자, 그는 자신이 가장 침공하기를 원하는 국가와 협정을 맺어서 자신이 친구로 삼고자 했던 국가와 전쟁을 벌여야 하는 상황으로 본인 스스로를 몰아넣었다. 이러한 현실을 분석하면, 히틀러의 외교정책이 승리했다고 보긴 어려우나 히틀러의 정치적 민첩성이 얼마나 대단한지 알 수 있다. 그는 장기적인 비전을 형성하면서 동시에 단기적인 위기에 대응하는 능력이 있었다. 장기적 비전은 소련에 자신의 제국을 건설하는 것이고, 단기적 위기는 동부전선을 안전하게 만들지 않으면 동서 양면 전쟁이 불가피하다는 것이다. 히틀러가 할 수 없었던 일은 단기적 비전을 장기적 비전과 조화시키는 것이었다. 일관성이 부재한 히틀러의 행보는 그를 추종하는 수많은 지지자를 당혹스럽게 했다.

　한편 스탈린에 관해 말하자면, 1939년 8월 영국과 독일이 모두 소련과 손을 잡으려고 했기 때문에 그를 둘러싼 상황은 유리했다. 그러나 그의 강점은 전체적으로 보아 환상에 지나지 않았다. 영국과 프랑스가 소련과의 동맹에 얼마나 진지하게 임했는가? 바로 이 부분에서 문제가 있었다.[50] 양국의 대표단은 8월 11일 모스크바에 도착했지만, 소련과의 타협이 전혀 시급해 보이지 않았다. 이는 우연이 아니다. 영국 대표단장인 드랙스 제독은 "천천히 신중하게 나아가라."라는 훈령을 받은 상태였다. 체임벌린 총리는 대표단이 스탈린을 만나는 것을 전혀 원하지 않았다고, 드랙스는 훗날 증언했다.[51]

체임벌린과 다르게 히틀러는 정치적 야망을 달성하고자 소련과의 타협을 서두르도록 재촉했다. 그는 가을비가 내리기 전에 폴란드를 침공하기를 원했고, 스탈린과의 협정으로 폴란드를 분쇄하여 동부 국경을 안전하게 만들기를 희망했다. 영국의 드랙스가 모스크바에 도착한 날인 8월 11일, 이탈리아 외무장관 치아노Ciano가 독일 외무장관 리벤트로프를 만났다. 치아노는 그날의 이야기를 일기에 이렇게 적었다.

> (독일은) 확고하게 싸우겠다는 결정을 내렸다. 히틀러는 독일이 전쟁을 하지 않고도 만족할 수 있는 모든 해결책을 거부했다.[52]

다음 날 치아노를 만난 히틀러는 "자신과 이탈리아 총통Duce이 아직 젊을 때 큰 전쟁을 싸워 이겨야 한다."라고 말했다.[53]

그렇지만 히틀러는 폴란드를 공격하기 위해 스탈린과 타협해야 한다는 상황 자체에 짜증이 났다. 치아노를 만나기 전날인 8월 11일, 히틀러는 국제연맹 단치히 감독관인 카를 야코프 부르크하르트Carl Jacob Burckhardt를 만나서 이렇게 말했다.

> 나의 모든 행동은 러시아(소련)를 겨냥한다. 만일 서방이 너무 멍청하고 눈이 멀어서 이를 이해하지 못하면, 나는 러시아인들과 협정을 맺고 서방을 공격한 후, 나의 모든 힘을 집중해 소련을 상대할 것이다. 지난 전쟁에서처럼 누군가 우리(독일인)를 굶주리게 만들지

못하게 하려면, 우크라이나가 필요하다.[54]

이념적인 면에서 히틀러는 여전히 확고한 일관성을 유지했다. 8월 22일 히틀러는 알프스산맥이 지나가는 바이에른 지역의 베르히테스가덴에서 독일군 지휘관들을 만나 앞으로 있을 전쟁에 대해 열변을 토했다. 이날 회동과 다음 날 크렘린에서 리벤트로프와 스탈린 사이에 진행되는 협상은 큰 대조를 이루었다. 두 회동에서 히틀러와 스탈린은 각자의 성격에서 핵심이 되는 양상을 드러냈다. 독일군 지휘관들에게 행한 연설에서, 히틀러는 심히 우쭐대고 자아도취적인 모습을 보여주었다. 그는 연설의 서두에서 "나의 정치적 재능 덕분에, 모든 것이 나와 나의 경험에 달려 있다."라고 말했으나 "범죄자나 광신자에 의해 나는 어느 순간이든 제거될 수 있다."라고도 말했다. 그는 연설을 마무리할 적에 "내가 얼마나 더 살지 아무도 모른다. 그러므로 지금 전쟁을 하는 것이 낫겠다."라고 말했다. 이것은 그의 한껏 들뜬 자아의식을 보여주는, 무척이나 놀라운 순간이었다. 히틀러는 수백만 명의 사람을 전쟁으로 끌어들이는 이유가 자신의 수명에 대한 우려 때문이라고 말한 셈이었다.

전쟁을 해야 하는 또 다른 요인으로, 다른 국가들이 독일을 상대할 능력 때문이라고 그는 덧붙였다. 당시 독일을 둘러싼 '우호적 여건'은 2~3년 후에는 사라질 수 있었다. 그는 "우리가 지금 결정을 내리는 편이 쉽다. 우리는 잃은 것이 없고 얻을 것만 있다."라고 강조했다. 그러나 그는 경고도 잊지 않았다. "우리는 먼저 공격하거나 그렇지 않으면 조만간 멸절당할 냉혹한 선택 사이에 있다." 이 마지막 문장에서 히틀러가 자신의 주장을 펼치는 전형적인 방식을 엿볼 수 있다. 극적인 대안을 '또는'으로 제안하는 방식이 히틀러의 독특한 수사법이다. 그는 청중에게 극단적인 선택지만 제공했다.

폴란드를 공격하지 않으면 독일이 '멸절'될 위험에 처해 있다는 생각은 기괴할 정도로 과장된 논법이다. 당시 독일 경제가 위기 국면에 접근한 것은 사실이었지만, 그 이유는 히틀러 자신이 재정을 소비재 생산 대신에 군비 강화에 쏟아붓도록 요구했기 때문이다. 그러나 히틀러의 '멸절'이란, 독일이 아니라 아마도 자신의 운명을 염두에 둔 말일 것이다. 모든 생명체가 그렇듯이 그도 장래 어느 시점에 물리적으로 '멸절'할 길을 걸어가고 있었지만, 그는 자신이 갈망한 '거대한 제국'을 동방에 건설하기 전에는 죽을 수 없었다. 모순적이지만 당시 히틀러가 두려워한 대상은 전쟁이 일어날 수 있다는 공포가 아니라 평화가 정착될 수 있다는 희망이었다. 그는 뮌헨 협정을 염두에 둔 상태에서 "나는 마지막 순간에 어떤 돼지 같은 작자들이 나에게 중재 계획을 들이미는 것만을 염려했다."라고 말했다.[55] 그날 연설 뒷부분에서, 그는 "독일이 죽느냐 사느냐의 투쟁에 뛰어들었고, 평화의 시기는 우리에게 아무런 도움을 주지 않는다."라고 말했다. 또한 "전쟁에서 승자는 그가 진실을 말했는지 아닌지에 관해서는 추궁받지 않기 때문에, 전쟁을 시작하기 위한 거짓 혹은 선전적 이유를 제공할 것"이라고 공개적으로 말했다. 그는 장군들에게 "귀관들의 마음에서 동정의 마음을 닫고 잔인하게 행동하라."라고 강조하며 연설을 마쳤다.[56]

1941년 소련 침공을 결정했을 때, 전쟁의 성격을 대하는 히틀러의 태도가 바뀌었다는 주장이 꾸준히 제기되어 왔다. 히틀러는 이 전쟁을

'절멸전쟁(몰살전쟁)war of extermination'이라고 공개적으로 선언했다. 그러나 1939년 연설에서도 히틀러는 이와 똑같은 피에 굶주린 성격을 드러냈다. 전쟁 발단 순간부터 장군들은 전통적인 기사도와 명예를 잊은 채 잔인하게 행동할 것을 요구받았다.

바로 다음 날인 1939년 8월 23일 수요일 요아힘 폰 리벤트로프는 스탈린과 소련 외무장관 뱌체슬라프 몰로토프Vyacheslav Molotov를 크렘린에서 만났다. 처음부터 스탈린은 가식을 던져버리고 냉소적인 태도를 보였다. 회담 초반에 리벤트로프가 상호불가침 조약의 유효 기간을 100년으로 제안하자, 스탈린은 "만일 우리가 100년이라는 기한에 동의하면 사람들이 우리가 진지하지 않았다고 비웃을 것이다. 나는 조약의 유효 기간을 10년으로 제안한다."라고 대답했다.[57]

스탈린은 히틀러와는 다르게 반半철학적인 명언을 인용하지 않고, 순전히 실용적인 말만 사용했다. 그래서 리벤트로프와의 회담은 바로 '세력권Spheres of interest'이란 주제로 금방 넘어갔다. 스탈린, 리벤트로프, 몰로토프는 이 용어가 정확하게 무엇을 뜻하는지 정의하지 않은 채 소련과 독일 사이에 놓여 있는 거대한 땅덩어리를 기분 좋게 나누었다. 유일하게 문제가 된 지역은 라트비아였다. 리벤트로프는 이 나라의 일부를 자신들의 '세력'으로 유지해야 한다고 주장했지만, 스탈린은 라트비아 전체를 차지하기를 원했다. 리벤트로프가 별장에 머무는 히틀러에게 전화를 걸어 문의하자 히틀러는 스탈린의 요구를 받아들였고, 그것으로 거래는 완료되었다. 독일은 아직 폴란드를 침공하지 않았고, 리벤트로프는 "독일 총통은 폴란드 문제를 지체하지 않고 빨리 해결하기를 원한다."라고 말하며 어렴풋한 가능성만 시사했지만, 양측은 폴란드 동부가 소련의 세력권으로 편입된다는 점에 동의했다. 이 '세력권'이란 용어의 애매함과 나치가 폴란드를 침공한다는 명시적 언급의 부재에도 불구하고, 그 자리에 있던 모든 사람은 암묵적으로 합의된 바가 무엇인지 잘 이해했다. 양측은 어느 나라를 점령할지를 결정했다. 어떤 형태로 점령할 것인지는 부차적인 문제였다.

이 협상의 중요한 점은, 두 강대국이 군사행동을 시작하기도 전에 전리품부터 분배하기로 합의했다는 사실이다. 양국이 갱단ₐₙₐₛₜₑᵣ의 사고방식을 공유했다는 사실이 분명하게 드러나는 대목이다.

모든 사안이 합의되자 스탈린에게 회담 결과를 소개하는 발표문이 제시되었다. 그는 장엄한 언어로 새로운 양국 관계를 서술하는 텍스트를 읽고 난 후, 아무 이의를 제기하지 않았다. 다만 리벤트로프에게 양국의 여론에 조금 더 신경을 써야 하지 않을지를 되물었다. 스탈린은 "양국은 오랫동안 서로를 비하하는 선전을 해왔는데, 지금 갑자기 모든 것을 잊고 모든 것이 용서되었다고, 국민에게 이를 믿으라고 할 수 있겠는가? 그렇게 모든 일이 빨리 해결되지는 않는다."라고 말했다. 스탈린의 지적 이후 언론에 공표된 문안이 좀 더 약한 수위로 다듬어졌다.[58]

그 후 일종의 축하연이 진행되었다. 스탈린은 방안을 돌아다니며 독일 대표단 여러 사람과 잔을 부딪치고, 히틀러의 건강을 위해서 건배를 제안하기도 했다. 8월 24일 아침 이른 시간. 사진사들이 협정 조인식을 촬영하기 위해 들어왔을 때, 스탈린은 빈 병들을 치우도록 명령했다. 그렇지 않으면 "사람들은 우리가 취해서 협정에 서명한 것으로 오해할 수 있다."라고 말했다.[59] 스탈린은 이 사건의 모순을 제대로 파악한 듯했다. 그는 스탈린을 위한 건배가 이어지자 '반反코민테른주의

자들을 위해 건배'를 제안하는 여유도 보였다.[60]

스탈린은 독소 비밀협정의 냉정한 측면을 잘 이해하고 있었다. 그는 양국 사이에 거대한 이념적 균열이라는 골짜기가 파여 있고, 그 위에 '이익'이라는 좁은 다리가 놓여 있다는 사실을 무척 잘 알고 있었다. 독일 대표단이 크렘린을 떠나자마자 스탈린은 우크라이나 공산당 책임자인 니키타 흐루쇼프에게 "누가 상대를 더 농락하고 잘 속이는가를 경쟁하는 게임이 여기서 벌어졌다."라고 말했다. 흐루쇼프의 회고에 따르면, 스탈린은 아주 기분이 좋았고, 히틀러가 소련을 농락하려는 것을 잘 알고 있었다.[61]

스탈린이 리벤트로프와 협상을 진행한 모습과 히틀러가 그 전날 독일군 지휘관들을 상대로 연설을 빙자한 허풍을 떠는 모습은 분명히 대조된다. 히틀러는 허영심이 가득한 고성을 반복했지만 스탈린은 조용하고 신중했다. 히틀러는 자신의 중요성을 떠벌리기 급급했으나 스탈린은 회담에 몰로토프를 참여시켜 소련 지도부의 집단적 결정이라는 거짓된 인상을 심어주었다. 히틀러는 이념적 비전을 설교한 데 반해, 스탈린은 실용적 문제를 다루었다. 그는 자신을 희화화할 줄도 알았지만, 히틀러에게는 이런 면모가 일절 없었다.

독소 불가침 조약이 체결된 초창기에는 전 세계가 놀랐다. 양측이 얻는 즉각적인 이익은 분명했다. 히틀러는 서쪽의 영국, 프랑스와 동쪽의 소련 사이에 갇히는 불행을 피할 수 있었다. 스탈린은 히틀러가 다른 서유럽 국가들과 전쟁을 벌여 서로를 약화하는 파국을 앉아서 지켜볼 수 있었다. 거기다 비밀 불가침 조약 덕에 소련이 지배하는 영역을, 희생이라 부를 만한 대가도 거의 치르지 않고 획득할 수 있었다.

소련이 독일과 협정을 맺는 대신에 서방 국가들과 협정을 맺었을 가능성은 극히 낮았다. 독일이 소련을 침공하면 소련군이 폴란드로 진입해야 하는데, 이 문제에서의 타협은 확실히 어려웠다. 또한 영국, 특히 체임벌린 총리는 영국-프랑스-소련의 군사협정을 파괴하는 데에 기여했다. 히틀러는 영국과의 타협을 완전히 포기하진 않았다. 독소 불가침 조약이 체결된 다음 날인 8월 25일, 히틀러는 독일 주재 영국대사인 네빌 헨더슨Nevile Henderson을 만나 평화를 위한 마지막 제안을 했다. 히틀러는 독일-폴란드 문제가 즉각 해결되어야 하고, 그렇게 되는 경우 영국과 포괄적인 동맹을 체결할 가능성을 제안했다. 그러나 이 조건을 영국은 받아들일 수 없었다. 독일-폴란드 문제를 해결하는 유일한 방법은, 폴란드가 자국 영토의 상당 부분을 독일에 넘겨주는 것뿐이었다. 그런데도 8월 25일의 회동 자체는 히틀러가 이상적으로는 영국과의 동맹을 원하고 있었다는 사실을 알린다. 핸더슨은 히틀러에 관해 이런 기록을 남겼다.

> 그가 열성적으로 영국에 구애했다는 말은 과장이 아니다. 히틀러는 영국을 귀족정의 나라, 가장 성공적인 노르만 인종의 대표, 독일이 유럽을 지배하려는 거대한 계획에 유일하게 장애가 될 위험한 국가로 간주했다.[62]

영국이 히틀러와 동맹을 맺는 데에 결코 동의할 수 없었다는 점을 기정사실로 하면, 히틀러가 스탈린과 협정을 맺은 일도 놀랄 만한 사건이 아니게 된다. 나치 정부와 소련 정부는 서로의 이념, 정치적 목표

독소 불가침 조약

1939년 8월 24일 독일 외무장관 리벤트로프가 모스크바에서 독소 불가침 조약에 서명하고 있다. 리벤트로프 뒤에 서 있는 스탈린이 무척 기뻐하고 있다.

가 상이하게 달랐다. 하지만 실제로 '압제'를 실행한다는 점에서 두 국가는 많이 닮았다. 히틀러는 네빌 헨더슨이 (지극히 히틀러 입장에서) '영국에 이익이 될 일'은 수용하지 않고 약소국과 맺은 협정을 파기하지 않는 것을 이해하지 못했다. 이와 달리 리벤트로프는 모스크바에서 스탈린과 마음이 잘 통한다는 사실을 발견했다. 양측이 얼굴을 맞대고 협상하자, 이들은 서로를 쉽게 이해할 수 있었다. 최소한 서로 친구인 척은 할 수 있었다.

2장

폴란드 분할

1939년 10월

1939년 10월, 양측의 관계는 정말로 좋았다. 바르샤바에서 공동으로 축하연을 열 정도였다. 양국은 각각 차지한 폴란드 지역을 자국에 복속시키는 데에 집중했다. 폴란드를 점령한 두 정권은 새로 얻은 영토를 재조직하는 방법으로 대규모 강제이주 정책을 시행했다.

두 사람 사이의 이념적 격차에도 불구하고 히틀러와 스탈린은 한 가지 사안에서는 의견이 완벽히 일치했다. 둘 다 폴란드를 지독히 싫어했다. 독소 비밀협정이 체결된 지 불과 몇 주 후, 이들은 자신들이 그토록 증오하는 폴란드를 향해 각각 침공 명령을 내렸다. 그 결과로 수백만 명의 폴란드인이 역사상 가장 잔혹한 점령에 희생됐다.

히틀러는 제1차 세계대전 후 독일 영토의 일부가 폴란드에 병합되었다는 사실 하나에 화가 난 것은 아니었다. 폴란드인들은 1930년대 내내 히틀러의 외교적 타협을 계속 거부했다. 물론 히틀러와 타협을 하려면 폴란드 정부가 폴란드 영토 일부를 독일에 넘겨줘야 했지만.

스탈린의 증오심은 좀 더 개인적이다. 20년 전에 폴란드에서 겪은 개인적 경험이 폴란드를 향한 혐오의 촉매제가 되었을 가능성이 크다.

그는 제1차 세계대전 직후 갓 태동한 소비에트 국가와 폴란드 사이의 전쟁에서 정치장교Commissar로 참여했고, 적군赤軍(붉은군대) 병력이 다른 곳에 필요한 상황에서 병력 이동을 허락하지 않았다. 폴란드 공격은 스탈린만의 굴욕으로 끝나지 않았다. 새로 탄생한 볼셰비키 국가가 굴욕을 당했다. 1921년 폴란드와 전쟁이 끝났을 때, 폴란드 정부는 폴란드인뿐 아니라 우크라이나인, 벨라루스인 다수가 거주하는 소련 서부 지역의 땅을 통제하게 되었다. 폴란드인들은 그 지역을 자신들의 조상들이 살아오던 땅으로 인식했으나 소련의 볼셰비키들은 다른 시각으로 해석했다. 소련이 선택한 1939년 폴란드 침공은, 볼셰비키가 보기엔 잘못된 현실을 올바르게 바로잡은 정당한 조치였다.

폴란드를 먼저 침공한 것은 히틀러의 독일 제3제국이었다. 1939년 9월 1일, 독일 5개 군Army의 약 150만 명의 병력이 폴란드를 공격했다. 이로부터 2주 후인 9월 17일, 50만 명이 넘는 소련군이 반대 방향에서 폴란드로 진입했다. 폴란드의 저항은 곧 분쇄됐다. 6주 만에 독일군과 소련군은 폴란드 전체를 점령했다. 독립 국가 폴란드는 더 이상 존재하지 않았다.

겉으로 보기에 두 나라의 폴란드 침공의 성격이 달라 보인다. 나치 독일은 의문의 여지 없이 정복 전쟁으로 폴란드 침공 작전을 수행했다. 여기에 인종주의가 그 핵심 정신으로 자리했다. 독일 정규군과 민방위부대Militia Units 병사뿐만 아니라 아인자츠그루펜Einsatzgruppen이라고 불리는 특수작전부대가 나치군과 함께 폴란드 국경을 넘었다. 이들은 위험분자라고 간주되는 폴란드인들을 공격하는 임무를 맡았다. 폴란드 지식인, 유대인, 성직자 중에서 선별된 대다수가 '위험분자'에 해당

히틀러와 스탈린

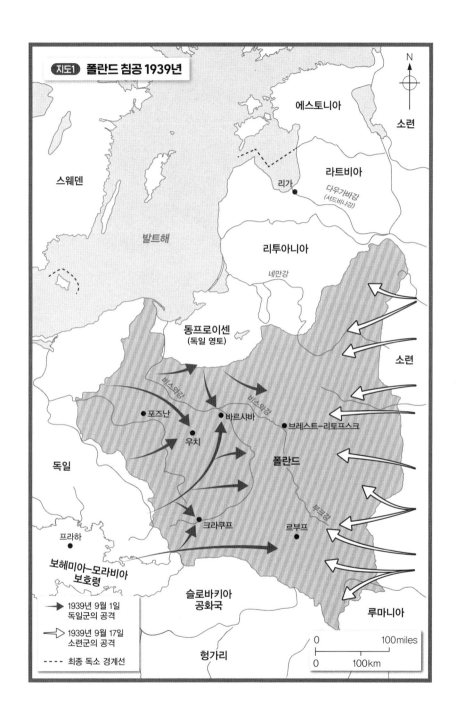

지도1 폴란드 침공 1939년

N

에스토니아

소련

스웨덴

라트비아

리가

다우가바강
(서드비나강)

발트해

리투아니아

네만강

동프로이센
(독일 영토)

소련

비스와강

포즈난

비스와강

바르샤바

브레스트-리토프스크

우치

폴란드

독일

크라쿠프

르부프

부크강

프라하

보헤미아-모라비아
보호령

슬로바키아
공화국

루마니아

헝가리

➤ 1939년 9월 1일
독일군의 공격

▷ 1939년 9월 17일
소련군의 공격

- - - - 최종 독소 경계선

0   100miles

0   100km

사진4 **1939년 폴란드를 침공하기 위해 이동하는 독일군**
독일군은 소련군과의 협력으로 폴란드군을 신속하게 격파했다.

됐다. 주민들을 인질로 만드는 것은 폴란드인들을 굴복시키는 중요한 방법이었고, 폴란드인들에게서 저항의 기미가 보이면 인질을 처형했다.[1] 아인자츠그루펜 소속이었던 한 병사는 자신의 지휘관이 "조금이라도 의심스러운 폴란드인은 즉각 총살하라는 명령을 내렸다."라고 회고했다.[2] 그 결과, 독일 침공 첫 주에만 약 1만 6,000명의 폴란드인이 처형당했다.[3]

이에 반해 소련의 침공은 완전히 다르게 묘사되었다. 당시 영국 주재 소련대사 이반 마이스키는 자신의 일기에 소련의 침공을 "적군이 인민들의 생명과 재산을 지키기 위한 동기에서 시작된 자선적인 행위였다."라고 기술했다.[4] 모스크바에서는 외무장관 몰로토프가 이에 동의하며 "소련의 침공은 소련 인민과 피를 나눈 형제를 지키기 위한 보호 작전"이라고 묘사했다. 소련 침공 며칠 전, 몰로토프는 소련 주재 독일대사에게 "이 전쟁은 폴란드 동부를 점령하는 구실"에 불과하다고 설명했다.[5]

소련군이 사전에 독일과 합의한 르부프~Lwów~(우크라이나어로 르비우~Lviv~)[6] 근처의 경계선에 도달했을 때, 독일군은 비밀조항에 의해 소련에 할당된 지역 일부를 점령하고 있었다. 양국 군대 사이에는 '오인 사격'도 가끔 일어났다. 그러나 몇 주 전 모스크바에서 합의된 경계선으로 독일군은 철수했다. 당시 독일 총참모총장 프란츠 할더~Franz Halder~는 독일군이 점령지를 상대에게 먼저 넘겨준 그날을 "독일 정치 지도부의 불명예의 날"로 서술했다.[7]

소련군 병사들이 폴란드 도시와 마을로 진입하자 폴란드 주민들은 이들의 외양과 행동에 큰 충격을 받았다. 폴란드 동부 로브노~Rovno~에 거주하던 니나 안드레예바~Nina Andreyeva~는 당시 모습을 "할머니가 나에게 말해준 것처럼 이들은 무질서한 패거리 같았다."라고 회상했다. 이들은 좋아 보이는 집에 무작정 들어가 그 집의 물자를 징발하고, 집주인 가족은 집안 한쪽 좁은 곳에 살도록 조치했다. 이들은 집주인에게 "좋아, 당신들은 거기 살고 우리는 여기 살 거야."라고 일방적으로 통보했다. 니나 안드레예바는 "이들이 기관총과 다른 물건들을 집안으로 끌고 들어와 쪽마루 위와 사방에 늘어놓는 것을 보았다. 그 광경은 무척 끔찍했다."라고 회고했다.[8]

당시 르부프에 살던 안나 레비츠카~Anna Levitska~는 "폴란드군과 비교했을 때 이들의 복장은 형편없었다."라고 회상했다. 그녀는 소련군 병사들이 도착하자마자 물건을 훔쳤다고 증언하며 다음과 같이 기억을 떠올렸다.

이들에게서 아주 이상한 냄새가 났다. 병사들은 길거리에서 사람들의 시계, 반지를 빼앗고 귀걸이, 십자가상 및 십자가를 훔쳤다. 병사들은 시계를 너무 좋아했다. 나는 그 이유를 몰랐다. 아마도 이들은 생전 시계를 포함해 여러 물건을 가져보지 못했던 듯했다. 이보다 더 끔찍한 것은, 병사들이 젊은 여자들을 끌고 가려고 했던 것이다. 길거리에 나서는 게 무서웠다. 내게도 그런 일이 있었다. 나는 중앙우체국 근처를 걷고 있었는데, 술에 취한 소련 병사 한 명이 다가왔다. 그는 내 팔을 잡고 끌어당겼다. 나는 겁이 나서 소리를 질렀다. 사람들이 많이 다니는 거리였고, 근처에 행인이 많았다. 사람들은 "무슨 짓이야, 여자에게 무슨 짓을 하는 거야?"라고 소련 병사를 야단쳤다. 그 후로 나는 오랫동안 무서워서 거리에 나갈 수 없었다.[9]

소련군은 폴란드에서 발견한 사실에 충격을 받았다. 병사들은 폴란드를 '보호'하기 위해 파견된다는 지시를 받았지만, 공군 장교 게오르기 드라구노프Georgy Dragunov가 말한 것처럼 "폴란드인들은 어떤 종류의 도움도 필요하지 않았고, 우리의 전쟁은 정복처럼 보였다." 교육받은 내용과 눈 앞에 펼쳐진 현실 사이의 엄청난 괴리는 드라구노프에게 무척 의미심장했다.

우리가 본 것은 부러워할 만한 상황이었다. 병사들 대부분은 평범

히틀러와 스탈린

한 노동자와 농민의 자식이었고, 이들은 (소련과 폴란드의) 생활 수준 사이에 왜 이렇게 큰 차이가 나는지를 물었다.[10]

소련에 점령당한 폴란드 주민들은 소련에 없는 물질적 자산을 보유했지만, 드라구노프는 지금까지의 자신의 믿음을 버리지 않았다.

나는 소련의 모든 것이 최고라 믿으며 성장했다. 내가 (폴란드에서) 더 좋은 것을 보기는 했지만, 그것 때문에 내 생각을 바로 바꾸지는 않았다. 우리는 폴란드가 위기에 직면했고, 나라가 무너지고 있어서, 우리가 새 질서를 부여하러 왔다고 교육받았다. 당시에는 내 생각을 그렇게 빨리 바꿀 수는 없었다. 나의 관점은 소련이라는 사회환경에 의해 형성된 것이다. 나는 환경과 나를 분리할 수 없었다.

게오르기 드라구노프가 왜 이런 생각을 하게 되었는지는 쉽게 이해할 수 있다. 소련은 나치독일보다 훨씬 더 폐쇄적인 나라였다. 소련의 믿음, 가치체계, 문화는 상당히 '자기만족적'이었다. 사실상 외국의 영화, 뉴스 또는 외국의 책이나 신문을 본 사람은 없었다. 어릴 때부터 정부가 가르친 내용을 그대로 믿도록 교육받았다. 이를 벗어나는 건 무척 위험했다. 폴란드의 동부 주민들이 소련 사람들보다 잘산다는 사실을 발견하고 받은 충격은 아주 컸다. 이로 인해 그는 다음과 같은 의문을 느꼈다. 만일 소련 정권이 이런 일에 관한 진실을 숨겼다면, 이것 말고도 어떤 거짓말을 한 것인가? 스탈린은 소련 인민들이 외국인과 접촉할 때 발생하는 위험을 너무 잘 알고 있었다. 그래서 외국에서 생활하다가 돌아온 사람들을 향한 스탈린의 의심은 광적일 정도로 심각했다. 소련은 프로파간다를 통해 소련군 병사들에게 '폴란드에 사는 피를 나눈 형제'를 구해야 한다는 점만 강조한 게 아니다. 불과 몇 달 전까지만 해도 나치를 향한 부정적 관점을 주입했다. 독일군과의 연락을 담당했던 소련 장교 중 한 사람인 미하일 티모셴코Mikhail Timoshenko는 독일군과의 첫 만남을 이렇게 회상했다.

> 나는 처음으로 독일 군복을 입은 사람들을 실제로 만났다. 우리는 높이 치솟은 군모와 '독일식'이라 불리는 모든 것에 관해 무수히 많은 이야기를 들어왔고, 그들이 본인들을 세상에서 가장 우월한 종족으로 생각한다는 이야기도 들어왔다. 자신들을 영민하고 가장 잘 조직된 민족으로, 가장 문화적인 민족으로 생각한다는 점도 들었다. 모든 다른 민족, 특히 러시아(소련) 내부의 여러 민족을 열등한 인종으로 생각한다는 것도 들었다. 이들 인종을 자민족에게 봉사해야 할 노예로 생각한다는 것도 들었다. 나는 그들의 생각을 아주 잘 알고 있었다.[11]

폴란드 현장에서 소련군과 독일군이 협력 관계를 수립하려고 노력하는 동안 스탈린은 나치독일과 동의한 '세력권'을 변경하기로 결정했다. 그는 모스크바 주재 독일대사인 프리드리히-베르너 그라프 폰 데어 슐렌부르크Friedrich-Werner Graf von der Schulenburg에게 리벤트로프 독일 외무장관과 협상을 다시 하기를 원한다고 통보했고, 9월 27일 리벤트로프가 모스크바에 다시 왔다. 한 달 전 은밀하게 진행한 첫 방문과 다르게 이때는 리벤트로프를 위해 거창한 환영 행사가 열렸다. 나치 문양 깃발들이 모스크바 공항청사에 내걸렸고, 의장대가 독일 대표단을 기다렸다.

리벤트로프는 그날 늦게 크렘린으로 가서 스탈린, 몰로토프와 협상을 시작했다. 리벤트로프에게 스탈린은 소련이 점령한 폴란드 땅의 일부를, 독일이 여태껏 영유권을 주장한 리투아니아의 한 지역과 교환하고 싶다고 말했다. 이 제안에 대한 응답으로, 리벤트로프는 동프러시아와 리투아니아 접경 지역의 아우구스투프Augustow 숲에 관심을 보였다. 이런 명랑한 분위기 속에서 이들은 자기들끼리 다른 국민의 영토를 교환했다. 이 회담 중 스탈린의 발언에서 주목할 만한 부분이 있다.

사진5 **독일군과 소련군의 폴란드 분할 협력**
1939년 9월 1일 독일군은 폴란드의 서쪽을, 그해 9월 17일 소련군은 폴란드의 동쪽을 침공했다.

독일은 당분간 외국의 도움을 필요로 하지 않는 것이 현실이다. 그리고 앞으로도 독일은 외국의 도움을 필요로 하지 않는다. 그러나 이런 기대에도 불구하고, 독일이 어려운 상황에 직면하게 된다면 소련 인민들이 독일을 도우러 나서고 독일이 압제를 당하지 않도록 할 것이라 확신해도 괜찮다. 독일이 부강해지면 소련에도 이익이 된다. 소련은 독일이 무너지지 않도록 도울 것이다.[12]

스탈린은 독일이 필요로 하는 경우 군사적 지원을 하겠다고, 거의 약속한 것이나 마찬가지였다. 우리는 스탈린이 약속한 범위가 어느 정도 되는지 정확히 알 수 없지만, 리벤트로프와의 회담에서 이 정도까지 제안했다는 사실은 주목할 가치가 있다.

잠시 회담이 중단되고 리벤트로프 및 스탈린과 그의 일행들은 볼셰비키답지 않은 화려한 식기에 차려진 기름진 진수성찬을 제정 러시아 시절 쓰인 만찬장에서 즐겼다. 기분이 유쾌해진 스탈린은 소련의 악명 높은 NKVD의 수장 라브렌티 베리야를 "우리의 힘러"라고 소개했다.[13] 만찬 중 몰로토프는 히틀러를 위한 건배를 제의했고, 리벤트로프는 답례로 스탈린을 칭송하고 스탈린을 위한 건배를 제의했다. 모든 것이 대단히 우호적인 분위기 속에서 진행되었다. 독일 대표단의 일원이었던 단치히—서프러시아 대관구지휘자Gauleiter 알베르트 포르스터는 만찬 분위기가 너무 좋아서 자신이 마치 '나치당원 모임'에 와있는 것 같이 느꼈다고 후에 회고했다.[14]

독일 대표단이 볼쇼이 극장에서 「백조의 호수」 공연을 관람하며 잠시 휴식을 취하는 동안 스탈린과 몰로토프는 비밀협정의 비밀조항에

히틀러와 스탈린

의거해 자신들에게 할당된 나라 중 하나를 위협하느라 바빴다. 두 사람은 에스토니아 대표단을 만나서 소련군이 에스토니아에 주둔할 권리를 요구했다. 독일이 자신들을 도우려 하지 않을 것이라는 사실을 아는 에스토니아인들은 소련의 요구를 거부할 수 없었다. 스탈린에게 이 '요구'는 시작에 불과했다. 1939년 10월 중순까지 라트비아, 리투아니아, 에스토니아 발트 삼국 모두가 소련군 부대가 자국 영토 안에 주둔하는 것을 허용할 수밖에 없었다.

폴란드를 점령한 소련군과 독일군 지휘관들은 서로를 향한 과거의 의구심을 모두 떨쳐버리고, 포로 교환 같은 문제에서 협력하기 시작했다. 소련 측은 다수의 독일 공산주의자들을 나치 정권에 넘겨주기까지 했다.[15] 외국인을 향한 의심, 특히 외국 공산주의자들을 심각하게 의심했던 스탈린은 이들을 제거할 수 있게 되자 틀림없이 기뻐했을 것이다.

독일 공산주의자 마르가레테 부버-노이만Margarete Buber-Neumann은 강제수용소 5년형 대신에 국외추방에 처한다는 소식을 소련 관리들에게서 들었다. 1940년 2월 그녀는 기차에 태워져 벨라루스의 브레스트(브레스-리토프스크)까지 이송된 다음 독일 나치친위대ss에 넘겨졌다. 그녀는 라벤스부뤼크Ravensbrück 집단수용소로 보내져서 1945년 4월까지 수형생활을 했다. 전쟁이 끝난 후 그녀는 자신의 경험을 《두 독재자 밑에서: 스탈린과 히틀러의 죄수Under Two Dictators》라는 책으로 펴냈는데, 두 체제에서 수형생활을 겪은 저자의 공포를 생생하게 보여주는 뛰어난 저서다.

마르가레테 부버-노이만은 나치와 소비에트의 감옥 체계를 몸소 경험했다. 그녀를 심문한 소련과 독일 비밀경찰은 자신들이 선택한 '대안적 현실'에 맞추어 그녀가 '자백'하도록 강요했다. 소련 비밀경찰은 그녀가 존재하지도 않는 반혁명 활동을 상세히 자백하도록 강요했고, 독일 게슈타포는 그녀가 자신들을 염탐하도록 스탈린이 보낸 간첩이라는 거짓 각본에 동의할 것을 요구했다. "뻔뻔스럽게 굴지 말아라." 라고 그녀를 심문한 소련 심문관이 말했다. 게슈타포 고문자도 쉽게 할 수 있는 말이었다.

> 네가 자백하도록 만들 수단을 우리가 가지고 있지 않다고 생각하지 말라. 만일 제대로 정신이 들지 않으면 지금 있는 자리에 몇 달이고 있어야 하고, 필요하면 몇 년이라도 있어야 한다.[16]

마르가레테 부버-노이만이 훗날 "감옥에 있으면 자유로운 생활이 어떠했는지를 잊게 된다. 단지 희미한 기억만 남게 될 뿐이다."라고 기록한 것은 놀랍지 않다.[17]

나치독일과 소련 정권은 포로교환 뿐만 아니라 폴란드에서 새로운 경계선을 정하는 실제적 문제에서도 조화롭게 협력했다. 1939년 10월, 양측의 관계는 정말로 좋았다. 바르샤바에서 공동으로 축하연을 열 정도였다. 소련 대표단장은 "이 협상이 진행된 우호적인 분위기는, 유럽에서 가장 위대한 두 국가인 독일과 소련 국민의 이익을 위한 협력 정신을 반영하고 있다."라고 선언했다.[18] 폴란드의 나치 지역 통치자인 한스 프랑크는 수많은 소련 대표를 향해 "당신들과 나는 모두 폴란드 담배를 치우고 있다. 이것은 우리가 폴란드를 바람에 날려 보내겠다는 것을 상징한다."[19]

양국은 각각 차지한 폴란드 지역을 자국에 복속시키는 데에 집중했다. 양측이 이 과제를 수행한 방법을 살펴보면 두 정권의 성격에 관해 많은 것을 알 수 있다. 다른 점이 있기는 하지만, 기본적으로 두 정권은 놀라울 정도로 유사하다. 일례로 양측 모두 고문을 마음껏 자행했다. 폴란드에 세워진 나치 집단수용소에서는 수감자들에게 온갖 종류의 고문을 자행했다. 이 시기에 고문을 받은 수감자의 대다수는 폴란드 정치범이었다. 예를 들어 게슈타포는 수감자의 손을 등 뒤로 묶고 갈고리에 매달았다. 1940년에 이런 고문을 당한, 아우슈비츠 생존자Auschwitz survivor인 예지 비엘레츠키Jerzy Bielecki는 "하나님 맙소사, 이것은 엄청난 고통이었다. 나는 신음을 토했고, 뜨거운 땀이 내 코에서 비 오듯 흘러내렸다. 나는 '엄마!'라고 소리쳤다!"라고 회상했다.[20] 이런 공식적인 고문 외에도 각개 독일인은 자신들이 만나는 폴란드인, 특히 유대계 폴란드인을 마음대로 고문했다. 바르샤바의 한 공장에서 독일인들은 노동자를 집단으로 나누고는 집단끼리 싸움을 하도록 부추겼다. "나는 이 게임에서 사람들이 크게 부상을 당하는 모습을 보았다."라고 에마뉘엘 링겔블룸Emmnual Ringelblum은 회고했다.[21]

소련 당국, 특히 악명 높은 비밀경찰인 NKVD는 대규모로 고문을 자행했다. 르부프의 지하 학생 조직의 일원이었던 올가 포파딘Olga Popadyn은 소련군의 폴란드 침공 몇 주 후에 소련 비밀경찰에 체포됐다. 고문자들은 처음에 주먹으로 그녀를 가격했고, 다음으로 고무 몽둥이로 때렸다. 그리고 그녀가 감옥에 갇힌 후 몇 주가 흐르자 그녀에게 계속 운동을 시켜 그녀가 완전히 녹초가 되고 정신이 혼미해지도록 만들었다. 또 다른 일반적인 고문 방법으로 잠을 방해하는 것이었다. "그런 고문을 당한 끝에 나는 거의 죽은 사람처럼 되었다."라고 올가는 회고했다.[22]

스탈린과 히틀러는 이런 사실을 잘 알고 있었고, 이런 방법을 사용하도록 승인했다. 전쟁 전 히틀러는 아동 살인범을 직접 고문한 적도 있었다.[23] 1939년 1월 스탈린은 이렇게 기록했다.

> 잘 알려져 있듯이 모든 부르주아 정보기관은 사회주의 프롤레타리아 대표들에게 물리적 고통을 가했고, 그것도 가장 흉악한 형태로 가했다. 사람들은 의문을 제기할 것이다. 왜 사회주의 정보기관이 고약한 부르주아 첩자들을 좀 더 인간적으로 대우해야 하는가?

스탈린이 생각하기에 '물리적 방법'은 얼마든지 정당화될 수 있었다.[24] 그러나 폴란드를 점령한 두 정권은 새로 얻은 영토를 재조직하는 방법으로써 대규모 강제이주 정책을 시행했다. 아무 잘못도 없는 가족들을 살던 곳에서 추방하여 먼 오지로 가서 고통을 받게 하는 강제이주 정책을, 두 정권은 철저히 수행했다. 그리하여 폴란드는 세계 역사상 가장 혹독한 '인종청소'가 진행된 지역 중 하나가 되었다.

히틀러가 계획한 가장 중요한 폴란드 정책은, "인종적으로 바람직하지 않은 민족을 추방하고 인종적으로 바람직한 민족으로 대체한다."라는 원칙 위에서 수립되었다. 1939년 가을, 히틀러는 독일군이 점령한 폴란드를 동부와 서부로 나누고, 동부에는 총독부General Government를 수립해 인종적으로 '바람직하지 않은 주민'들을 정착시켰고, 서부 지역은 독일화하여 인종적으로 '우월한 주민'의 거주지로 만들었다. 농지, 공장, 탄광에 노동력을 제공하기 위해 일부 바람직하지 않은 주민들에게는 당분간 '독일화된 지역'에서의 잔류가 허용되었다. 이것은 1940년 아우슈비츠Auschwitz 강제수용소가 만들어진 이유 중 하나였다. 이 강제수용소는 상부 슐레지엔Oberschlesien, 영어로는 Upper Silesia •에 세워졌는데, 처음에는 완전한 복속에 저항하는 폴란드인들을 징벌하는 건물로 축조되었다.

히틀러는 비밀경찰의 수장인 힘러를 폴란드를 재구성하는 데에 필요한 대규모 주민 강제이주를 관장하는 책임자로 임명했고, 1939년 10월 초 하인리히 힘러는 '독일제국 민족성강화위원회 감독관Reich Commissioner for the Strengthening of German Nationality'이란 막강한 지위를 부여받았다. 히틀러의 비전을 실현하기 위한 힘러의 시도로 엄청난 수의 주민이 살해당하고 고통받았다. 더불어 행정적인 대혼란도 야기됐다. 이런 사실을 인정한 나치 선전장관인 요제프 괴벨스는 일기에 이렇게 적었다.

힘러는 현재 인구 이동을 실시하고 있다. 늘 성공적이진 않다.[25]

힘러가 당면한 가장 시급한 사안 중 하나는 발트국가에 거주하는 독일인들의 향후 처우였다. 앞서 언급한 것처럼 1939년 9월 리벤트로

◆ 이른바 '고지 실레지아'라고 불린다. 폴란드의 남서부, 독일 작센주의 일부, 체코 북동부 일부에 걸쳐 있다. 하부(저지) 실레지아가 북쪽, 상부(고지) 실레지아가 남쪽에 자리잡고 있다. 실레지아는 독일어로는 슐레지엔, 폴란드어로는 '실롱스크'라고 불린다.

프의 두 번째 모스크바 회의 결정으로 라트비아, 리투아니아, 에스토니아가 자국 영토 내에 소련군을 받아들이도록 강요받았다. 회담 며칠 후인 10월 4일, 라트비아의 독일 감독관은 독일 외무장관에게 '라트비아 정부 기능의 완전한 마비'가 임박했고, 약 6만 명의 독일인이 위험에 처해 있다고 경고를 보고했다.[26]

이웃 나라인 에스토니아에 거주하는 이르마 에이기Irma Eigi와 그녀의 부모는 독일문화부에서 찾아온 대표들의 방문을 받았다. 이들은 이 가족에게 이렇게 말했다.

> 두 가지 선택지가 있다. 하나는 이곳에 계속 머물거나 시베리아로 이주당해 러시아인(소련인)이 되는 것이고, 다른 하나는 에스토니아를 떠나 독일인으로 사는 것이다. 나처럼 나르바((Narva. 에스토니아의 도시)에서 태어나 러시아 국경 지역에 사는 사람에게는 스탈린이 통치하는 러시아에서의 삶이 무섭게만 느껴졌다. 우리는 러시아가 통치하는 상황을 무서워하지 않을 수 없었다. 그래서 독일인은 독일인으로 살기 위해 더는 에스토니아에 남을 수 없었다. 모두가 이주해야 했다.[27]

며칠 후 16세의 이르마 에이기와 그녀의 부모는 탈린Tallinn 항구를 출발하는 독일 배에 몸을 실었다. 이들은 항시 자신들을 '독일인'으로 생각했지만, 이들은 에스토니아를 자신들의 '조국'으로 생각했다. 조국을 떠난다는 사실에 그녀의 가족은 절망했다. 에스토니아 해안이 멀어지는 것을 보던 그녀는 "자신의 몸에서 떨어져 나온 것"처럼 느꼈다.

실제로 일이 벌어졌지만 실감할 수 없을 만큼 충격을 받은 것 같았다. 나이 든 사람들은 무척 슬퍼하고 낙담에 빠졌다. 그들 중 일부는 울음을 터트렸다. '청년'이라는 단어를 보고 으레 상상할 수 있는 것처럼, 청년들도 집을 떠나는 고통을 느끼긴 했지만 동시에 모험을 향한 갈증도 느꼈다. 그들은 이렇게 말했다. "제3제국 고향으로." 우리는 당연히 그 제국이 독일이 될 것이라 생각했다.[28]

에이기 가족은 물론, 그들처럼 '조국'을 떠난 수십만 명의 독일인은 크게 당황할 수밖에 없었다. 나치는 오랫동안 "제3제국 고향으로Heim ins Reich"라는 선동 구호를 외쳐왔지만, 히틀러와 힘러가 말하는 '제3제국 고향'의 지리적 정의는 귀국하는 정착자들의 생각과는 상당히 달랐다. 발트 삼국 출신 독일인들은 1939년까지는 폴란드라고 알려진 새로운 '제3제국'의 식민지 정착자들이었다.

10월 24일 발트 독일인들이 폴란드 해안을 항해하는 동안 힘러는 폴란드 서부 포즈난Poznan[29]에서 민간행정가들에게 나치의 비전을 설명하고 있었다.

3천 년 전과 그 이후 시기 튜턴족Teutones이 현재 우리가 있는 동부 지역(폴란드 기준으로는 서부, 나치에 의해 바르텔란트(Wartheland)로 개명된 땅)에 살고 있었다. 당시 열악한 이동 환경과 원시적 여건에도 불구하고

◆ 나치독일은 1938년부터 1945년까지, 추가로 합병한 영토에 '국가대관구(라이히스가우, Reichsgau)'라는 행정구역을 설치했다. 바르텔란트는 나치독일이 점령한 폴란드 영토의 일부로 구성된 국가대관구였다. 줄여서 바르테가우(Warthegau)라고도 부른다.

독일인들이 거주하는 것이 가능했었다. 그 당시 가능했던 일은 오늘날에는 더욱 실현 가능하다.[30]

힘러는 50~80년이 지나면 약 2천만 명의 독일 정착자가 이 지역에 살게 될 것이고 그중 천만 명은 많은 자식을 둔 농민일 것이라 봤다. "역사에서 늘 반복되었듯이 만일 더는 나누어줄 땅이 없으면 칼로 새로운 땅을 쟁취해야 한다."라고 힘러는 말했다.

힘러는 자신의 거대한 비전은 아주 상세한 부분까지 고려했다고 주장했다. 정착자들의 안전은 이 새로운 국경 지역에 거주하는 '군사적 농민들'이 보장해 준다는 계획부터, "가옥들은 단단한 기초 위에 두세 겹의 벽돌로 지어질 것"이라는 상세한 계획까지 설명했다. 현재 그 땅에 거주하는 폴란드인들은 제거되어야 하지만, 정착을 위해 값싼 노동력을 제공하고 들판을 경작하도록 강제된 '폴란드 노동자'들은 제외될 것이라고 말했다. 이처럼 히틀러와 나치 정권의 비전은 자신들이 실현할 수 있는 한계치를 가뿐하게 뛰어넘을 만큼 원대했다. 계획을 수립하는 첫 단계에서부터 문제가 있었다.

목적지에 도착한 에이기 가족과 같은 사람들은, 자신들이 생각한 '제3제국'이 아니라 독일이 점령한 폴란드에 도착했다는 사실을 깨닫자 분노를 느꼈다. 이르마 에이기는 이렇게 증언했다.

우리는 이런 예상을 전혀 하지 못했다. 바르텔란트로 간다는 말을 들었을 때 우리는 분명히 큰 충격을 받았다.[31]

에이기 가족은 포즈난의 한 아파트를 배정받은 이후를 이렇게 묘사
했다.

> 열쇠로 아파트 문을 열고 들어갔다. 방 안으로 들어가니 깜깜했
> 다. 창 블라인드가 내려져 있었다. 방은 어수선했다. 여기 있던 사
> 람들이 급하게 떠난 흔적을 확인할 수 있었다. 찬장 일부는 문이
> 열려 있었다. 서랍도 열려 있었다. 식탁 위에는 먹다 남은 음식이
> 있었다. 정리되지 않은 침대까지, 모든 것이 엉망이었다.[32]

에이기 가족은 이런 광경이 무섭다고 생각했다. 이들은 그때까지 발
트 독일인에게 아파트를 넘겨주기 위해 폴란드인들이 강제로 집을 떠
나야 했다는 것을 조금도 알지 못했었다. 그래서 이들은 주택 배정 사
무소를 찾아가서 그 아파트에 머물지 않겠다고 말했다. 그러나 주택
배정 사무소 관리들은, 만일 이들이 그 아파트를 받지 않으면 다시 이
주 수용소로 가야 한다고 말했다. 그래서 이들은 크리스마스 후 다른
아파트가 나타날 때까지 거기에 그대로 머물렀다.

> 그럴 수밖에 없었다. 다른 선택의 여지는 없었다. 우리는 수용소
> 로 다시 가고 싶지 않았다.[33]

자네트 폰 헨Jeannette von Hehn처럼 다른 발트 지역에서 온 정착자들은
폴란드 시골 지역의 농가 전체를 배당받았다.

우리는 폴란드인들을 강제로 추방해 텅 빈 시골 농장 저택에 도착했다. 보이는 모든 풍경이, 이전 주인이 경황없이 급하게 떠났다는 사실을 알렸다. 그들은 대체로 밤에 쫓겨났다. 침실은 정리가 된 상태가 아니었고, 식탁에는 먹다 남은 음식이 있었다. 사방에 외국제 가구가 있었고, 우리 소유가 아닌 그림들이 우리를 바라보았다. 옷장과 서랍에는, 인간의 개인 생활에서 가장 중요한 물건들이 그대로 있었다![34]

1939년 에이기 가족이 새로 정착한 도시인 포즈난에 나치가 먼저 도착했을 때, 16세의 폴란드 소녀 이레나 후친스키Irena Huczyńsky와 그녀의 가족은 아파트에서 추방되었다. 이레나는 그때를 이렇게 회상했다.

그들(독일군)은 여기저기 돌아다니며 물건들을 약탈했어요. 모두가 겁을 먹고 벌벌 떨면서 눈물을 흘렸어요.[35]

이레나의 여동생인 안나는 부모들이 "가지고 있던 모든 것을 나치에 넘겨주어야 했다."라고 회상했다. 그녀의 엄마는 결혼반지를 넘겨주어야 했다. 안나는 엄마 때문에 너무 속이 상했는데, 그녀의 남동생은 울음을 터뜨렸다.

남동생은 아주 예민한 성격이어서 격렬하게 구토를 하기 시작했다. 남동생은 나보다 훨씬 더 큰 충격을 받은 것 같았다. 남동생은 나보다 두 살 어렸다. 나는 최악의 경우를 생각했다. 그들이 우리 모두를 총살할지도 모른다는 가능성을 생각했다. 아래층으로 내려가던 그들은 집에서 쫓겨나서 강제로 이주당하는 이웃들로 복도가 꽉 찬 것을 보았다. 아주 무서운 공황과 소음, 울부짖는 소리, 어둠이 뒤섞였다. 우리는 지금 일어나는 일을 이해할 수 없었다. 날벼락처럼 집에서 쫓겨나서, 집과 모든 것을 뒤에 남겨놓고, 강제로 이주당한 충격으로 마치 세상이 끝난 것 같았다. 우리 어린이들은 아빠와 엄마를 가장 많이 걱정했다. 그들에게 아무 일도 일어나지 않고 우리와 함께 있기만을 바랐다. 만일 우리가 서로 헤어지면 이것은 더 큰 비극이 될 것이었다.[36]

이 가족은 이동 수용소로 가서 밀집 위에서 잠을 잤다. 이들은 난방도 없고 먹을 것도 거의 없는 상태에서 폴란드의 추운 겨울을 버텨야 했다. 5개월 후 그들은 열차에 태워져 나치가 '총독부'라고 부르는 폴란드 남동부 지역으로 이송되었다. 그곳은 나치가 필요 없다고 판단한 폴란드 사람들을 던져놓는 곳이었다. 이때의 일을 이레나는 이렇게 기억했다.

그곳에 도착한 우리를, 마음씨 좋은 유대인 몇 명이 따뜻하게 맞이하며 차를 대접했다. 나는 그곳의 유대인 여자들과 우정을 맺었다. 그들은 정상적인 사람들이었다. 나는 다른 사람이 유대인들에게 무엇을 원하는지를 이해할 수 없었다.

그러자 총독부의 나치 관리들이 유대인과 나머지 폴란드 주민들을 엄격히 분리했다.

한 젊은이가 유대인에게 빵 한 조각을 건네주는 것을 보았다. 다음 날 그의 이름이 적힌 벽보가 붙었고, 거기에는 그가 유대인에게 먹을 것을 주지 말라는 법을 어긴 죄로 총살당했다는 내용이 적혀 있었다.

이레나와 가족은 자신들이 완전히 버려졌다는 사실을 깨달았다. 아무 곳도 갈 수 없었고, 머물 곳도 없었다. 그러나 운 좋게도 한 늙은 폴란드인이 그들을 불쌍히 여겨서 자기 집의 방 하나를 제공했다. 그러나 집의 안락함을 누릴 순 없었다. 그곳에는 수도 시설도 없었고, 가족은 맨바닥에서 잠을 자야 했다. 그러나 그래도 천만다행이었다. 이레나의 여동생인 안나는 "사람은 무슨 일을 겪어도 적응할 수 있다. 사람들은 지옥도 일단 적응을 하면 그렇게 나쁜 곳이 아니라고 말한다."라고 회상했다.

안나와 그녀의 형제자매, 그리고 그들의 부모가 겪은 일화를 살펴보면, 그들이 잔혹한 대접을 받았다는 점도 놀랍지만, 이 모든 강제이주 과정이 아주 혼란스럽게 진행되었다는 점이 더욱 놀랍다. 이들이 직접 경험한 대로 기차에 가득 실린 폴란드인들은 폴란드 동부의 총독부 지역으로 강제이주를 당해 생존할 길을 스스로 찾아야 했다. 한편으로는, 나치 정권이 감당할 수 없는 규모의 잘못을 저질렀다는 점을 인정하지 않았다는 게 너무나도 놀랍다. 독일군이 점령한 폴란드 지역에는 약 200만 명의 폴란드 주민이 살고 있었다는 사실을 고려하면 더욱 그

히틀러와 스탈린

렇다.[37]

폴란드를 지배한 나치 통치자들 사이에는 "인종적 재조직을 어떻게 수행할 것인가?"에 관한 합의도 없었다. 동부 총독부의 총독인 한스 프랑크는 이 지역이 제3제국의 이른바 쓰레기통으로 취급받기를 원치 않아서, 이 작전의 무질서함에 항의했다. 1940년 1월, 이미 총독부의 친위대장이자 경찰 수장이 된 프리드리히-빌헬름 크뤼거Friedrich-Wilhelm Krüger는 약 11만 명의 폴란드인이 총독부로 이송되었고, 이들의 3분의 1이 넘는 약 3만 명이 사전에 적절한 준비 없이 이송되었다고 주장했다.[38]

그러나 이 모든 비판은 앞으로 진행될 작업을 바라보는 힘러의 태평하고도 낙관적인 태도를 바꾸지 못했다. 이런 행정적 재앙은 우연이 아니었다. 힘러는 히틀러가 그의 부하들이 극단적인 계획을 설계하는 것을 좋아한다는 사실을 잘 알고 있었다. 오늘날의 표현을 빌자면 "크게 생각하라Think big" 같은 슬로건과 비슷하다. 실제로 히틀러가 힘러와 리벤트로프 같은 인물을 좋아한 이유는, 두 사람 모두 아주 긍정적이고 급진적이었기 때문이었다. 주요 나치당원들은 리벤트로프를 멸시했고, 특히 헤르만 괴링은 더욱 리벤트로프를 멸시했다. 리벤트로프의 허장성세와 아둔함을 조롱하기도 했다. 그러나 그는 힘러처럼 히틀러의 성격을 아주 잘 알고 있었다. 그는 히틀러와의 만남에서 절대로 부정적인 말을 하지 않았다.

히틀러는 자신의 야심에 찬 계획을 실행에 옮겼다. 동료인 한스 프랑크의 불만에 비춰보자면 더욱 달성할 수 없는 계획임에도 불구하고 말이다. 힘러는 1940년 5월 25일에 히틀러에게 〈동방의 이방 민족의 대우에 관한 고려Some Thoughts on the Treatment of the Alien Population in the East〉라는 제목의 보고서를 제출했다. 인종차별주의자에게 걸맞게도, 1939년 10월 포즈난에서 행한 연설에서 힘러는 "폴란드인들은 학교에서 읽기를 배워야 한다."라고 주장했는데, 그 이유는 이들이 "독일인들에게 순종하고, 성실하게 열심히 노동하며, 바르게 행동하라는 신의 계명을 배워야하기 때문"이라고 말했다. 또한, 그는 인종적으로 나치가 받아들일 수 있는 폴란드 어린이들을 그들의 부모에게서 빼앗아 독일인으로 양육해야 한다고 주장했다. 총독부에 관해서, 앞으로 10년간 그곳의 주민들은 '열등한 나머지 주민'으로 구성될 것이고, 이들은 지도자 없는 노동 계층이 되어야 한다고 주장했다.

이 보고서를 읽은 히틀러는 "아주 뛰어나고 올바른 제안"이라고 평가했다. 이 모습이 제3제국에서 핵심적인 결정이 내려지는 방식이었다. 이해당사자와의 협의는커녕 위원회에서의 숙의도 없고, 세부적인 계획은 당연히 없으며, 자문을 구하지 않고 진정한 의미의 토론은 일절 없었다. 히틀러에게 직보할 수 있는 힘러 같은 인물이 보고서를 써서 히틀러가 이를 재가하면 끝나는 구조였다. 태생적으로 관료주의자였던 스탈린은 나치독일이 정부 업무를 이런 방식으로 처리한다는 사실을 알았다면 크게 놀랐을 것이다.

힘러의 보고서에는 유대인에 관한 언급이 한 번 나온다. 여기에서도 '강제이주'란 주제가 중요하다. 그러나 힘러의 유대인 정책은 폴란드인의 강제이주 정책보다 훨씬 더 파괴적이었다. 그는 모든 유대인을 "아프리카나 다른 식민지로 대량 이주시켜야 한다."라는 생각을 했다. 이는 '유대인'이라는 용어 자체를 완전히 지워버릴 계획을 세우려 했

히틀러와 스탈린

다는 뜻이다.[39]

유대인들의 아프리카 이주. 이 황당한 계획은 반유대주의자들이 오랫동안 꿈꾼 환상이었다. 19세기에 파울 데 라가르드Paul de Lagarde •는 유대인을 아프리카 남동 해안에 있는 마다가스카르섬으로 이주시킬 것을 제안했다. 히틀러가 극단적이고 파괴적인 계획을 선호한다는 사실을 알고 있던 힘러는, 이와 같은 종류의 아이디어를 제안했다. 그래서 프랑스를 상대로 독일이 승리를 거둔 후인 1940년 여름, 나치는 자신들의 '마다가스카르 계획'을 잠시 검토했었다.[40]

마다가스카르든 다른 곳이든 유대인을 강제이주한다는 계획은 나치가 추진한 반유대주의 정책의 핵심 작전이었다. 히틀러는 1938년 9월 독일 주재 폴란드대사에게 "유대인 문제를 식민지로 해외 이주시키는 방법으로 해결할 생각을 하고 있다."라고 말한 바 있었다.[41] 1938년 초 오스트리아 합병이 완료되자 친위대의 아돌프 아이히만Adolf Eichmann은 빈에서 나치가 유대인의 재산을 강탈하고 유대인을 추방하는 행정적 절차를 수립했다. 나치가 보기에 유대인을 받아들이려는 나라가 거의 없다는 것, 특히 재산을 박탈당한 유대인을 환영할 나라는 더욱 없다는 것만이 문제였다.

독일이 폴란드를 점령하고 몇 주가 지났다. 아이히만은 이 '유대인 문제'를 해결하는 임무를 떠맡았다. 그는 빈의 유대인을 포함한 수천 명의 유대인을 총독부 지역의 니스코 지구Nisko로 강제이주시키는 작

◆ 파울 데 라가르드(1827~1891)는 독일에서 성서학과 동양학을 연구한 학자였다. 정치적으로 반유대주의와 반슬라브주의를 지지했다. 그의 이론은 훗날 나치즘의 형성에 큰 영향을 끼쳤다.

전을 추진했다. 그 지역에서는 도착하는 유대인을 위한 준비가 되어 있지 않아서, 강제이주한 유대인들은 큰 고통을 겪었고 많은 수가 사망했다. 이들은 폴란드의 오지에서 억지로 이주한 폴란드인들보다 더 큰 고통을 겪었다. 이 혼란스럽고 준비가 되지 않은 계획은 곧 중단되었다.

단기적인 조치로 나치 정권은 폴란드 유대인들을 게토에 격리하기로 했다. 그래서 1940년 바르텔란트에 있는 도시, 우치ŁÓdz´에 대규모 게토가 만들어졌다. 게토에 갇힌 약 16만 4,000명의 유대인은 당연히 끔찍한 운명을 맞이했다. 사망률이 치솟기 시작했다. 이런 고통스러운 결과를 목격한 주요 나치당원들의 태도는, 동부 총독부의 총독인 한스 프랑크의 증언을 통해 알 수 있다. 그는 게토 설립 몇 달 전인 1939년 11월 행한 연설에서 "유대인을 물리적으로 처리하게 되니 얼마나 기쁜가? 이들이 더 많이 죽을수록 더 좋다."라고 말했다.[42] 다만 전쟁 초기 폴란드 유대인을 향한 나치의 악행은 유사한 집단학살이었을 뿐, 아직 대량학살 정책이라 부를 만한 수준에 도달하진 못했다. '유대인 문제'에 관해 나치가 내놓은 해결책이란, 이때 시점까지는 게토에 그들을 가두고 그다음에 잔인하게 강제이주시키는 것에 불과했다. 이후에 해결해야 할 문제란 언제, 어느 곳으로, 유대인들을 강제로 이주시킬 것인지였다.

독일이 점령한 폴란드 지역에서 이런 일이 일어나는 동안 스탈린은 소련이 점령한 폴란드 동부 지역에서 대규모 강제이주 정책을 주도했다. 나치와 다르게 스탈린은 바람직하지 않은 시민들을 강제이주시키는 데에 해당 민족의 역사를 이용했다. 그 이유 중 하나는 소련은 독일보다 훨씬 큰 나라이고, 동부의 넓은 지역은 사람이 살기에 적당하지 않고 인구도 적었다. 특히 오랫동안 차르들은 정치범들을 이 지역으로 유배 보냈고, 스탈린도 니콜라이 2세 치하 시기에 시베리아에서 유배 생활을 했다.

권력을 잡은 스탈린은 강제이주 정책을 훨씬 더 큰 규모로, 그리고 훨씬 잔혹한 방법으로 수행했다. 1930년대에는 부농(쿨라크)을 탄압한 탓에 약 200만 명의 농민이 시베리아와 다른 오지로 강제이주를 겪었다.[43] 몇 년 후 수많은 소련 시민이 '인민의 적'으로 체포되었을 때, 즉 각 처형을 당하지 않은 사람들도 소련의 가장 험하고 황량한 지역으로 강제이주 되었다.

소련 보안기관은 폴란드 동부에서 활용했던 전략을 이때도 활용했다. 보구슬라바 그리니프Boguslava Gryniv와 그녀의 가족을 예를 들어보자. 1939년 9월 27일 가족들이 르부프의 아파트에서 저녁 식사를 하려고 할 때 문을 두드리는 소리가 났다. 찾아온 사람은 소련 관리였고, 아버지에게 "임시정부에서 찾으니 가보라."라는 말을 했다. 소련 관리는 보구슬라바의 아버지가 '우크라이나 민족민주연합 정당Ukrainian National Democratic Alliance, UNDA'에 가입했다는 점을 문제 삼았다. 하여 그녀의 아버지는 감옥에 수감됐을 때도 "별 염려를 하지 않았다." 이 단체는 폴란드 치하에서 합법적인 단체였고 반볼셰비키 단체도 아니었기 때문에, 그는 자신의 안전을 염려하지 않았다.[44]

하지만 그는 잘못 생각했다. 그는 훗날 소련의 사법 체제 때문에 사라졌다. 보구슬라바와 나머지 가족들은 매일 밤 성상 앞에서 아버지가 돌아오기를 기도했지만 그런 일은 일어나지 않았다. 그런데도 그녀의 어머니는 희망을 포기하지 않았다. 그래서 1940년 NKVD가 와서 가족 전체를 카자흐스탄으로 추방시킬 때도, 그녀는 아이들에게 "우리는 아버지 있는 데로 간다. 아버지를 사랑한다는 이유로 이렇게 되었단다."라고 말했다. 보구슬라바와 남동생, 둘의 어머니는 단지 정권에 반대한 남성과 한 가족이었다는 이유만으로 징벌을 받은 것이다. 이런 정책이 폴란드에서 최초로 시행된 것은 아니었다. 소련 내에서는 1937년 NKVD 규정에 따라 '인민의 적'과 그의 배우자도 죄인으로 삼는 일이 일반화되어서, 체포된 사람의 배우자 다수가 소련 모르도바 Mordova 자치공화국 내의 집단수용소로 추방되어 수감되었다.[45]

보구슬라바와 그녀의 가족은 기차를 몇 주 동안 탔다. 처음에는 노보시비르스크 Novosibirsk로 간 다음 그곳에서 남서쪽으로 가서 카자흐스탄에 이르렀다. 오랜 여행 동안 이들은 소련의 체포와 강제이주 정책을 이해하려고 노력했다. 그러나 이것은 불가능했다.

> 우리가 겪는 일이 어느 정도는 애국주의와 소련의 정치적 성격과 관련이 있다고 생각했다. 우리의 이웃은 아주 좋은 지주였다. 당국은 그가 네 마리의 암소와 다른 재산을 가지고 있다는 이유만으로 그를 체포했다. 그 해가 더 가기 전, 그는 일생에 걸쳐 일군 모든 것을 잃은 충격으로 심장마비가 와서 사망했다.[46]

이들이 '붉은 카자흐스탄 Red Kazakhstan'이란 이름이 붙은 집단농장에 도착했을 때 이들은 헛간 나무판 위에서 자야 했고, 매일 감자를 수확하러 1마일씩 걸어가야 했다. 이들은 특히 1940~1941년 겨울에 끊임

없이 몰아치는 눈의 폭풍으로 커다란 고난을 겪었다. 보구슬라바는 당시를 이렇게 회상했다.

당신이 스텝지역의 눈폭풍을 잘 모른다면, 작은 눈송이로 가득한 바람을 생각해 보세요. 이 눈 결정이 너무 촘촘해서, 바로 앞에 있는 사람이 보이지 않을 정도였다니까요.

카자흐스탄에서 보구슬라바는 아버지에 관한 충격적인 소식을 접했다.

우리는 이곳에 아무도 오지 않을 것이라는 말을 들었다. 우리는 특별한 이주자였다. 아버지는 체포되었고, 지금도 어느 강제노동수용소에 있을 것이라는 말을 들었다.

그러나 희망은 다른 무엇보다 마지막에 죽는다. 그녀의 어머니는 아버지가 '어딘가에서 나타날 것'이라고 확신했다. 그러나 불행하게도 어머니는 가슴 아픈 진짜 진실을 알지 못한 채 죽었다. 진실은 1990년이 되어서야 밝혀졌다. 가슴 아프게도, 보구슬라바 그라니프의 아버지는 체포된 이후 몇 주가 흐른 뒤 NKVD에 의해 처형되었다.

자신이 겪은 고통에도 불구하고, 또한 6년간 집으로 돌아오지 못했음에도 불구하고, 보구슬라바는 전쟁의 경험, 카자흐스탄으로의 강제이주가 자기 인생의 가장 큰 비극이라 생각하진 않았다.

내 삶의 가장 큰 비극은 아버지가 살해당한 것이었다. 아무 잘못이 없는, 아주 정의롭고 아주 고상한 사람이 이런 운명을 겪었다. 이것은 결코 정의롭지 않다.[47]

보그슬라바와 그녀의 가족은 소련 당국이 아버지의 죽음을 인정하지 않았기 때문에 심적 고통을 겪었다. 이를 인식하는 것이 아주 중요하다. 전쟁이 끝나고 오랜 시간이 지난 후에도 이들은 아버지가 문간에 나타나서 다시 가족이 행복하게 모일 수 있을 거라고 믿었다. 어머니는 여생 내내 문에서 초인종 소리가 들리면 드디어 남편이 돌아왔다는 신호라고 생각했다.

이들 가족 외에도 많은 가족이 '희망의 고문'을 겪었다. 소련 당국은 처형된 사람들의 행적을 관행처럼 감췄다. 일례로 1937년 아버지가 체포된 마야 베르지나Maya Berzina는 "아버지가 서신 교환이 금지된 10년형을 언도받았다."라는 말을 들었다.[48] 후에 드러난 것처럼 이는 처형을 미화한 표현이었다. 그러나 폴란드의 보구슬라바 그리니프 가족처럼 마야 베르지나 역시 아버지의 운명이 어떻게 될지 알 수 없다는 불확실함 때문에 고통을 겪었다.

소련 정부는 기본적으로 진실을 숨기는 정책을 시행했다. 당국의 기만은, 처형된 사람의 유가족들에게 엄청난 감정적 고통을 끼쳤다. 그들은 평생 희망의 고문을 겪었다. 이런 역사에서 우리가 알 수 있듯이 때로는 희망이 영혼을 갉아먹는다. 진실을 알고 애도한 후 다시 앞으로 나가는 치유의 과정이 모든 사람에게 허용되는 것은 아니다. 우리는 또한 이 정책이 '인민의 적'으로 몰려 사형 선고를 받은 사람들에게

부가한 고통도 잊어선 안 된다. 이들은 이름 없이, 공개되지 않은 채, 가족과 작별의 인사도 하지 못하고 죽어야 했다. 장례식, 비석, 유골함도 없었다. 이들의 흔적은 아무것도 남아 있지 않다.[49] 앞으로 우리가 살펴볼 내용처럼, 나치는 유대인을 멸절할 정책으로 비밀리에 대량학살을 자행했다. 이 사례는 장애인 '안락사' 과정의 그늘에서 무고한 사람들을 죽이는 정책의 효시가 되었다.

폴란드를 점령한 소련이, 얼마나 많은 사람을 강제이주시켰는지를 정확히 알 순 없다. 그러나 어느 러시아 역사학자는 10만 명 이상이 폴란드 동부에서 강제노동수용소로 이주했고, 30만 명 이상이 카자흐스탄과 같은 소련의 오지로 유배 보내졌다고 계산했다.[50]

이런 조치가 전쟁 이전에는 소련 내부에서 진행되었다. 하여 게오르기 드라구노프 같은 소련군 장교들은 폴란드에서 똑같은 일이 진행되어도 특별한 일은 아니라고 생각했다. 주민 강제이주는 참혹하게 '보이긴' 했지만, 이들은 이 모든 광경을 이전에 소련에서 보았기 때문에 '놀라워하진 않았다.' 게오르기 드라구노프는 이렇게 증언했다.

추방 대상이 된 사람들은 인민의 적이니 당연히 추방되어야 한다고, 그렇게 믿도록 교육받으며 살았다. 그 모든 것이 '규범의 일부'라고 생각했다. 그러나 이제야 비로소 되돌아보면, 이 사람들이 가장 좋은 사람들이었다는 사실을 깨닫게 되었다. 그러나 이 사실을 이해하기 위해서는 오래 살아남아야 한다.[51]

보구슬라바 그리니프와 '인민의 적'으로 처형당한 사람들의 유가족을 강제이주시키기 몇 달 전, 라브렌티 베리야는 위험 요소로 분류된 다른 폴란드인 집단을 스탈린에게 보고했다. 이들은 이른바 '오사드니크Osadnik'라고 불리는, 폴란드군 퇴역 장병들이었다. 이들은 과거 폴란드와 소련의 접경지였던 땅을 받았다. 이들이 국경 지역에 거주한다는 점, 과거에 군에서 복무했다는 점이 부각되자 이들은 아주 특별한 탄압을 받아야 할 위험 집단으로 간주되었다. 베리야는 "이들이 온갖 종류의 반反소비에트 활동의 온상이 된다."라고 보고했고, 스탈린에게 이들과 이들의 가족을 강제이주시켜야 한다고 요청했다. 스탈린은 이를 즉각 허락했다.[52]

소련군이 점령한 지역에 있는 로브노에서 니콜라이 듀카레프Nikolai Dyukarev는 오사드니크를 강제이주시키도록 명령받은 NKVD 장교였다. 훗날 제2차 세계대전 기간 중 수차례 반복된 강제이주 과정에서 사용된 방법처럼, NKVD는 먼저 그 지역에 관한 상세한 정찰(사전조사)을 실시하고 거주민들의 명단을 작성했다. 정찰 과정에서 주민조사는 가장 기본적인 절차였다. 듀카레프는 '농업 전문가'로 위장하고 마을 주민들과 농장에 관한 이야기를 나누며 주민들의 가족 이름을 모두 기록했다고 한다. 일단 신분이 발각된 오사드니크와 그의 배우자 그리고 둘의 자녀들은 집에서 추방되어 기차에 실린 다음 동쪽으로 강제이주하였다.

듀카레프가 수행한 임무는 단순했다. "우리는 이들을 재정착시키라는 명령을 받았고, 우리는 명령대로 했다." 그러나 그는 나이가 아주 어린 아이들을 강제로 끌어내는 것은 정말로 쉽지 않았고, 이를 의식하면 마음이 편치 않았다고 인정했다. 그러면서도 "나는 그들이 우리

히틀러와 스탈린

의 적이고, 소련의 적이기 때문에 이들은 재순환되어야Recycled 했다."라
고 말했다. 이 문제의 핵심은 스탈린이 담당자들에게 '개인적으로' 강
제이주 명령을 내렸다는 점이다.

> 스탈린은 신과 같은 존재였다. 그가 지시하는 모든 명령은, 모든
> 문제에 관한 최종적인 해결책이었다.[53]

　독일 비밀경찰과 소련 비밀경찰 모두 폴란드 내부에서 자발적인 투
쟁을 은밀히 전개하는, 훗날 아르먀 크라요바Armia Krajowa라 불리는 폴란
드 국내군(폴란드 조국군대)●을 색출하기 위해 위해 특별한 노력을 기울
였다. 타데우시 루만Tadeusz Ruman은 독일군과 소련군이 폴란드 저항군을
제거하기 위해 얼마나 노력을 기울였는지를 경험했다. 그는 1940년
초, 아르먀 크라요바의 연락병으로서 임무를 수행했다. 르부프에서 독
일이 점령한 지역을 넘어 다른 곳으로 메시지를 전달하는 임무였다.
그는 여러 번 체포의 위기를 넘겼고, 결국 1940년 봄 소련 비밀경찰의
추적을 받는 신세가 되었다.
　4월 10일 밤. 그는 소련 점령지역과 가까운 독일 점령지역의 한 안
전한 가옥을 은신처로 삼았다. 은신처인 집에는 저항군의 연락병인 젊
은 폴란드 여인과 크라쿠프Kraków에서 온 폴란드 교수가 있었다. 그 교
수는 폴란드의 지도층을 파괴하려고 했던 나치 정권 입장에서는 무척

➜　1939년 나치독일과 소련이 폴란드를 침공하자 지하저항군 '무장투쟁연맹(ZWZ)'이 조직되었다. 1942년 2월에는
　무장투쟁연맹의 후신으로서 '폴란드 국내군(폴란드 조국군대)'이 발족했다.

위험한 인물이었다. 그는 나치가 1939년에 크라쿠프에 있는 야기엘론스키Jagiellonian대학의 교수진을 체포하려고 할 때, 체포망을 피해 간신히 도망쳤다. 타데우시는 혼자 이동하곤 했지만, 자신들을 같이 데리고 다녀달라는 젊은 여성과 교수의 간절한 부탁을 뿌리칠 수가 없었다. 그래서 그날 밤, 세 사람은 함께 경계선을 넘어 소련 점령지역으로 잠입했다. 다음 날 오랫동안 아침 숲속을 걷느라 지친 와중에 소련 점령지역에 너무 깊숙이 들어온 여인과 교수는, 타데우시를 설득해 그가 연락병으로서의 비밀활동 규칙을 어기게 했다. 이들은 도로와 평행으로 마주보는 숲속 길을 이동하는 대신 도로로 나와 걸었다. 이동이 훨씬 편해지긴 했지만 그만큼 위험해졌다. 몇 마일 지나지 않아 이들은 소련군의 검문초소를 만났다. 소련 경비병이 이들을 세웠고, 세 사람 모두 체포되었다. 체포 직후 타데우시는 재판도 없이 15년 강제노동형을 선고받았다. 두 명의 동행인도 당연히 감옥에 갇혔고, 나치의 탄압에서 간신히 벗어난 교수도 감옥에 수감되었다. 자신의 경험을 바탕으로 타데우시는 "공산주의는 인류에게 닥친 최악의 역병Disease"이라는 결론을 내렸다.[54]

저널리스트 구스타프 헤를링-그루진스키Gustaw Herling-Grudziński는 타데우시 루만처럼 1940년 소련이 점령한 폴란드와 리투아니아 사이의 국경을 넘다가 체포당했다. 당시 그는 20세였고, 폴란드 지하저항군의 일원이었다. 그는 5년형을 선고받고 소련을 횡단하여 아르한겔스크Arkhangel'sk의 강제노동수용소로 이송되었는데, 그곳은 악명높은 소련 수용소 중 하나였다.

구스타프 헤를링이 강제노동수용소에서 경험한 두 가지 경험은 나치의 집단수용소에 수감된 폴란드인들이 겪었던 고통과는 크게 달랐다. 일단 헤를링은 강제노동수용소에서 정치범 외에도 우르카Urka(юрк ий라는 러시아어 단어에서 유래. '민첩한'이란 의미)라는 폭력배를 만났다. 소련 당국은 우르카를 이용해 수감자들을 무섭게 감시하고 통제했다. 헤를링은 우르카를 수용소의 소장 다음으로 가장 중요한 사람으로 묘사했다. 우르카는 자신이 맡은 수감자들의 노동능력과 정치적 정통성(Political orthodoxy, 공산주의를 향한 충성도)을 판단했기 때문이다.[55] 거기다 어둠이 찾아오면 수용소 곳곳에서 살해당하는 정치범들의 무서운 신음과 비명이 서서히 들리는데, 책임자들은 수용소 안으로 들어올 생각도 하지 않았다.[56]

헤를링은 수용소로 가는 기차 안에서 우르카를 처음 만났다. 우르카 중 한 명이 카드게임에서 진 후, 폴란드군 장교였던 다른 죄수에게 다가가 코트를 내놓으라고 요구했다. 그 우르카는 "카드게임에서 코트를 잃었다."라고 말했다. 그 장교가 코트를 내놓으려고 하지 않자, 우르카는 "눈을 뽑아버리겠다."라고 위협했다. 위협에 굴복한 그 장교는 코트를 벗어주었다. 헤를링은 우르카들이 시간을 보내는 전형적인 방법이 다른 죄수들의 소지품을 걸고 도박을 하는 것이라는 사실을 발견했다. 게임이 끝난 후 물건을 잃은 우르카는 판돈으로 내걸은 다른 죄수의 물건을 훔쳤고, 필요하면 폭력을 행사했다.[57]

소련 당국은 범죄자를 이용하여 정치범을 통제하고 위협했다. 이와 마찬가지로 나치는 폴란드 점령지역에 설치한 아우슈비츠 집단수용소에 독일인 카포Kapo를 고용했다. 1940년 늦은 봄. 아우슈비츠로 보내진 첫 번째 죄수들은 폴란드인들이 아니라 30명의 독일 범죄자들이었

사진6 1930년대 초 백해-발트해 운하를 건설하는 소련 수감자들

운하가 완성되었을 당시 거대한 해상 교통량에 비해 운하의 수심이 너무 얕았다.

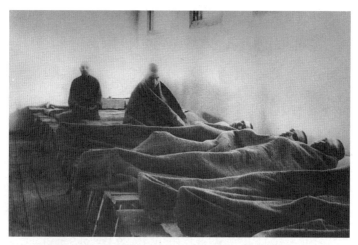

사진7 백해-발트해 운하 사업에 동원된 수감자들을 위한 병원

굴라크에 수용된 수천 명의 소련 죄수들은 운하 사업에 투입되어 사망했다.

다. 이들은 베를린 북쪽에 있는 작센하우젠Sachsenhausen 집단수용소에서 이곳으로 이감되었다. 이들은 죄수들의 작업을 감독하고, 사실상 작업 팀 내 죄수들의 생사여탈권을 보유했다. 이들 중 일부는 징벌노동팀을 감독한 에른스트 크랑케만Ernst Krankemann처럼 잔혹성으로 악명이 높았 다. 그가 감독하는 죄수들이 거대한 롤러를 끌고 수용소를 돌며 땅을 평평하게 만드는 동안 크랑케만은 채찍을 들고 롤러의 조종석에 앉았 다. 폴란드 정치범이었던 예지 비엘레츠키가 기억하기를, 크랑케만은 체력이 쇠진하여 쓰러진 동료 죄수 한 명을 롤러로 깔아버리라고 예지 비엘레츠키에게 명령했다.

> 나는 죽음과 구타에는 익숙해졌지만, 그 광경을 보고 얼어 죽을
> 만큼 몸이 오싹해졌다.[58]

　나치 수용소 내의 카포가 임무에서 추방되면, 그는 자신의 운명이 어떻게 될지를 잘 알았다. 힘러는 이를 두고 이렇게 말했다.

> 우리가 그의 일에 더는 만족하지 못하면 그는 카포로 일할 수 없었
> 다. 그는 다른 죄수들이 수감된 곳으로 돌아가야 했다. 그는 첫날
> 밤 다른 죄수들이 자신을 때려죽일 것이라는 사실을 잘 알았다.[59]

　소련 당국이 수용소에서 우르카를 압제의 도구로 이용하긴 했지만 나치 수용소에서의 카포만큼이나 그 역할이 체계적이진 않았다. 그렇 지만 우르카도 수감자들을 같은 방법으로 가혹하게 다루었다. 죄수들

을 통제하고 훈육하는 나치친위대의 일을 카포가 덜어준 것처럼, 우르카도 소련 간부들을 위해 같은 일을 해주었다.

헤를링의 경험으로 알 수 있는 나치와 소련의 두 번째 차이점은, 마르가레테 부버-노이만이 겪었던 유사한 경험에서도 알 수 있다.[60] 헤를링은 소련의 감옥 제도가 "죄수를 징벌하기보다는 그를 경제적으로 착취하고 심리적으로 변형시키는 데에 목적을 두고 있다."라고 증언했다. 소련 감옥 내의 모든 프로그램이 죄수의 인격을 완전히 파괴하는 것을 목표로 하고 있었다. 헤를링은 결정적으로 이렇게 증언했다.

수감자의 인격이 분해되어 자신의 (거짓) 자백서에 서명할 수 있어야 완전한 목적이 달성되었다고 간주됐다.

소련 감옥 내 교화 프로그램의 목표 달성 여부는, 대체로 고문 담당자가 날조한 거짓말에 수감자가 동의하는지 아닌지로 확인되었다. 그 결과에 관해 헤를링은 이렇게 지적했다.

사고의 논리적 구조에 공백이 생기고, 사고와 감정이 원래의 자리에서 해체되어 망가진 기계처럼 서로 부딪치며 덜컹거린다.[61]

나치 집단수용소의 원 목적도 이와 비슷했다. 나치 비밀경찰도 수감자들의 정신을 바꾸려고 했다. 헤르만 괴링은 이것을 적나라하게 표현했다.

우리는 이 사람들을 구해서 독일 민족공동체로 다시 데려와야 한다. 우리는 이들을 재교육시켜야 한다.[62]

'재교육' 과정의 핵심 중 일부는 수감자들이 자신의 앞날에 관해 비밀경찰들이 절대적인 힘을 행사할 수 있다는 사실을 깨닫게 만드는 것이다. 나치 집단수용소는 죄수가 판사에게 선고받은 기간을 복역하는 '정상적인 감옥'이 아니었다. 집단수용소에 수감된 사람은 자신이 얼마나 오래 복역해야 하는지를 알지 못했다. "수감 기간의 불확실성이

사진8 **1933년 다하우 강제수용소의 도로를 평평하게 만드는 수감자들**
훗날 독일 강제수용소의 모델이 된 다하우 강제수용소는 1933년 히틀러가 집권한 직후 세워졌다.

1933년 다하우 강제수용소의 경비대 사진

전쟁 중 끔찍한 잔혹행위를 일삼은 나치친위대원들은 다하우 강제수용소에서 훈련을 받았다. 이곳에서 훈련받은 인물 중 가장 악명이 자자한 자는 아우슈비츠 수용소의 소장 루돌프 회스였다.

야말로 수감자들이 결코 이해할 수 없는 두려움이었다."라고, 아우슈비츠 수용소의 소장 루돌프 회스Rudolf Höss가 제2차 세계대전 이후 회고했다.

> 이들을 마모시키고, 가장 강한 의지를 무너지게 하는 것은 바로 불확실성이었다. 이것 하나만으로도 수용소에서 이들의 생활은 그 자체로 고문이 되었다.[63]

히틀러와 스탈린

회스는 제2차 세계대전 전부터 존재했던 집단수용소인 다하우~Dachau~ 수용소에서의 사례를 인용했다. 다하우 수용소에서 나치친위대는 일부 수감자를 처형하기는 했지만, 대부분의 수감자는 평균 18개월 정도를 수용소에서 보낸 다음 풀려났다. 다하우 수용소보다 훨씬 살인적이었던 아우슈비츠 수용소도 처음에는 제2차 세계대전 이전 독일 내 수용소를 모방하여 건설됐다. 아우슈비츠는 대량학살의 도구로 쓰이기 전에는 다른 기능을 수행하는 장소였다. 그 일환으로, 수용소에 갇힌 폴란드인에게 "이제 독일인이 너희의 주인이다."라는 사실을 가르치는 곳으로 쓰였다. 최소한 아우슈비츠 수용소 당국자들이 생각하기에는 그러했다. '재교육'을 위해 아우슈비츠에 처음 수감된 약 2만 3,000명의 폴란드인 중 절반 이상이 20개월 이내에 사망했다.[64]

소련의 수용소~Gulag~에서는 수감자들이 일정한 형기를 선고받긴 했지만, 그 기한이란 언제든지 바뀔 수 있었다. 헤를링은 키예프 출신의 포노마렌코~Ponomarenko~란 이름을 가진 나이 많은 철도원의 이야기를 들려주었다. 가장 가슴 아픈 이야기 중 하나이다. 그는 자신의 10년형 형기가 끝나는 날을 하루하루 세고 있었는데, 석방되어야 할 시점 직전에 그의 형기가 '무기한'으로 늘어났다는 통보를 받았다. 이 통보를 받은 후 얼마 안 되어 그는 자살했다. 헤를링이 말한 대로 희망에는 실망이라는 무서운 위험이 내포하고 있다.[65]

이 시기 나치 집단수용소와 소련 수용소 사이에는 중요한 차이가 있었다. 가장 중요한 대조점은 이념적 접근법이다. 나치는 폴란드를 자신들의 인종 이론에 의거해 '재조직'하려고 시도했다. 나치는 1940년 아우슈비츠 수용소로 보낸 폴란드인 중 일부를 공포에 떨게 하여 다시는 문제를 일으키지 않게 만들 수 있다고 생각했지만, 이들이 순종적인 노예가 되도록 충분히 변화시킬 수는 없다고 보았다. 나치의 이론에 따르면 진정한 변화의 기본적 전제조건은 각 개인의 통제 밖에 있었다. 각 개인의 혈관에 흐르는 피가 그 사람의 가치를 결정하는 결정적 요소였다. 이러한 믿음은 무서운 결과를 도출한다. 독일인과 폴란드인 사이의 우호적인 접촉은 금지되었고, 성적 결합을 특히 혐오했다. 독일 여인과 성적 관계를 맺은 폴란드 남자는 투옥되거나 처형되었다.[66] 폴란드 여인들과 성적 관계를 맺은 독일 남성의 경우, "사안이 심각하다면, 특히 독일 공동체에 속하는 개인이 폴란드인과의 관계로 독일의 이익을 훼손했다면, 그는 집단수용소에 수감될 수 있다."라고, 바르텔란트의 총독 아르투어 그라이저Arthur Greiser는 명령했다.[67]

이와 달리 소련은 인종이 아니라 계급을 내세워 폴란드인들을 공격했다. 폴란드인 강제이주를 담당했던 NKVD 장교인 니콜라이 듀카레프는 이렇게 표현했다.

> 물론 (폴란드 동부에는) 다양한 사람이 있었다. 우리는 주민 전체를 단순하게 일괄적으로 다룰 수가 없었다. 부자도 있고, 가난한 사람도 있고, 도시도 있고, 작은 마을도 있었다. 부자의 경우 (소련 점령으로) 좋은 일은 없었지만, 빈민의 경우 우리가 그들의 생활을 개선했다고 생각한다.[68]

소련의 폴란드 침공이 누구를 막론하고 생활의 윤택함을 증진했다는 주장에는 논쟁의 여지가 많다. 다만 듀카레프가 소련 점령군의 역할을 어떻게 인식했는지는 중요하다. 그와 동료 병사들은 자신들의 임무가 부자의 것을 빼앗아 가난한 사람에게 주는 일이라 생각했다. 아니면 당시에 이들이 말하고 다닌 것처럼 부르주아와 프롤레타리아 사이의 불평등을 재조정하는 것이기를 희망했다.

두 나라의 정책에서 나타나는 또 다른 차이점은 현지에서 일어난 일을 통제하는 방법이다. 히틀러는 넓은 계획만을 제시하고, 상세한 정책 집행은 점령지를 담당하는 총독들에게 맡겼다. 히틀러는 현지 담당자들에게 이렇게 말했다. 이 말은 히틀러의 리더십에 관해서 가장 통찰력이 있는 말로 꼽힌다.

실수는 피할 수 없다. 새로운 유형의 사람, 새로운 지배 인종이 수행하는 성공적인 독일화 프로그램의 실행을 위해 치러야 할 작은 대가에 불과하다.[69]

현지 담당자들은 이 지역들의 '독일화'가 완료되었다고 보고할 때까지 10년의 시간이 필요하다고 말했지만, 그 방법에 관해서는 아무 질문도 하지 않았다.[70]

폴란드의 '지배 인종'이 자신들의 주도권을 행사하기를 바랐던 히틀러의 희망은 혼란과 무질서로 이어졌다. 단치히-서프러시아 대관구 지휘자인 알베르트 포르스터와 바르텔란트의 총독인 아르투르 그라이저 사이의 싸움은 악명이 높았다. 그라이저는 포르스터를 향해 "동화 과정을 빨리 완결하기 위해 폴란드인에게 필요한 편의를 제공하지 않은 채 독일화하고 있다."라고 비난했다.[71]

이와 달리 스탈린은 부하들에게 주도권을 허용하지 않았다. 그는 주요 문서들을 직접 검토하고 정책의 세부 사항까지 모두 챙겼으며, NKVD 수장 라브렌티 베리야 같은 영리한 부하는 스탈린에게 보고하는 많은 서류에 "각하의 지시와 관련하여"라는 문장을 달아 본인은 단지 스탈린의 뜻을 수행하는 도구에 지나지 않는다는 인상을 주었다.[72]

이러한 통치 방법으로 인해 1940년 수천 명의 폴란드인 살해를 명령한 악명 높은 서류에 스탈린의 서명이 남아 있다. 폴란드 동부를 점령한 소련은 약 25만 명의 폴란드 병사를 체포하고 수용소에 수감했다. 장교들은 사병들과 분리되어 폴란드 동부 지역의 인텔리겐치아(지식인) 중 선별적으로 체포된 인물들과 함께 특별수용소에 수감되었다. 이 장교들은 전쟁포로로 인정되지 않았다. 이들은 '반혁명 분자' 대접을 받았다.

1939년의 마지막 몇 달 동안 소련은 이들을 심문하고, 이들을 소련 지지자로 만들려는 시도를 하긴 했지만, NKVD 심문관들 보고서에 의하면 이들 대부분은 "구제 불능"이었다. 그 결과로 스탈린은 몰로토프를 포함한 정치국 인물 몇 명과 함께 1940년 3월 수감자들을 "특별 절차에 따라 심문하고 만일 무례한 수감자로 판단되는 경우 총살하라."라는 문장이 적힌 서류에 서명했다. 여기서 언급된 "특별한 절차"라는 것은 단지 이들의 신상 명세를 빠르게 낭독하는 것을 뜻했다. 이 명령의 대상이 된 약 2만 명의 폴란드 장교 중 살아남은 사람은 수백 명에 불과했다.[73]

스탈린이 왜 이런 극단적인 조치를 취했는지는 제대로 분석된 적이 없었다. 아마도 폴란드를 향한 그의 증오심이 폭발하여 폴란드 지도층

히틀러와 스탈린

을 수감하기보다는 죽이기로 결정했을 수도 있다. 아니면 그는 나치가 폴란드 지역에서 수행하는 잔혹한 정책을 보고 영감을 얻어 이런 결정을 내렸을 수도 있다. 하지만 어느 것을 확실한 이유라고, 단정적으로 확신할 수는 없다. 우리는 그저 이 범죄에 스탈린의 책임이 있다는 사실만을 알고 있다. 소련의 서류에 의거하면 이 결정으로 인해 약 2만 2,000명의 폴란드인이 처형당했다. 처형 장소는 세 군데로 분산되었는데, 그중 하나가 카틴 숲_{Katyn forest}이었다.

히틀러는 폴란드인은 물론이고 유대인의 멸절을 명령하는 서류에 서명한 적이 없다.[74] 그가 통치하는 정부가 '예지력을 갖춘 정책 수행 체계'를 구축한 덕에 그는 이런 서류에 서명할 필요가 없었다. 하지만 그는 스탈린이 카틴 숲 학살에 책임이 있는 것처럼 자신의 범죄에 관한 책임에서 무관할 수 없다. 명백한 물증이 없을 뿐, 수많은 역사학자에 의해 결정적으로 그의 죄가 증명되었다.

이념적 동기에 의해 폴란드를 재조직하는 과정에서 히틀러와 스탈린은 수백만 명의 주민에게 엄청난 고통을 안겼다. 이러한 정책이 야심하고 포괄적이라는 공통점이 있긴 하지만, 두 사람의 목표는 다른 곳에 있다는 사실을 우리는 앞으로 마주하게 될 것이다.

3장

상반된 운명

1940년 7월 10일

> 1940년 여름, 독일과 프랑스가 협정을 체결하게 되자 히틀러와 스탈린의 대
> 조는 더욱 극명해졌다. 히틀러는 독일군 최고사령부 총참모장으로부터 "역사
> 상 가장 위대한 사령관"이라는 칭송을 받았으나 스탈린은 핀란드에서의 대실
> 패 후 보로실로프에게 "이 모든 사태의 책임이 동지에게 있다."라는 면박이나
> 들었다.

제2차 세계대전이 발발한 초기에 예상치 못한 두 가지 사건이 발생
했다. 이 사건들의 시사점을 살피면 히틀러와 스탈린의 지도력이 어떻
게 다른지를 알 수 있다. 두 독재자는 각각 야심에 찬 군사행동을 개시
했으나 한 사람은 크게 성공하고 다른 한 사람은 국가적인 망신을 겪
었다.

스탈린의 군사적 목표물은 핀란드였다. 이 작전은 이론적인 조건만
따지자면 소련군에게는 식은 죽을 먹는 일만큼 간단하였다. 핀란드의
국가 규모는 소련에 비교할 수 없을 정도로 작았다. 소련의 인구가 당
시 약 1억 6,000만 명인 데 반해 핀란드 인구는 당시 약 400만 명도 되
지 못했다.[1] 1930년대에 크게 증강된 소련군의 전력은 핀란드군보다
압도적으로 우세했다. 일례로 1939년 기준으로 소련은 매년 약 1만 대

의 항공기를 생산했는데, 1931년에 약 1,000대를 생산하던 것에 비하면 괄목할만한 성장이었다. 같은 기간 동안 탱크 생산 대수는 네 배 늘어났다.[2]

스탈린은 이 많은 장비를 운용하기 위한 인력이 필요했음에도 군인들을 불신하는 성향이 강했다. 특히 그는 유능한 장군이 자신의 통치를 거부하는 반혁명을 일으킬 수 있다고 여기며 두려워했다. 역사에서도 이런 전례가 있었다. 프랑스 혁명은 나폴레옹 보나파르트라는 야심가에 의해 전복되지 않았던가? 그 결과로 소련군 지휘관을 보나파르트주의자Bonapartist 경향이 있다고 기소하는 것은, 그 소련군 지휘관을 볼셰비키를 타도할 반역자로 부르는 것과 똑같았다. 스탈린의 머릿속에는 야전에 얼마나 많은 잠재적 보나파르트주의자가 있는지가 중요한 문제로 자리잡았다.

이런 항시적인 불안감과 더불어, 스탈린의 정적인 레온 트로츠키가 1930년대에 온전히 살아 있었을 뿐만 아니라 서방의 보호를 받으며 스탈린을 향한 정치적 공격을 지속하고 있었다. 트로츠키는 적군(붉은 군대)을 창설한 장본인이고, 1918년에는 육군과 해군을 담당하는 군사인민위원으로 임명된 적이 있었다. 이유도 없이 상대를 의심하는 기질의 소유자인 스탈린 같은 사람이 본다면, 소련군 지휘관 전원은 마땅히 의심받아야 할 충분한 이유가 있었다.

무엇보다도 스탈린은 본인이 교체될 수 있다는 사실을 알고 있었다. 붉은광장에 놓인 화강암으로 만든 레닌 묘소를 바라본다면 어떻게 이러한 걱정을 떨칠 수 있었겠는가? 스탈린은 트로츠키나 다른 볼셰비키 지도자들과 마찬가지로 레닌의 추종자 중 한 사람이었다. 레닌의 추종

사진10 **1922년 스탈린과 블라디미르 레닌**

레닌이 사망하고 2년이 지난 후에도 스탈린은 레닌의 영향력에서 벗어날 수 없었다.

자는 레닌과 다르다. 추종자는 없어질 수 있는 존재다. 오직 레닌만이 스탈린의 집무실에서 몇 발자국 떨어지지 않은 공동묘지에 방부 처리된 채로 영속적으로 살아남았다. 히틀러는 당연히 이런 문제를 겪지 않았다. 히틀러는 레닌과 마찬가지로 스스로 혁명을 주도했기 때문이다.

1930년대 후반 스탈린의 모든 의심이 갑자기 분출되어서 그는 대숙청Great Terror이라고 알려진 유혈극을 선동했다. 그는 공산주의를 수립하는 여정은 어렵고 길며 폭력적인 과정이고, 고통스럽고 잔인한 투쟁이며, 죽느냐 사느냐의 투쟁이라고 항상 생각했다.[3] 그러나 그가 승인한 학살에 비견되는 전례를 현대에서는 찾아볼 수 없다.

숙청이 군대에만 한정된 것은 아니었지만, 군지휘관들은 특별히 주

요 숙청 대상이 되었다. 14만 5,000명의 장군, 장교 중에 약 5분의 1인 3만 3,000명이 직위에서 파면되고, 이 중 7,000명이 처형되었다. 지휘 체계를 올라갈수록 숙청 비율은 더욱 커졌다. 약 150명의 최고위 지휘관들이 제거되었는데, 군 지휘부 80퍼센트 이상이 숙청됐다는 뜻이었다.[4] 1937년 5월 미하일 투하쳅스키|Mikhail Tukhachevsky 원수가 체포되어 다음 달 처형된 사례가 가장 악명 높은 일화다. 투하쳅스키는 1930년대 소련군 현대화를 주도했지만, 그가 지닌 군사이론가로서의 명성과 자신감이 넘치는 성격은 그의 몰락을 재촉했다. 스탈린은 그를 불길하게 '나폴레온칙(Napoleonchik, 작은 나폴레옹)'이라고 불렀다.[5] 다른 많은 지휘관처럼 투하쳅스키는 '자백'을 강요받았다. 그의 '유죄 고백'은 후에 피가 묻은 채 발견되었다.[6]

물론 스탈린이 소련군 지휘부의 상당 부분을 파괴한 것이 이후 발발할 재앙의 유일한 원인은 아니었다. 다른 원인들도 있었다. 소련군을 현대화하는 과정에서의 문제, 특히 무전기 등의 교전 기술을 제대로 수용하지 않았던 결정과 같은 납득하기 어려운 조치들도 재앙을 불러일으킨 나름의 원인이었다. 그러나 다가올 전쟁에서 소련군은 군지휘관을 숙청한 대가를 혹독하게 치렀다. 살아남은 장교들조차도 숙청의 두려움으로 인해 자신의 능력을 효과적으로 발휘하지 못했다. 가장 유능한 동료 상당수가 처형되었을 뿐만 아니라 숙청에서 살아남은 장교들조차 주도권을 잡고 새로운 결정을 내리지 못했다. 유능하게 '생각하는 것'은 잠재적으로 자신의 생명을 위협하는 행동이 될 수 있었다. 예를 들어, 새로운 군사 장비를 시험하는 도중에 사고는 늘 일어날 수 있었다. 그러나 소련 공군 조종사였던 스테판 미코얀의 증언에 따르면 "모든 사고는 파괴공작자들Sabotuers이 일으키고, 당신은 적절한 사전 주의를 명심하지 않았으며, 방심했거나 무능한 관리자였기 때문에, '우리 편이 아닌 사람'이라는 명목으로 기소될 수 있었다." 의심의 분위기가 너무 널리 퍼져서 사고와 아무 관련이 없는 사람까지도 기소될 수 있었다. 스테판 미코얀은 이렇게도 증언했다.

> 누군가 불만스러운 사람에게 복수를 하고 싶다면, 단지 "그가 적이기 때문에 일을 똑바로 하지 않고 엉망으로 처리했다."라는 식으로 밀고하면 되었다.

스탈린에게 직접 보고하는 것도 간단하지 않았다. 책임을 피하면서 군 장비 시험에 관한 나쁜 소식을 스탈린에게 보고하기란 쉽지 않은 일이었다. 스테판 미코얀은 이를 두고 이렇게 말했다.

> 보고자는 스탈린의 인내심을 시험해야 한다는 사실을 염두에 두고 있어야 했다. 만일 스탈린에게 직접 보고를 해야 하는 상황이라면 그에게 항상 진실을 말하되, 동시에 그를 화나게 만들지 말아야 한다![7]

1930년대 젊은 시험 조종사였던 마르크 갈라이Mark Gallay는 '숙청의 무겁고 억압적인 효과'를 기억했다.

> 말 그대로 매주 두세 차례, 우리는 모임에서 이른바 인민의 적이

무엇인지 토론했다. 이 모임에서 한 명이나 그 이상의 사람이 비판을 받았고, 어떤 때는 모임에 참석한 사람이 비난을 받았다. 그러나 비난받은 사람 대부분은 아무 죄가 없었다.

전혀 놀랍지 않지만, 갈라이의 말에 의하면 이런 분위기는 "개인의 생산성과 창조성에 좋은 결과를 가져오지 않았다." 압제적 분위기는 사람의 주도권을 구속한다.

오랜 기간 나는 레닌의 가르침은 무적이고 전적으로 옳다고 믿었다.

갈라이는 헌신적인 공산주의자였다. 그러나 그는 대숙청을 목격하며 "스탈린이 국가의 모든 단계, 모든 부문, 이후 오랜 세월 동안 엄청난 해악을 끼쳤다."라고 확신을 표했다.[8]

이러한 의심이 가득 찬 분위기 속에서 유능함은 과소평가되고 맹목적인 충성심이 과대평가를 받았다. 정말 형편없는 일부의 군지휘관들이 출세 가도에 올라탔다. 이런 군인 중 대표적인 인물이 클리멘트 보로실로프Kliment Voroshilov였다. 제대로 교육받지 못한 교양 없는 육체노동자 출신의 애주가였던 보로실로프는, 1934년 국방인민위원(국방장관)에 임명되어 대숙청 기간 중 스탈린을 열렬히 지지했다. 보로실로프를 위해 일한 투하쳅스키는 그를 경멸했다. 다른 소련군 지휘관은 "보로실로프는 군사 문제의 아마추어고 군사문제를 전혀 진지하게 이해하지 못했다."라고 말했다.[9] 그러나 스탈린은 보로실로프를 징계하지 않

사진11 **스탈린(좌)과 클리멘트 보로실로프(우)**

보로실로프는 수많은 전투에서 패전할 만큼 무능한 지휘관이었으나 역설적으로 무능했기 때문에 숙청당하지 않고 스탈린의 곁을 지켰다.

았고, 보로실로프는 88세의 나이에 1969년 사망했다. 소련에서는 무능함이 고위직으로 승진하는 데에 장애가 되지 않았다. 오히려 축복이었다. 무능한 장군은 절대로 '작은 나폴레옹'이 될 수 없기 때문이다.

대숙청 분위기가 가라앉은 지 1년 뒤인 1939년 10월. 스탈린은 핀란드 정부를 혼내주기로 했다. 나머지 이유보다 한 가지 이유가 가장 큰 동기였다. 바로 '지리'였다. 스탈린이 생각하기에 핀란드는 소련 국경에 너무 가까이 있었다. 당시 핀란드 영토는 소련의 제2도시이자 혁명의 요람인 레닌그라드(현 상트페테르부르크)에서 불과 20마일 떨어져 있었다. 혹시라도 독일이나 서방 국가들이 핀란드와 동맹을 맺고 소련을 침공한다면 어떻게 할 것인가? 적이 핀란드를 통과해 소련을 침공하는 것이 너무나도 용이해 보였다. 레닌그라드는 불과 며칠 만에 함락될 수 있었고, 그 취약성은 온 세상에 다 드러난 상태였다.

10월 초 몰로토프는 문제를 논의하기 위해 핀란드 대표단을 모스크바로 불렀다. 소련은 얼마 전 발트 삼국을 위협했고, 이 국가들은 자국 영토에 소련군 기지 설치를 허용했다. 이제 핀란드가 위협을 받을 차례였다. 그러나 핀란드가 발트 삼국과 같은 상황에 있는지 스탈린이 제대로 파악했을지는 불분명하다. 스탈린은 완전한 핀란드 점령을 위한 첫 단계로서 소련군 기지 설치를 요구했다. 그러다 1940년 소련은 핀란드 영토 전체를 차지하기 위해 이 나라를 침공했다. 이때 핀란드를 향한 그의 관심이 달라진 것 같았다. 다만 핀란드를 즉각 정복하기를 원하진 않았던 듯했다.

핀란드와 발트 삼국 사이에는 두 가지 차이가 존재했다. 그중 하나는 역시 '지리'였다. 발트국가들 서쪽에는 바다(발트해)가 있고, 동쪽에는 소련이 있었다. 발트국가들은 이렇게 중간에 갇힌 상태였다. 이와 달리 핀란드 서쪽에는 스웨덴과 맞닿은 긴 국경이 있었다. 스웨덴은 모든 전쟁에 중립을 선언한 상태였다. 핀란드의 인구는 적었지만, 육지 면적은 발트국가들과 다르게 상당히 컸다. 소련군이 황량한 영토를 굳이 점령해야 할 이유가 있었는가? 소련이 첩첩이 이어지는 숲을 얻어야 할 이유가 있었는가? 소련은 자국의 목재 수요량을 시베리아에서 충당할 수 있었다. 훨씬 설득력이 있는 목적은 따로 있다. 핀란드가 접경지의 상당 부분을 소련에 양도하게 하여 레닌그라드를 보호하고자 했을 가능성이 컸다.

모스크바에서 진행된 핀란드 대표단과의 첫 면담에서 스탈린은 단도직입적으로, 거의 솔직하게 요구사항을 제시했다.

히틀러와 스탈린

우리는 지리적 상황을 바꿀 수 없다. 레닌그라드와 인근 지역에는 350만 명의 주민이 산다. 이 수치는 핀란드의 인구와 거의 같다. 우리는 레닌그라드를 다른 곳으로 옮길 수 없다. 따라서 우리는 국경을 바꿔야 한다.[10]

스탈린과 몰로토프는 소련의 서북부 국경이 핀란드 쪽으로 약 40마일 정도 이동하기를 원했다. 이들은 핀란드의 섬 몇 곳을 포함해 다른 영토도 할양받기를 원했다. 소련은 보상으로 카렐리야 동부Eastern Karelia•의 일부를 맞교환할 것을 제안했다. 소련이 보상으로 제시한 면적은 핀란드가 상실하는 국토 면적의 두 배에 달했다. 그러나 소련이 포기하려는 그 영토는, 전략적으로나 경제적으로나 거의 쓸모가 없었다. 이어진 협상에서 핀란드 대표단은 스탈린과 거래를 하려고 노력했다. 스탈린도 자신의 요구사항을 조금 완화하긴 했으나 핀란드는 그가 원하는 것을 제공할 수 없었다. 결국 11월 3일, 핀란드 대표단이 다시 모스크바에 도착했을 때, 이들은 몰로토프만 만날 수 있었다. 스탈린이 핀란드 대표단의 만남을 거절했다. 이는 나쁜 징조였다.

이 책에서 앞으로도 계속 보겠지만, 몰로토프는 혼자서 중요한 결정을 내릴 수 없었다. 스탈린이 없는 외교 협상에서, 몰로토프의 행동은 제한적이다. 상세한 질문을 계속 퍼붓거나 소련의 입장을 반복하여 표명하는 것이 전부였다. 유고슬라비아의 정치인 밀로반 질라스Milovan

---

◆ 카렐리야(핀란드어로 카리알라)는 카렐리야인이 주로 거주하는 지역으로, 역사적으로 핀란드·러시아·스웨덴 등의 지배를 받았다. 현재는 러시아의 카렐리야 공화국, 레닌그라드주, 핀란드의 남카리알라 지역, 북카리알라 지역으로 나뉘어 있다.

Djilas[*]가 관찰한 것처럼, "스탈린의 허락이 없는 몰로토프란 무능하다. 그의 사고는 폐쇄적이고 종잡을 수 없었다."[11]

당연히 핀란드 대표단과 몰로토프와의 협상은 아무 결과를 만들어 내지 못했고, 핀란드 대표단은 모스크바를 떠날 준비를 했다. 그러나 출발하기 직전인 11월 4일 이들은 다시 크렘린으로 불려 들어갔다. 이번에 그들은 몰로토프뿐만 아니라 스탈린도 상대하게 되었다. 스탈린은 타협을 이루기 위한 마지막 시도를 하였고, 자신의 요구를 더욱 축소했다.[12] 그러나 핀란드 대표단은 이를 수용하기를 거절했다. 이들은 일부 핀란드 영토를 포기하려고 했지만, 대표단이 양보한 조건은 스탈린의 마음에 차지 않았다. 핀란드 대표단은 결국 11월 9일 모스크바를 떠났다.

스탈린과의 타협이 이루어지지 않으면 무슨 일이 발생할지를 잘 알고 있었지만, 놀랍게도 핀란드 대표단은 스탈린과 협상을 체결하지 못했다. 우리는 스탈린이 궁극적으로 핀란드 전체를 차지하기를 원했는지 확신할 수 없다. 하지만 표면적으로 보면 소련 측은 아주 진지하게 임했다. 그런데도 발트 삼국의 대표단과 벌였던 협상과 달리 핀란드 대표단과의 협상에서는 장고의 숙의가 없었다. 발트국가들과는 국경 변경에 관해서는 논의하지 않았다. 소련은 발트국가 영토 안에 소련 군사기지를 설치한다는 요구를 단도직입적으로 제시했다.

일부 핀란드 지도자는 스탈린과 타협해야 했다고 생각했다. 대표적

◆ 밀로반 질라스(1911~1995)는 유고슬라비아의 정치인으로, 티토 다음의 2인자였으나 공산체제 개혁을 주장하여 투옥되었다. 그는 공산주의 국가에서 공산당 관료가 새로운 계급이 되었다는 점을 비판한 《The New Class》라는 책을 집필해 명성을 얻었다. 해당 도서는 한국에서 《위선자들》(2020)이라는 제목으로 출간되었다.

인 인물로 제1차 세계대전 후 핀란드의 독립을 확보한 칼 구스타브 만네르헤임Carl Gustav Mannerheim 원수였다. 만네르헤임은 20세기 핀란드 역사에서 가장 뛰어난 인물이었지만, 외부 세계에는 그만큼 널리 알려지지 않았다. 핀란드가 유럽 변방에 자리한, 인구가 얼마 되지 않는 국가였기 때문이다. 만네르헤임이 젊었을 때 핀란드는 제정 러시아에 속해 있었다. 귀족 가문 출신인 그는 제정 러시아 군대에 들어가 1917년 중장 계급까지 올라갔다. 10월 혁명이 일어나자 그는 핀란드인들을 이끌고 볼셰비키에 대항해 핀란드 군단 사령관으로 활약했지만, 1919년 대통령 선거에서 낙선했다.

핀란드 정치인들이 만네르헤임에게서 자문을 구하자, 그는 소련과 타협을 이룰 것을 조언했다. 그러나 그의 조언은 실현되지 못했다. 그는 당시 기준 72세의 노인이었고, 그의 동료들은 만네르헤임이 스탈린과 맞설 용기를 잃었다고 생각했다. 그러나 만네르헤임은 지혜로운 조언을 했다. 핀란드는 소련을 절대로 이길 수 없었다. 스탈린의 요구를 거절한 핀란드인들은 희망으로 자국을 보호하려고 했지만, 두려움을 느꼈다. 이들은 스탈린의 요구가 엄포에 불과하기를 바랐다. 스탈린은 소련이 이토록 미묘한 역사적 순간을 직면한 상황에서, 정녕 또 하나의 전쟁을 개시할 것인가? 만일 그가 전쟁을 일으켜도 핀란드는 단독으로 스탈린을 상대할 것이라 계산하지 않았다. 아마도 독일 또는 영국, 아니면 이웃의 스웨덴이 핀란드를 도울 것이라 기대했다. 한편으로는 스탈린이 원하는 모든 요구조건을 수락해도, 그것이 끝이 아닐 것이라고도 우려했다. 소련의 제안을 검토한 핀란드군 참모총장인 하랄드 외퀴스트Harald Öhquist 중장은 그렇게 판단했다.

현대적 군사 훈련을 받은 장교라면, (소련의) 요구사항을 진지하게 받아들일 수 없다. 그들의 요구는, 앞으로 요구할 훨씬 큰 조건의 준비단계일 가능성이 크다.[13]

우리가 확인한 것처럼 외퀴스트의 우려가 정당한지는 확신할 수 없다. 하지만 핀란드가 소련의 요구를 거부했다는 소식에 소련 측이 크게 놀랐다는 사실은 분명하다. 당시 우크라이나 공산당 책임자였던 니키타 흐루쇼프는 "만일 핀란드인들이 우리의 얘기를 귀담아들으려 하지 않으면, 우리는 대포 한 방을 쏴서 핀란드인들이 두 손을 들고 우리의 요구를 따르게 할 수 있을 거라 생각했다."라고 회고했다.[14] 런던의 소련대사 이반 마이스키는 핀란드가 스탈린과 협정을 체결하지 않았다는 소식에 충격을 받았다. 그는 1939년 11월 27일 영국 외무장관 핼리팩스에게 "핀란드인들은 '현실'을 직시하는 법을 모르고, 이해할 수 없는 환상의 세계에 살고 있다."라고 말했다.[15]

소련은 핀란드를 향한 군사행동을 의례적으로 계획하긴 했으나 그 작전이 현실로 실행될 것이라 기대하진 않았다. 협상이 파행된 후 스탈린은 좀 더 본격적으로 작전을 준비하라 명령했지만, 즉각적인 군사행동은 잠시 미루고 핀란드를 향한 정치적 비상계획을 수립해야 했다. 이 목적을 달성하고자 스탈린은 핀란드 공산주의자 오토 쿠시넨 Otto Kuusinen 을 새로운 '핀란드 민주공화국 Suomen Kansantasavalta '*의 수장으로 만들기로 했다. 물론 이 정권은 당시 기준으로 존재하진 않았으나

➤ 겨울전쟁이 진행 중인 1939~1940년에 존재했던 소련의 괴뢰국이다. 오토 빌레 쿠시넨이 명목상의 수장이었다.

핀란드와의 전쟁, 이른바 '겨울전쟁Winter War' 이후 스탈린이 수립하기로 한 정권이었다.

소련군이 핀란드를 침공한 다음 날인 12월 1일 《프라우다Pravda》*는 "오토 쿠시넨이 이끄는 '민주공화국'이 현 정부로부터 핀란드를 해방해달라고 요청했기 때문에 소련이 행동을 취했다."라고 보도했다. 이로써 소련은 핀란드에 전쟁을 선포할 필요도 없었다. 스탈린 입장에서는 쿠시넨이 이끄는 '정통적인 핀란드의 새 정부'가 도움을 요청했기 때문이다. 그래서 스탈린은 "우리는 핀란드 영토를 향한 야심이 전혀 없다. 그러나 핀란드는 소련에 우호적인 국가가 되어야 한다."라고 선언했다.[16]

스탈린의 화법에서는 '우호적'이란 단어가 특히 중요하다. 이 특정한 형용사는 소련이 '관심'을 두는 국가를 대상으로 사용되었는데, 이때 역사상 처음으로 '우호적인'이 등장하였다. 스탈린은 특정 국가와의 관계를 두고 "우호적이기를 바란다."라는 말을 즐겨 사용했다. 이 단어는 너무도 악의가 없어 보이기 때문에, 스탈린이 본인 원하는 대로 행동할 수 있는 권한을 허락했다. '우호'라는 단어를 정의하기란 불가능하기 때문이다.

히틀러와 다르게 스탈린은 이런 애매한 개념어를 좋아했다. 예를 들어 스탈린이 '부농'의 의미가 담긴 '쿨라크'라는 단어를 무슨 의미로 사용했는지를 알 수 없다. 어떤 농부가 부유한 농민으로 분류될 만

◆ 《프라우다(프라브다)》는 1912년 상트페테르부르크(레닌그라드)에서 혁명 세력의 기관지로 창간되었다. 1991년 소련 붕괴 이전까지 공산당의 기관지로 발간되었다. 정부 기관지 《이즈베스티야(Izvestiya)》와 함께 소련의 2대 관영지였다. 프라우다는 러시아어로 '진리'를 의미한다.

큼 부자인가? 이는 관점에 따라 다르다. 이와 유사하게 스탈린은 '인민의 적'이 무엇인지를 정확하게 정의한 적이 없다. 스탈린이 한 말을 추종하는 라브렌티 베리야가 보기에 '인민의 적'이란 모호하면서도 모든 것을 포괄하였다. 라브렌티 베리야는 보안 기관의 부하들에게 다음과 같이 말했다.

> '인민의 적'은 파괴 공작을 하는 사람뿐만 아니라 당의 노선에 의심하는 자도 포함된다. 우리 사이에는 이런 자가 아주 많다. 그래서 우리는 그들을 제거해야 한다.[17]

"당의 노선을 의심한다."라는 기소를 받았을 때, 과연 누가 자신을 방어할 수 있겠는가? 지금 일어나고 있는 일에 관해서 당신이 건설적인 비판을 한다면, 그 비판이 어느 시점에 당신을 '인민의 적'으로 만들겠는가? 이러한 의도적인 불확실성은 법치주의를 도입한 국가에서는 도저히 유지할 수 없다. 대숙청 기간 중 마르크 갈라이가 출석한 모임에서, 그 자리에 있는 아무나 '인민의 적'으로 몰릴 수 있었다. '인민의 적'에는 법적 정의legal definition가 부재했기 때문에, 이러한 문제는 개인의 인식 문제로 치부되었다. 누구도 자신이 파멸되는 것을 막을 수 없었다.

이런 상황에서 스탈린은 핀란드군을 쉽게 격파할 수 있다고 확신했다. 핀란드를 향하는 다방면의 전면 공세 전략을 승인했고, 이로 인해 소련군의 공격력을 약화했다. 그는 또한 군사작전이 빠른 기간 안에 종료될 것으로 확신했다. 소련군 포병 지휘관인 니콜라이 보로노프

Nikolai Voronov는 "작전이 2~3개월 이어질 것"이라고 상관에게 보고하자, 그는 상급 지휘관에게서 "작전이 12일 안에 끝난다는 전제하에 모든 판단을 하도록 하라."라는 질책을 받았다.[18]

상황을 피상적으로 분석한 스탈린과 그의 순종적인 아첨꾼들은, 핀란드인들의 저항이 신속하게 분쇄될 것이라고 전제했다. 핀란드인들은 엄청난 수적 열세에 몰렸고, 핀란드군의 숫자는 소련군의 절반에도 미치지 못했다. 핀란드군의 장비도 대체로 구식이어서 소련군이 갖춘 현대적 무기에 상대가 되지 않았다. 그러나 핀란드인들은 이 싸움에서 한 가지만큼은 우위를 점하였다. 소련은 이것을 잊은 듯이 보였다. 스탈린이 양국 사이의 '지리적 문제' 때문에 핀란드 침공을 결정한 것처럼 '지리적 이점'은 전적으로 핀란드의 편이었다.

소련군은 두 가지 문제에 부닥쳤다. 핀란드의 영토는 크지 않았으나 세계에서 인구 밀도가 가장 희박한 국가 중 하나였다. 이러한 환경으로 인해 핀란드인들은 뒤로 후퇴하여 소련군을 숲과 눈이 덮인 황량한 곳으로 끌어들일 수 있었다. 이에 못지않게 중요한 두 번째 문제로, 핀란드 지역 대부분이 평지였다는 점이다. 사람보다 나무가 훨씬 많다. 소련 병사들은 끝없이 이어지는 것처럼 보이는 숲 사이의 좁은 길로만 이동하였고, 병사들이 볼 수 있는 풍경이란 자신들을 둘러싼 나무들뿐이었다. 역설적이게도 소련군 병사들은 넓고 인적이 드문 나라에 들어와 있으면서도 폐쇄 공포증을 느끼기 쉬웠다. 전투에 참가했던 셰베노크Shevenok 대위는 이렇게 증언했다.

키가 큰 소나무들이 그림처럼 눈 사이에 가득했다. 나무 위쪽에는 가지들이 있었고, 아래는 텅 비어 있었다. 그곳에 있을 때, 잡목 숲이 아니라 마치 기둥이 늘어선 동굴 안에 있는 듯한 느낌을 받았다.[19]

　이러한 지리적 난관은 또 다른 문제를 야기했다. 어려서부터 스키를 타는데 익숙한 핀란드인과 다르게 소련 병사들은 길을 벗어나 숲으로 진입하는 데에 불편함을 느꼈다. 더구나 소련군의 장비와 군복은 핀란드 기후에 맞지 않았다. 소련군 지휘관들은 병사들에게 충분한 흰색 겨울옷을 게으르게 지급했고, 트럭과 탱크의 위장을 신경쓰지 않았다. 결과적으로 병사들과 그들의 장비는 눈 위에서 쉽게 노출되었다. 이에 대비해서 핀란드 병사들은 겨울용 옷으로 잘 위장을 했고, 따뜻한 음식과 마른 옷을 제 때에 공급받았다. 핀란드군은 뛰어난 지휘관인 구스타브 만네르헤임이 지도했다. 그는 핀란드가 위협을 받자마자 핀란드 방위를 위해 자원해서 전투에 나섰다.

　소련군은 핀란드인들이 예상한 대로 레닌그라드 북서쪽의 카렐리야 지협Karelian Isthmus을 가로질러 공격해 왔다. 이 지협은 핀란드만과 라도가 호수Ladoga 사이에 자리했다. 이곳에서 소련군은 만네르헤임 방어선Mannerheim Line으로 불린 요새에 부딪혔다.

　숲과 강 등의 자연지형을 최대한 방어선으로 이용하여 영민하게 건설된 만네르헤임 방어선은, 소련군의 전진을 방해한 만만치 않은 장애물이었다. "우리는 참호 밖으로 코조차 내밀 수 없었다."라고, 핀란드 요새 방어선 북쪽에서 소련군과 함께 있었던 폴리트루크 오레신Politruk Oreshin은 이렇게 기록했다.

히틀러와 스탈린

우리 병사들은 몇 차례에 걸쳐 공격을 시도했으나 번번이 격퇴당했다. 철조망이 사람 키만큼 높게 세워져 있었다. 탱크 장애물이 사방에 구축되어 있었다. 뛰어나게 위장된 적진지와 늪지 덕분에 핀란드군은 거의 난공불락의 태세를 유지했다.[20]

그러나 핀란드의 저항이 전 세계 신문의 헤드라인을 장식한 계기는 만네르헤임 방어선에서 멀리 떨어진 핀란드 한가운데에서의 전투였다. 소련군은 핀란드를 남북으로 분할하고자 동쪽에서부터 공격했다. 그러나 핀란드군은 소련군을 정면으로 상대하지 않고, 소련군이 숲과 눈 사이에 난 유일한 길을 이동할 때 측면에서 공격했다. 이러한 전술로 인해 핀란드군은 소련군의 연계를 차단하여 적 부대들을 서로 고립된 몇 조각으로 분리할 수 있었다.

미하일 티모셴코는 소련군 제44사단에 배속된 부대에서 싸웠다. 이 부대는 제163사단을 구출하기 위해 파견되었다. 그는 자신과 동료들이 숲속에 난 길을 따라 전진할 때를 이렇게 회상했다.

두 대의 차량이 마주 지나갈 수 없을 정도로 길이 너무 좁았다. 차량으로 이동하는 것이 기술적으로 불가능했다. 그렇다고 도보로 이동하는 것은 더욱 어려웠다. 마치 정글에서 스스로 길을 내면서 가는 것과 흡사한 상황이었다. 포병은 되돌아갈 수가 없었고, 차량은 그 자리에서 얼어붙었다. 그래서 우리는 총사령부가 이런 상황을 일절 예상하지 않았다는 사실을 알았다. 우리 사단의 작전에 관해서는 아무런 계획이 없었다. 우리는 단지 우리 눈으로 보는

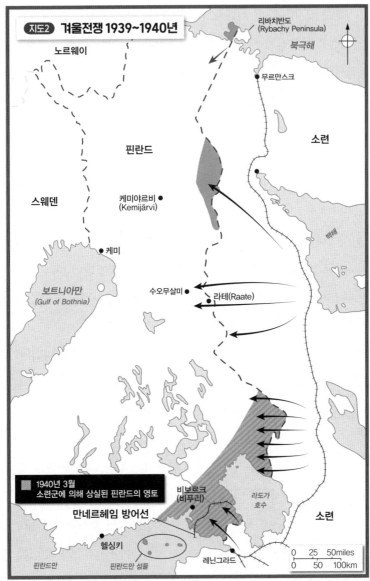

지도2 **겨울전쟁 1939~1940년**

노르웨이

리바치반도
(Rybachy Peninsula)

북극해

무르만스크

소련

핀란드

케미야르비
(Kemijärvi)

스웨덴

케미

보트니아만
(Gulf of Bothnia)

수오무살미

라테(Raate)

백해

1940년 3월
소련군에 의해 상실된 핀란드의 영토

만네르헤임 방어선

비보르크
(비푸리)

라도가
호수

소련

헬싱키

핀란드만

핀란드만 섬들

레닌그라드

0	25	50miles
0	50	100km

겨울전쟁은 제2차 세계대전 발발 3개월 후인 1939년 11월, 소련의 공격으로 시작되어 1940년 3월 모스
크바 강화조약으로 종결되었다. 이 조약으로 핀란드는 카렐리아 지협과 라도가-카렐리아 지역을 소련에
양도했다. 소련군의 전력이 월등했음에도 소련 측은 큰 피해를 입었다. 핀란드 측은 약 2만 5,000명이 사
망하고 4만 9,000명이 부상을 입었다. 소련 측은 약 4만 8,000명이 사망하고 16만 명이 부상을 입었다.
국제연맹은 소련의 공격을 불법으로 간주하였고, 소련을 국제연맹에서 추방했다.

히틀러와 스탈린

환경에 알아서 대처하도록 그곳에 파견된 것이었다.

추위 때문에 소련군은 모닥불을 피워야 했다. 모닥불로 몸을 따뜻하게 하고, 군복을 말리며, 음식을 만들었다. 도로변 전역에 불꽃이 타오르고 있었다. 모닥불이 도처에 있었고, 마치 도로가 불타는 것처럼 모닥불이 타올랐다. 소련군 사단이 "숲을 불로 태워 길을 만드는 것"처럼 보였다. 그러나 모닥불로 인해 의도치 않은 결과가 야기됐다. 인근에 은신하고 있던 핀란드군은 모닥불의 빛을 통해 티모셴코와 그의 소련군 동료들을 알아보았다.

> 우리는 우리 군대가 아주 강하다는 사실을 잘 안다. 우리 군대는 패퇴시킬 수 없고, 큰 승리를 쟁취할 능력이 있었다. 그러나 그곳에서 벌어지는 일을 보았을 때, 나는 도대체 이해할 수가 없었고 다른 장교들도 마찬가지였다. 우리는 무슨 임무를 수행해야 하고, 누구를 상대로 싸워야 했는가? 적군 병사는 보이지 않았고, 전선도 없었다. 아무런 군사시설도 없었다. 단지 잡기 어려운 소규모의 핀란드 병사 집단만이 있을 뿐이었다. 마치 숲이 우리를 향해 사격을 하는 것만 같았다.

하룻밤에 병사들에게는 힘을 내도록 서너 병의 보드카가 지급되었다. 병사들은 지치고 몸이 얼어붙었다. 이들은 그날 밤 술에 취했다. 병사들은 보드카를 마시기 위해 휴대용 식기에 음식을 만들고 모닥불 옆에서 잠들었다. 다음 날 아침, 티모셴코는 많은 병사가 동사했다는 사실을 눈으로 확인했다. 티모셴코는 이 재앙에 누가 책임을 져야 하는지 알았다.

> 이 재앙은 의심의 여지 없이 지휘부의 무능 때문에 발생했다. 그곳에 있는 모든 병사와 장교들은 조국에 헌신했고, 자신의 의무를 충실히 수행했다. 그러나 이들이 처한 환경은 이들이 명예롭게 자신의 의무를 수행하는 것을 허용하지 않았다.[21]

제44사단장 알렉세이 비노그라도프Alexei Vinogradov는 이런 사태에 책임을 지고 다른 장교들과 함께 총살형을 선고받았다. 그러나 티모셴코는 이러한 재앙이 일어났음에도 국가 지도자들을 비난하지 않았다.

> 우리는 이들에게 아무 책임이 없다는 사실을 알고 있다. 장교들, 사단 지휘관, 그 누구에게도 책임이 없었다. 우리는 연대장이나 징벌을 받은 사람들을 비난하지 않았다.

그가 생각하기에 책임을 져야 할 사람은 작전에 맞지 않는 장비를 병사들과 함께 핀란드로 보낸 결정권자다. 이렇게 문제가 많은 작전을 수행하도록 결정한 사람이 재앙의 책임자다. 미하일 티모셴코가 자신의 '지휘관'을 이토록 충성스럽게 방어했음에도 불구하고, 제44사단장 비노그라도프의 지휘 능력에는 문제가 많았다. 그가 자신의 사단보다 앞쪽에 고립되어 있던 제163사단과 합동작전을 펼치려고 시도해보았는지도 의문스러웠다. 아마도 그는 사격을 받고 당황했는지도 모

히틀러와 스탈린

른다.[22] 그러나 제44사단 병사들은 제대로 훈련도 받지 않은 채 작전을 수행해야 했다. 일례로, 소련군 병사 중 스키를 탈 줄 아는 병사가 거의 없었다. 그런데 이들이 어떻게 눈이 덮인 평지에서 핀란드군을 추격할 수 있겠는가?

핀란드군과 소련군 제44사단, 제163사단이 교전을 벌인 소위 수오무살미Suomussalmi 전투는 겨울전쟁에서 가장 유명한 전투다. 1만 2,000명이 채 되지 않는 핀란드군은 자신들보다 네 배나 많은 소련군을 사실상 격멸했다. 이 전투는 서방의 상상력을 자극했다. 일례로, 미국인들은 수적 열세에도 불구하고 용맹한 핀란드인들이 스키를 타고 볼셰비키의 잔인한 군대에 대항해 끝내 승리한 이야기를 만들어 칭송하였다. 이런 낭만적인 이야기는 실제 사건의 일부만 반영한다. 대부분의 전투는 핀란드 스키병사들이 그다지 활약하지 않은 만네르헤임 방어선에서 발발했기 때문이다. 미국에서는 1939년 12월 17일을 '핀란드의 날'로 지정했고, 저명한 설교가인 헨리 에머슨 포스딕Henry Emerson Fosdick은 핀란드인들을 위한 특별기도문을 만들었다. 그의 기도문에는 다음과 같은 문장이 포함되었다.

우리는 핀란드 국민을 위한 인간과 신의 자비를 구합니다. 잔혹한 폭격의 위험에 처한 가족들을 위해 우리가 배려를 베풀도록 해주시고, 불운한 기아와 무주택의 희생자들에게 우리가 많은 지원을 해줄 수 있기를.

12월 20일에는 약 1만 5,000명의 시민이 참여한 친親핀란드 집회가

매디슨 스퀘어 가든에서 열리기도 했다.[23]

영국에서도 핀란드인들을 위한 열정이 이에 못지않았다. 핀란드인들에게 도움을 요청하는 청원이 언론에 실렸을 뿐만 아니라 윈스턴 처칠은 1940년 1월 20일 라디오방송에서 핀란드인들이 세상에 세운 전범典範을 마치 신비적 언어로 표현했다. 영국 내각에 해군 장관으로 복귀한 처칠은 이렇게 말했다.

> 핀란드가 인류를 위해 헌신한 바는 대단하다. 이들은 세상 모두가 보는 가운데 소련 적군과 공군의 무능함을 폭로했다. 소비에트 러시아를 둘러싼 많은 환상이 북극권에서 벌어진 최근 몇 주 동안의 전투로 불식됐다. 모든 사람은 공산주의가 한 국가의 영혼을 어떻게 부패하게 만드는지를 볼 수 있었다. 이 전쟁은 공산주의가 평화 속에서 얼마나 비굴하게 허기졌는지, 전쟁에서 얼마나 비열하고 끔찍한지를 증명했다.[24]

수적 열세에 처한 핀란드의 '자유 시민들'이 용감하게 볼셰비키에 대항한 이 전쟁 덕분에, 영국 정부의 지도층 인사들은 스탈린의 군대가 실제로는 별로 유용하지 않다는 기존의 견해를 더욱 굳건히 하였다.[25]

이 모든 사태는 소련 입장에서는 심각한 문제였다. 스탈린은 핀란드인들의 고집에 징벌을 내릴 수 있는, 소련의 영토 요구를 수용하도록 할 수 있는, 신속하고도 정밀한 타격을 예상했다. 그러나 스탈린의 예상과 달리 소련군은 겨울전쟁으로 인해 전 세계에 무능함을 알리며 굴욕을 당했다. 전쟁을 더 오래 끌수록 상황이 더 위험해질 것이 분명했

사진12 1939~1940년 겨울전쟁 당시 스키를 타며 소련군과 싸우는 핀란드군
핀란드군은 소련군보다 수적으로 열세였지만 신속한 승리를 원하던 스탈린의 야심을 좌절시키는 데에 성공했다.

다. 영국이나 미국이 핀란드에 재정·군사 지원뿐만 아니라 실제 군대를 파견한다면 어떻게 될 것인가? 그러면 전쟁에서 멀리 떨어져 볼셰비키의 적들이 서로 싸우도록 하겠다는 스탈린의 정책은 어떻게 될 것인가?

런던에 있는 소련대사 이반 마이스키도 이 위협을 너무 잘 알았다. 겨울전쟁이 시작된 지 2주도 되지 않은 1939년 12월 12일, 그는 "전쟁에서 소련군의 진전이 없는 탓에 영국에서 '미친듯한 반소련 운동'이 일어나고 있다."라고 기록했다.[26] 두 달 후인 1940년 2월, 우려가 더욱 커진 그는 "소련이 큰 전쟁에 말려 들어갈 수 있다."라고 적었다.[27]

스탈린은 또 다른 어려움을 마주했다. 핀란드의 인민을 위한 '해방전쟁'으로 침공을 정당화한 스탈린의 정치적 계략은 비열한 계책이란 비난을 받았다. 대다수 핀란드인은 오토 쿠시넨의 '민주정부'를 수용하지 않았다. 노동계급이 주도하는 사회주의적 풍토가 핀란드의 정치적 전통으로서 존재했음에도, 스탈린의 '허수아비'와 민족주의적이며 귀족적인 '만네르헤임' 사이에서 핀란드인은 아무 어려움 없이 만네르헤임을 선택했다. 흐루쇼프의 회고에 의하면 스탈린은 핀란드 침공 작전이 실패한 사안을 두고 "격노했다"

> 당시는 우리의 패배와 (전투를 바라보는) 장기적 전망이 극히 우려되는 시기였다. 소련 지도부에 점점 불안감이 팽배해졌다. 적군(赤軍)의 '불패 신화'는 희미해졌다. 만일 우리가 핀란드인을 제압할 수 없다면, 훨씬 강한 히틀러의 군대를 상대할 때에는 어떻게 할 것인가?[28]

스탈린은 셰몬 티모셴코Semyon Timoshenko 원수에게 핀란드 작전을 다시 수립하도록 명령하고, 더 많은 병력을 더 좁은 전선에 투입하기로 했다. 새로이 하달된 이 명령은, 명령이 하달된 시점으로부터 불과 몇 주 전에 스탈린이 반대한 그 전략이었다. 전술도 바뀌었다. 작전 초기에 소련군 탱크들은 보병과 떨어져 있었다. 그로 인해 폭발물을 휴대한 핀란드 기동대의 공격에 취약했다. 쓰라린 경험에서 교훈을 얻은 소련군은 탱크와 보병의 거리를 가깝게 유지하며 공격에 투입됐다.

1940년 2월 초 소련군은 엄청난 화력을 퍼부은 다음 새로운 공세에 나섰다. 소련의 전력과 집중력을 고려할 때, 핀란드군이 새 공세를 막아내기란 쉽지 않았다. 3월 9일 만네르헤임은 에리크 하인리히스Erik Heinrichs 장군에게 명하기를, 핀란드 지휘관들에게 각 부대가 얼마나 버틸 수 있는지를 조사하도록 했다. 하인리히스 장군의 보고는 직설적이었다.

> 현재 우리 핀란드군의 상태로는, 앞으로 이어질 군사작전에서 군 전력의 약화와 우리 영토의 상실을 막을 수 없을 것이다. 제2군단 사령관인 하랄드 외퀴스트 중장은 "놀라운 일이 벌어지지 않는 한 내가 맡고 있는 현 전선은 1주일 정도 방어할 수 있을 뿐, 그 이상은 힘들다. 이는 병력, 특히 장교들이 어떻게 희생하는지에 달려 있다."라고 보고했다. 제3집단군 사령관인 탈벨라(Talvela) 단장은 "모든 일이 위기일발인 상황"이라고 보고했다.[29]

영국과 프랑스 모두 절망적 상황에 직면한 핀란드에 군사적 도움을 제안했지만, 이 제안이 얼마나 진지한지는 확인할 수 없었다. 관건은, 서방 국가들이 실제로 도움을 제공할 수 있는지였다. 스웨덴은 외국 군대가 자국 영토를 통과하는 것을 허용하지 않았고, 자신의 중립 정책을 훼손하려 하지 않았기 때문이다.

선택의 여지가 별로 없었던 핀란드는 소련과 강화협상을 시작했다. 1940년 3월 13일 전쟁은 끝났다. 최종 합의에서 핀란드는 애초에 스탈린이 요구한 내용보다 더 많은 영토를 할양해야 했다. 그러나 소련군은 승리했음에도 불구하고 굴욕을 떨쳐버릴 수 없었다. 소련이 이 작은 나라를 굴복시키는 데에 왜 이렇게 오랜 시간이 걸린 것인가? 그리고 왜 그렇게 많은 소련군이 이 목표를 이루기 위해 희생되어야 했는가? 소련군의 전사자는 거의 10만 명에 육박했다.

스탈린은 전쟁이 진행되는 동안에도 희생양을 찾았다. 그중 가장 큰 희생양은 보로실로프 원수였다. 저녁 만찬 자리에서, 스탈린은 핀란드에서 소련군의 전과를 놓고 그에게 분노를 폭발시켰다. 평상시 순종적이던 보로실로프는 스탈린의 말에 반박하며 대들었다.

> 동지가 사태에 책임을 져야 합니다. 우리 군대 지휘부를 파괴한 사람은 스탈린 동지입니다.

스탈린이 여기에 반론을 제기하자 보로실로프는 삶은 돼지 요리가 놓여 있는 접시를 들고는 식탁에 요리를 쏟았다.[30] 이 장면은 무척 놀랍다. 아무도 감히 스탈린에게 맞설 생각을 하지 않았고, 그에게 맞서 살아남은 사람은 거의 없었다. 보로실로프는 국방인민위원(국방장관)직에서는 해임된 후 변방으로 좌천되고 밀려나기만 했지, 처형당하지는 않았다. 그는 스탈린이 특별한 감정, 즉 약간의 '애착'을 가졌던 몇 안되는 사람 중 하나였던 게 틀림없다. 능력이 떨어지는 이 군인에게서 스탈린이 재미있다고 생각한 자질이 있을 수 있다. 그중 가장 중요한 자질이란, 스탈린에게 결코 위협이 될 수 없다는 점이었다.

그러나 오토 쿠시넨이 이끄는, 빈껍데기뿐인 '민주정부'의 처분 문제가 남았다. 이 가짜 정부의 존재 자체가 강화협상을 복잡하게 만들었다. 소련은 전쟁 초기부터 불법 정부라고 주장했던 실제 핀란드 정부와 협상해야 하는 상황에 봉착했다. 스탈린은 핀란드에서 할양받을 영토의 일부를 기존의 소련 영토와 합병하여 소련 내에 새로운 공화국을 만드는 해결책을 제시했다. 그다음 쿠시넨을 '카렐리야-핀란드 소비에트 사회주의 공화국'이라 불리는, 새로운 소련 행정단위의 지도자로 임명했다.

쿠시넨은 자신의 경험을 통해 스탈린 밑에서 눈에 띄는 직책을 맡으면 얼마나 위험해지는지를 알았다. 그의 부인과 아들이 음모에 의해 체포되었을 때, 그는 스탈린에게 도움을 요청했으나 스탈린은 자신의 친척도 여럿 체포당했기 때문에 자신이 할 수 있는 일은 없다고 대답했다. 이 말은 아마도 스탈린의 유머 감각을 알 수 있는 한 사례가 될 수 있을 것이다.[31]

많은 독일인은 핀란드-소련 전쟁을, 소련군이 독일군에 상대가 되지 않는다는 사실을 증명하는 증거로 받아들였다. 이중 대표적인 예가 요제프 괴벨스의 평가였다. 그는 1939년 11월 11일 자신의 일기에 "러시아(소련) 군대는 별 가치가 없다. 지휘도 엉망이고, 장비는 더 엉망이다."라고 썼다.[32] 12월에 그는 "모스크바는 아직도 핀란드에서 아무런 성취도 얻지 못했다. 아주 당혹스러운 상황이다!"라고 썼다.[33]

그러나 괴벨스는 소련의 핀란드 침공으로 야기된 어려움도 잘 인식했다. 그는 12월 6일 일기에 "독일 국민은 완전히 친핀란드 입장을 취하고 있다. 그러나 우리는 이 분위기가 확산되는 것을 허용해선 안 된다."라고 기록했다.[34] SS제국지도자 보안국SD도 이런 내용을 보고했다.

핀란드의 태도는 현명하지 않고 이해하기 힘든 것으로 평가할 수

있지만, (독일) 국민은 핀란드를 애석하게 생각한다.[35]

독소 상호불가침 조약에서 핀란드를 소련의 '세력권'으로 할당한 나치 정권 입장에서, 이런 분위기는 문제였다. 그러나 히틀러는 핀란드 국민을 동정하지 않았다. 그는 핀란드에 불만이 있었다. 1918년 핀란드 내전*에서, 당시 독일은 핀란드가 제정 러시아로부터 독립할 수 있게 도와주었다. 당시 독일이 취한 행동은 제대로 인정받지 못했다. 히틀러는 1940년 3월 8일 이탈리아의 무솔리니에게 보낸 편지에서 이렇게 서술했다.

> 핀란드는 독일 병사, 독일 연대와 사단이 흘린 피의 바다 덕분에 존재한다. 핀란드의 독립도 독일 부대의 노력 덕분이다. 그러나 핀란드가 후에 모든 사안에서 독일에 적대하는 입장을 취했고, 독일을 억압하는 조치에 적극적으로 참여했다. 그래서 우리는 핀란드의 이익을 지원할 이유가 전혀 없다.[36]

독일 내에서 핀란드인들을 향한 대중의 지지에 대응하고자, 괴벨스는 핀란드를 적대시하는 선전을 조직했다. 나치 정권은 "핀란드인들은 아돌프 히틀러가 수상이 된 것을 즐겁게 환영하는 대신, 독일의 '독립'

◆ 제1차 세계대전과 러시아 혁명으로 러시아 제국이 무너지자, 러시아 제국의 일부였던 핀란드 대공국(1809~1917) 의회는 독립을 선포했다. 이후 신생 핀란드의 주도권을 두고 원로원이 이끄는 백군과 사회민주당이 이끄는 적군 사이의 내전이 발발한다. 핀란드 내전에서 독일제국(제2제국)의 지원을 받은 백군이 승리했고, 1919년에는 핀란드 공화국이 탄생했다.

을 위한 모든 조치와 총통이 베르사유 조약을 철폐하려는 모든 행동에 부도덕한 비판을 가했다!"라고 선전했다. 결국 나치당의 기관지《푈키셔 베오바흐터》는 이런 내용을 선언한 논설을 게재했다.

> 미래를 위한 투쟁 중에, 순진하고 감상적인 국민은 과거 독일을 비방하느라 바빴던 모든 약소국을 지원할 것이라 기대한다. 우리는 우리가 뿌린 씨대로 거둘 것이다.[37]

그러나 핀란드에서 벌어진 겨울전쟁에서 소련군의 무능함이 드러났음에도 히틀러는 괴벨스와 다른 인사들의 견해에 동의하지 않은 것으로 보인다. 1940년 3월 8일 무솔리니에게 보낸 편지에서, 히틀러는 이런 내용을 서술했다.

> 러시아(소련)는 결코 이 싸움을 할 의도가 없었습니다. 그랬다면 다른 계절을 택했을 겁니다. 그렇게 되었다면 나는 핀란드의 저항이 아주 신속히 분쇄됐을 것이라 확신합니다. 최근 러시아 병사들을 향한 비판은 모든 현실과 사실을 고려할 때 근거가 희박합니다. 총통(Duce) 각하. 제1차 세계대전 당시 우리는 러시아인들과 그렇게 오랫동안 치열하게 싸웠기 때문에 이런 의견을 낼 수 있습니다. 보급 시설을 고려했을 때, 철저하게 준비한 경우를 제외하고는 세계 어느 군대도 영하 30~40도의 추위 속에서 러시아 군대와는 다른 양상을 보일 수 없습니다.[38]

히틀러의 견해는 다소 애매하다. 그의 견해를 그대로 수용할 필요는 없다. 단지 히틀러가 무솔리니와 함께 나름의 목표를 추가한 것으로 볼 수 있다. 히틀러는 겨울전쟁을 보며 혹독한 추위에서의 전투는 "철저한 준비"를 필요로 한다는 사실을 깨달았다. 그러나 히틀러는 이때의 깨달음을 훗날 소련과의 전쟁에서는 잊어버렸다.

소련군이 핀란드군과 싸우는 동안 히틀러는 스탈린을 초라하게 만들 군사작전을 준비했다. 그는 서유럽 침공을 준비하고 있었다. 당연한 이야기지만, 이를 위해 히틀러에게는 군지휘관들의 협조가 필요했다. 바로 이런 면에서 우리는 스탈린과 히틀러의 지도력이 어떻게 다른지를 발견할 수 있다. 이 차이는 두 지도자의 성격에서 기인하기도 했지만 동시에 문화적이고 구조적인 차이에서 기인하기도 했다.

두 사람 사이의 근본적인 차이점을 이해하기 위해서는 두 사람의 무자비함이 확연히 대비되는 방식으로 나타난다는 점에 주목해야 한다. 표면적으로는 스탈린과 히틀러는 방해하는 사람을 거리낌 없이 죽였다. 이런 점에서는 서로 비슷하다. 1934년 히틀러는 나치돌격대의 대장, 에른스트 룀Ernst Röhm을 반反히틀러 세력과 함께 처형했다. '장검의 밤(긴 칼의 밤, Nacht der langen Messer)'이라는 악명 높은 사건에서 100여 명의 사람이 살해당했다.• 당시 스탈린은 이 사건을 두고 "얼마나 멋진

◆ 나치돌격대(Sturmabteilung, 약칭 SA)는 1921년 창설된 나치당의 준군사조직으로, 나치당이 주최하는 정치 활동을 보호하고 반대 정당에 대항하며 나치당 간부의 신변 보호를 위해 조직되었다. 에른스트 룀은 1930년 9월에 나치돌격대의 대장으로 취임했다. 당시 나치당의 사회주의 분파는 이른바 '유대인 자본가가 지배하는 자본주의'를 거부하며 좌익 세력을 나치당으로 포섭하였는데, 에른스트 룀은 이 분파의 핵심 인물이었다. 그러나 히틀러는 에른스트 룀의 주장에 동의하지 않았고, 자신의 집권을 도운 자본가들과 보수파의 입장을 고려해야 했다. 더불어 헤르만 괴링, 하인리히 힘러, 요제프 괴벨스 등은 나치당 내에서 에른스트 룀의 부상을 경계하였다. 정치적 갈등, 당 내의 권력투쟁 등이 맞물려 히틀러는 에른스트 룀을 포함해 반나치 세력을 숙청했는데, 이를 '장검의 밤' 사건이라 부른다.

친구(히틀러)인가? 얼마나 능숙하게 이 문제를 처리했는가!"라고 평했다.[39] 이 일화를 보면 스탈린은, 자신에게 반대하는 사람들을 가차 없이 처리하는 이웃 독재자에게서 유대감을 느꼈다는 것을 알 수 있다.

1934년 히틀러의 숙청과 1930년대 후반 스탈린의 대숙청 사이에는 중요한 차이가 있었다. 숫자의 문제가 아니었다. 스탈린은 훨씬 많은 사람을 숙청 대상으로 삼았다. 중요한 것은 숙청의 동기다. 히틀러는 룀을 '하는 수 없이' 처형했다. 최종적으로 히틀러에게는 다른 대안이 없어서 그렇게 결정했다. 룀은 히틀러가 섬세하게 구축한 정치적 장치를 위협했다. 특히 히틀러가 대통령 힌덴부르크와 부수상 프란츠 폰 파펜Franz von Papen을 동맹으로 회유해 이룩한 정치적 질서를 위협했다. 더군다나 히틀러가 보기에 룀은 돌격대를 정규군에 대항하는 군사력으로 사용하려 했고, 히틀러는 이를 용인할 수 없었다. 히틀러는 훈련된 정규군을 신뢰했지, 룀의 맥주집 불한당 패거리를 신뢰하지 않았다.

'장검의 밤'은 분명히 불법이었고 살인 사건이었다. 특히 전 수상, 쿠르트 폰 슐라이허Kurt von Schleicher의 부인은 남편을 도우러 오다가 살해당했지만, 그래도 이 행동에는 일관된 전략이 있었다. 당시 다른 사람들은 테러 목표와 규모에서 일정한 합리성을 찾을 수 있었다. 대통령 힌덴부르크는 이 살해 사건을 일으킨 히틀러를 '칭찬'하며, "히틀러가 독일을 심각한 위험에서 구했다."라고 말했다.[40] 국방장관 베르너 폰 블롬베르크Werner von Blomberg 장군은 "히틀러가 대단한 용기를 가지고 행동했다."라고 선언했다.[41]

스탈린은 '혁명'의 일환으로서 이전에 존재하던 국가 구조를 해체했다면, 히틀러는 대체로 기존의 틀 안에서 정치 활동을 했다. 일례로, 그는 1933년 권력을 장악한 후 몇 주 만에 집단수용소를 만들긴 했으나 기존의 감옥 및 형법 체제 안에서 이를 운용했다. 히틀러는 인종주의적이고 반유대주의 신념을 바탕으로 독일을 재구성했다. 그러나 자신에게 대항한 모든 사람을 징벌하고자 경찰과 군대를 대규모로 숙청한 스탈린의 방식을 주도하지는 않았다.[42]

블롬베르크 장군은 열렬한 히틀러 지지자였지만, 그렇지 않은 주요 지휘관들도 있었다. 일례로 1930년대 내내 독일군 총참모장을 지낸 루트비히 베크Ludwig Beck 장군은 1937년 말 기록한 비망록에 히틀러의 '레벤스라움Lebensraum' 정책에 의문을 제기했다. 레벤스라움 정책은 독일 기준 동쪽 지역에 독일 국민을 위한 생활공간(생활권)을 확보하겠다는 정책이다. 그런데 이를 두고 루트비히 베크는 비망록에 "나치 정권은 타국으로부터 영토를 빼앗는 계획을 심사숙고하지 않았다."라고 서술했다.[43] 하지만 스탈린 휘하 고위 지휘관이 볼셰비즘의 기본 교리를 의문시하는 기록을 남기고 살아남았을 수 있다고 상상하기란 어렵다.

히틀러는 자신의 계획에 열성적이지 않은 장군들을 지속적으로 교체했다. 베크 장군은 히틀러에게서 엄청난 비판을 받은 후 1938년 총참모장직에서 사임했다. 그러나 히틀러는 베크를 투옥하거나 고문하거나 처형하지 않았다. 베크는 단지 은퇴만 했다. 만일 히틀러가 '스탈린처럼' 베크를 대우했다면, 히틀러의 관점에서는 더 나을 수도 있었다. 왜냐하면 6년 후인 1944년 7월, 베크는 히틀러 암살 음모의 주모자 중 한 사람이 되었기 때문이다.

히틀러의 군지휘관 중 일부는 폴란드에서 나치군이 저지르는 악행을 비판하기도 하였다. 1939년 가을 독일군 제8군 사령관인 요하네스 블라스코비츠Johannes Blaskowitz는 독일 비밀경찰과 다른 특수부대들이 폴란드인을 잔학하게 대하는 것을 강경하게 반대했다. 그러나 히틀러는 "귀관은 구세군처럼 전쟁을 치르면 안 된다."[44]라고 말하며 블라스코비츠를 비판하긴 했지만, 블라스코비츠는 계속 자신의 직무를 수행할 수 있었다. 물론 그가 순종했다면 더 높이 출세했겠지만, 현실에서는 그만큼 승진하진 못했다.

스탈린과 다르게 히틀러는 자신의 거대한 야망이 달성 가능하다고, 본인 주변의 군지휘관을 설득하고자 노력했다. 1939년 10월 10일 그는 주요 지휘관들에게 자신의 계획에 관해 연설했다. 그는 독일군이 프랑스와 저지대 국가들(네덜란드, 벨기에, 룩셈부르크)을 최대한 신속하게 점령할 수 있도록 준비하고 작전을 실행하기를 바란다며, 지휘관들에게 말했다. 이 말을 들은 지휘관들은 놀랐다. 베크의 후임으로 총참모장이 된 프란츠 할더는 11월 초 자신의 일기에 "최고사령부 중 누구도 히틀러의 '제안'이 성공할 수 있을 거라 생각하지 않았다."라고 썼다.[45] 할더가 그 계획을 듣고 너무도 충격을 받아 히틀러를 제거할 음모까지 계획했다는 증거가 있다. 히틀러가 자신의 군사 전략을 발표한 10월 10일, 회의가 열린 지 4일이 지난 후였다. 할더는 자신의 일기에 "세 가지 가능성이 있다. 공격, 대기, 변화다."라고 썼다. 여기서 '변화'라는 말은, 할더가 히틀러를 퇴진시키고 전략 결정 과정에 참여하지 못하게 차단하는 것을 의미했다. 마치 제1차 세계대전 때 독일제국의 황제 빌헬름 2세가 겪었던 일처럼 말이다. 그렇지만 카이저를 향한 군지휘관의 음모는 없었다. 스탈린 치하의 소련에서도 지도자 암살 음모 같은 군지휘관의 전복 시도는 없었다. 우리가 아는 바로는, 스탈린을 겨냥한 모든 음모는 '조작'된 것이었다.

물론 히틀러가 스탈린보다 유약한 지도자였다는 뜻은 아니다. 단지 자신이 통치하는 특정한 구조적 환경을 인정했다는 의미다. 히틀러의 어록 중 가장 인상적인 어록을 소개하겠다.

> 나의 전 생애는, 다른 사람을 설득하려는 끊임없는 노력으로 요약할 수 있다.[46]

권좌에 앉은 그는 장군들의 협력을 얻어야 할 필요가 있었다. 지휘관 중 많은 수가 열렬한 나치당원이 아니었다. 그들 모두는 히틀러의 거대한 목표에서 많은 부분을 동의했다. 특히 독일군을 재건하고, 베르사유 조약의 '잘못된 점'을 '바로잡는 것'에 찬성했다. 그렇지만 이들은 히틀러의 계획을 무분별하게 따를 생각은 없었다. 히틀러는 무슨 수단을 동원해서라도 프랑스를 공격하는 것이 올바른 결정이라고, 장군들에게 자신의 주장을 설득해야 했다.

1939년 11월 5일 히틀러는 독일군 총사령관인 발터 폰 브라우히치 Walther von Brauchitsch를 만났다. 그는 히틀러에게 독일군이 서방을 공격할 준비가 미흡하고, 폴란드 점령 작전으로 군 내의 여러 문제가 노출되었다고 말했다. 그는 히틀러에게 이런 분석을 상세히 담은 비망록을 건넸다. 그는 "독일 병사들은 폴란드 침공 중 과도하게 조심스러워 했다. 충분한 호전성을 갖추지 못한 것으로 보이고, 군대 규율에 관해서 의문이 제기되었다."라고 지적했다.[47]

히틀러는 격분했다. 그는 '조센Zossen의 정신'에 관해 분노했다. 여기서 조센이란, 독일군 사령부가 자리한 베를린 인근 지역을 말한다. 즉 히틀러가 군대 내 고위 장교들의 충성을 의심한다는 뜻이었다. 그는 군 내의 이런 부정적 태도를 제거하기로 굳게 결심했다. 그는 필요하다면 자신이 전방을 방문해 병사들에게 질문을 던지겠다고 말했다. 그는 극도의 분노를 참지 못하고, 총통 집무실을 박차고 나가며 문을 거세게 닫았다. 심지가 굳지 못한 브라우히치는 이 회동에서 큰 충격을 받았고, 후에 자신은 히틀러를 제거하려는 시도에 관여할 일이 없게 되기를 바랐다고 말했다.[48]

이런 회동에 스탈린이 어떻게 반응했을지를 상상해 보자. 스탈린의 핵심 정책을 반대하는 군사령관이 있다면, 아마도 스탈린은 바로 NKVD의 수장 베리야를 불러 그 군사령관을 끌고 가라고 했을 것이다. 그리고 그 군사령관의 '음모'에 어떤 '배후'가 있는지를 밝혀내라고 지시했을 것이다. 이 가설이 가장 설득력이 높다. 역설적으로 이 시점에 히틀러가 스탈린 같은 방식을 취했다면, 그는 진짜 음모를 발견했거나, 최소한 그 음모가 준비되는 중이라는 사실을 알아냈을 것이다. 그러나 히틀러는 스탈린과는 다르게 행동했다. 히틀러는 장군들에게 자신의 계획이 옳다는 것을 설득하고자 다시금 노력했다.

1939년 11월 23일 정오 히틀러는 총통 집무실에 군 최고지휘관들을 모아놓고 긴 연설을 했다. 이 연설은 아주 뛰어났다. 히틀러는 자신의 철학과 서방을 향한 공격을 개시하려는 결의 및 이유를 잘 결합했다. 그는 "현재 상황이 유리하다."라고 주장하고, 만일 공격이 늦춰지면 독일의 적국들이 강해질 것이라 경고했다. 히틀러가 보기에, 당장은 '러시아'가 위험하지 않지만 이 상황이 오래 이어질 것이라는 보장이 없다. 러시아와의 협정은 그것이 유용한 기간에만 지켜지는 협정이기 때문에 아무런 의미가 없다. 그러나 서방으로부터의 위협을 제거하지 않으면 러시아를 공격할 수 없다. 히틀러는 군 최고지휘관들 앞에서 자신의 논거를 분명하게 펼쳤다. 먼저 서방을 공격하고, 그다음 소련을 공격한다는 것이다.

히틀러는 2주 전에 있었던 발터 폰 브라우히치와의 회동에 관해 완곡하게 언급한 뒤 이렇게 말했다

> 나는 독일군의 군기가 제대로 확립되지 않았다는 얘기를 듣고 참을 수가 없었다. 나는 독일군이 제대로 된 지휘를 받도록 모든 일을 할 수 있다.

그는 암묵적으로 독일군 총참모부의 성급한 지도력과 자신의 '싸우고 또 싸울 완벽한 결의'를 비교했다.

> 나는 전투에서 모든 존재의 운명을 본다. 만일 고난을 감당하려고 하지 않는다면, 아무도 싸움을 피할 수 없다. 나는 공격하지 않는 독일군을 조직한 적이 없다. 나는 공격하라는 결정을 언제든 내릴 수 있다. 제3제국의 운명은 오직 나에게 달렸다. 나를 향한 암살 음모가 성공하기 전에 바로 지금 행동해야 한다.

히틀러는 결국 프랑스와 영국을 최대한 빨리 공격해야 한다는, 뒤집

을 수 없는 '결정'으로 독일군을 이끌었다.[49]

히틀러의 연설을 듣던 장군들은, 히틀러가 본인의 계획에 확신을 느끼지 못하는 장군들을 향해 비난하고 있다는 사실을 이해했다. 앞으로 전개될 서방을 향한 군사작전에서 독일군 B집단군을 지휘할 페도어 폰 보크Fedor von Bock는 자신의 일기에 "총통은, 대대수 장군이 당장 서방을 공격한다고 결정적인 승리를 얻을 수 있을 거라 믿지 않는다는 사실을 알고 있었다."라고 기록했다.[50]

히틀러의 계획에 반대하는 장군들은 이제 곤란해졌다. 그들끼리는 대체로 프랑스 공격작전이 실패할 가능성이 크다고 생각했지만, 거의 대대수 장군은 히틀러 제거가 정치적으로 불가능하다고도 느꼈다. 독일 국민 사이에서 히틀러의 인기는 아주 높았다. 특히 11월 8일 게오르크 엘저Georg Elser가 뷔르거브로이켈러Bürgerbräukeller 맥주홀에서 히틀러를 암살하려고 시도했다가 실패한 후에는 히틀러의 인기가 더욱 높아졌다. 11월 13일 SD는 "엘저의 암살 시도로 총통을 향한 독일 국민의 애착과 사랑이 더욱 커졌다."라고 보고했다.[51]

장군들에게 남은 유일한 선택지는 히틀러의 결정을 수용하는 것이다. 즉 프랑스와 저지대 국가를 공격하여 서방 연합국을 격파하는, 기적적인 방법을 찾아야 한다는 사실을 의미했다. 이 과제를 수행하는 과정에서 히틀러는 스탈린보다 훨씬 더 유연했다. 그는 서방을 공격한다는 '불변의 결정'을 내렸고, 이 선택에 관해서는 의문을 제기할 수 없었다. 그러나 그는 이 목표를 달성할 '최선의 방법'을 찾기 위해 군사전문가들의 의견에 귀를 기울였다. 스탈린이 핀란드 침공 작전을 수립하는 과정 및 방법과는 크게 대조되는 모습이다. 우리가 앞서 본 것처럼 스탈린은 넓은 전선에 걸친 공격을 주장하고, 침공이 진행되는 방식을 지시했다. 전쟁 직전에는 수천 명의 지휘관을 숙청하고, 주도권을 드러내는 사람은 누구든지 잠재적 배신자로 취급했다. 이와 달리 히틀러는 군사적 모험의 가능성에 흥분하면서도 누구든 자신의 비전을 실현할 실질적인 방법을 제시할 수 있도록 발언권을 허락했다. 그로 인해 아주 대담한 계획이 수립되었다. 이 계획은 전쟁사를 통틀어 가장 대담한 작전 중 하나일 것이다. 늘 그렇듯 성공적인 아이디어는 계획을 수립한 자가 누구인지에 관해 여러 이야기가 있고, 많은 사람이 자신의 공로를 내세우려고 한다. 그러나 이 놀라운 작전을 수립하는 데에 중요한 역할을 맡은 자는 에리히 폰 만슈타인Erich von Manstein 장군임이 분명하다.

만슈타인 장군은 두 집단군이 서방을 공격하는 계획을 제시했다. A집단군은 아르덴Ardennes 숲을 통해 공격하고, B집단군은 더 북쪽으로 향하되 A집단군이 주공主攻을 맡아야 한다고 주장했다. 이 계획에 의하면, B집단군이 공격을 하면 연합국은 논리적이고 예측 가능한 방식으로 진격하는 B집단군의 공격을 주공으로 생각할 테다. 북쪽에서 전투가 벌어지면 A집단군은 비밀리에 격전지 아래의 아르덴 숲을 관통해 갑자기 개활지에 나타나 뫼즈강Meuse을 도하하기로 했다.

기갑부대가 프랑스 평원을 가로질러 서쪽으로 진격해 연합국 병력을 두 집단군과 영불해협 사이에 두고 포위하는 것. 이것이 만슈타인이 수립한 작전의 핵심이다. 이는 엄청나게 대담한 작전이었다. 만일 이 작전이 성공하면 제1차 세계대전의 참호전처럼 진퇴양난의 전투를 각오할 필요가 없었다. 서부에서의 전쟁이 몇 주 만에 승리할 수 있

히틀러와 스탈린

었다. 그러나 이 작전에 수반된 위험 요소는 매우 컸다. 만일 연합군이 아르덴 숲의 좁은 도로를 더디게 통과하는 독일 탱크들을 발견하고 이들이 가장 취약한 지역에 도달했을 때 탱크들을 파괴하면, 독일군은 패배할 가능성이 매우 컸다.

히틀러는 이 작전을 즉각 승인했다. 만슈타인의 작전은 히틀러의 모아니면 도All-or-Nothing식의 기질에도 맞았다. 또한 지휘관 중 젊은 세대에 속하는 만슈타인이 이 계획을 제안했다는 점도 히틀러가 이 계획을 채택하는 데에 일조했다. 계획 수립에 참여한 또 다른 지휘관은 구데리안Guderian 장군이었다. 구데리안 장군은 1937년 공격 작전에서 탱크를 과감하게 이용할 것을 제안한 《아흐퉁—판처!Achtung-Panzer!》라는 교범을 저술했다. 만슈타인과 구데리안은 히틀러의 후원을 받으며 유명한 지휘관들이 된다. 스탈린과 다르게 히틀러는 유능한 장군을 주저 없이 승진시켰다.

히틀러는 1939년 10월 "체계를 좋아하는 프랑스인들과 우물쭈물하는 영국인들은 신속한 기습 공격에 적절히 대응하지 못한다."라고 예언한 바 있었다.[52] 이후 히틀러의 예언은 적중했다. 독일군이 서부전선에서 승리한 가장 중요한 까닭은 연합국이 독일군의 침공에 너무 '신중하게' 대응했기 때문이다. 통념과는 달리 독일군의 군장비는 연합국의 군장비보다 우월하지 않았다. 실상 영국군과 프랑스군은 독일군보다 전차를 더 많이 보유했다. 독일군은 그저 전차들을 훨씬 '창의적인' 방법으로 사용했을 뿐이었다.

히틀러의 관점에서는 승리를 확신할 수 있는 또 다른 이유가 있었다. 그는 스탈린처럼 자신의 목표를 달성하기 위해 거대한 인명의 손실을 감당할 준비를 하였다. 독일 외교관 에른스트 폰 바이츠제커Ernst von Weizsäcker는 이렇게 말했다.

> 9월 29일, 총통은 내 앞에서 이 공격으로 100만 명의 병력을 상실
> 할 수 있음에도 적국(프랑스, 영국 등의 연합국)은 이런 손실을 감당할 수
> 없다.[53]

1940년 5월 10일, 독일군이 프랑스 공격을 개시하자 연합군은 예측할 수 있는 방향으로 움직였다. 독일군이 예상한 대로 연합군의 주력은 벨기에와 네덜란드에서 독일군을 막기 위해 북쪽으로 이동했다. 연합군은 독일군의 7개 사단이 네 줄로 나뉘어 벨기에와 룩셈부르크에 있는 구불구불한 숲길을 따라 남쪽으로 이동하는 것을 감지하지 못했다. 각 줄은 수 마일에 걸쳐 늘어져 연합군이 공습하기에 좋은 목표였다.[54] 그러나 연합군은 이 침공을 적기에 대응하지 못했다. 독일군은 전혀 병력 손실 없이 숲에서 쏟아져 나와 5월 14일 프랑스 중부지역을 가로지르는 마지막 자연 방어선인 뫼즈강을 도하했다. 독일군의 뫼즈강 도하 소식을 들은 프랑스 총참모장 알퐁스-조제프 조르주 Alphonse-Joseph Georges는 완전히 절망하여 소리 내어 울었다.[55] 다음 날 아침 이른 시간, 프랑스 총리 폴 레노Paul Reynaud는 얼마 전 영국의 총리가 된 윈스턴 처칠에게 전화를 걸어 이렇게 말했다.

> 우리는 패배했다. 우리는 완전히 패배했다. 전쟁에서 패배했다.[56]

히틀러와 스탈린

1940년 5~6월 독일군의 포로로 잡힌 프랑스군 행렬
독일군이 프랑스를 상대로 승리하자 스탈린은 충격을 받고 크게 우려하였다.

    같은 날인 5월 15일, 영국 주재 소련대사 이반 마이스키는 제1차 세계대전 때 영국 총리였던 로이드 조지_{Lloyd George}에게 연합국이 새 전쟁에서 패배할지를 물었다. 로이드 조지는 마이스키 대사가 너무 '잔혹한 질문'을 던졌다고 불평한 후, "연합국은 전쟁에서 이길 수 없다."라고 대답했다. 연합국이 희망할 수 있는 최선은 이후 몇 달간 독일군을 저

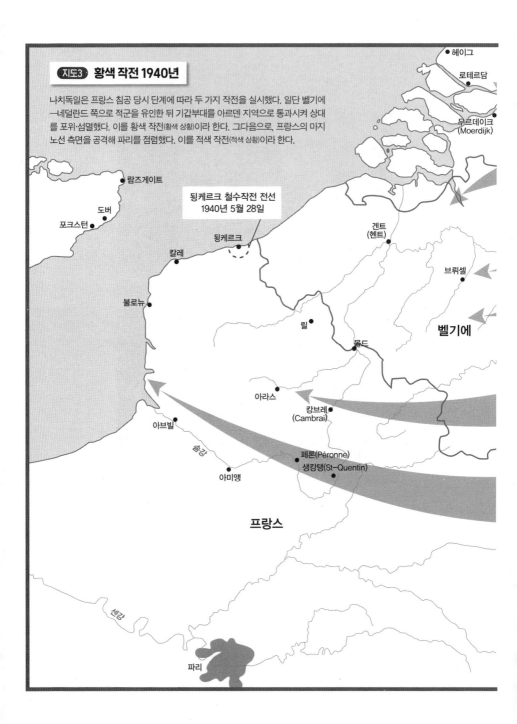

지도3 **황색 작전 1940년**

나치독일은 프랑스 침공 당시 단계에 따라 두 가지 작전을 실시했다. 일단 벨기에
—네덜란드 쪽으로 적군을 유인한 뒤 기갑부대를 아르덴 지역으로 통과시켜 상대
를 포위·섬멸했다. 이를 황색 작전(황색 상황)이라 한다. 그다음으로, 프랑스의 마지
노선 측면을 공격해 파리를 점령했다. 이를 적색 작전(적색 상황)이라 한다.

헤이그

로테르담

무르데이크
(Moerdijk)

람즈게이트

도버

포크스턴

됭케르크 철수작전 전선
1940년 5월 28일

겐트
(헨트)

됭케르크

칼레

브뤼셀

불로뉴

릴

몽드

벨기에

아라스

캉브레
(Cambrai)

아브빌

솜강

페론(Péronne)
생캉탱(St-Quentin)

아미앵

프랑스

센강

파리

히틀러와 스탈린

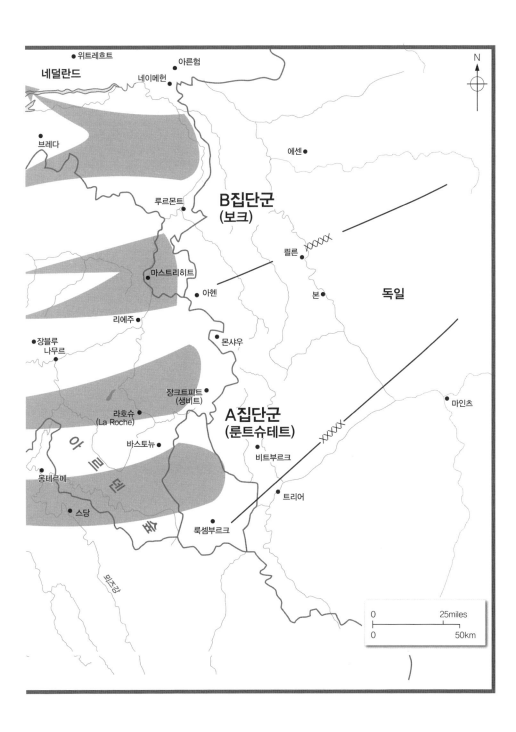

지하고 그런 다음 "어떤 일이 벌어질지 지켜보는 것"이라 대답했다.[57]

독일군의 공격이 개시된 지 열흘 후인 5월 20일 독일 A집단군은 영불해협과 솜강Somme 하구에 도달했다. 이제 연합국 병력은 독 안에 갇힌 신세가 되었다. 연합국은 됭케르크Dunkerque로 철수하여 약 30만 명의 병력이 영국으로 철수하는 데에는 성공했지만, 모든 군사 장비는 남겨두고 떠나야 했다.

독일군은 세계 역사상 가장 큰 포위 작전에 성공했다. 우리가 살펴본 것처럼, 거대한 포위전Kesselschlacht 또는 '가마솥 전투(포위전, Cauldron Battles)'는 독소전에서도 확인할 수 있는 가장 주요한 특징이다. 특히 1941년 여름과 가을 전투에서는 더욱 포위전이 두드러진다. 그런데도 '가마솥 전투'에서의 승리가 1940년 5월에 이루어졌다는 사실은 종종 잊힌다. 연합국은 가로 120마일, 세로 80마일에 이르는 거대한 지역에 포위되었다. 그리고 이 거대한 가마솥 안에는 170만 명의 병력이 갇혔다.[58]

독일군은 연합군을 상대로 대단한 승리를 거두었다. 얼마 후 원수로 승진할, 잘 흥분하지 않는 '냉철한 프로이센' 군인인 페도어 폰 보크von Bock 장군은 다음과 같은 선언서를 독일군들에게 발표했다.

> 우리는 역사에서 유례를 찾을 수 없는 아름답고 거대한 규모의 승리를 쟁취했다. 제1차 세계대전 이후 우리 국민에게 전가된 낙담과 불명예를, 귀관들이 충성과 용맹함으로 닦아냈다![59]

다음에 벌어진 일을 이해하기 위해서는 보크 같은 사람들이 당시의

사진14 **1940년 6월 파리에서 사진을 촬영한 히틀러**
제1차 세계대전에서 프랑스에 패배했던 그에게 파리 점령은 무척 의미심장한 사건이었다.

경험을 어떻게 느꼈는지를 상상해 볼 필요가 있다. 보크 장군을 포함한 대부분의 독일 지휘관은 과거 제1차 세계대전에 참전했을 적에, 자신들이 이번 전쟁으로 점령한 바로 그 지역에서 전투를 치른 경험이 있었다. 과거의 전쟁은 4년 동안 유혈이 낭자하게 진행되었고, 200만 명의 독일군이 전사했다. 독일은 단순히 전쟁에서 진 것이 아니었다. 보크가 표현한 대로 "낙담과 불명예"를 겪었다. 이와 대비하면 이번 전쟁은 단지 6주간 진행되었고, 독일 병사는 5만 명도 전사하지 않았으며, 150만 명 이상의 연합국을 포로로 잡았다. 이것은 기적이나 마찬가지였다. 특히 우리가 앞에서 본 것처럼 그 전해 11월, 독일군 총참모부는 이 공격이 성공할 수 있을 거라 예상하지 않았기 때문에 이 승리는 더욱 특별하다.

히틀러가 이 대단한 승리의 주역임을 부정하긴 어렵다. 그는 군지휘관들의 부정적인 견해에도 불구하고 서유럽 침공을 거듭 주장했다. 그는 오랜 시간에 걸쳐 군지휘관들이 자신의 '모험'에 협조할 것을 설득했다. 그리고 그는 이 모험이 성공할 수 있도록 가장 좋은 제안을 내놓을 것을 허용했다. 그는 독일군의 핵심 지휘관 중 많은 수가 열렬한 나치 지지자가 아니라는 점을 알면서도 이런 노력을 기울였다. 일례로 보크 장군은 열렬한 왕정주의자였다. 작전이 진행되는 동안 보크는 네덜란드의 도른Doorn에 거주하고 있는, 과거 독일제국의 카이저를 만나려 했지만 제지당했다.

히틀러는 군지휘관들을 나치 이념에 충성하는지로 평가하기보다는 그들의 군사적 유능함을 중요하게 평가했다. 만일 히틀러가 스탈린처럼 이 지휘관들을 숙청했다고 상상해 보라. 이런 승리가 가능하기나 했겠는가? 히틀러는 대숙청 기간 중 스탈린이 취한 행동은 실책이라고 생각했다. 1937년 7월 히틀러는 괴벨스에게 "아마 스탈린의 두뇌에 병이 난 것 같다(문제가 있는 것 같다). 그렇지 않다면 스탈린 본인의 피를 흘리게 만드는 정권(의 당시 상황)을 설명할 방법이 없다."라고 말했다.[60]

1940년 여름, 독일과 프랑스가 협정을 체결하게 되자 히틀러와 스탈린의 대조는 더욱 극명해졌다. 히틀러는 독일군 최고사령부 총참모장으로부터 "역사상 가장 위대한 사령관"이라는 칭송을 받았으나 스탈린은 핀란드에서의 대실패 후 보로실로프에게 "이 모든 사태의 책임이 당신에게 있다."라는 면박이나 들었다.[61]

이 시기에 두 사람은 성격과 이념뿐만 아니라 야망에서도 차이가 있었다. 히틀러는 '독일제국'을 원했다. 필연적으로 가장 유능한 장군이 히틀러에게 필요했다. 스탈린은 그런 욕망이 없었다. 그의 관심사는 소련의 생존이었다. 그가 달성한 '정복'이란 대체로 기회주의적인 처신의 결과였다. 그는 나치 정권과의 거래를 통해 '정복'을 달성했다. 스탈린은 큰 위험부담 없이 영토를 획득하는 방법을 알았다. 특히 '소련의 국경을 안전하게 만들기 위한' 영토 획득이 중요했다. 스탈린은 이를 달성했다.

그러나 스탈린은 1940년 여름, 히틀러에 비해 한 가지 큰 이점을 가지고 있었다. 그는 전쟁을 아직 시작하지 않았다. 히틀러는 서부 유럽에서 큰 승리를 거두었지만, 여전히 전쟁을 벌이고 있었다. 그리고 히틀러는 이 전쟁에서 어떻게 이겨야 하는지를 몰랐다.

4장

야합의 분열

1940년 11월

정책을 둘러싼 논쟁은 히틀러와 몰로토프의 성격 차이로 더욱 심화됐다. 히틀러는 자신의 비전을 과시하는 말만 떠드는 반면, 몰로토프는 좀스러운 언사로 응수했다. 이 회담 이후 히틀러는 몰로토프를 다신 만나지 않았다. 회담의 성격을 따지자면 충분히 이해할 만한, 당연한 결과다.

스탈린은 히틀러가 프랑스를 상대로 승리한 사건이 전쟁의 판도를 바꿀 뿐만 아니라 소련에 직접적인 영향을 줄 것이라는 점을 즉각 깨달았다. 스탈린은 그 영향을 긍정적으로 여기지 않았다. 스탈린의 전략은 나치와 서방 연합국이 서로 싸우게 하고 자신은 옆에서 구경하는 것이었다. 그러나 히틀러의 승리로 이 전략은 실패했다. 독일군이 파리를 점령했다는 소식을 듣자 스탈린은 극도로 초조해졌다. 이에 관해 흐루쇼프는 스탈린이 "연합국은 도대체 왜 저항하지 못했는가?"라고 되물으며 의아해했다고 말했다.[1]

흐루쇼프가 회고하길, "그는 화를 내며 크게 짜증을 했다. 나는 그의 그런 행동을 거의 본 적이 없었다." 스탈린이 연합국의 전쟁 실력에 실망한 이유는 자명하다. 소련은 독일과의 '갈등'을 더는 피할 수 없었다.

흐루쇼프는 "우리(소련)를 상대로 한 전쟁을 피할 수 없게 되었다."라고 기록했다. 스탈린은 언젠가 히틀러를 맞상대해야 한다고 생각하긴 했으나 프랑스에서 연합국이 패배한 사건은 곧 결전의 순간이 임박했음을 의미했다.[2]

이 '피할 수 없는 전쟁'이 일어났을 때, 소련군은 독일군에 대항해 싸울 수 있는가? 소련군의 능력을 향한 스탈린의 믿음은 핀란드와의 겨울전쟁으로 크게 약화했다. 그래서 스탈린은 다시는 그런 굴욕을 당하지 않기 위해 최선을 다했다. 우리가 앞서 본 것처럼 하나의 변화가 확연히 필요했고, 즉시 이것이 시행되었다. 보로실로프 원수가 국방인민위원에서 해임되고 '문화적 업무'를 다루는, 소련군에 '해를 끼칠 수 없는 자리'로 좌천되었다. 한편 과거의 스탈린이 저지른 선택을 비추어볼 때 감히 예측할 수 없는 다른 조치들도 이어졌다. 일례로, 스탈린은 수천 명의 소련군 장교를 감옥에서 석방했다. 대표적인 인물로 43세의 콘스탄틴 로코솝스키Konstantin Rokossovsky 대령이 있다. 그는 1937년 수감되었고, 여러 가지 날조된 혐의로 고소되었다. 그의 폴란드 혈통, 숙청된 투하쳅스키를 향한 숭앙이 그를 위태롭게 만들었을 가능성이 가장 컸다. 그는 감옥에서 고문을 당하면서도 날조된 거짓 자백서에 서명하기를 끝까지 거부했다. 감옥에서 석방된 후 로코솝스키 대령은 소련군에서 빛나는 경력을 쌓았지만 자신에게 고통을 선사한 스탈린을 향한 증오심을 표현한 적도 없었다. 아마도 그의 애국심과 마르크스주의를 향한 헌신이 개인으로서 겪은 고통보다 훨씬 대단할 수도 있었다. 아니면 그는 소련이란 나라의 도처에는 불공정이 판을 치고 있으니, 불평을 하게 되면 더 많은 고통만 받을 뿐이라 생각했

히틀러와 스탈린

사진15 **1939년 세 명의 소련군 사령관**

왼쪽은 2년 후 반역 혐의로 총살된 그리고리 슈테른(Grigory Shtern), 가운데는 몽골 인민군 원수이자 스탈린의 열렬한 추종자인 허를러깅 처이발상(Khorloogiin Choibalsan), 오른쪽은 훗날 가장 유명한 소련군 원수가 될 게오르기 주코프다.

을 수도 있다.

  장교들의 석방과 함께 '승진 사태'가 일어났다. 무더기 승진의 혜택을 본 장교 중 하나는 게오르기 주코프_{Georgy Zhukov}였다. 그는 훗날 제2차 세계대전에서 가장 유명한 소련 지휘관이 되었다. 그는 (당시 기준으로) 최근에 발발한 만주 및 몽골에서의 국경 분쟁에서 일본군과 싸워 군지휘관으로서의 능력을 입증했다. 그는 전적으로 볼셰비키 혁명에 올라타 출세할 수 있었다. 그는 1896년 구두 수선공의 아들로 태어나 극도로 가난한 환경에서 성장하다가 모피 장수의 조수로 일을 시작했다. 1915년, 그는 일반 사병으로 군에 징집되었는데, 기병대에 들어가 뛰어난 전사임을 입증했으나 그때까지는 위대한 군공_{軍功}을 쌓는 길과는 멀리 떨어져 있었다. 그러다 1917년 러시아 혁명이 그의 운명을 바꾸었다.

스탈린의 통치는 많은 문제를 만들었고 수많은 사람을 죽게 했다. 하지만 그가 정책으로 '교육을 증대'하고 '출세할 기회를 제공'했다는 점은 중요하게 평가해야 한다. 스탈린의 정책은 주코프뿐만 아니라 수백만 명의 사람에게 혜택을 제공했다. 소련 시대에 극적으로 상승한 문자해독률은 긍정적 변화의 한 척도다. 예를 들어, 우즈베키스탄 공화국에서는 1926년 4퍼센트에도 미치지 못한 문자해독률이 1939년에는 69퍼센트까지 상승했다.[3]

1940년 6월 2일 스탈린은 주코프를 회의에 불러 그가 겪은 극동에서의 경험을 증언하도록 했다. 주코프는 이와 관련해 이렇게 기록했다.

스탈린의 외양과 부드러운 목소리, 그가 내린 판단의 깊이와 구체성, 군사 문제에 관한 그의 지식, 보고를 청취하는 그의 집중력에 큰 감명을 받았다.

그런데, 공산주의가 붕괴한 다음에야 뒤를 이은 말이 복원되었다. 삭제되었던 말은 다음과 같다.

만일 그가 모든 사람을 이렇게 대한다면, 모두가 그를 무서운 사람이라 말하는 이유는 무엇인가?[4]

주코프는 보로실로프 같은 아첨꾼은 아니었다. 그러나 스탈린은 주코프를 키예프 군관구의 사령관으로 임명했다. 이 직책은 아주 중요한 자리이고, 보로실로프를 대신해 국방장관(국방인민위원)이 된 티모셴코 원수가 당시 기준으로 얼마 전까지 차지했던 자리였다. 이는 불안한 상황에서 군지휘관으로의 승진을 결정하는 데에는 비굴한 충성심과 능력 사이에서 균형을 바로 잡아야 한다는 점을 스탈린이 이해했다는 신호이기도 하였다. 1940년 5월, 스탈린은 겨울전쟁에서 드러난 소련군의 군사력에 관한 비판을 듣고자 시도했다. 겨울전쟁의 주요 지휘관 중 한 사람이었던 키릴 메레츠코프Kirill Meretskov는 작전 결정 과정에 '정치장교'가 개입하는 것은 잘못이라는 견해를 토론에서 피력했다.

우리 장교들은 어떤 것도 직접적으로 말하기를 두려워하고, 관계를 망칠까 두려워합니다. 따라서 불편한 상황에 놓이게 되고, 진실을 말하기를 두려워합니다.[5]

이 말은 정곡을 찔렀지만 메레츠코프는 자신의 의견을 말한 후에도 징계를 받지 않았다. 오히려 그는 소련군 총참모장에 임명됐다.

그러나 이러한 '관용'은 임시방편에 불과했다. 소련 체제의 근본적인 '부조리'가 해결되지는 않았다. 이 부정의는 변하지 않았다. 독일군이 소련을 침공한 직후 많은 지휘관이 '음모' 혐의로 체포되었는데, 메레츠코프는 그중 한 사람이 되었다. 그는 NKVD 요원들에게 구타를 당하고 오줌 세례를 받으며 자신의 죄를 '자백'할 것을 강요받았다. 라브렌티 베리야는 훗날 메레츠코프를 "완전히 백정처럼 대우했다."라고 인정했다. 작전의 필요성으로 메레츠코프는 곧바로 현역에 복귀됐고, 소련군 제4군의 지휘를 맡게 되었다. 스탈린은 그가 다시 자신의 신임을 받게 된 것을 이렇게 환영했다.

> 좋은 날이야, 메레츠코프 동지. 기분이 어떠한가?[6]

이렇게 예측할 수 없는 상황에도 불구하고, 세묜 티모셴코 원수는 겨울전쟁 중 여러 가지 군대 개혁을 시행하는 데 성공했다. 장교들의 지휘권이 강화되었고, 군사훈련도 재조직되었다.[7] 겨울전쟁의 전선에서 고전한 미하일 티모셴코 같은 하급장교들도 경험에서 배운 점이 많았다. 미하일 티모셴코는 이렇게 증언했다.

> 전쟁이 끝나자 나는 한 가지 사실을 깨달았다. 내가 핀란드인으로부터 전쟁 중 어떻게 행동해야 하는지를 많이 배웠다는 것이다.

그는 본인과 본인의 동료들이 핀란드군을 보며 기관총과 박격포의 전술적 사용법을 배웠다고 증언했다.

> 핀란드와의 겨울전쟁 때는 없던 박격포부대가 이제는 소련군 전체에 편성되었다. 핀란드인들이 우리를 가르쳐 준 덕분이다. 박격포부대 배치는 아주 좋은 군사적 전술이다.[8]

스탈린은 소련의 국경을 좀 더 서쪽으로 옮기기 위해 최선을 다했다. 그는 핀란드에서 영토를 획득하고, 발트국가들의 뜻에 반하는 조치를 취했을 뿐만 아니라 1940년 6월 루마니아가 자국의 동쪽에 있는 베사라비아Bessarabia 지역을 포기하게 만드는 데에도 성공했다. 베사라비아 지역은 과거 제정 러시아 영토의 일부였다. 스탈린은 베사라비아 인근의 북쪽 지역인 부코비나Bukovina를 루마니아로부터 빼앗았다. 덕분에 소련은 루마니아의 유전 지역에 더욱 인접하게 되었는데, 석유가 많이 필요했던 히틀러에게는 이 사건은 실로 우려스러운 일이었다.

영국에서 총리로 취임한 윈스턴 처칠은 프랑스의 패전 이후 영국 국민을 동원하고자 애를 썼다. 그러나 됭케르크에서 30만 명의 영국군을 성공적으로 구출한 후에도 국민 동원은 쉽지 않았다. 암담한 현실을 숨길 수 없었기 때문이다. 독일군은 영국군보다 더 유능한 군대임을 증명했다. 프랑스 주둔 영국군 사령관이자 훗날 영국군 총참모장이 될 앨런 브룩Alan Brooke은 5월 23일 일기에 이렇게 서술했다.

이들(독일군)이 거둔 성공은 엄청나다. 이들이 가장 뛰어난 병사들이라는 점에는 일말의 의혹도 없다.[9]

영국은 당분간 독일을 격파할 수 없었다. 오히려 영국이 점령당할 수 있었다. 단지 세 가지 방벽이 독일의 침공을 막고 있었다. 세 가지 방벽이란 영국의 공군과 해군, 그리고 가장 중요한 영불해협이었다.

런던 주재 소련대사 이반 마이스키도 서부에서 히틀러가 거둔 승리는 시대를 바꾸는 사건이었다고 생각하는 사람 중 하나였다. 그는 5월 20일 일기에 이렇게 서술했다.

우리는 위대한 자본주의 문명의 몰락을 목격하고 있다. 이는 로마 제국의 멸망과 유사하고, 아마도 더 중요한 것일 수도 있다.

'자본주의 문명'의 거물 정치인들도 큰 염려를 하지 않을 수 없었다. 프랑스에 독일 괴뢰 정부가 수립된 7월 10일, 영국 외무장관 핼리팩스는 마이스키에게 "영국에 '혁명'이 일어나면 '지주들'은 어떻게 되겠는가?"라고 물어보았다. 이들은 소련의 부농과 같은 운명을 겪을 것인가? 마이스키는 "영국은 산업국가이기 때문에 여기에서는 지주가 아니라 은행가, 산업가들이 중요한 역할을 하고 있다."라고 답하여 결정적 대답은 회피하였다. 핼리팩스는 안도하는 듯이 보였고, 지주들에게 중과세를 부과하긴 해야 하지만 영국에서 '농업개혁'이 진행될 것으로 생각하진 않는다고 말했다. 이와 관련해 핼리팩스는 이렇게 말했다.

일례로, 우리 가족에게 무슨 일이 일어난다면 마을의 모든 사람이 애석해할 것이다.[10]

이 대답은 실로 놀랍다. 이 대화에서 핼리팩스는 소련대사에게 볼셰비키가 영국의 권력을 장악하면 자신의 가족에게 무슨 일이 일어나겠냐고 물어본 것이다.

독일에서는 분위기가 완전히 달랐다. 공무원이면서도 나치 정권을 비판한 프리드리히 켈너Friedrich Kellner는 1940년 7월 10일 일기에 이렇게 서술했다.

히틀러와 스탈린

독일 사람 99퍼센트는 자신을 걱정하는 생각을 털어버렸다. 모든 계층에서 끝없는 오만함이 보인다. 그리고 무기의 힘을 향한, 파괴할 수 없는 굳건한 신뢰도 보인다.[11]

당시 독일 동부의 소년이었던 오토 클리머Otto Klimmer는 그때를 이렇게 회상했다.

모든 것이 전광석화처럼 진행됐다. 우리는, 우리 스스로가 승리자가 된 것처럼 느꼈다. 이 분위기가 내 친구들 사이에 만연했다. 우리는 대단한 사람들이었다! 우리는 승리를 쟁취한 위대한 국민이었다![12]

독일 중부의 학생이었던 마리아 마우트Maria Mauth는 그때를 이렇게 회상했다.

모두가 아주 흥분했다. 우리는 뉴스를 듣고, 말할 수 없을 만큼 자랑스럽게 감동했다. 많은 사람이 감격에 겨워 수시로 눈물을 흘렸다. 당신은 이런 장면을 상상해 보아야 한다. 오늘의 나는 이를 이해할 수 없지만, 당시는 그랬다. 프랑스에서 돌아온 사람들이 많은 물건을 가지고 왔다. 수레 하나를 가득 채웠다. 그 사람들은 그것을 "샀다."라고 말했다. 그 사람들은 절대 그것을 샀을 리가 없다. 그러나 어찌 되었건 이건 대단했다. 우리는 생을 즐겼다고 말하고 싶다.[13]

그러나 히틀러에게는 영국이 아직 전쟁을 포기하지 않았다는 문제가 남았다. 영국은 약오르는 상대였다. 적국이긴 하지만 독일이 반드시 제압해야 할 전략적 목표는 아니었다. 히틀러의 관점에서, 영국은 독일인을 위한 거대한 '생활공간(레벤스라움)'이나 풍부한 천연자원을 제공하는 땅이 아니었다. 히틀러는 늘 '대영제국'을 동경했고, 오랫동안 영국을 적국이 아닌 우방국으로 회유하고자 노력했다. 그는 분명히 영국을 패퇴시키고 싶긴 했으나 대영제국이 분해되었을 때에 다른 나라들이 얻을 이익을 염려했다. 그래서 대영제국의 해체가 반드시 독일에 이롭지는 않았다.[14] 거기다 영국 침략은 군사적인 이유에서 큰 문제였다. 독일 육군이 막강하다는 사실에는 의문의 여지가 없지만, 독일과 영국 사이에는 폭이 약 20마일이나 되는 바다가 놓여 있고, 독일 해군은 영국 해군의 적수가 되지 못했다.

히틀러는 영국 침략이 현명한 선택인지에 관해서는 의구심이 있었으나 본인의 주적인 소련에 관해서는 선택을 주저하지 않았다. 일시적으로 소련과 우호관계를 맺긴 했으나 히틀러의 노선을 바꾸지는 못했다. 소련이 히틀러에게 천연자원을 제공하여 그의 전쟁을 지원하거나, 프랑스 정복을 가능하게 도와준 점에도 개의치 않았다. 동쪽의 안전을 보장받았기에 서쪽으로 공격할 수 있었다는 점에도 개의치 않았다. 히틀러에게는 이 모든 상황이 임시방편이었다. 이제 이 일시적인 상황을 종식시킬 시점이 도래하였다.

이 시기의 역사를 잘 알고 있는 사람들은 앞으로 사태가 어떻게 전개되는지를 알고 있기 때문에 오히려 사안을 오롯이 이해하는 데에 어려움을 겪는다. 소련은 나치의 무덤이 되었다. 우리는 나치가 당한 재앙이 어느 정도였는지를 알고 있는 탓에 소련 침공을 결정한 히틀러의 선택이 무척 불합리했다는 생각을 떨쳐버리기 어렵다. 당시 많은 사람이 프랑스 침공보다 소련 침공이 훨씬 더 좋다고 생각했다는 사실도, 그들과 달리 독일의 수많은 장군이 소련 침공을 반대했다는 사실도 부정할 수 없다. 일례로 독일의 프란츠 할더 장군은 1940년 여름에 소련으로 방향을 돌리라는 명령을 내린 히틀러를 "바보로 생각했다."라고 훗날 증언했다.[15] 그러나 자신의 무죄를 입증하려고 내뱉은 이 말을 액면 그대로 받아들일 수는 없다. 프란츠 할더의 이야기를 자세히 살펴보자. 그는 1940년 7월 3일 일기에 이렇게 서술했다.

> 독일이 마주한 핵심 문제는 영국과 '동방'이다. 독일이 유럽에서 지배적 위치에 있음을 러시아가 인정하게 만들기 위해 군사적 개입이 필요하다는 관점에서, 동방 작전이 고려되어야 한다.[16]

프란츠 할더가 이런 일기를 쓰고 4주도 지나지 않았을 때, 히틀러는 그해 가을 바로 소련으로 공세 방향을 전환할 가능성을 검토하라고 군 지휘관들에게 요청했다. 독일국방군 최고사령부Chief of the Operations Staff of the Wehrmacht의 알프레트 요들Alfred Jodl 장군은 그런 신속한 작전 변경은 불가능하다고 즉각 대답했다.[17] 히틀러는 그달 초에 프란츠 할더와 해군사령관 에리히 레더Erich Raeder 제독과 영국 침공의 실현 가능성을 논의한 다음 군부에 이런 요청을 했다. 7월 13일 히틀러와의 회동을 프란츠 할더는 이처럼 회고했다.

히틀러는 영국이 독일과 강화를 맺으려는 의사를 전혀 보이지 않는 것을 크게 이상하게 생각했다. 히틀러는 "영국이 러시아에 희망을 걸고 있기 때문에 이렇게 행동한다."라고 믿었다.[18]

6일 뒤 독일 제국의회에서 행한 연설에서, 히틀러는 영국과 독일이 화평을 이루지 못한 것은 유감으로 생각한다고 공개적으로 천명하면서 다음과 같은 내용을 발표했다.

영국에 상식적인 이성으로 호소한다. 나는 모든 노력을 기울였음에도 양국에 축복이 될 우호관계를 수립하지 못했던 것을 오늘까지도 슬프게 생각한다.[19]

이런 상황 속에서 독일 주요 군지휘관들은 남부 바이에른 산악지역에 있는 히틀러의 별장에서 7월 31일에 열린 회의에 참석했다. 회의 초반, 에리히 레더 제독은 침공 선단으로 영불해협을 건너는 작전에 관해 암울한 전망을 제시했다. 그렇지만 한 가지 대안을 제안했다. 병사들을 실은 바지선_{Barge}*을 어선이 끌게 하여, 새벽에 상륙하는 작전이다. 이 작전은 야간에 해협을 건너야 하기 때문에 최소한 '반달'의 조명이 필요했다. 반달이 되는 가장 이른 시기는 당시 기준 9월 22~26일이었지만 이 시기는 '날씨'가 좋지 않았다. 레더 제독은 이 작전에도 여러 문제가 있으니 작전 자체를 내년 봄까지 연기할 것을 제

◆ 강과 운하 등에서 화물을 운반하기 위하여 제작한 바닥이 평평한 선박이다. 부선(艀船)이라고도 한다.

안했다. 히틀러는 아마 사상 처음으로 자신에게 나쁜 소식을 전달한 최고위 지휘관에게 동정을 표했다. 히틀러는 스스로 추가 문제도 제기하며 "폭풍과 파도 같은 기상 조건은 사람이 어떻게 할 수 없는 것"이라 첨언했다. 히틀러가 내린 결론은 '공중전'이었다. 공중전을 바로 시작해야 하며, 공중전이 성공한 다음에야 영국 침공을 고려할 수 있다는 것이다. 이런 점에서 히틀러는 양국의 해군 전력 사이에 큰 격차가 있다는 점을 염려했다. 나치독일은 영국 구축함 전력의 8퍼센트에 해당하는 해군 전력만을 보유하였다.[20]

이 회의의 모든 내용과 과정은 놀랍지 않다. 히틀러는 해전에 관심이 없었다. 그는 전형적인 '중유럽 사람'이라서, 대양이 아니라 산을 좋아했다. 이것이 그가 세계를 영국과 독일이 나누어 갖기를 원했던 이유였다. 영국은 해양세력이고, 대영제국이 육지가 아니라 '파도를 지배하는 국가'가 되는 것은 히틀러 입장에서 나쁘지 않았다. 그는 독일에서 배가 아니라 아우토반이나 철로로 도달할 수 있는 동유럽 내륙에 새로운 '독일제국'을 건설하기를 희망했다.

군지휘관들과의 회의에서 히틀러는 또 다른 아이디어, 즉 소련을 침공하는 계획을 열정적으로 설명했다. 그의 논리는 간단했다. "러시아(소련)는 영국의 마지막 희망이다."라고 그는 주장했다. 여기서 히틀러는 소련 침공을 정당화하는, 무엇보다 중요한 이념적 근거를 설명하지 않았다는 점이 중요하다. 그는 생활공간(레벤스라움) 건설의 꿈 또는 볼셰비키 그룹과 그 그룹을 (히틀러 본인이 생각하기에) '지휘'한다고 여겨지는 유대인 분쇄를 언급하지 않았다. 대신에 군사전문가들인 지휘관들에게 자신이 제공할 수 있는 가장 실질적인 이유를 제시했다. "영국은 소련에 희망을 걸고 있으니, 소련을 제거하면 영국은 드디어 두 손을 들 것이다." 이것이 히틀러가 군부를 설득한 핵심 논지였다.

그러나 이러한 정당화는 앞뒤가 잘 맞지 않았다. 당시 상황에서 소련은 영국과 관계가 좋지 않았다. 관계가 얼마나 좋지 않았는가 하면, 겨울전쟁 때 영국은 소련군과 싸우고자 핀란드에 군사를 파견하기 직전까지 이르렀다. 영국은 소련에 의존할 가능성보다 소련과 전쟁할 가능성이 컸다. 영국의 '마지막 희망'은 소련이 아니라 미국이었다. 미국은 독일이 어떻게 할 수 없는 국가였다. 총리가 된 처칠의 외교 전선에서, 최우선 전략은 프랭클린 루스벨트 대통령을 설득하여 최대한 영국을 많이 돕도록 하는 것이었다. 히틀러도 영국이 미국에 희망을 걸고 있다는 것을 인정했지만, 러시아(소련) 제거가 미국을 향한 영국의 신뢰를 파괴하게 될 것이라 주장했다. 그러나 왜 그런 논리가 성립하는가? 그는 자신의 기괴한 주장의 근거가 무엇인지 설명하지 않았다.

히틀러가 스스로를 기만했다는 점은 명백했다. 그는 자신이 말하는 것을 믿고 있다고 생각할 수도 있다. 그런데도 그는 소련 침공을 원하는 두 가지 이유를 언급하지 않았다. 두 가지 이유 중 하나는 실제적이었다. 히틀러는 세계 최강의 군대를 보유했다. 이 군대로 소련을 침공하지 않는다면 다른 무엇을 할 수 있을 것인가? 또 다른 이유는 이념적이었다. 스탈린이 익히 알고 있듯이 히틀러는 1920년대 《나의 투쟁》을 저술한 이후부터 소련을 침공하겠다는 꿈을 꾸었다. 그는 소련의 거대한 땅을 정복해 독일인을 위한 더 넓은 생활공간과 자원을 확보할 뿐만 아니라 (히틀러가 생각하기에) 독일이 당면한 가장 거대한 '인종적 위협'을 제거해야만 했다. 히틀러가 보기에 슬라브인이든 유대인이든,

또는 볼셰비키든 이것들이 결합한 무언가든, 소련 사람 대부분은 인종적으로 위협적인 존재였으며 히틀러는 이들 모두를 혐오했다.

일반적으로 히틀러의 주장에 반대한 논리로 "소련의 크기가 너무 거대해 정복은 불가능하다."가 알려져 있다. 이는 전쟁 도중과 전쟁 이후에 회자되었다. 그러나 히틀러는 소련 전체를 정복하겠다고 생각한 적이 없었다. 독일군 최고위 지휘관들과 히틀러 자신은, 동쪽에서 소련 땅 전체를 차지하지 않고도 어떻게 승리를 얻을 수 있는지를 모두 목격했다. 앞서 본 브레스트-리토프스크 조약이 정확하게 이를 증명했다. 이 조약은 제1차 세계대전 후 무효가 되었지만, 이 조약을 둘러싼 기억은 계속 살아있었다. 독일은 레닌이 소련의 가장 좋은 영토를 포기하도록 만들었다. 그렇다면 나치는 똑같은 일을 왜 스탈린에게 할 수 없는가? 더불어 스탈린이 영토를 포기하게 만들면서 더 많은 땅을 차지할 수도 있지 않은가?

많은 독일 군지휘관은 소련 침공이 영국 침공보다 좀 더 합리적이라고 평가했다. 분명히 좀 더 실용적인 선택이긴 하다. 7월 31일 회의가 끝난 이후 일주일도 지나지 않아 프란츠 할더는 자신의 일기에 "해군이 영국을 공격하는 데에 많은 '불안감'을 느끼고, 공군도 이 작전에 참여하기를 주저하고 있다."라고 적었다.[21] 그러나 그렇다고 해서 소련이 공략하기에 쉬운, 대안적 목표물로 인식되었다는 뜻은 아니다. 당시 독일 총참모부 작전국Operations Department에 근무하던 후베르트 멘첼Hubert Menzel 소령은 당시의 판단을 이렇게 회고했다.

우리는 극도로 조심스러운 태도로 소련 침공이라는 과업에 접근했다. 그러나 우리에게는 다른 대안이 없었다. 오랜 경험을 통해 현대에는 군대를 재건하는 데에 대략 4년이 소요된다는 점을 알았다. 즉 현상유지 상태(Status quo)에서 주요 공세로 전개하는 데에 그만큼의 시간이 필요했다. 우리는 스탈린이 1938년에 주요 지휘관 집단을 사실상 숙청했다는 사실을 알고 있었다. 소련이 이 공백을 복구하는 데에 4년이 필요하다면, (복구가 완료되는 시점은) 1942년 말이나 1943년이다. 우리는 핀란드 침공 작전에서 소련군이 48시간의 준비 시간을 가지고도 진격하기를 얼마나 어려워했는지를 목격했다. 그래서 (1940년 기준으로) 몇 년간은 소련군이 전쟁을 일으킬 수 없을 정도로 약화한 시기이기 때문에 독일군이 소련군을 상대로 승리할 기회를 거머쥘 수 있으리라 예상했다.[22]

표면적으로 히틀러는 그해 여름과 가을에 투 트랙Twin track 전략을 채택했던 것으로 보인다. 히틀러의 전략 참모들은 영국이나 소련 공격 계획 모두를 작업했다. 그러나 히틀러 입장에서는 단일 트랙이었다. 영국 본토 침공에 큰 열의가 없던 히틀러는 8월 중순에 이를 더욱 분명하게 표명했다. 승전을 이끈 지휘관들에게 원수 지휘봉을 수여한 공식 행사가 끝난 후, 히틀러는 지휘관들에게 "영국 상륙은 다른 모든 설득 수단이 실패할 때를 위한 최후의 방법으로 생각한다."라고 말했다.[23]

독일군 수뇌부의 최고위급 장군들인 프란츠 할더와 발터 폰 브라우히치는 세 번째 대안을 고려했다. 지중해의 영국군을 공격해 '유럽 내의 독일제국'을 강화하는 방안이었다. 그해 9월, 해군사령관 에리히 레더 제독은 유전 확보를 위해 중동으로 이동한 후 남부에서 소련의 유

히틀러와 스탈린

전지대인 캅카스_{Kavkaz}(코카서스_{Caucasus})로 진격하는 방안을 제안하면서 세 번째 계획을 수정했다. 그러나 히틀러는 할더와 브라우히치의 대안, 그리고 이를 수정한 레더 제독의 대안에는 큰 관심을 보이지 않았다. 그는 소련에 대한 정면 공격에 초점을 맞추었다.

그러나 이후에 일어난 일은 이상하게 보일 수밖에 없었다. 히틀러는 외무장관 리벤트로프에게 소련 외무장관 뱌체슬라프 몰로토프를 베를린으로 초청해 회담을 진행하라고 지시했다. 리벤트로프가 몰로토프를 초청한 동기는 단순명쾌했다. 그는 자신의 계획을 히틀러에게 제시하여 허락을 받았다. 그는 독일과 소련이 중부 유럽의 작은 나라들을 놓고 옥신각신하는 문제를 해결하고 싶었다. 그는 소련이 남동부 방향으로 눈을 돌려 새로운 정복을 하도록 설득하여 이 문제를 해결하고자 했다. 소련은 유럽을 대신해 인도를 공격하면 된다. 이 기괴한 계획은 리벤트로프가 추구한 '세계 분할 비전'에 부합했다. 나치는 유럽을, 소련은 인도와 페르시아만을, 일본은 극동을, 이탈리아는 지중해와 아프리카 일부를 장악한다. 이것이 그의 비전이었다.

리벤트로프의 아이디어는 정말로 극단적인 경우가 많았다. 많은 사람은 리벤트로프의 지적 능력을 흠잡았다. 베를린에 주재했던 미국 특파원 윌리엄 샤이러_{William Shirer}는 리벤트로프를 "히틀러 패거리 중 가장 흥맹스럽고, 바보 같으며, 비열한 거짓말쟁이다."라고 묘사했다.[24] 이탈리아 외무장관 갈레아초 치아노는 "총통(무솔리니)은 리벤트로프의 머리만 봐도 그의 뇌 용량이 작다는 사실을 알 수 있다고 말하곤 했다."라고 증언했다. 동시에 리벤트로프를 위해 일하는 나치당원들을 향해서는 "젠체하고, 기만적이며, 그리 똑똑하지 않다."라는 평을 내렸다.[25]

독일 외교관이며 열렬한 나치당원인 라인하르트 슈피치_{Reinhard Spitzy}는 히틀러가 헤르만 괴링 앞에서 리벤트로프를 옹호하고자 "리벤트로프는 영국의 주요 인사를 많이 알고 있다."라고 말한 사실을 기억했다. 이에 괴링은 "총통 각하, 영국의 주요 인사가 리벤트로프를 알고 있다는 사실이 문제입니다."라고 대답했다.[26] 괴링은 리벤트로프가 나치 구호를 계속해서 반복했기 때문에 그를 향해 "독일의 No.1 앵무새"라고 부르기도 했다.[27]

리벤트로프는 제2차 세계대전 초기에는 정치의 주변부에 머물렀다. 그가 소련과 맺은 불가침 조약은 이미 오래전의 일이었다. 그는 히틀러의 환심을 다시 얻기 위한 시도로 몰로토프와의 회담을 제안했다. 그러나 히틀러의 동기는 해석하기 더욱 어렵다. 그가 3일 간격으로 프란츠 할더 장군에게 건넨 말을 고려할 필요가 있다. 11월 1일, 히틀러는 몰로토프가 베를린을 방문하는 일과 관련해 "러시아(소련)를 반_反영국 전선에 끌어들이기를 희망한다."라고 말했다.[28] 그러나 11월 4일, 히틀러는 프란츠 할더에게 "러시아는 유럽의 큰 문제로 남았고, 거대한 대결이 일어날 경우를 대비하기 위해 최선을 다해야 한다."라고 말했다.[29]

히틀러의 모순된 태도를 이해하기 위한 가장 설득력 높은 설명은, 히틀러가 일단은 몰로토프의 계획을 지켜보긴 했으나 소련 침공 계획을 철회하려면 무언가 대단한 일이 일어나야만 했다는 것이다. 나는 그해 11월 12일, 히틀러가 군지휘관들에게 내린 지시 덕분에 이 가설을 세울 수 있었다. 그는 당시 이렇게 말했다.

가까운 장래에 러시아의 태도를 분명히 파악하려는 목적으로 지

히틀러와 스탈린

금의 정치적 대화가 시작되었다. 이 대화의 결과가 어떻게 나오는 지와는 상관없이, 내가 구두로 지시한 동방을 향한 모든 준비는 진행되어야 한다.[30]

이로부터 며칠 전 모스크바에서 스탈린은 자신이 얼마나 큰 압박을 받고 있는지를 드러냈다. 소련이 침공을 받을 경우 붉은군대가 이를 방어할 수 있는지를 걱정하며 스트레스를 받았다. 11월 7일, 코민테른 의장인 게오르기 디미트로프Georgi Dimitrov, 이제 막 베를린으로 향하려 는 몰로토프를 포함한 기타 고위급 인사들이 자리한 오찬에서 스탈린 은 그 스트레스를 폭발했다. 스탈린은 소련군의 상황에 한탄하면서 이 렇게 말했다.

이 모든 문제를 처리하는 사람은 내가 유일하다. 당신들 중 누구 도 이 문제에 신경을 쓰지 않는다. 나를 보아라, 나는 배우고 읽으 며 매일 일어나는 일을 검토한다. 당신들은 왜 이렇게 하지 못하 는가? 당신들은 배우고 싶지 않은가? 당신들은 지금까지 해온 일 을 얌전히 계속하면서 행복해하고 있다. 당신들은 레닌의 유산을 갉아먹고 있다. 내 인내심이 바닥나면 무언가 보여주겠다. 내가 이 일을 어떻게 할 수 있는지를 잘 알 것이다. 나는 뚱뚱한 놈들을 세게 때려서, 그 소리가 몇 마일이나 퍼져나가게 할 것이다.[31]

이 한탄 내지는 짜증은, 자기연민과 방어기제가 무섭게 결합한 결과 물이다. 스탈린의 장광설을 일기에 기록한 게오르기 디미트로프는 "소련의 지도자가 이렇게까지 말하고 행동한 광경을 본 적이 없다."라고 적었다.[32] 몰로토프는 스탈린의 경고가 귀에 맴도는 상태로 베를린을 향해 출발하여 11월 12일 베를린의 안할터Anhalter 기차역에 도착했다. 히틀러가 "소련 침공 준비를 계속하라."라고 지시한 날이었다.

몰로토프의 수행원 중에는 젊은 통역사 발렌틴 베레즈코프Valentin Berezhkov가 있었다. 그는 훗날 두 정권을 비교한 기록을 남겼다. 그는 특히 지도자를 향한 양국 공통의 '우상화', 총통의 초상화를 든 어린이들이 히틀러에게 꽃을 선사하는 대중 집회와 행사를 지적했다. 그는 "과시적인 건축물, 예술로 표현된 영웅적 주체는 우리 사회주의 리얼리즘과 아주 유사했다."라고 기록했다. 여성들이 자신의 아기를 들어 올려 히틀러가 만져주기를 바라는 모습을 두고 "스탈린도 이와 비슷했다."라고 적었다.[33]

화려한 벨뷰 호텔Bellevue Hotel에 여장을 푼 소련 대표단은, 과거 1934년까지 바이마르공화국의 대통령 궁Reich President's palace으로 쓰인 건물에 있는 리벤트로프의 집무실로 불려갔다. 리벤트로프는 몰로토프가 히틀러를 만나기 전에 간단한 브리핑을 해주고 싶다고 말했다. 그는 영국은 이미 패배했다고 주장하며 말문을 열었다. 그는 몰로토프 앞에서, 이제 유일한 문제는 영국이 이 사실을 인정할 '시기'라고 주장했다. 리벤트로프는 독일의 입지가 너무 강하고, 나치 정권은 어떻게 전쟁에서 승리할 것인지가 아니라 이미 이긴 전쟁을 어떻게 끝맺을 것인지를 신경 쓰고 있다고 주장했다.

다음으로, 리벤트로프는 전 세계의 '세력'에 관련된 자신의 거대한 계획을 설명했다. 그는 히틀러가 이러한 아이디어를 제공한 것처

히틀러와 스탈린

럼 말했다. 구체적 사항을 언급하면서, 소련이 바다에 자유롭게 접근할 기회를 얻기 위해 남방으로 움직일 의사가 있는지 물었다. 그때까지 리벤트로프의 독백을 듣기만 하던 몰로토프는 리벤트로프가 정확히 어떤 바다를 언급하는 것인지를 되물었다. 리벤트로프는 "페르시아만과 아라비아해"를 의미한다고 답했다. 회담록을 보면 몰로토프는 이 말에 아무 대답도 하지 않았다. 터키와 중국과 관련된 리벤트로프의 설명을 듣고 나서야 몰로토프가 대답했다. 몰로토프는 리벤트로프가 언급한 '새로운 세력'을 정확하게 정의할 필요가 있다고 답했다. 그리고 이 제안은 모스크바에서 추가로 논의할 필요가 있다고 말했다. 몰로토프는 실제적인 문제 한 가지를 거론했는데, 이는 "소련이 아라비아해로 진출한다." 같은 리벤트로프의 환상적인 아이디어와는 아무 상관이 없었다. 몰로토프는 핀란드 상황을 논의하고 싶다고 언급했다. 이 주제는 스탈린이 몰로토프에게 회담에서 거론하라 지시한 사항이었다.[34] 독일이 핀란드군에 무기를 공급해 주고 있었기 때문에 스탈린은 특히 이 문제에 관심이 많았다. 1939년에 핀란드를 소련의 '세력권'으로 할당한 양국의 비밀협정을 고려한다면, 독일의 행보는 심각한 문제였다. 스탈린이 몰로토프에게 지시한 내용을 기록한 사료가 발견된 덕분에, 우리는 소련 대표단의 주 임무가 포괄적이고 새로운 타협을 체결하는 것이 아니라 독일의 외교정책에 관한 정보를 얻는 것임을 알 수 있었다.[35]

그날 다음 일정으로 히틀러는 몰로토프를 처음으로 접견했다. 몰로토프의 수행원 자격으로 같이 들어간 발렌틴 베레즈코프는 히틀러의 첫인상을 이렇게 기록했다.

히틀러는 거들먹거리고 오만했다. 타인에게 감동적인 인상을 주려는 의지는 일절 없으나 겸손한 겉치레로 주위를 놀라게 하는 스탈린과는 정반대였다.

더불어 베레즈코프는 히틀러의 '차고 습기 찬 손'과 악수한 후 "파충류를 만진 것 같았다."라고 기록했다.[36]

접견 초기에 히틀러는 지난해 독일과 소련의 관계가 양측 모두에 얼마나 이익이 되었는지를 강조했다. 원하는 모든 것을 다 얻지는 않았으나 양국은 각각 더욱 강력해졌다. 만일 두 국가가 분쟁하면 제3국이 이익을 얻을 것이라고 히틀러는 말했다. 이에 몰로토프는 히틀러가 '일반적으로' 말한 내용에 자신도 '일반적으로는' 동의한다고 답했다. 그러나 몇 시간 전, 리벤트로프에게 경고한 것처럼 그는 핀란드 문제를 거론하고자 했다. 몰로토프는 "소련은 불가리아, 루마니아, 터키를 향한 독일의 의도를 알고 싶다."라고 덧붙였다. 히틀러는 다시금 일반적인 이야기를 하면서 아직 많은 문제를 해결해야 한다고 대답했다.

이렇게 첫날의 논의는 끝났다. 양측 사이가 상당히 멀다는 것이 분명해졌다. 양측이 회담 때문에 멀어지기를 원한 것이 아니라 양측이 이 회담에 임하는 전체적인 방법이 그렇다는 뜻이다. 몰로토프는 구체적인 사항을 알고 싶었으나 히틀러는 좀 더 거창한 말을 떠들기를 좋아했다. 여기서 소련과 나치독일 사이에 숨어 있던 균열이 드러났다는 사실이 가장 중요하다. 소련은 유럽의 여러 나라를 바라보는 독일의 의도를 알고 싶었다. 특히 나치 정권이 영토를 차지하기 위해 소련이 다른 지역으로 눈을 돌리기를 원하는 시점에서는 더욱 그러하였다.

히틀러와 스탈린

다음 날 히틀러가 핀란드 문제를 직접 언급하면서 양측의 균열은 더욱 분명해졌다. 히틀러는 소련의 핀란드 침공에 독일이 개입하지 않았다는 사실을 몰로토프에게 상기시키고, 핀란드가 소련의 세력권임을 인정한다고 말했다. 그러나 다른 한편으로 "독일은 핀란드에서 니켈과 목재를 공급받는 것에 큰 관심이 있다."라고도 말했다. 또한 순전히 심리적인 요소도 개입했다고 덧붙였는데, "핀란드인들이 용맹하게 싸워 세계로부터 동정을 받고 있다는 점"을 언급했다. 이 동정심이 강한 나머지 독일 국민은 정부의 핀란드 정책에 다소 화를 내고 있다고 답했다. 추가로, 히틀러는 지난해 발트 지역과 폴란드 루블린Lublin 지역을 맞교환하자는 스탈린의 요구에 동의한 탓에 독일인들이 부당한 대우를 받은 것으로 느끼고 있음을 거론했다. 그다음으로 히틀러는 당시 소련이 북北부코비나Northern Bukovina 지역을 점령한 사실을 비난했다. 루마니아에서 뺏은 그 지역에는 수많은 독일인이 거주하고 있다는 점을 비난의 근거로 제시했다.

몰로토프는 히틀러의 주장에 동의하지 않았다. 그는 독일이 영토 교환을 원하지 않았다면 소련도 자국의 계획을 추진하지 않았을 것이라고 응수하고, "부코비나는 그다지 중요하지 않은 곳"이라고 덧붙였다. 몰로토프는 소련과의 비밀협정이 프랑스를 격파하는 데 기여한 바를 지적하며 "독일-소련 협정은 독일의 위대한 승리에 크게 공헌했다."라고 말했다.

히틀러는 이 말을 무시하고, 소련이 핀란드의 나머지 지역을 침공하지 않기를 원한다고 주장했다. 소련의 핀란드 장악은 독소 관계에 큰 부담을 주니 이를 피해야 한다고 말했다. 이에 몰로토프는 그것은 현안이 아니라 답했다. 그러나 히틀러는 "이렇게 된 이상, 이런 결정을 내리기에는 너무 늦었다."라고 말했다. 즉 히틀러는 소련이 이미 핀란드를 침공했으니 외교적 수단으로 상황을 해결하는 것이 어렵다고 말한 셈이었다.

몰로토프와 스탈린은 의아해할 수 있다. 왜 히틀러는 소련이 핀란드의 나머지 지역을 점령하지 않는 것을 중요하게 생각하는가? 접견에서 히틀러는 자신이 흥분한 이유를 정확히 밝히진 않았다. 소련이 핀란드를 점령한 다음에도 독일은 계속해서 니켈과 목재를 공급받을 수 있었다. 그러나 히틀러의 당시 입장을 훨씬 설득력 있게 해설하는 대안적인 설명도 가능하다. 만일 히틀러가 소련 침공을 계획 중이라면 핀란드 전역이 소련군에 점령되지 않아야 했다. 핀란드 문제를 둘러싼 양국의 공방을 보면서, 우리는 히틀러의 협상 전술에 관련된 두 가지 혜안을 얻을 수 있다. 히틀러는 가장 먼저 목표를 언급했다. 이번에는 소련이 핀란드를 침공하지 않는 것을 요구했다. 그는 이 문제에서 얼마든지 유연하게 처신할 수 있었다. 그러나 비타협적인 태도를 견지한 히틀러는 끝내 몰로토프가 양보하게 만들거나 두 나라 사이에 큰 분쟁이 일어나는 모험을 감수하도록 만들었다.

이러한 전술은 스탈린도 즐겨 사용했다. 스탈린은 후에 자신의 목표를 달성하기 위해 연합국을 상대로 같은 방식으로 행동했다. 특히 독소 비밀협정으로 획득한 영토를 계속 유지하려는 목표를 달성하는 데에 그런 전술을 썼다. 스탈린은 자신의 요구를 완화하면 연합국과의 관계에서 큰 충돌을 피할 수 있음에도 자신의 입장을 굽히지 않았다. 스탈린은 히틀러처럼 자신이 비타협적으로 굴 수 있다는 사실을 알고 그렇게 행동했다.

몰로토프와 히틀러의 회동에서 알게 될 두 번째 혜안은 물리적 위협의 효과가 좋다는 것이다. 이는 스탈린도 알고 있었던 사실이다. 히틀러는 실질적으로 소련이 핀란드 영토에 더 깊이 진격하면 해로운 상황에 봉착하게 될 거라고 몰로토프를 위협한 것이다. 그리고 그는 강력한 군대를 보유했기 때문에 이렇게 경고할 수 있었던 것이다. 스탈린도 마찬가지로 이러한 힘의 언어를 너무도 능숙하게 구사하곤 했다. 일례로 제2차 세계대전 이전에, 어느 프랑스 정치인이 스탈린에게 가톨릭교와 교황의 호의를 얻기를 원한다고 말하자, 스탈린은 조롱하는 투로 다음과 같은 유명한 말을 한 바 있었다.

교황은 몇 개 사단을 보유하고 있는가?[37]

스탈린은 자신의 말을 뒷받침할 만한 군사적 힘이 없는 사람을 경멸했다. 이는 스탈린의 중요한 특징이었다. 스탈린과 히틀러 모두 "정치적 힘은 총구에서 나온다."라는 마오쩌둥의 경구에 동의하였다.[38]

핀란드를 둘러싼 논쟁 이후 히틀러는 다시 한번 일반론적인 이야기를 하였다. 그는 몰로토프에게 "대영제국의 몰락이 임박했고, 이는 세계적 기업들의 거대한 파산을 불러일으킬 것이며, 소련과 그 전리품을 공유할 수 있을 것이다."라고 말했다. 이에 몰로토프는 "내가 이해한 모든 내용에 동의하지만, 지금 중요한 것은 독일과 소련의 향후 관계를 해결하는 것"이라 대답했다. 몰로토프는 히틀러가 구체적인 사안에 다시 집중하도록 하고자 노력했다. 독일이 루마니아에 제공한 보호

약속_{the guarantee of protection}은 어떻게 되는가? 소련이 관심을 가지는 '흑해국가'인 불가리아 및 다른 나라들은 어떻게 될 것인가? 히틀러는 이 문제들에 관한 논의를 회피하면서, 해당 지역에는 이탈리아도 관심이 있어서 모든 사안을 무솔리니와 의논해야 한다고 말했다.

이 회담은 생산성이라곤 전혀 없었다. 정책을 둘러싼 논쟁은 히틀러와 몰로토프의 성격 차이로 더욱 심화했다. 옹졸한 몰로토프만큼 히틀러에게 짜증을 유발하는 사람을 상상하기란 어려울 것이다. 히틀러는 자신의 비전을 과시하는 말만 떠드는 반면, 몰로토프는 좀스러운 언사로 응수했다. 이 회담 이후 히틀러는 몰로토프를 다신 만나지 않았다. 회담의 성격을 따지자면 충분히 이해할 만한, 당연한 결과다.

그러나 히틀러가 없는 자리에서도 회담은 제대로 진행되지 않았다. 리벤트로프는 몰로토프가 독일의 의도를 지나치게 '세세히' 따진다고 불평을 터트렸다. 그는 몰로토프의 질문에 답하는 대신, 소련이 기존의 삼국 조약에 가입할 것을 제안하는 문서를 내밀었다. 삼국 조약은 1940년 9월 독일, 일본, 이탈리아가 서명한 조약이었다. 리벤트로프는 본인이 이전에 제시한 '거대한 계획'에 따라 소련이 인도 방향으로 진출할 것을 제안하였다. 그러나 몰로토프는 자신의 태도를 바꾸려 하지 않았다. 그는 "내일의 이 위대한 문제들이, 오늘의 현안과 기존 합의의 이행과 분리될 수 없다."라고 말했다. 양측은 공동의 양해를 타결할 수 없었다. 이는 영국 공군의 공습으로 두 사람이 방공호로 이동한 다음에 나누었던 마지막 대화가 증명한다. 그 유명한 대화에서, 몰로토프는 이렇게 물었다.

히틀러와 스탈린

당신은 영국이 패배했다고 말했는데, 왜 우리는 이 방공호에 앉아 있어야 하는가?[39]

히틀러는 몰로토프와의 회담이 실패한 것을 긍정적으로 평가했다. 회담 직후 그는 자신의 부관인 게르하르트 엥겔Gerhard Engel 소령에게, "나는 소련과 독일의 관계가 편의에 의한 혼인 관계도 되지 못한 것에 정말로 안도한다."라고 말했다. 히틀러는 몰로토프가 핀란드와 불가리아 문제에만 논의를 집중하느라 "소련의 비밀을 무심코 드러냈다."라고 주장했다. 이를 두고 히틀러는 이렇게 말했다.

러시아(소련)가 유럽으로 진출하도록 놔두면 중부 유럽은 그것으로 끝이다. 발칸지역과 핀란드도 위험한 곳이다.[40]

바로 다음 날인 11월 16일, 프란츠 할더는 러시아가 독일과의 관계를 끊을 의사가 없고 오히려 독일의 파트너가 되기를 희망한다는 인상을 받았다.[41] 그러나 러시아가 여전히 독일과 '파트너 관계'를 유지하려고 했더라도, 요제프 괴벨스 같은 주요 나치 인사는 소련을 역겹게 생각했다. 몰로토프의 방문 직후, 괴벨스는 소련 생활 경험이 있는 선전부 장관인 레오폴트 구터러Leopold Gutterer와의 회동에 관해서 이런 내용을 자신의 일기에 기록했다.

이번 회동은 소련의 음산함이 체제 수준으로 올라갔다는 내 생각을 확인시켜 주었다. 문화도 없고, 문명도 없고, 오직 테러, 두려움, 집단 광기뿐이다. 대단하다![42]

몰로토프와 히틀러의 회담으로부터 며칠 전, 괴벨스는 당시 보았던 몰로토프의 인상을 "누런 밀랍 같은 얼굴에, 기민하면서도 아주 조심스러워 한다."라고 묘사했다. 몰로토프를 수행한 대표단에는 "위엄있는 인물이 단 한 명도 없었다. 이들은 마치 볼셰비키 대중 이념을 간파한 우리의 혜안을 증명해 주려고 온 것 같았다. 서로를 향한 두려움과 열등감이 그들 얼굴 전체에 쓰여 있었다."[43]라고 기록했다.

11월 말 스탈린은 드디어 소련이 삼국 조약에 가입할 조건을 제시했다. 그의 대답은 리벤트로프가 기대한 바와는 달랐다. 스탈린은 독일이 핀란드와의 교류를 끊고, 핀란드가 소련의 '세력'이라는 점을 재차 확인할 것을 요구했다. 소련의 요구에 함축된 의미는 명백했다. 핀란드에 관해서는 소련이 원하는 대로 하도록 독일이 인정해야 한다는 뜻이었다. 소련은 또한 불가리아와 터키에 군사기지를 설치하기를 희망했다.

스탈린이 정말로 히틀러와 타협할 수 있을 거라는 희망을 전제하며 요구사항을 제시했는가? 만일 그렇다면 스탈린은 큰 실책을 범했다. 그는 자신의 카드를 너무 많이 보여주었다. 소련은 유럽 영토에 관한 '주장'을 포기할 생각이 없었고, 이 사실을 히틀러에게 들키고 말았다. 그렇다고 스탈린에게 선택지가 많은 것도 아니었다. 입지가 약해진 상황에서 부러 강하게 보이려 했던 그의 협상 전략은 여러 위험한 요소를 내포하였다. 그는 히틀러를 상대로 '무역 관계'라는 약간의 지렛대를 가지고 있기는 했다. 스탈린은 연초에 이를 사용하겠다는 의사

히틀러와 스탈린

를 감추지 않았다. 소련은 천연자원 공급을 지연하면서 여러 요구사항을 제시했고, 그중에는 독일 항공기 견본을 소련으로 보내 검사를 받으라는 요구도 포함되었다.[44] 그러나 독일의 엄청난 군사적 성공(프랑스 점령)으로 인해 이제 판돈Stake이 훨씬 커졌다. 스탈린은 무역 문제에서 강경하게 굴었고, 히틀러는 스탈린의 강경한 태도를 독일이 소련을 공격해야 하는 추가 근거로 활용했다. 나치 정권의 경제장관 발터 풍크Walther Funk가 지적한 것처럼, "우리(독일)는 아무런 영향력을 행사할 수 없는 세력과 국가(소련)에 더는 의존할 수 없었다."[45]

스탈린이 삼국 조약에 가담하기 위해 헛된 노력을 기울인 것과는 별개로 히틀러는 몰로토프와의 회담이 실패한 후에 새로운 목적을 갖게 되었다. 한 달 후인 12월 18일, 그는 소련과의 전쟁 준비 계획에 서명했다. 우리는 이 명령서의 첫 문장이 그에게 얼마나 큰 만족을 주었을지 상상할 수 있다.

독일제국은 영국과의 전쟁이 종결되기 전에라도 소련을 신속한 작전(바르바로사 작전)으로 분쇄할 준비를 해야 한다.[46]

의문의 여지 없이 히틀러는 이 전쟁을 원했다. 히틀러가 소련 영토에 레벤스라움과 새로운 독일제국을 건설하겠다는, 자신의 근본적인 이념적 목표를 포기하지 않는다면 소련과의 장기적인 관계는 불가능하다. 이것이 진실이다. 히틀러는 숨 쉬는 일을 포기하기 전에는 이 야심을 포기할 수 없었다. 물론 비전을 꿈꾸기란 쉽다. 히틀러가 당면한 진짜 과제는 '어떻게'였다.

5장

절멸전쟁

1941년 1~6월

불행하게도 히틀러와 스탈린은 같은 실수를 저질렀다. 두 사람 모두 희망을 실현할 수 있을 거라는 바보 같은 판단을 내렸다. 이들은 어느 정도 대안적 사실로 가득한, 본인들만의 세상에서 안일하게 안주하였다. 두 사람 모두 자신들의 상상에 빠져 현실을 통제하지 못했고, 자신들의 예측이 옳다고 굳게 믿었다. 두 사람 모두 '플랜B'를 준비하지 않았다. 결국 '플랜A' 아니면 '재앙'이 되는 갈림길에 양국을 각각 몰아세웠다.

독일은 전대미문의 전쟁을 계획했다. 독일은 역사상 가장 큰 침공을 계획했을 뿐만 아니라 자신들이 점령한 지역을 상상을 초월할 정도로 황폐화할 작전을 구상했다. 소련을 향한 공격이 시작되기 며칠 전, 베벨스부르크Wewelsburg의 성城에서 열린 비밀경찰 회의에서, 하인리히 힘러는 "나치가 점령하려고 하는 지역에서 3,000만 명의 사람이 죽게 될 것이다."라고 말했다.[1] 간담을 서늘하게 할 만큼 대단한 이 비전은 명쾌하긴 했지만, 이를 성취할 수단은 전혀 그렇지 않았다. 나치 정권은 비전과 실행 방법 사이의 괴리를 적절히 해결하지 못했고, 이는 훗날 패전의 원인 중 하나가 되었다. 이를 보면 히틀러의 지도력에 관해 많은 것을 알 수 있고, 동시에 스탈린의 지도력과 크게 대비되는 점도 알 수 있다.

12세기에 제3차 십자군 원정을 이끈 프리드리히 바르바로사Friedrich Barbarossa 황제의 이름을 딴 바르바로사 작전에는 고려해야 할 요인이 너무 많았다. 독일군은 정확히 얼마나 깊이 소련 영토로 들어가야 하는가? 독일이 보유한 자원은 정확히 어느 정도인가? 그리고 무엇보다도, 히틀러 본인이 신속한 승리를 원하고 있는 상황에서 얼마나 빨리 이 전쟁에서 승리할 수 있는가? 히틀러는 이 질문들에 대답할 수 없었다. 그의 부관인 게르하르트 엥겔 소령의 증언에 따르면, 히틀러는 1940년 12월 바르바로사 작전 준비를 명령한 당일조차 '러시아의 힘'에 관한 확신이 없었다.[2]

그런데도 히틀러는 본인의 무지가 거대한 목표를 달성하는 데에 방해가 된다고 생각하지 않았다. 1941년 1월 초, 군지휘관들에게 작전의 목표를 설명할 때였다. 히틀러는 소련군을 포위하고 전멸한 다음, 독일군은 소련의 산업지대를 점령하고 소련의 주요 석유 생산지인 캅카스(코카서스)의 바쿠Baku를 점령해야 한다고 설명했다. 그는 군지휘관들에게 "이 거대한 러시아 땅에는 어마어마한 자원이 있다."라고 덧붙였다. 히틀러가 왜 소련을 침공하려 했는지는 이해하기 쉽지만, 그것이 실제로 가능한지에 관해 그가 어떻게 생각했는지를 이해하기란 어렵다. 단적인 예로, 바쿠는 베를린에서 거의 2000마일이나 떨어져 있었다.[3]

그해 2월 20일, 전쟁경제국장Head of the Office of the War Economy인 게오르크 토마스Georg Thomas 장군은 캅카스(코카서스)의 석유 생산지를 손상하지 않고 획득하는 것의 중요성을 강조하는 보고서를 제출했다.[4] 그러나 게오르크 토마스의 보고서는, 지도부에 있는 누구라도 맞닥뜨리고 싶지 않았던 문제를 더더욱 확실하게 드러나게 했다. 독일이 소련을 침공하는 핵심 이유 중 하나가 바로 독일에 부족한 '석유'였다. 다만 독일이 원하는 자원을 획득하는 과정에 소모될 자원을 충분히 보유했는지는 확실치 않았다. 간단히 말해서, "나치독일의 욕망이 자원을 획득할 능력을 넘어서지는 않았는가?"라는 질문이 잔존했다. 궁극적으로 히틀러는 바르바로사 작전에 내포된 이 문제를 인정한 적이 없었다. 그는 영토와 자원을 획득하는 속전속결의 전쟁을 원했지만, 이들이 가장 원하는 천연자원인 '석유'는 독일에서 굉장히 먼 곳에 위치하고 있었다.

게오르크 토마스가 2월 26일 제국원수Reichsmarschall 헤르만 괴링을 만났을 때, 괴링은 "석유 생산지인 바쿠를 장악해야 한다."라고 말했다. 그리고 마치 총통의 의견처럼 "볼셰비즘 국가는 독일군이 침공하 때 붕괴할 것이다."라고 힘찬 목소리로 덧붙였다. 이에 관해 토마스 장군은 이렇게 증언했다.

> 총통과 마찬가지로 괴링도 '독일군이 소련을 침공하면 볼셰비키 국가 전체가 붕괴할 것이라는 의견'을 가지고 있다.[5]

총통과 괴링의 이야기는 전략적인 계획이 아니라 신념의 표명에 불과하다. 이러한 무사태평한 태도를 고려하면 이후 토마스가 작성한 더욱 부정적인 보고서는 히틀러에게 전달되지 않았을 가능성이 농후하다. 히틀러의 측근들은 이러한 판단을 그에게 보고할 필요가 있다고 생각하지 않았다.[6]

페도어 폰 보크 원수는 1941년 2월 1일 히틀러를 만났을 때, 바르바로사 작전을 부정적으로 평가하면 히틀러가 얼마나 싫어하는지를 경험했다. 폰 보크 원수는 "만일 소련군이 저항하면 독일군은 소련군을 패퇴시킬 것"이라 말하면서도, 어떻게 소련을 강화협정에 서명하도록 강제할 수 있을 것인지를 히틀러에게 물었다. 폰 보크 원수는 암묵적으로 독일군이 처음부터 소련 전체를 점령할 수는 없다는 점을 수용했다. 그러면서 소련을 어떻게 정복할 것인지를 히틀러에게 물었다. 히틀러는 폰 보크 원수의 의견을 무시했다. 히틀러는 "만일 소련이 우크라이나, 레닌그라드, 모스크바가 함락된 다음에도 강화협정을 맺으려 하지 않는다면 우리는 계속 싸워야 한다."라고 답했다. 보크는 이를 보고 "히틀러가 뒤로 물러난다는 선택지는 철저히 거부하고 있다는 것"을 직감했다. 결론적으로, 히틀러는 자신의 확신에 추호도 의심하지 않았다.

> 나는 싸울 것이다. 나는 우리의 공격이 폭풍처럼 그들(소련군)을 휩쓸어 버릴 것이라고 확신한다.[7]

페도어 폰 보크는 히틀러를 향해 더는 의문을 제기하지 않았다. 히틀러는 불과 1년도 되지 않은 얼마 전에 서유럽을 의기양양하게 정복한 작전을 지휘했다. 폰 보크는 바로 그런 히틀러에게 말을 하고 있다는 사실을 인지했다. 두 달 전, 보크 스스로 일기에 쓴 것처럼 "히틀러는 큰 그림의 명암을 차분하고 분명하게 보고 있었다."[8]

1941년 1월 9일, 히틀러는 베르히테스가덴 인근에 있는 자신의 산악별장 베르그호프Berghof에서 진행한 군지휘관 회의에서도 이와 유사한 낙관적 태도를 견지했다. 그는 "영국은 소련과 미국이 언젠가는 자국을 도우러 나설 것이라 믿기 때문에 계속 전쟁을 수행하고 있다."라고 다시 한번 말했다. 영국이 스스로 중부 유럽을 침공할 가능성은 전혀 없었다. 소련이 분쇄된다면 일본은 극동에서 미국을 도발할 수 있고, 그러면 영국은 틀림없이 독일과의 강화조약에 나설 것이라고도 덧붙였다. 만일 영국이 그렇게 하지 않는다면 영국은 '대영제국'을 상실할 것이라 연이어 주장했다. 추가로, 히틀러는 스탈린을 향한 자신의 견해를 드러내는 말을 했다.

스탈린이 공개적으로 독일에 대항하지 않은 것은 아주 영리한 조치다. 다만 그는 점점 독일에 불리한 상황을 초래할 것이다.

히틀러의 이 말이 곧 "러시아(소련)를 분쇄해야 하는 이유 중 하나"였다.[9] 히틀러는 다시 한번 이념적 명분이 아니라 실제적 근거를 제시하며 소련 침공을 정당화하는 논리를 구축해 군지휘관들을 설득했다.

10일 후인 1월 19일, 히틀러는 무솔리니를 만났다. 히틀러는 소련 침공 계획을 드러내지는 않았다. 하지만 무솔리니는 히틀러가 '대단히 반러시아적'이고, 영불해협을 건너 영국을 침공하는 것을 주저한다는 인상을 느꼈다. 무솔리니가 히틀러와의 대담에 관해 이야기한 후, 이탈리아의 치아노 외무장관은 자신의 일기에 "영국 상륙 작전은 더는 없다."라고 기록했다.[10] 치아노는 이유를 알 수 없지만, 리벤트로프가 평소와 달리 특유의 '떠벌림'이 없다는 점을 발견했다. 치아노가 리벤트로프에게 전쟁이 얼마나 더 지속될 것인지를 묻자, 리벤트로프는

1942년까지는 끝나지 않을 것이라고만 대답했다.[11] 리벤트로프는 소련을 삼국 조약에 끌어들인다는 자신의 거창한 계획이 실패한 후 낙담한 상태였을 것이다.

머지않아 감행될 소련 침공은 성공할 것인가? 많은 독일 군사전문가는 히틀러의 확신에 공감했다. 독일국방군 최고사령부의 알프레트 요들 장군은 "러시아 거인은 돼지 방광에 불과하다. 이 사실이 곧 드러날 것이다. 방광은 한 번 찌르면 단번에 터져 버린다!"라는 유명한 말을 남겼다.[12] 소련 침공의 최종 계획안에는 히틀러와 그의 측근 전략가들이 공유하는 과도한 낙관주의적 태도가 반영되었다. 주공主攻은 소련의 중앙부를 향해야 하고, 민스크Minsk—스몰렌스크Smolensk—뱌지마Vyazma—모스크바를 축으로 삼아 소련의 수도로 진군해야 한다. 이 부분에서는 이견이 없었다. 다른 두 집단군은 각각 남북으로 나뉘었다. 하나는 북쪽의 발트국가들과 레닌그라드로, 다른 하나는 남쪽의 우크라이나와 키예프(키이우)로 향하는 작전이 수립되었다. 히틀러는 이 작전의 주요 목표는 소련군을 격멸하고, 발트 지역과 레닌그라드를 확보하는 것이라는 점을 다시 한번 강조했다. 모스크바 점령 자체는 전혀 중요하지 않았다.[13] 히틀러의 마지막 논리는 논쟁의 대상이 되었다. 브라우히치 같은 핵심 지휘관들은 히틀러의 의견에 동의하지 않았고, 소련의 지휘부와 행정중심부를 파괴하기 위해 소련의 수도를 주요 목표로 설정할 것을 주장했다. 중부집단군을 지휘하는 폰 보크 장군이 자신의 일기에 남긴, 프랑스 작전 중 파리 함락의 중요성을 기술한 스위스 신문 기사가 특히 흥미롭다. 보크 장군은 일기에 "파리를 함락당한 후 프랑스는 머리가 없는 몸처럼 되었고, 전쟁에서 완전히 패배한 것이다."

라는 스위스 신문의 기사 내용 일부를 인용했다.[14] 이 장군들은 모스크바가 함락되면 프랑스에서 겪었던 경험과 유사한 상황이 소련에서도 일어날 것이라는 의견을 공유했던 것이다.

역사학자들은 바르바로사 작전의 첫 번째 목표가 모스크바 도달인지, 아니면 히틀러의 견해처럼 독일에 필요한 자원을 얻는 것이었는지를 두고 여전히 논쟁한다. 러시아를 정복하려 했던 나폴레옹처럼, 모스크바를 선택한 사람들은 과거 제1차 세계대전에서 지휘관으로 참전했던 장군들이었다. 또다시 발발한 전쟁의 성격이 과거와 달리 얼마나 변했는지를, 이 장군들이 제대로 이해했는지는 의문스럽다. 동시에 히틀러와 휘하 지휘관들은 현대식 기계화 전투에 더욱 잘 적응한 상태였다. 이들은 기계는 연료가 있어야 움직이고, 많은 양이 필요하다는 사실을 잘 알고 있었다. 즉 모든 사안을 감안할 때, 히틀러의 견해가 더욱 중요했던 듯하다.

이런 배경을 고려한다면, 히틀러가 남부집단군을 더욱 강하게 편성하지 않은 것은 이상하게 보인다. 이 집단군은 비옥한 우크라이나 땅을 향해 진격한 다음 캅카스의 유전지대를 장악하는 임무를 맡았다. 그렇다고 남부집단군을 강화한다면 북쪽에 주둔하는 수많은 소련군 부대를 격파하지 못할 수 있었다. 동시에 독일군의 측면이 적의 공격에 취약해질 수 있었다. 히틀러는 이번 소련 침공에서만큼은 이른바 '모 아니면 도' 따위의 전술적 도박을 감행할 생각이 없었던 것이다.

히틀러가 소련 침공의 세부 계획을 확정하는 동안 스탈린은 독일의 공격에 대응할 소련의 방식을 순차적으로 결정했다. 그의 결정은 여러 면에서 통탄할 만했다. 훗날 《제2차 세계대전》을 저술한 윈스턴 처칠은 스탈린의 결정을 그렇게 평가했다. 당시 처칠과 스탈린은 상호불신의 관계였다. 처칠은 다음과 같이 증언했다.

> 러시아(소련)에 닥쳐올 무서운 대량살상을 나태하게 기다린 스탈린과 공산주의 지도자들의 실책은, 역사상 어느 실책과도 비교할 수 없다. 스탈린과 인민위원들은 이 당시 완전히 농락당한, 제2차 세계대전의 바보들이었다.[15]

그러나 우리는 '사후적 고찰'이 스탈린의 행동을 향한 오늘날의 판단에 구름을 드리우지 않도록 조심할 필요가 있다. 무슨 일이 일어났는지를 알고 난 다음에 "사람들이 다른 방식으로 행동했어야 한다."라고 말하기란 쉽다. 하물며 사건이 전개되기 전에는 선택지도 매우 다르다. 정보 수집 과정에서 나타나는 가장 근본적인 문제가 여전히 존재하기 때문이다. 당신은 당신에게 주어진 정보를 신뢰할 수 있는가? 만일 당신이 그 정보를 믿는다면 어떤 결론을 내릴 것인가? 다만 우리가 스탈린이 직면한 곤경을 최대한 너그럽게 이해하려 하더라도, 스탈린을 향한 처칠의 비난은 정당하다. 이에 벌어진 일에 관련된 오늘날 우리의 지식을 고려하더라도, 스탈린은 잘못된 선택을 연달아 결정하며 본인의 조국을 엄청난 위기로 몰아넣었다. 그 원인 중 하나는 스탈린이 소련을 통치한 방식이었다.

다른 사람을 향한 스탈린의 의심은 너무도 커서, 그는 모든 정보를 최대한 많이 스스로 읽고 알아내려 하였다. 1941년 6월 22일 독일군의 침공 전, 소련 군부에는 267개의 정보가 보고되었다. 그중 129개는 소련 지도부에 전달되었다.[16] 이 보고서의 상당수는 독일군이 점령한 동부 지역에서 관측된, '독일군의 이동'과 관련된 정보를 담고 있었다. 이 정보는 무엇을 의미하는가? 독일군이 영국 침공을 준비하는가? 아마도 이들은 영국 공군의 사정권에서 벗어난 지역에 포진했을 수도 있다. 그리고 독일군이 소련 침공을 계획했더라도 왜 사전 경고 없이 침공하겠는가? 혹시 독일군은 소련을 위협하여 무역 문제와 영토 문제에서 더 많은 양보를 요구하려고 하는 것인가? 당시에는 이러한 가설을 떠올릴 수 있다. 그리고 소련 지도부뿐만 아니라 다른 집단에서도 '독일군은 전쟁 전에 선전포고를 할 것'이라는 믿음을 공유했다.

앞서 본 것처럼 스탈린은 프랑스 함락 이후 소련이 위험한 상황에 직면했다고 생각했다. 그러나 프랑스 침공이 진행된 몇 주 동안에는 이러한 위협이 임박했다는 생각을 단지 떨쳐버리려고 한 듯했다. 그의 의심병은 너무도 강해서, 자료가 더 명백할수록 속임수로 보는 경향이 있었다. 후에 몰로토프는 스탈린의 태도를 이렇게 설명했다.

어떤 정보든 믿을 수 없다고 생각한다. 정보에 귀를 기울이긴 하지만, 반드시 정보를 검토해야 한다. 정보 담당자들은 빠져나올 수 없는 위험한 상황으로 다른 사람을 이끌 수 있다. 적군과 아군에는 끝없는 도발을 야기하는 공작원이 있다.[17]

스탈린은 또 다른 문제를 가지고 있었다. 독일군이 정말 침공을 계획하고 있다면, 어떻게 대응해야 하는가? 한 가지 답으로, 나치 정권에 소련의 강인함을 보여주는 것이 있다. 이를 위해서 소련 당국은 독일

기술자들에게 소련의 비행기 생산공장을 시찰하도록 허용했다. 그러나 이는 실책이었다. 독일 방문자들은 소련 항공산업의 막강한 잠재력을 알게 되었고, 이 정보를 접한 히틀러는 최대한 빨리 소련을 침공해야 할 것을 재촉했다.

> 자, 이제 당신들은 이 사람들(소련인)이 얼마나 많이 발전했는지를 보았다. 그래서 우리는 즉시 (침공을) 개시해야 한다.[18]

스탈린은 소련이 침공을 당하면 즉각 보복한다는 작전을 승인했다. 스탈린은 이러한 잘못된 작전을 수립했다는 비난을 마땅히 받아야 한다. 이 작전은 군부대를 국경에 집중적으로 배치하고, 독일이 국경을 공격한다면 침략자를 격퇴하여, 종국에는 적국의 영토에서 전투를 벌이겠다는 의미다. 물론 이 작전은 "소련은 패배주의자가 아니다."라는 '관념'에는 잘 부합한다. 이 작전은 소련군이 적군에게 영토를 내주며 뒤로 후퇴하지 않고, 적군의 공격을 방어하자마자 공세에 나서겠다는 의미다. 이 전략의 바탕이 되는 '철학'은 마르크 갈라이 같은 하급장교도 교육받았다.

> 우리의 과업은, "항상 적군의 영토에서 싸운다."라는 전제를 기반에 두었다. 우리는 공격을 당하면 즉각 강력한 반격으로 응징한다는 시나리오만을 떠올렸다.[19]

모든 공격에 선제적으로 대응하겠다는 스탈린의 전략은, 독일의 소련 침공 초기 몇 주간 재앙적인 결과를 초래했다. 그러나 오늘날 학자들이 광범위한 연구를 진행한 결과, 독일을 선제공격하는 전략이 스탈린의 계획이라는 정보는 사실이 아니다. 1941년 5월의 사건으로 이에 관해 부분적으로나마 알 수 있다. 스탈린은 1941년 5월, 사관학교 졸업생들에게 다음과 같은 연설을 하였다.

> 조국을 완전히 방어하기 위해 우리는 공격적으로 행동해야만 한다. 우리의 군사 정책은 '방어'에서 '공세'로 전환해야 한다. 우리는 선전, 선동, 언론을 이용해 군사 정책을 '공세'로 재조직해야 한다. 붉은군대는 현대적 군대이고, 현대적 군대는 공격군이 되어야 한다.

이 연설 내용을 보면, 장래 어느 시점에서는 소련의 국경지대에서 독일군에 반격을 가하겠다는 욕망이 분명하게 읽힌다. 스탈린뿐만 아니라 티모셴코 장군과 소련군 총참모장인 주코프 장군도 공세 작전을 고려했다. 그러나 이들은 스탈린의 의도를 완전히 잘못 이해했다. 스탈린은 "귀관들은 정신이 나간 건가? 독일군을 자극하려 하는 건가!"라고 말했다. 그다음으로 이런 위협을 덧붙였다.

> 만일 국경에서 독일군을 자극하고, 내 허락 없이 군대를 이동시키면, 동지들 목이 달아난다는 사실을 명심하게![20]

이러한 '오해' 사건을 보면, 스탈린과 히틀러 사이의 핵심 차이가 무엇인지 알 수 있다. 히틀러는 자신의 군지휘관들에게 확실한 비전을 제시했다. 그러나 스탈린은 복잡한 메시지를 전달했다. 사관학교 졸업생들에게는 "공격하는 군대"를 약속했지만, 자신의 군지휘관들이 선제 대응을 하려 하자 불같이 화를 냈다. 소련 내의 한 청중에게는 강하게 보이기를 원하면서, 다른 청중에게는 도발적으로 보이지 않기를 원한 것이다. 스탈린은 나치 정권을 향해 강인하면서도 우호적인 태도를 보이고자 노력해다. 그러나 이러한 모순된 제스처를 남발하면서 얻은 결과는 유약한 인상뿐이었다. 무자비함으로 가득한 스탈린의 평판을 생각하면 이는 놀라운 결과였다. 괴벨스는 그해 5월 7일, 일기에 이렇게 적었다.

이들은 마치 뱀 앞의 토끼 같다.[21]

이틀 후 괴벨스는 자신의 일기에 이렇게도 적었다.

스탈린은 아마도 겁을 먹은 듯하다.[22]

스탈린의 정신적 상태가 혼란스러운 이유는 독일군의 막강한 전력 때문이다. 독일군은 1940년 프랑스와 저지대 국가들을 점령했다. 그런데 독일군은 자국의 저력을 충분히 발휘하지 못해 안달이라도 났는지, 1941년 4월에 유고슬라비아와 그리스 본토를 침공해 불과 한 달 만에 두 나라를 점령했다. 이와 달리 스탈린은 소련군이 겨울전쟁에서 형편없는 실력을 발휘했다는 것을 잘 알고 있었을 뿐만 아니라

히틀러와 스탈린

1941년 1월에 실시한 '모의전쟁War game'에서도 소련군이 대규모 전투를 치를 준비가 되어 있지 않다는 사실이 드러났다. 정신이 번쩍 드는 일이 연이어 발발한 이후 스탈린은 겨울전쟁 당시 지휘관으로 복무했던, 총참모장 키릴 메레츠코프를 해임하고 주코프를 그 자리에 임명했다.

독일 쪽에서는 소련 침공 날짜가 다가오면서 앞으로 맞닥뜨릴 투쟁의 이념적 성격이 점점 더 부상했다. 히틀러는 소련과의 전쟁이 왜 필요한지를 전략적 관점에서 설득하는 주의를 기울였다. 그는 영국을 전쟁에서 이탈하게 만들기 위한 전쟁이란 점을 강조했다. 그러나 침공이 임박한 순간, 히틀러는 소련과의 전쟁이 다른 종류의 전쟁이라는 점을 강조했다. 3월 30일, 200여 명의 군지휘관 앞에서 행한 연설에서, 히틀러는 소련 침공을 '절멸전(전멸전)War of extermination'이라 말했다. 덧붙여 "볼셰비키 인민위원들과 공산주의자 인텔리겐치아를 멸절하기 위한 전쟁 수행"을 요구했다.[23] 아마 그 자리에 있던 지휘관 전원이 히틀러의 과격한 관점에 동의하진 않았겠지만, 많은 지휘관은 소련이 프랑스나 영국과는 전혀 다른 위협을 가할 것이라는 점은 확실히 인정했다.[24] 뤼디거 폰 라이헤르트Rüdiger von Reichert 같은 젊은 장교의 관점을 예시로 제시하겠다. 1941년 3월 30일 회의 당시 24세의 초급 장교였던 그는, 회의에 참석하기엔 계급이 너무 낮았음에도 지휘관들의 일반적인 관점을 대변했다. 그는 군부와 밀접한 귀족 가문 출신이었고, 그의 부친은 히틀러에게 반대한 사람이었다. 그런데도 뤼디거 폰 라이헤르트와 그의 부친은 '중부 유럽의 볼셰비즘화'를 심히 두려워했다. 이들은 제1차 세계대전 직후 베를린과 바이에른 지역에서 사회주의 혁명(독일

11월 혁명)이 봉기했던 역사를 잘 기억하였다. 동부전선에서의 전투를 준비하는 라이헤르트는 소련과의 전쟁을 이렇게 평가했다.

> 훨씬 치열하고, 완전히 다른 종류의 전투가 될 것이며, 모든 사람의 생존이 걸린 전투가 될 것이다. 독일인인 우리가 적에게 제압되는 경우, 이는 죽음을 의미하기 때문이다.

라이헤르트는 또한 원시적인 공포를 느꼈다. 그 공포란, 튀르크(오스만 제국) 군대가 오스트리아의 수도 '빈'의 문 앞까지 찾아온 17세기의 빈 공방전*, 그리고 빈 공방전으로부터 약 1000년 전에 훈족이 서방을 침입한 사건에서부터 이어진 '동방 야만인의 침입'이라는 두려움이었다. 한편으론 볼셰비즘의 성격도 고려해야 했다. 라이헤르트는 "볼셰비키가 경제적으로 무능하기 때문에 소련 정권은 소련 국민의 빈곤 Pauperization 을 야기했다."라고 생각했다. 그는 볼셰비키의 '반反종교적 경향'도 혐오했다. 또 다른 고려 사항으로, "우리의 선택에 결정적인 영향을 끼친 요인은 아니지만, (볼셰비즘의 배후에서 강력한 영향력을 행사하는) 유대인이 있다."라는 점을 꼽았다.[25]

이러한 관점에도 불구하고 폰 라이헤르트는 자신을 명예로운 장교로 생각했다. 또 자신은 동부전선에서 독일군이 자행한 잔혹 행위를 승인하지 않았다고 주장했다. 사후적 고찰이 그의 기억을 흐리게 만들

◆ '제2차 빈 공방전' 또는 '빈 전투'라 불리는 오스만 제국과 합스부르크 왕가(신성로마제국)의 두 번째 대결을 가리킨다. 1683년 9월 11~12일 교전을 끝으로 유럽 동맹국이 승리하면서 오스만 제국이 기독교 세계로 진격하려던 시도가 실패로 끝났다.

히틀러와 스탈린

었다는 것을 문제 삼을 수야 있지만, 그는 전쟁이 끝난 이후 어떠한 죄목으로도 기소되지 않았다. 그는 훗날 서독(독일연방공화국) 군대의 장군이 되었고, 1973년 서독은 그에게 대공로십자장(Großes Verdienstkreuz, 영어로는 the Grand Cross of Merit)을 수여했다.

라이헤르트보다 조금 더 이념에 경도된 독일 병사들은 앞으로 있을 전쟁을 훨씬 더 호전적인 관점으로 바라보았다. 일례로, 에리히 회프너Erich Hoepner 중장은 5월 2일 제4기갑집단군the Fourth Panzer Group에 내린 명령에서 이렇게 말했다.

소련과의 전쟁은 독일 국민의 생존을 위한 투쟁에서 가장 중요한 단계다. 이 전쟁은 독일 국민이 슬라브인을 상대로 한 유서 깊은 전쟁이고, 유대인 볼셰비즘을 격퇴하는 전쟁이다. 이 전쟁에서는 적군을 완전히 섬멸하겠다는 강철 같은 의지가 있어야 한다.[26]

이로부터 며칠 전, 제18군 사령관인 게오르크 폰 퀴흘러Georg von Kühler 장군은 휘하 사단장들에게 이런 말을 상기시켰다.

우리와 러시아 사이에는 이념적이고 인종적으로 갈라놓은 깊은 심연이 있다. 오늘날의 러시아는 '세계혁명'의 목표를 결코 버리지 않을 것이다. 러시아와 장기적으로 평화를 유지하기란 불가능하다. 러시아는 늘 서방으로의 확장을 갈망했다. 독일이 여러 세대 동안 동방으로부터의 위협을 제거하고 평화를 유지하려면, 러시아를 수백 킬로미터 뒤로 물러나게 하는 것만으로는 부족하다. 유

럽에 있는 러시아를 분해하기 위해서는 '러시아 파괴'를 목표로 삼아야 한다.[27]

퀴흘러는 또한 "러시아 부대가 총을 내려놓고 항복하는 경우에도, 우리는 인종적으로 이질적인 병사들과 싸우고 있다는 사실을 잊지 말아야 한다."라고 경고했다. 여기에다가 소련군 내의 '정치장교'는 통상적 군인이 아니라 범죄자로 취급할 것을 지시했다. 이 지시는 6월 6일 독일군 최고사령부가 내린 악명 높은 '정치장교 지령Commissar Order'에 부합했다. 이 지령은 정치장교는 체포하는 즉시 처형하라는 내용을 담고 있다. 이런 살인적인 명령을 받고도 독일군 지도부는 크게 반대하지 않았다. 그런데 세 개의 집단군 중 가장 강력한 중부집단군 사령관으로 임명된 페도어 폰 보크 원수는 달랐다. 그는 독일군 병사들이 게릴라(파르티잔)로 간주된 소련 사람은 처형해도 된다는, 앞서 본 지령과 유사한 명령에 정당성이 있는지 의문을 느꼈다. 그는 병사들이 원하는 대로 사람을 살상한다면 군대의 규율과 기강에 해로울 것이라고 생각했다.

폰 보크 원수의 일기를 보면, 그가 머지않아 개시될 전쟁의 '멸절성'보다는 침공의 군사적 역학에 더 관심이 많았다는 사실을 알 수 있다. 보크 같은 지휘관들은 정치보다는 전장에서 승리하는 데에 모든 집중을 쏟았다. 이들은 소련과의 전쟁이 전반적으로 '전멸전'이라는 점은 알고 있었지만, 세밀한 '정치적 문제'는 다른 사람들이 처리할 수 있을 거라 생각했다.

1941년 6월 7일, 보크는 나치 정권을 대하는 자신의 태도가 어떤지를 알려줄 에피소드를 일기에 적었다. 그는 체포될 것을 두려워하여 자신에게 찾아온 한 지인을 보호하지 못한 과거를 기록했다. 이에 관해 보크 자신은 "정치적 문제에 관여할 수 없었다."라고 말하며 그 일을 정당화했다.[28] 독일 정규군 대다수가 본인들은 소련에서 '깨끗한 전쟁'을 수행하고 '더러운 과업'은 비밀경찰이나 나치당원들이 수행했다고 생각했다는 가설은, 전쟁 이후에 널리 퍼진 거짓이었다. 독일군의 수많은 지휘관이 자신들의 회고록에서 본인의 행동을 착색하는 데에 집중했기 때문이다. 1940년 프랑스 침공에서 지휘관으로 유명해지고, 소련과의 전쟁에서는 바르바로사 작전에 투입된 기갑군단의 지휘관 에리히 폰 만슈타인 장군의 일화를 추가로 알려주겠다. 1955년에 발간된 만슈타인의 회고록에서, 그는 악명 높은 '정치장교 지령'이 본인 휘하 군단에서는 실행된 적이 없었다고 주장했다.[29] 그러나 이와 반대로 그의 부대들은 정치장교 지령을 따랐다. 실제로 종전 후 만슈타인은 정치장교 지령을 따른 죄목으로 유죄판결을 받았다.[30]

만슈타인은 자서전에서 정치장교 지령에 관해서 거짓말을 했지만, 이와는 별개로 소련의 정치장교에 관한 자신의 진정한 의견을 드러내긴 했다.

> 정치장교는 병사가 아니다. 이들의 임무는 소련의 군지휘관들을 정치적으로 감독하는 것뿐만 아니라 군인다운 행동Soldierly behaviour에 관한 전통적 개념과 상충하는 최대한의 잔인함을 전투에 가미하는 것이다.[31]

만슈타인은 자서전에서 거짓말을 했다. "군인다운 행동에 관한 전통적 개념과 상충"하는 전쟁을, 전쟁의 총성이 울리기도 전에 계획한 주체는 소련 지도층이 아니라 독일 지도층이다. 만슈타인 본인도 다음과 같은 말을 했다.

소련군에 대한 투쟁은 전통적인 유럽의 전쟁 규칙에 따라 수행될 수는 없다.[32]

임박한 전쟁의 성격을, 히틀러의 장군 전원이 잘 알고 있었다. 예를 들어, 소련 침공 개시 일주일 전, 과도한 자신감에 심취한 히틀러는 전쟁에서 승리한 이후 소련에 주둔할 65~70개 사단을 파견할 방법에 관해 말했다. 보크 원수는 이 내용을 들었다. 히틀러는 해당 병력이 현지의 농작물로 생활해야 한다고 주장했다. 즉 독일군이 현지 주민의 농작물을 탈취해야 한다는 의미였다. 그런데 보크 원수의 일기를 보면, 그는 이에 아무런 이의도 제기하지 않았다.[33] 이 전쟁의 핵심 목표는 소련을 망가트리는 것이기 때문에, 히틀러가 이런 제안을 했다는 사실은 전혀 놀랍지 않다. 5월 2일 군지휘관들과 행정관리가 참석한 사전준비 회의에서는 수백만 명의 소련 시민이 기아로 굶어 죽을 것이라는 결과가 예측됐다.[34] 앞서 언급한 것처럼 힘러와 다른 지도자들은 약 3,000만 명에 달하는 소련인이 죽을 것으로 예상했다.[35]

기아는 앞으로 치러질 전쟁의 중심적 성격이었다. 작전계획이 수립되는 순간부터 내재된 핵심 요소였다. 1941년 기준 나치독일의 식량부 차관이며 '기아 계획'의 입안자인 헤르베르트 바케Herbert Backe는 제

1차 세계대전 말기에 독일의 전쟁 수행 능력을 훼손한 식량 공급의 붕괴가 반복되지 않도록 하는 것을 최우선 순위로 생각했다. 괴링 역시 1942년 여름에 나치 고위지도자 회의에서, 냉혹하게도 헤르베르트 바케와 똑같은 의견을 피력했다.

외국 국민을 향한 끊임없는 염려를 이제 완전히 그만두어야 한다. 지금 내 앞에는 여러분이 수행해야 할 업무가 적힌 보고서가 올라와 있다. 여러분이 차지한 위상을 생각하면, 이것은 아무것도 아니다. 이와 관련해 여러분이 담당하는 지역의 주민이 굶어 죽을 것이라 말해도, 그 말은 내게 아무런 영향을 주지 않는다. 그들이 굶어 죽게 놔두어라. 오로지 한 사람의 독일인도 굶주림으로 쓰러져서는 안 된다는 것만이 중요하다.[36]

앞으로 점령할 소련 지역 주민들을 향한 동정심은 일절 보이지 않고, 단지 냉담한 태도만 보였다. "굶주림, 기아, 물자 부족은 오랜 세월 동안 러시아인들이 겪어온 것이다."라는 문장은, 침공 직전에 헤르베르트 바케가 서명한 문서에 적혀 있었다.

그들의 위장은 유연하다. 그러니 쓸데없는 동정을 하지 않기로 하자.[37]

훗날 정복된 동방 영토의 장관이 된 알프레트 로젠베르크Alfred Rosenberg는 침공 이틀 전에 발표한 연설에서 이와 마찬가지로 잔인한 태도를 과시했다.

> 앞으로 동방 지역에서 독일이 수행해야 할 최우선 과업은 독일 국
> 민에게 식량을 공급하는 것이다. 농산물이 풍족하게 공급되는 지
> 역을 점령한 우리는 러시아 주민을 먹여 살려야 할 책임을 지지 않
> 는다. 우리는 이것이 엄중한 현실임을 받아들여야 할 뿐, 동정이
> 나 감상을 느낄 필요가 없다.[38]

　나치의 정책입안자들은 제1차 세계대전 중에 일어난 참극(식량부족)
을 방지한다는 실제적 필요성과 동방 지역에 정착해야 한다는 이념
적 동기에 따라 소련을 약탈하고 식량을 빼앗는다는 결정을 내렸다.
그러면서도 일반 독일 국민에 배급하던 육류의 양은 1941년 6월에는
500그램에서 400그램으로 줄었다. 독일 국민을 위한 '배급' 역시 부분
적으로는 소련에서의 '식량 공급'에 달려있다는 인식이 생겼다.[39] 괴벨
스는 그해 3월 29일 일기에 "우크라이나는 훌륭한 빵 바구니Bread-basket
다. 우리가 그곳에 자리를 잡으면, (그곳의 식량이) 우리를 오랫동안 지탱
할 수 있다."라고 썼다.[40]
　나치 지도자들에게 소련 침공이란 수많은 문제를 한 번에 풀 수 있
는 해법이었다. 소련을 침공한다면 나치 정권에 압박을 가하기 위해
천연자원 공급의 중단을 저울질하는 스탈린의 위협도 제거할 수 있다.
궁극적으로는 소련의 지원을 기대하는 영국의 '희망'도 파괴할 수 있
다. 소련 침공은 나치를 유럽 대륙의 주인으로 만들어줄 작전이었다.
작전이 성공한다면 독일은 어마어마한 천연자원에 접근할 수 있을 것

사진16 **바르바로사 작전에서 화염방사기를 사용하는 독일군 병사**
독일군은 소련군과 소련인을 몰살하겠다는 각오로 '절멸전쟁'을 개시했다.

이고, 무엇보다도 독일 국민을 위한 '생활공간(레벤스라움)'을 조성해줄 수 있을 것이다. 이런 전망은 무척 유혹적이다. 이 과정에서 3,000만 명에 달하는 인명을 살해해야 한다는 조건도 이 전망을 포기하게 만들지 못했다. 결국 히틀러가 과거에 《나의 투쟁》에서 서술한 것처럼, "살기를 원하는 자들은 싸워야 한다. 영원한 투쟁의 세계에서 싸우기를 원하지 않는 자들은 살아갈 자격이 없다!"가 나치의 논리였다.[41]

이러한 급진적이고 인종 멸절적인 맥락에서, 소련 침공 전 내려진 소련 유대인에 관한 결정을 살펴볼 필요가 있다. 앞서 본 것처럼 유대인은 머지않아 도래할 전쟁에서 특별한 위험을 제기할 집단으로 간주됐다. 나치의 '통상적인' 편견에 의하면 볼셰비키 국가를 운영하는 주체란 바로 유대인이기 때문이다. 히틀러는 이에 관해 수도 없이 반복적으로 말했고, 히틀러의 추종자들은 히틀러의 신념을 앵무새처럼 반복하여 외웠다. 참전을 앞둔 비밀경찰 카를하인츠 벤케Carlheinz Behnke는 "유대인-볼셰비즘은 아주 큰 적이다."라고 말했다.

> 당시의 시대 상황에 의하면, 유대인은 유럽에 위협이 되었기 때문에 우리는 이들과 싸워야 했다. 유대인들은 단순히 지배 인종으로 간주되었거나 소련에서 확고한 권력을 장악한 인종으로 여겨졌다.[42]

물론 유대인은 소련 체제에서 "확고한 권력을 장악"하진 않았지만, 이 날조된 신념은 널리 신봉되었다.

우리는 유대인들이 나치 정권하에서 어떤 고통을 받았는지를 이미 보았다. 일례로 폴란드에서 수천 명의 유대인이 독일군 침공 후 총살당했고, 수많은 유대인이 게토로 들어가 믿기지 않는 여건 속에서 생활하다가 그곳에서 죽었다. 그러나 소련 침공 직전에 나치가 구상한 작전이란 앞선 사례들과는 완전히 성격이 다르다. 이 작전이란 처음 구상된 시점부터 계획적으로 구축된 '체계적인 대량살상'이었다. 힘러의 최측근인 라인하르트 하이드리크Reinhard Heydrich는 특별한 임무를 맡은, 각각 3,000명으로 구성된 4개의 특수작전부대Einsatzgruppen를 편성했다. 1941년 7월 2일 하이드리크가 서면 명령으로 분명하게 밝힌 것처럼, 이 특수작전부대들은 독일 정규군 바로 뒤를 따라 들어가 공산당이나 국가에 봉사하는 유대인들을 처형하는 임무를 수행했다. 이들

히틀러와 스탈린

은 지역 주민들이 스스로 유대인을 공격하도록 선동하는 임무도 맡았다.[43] 홀로코스트가 소련과의 전쟁을 배경 삼아 탄생한 것은 우연의 일치가 아니다. 히틀러에게 스탈린과의 투쟁이란 일종의 '해방전쟁'이었고, 자신이 가장 혐오한 적들과 대결할 '기회'였다.

전쟁이 임박할수록 스탈린의 입장은 위태로워졌다. 히틀러 정권의 부총통 루돌프 헤스Rudolf Hess가 5월 10일 런던을 방문한 사건은 스탈린의 의혹을 더욱 증폭시켰다. 흐루쇼프의 회고에 의하면, 스탈린은 히틀러가 영국과 평화협정을 체결하고 동부 지역에서 보다 자유롭게 행동하고자 헤스를 영국에 파견한 줄로 믿었다.[44] 사실은, 헤스가 승인 없이 단독으로 영국과 협상을 맺고자 찾아간 것이다. 그러나 방문 '시점'이 시점인지라 스탈린의 의심은 더욱 짙어졌다. 특히 루돌프 헤스의 영국 방문 사건으로부터 한 달 전, 소련 주재 영국대사 스태퍼드 크립스Stafford Cripps의 발언과 결합해서 고민한다면 더욱 그럴 수밖에 없었다. 4월 18일, 크립스 대사는 소련 지도부에 서한을 보내 영국이 미래 어느 시점에는 나치독일과 단독으로 강화를 맺어야 하는 유혹에 시달릴 수 있다고 경고했다. 크립스는 이 서한으로 소련이 나치독일과 더욱 밀착해지는 위기를 방지할 수 있을 것이라는 생각으로 이런 비정상적인 경고를 했다. 그러나 이 경고는 아둔한 행동이었다. 이로 인해 영국은 신뢰할 나라가 아니라는, 스탈린의 머릿속 깊은 곳에 도사리는 공포가 더욱 강화되었다.[45] 얼마 후, 크립스는 스탈린에게 독일의 공격이 임박했다는 처칠의 경고를 대신 전달했으나 스탈린은 이를 액면 그대로 수용하기를 거부했다.

스탈린이 영국을 의심하는 것은 당연하다. 영국이 독일과의 단독 강화조약을 추진해서가 아니다. 영국의 엘리트 상당수가 소련 지도부를 경멸했기 때문이다. 예를 들어 영국 외무차관 알렉산더 캐도건은 1941년 1월, 영국 외무장관으로 앤서니 이든Anthony Eden이 임명된 다음에 자신의 일기에 다음과 같은 내용을 적었다.

> 앤서니 이든이 냉소적이고 피를 묻힌 살인자들에게서 무엇을 기대하든 허망하다는 사실을 잘 이해하고 있어서 기쁘다.[46]

그러나 캐도건은 소련 침공 일주일 전, "피를 묻힌 살인자들"의 대표인 영국 주재 소련대사 이반 마이스키에게 독일군의 공격이 임박했다는 사실을 증명하는 것으로 보이는 상세한 정보를 알려주었다. 어느 순간에라도 소련에 닥칠, 눈사태처럼 생생한 불덩이와 죽음에 관련된 포괄적 정보를 전달하고자, 이반 마이스키는 침공 이틀 전인 6월 18일에 영국으로 귀임한 크립스 대사와 저녁을 먹었다.[47] 스태퍼드 크립스는 히틀러가 소련 침공을 위해 150개에 육박하는 사단을 준비했다는 사실을 알려주었다. 마이스키는 독일이 소련을 상대로 재앙적인 전쟁을 준비한다는 정보를 믿지 않으려 했다. 아마도 양국 사이의 긴장도를 높이고, 이를 통해 소련으로부터 천연자원을 받을 수 있는 유리한 협상을 진행하기 위해 히틀러가 침공 '위협'을 한다고 생각했다.[48] 스탈린도 마찬가지였다. 그 또한 확고부동한 증거를 보고받았음에도 사실을 수용하지 않았다. 6월 17일, 스탈린은 독일 공군총사령부the Air Ministry(독일어로 Oberkommando der Luftwaffe, OKL)에서 암약하는 정보원Source으로부터 입수한 사실을 인민위원 프세볼로트 메르쿨로프Vsevolod

Merkulov를 통해 접수했다. 정보원의 보고에 따르면, 독일은 소련 공격을 위한 모든 준비를 완료했고 공격은 언제라도 개시될 수 있었다. 그런데 스탈린은 이 보고서에 X자를 그었다. 그러고는 이런 글을 적어서 돌려보냈다.

> 메르쿨로프 동지, 자네는 독일 공군사령부에 심은 당신의 '정보원'에게 미친 소리 그만하라고 전하게. 이놈은 '정보원'이 아니라 '역정보원(Disinformant)'일세.[49]

이와 달리 히틀러는 스탈린처럼 모든 정보를 보고받고 검토하느라고 시간을 허비하지 않았다. 그리고 보고서를 읽더라도 스탈린처럼 서류에 상스러운 말을 적지 않았다. 자신의 특별한 지위에 관한 자의식이 투철했기 때문에, 그는 상스러운 말을 사용하지 않았다.

이러한 크렘린의 분위기를 고려하면 스탈린을 둘러싼 야심 찬 아첨꾼들이 그에게 듣기 좋은 소식만 보고한 모습은 이상하지 않다. 이런 면에서 독보적인 인물이 바로 라브렌티 베리야다. 그는 보스의 의심병에 영합하는 방식으로 출세한 인물이다. 독일의 소련 침공 며칠 전, 그는 스탈린에게 "많은 관리가 무분별한 도발과 불안에 잡아먹힌 먹잇감이 되었습니다."라고 말했다.

> 우리는 비밀정보원들을 나치 강제수용소의 가루로 만들어 제거해야 합니다. 이들은 소련을 위협하는 국제적인 적대자들의 하수인이 되어 우리가 독일과 충돌하기를 바라고 있습니다. 우리 국

민과 저는 동지(스탈린)의 의견에 전적으로 동의합니다. 히틀러는 1941년에 절대로 침공하지 않을 겁니다.[50]

그러나 스탈린은 침공 가능성을 완전히 부인하진 않았다. 6월 20일, 독일 상선들이 화물 하역도 하지 않고 소련 항구에서 떠나고 있다는 보고가 들어왔고, 모스크바의 독일대사관 직원들이 문서를 소각한다는 보고도 들어왔다. 스탈린은 모스크바의 방공망을 강화하도록 지시했다. 그러나 그는 공세적인 행동으로 독일을 자극하지 않도록 잠재적으로 균형을 잡으려고 했다. 시간이 흘러 독일의 공격이 임박했다는, 독일군 탈영자들의 증언이 보고되었으나 스탈린은 정치지도자의 명령 없이 독일 군부가 단독으로 행동하는 것일 수 있다고 생각했다.

스탈린이 스트레스에 시달리는 동안 독일에서는 전쟁이 임박했다는 소식을 아는 사람들이 낙관적인 감정을 공유했다. 괴벨스는 6월 16일 일기에 "적은 완전히 격멸될 것이다."라고 적었다.

총통은 작전이 넉 달간 진행될 거라 예상한다. 나는 더 짧을 거라 예상한다. 볼셰비즘은 종이로 만든 집처럼 붕괴할 것이다. 우리는 전례 없는 승리를 맛볼 것이다.[51]

수많은 일반 병사도 앞으로 있을 전쟁이 피할 수 없다는 의견을 공유했다. 제5-SS기갑사단 '비킹'5th SS Panzer Division Wiking에 소속된 카를하인츠 벤케는 이런 내용을 기록하였다.

히틀러와 스탈린

우리는 이 모든 전쟁이 프랑스에서처럼 곧 달성될 것으로 생각한다. 우리는 캅카스까지 진군하여 터키와 시리아와도 싸울 것이다. 현재 우리는 이렇게 될 것이라 믿는다. 나뿐만 아니라 동료 병사들도 같은 생각을 하고 있다.[52]

독일의 적국들은 소련군이 독일군의 공격을 격퇴할 수 있을 것이라 믿진 않았다. 침공 소식을 듣자 영국의 전쟁부the British War Office에서는 BBC 방송사에 "소련군이 6주 이상 저항할 수 있을 것이라는 인상을 느끼게 할 내용을 방송하지 않도록" 경고했다.[53] 독일의 긴밀한 동맹국인 이탈리아의 치아노 외무장관은 "베를린의 계산이 맞고, 전쟁은 8주 안에 모두 끝나는 것이 가능하다."라고 생각했다. 그러나 그는 다음과 같은 정확하고도 예리한 질문을 던졌다.

만일 그렇게 되지 않으면 어떻게 될 것인가? 만일 소련군이 전 세계에 부르주아 국가들보다 우월한 저항력을 과시하면, 그 모습이 전 세계 프롤레타리아 대중에게 어떤 영향을 미칠 것인가?[54]

앞서 본 것처럼 임박한 전쟁의 경고를 무시한 스탈린과 그의 측근들을 '멍청이들'이라고 묘사했다. 그러나 스탈린의 실책은 전쟁 발발 이후 드러나는 히틀러의 실책에 묻히게 된다. 스탈린의 실책은 단기적으로 재앙을 야기했다. 이는 틀림없는 사실이다. 특히 많은 사단을 독일 영토와의 국경 인근에 배치하고, 전면적인 전투준비 태세에 돌입하지도 않았으며, 소련군 지휘관들은 스탈린이 조성한 공포스러운 분위기로 인해 주도적으로 조치하는 데에 주저했다. 이 모든 것은 스탈린의 실책이다. 그러나 장기적으로 볼 때 히틀러의 실수가 더 심각했다. 그는 이념적 편견에 눈이 멀어 소련이 자신의 예상보다 강력한 저항을 펼칠 가능성을 고려하지 않았다. 작전 수립 단계에서도 독일은 전쟁에 동원할 자원이 충분히 보유하지 않았다는 사실을, 특히 침공의 첫 번째 목표인 캅카스의 석유를 확보하기가 어렵다는 사실을 분명히 인지했었다. 그러나 라브렌티 베리야가 스탈린에게 비굴하게 행동한 것처럼 히틀러의 장군들인 프란츠 할더, 브라우히치, 빌헬름 카이텔Wilhelm Keitel은 히틀러가 원하는 대로 '순종'만 했다. 히틀러의 부하 전원은 자신들의 진정한 의견을 알아서 억누르거나, 아니면 지도자의 판단이 옳다고 생각하는 더 큰 실수를 저질렀다.

불행하게도 히틀러와 스탈린은 같은 실수를 저질렀다. 두 사람 모두 희망을 실현할 수 있을 거라는 바보 같은 판단을 내렸다. 이들은 어느 정도 대안적 사실로 가득한, 본인들만의 세상에서 안일하게 안주하였다. 스탈린은 독일이 침공을 계획하지 않는다고 주장했고, 이것이 그의 진리였다. 히틀러는 소련 체제는 압박을 받으면 붕괴할 것이라 주장했고, 이것이 그의 현실이었다. 잘 알려진 것처럼, 지나치게 낙관한 독일군은 겨울이 오기 전에 소련과의 전쟁에서 승리할 것이라 예상하고는 겨울용 군복을 마련하지 않았다.

히틀러나 스탈린 모두 자신들이 저지른 인식의 실수를 이해하지 못했다. 두 사람 모두 자신들의 상상에 빠져 현실을 통제하지 못했고, 자신들의 예측이 옳다고 굳게 믿었다. 두 사람 모두 '플랜B'를 준비하지 않았다. 결국 '플랜 A' 아니면 '재앙'이 되는 갈림길에 양국을 각각 몰

히틀러와 스탈린

1941년 10월 히틀러와 그의 최측근 군지휘관들
왼쪽부터 히틀러, 빌헬름 카이텔, 프란츠 할더, 발터 폰 브라우히치다.

아세웠다. 일요일인 1941년 6월 22일 이른 시각. 독일군의 공격이 시작되자 괴벨스는 자신의 일기에 이렇게 적었다.

> 역사의 숨소리를 들을 수 있다. 새로운 제국이 탄생하는 위대하고 멋진 시간이다.[55]

이보다 더 큰 착각은 없었다.

6장

침공

1941년 6월 22일

스탈린은 소련군이 어떻게 전투를 치러야 하는지까지, 세세하게 간섭했다. 소련을 위해서 스탈린이 변해야 했다. 적절한 때에 스탈린이 본인의 행동을 바꿀 수 있는가. 이것이 제2차 세계대전 전체의 향방을 결정할 핵심적인 요인 이었다.

일요일 6월 22일 아침. 소련 영토로 진격하던 알베르트 슈나이더 Albert Schneider 는 이상한 광경을 목격했다.

전쟁포로들이 잠옷을 입은 채 우리에게 걸어오고 있었다. 아마도 그들 중 5퍼센트만이 군복을 입고 있었고, 그나마도 몸의 절반 정 도만 걸치고 있었다. 나는 우리가 기습 공격에 성공했다는 것을 알았다. 이들은 자다가 사로잡힌 것이었다.[1]

소련군 병사들이 말 그대로 바지도 입지 못한 채 포로로 잡혀 왔다 는 슈나이더의 증언만큼 소련군의 대응이 얼마나 부실했는지를 잘 보 여주는 장면은 없다. 독일군 돌격포부대 소속이었던 슈나이더는 공격

사진18 **1941년 여름 동부전선을 시찰하는 히틀러**
독소전쟁 초기 몇 주 동안은 소련을 정복하겠다는 히틀러의 도박이 성공할 것처럼 보였다.

개시 2시간 만에 소련 영토에 진입했다. 그리고 소련군이 '팬티 바람'
으로 항복한 모습을 보면서, 독일이 곧 승리할 것이고 독일군은 길어
봐야 1년이면 집에 돌아갈 수 있으리라 확신했다.

　소련군은 당일 새벽 4시가 조금 지난 시각, 소련 주재 독일대사 '프
리드리히-베르너 그라프 폰 데어 슐렌부르크'가 크렘린에 도착했을
때야 독일군이 침공했다는 사실을 확인했다. 슐렌부르크는 국경 지역
에 집결한 소련군이 독일을 위협했기 때문에 독일군이 소련 영토에 진
입했다고 몰로토프에게 통보했다. 나치 정권은 침공을 정당화하고자
침공의 사유를 자주 날조하곤 하였다. 그러나 이번에는 그럴듯한 근거
를 만들기도 귀찮았는지, 슐렌부르크의 '통보'는 말도 안 되는 변명이
고 기만이었다. 슐렌부르크를 수행한 독일 외교관에 따르면, 몰로토프

는 깊은 곳에서 끓어오르는 흥분을 참으려고 애를 쓰면서 슐렌부르크에게 "독일은 아무런 근거 없이 침공한 것이고, 우리는 이런 공격을 당할 이유가 없다."라고 대답했다.[2]

그날 새벽 3시 30분경. 독일군의 첫 침공을 보고받은 티모셴코와 주코프는 별장에 있는 스탈린을 깨워야 한다고 주장했다. 잠에서 깬 스탈린은 서둘러 크렘린으로 돌아와서 베리야와 주코프를 비롯한 소수의 참모와 만났다. 스탈린은 절망하는 와중에도 독일이 전면 공세를 하지 않았을 것이라 믿고자 애를 썼다. 슐렌부르크의 통보를 접하기 전까지, 스탈린은 이 침공을 독일군 고위층의 '도발'이라고 해석했다. 아마도 히틀러는 이 일에 관여하지 않았을 것이라고, 스탈린은 주장했다.[3]

이전 몇 주 동안 스탈린은 평소보다 과음을 했다. 주코프의 말에 따르면, 침공 당일 새벽의 스탈린은 무척 우울하게 보였다. 약 2년 전 독소 비밀협정이 맺어진 이후 스탈린은 독일과 연합국의 전쟁을 멀찍이 떨어져 관망하려고만 했다. 자신의 전략이 무너지는 광경을 목격한 스탈린이 그렇게 우울해하는 것은 당연했다.

소련 국민에게 독일군의 침공을 알린 사람은 스탈린이 아니라 몰로토프였다. 앞서 본 것처럼 몰로토프는 카리스마와는 거리가 먼 인물이다. 그는 너무도 무기력한 연설을 하였고, 그 연설에는 그의 따분한 성격이 고스란히 반영되었다. 그는 독일이 독소 협정을 위반했다고 말했지만, 침공이 발발한 현 상황에서는 아무 쓸모도 없는 언사였다. 그는 소련 국민이 볼셰비키당과 '위대한 지도자 스탈린'을 중심으로 단합해야 한다고 촉구했다. 몰로토프의 연설을 들은 소련 국민은 이런 질문을 하지 않을 수가 없었다. "인민들을 동원하던 스탈린의 호소는 어디로 사라졌는가?" 이 질문은 거의 2주간 대답을 받지 못한 채 인민들 사이를 부유했다.

독일군의 침공 초기, 소련군 진영은 아수라장이 되었다. 이는 소련군이 독일군을 상대로 적절하게 저항하지 못하게 만든 와중에 수많은 병력을 국경에 배치한 스탈린의 실책으로 인한 결과였다. "수많은 비행기가 날아와 폭탄을 떨어뜨리는 광경을 보았다. 나는 태어나서 처음으로 사람이 죽는 모습을 보았다."라고, 전선에 배치되었던 소련군 병사 게오르기 세메냐크Georgy Semenyak는 증언했다. 독일군의 공격을 받은 지 4일이 지난 후 소련군은 후퇴하기 시작했다.

우리는 왜 후퇴해야 하는지 이해할 수 없었다. 납득할 수 없었다. 아주 실망스러운 상황이었다. 낮에는 독일군이 후퇴하는 아군에게 계속 폭탄을 쏟아부었다. 후퇴하는 소련군은 거대한 열을 지어 걷고 있었다. 그들 모두 21세, 22세의 젊은이였다. 이들의 무장은 소총, 수류탄, 방독면이 전부였다. 장교들은 사병들을 버리고 지나가는 차에 서둘러 올라타 도망갔다. 그래서 우리가 민스크에 도달했을 때, 우리 부대에는 사실상 지휘관이 없었다. 지휘관이 없으니 우리의 방어력도 극도로 약화했다. 우리가 할 수 있는 일은 없었다.[4]

그 직후 세메냐크는 독일군의 포로가 되었다. 독일군은 돌파에 성공했다. 다만 독일군이 완전히 기계화되어 있고 소련군이 기술적으로 낙후되어 있기 때문은 아니다. 실상 소련은 붉은군대의 현대화를 위

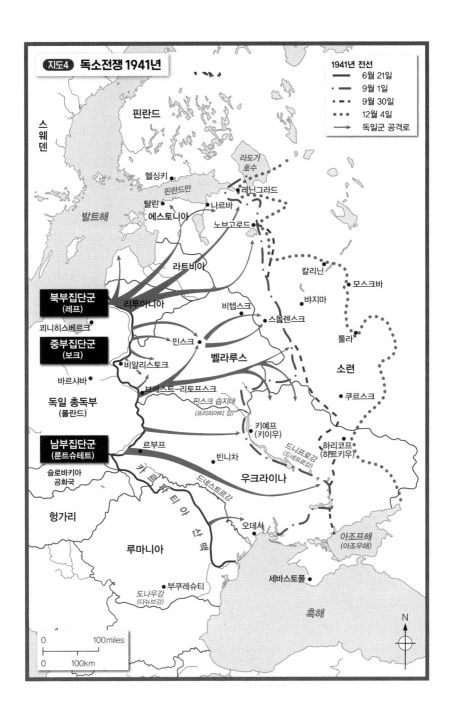

지도4 독소전쟁 1941년

1941년 전선
—— 6월 21일
—·— 9월 1일
--- 9월 30일
····· 12월 4일
→ 독일군 공격로

스웨덴

핀란드

라도가호수

헬싱키
핀란드만
탈린
에스토니아
발트해

레닌그라드
나르바
노브고로드

칼리닌
모스크바

라트비아

북부집단군
(레프)
쾨니히스베르크

리투아니아
비텝스크
스몰렌스크
바지마

중부집단군
(보크)
민스크
벨라루스
툴라

비알리스토크

바르샤바

브레스트-리토프스크
핀스크 습지대
(프리피야티 강)

소련

쿠르스크

독일 총독부
(폴란드)

남부집단군
(룬트슈테트)

르부프
빈니차
키예프
(키이우)

드니프르강
(드네프르강)

하리코프
(하르키우)

슬로바키아
공화국

헝가리

드네스트르강

우크라이나

카르파티아 산맥

오데사

아조프해
(아조우해)

루마니아

부쿠레슈티
도나우강
(다뉴브강)

세바스토폴

흑해

0   100miles
0   100km

N

해 엄청난 금액을 쏟아부었다. 비록 독일군이 소련군보다 트럭을 많이 보유하긴 했어도, 소련군의 포병은 독일군보다 우월했다. 소련군은 독일군보다 더 많은 탱크와 비행기를 보유했다.[5] 소련이 외부의 위협에 직면할 것이라 감지한 스탈린은 독일의 침공이 시작되기 전까지 소련군의 규모를 크게 늘렸다. 소련군 병력은 1937년부터 1941년 사이 약 110만 명에서 420만 명으로, 거의 네 배 증대됐다.[6]

소련군이 독일군의 공격에 재앙 같은 상황을 맞이한 근본적인 원인은 소련군이 완전히 경직된 상태였기 때문이다. 지휘관들은 스스로 주도권을 발휘하기를 두려워했다. 종군기자이자 시인이었던 콘스탄틴 시모노프Konstantin Simonov●가 말한 것처럼 끊임없이 "군사적 문외한들의 간섭"을 받았기 때문이다. 대표적으로 스탈린, 소련군 정치사상국을 이끌던 '사악한' 레프 메흘리스Lev Mekhlis, the vicious가 있다.[7] 이로 인해 일부 소련 지휘관은 엄청난 스트레스를 받았다. 당시 우크라이나 지역에 있던 흐루쇼프는 자신의 눈앞에서 지휘관이 자살하는 참극을 보았다. 그는 회고록에 "다른 지휘관들도 이런 일을 겪었다."라고 서술했다.

당시 상황이 그러했다. 전쟁이 발발하고 열흘도 채 지나지 않았을 때였다.[8]

독일군이 공격하면 소련군은 즉각 상대의 영토로 진입한다는 계획

● 콘스탄틴 시모노프(1915~1979)는 페트로그라드(현 상트페테르부르크) 태생의 문인이다. 전쟁 시인, 극작가, 종군기자로 유명했다. 월간 문예지 《노비 미르(Novy Mir)》 편집장, 소련작가동맹(Union of Soviet Writers)의 서기로 활동했었다. 제2차 세계대전을 배경으로 쓴 시 「나를 기다려주세요(Wait for me)」가 가장 유명하다.

이 재앙 같은 전략이었음이 드러났다. 더구나 무선 통신의 안전성을 의심하여 소련군의 실제 작전 수행 과정이 큰 방해를 받았다. 독일군이 유선 통신선을 쉽게 절단하자 전방 군부대와 후방 지휘관들 사이의 통신이 두절됐다. 이런 상황에서 독일군의 전술은 사태를 더욱 악화하였다. 독일군의 기계화부대는 좁은 전선을 뚫고 소련군의 방어선을 돌파했다. 도로 하나 정도의 좁은 전선이 돌파되는 경우도 많았다. 독일군의 공격부대는 무선 통신으로 지상의 탱크와 공중의 지원을 조율하였다. 기계화부대가 일단 방어선을 돌파하면 보병부대가 뒤이어 진격했다. 관건은 진격의 속도였다. 방어선이 돌파되면 오토바이부대가 탱크부대보다 더 빨리 전진하여 야간에는 소련군의 후방에서 조명탄을

쏘아 올렸다. 이렇게 되자 소련군은 실제로 그렇게 되기도 전에 자신들이 포위당했다고 생각했다. 소련군 부대는 공황 상태에 빠질 수밖에 없었다.

독일군의 중부집단군을 상대한 소련군 병사인 표도르 스베르들로프Fyodor Sverdlov는 개전 첫 달에 자신의 부대가 수백 마일을 후퇴한 일을 회고했다.

> 우리는 밤에 행군하고 낮에는 싸웠다. 우리 중대가 밤에 한 마을에 멈췄을 때, 우리는 서너 시간 휴식하기를 원했다. 그러나 독일군의 오토바이와 탱크 소리에 잠에서 깨고는 창문을 뛰어넘어 토끼처럼 숲속으로 뛰어가야 했다.[9]

발트 지역에서는 핀란드 겨울전쟁의 참전 용사인 티모셴코도 독소전의 초기 모습을 이렇게 회고했다.

> 독일군 탱크부대가 우리의 방어선을 돌파한 뒤, 독일군은 소규모 파괴공작조를 우리 후방으로 보냈다. 이들은 우리 뒤쪽에서 사격을 가했다. 이것은 우리 군의 사기에 엄청난 영향을 주었다. 병사들은 "우리는 포위되었다!"라고 외쳤다. 독일군은 도로를 따라 이동하고, 발트 지역의 우리 소련군 전체는 무기와 장비를 다 팽개치고 후퇴했다. 독일군이 도로를 따라 진격해 오는 동안 숲 전체가 병사들로 가득 찼다. 독일군은 군가를 부르며 진격했는데, 아무도 그들을 막을 수 없었다. 나는 큰 충격을 받았다. 나는 이 상황

을 이해할 수 없었다. 나는 소련군 병사들에게 물었다. "도대체 어디로 가는 건가? 왜 무기는 다 버렸는가?" 그들은 한결같이 이렇게 대답했다. "우리는 포위됐습니다!"[10]

소련군 종군기자였던 바실리 그로스만Vasily Grossman •도 똑같은 광경을 목격하고는 자신의 노트에 이렇게 기록했다.

포위되었다는 소리가 난무했다. 후퇴한 병사 모두가 포위되었다는 얘기를 끊이지 않고 했다. 이 모든 이야기는 공포를 자아내었다.[11]

소련군이 지휘부의 부적절한 대응으로 어려움을 겪었으나 독일군은 상사 내지는 그 이하 계급의 지휘관도 전장에서 스스로 결정을 내리도록 권한을 위임받은 덕분에 수월히 움직였다. 이런 '임무 지휘권Auftragstaktik'을 확보한 병사들은, 자신들이 달성해야 할 목표는 지령받되 그 목표를 달성하는 방법은 상당 부분 자율적으로 택할 수 있었다. 독일 중부집단군 보병부대의 소령이었던 페터 폰 데어 그뢰벤Peter von der Groeben은 그때의 일을 이렇게 회상했다.

하위 지휘부에 독립성을 부여하자, 그 효과는 엄청났다. 일반 일

◆ 바실리 그로스만(1905~1964)은 우크라이나 유대인 가정에서 태어나 모스크바대학에서 화학을 전공한 후 화학 기사로 일했다. 1930년부터 작품 활동을 했고, 제2차 세계대전 중 소련군 기관지 《크라스나야 즈베즈다(Krasnaya Zvezda, 붉은 별)》의 기자로 일하며 모스크바 전투, 스탈린그라드 전투, 베를린 전투를 취재하고 독일군 집단수용소를 처음 보도했다. 대표작으로 《삶과 운명》, 《모든 것은 흐른다(Everything Flows)》, 《스탈린그라드(Stalingrad)》 등이 있으나 전후에 반소련 작가로 낙인찍혀 작품의 출간이 금지되었다.

등병, 부사관, 분대장, 소위 등과 중대장들에게 일일이 지시를 내릴 필요가 없었다. 전쟁 초기 단계에서 독일군이 거둔 성과(전과)는 대단했고, 전쟁이 끝난 후 오랜 시간이 지났음에도 평범한 병사들이 그런 성취를 달성했다는 사실에 큰 존경심을 느꼈다.[12]

독일군 침공 일주일 후, 스탈린이 아직 소련 국민을 향해 연설을 하기도 전이었다. 스탈린은 벨라루스의 수도 민스크가 곧 함락당할 위험에 처했다는 사실을 알았다. 스탈린이 총참모장인 주코프를 만났을 때, 강철 같은 군인의 표상인 주코프는 눈물을 흘렸다. 스탈린은 다음과 같은 말을 하고 화를 내며 방을 나갔다.

레닌이 창설한 이 국가를 우리가 다 망쳐버렸다![13]

그다음에 일어난 일에 관해서는 논란이 많다. 흐루쇼프가 주장하기를, 스탈린은 완전히 마비되어 행동은커녕 생각도 추스를 수 없었다. "나는 지도자 역할을 포기한다."라고 말한 이후 자신의 다차Dacha●로 향했다.[14] 그러나 스탈린이 침공 이후 제대로 일을 하지 못했다는 주장에 관해서는 많은 사람이 의구심을 느낀다. 그가 6월 29일에 자신의 다차로 향한 것은 사실이다. 그러나 그 이유는 분명하지 않다. 그가 감정적으로 무너져서 단순하게 칩거했는가? 아니면 연설문을 준비하며 상황을 분석하고 있었는가?[15]

◆ 러시아인이 여름 휴가에 쓰기 위해 도시 근교에 마련한 별장을 뜻한다.

히틀러와 스탈린

대외무역 인민위원People's Commissar for External and Internal Trade 아나스타스 미코얀Anastas Mikoyan은 자신과 여러 정치국원이 스탈린을 다차에서 나오게 하려고 그곳을 방문한 기록을 남겼다. "스탈린은 우리가 본인을 체포하러 온 것으로 생각한 것은 의문의 여지 없이 사실이다."라고 기록했다.[16] 그런데 라브렌티 베리야의 아들이 남긴 증언에 의하면, 이는 베리야의 견해이기도 하였다.[17] 그들은 스탈린을 체포하고자 다차에 찾아갔다. 그러나 스탈린을 제거하려는 것이 아니라 그에게 국방인민위원을 맡아달라고 부탁하고자 찾아간 것이다. 스탈린은 이를 수락하고 7월 1일 크렘린의 집무실로 돌아왔다. 이 사건을 해석한 가장 설득력 있는 설명이란, "스탈린이 침공 직후 엄청난 스트레스를 받긴 했으나 심리적으로 무너지진 않았다."이다. 그는 군지휘관들을 만나 민스크에 임박한 운명에 관해 논의한 후 잠시 다차로 물러갈 때까지 자신의 직무를 수행했다. 물론 그가 심리적 붕괴를 겪었을 가능성은 적었지만, 그렇다고 해서 대표들이 다차에 왔을 때 스탈린이 보인 '반응'을 미코얀과 베리야가 잘못 해석했다는 뜻은 아니다. 스탈린은 이들이 자신을 체포하러 왔다고, 대단히 크게 의심했을 것이다.

간혹 스탈린이 이반 뇌제*의 이야기를 활용해 마키아벨리적 속임수를 썼다는 주장이 제기되기도 했다. 즉 그는 누가 자신을 공격하려 하

◆ '이반 뇌제(그로즈니)' 또는 '이반 4세'는 모스크바 대공국의 대공으로, '차르'라는 호칭을 공식적으로 사용한 최초의 통치자였다. 이반 4세는 3세에 즉위했고, 그의 모후와 대공국의 귀족들이 차례대로 섭정을 맡았다. 모후 사후 귀족들의 섭정 시기에, 그는 수시로 멸시를 당하며 청각장애가 있는 동생과 함께 탑에 갇혀 지냈다. 그는 살아남고자 귀족들의 멸시를 견디며 유약한 척을 했다. 그러면서도 차근차근 숙청을 단행하며 끝내 실권을 거머쥐고 '차르'로 즉위했다. 재위 중 카잔칸국을 정복하고, 모스크바 대공국의 영토를 크게 확장했으며, 코사크인 '예르마크'를 파견해 우랄산맥 너머 시베리아 진출도 꾀했다.

는지 알아내고자 일부러 유약한 척을 했다는 가설이다. 흥미롭긴 하지만 타당하진 않다. 이 가설이 타당하지 않은 두 가지 이유가 있다. 첫째, 그는 정말로 큰 압박을 받고 있었기 때문에 은밀하게 충성도를 시험할 겨를이 없었다. 둘째, 과연 실제로 배신할 수 있는 위험부담을 지닌 인물을 스탈린이 자신의 동료로 세웠겠는가? 만약 라브렌티 베리야의 비밀경찰들이 별장에 있던 스탈린을 끌고 간다면, 스탈린이 "나는 단지 시험을 해봤을 뿐이다."라고 말해도, 이 말은 전혀 도움이 되지 않을 것이다.

더 중요한 사안은 따로 있다. 다차에서 스탈린이 심리적으로 붕괴했다는 이론과는 달리 충분히 논의되지 않은 주제다. 스탈린의 측근들은 가장 취약한 상황에 봉착한 스탈린을 왜 제거하지 않았는가? 여러 이유 중 한 가지는 자명하다. 바로 '두려움'이다. 스탈린을 배반하기 위해서는 사전에 공모해야 한다. 독일 침공으로 소련이 위기에 처해 가장 암울한 그 시점에, 과연 어느 누가, 당신에게 배반을 획책하자며 접근한 바로 그 사람이 당신의 배신을 역으로 보고할 수도 있다는 위험을 부담하겠는가? 더구나 오랜 기간 소련의 프로파간다는 스탈린 동지의 '천재성'을 홍보했다. 예를 들어, 1939년 스탈린의 생일날 《프라우다》는 스탈린에게 이런 찬사를 보냈다.

지구상에 스탈린의 이름과 비슷한 이름은 없다. 그 이름은 자유의 밝은 횃불처럼 빛난다. 그 이름은 전 세계 수백만 노동자가 겪는 전투의 표상처럼 날아다닌다. 그 이름은 천둥처럼 울리고, 노예 소유자나 약탈자와 같은 저주받은 계급에 경고를 날린다. 스탈린은 오늘날의 레닌이다! 스탈린은 당의 두뇌이자 심장이다! 스탈린은 더 나은 삶을 위해 투쟁하는 수백만 인민의 깃발이다.[18]

역사가 짧은 이 국가에 유례를 찾을 수 없을 만큼 가장 절망적인 위기가 닥친 그 순간, 과연 누가 이 찬사를 무효화하고 "당의 두뇌이자 심장"이 현 사태에 대응하지 못한다고 선언하겠는가? 정치국은 스탈린이 와병했거나 죽었다고 가장할 수야 있겠지만 그의 부재는 일반 국민의 사기에 어떤 영향을 미칠 것인가? 그러면 독일과 치욕적인 평화 협상을 맺어야 하는가? 아마 그 조약은 브레스트-리토프스크 조약이 훨씬 낫다는 평가를 받게 할 만큼 치욕적일 것이다.

모스크바에서 이러한 정치 공학이 작동하는 동안, 전선에서는 소련군 병사들이 독일군과 결연하게 싸우는 중이었다. 그중 몇 가지 저항은 효과적이었다. 가장 대표적인 사례로, 20년 브레스트-리토프스크 조약이 서명된 브레스트 요새에서의 전투다. 물론 전황은 대체로 암울했다. 독일군 중부집단군은 침공 개시 직후 불과 5일 만에 모스크바로 향하는 길목의 3분의 1에 해당하는 지점에 자리한 '민스크'를 포위했다. 기갑군 사령관인 하인츠 구데리안은 이 신속한 전진을 두고 "작전에서의 첫 번째 주요한 승리"라고 평가했다.[19] 민스크가 함락된 지 며칠 후인 7월 3일, 독일군 총참모장인 프란츠 할더 장군은 자신의 일기에 "러시아 작전이 2주 만에 성공을 거두었다고 말하는 것도 과장은 아닐 것이다."라고 적었다.[20] 이 시점에 독일에서 공무원으로 일하던 프리드리히 켈너는, 한 여성에게서 "이 침공의 성공이 믿기지 않을 정도예요."라는 말을, 한 남성에게서 "러시아군(소련군)은 8일 만에 분

[사진20] **하인츠 구데리안**

가장 유명한 독일 장군 중 한 사람이다. 바르바로사 작전 초기에 그의 기갑부대가 선보인 전격전은 역사상 유례를 찾아볼 수 없을 만큼 신속하고 민첩했다.

쇄되었다."라는 말을 들었다.[21] 독일 사람만 전망을 낙관한 것은 아니다. 영국 주재 소련대사 마이스키는 런던의 전쟁부 관리들도 "소련이 4~6주 이상 버티지 못할 것"으로 평가했다고 기록했다.[22] 소설가이자 언론인이었던 조지 오웰도 똑같이 생각했다. 그는 6월 23일 일기에, "영국인들은 공산주의자들이 곧 소련을 탈출하여 러시아 혁명 때 도망친 백군처럼 망명자가 될 것이라 기대한다."라는 문구를 적었다.

사람들은 스탈린이 런던의 푸트니(Putney) 거리에서 사모바르(Samovar, 러시아 주전자)를 팔며, 캅카스의 전통춤을 추는 가게를 열 것이라는 꿈을 꾸고 있다.[23]

미국의 전쟁부 장관the Secretary of War은 루스벨트 대통령에게, "군 전문가들의 의견을 청취한 결과, '사실상 이구동성의 의견'을 들었다."라고 보고했다. 미국은 "독일은 최소 한 달에서 최대 석 달 사이에 러시아(소련)를 완전히 격파할 것이다."라는 결론을 내렸다.[24]

독일의 침공에 관한 공식 성명을 발표하는 과정에서, 영국과 미국은 조심스러운 노선을 취했다. 두 정부가 스탈린이 곧 패배할 것이라고 판단했을 뿐만 아니라 과거에는 두 정부 모두 공산주의를 대대적으로 비판했기 때문이다. 6월 23일, 미국 국무장관 서리 섬너 웰스Sumner Welles는 이렇게 말했다.

> 미국인들은 '공산주의 독재의 원칙과 교조'는 '나치 독재의 원칙과 교조'만큼 용납할 수 없고 이질적이다. 미국인들의 생활방식이나 정부 체제에서, 절대적인 지도자의 강압적인 체제는 어떠한 지지도 받을 수 없다. 그 체제는 지배력을 발휘할 수 없고, 지배력을 갖지도 못할 것이다.

그러면서도 나치의 공격적 성격을 염두에 둔 발언도 덧붙였다.

> 히틀러주의(Hitlerism)의 반대세력이 결집한다면, 그 반대세력의 기원이 어떻든, 현재 독일 지도자들의 궁극적인 몰락을 촉진할 것이다.[25]

이를 달리 말하면, 미국은 두 정권을 모두 혐오했지만 그중 한 정권이 즉각적인 위협이 되기 때문에 다른 쪽을 지원하는 선택을 고려해야 한다는 뜻이다. 이 발언은 소련을 전폭적으로 지원하겠다는 의미가 아니다. 심지어 이렇게 마지못해 나온 발언은 대통령이 발표한 성명도 아니었다.

처칠의 반응은 좀 더 세심했다. 침공이 시작된 날, 처칠은 연설을 통해 "나치 정권은 공산주의의 가장 나쁜 모습과 구별할 수 없고, 스탈린 정권의 성격에 관해 지금까지 내가 해온 말을 철회하진 않는다."라고 강조했다. 그러나 그다음으로 화려한 수사적 표현을 활용하면서 "토지에서 힘들게 생존 수단을 얻고, 원초적인 인간의 환희가 있으며, 처녀들Maidens은 웃고 아이들은 뛰어다니는 러시아의 1만 개 마을"에 관해 이야기했다. 뒤이어 이러한 '러시아의 목가적 풍경'이 전쟁 기계 같은 나치 때문에 흉측하게 훼손되었다고 말했다. 처칠은 청중의 동정심을 소련의 평범한 인민에게 돌리고는, 스탈린과 소련 지도부는 비열할 수 있으나 지금 당장은 소련 농민들의 운명이 중요하다는 점을 시사하였다. 미국인들과 마찬가지로 히틀러는 현재 모두의 적이기 때문에 "러시아의 위험은 곧 우리의 위험"이라고 주장했다.[26]

스탈린은 모스크바에서 자신의 정권을 위태롭게 흔드는 모든 어려움에 대응하고자 최선을 다했다. 그의 즉각적인 조치에는 다음의 두 가지 특징이 있다. 첫째, 그는 동료들의 제안대로 위원회를 구성했다. 스탈린은 항상 위원회를 두어야 마음이 편했고, 이제는 그가 소련에서 가장 강력한 위원회의 수장(인민위원)이 되었다. 이 위원회란 바로 스타프카Stavka, 즉 '국가방위위원회the Committee of State Defence'였다. 둘째, 스탈

히틀러와 스탈린

린은 희생양을 찾았다. 그는 위기를 마주할 때마다 희생양을 찾았고, 다른 사람을 비난했으며, 결단코 스탈린 본인이 책임지지 않았다. 이 순간 스탈린의 눈에 띈 사람은 드미트리 파블로프Dmitry Pavlov 장군이었다. 드리트리 파블로프 장군은 독일 중부집단군의 엄청난 공세를 막아내던 지휘관이었다. 그는 7월 초 체포되어 7월이 지나기 전에 처형되었다. 그의 통신 담당 부관을 비롯해 부관 여럿이 함께 처형되었다. 당국은 그 처형의 근거를 1930년대까지 거슬러 올라가 찾아냈다. 소련을 상대로 획책된 모반에 파블로프가 관여했다는 것이 기소 이유였다. 그런 범죄 혐의가 있는 사람이 어떻게 5년 후 소련군의 가장 커다란 군대를 지휘할 수 있었는지는 설명할 필요가 없는 것으로 간주됐다.

파블로프는 역동적인 지도자는 아니었다. 그의 좌우명 중 하나는 "염려하지 마라, 최고위층은 우리보다 잘 안다."였다. 그러나 다른 많은 사람도 전선에서 벌어진 재앙에 책임이 있었다.[27] 파블로프가 기소된 이후 내뱉은 말 중에 일부 진실이 있다.

> 나는 반역자가 아니다. 내가 지휘한 군대가 패배한 이유는, 내가 통제할 수 없는 것이다.[28]

파블로프는 공격적인 방어로 맞선다는 소련의 잘못된 전략에 따라 독일군을 상대했고, 그로 인해 독일군은 그의 군대를 더욱 쉽게 포위하였다. 그러나 이러한 참화를 야기한, 잘못된 전략을 수립한 결정권자에게는 책임을 물은 적이 없다. 오직 명을 따른 사람만 처벌을 받은 것이다.

위기에 대한 보복적 반응으로, 소련 비밀경찰은 위협이 된다고 추측되는 '내부의 적'으로 시선을 돌렸다. 소련이 점령한 폴란드 영토인 르부프의 브리기드키Brygidki 감옥으로 독일군이 접근하자, NKVD는 감옥에 있던 4,000명의 정치범을 처형했다.[29] 처형이 집행될 당시, 그 감옥의 병원에서 일하던 올가 포파딘은 감옥 정문 앞에서 '수많은 시신'을 목격했고, 여름의 열기로 인해 곧이어 고약한 냄새가 일대를 뒤덮었다고 회고했다.[30] 이외에도, 1만 명 이상의 수감자도 다른 곳에서 처형됐다. 어떤 사람들은 강제로 이송되었다. 약 75만 명의 수감자가 이송되었고, 그 과정에서 많은 사람이 사망했다.[31]

비단 수감자만 고난을 겪은 것이 아니다. 침공이 시작되기 직전, '인민의 적'으로 간주된 수천 명의 사람이 발트 지역에서 가족과 함께 강제로 이주당했다. 6월 13~14일, 리투아니아에서만 1만 8,000명이 강제로 이주되었다.[32] 후에 유대인들이 이 범죄를 조장했다는, 날조된 소문을 나치가 퍼트렸는데, 이 중상모략은 전혀 근거가 없었다. 왜냐하면, 발트 지역에서 소련 비밀경찰에 의해 강제이주된 사람 중에는 유대인이 많이 포함되어 있었기 때문이다.[33]

스탈린은 특별위원회를 조직해 '인민의 적'을 처형하고 징벌하는 대응만 하진 않았다. 그는 음모를 꾸며 새로운 일들을 벌였다. 침공이 개시된 후 일주일 이상 지난 7월 3일이 되었을 때, 스탈린은 그제야 소련 국민을 향해 공식적으로 연설했다. 그는 "동지, 인민, 형제자매, 우리 육군과 해군 장병 여러분, 나는 친구인 여러분들에게 호소합니다."라는 유명한 말로 연설을 시작했다.[34] 당시에 이 서두는 무척이나 혁신적이었다. "형제자매"와 "친구"라는 단어는, 이 연설 이전의 스탈린 연설에

히틀러와 스탈린

서는 결단코 찾아볼 수 없는, 국민에게 높은 친밀감을 드러내는 단어
였다. 마치 스탈린이 볼셰비키의 원칙과는 별개로 소련 인민의 '아버
지' 역할을 맡기로 작정한 듯한 단어였다. 달리 말해 스탈린이 좀 더 전
통적이고 민족주의적인 접근으로 '회귀'하는 것과 흡사했다. 많은 소련
시민은 스탈린의 이 따뜻한 인사말을 오랫동안 기억했다.[35] 그러나 뒤
이은 연설은 인상적일 게 딱히 없었고, 전체적으로 지루했다. 스탈린은
독일군의 최정예 사단이 격퇴되었다는 거짓말을 했다. 이 거짓말은 스
탈린이 그다음으로 뱉은 말인 "우리나라(소련)는 심각한 위협에 직면했
다."와 크게 모순되었다. 그는 나치와의 협정 체결을 정당화해야만 했
기 때문에, 평화를 사랑한다고 자부하는 어떤 국가라도 이와 같은 방
식으로 행동하지는 않았을 것이라고 주장했다.[36] 하지만 이 모든 말은
그가 서두에서 꺼낸 인사말만큼 거대한 영향을 미치진 못했다.

전쟁 초기 스탈린의 행동 중 두 번째로 놀라운 부분은 종교와 밀접
하다. 볼셰비키 정권 아래서 교회는 대체로 문을 닫았고, 수많은 성직
자가 탄압을 받았지만, 스탈린은 러시아 정교회의 모스크바 총대주교
세르기우스Patriarch Sergius of Moscow 같은 종교 지도자들이 독일군에 저항
하도록 소련인을 동원하는 일을 허용했다. 이는 기존의 정책과는 상당
히 상반된 조치였다. 러시아 정교회는 스탈린 치하에서 큰 핍박을 받
았다. 1938년 봄 기준으로 레닌그라드에는 5개의 교회만 남아 있었
다.[37] 스탈린은 소련의 편으로 끌어들이고 싶은 미국과 같은 나라들과
관계를 개선하기 위해서, 장애가 되었던 종교 탄압 문제를 이런 식으
로 처리한 것이다. 한편으로는 소련 국민을 최대한 많이 '저항'이라는
목표 아래 단결하기 위한 시도이기도 했다.[38] 스탈린은 무신론자인 볼

셰비키들이 소련 내의 그리스도교 신앙을 제거하는 것은 불가능하다는 사실을 깨달았다. 많은 교회가 문을 닫았으나 예배를 진행하는 교회에는 여전히 많은 사람이 몰렸다. 그는 이념적 신념을 강제화하는 데에 좀 더 유연한 태도를 취해야 할 적기라고 생각했고, 그 현실을 최대한 활용하였다.

스탈린은 유연성을 발휘했으나 히틀러는 이념적 목표에 관한 일에서는 이전과 마찬가지로 상대를 전멸시키려 하는 비타협적인 태도를 계속 유지하였다. 히틀러는 동프로이센의 라스텐부르크Rastenburg(폴란드어로 켕트신Kętrzyn)에서 몇 마일 떨어진 '볼프스샨체Wolfsschanze(늑대소굴)'에 마련된 군 최고사령부에 자리를 잡고 앉았다. 전쟁이 시작한 후 2주가 지난 시점, 이곳에서 히틀러는 최측근들에게 자신이 시작한 전쟁의 성격이 무엇인지 말했다.

> 볼셰비즘의 뿌리를 뽑아야 한다. 이 교조의 중심지인 모스크바는 그곳의 부를 안전하게 옮긴 직후 지구상에서 사라져야 한다.[39]

며칠 후 그는 저녁 식사 손님들에게 "슬라브인은 주인을 먹여 살려야 하는 노예로 태어난 무리다."라고 말했다.[40] 그는 우크라이나인들을 혹평하면서, "나는 독립적인 우크라이나를 수립하는 데에는 아무 관심이 없고, 우크라이나인에게 읽는 법을 가르치는 편이 더 낫다."라고도 말했다.[41] 나치 엘리트가 아닌 사람들은 히틀러의 의도가 얼마나 가혹한지를 처음에는 깨닫지 못했다. 예를 들어, 나치친위대 비킹 사단 소속 병사였던 카를하인츠 벤케는 우크라이나가 동방에서 특권적 지위

히틀러와 스탈린

를 누릴 것으로 생각했다.

우리는 제1차 세계대전 이후 우크라이나가 잠시나마 독립국이었고, 우크라이나와 독일의 특별한 관계를 알기 때문에, 우크라이나를 정복하면 이 나라는 독립국이 되고 (우크라이나) 병사들은 우리와 함께 볼셰비키에 대항할 것이라 생각했다.[42]

많은 우크라이나인도 똑같은 생각을 했다. 독일군이 우크라이나에 도착했을 때, 독일군을 위해 통역관으로 일했던 알렉세이 브리스Aleksey Bris는 이렇게 회고했다.

소련을 상대로 싸운 독일군을 우리(우크라이나)의 동맹으로 생각했고, 특히 그들이 즉각 우크라이나 독립국을 설립할 것이라고 모든 사람이 생각했다. 그래서 나는 독일군의 통역관으로 일했다. 처음에 모든 사람은 이 전쟁에서 소련이 완전히 패배할 것이라 생각했다. 우리는 우크라이나 문화라는 환경에서 살았다. 젊은 사람들에게 소련으로부터의 우크라이나 독립은 아주 흥분되고 멋진 일이었다.

브리스는 독일군에 협력한 일을 잘못이라고 생각하지 않았다.

만일 당신이 어디에 있든 그 체제의 일부라면, 그 체제 안에서 살아야 한다. 당신은 그 체제에서 출세를 할 수도 있고, 밑으로 추락할 수도 있다. 그 체제는 당신을 둘러싸고 있기 때문에 당신은 나머지 모든 사람과 함께 그 체제 안에서 수영해야 한다.

브리스는 무엇보다도 "독일군이 우크라이나를 독립국으로 세울 것
이라는 희망이 동기가 되어 다른 사람들도 나치에 협력했다."라는 점
을 강조했다.[43]

우크라이나인들이 소비에트의 지배를 벗어나고자 했던 핵심 이유
중 하나는 10년도 안 된 과거에 겪은 고난이었다. 그 고난의 책임은 스
탈린에게 있었다. 거의 400만 명에 달하는 우크라이나인이 스탈린의
농업집단화 욕망, 그리고 우크라이나에서 곡물을 징발해 소련에 공급
해야 한다는 정책으로 촉발한 대기근 때문에 사망했다.* 농지와 가축
에 관한 농민의 소유권을 상실하게 만든 농업집단화 정책은 볼셰비키
의 이론과 직결되어 있다. 볼셰비키가 보기에 농민이 자신이 경작한
농작물을 판매하고 소규모 영농을 경영하는 모습은 자본가의 모습과
유사하다. 다소 여유가 있는 약 10만 명의 부농은 1930년대 초 강제노
동수용소로 보내졌고, 200만 명 이상의 농민이 시베리아 같은 소련의
오지로 강제이주되었다.[44] 더구나 정부 관리들은 농민들이 농산물을
숨기고 있는지를 확인하고자 농촌 지역을 샅샅이 탐색하여 상황을 악
화하였다. 이에 관해 우크라이나 농민 올하 침발류크Olha Tsymbaliuk도 이
렇게 증언하였다.

◆ 우크라이나 대기근 당시, 우크라이나에서 징발한 식량의 상당 부분은 소련 산업화에 필요한 물품을 서방에서
수입할 자금을 마련하기 위해 수출되었다. 1932~1933년 대기근으로 350만 명 이상의 우크라이나인이 사망했다.

우크라이나 대기근 당시 시체가 즐비한 거리
1930년대 초 스탈린의 농업집단화 정책으로 인해 우크라이나에서는 약 400만 명의 목숨이 희생되었다.

소련 관리들이 밀, 곡물을 비롯해 항아리, 옷, 솥에 들어있는 모든 것을 수색했기 때문에 무언가를 숨기기란 불가능했다. 그들은 쇠 막대기를 들고 다니며 곡물을 수색했다. 그들은 아궁이 안을 수색하고, 바닥과 벽을 뜯어내며 수색했다.[45]

1930년대 초반 볼셰비키는 우크라이나 농민들의 농작물을 강제로 징발했다. 1941년 독일군은 이 일을 전례로 삼았다. 지구상에서 가장 비옥한 땅에 살던 우크라이나인들은 자국의 농업 자산을 탐내는 두 외부 세력에 의해 두 번이나 참혹한 기아를 겪어야 했다. 1930년대 초에는 스탈린이 내린 결정 때문에 기아에 시달려야 했고, 1940년대 초에는 히틀러와 그의 추종자들이 내린 결정 때문에 굶주렸다. 즉 1930년대에 우크라이나에서 일어난 기아 사건을 고려하면, 독소 전쟁 초기에 그렇게 많은 우크라이나인이 독일군에 협조한 것은 놀라운 일이 아니다. 그들 중 대다수가 나치독일 내 독자적인 우크라이나 정권을 건설하고자 했을 뿐만 아니라 볼셰비키가 저지른 범죄를 징벌하고자 희생양을 찾았다. 그 희생양이란 무엇보다도 유대인이었다. 독일 특무출격대(아인자츠-코만도즈Einsatz-kommandos)의 지원을 받아 우크라이나인들이 르부프에서 자행한 여러 번의 유대인 학살, 즉 포그롬Pogrom 때문에 최소한 4000명의 유대인이 살해됐다.[46]

당시 독일군 비밀경찰이었던 카를하인츠 벤케는 르부프 지역에서 유대인들을 죽인 잔인한 유혈극을 목격했다. 그는 유대인이 희생양이 된 것은 해당 도시의 브리기드키 감옥에서 수감자들을 죽인 대가라고, 사건의 양상을 잘못 이해했다.

> 나와 동료들은 그것(유대인 학살)은 정당하고, 분명한 일이라고 생각했다. 이러한 잔학행위(브리기드키 감옥 수감자를 학살한 사건)를 자행한 유대인들이 죽은 수감자들과 똑같은 운명을 맞이해 총살당했다. 우리가 받은 교육으로는 다르게 생각할 수 없었다. 보이는 그대로 신뢰했으며 단순하게 믿었다. 18세의 평범한 독일군 병사라면 불법인지 아닌지를 전혀 걱정할 필요가 없었다.[47]

유대인은 브리기드키 감옥 수감자들을 학살했다는 잘못된 이유로 르부프에서 우크라이나인과 독일군에 의해 살해되었다. 유대인 살해를 정당화하는 그 발상은 터무니없다. 수감자를 살해한 주체는 그 도시에서 도망친 소련의 비밀경찰이었다. 다만 나치의 일반적인 사고방식에서는 볼셰비즘과 유대주의는 아주 유사하다. 나치가 무고한 유대인을 수없이 많이 죽인 것을 통해 볼셰비즘과 유대주의를 유사하게 간주한 나치의 사고방식을 다시 한번 알 수 있다.

독일군의 지원으로 현지 주민이 유대인을 학살한 사건은 독일군이 점령한 다른 지역들에서도 발발했다. 예를 들어 독일군 통계에 따르면, 리투아니아에서는 카우나스Kaunas에서만 3,800명의 유대인이 학살당했다. 해당 지역 곳곳에서 리투아니아인들이 독일군과 힘을 합쳐 유대인을 학살했다.[48] 카우나스시市 외곽에서는 한 리투아니아 남성이 쇠몽둥이로 40~50명의 유대인을 내리치는 악명 높은 사건이 발발했다. 군중이 모여 이 광경을 지켜보았고, 이 살인 현장을 목격한 독일 병사들은 "여자와 아이들이 포함된 민간인의 행동을 눈으로 보고도 믿기 어려웠다. 쇠몽둥이를 한 번 휘두를 때마다 군중은 박수를 쳤다."[49]라고 회고했다.

이러한 학살이 자행되는 동안 독일군은 소련 영토로 진격했다. 그러나 작전을 수립한 전략가들은 독일군이 예상했던 바와는 다르게 진격하지 못하고 있다는 걱정에 사로잡혔다. 예를 들어, 독일군은 열악한 도로 사정으로 인해 탱크가 예상보다 훨씬 많은 연료를 잡아먹고 있다는 사실을 깨달았다. 독일군은 20일 만에 점령하기로 계획한 영토를 40일이 되었음에도 정복하지 못하였다.[50] 이외에도, 엄청난 수의 소련군이 살상되거나 포로로 잡혔으나, 소련의 예비 병력은 독일의 예상치를 훨씬 웃돌았다. 이와 관련해 프란츠 할더는 1941년 8월 11일 일기에 이렇게 적었다.

이 모든 상황을 돌아볼 때, 우리가 러시아라는 거인을 과소평가했다는 사실이 점점 더 분명해졌다. 전쟁이 시작된 순간, 우리는 소련군의 병력을 약 200개 사단으로 추산했다. 그러나 이미 360개 사단까지 집계했다. 소련군이 우리의 기준에 미치지는 못하지만, 문제는 그곳에 그들이 배치되어 있다는 점이다.

프란츠 할더가 생각한 또 다른 문제는 소련군이 후방으로 밀려날수록 소련군의 보급선이 점점 더 길어지고, 소련군이 '자원'에 가까이 접근한다는 점이었다.[51] 프란츠 할더가 이런 말을 기록한 후 히틀러와 군 지휘관들 사이에 큰 논쟁이 일어났다. 중부집단군은 모스크바 진격로 중심축에 자리한 스몰렌스크에서 전투를 치르고 있었다. 독일군은 9월 초에 이 전투에서 승리하긴 하겠지만, 소련군의 저항이 예상보다 강했다. 날이 갈수록 독일군은 애초 계획했던 진격 일정보다 서서히 뒤처졌다. 개전 초기에 얼버무리고 넘어갔던 문제가 슬슬 수면 위로 부상하기 시작했다. 독일군은 계속 모스크바를 압박해야 하는가? 아니면 잠시 스몰렌스크에서 진격을 멈추고, 중부집단군 부대 일부를 북쪽의 레닌그라드 방면으로 보내고 나머지는 우크라이나의 자원을 획득하기 위해 싸우고 있는 남부집단군을 보강하도록 조치해야 하는가? 둘 중 하나를 결정해야 했다. 프란츠 할더와 발터 폰 브라우히치는 계속 진격해 모스크바를 압박하기를 원했다. 그러나 히틀러는 동의하지 않았다. 히틀러의 반대가 너무 컸다. 그는 유례없이 '서면'으로 이 문제를 '결정'했다. 독일군은 지금까지 개별 집단군이나 군Army이 독자적으로 적을 어떻게 섬멸할 것인지를 결정을 내렸고, 덕분에 큰 성과를 거

히틀러와 스탈린

사진22 독일군의 포로로 끌려가는 소련군 행렬

독소전쟁 개시 직후 한 달 동안, 독일군은 300만 명이 넘는 소련군 포로를 확보했다. 소련군 포로 중 200만 명 이상이 1941년 12월 전에 사망했다.

두었다. 히틀러도 이 점은 인정하였다. 다만 히틀러는 자신의 '마스터플랜master plan'에 방해가 되지 않는 범위에서 개별 부대의 자율권을 용인할 수 있다는 점을 강조했다. 그리고 히틀러의 마스터플랜은 즉각적으로 모스크바로 진격하는 것이 아니었다. 소련군을 격파하는 데에 필요한 자원을 획득하는 것이었다.[52]

이 메모를 작성할 때의 히틀러는 건강이 좋지 않았다. 이 시기에 히틀러를 만난 괴벨스는 그가 지쳐 있고, 건강이 좋지 않은 상태였음을 발견했다고 기록했다. 괴벨스는 "대륙 전체에 대한 책임감을 홀로 어깨에 짊어진 히틀러가 소련군의 능력에 관해서는 본인이 속았다고 느꼈다."라고 결론을 내렸다. 소련군은 히틀러의 예상보다 훨씬 강했고,

그는 이런 잘못된 정보를 주입받았다고 생각했다. 히틀러는 괴벨스에게 이렇게 말했다.

스탈린이 우리에게 강화를 구걸할 시점이 올 것이다.

만일 히틀러의 말대로 이런 상황이 벌어지면, 히틀러는 독일군이 최대한 넓은 땅을 차지하고 볼셰비키 군대를 철저하게 파괴한 다음에 이런 요청을 수용할 가능성이 컸다.[53]

이런 암울한 분위기가 흐르는 총사령부에서, 히틀러와 괴벨스는 여느 때와는 다른 회동을 하였다. 늘 자신의 판단을 확신한 히틀러는 흔들리는 모습을 드러냈다. 그는 괴벨스에게 "볼셰비즘을 파괴하고 있지만 나치군은 볼셰비즘의 운명에 '무관심해도' 된다."라고 말했다. 그 이유로 "소련군이 없는 볼셰비즘은 독일에 위협이 되지 않기 때문"이라 덧붙였다.[54] 히틀러가 왜 이렇게 생각했는지 이해하기는 어렵지 않다. 그의 정치 경력을 통틀어 가장 판돈이 큰 도박, 이전 해에 서유럽을 공격하기로 결정한 선택보다 훨씬 위험하고 판돈이 큰 도박은 그의 예상대로 진행되지 않았다. 그는 곧 기운을 되찾았지만 괴벨스는 목격하였다. 히틀러의 운이 바닥에 떨어진 이 순간은, 앞으로 있을 '투쟁'에 관한 철갑 같은 히틀러의 자신감에 처음으로 나타난 균열이라는 것을.

이때가 히틀러에게 힘든 순간이긴 했지만 스탈린도 마찬가지였다. 스탈린은 전쟁이 시작되기 전에 연달아 커다란 실수를 저질러 독일군이 쉽게 진격하는 데에 일조했는데, 전쟁이 진행되는 와중에도 소련군이 성공적으로 반격할 수 있는 기회를 갉아먹는 잘못된 결정을 내렸다. 크렘린에서 통신을 담당했던 니콜라이 포노마리예프Nikolay Ponomariev 의 증언에 따르면, 스탈린은 자신을 위해 일하는 사람들에게 최소한 화를 내진 않았다. 니콜라이 포노마리예프는 1941년 여름에 스탈린을 처음 만났다.

나는 아주 긴장했다. 아마도 내가 젊었기 때문에, 그 순간에 살아 남았을 것이다. 나는 겨우 스물네 살이었고, 스탈린을 그렇게 가 까이서 뵌 적이 없었다. 군사행진 때 연단 위에 서 있는 그를 보았 던 경험이 전부였지만, 그때는 1미터 거리에서 그를 보았다.

포노마리예프는 스탈린의 사태 파악 능력에 감명받았다.

당시 나는 최고위 지휘관들과의 모든 회동에 관한 기록을 남기느 라 아주 바빴다. 그러나 아무도 스탈린만큼 정교하지 못했다, 이 를 본 후 나는 마음의 부담을 덜어내고 그와 같이 일할 수 있겠다 고 생각했다.

히틀러를 "친절한 사람"이라 생각했던 히틀러의 시종[55]과는 다르게, 포노마리예프는 자신이 모시는 위대한 지도자에게는 다른 면이 있다 는 점을 자신의 경험에서 발견했고, 역사학자들은 이 부분을 등한시 했다.

내가 일하기 시작한 둘째 날, 스탈린은 나에게 다가와 악수를 건넸다. 그는 처음 봤을 때(그는 아주 진지했었다)와는 완전히 다른 사람처럼 굴었다. 유쾌하고, 매사 호기심이 많으며, 농담을 즐겼다. 나는 이렇게 말하겠다. 그는 친절하고 사려 깊었다. 5년 동안, 나는 그가 누군가에게 언성을 높이거나, 누구를 모욕하거나, 불쾌하게 행동한 적을 한 번도 본 적이 없었다. 단 한 번도. 그래서 나는 그를 존경하지 않을 수 없었다. 단도직입적으로 말하자면, 나는 편하게 말할 수 있게 해주고, 함께 있으면 편하고 아주 가깝게 느끼게 만들어준 스탈린의 안정감을 사랑했다.[56]

스탈린의 일면으로서 '친절함'은 자주 언급되지 않는다. 다만 우리는 스탈린을 친절한 사람이라고 생각하기에 앞서, 포노마리예프의 이야기가 어떤 맥락에 놓여 있는지를 이해할 필요가 있다. 히틀러를 시중드는 사람이 나치 체제에서 그 지위가 낮았던 것처럼 크렘린의 위계질서에서 포노마리예프의 직급은 아주 낮았다. 그처럼 계급이 낮은 젊은 병사라면 스탈린과 같은 방에서 함께 일하는 상황 자체가 일생일대의 경험이다. 그는 자신이 소속된 문화적 환경의 압력을 받았고, 이에 따라 스탈린의 모든 행동에서 큰 감명을 받기 쉬웠다. 스탈린의 엷은 미소, 스탈린의 동정심 어린 말 한마디, 다른 사람 같으면 거의 주목하지 않았을 스탈린의 사소한 행동을, 포노마리예프는 스탈린의 주된 성격이라고 과장하여 받아들일 수 있다.

스탈린을 바라보는 상상 속의 '정교함'과 '여유'에도 불구하고, 그해 여름 스탈린에게는 연달아 재앙이 닥쳤다. 8월 말, 그는 소련과 러시아 역사에서 가장 참혹한 재앙이 될 해군 작전을 주재한다. 소련 해군은 전함과 상선으로 만든 200척의 선단을 에스토니아의 탈린 항구에서 북동쪽의 크론시타트Kronshtadt(독일어로 크론슈타트)로 이동하는 작전을 개시했다. 탈린이 독일군에 포위될 때까지, 스탈린과 군지휘관들은 해군 선단의 탈출을 최대한 늦추었다. 그로 인해 독일군은 항구 출입로에 약 3만 개의 수뢰를 부설할 수 있었다.[57] 탈출을 시도하려던 소련군은 바다에 깔린 수뢰와 하늘에서 공격하는 독일 공군기라는 큰 재난을 맞이했다. 당시 소련의 해군 담당 인민위원이었던 니콜라이 게라시모비치 쿠즈네초프Nikolay Gerasimovich Kuznetsov 제독은 이때의 일을 이렇게 회고했다.

> 전함과 상선들이 파괴되면서 바다에서는 거대한 불길과 검은 연기가 분출하였다. 어둠이 깔리면서, 독일 폭격기들의 끔찍한 굉음은 잦아들었다. 그러나 바다에서는 여전히 수뢰로 인한 위협이 있었기 때문에 해병들은 마음을 놓을 수 없었다. 어둠 속에서는 구명정 조각 사이에 떠다니는 수뢰를 발견하기가 아주 어려웠다.[58]

수뢰 부설을 담당한 독일 해군은 크게 흥분했다. 당시 독일 해군 부사령관 베르Wehr는 이렇게 증언했다.

> 대혼란 속에 적 함선들이 눈에 보이지 않는 무서운 물속의 적과 연이어 충돌했고, 그 폭발로 소련 해군의 선체에 큰 구멍이 났다. 청어 통조림처럼 병사들을 가득 실은 수송선, 구축함, 어뢰정, 유조선 등 온갖 종류의 선박이 바다 밑으로 가라앉았다. 해전 역사상

수뢰 부설 작전으로 이만한 성공을 거둔 예가 없다.[59]

이 탈출극에서 65척의 소련 선박이 파괴되었고, 약 1만 4,000명의 병력이 살상되었다.[60] 이런 대재앙이 일어난 후에 여지없이 '희생양 찾기'가 시작되었다. 부당하게 기소를 당한 사람 중 한 명으로, 병력 수송선 '카자흐스탄Kazakhstan'의 선장인 뱌체슬라프 칼리테예프Vyacheslav Kaliteyev 대위가 있었다. 그는 기뢰 폭발로 바다에 빠졌다가 다른 선박의 도움으로 구조되었으나, 소련 땅에 돌아가자마자 전투 도중 함정에서 이탈한 죄로 총살당했다.[61]

탈린에서 대참사가 벌어지기 며칠 전, 스탈린은 이보다 더 큰 문제와 씨름했다. 구데리안의 막강한 기갑군을 포함해 중부집단군의 부대 일부를 남쪽 우크라이나 방면으로 돌려 키예프(키이우)를 위협하기로 결정한 히틀러의 전략이 바로 그 문제였다. 니콜라이 포노마리예프는 "스탈린은 키예프를 절대 포기해서는 안 된다고 강력하게 주장했다."라고 기억했다. 군지휘관들은 소련군이 키예프를 방어할 만큼 강력하지 못하기 때문에 병력의 이동을 요청했으나 스탈린은 그와 반대되는 전술을 고집했다.[62] 스탈린의 고집불통으로 인해 소련군은 엄청난 희생을 감내해야 했다.

주코프는 자신의 회고록에서 7월 29일의 일을 기록했다. 그날 본인은 스탈린에게 소련군 병력이 포위당하지 않도록 키예프에서 철수할 것을 건의했으나 스탈린은 "동지는 어떻게 키예프를 적에게 넘겨준다는 생각을 할 수 있는가?"라고 되물으며 화를 냈다고 한다. 이윽고 두 사람의 논쟁이 벌어졌고, 결국 주코프는 총참모장직에서 해임되었다.[63] 단순하게 전개된 듯하나 실제로는 이렇게 간단하게만 보일 일은 아니었다. 소련 문서보관소에 있던 주코프의 자서전에 따르면, 주코프는 군대 행정보다는 전투 직무로 전보해줄 것을 요청했다고 한다. 주코프는 행정보다는 전투를 선호했다. 이 요청은 키예프를 둘러싼 스탈린과의 논쟁에도 한 몫을 한 것으로 보인다. 주코프는 키예프 논쟁 중에나 이후에 스탈린에게 자신을 전투 직무로 전보시켜달라고 요청했을 것이다. 즉 주코프를 총참모장직에서 해임한 일은 보이는 것보다 훨씬 더 복잡한 사건이었을 가능성이 높다.[64]

이 시기 즈음에 소련군은 이미 수십만 명이 독일군에 항복하였다. 확실한 것은 스탈린은 더 이상의 항복을 바라지 않았다는 점이다. 8월 16일, 스탈린은 악명높은 '명령 제270호Order No. 270'에 자신의 이름을 서명했다. 스탈린은 이 명령서를 통해 소련군 병사들에게 "적에게 항복하느니 차라리 항전하다가 죽어라!"라는 지시를 내렸다. 만일 이들이 항복하면 탈영병으로 간주하고, 병사의 가족들도 체포할 예정이었다.[65] 아무리 계급이 낮더라도 모든 병사는 자신의 부대에 끝까지 항전하도록 요구하라는 지시를 받았다. 한편으로 지휘관들은 병력 보존을 위한 후퇴 전술을 택하기를 두려워했다. 이 둘이 결합되어 의도치 않은 결과가 나타났다. 보통 부대가 전장의 상황과 전술적 이유를 고려해 잠시 후퇴한 다음 재편성하여 반격을 가하는 것은 합리적인 조치다. 그러나 '명령 제270호' 이후 이러한 조치 내지는 작전은 반역으로 취급받게 되었다.

구데리안이 지휘하는 제2기갑군은 9월 초 우크라이나 북부의 데스나강Desna 도하에 성공했다. 독일군이 엄청난 규모로 소련군을 포위하려 한다는 사실은 이제 분명해졌다. 주코프 대신 총참모장이 된 보리스 샤포시니코프Boris Shaposhnikov 원수는 스탈린에게 위기의 경종을 울리고 소련군의 후퇴를 건의했으나 스탈린은 이를 거부했다. 이후 스탈린은 일부 병력의 재배치를 허용하긴 했으나 남서부전선 사령부의 미하일 키르포노스Mikhail Kirponos 사령관에게 "후퇴선을 찾지 말고 반격선, 오직 반격선 만을 구축하라."라고 명령했다.[66]

9월 13일, 키르포노스 사령관의 참모장인 투피코프Tupikov 소장은 "대재앙이 임박했다."라는 내용을 보고했다. 스탈린은 이 보고를 "공포에 질린 보고"라고 일축하고는 "냉정한 정신과 자제심"을 소련군에 요구했다. 스탈린은 소련군이 "뒤를 돌아보지 않고 완강하게 싸우기"를 원했다.[67] 그러나 말로는 전장 상황을 단순하게 바꿀 수 없었다. 결국 9월 16일, 소련군은 후퇴해도 된다는 허락을 받았다. 다만 키르포노스 사령관은 서면으로 명령이 하달되지 않는다면 그 지시를 수행하려고 하지 않았다. 스탈린이 그때까지 전달한 메시지와 명령 제270호의 위협적인 내용을 고려한다면 과연 누가 키르포노스 사령관을 비난하겠는가? 다음 날인 9월 17일, 소련군 부대들은 드디어 퇴각을 시도했다. 그러나 때는 너무 늦었다. 독일군은 이미 소련군을 포위하였다.[68]

독일군의 포위는 소련군에게 어마어마한 규모의 재앙이었다. 60만 명 이상의 소련군이 사살되거나 포로가 되었다. 소련군이 겪은 최대의 손실이었고, 스탈린의 잘못으로 빚어진 대재앙이었다. 전쟁 초기의 엄청난 인적 손실을 초래한, "공격이 곧 최선의 방어"라는 소비에트의 '교리'는 스탈린이 만들진 않았다. 하지만 그 교리를 스탈린이 열렬히 지지했다는 것은 사실이다. 더군다나 키예프에서 퇴각하지 말라고 결

히틀러와 스탈린

정한 책임자도 전적으로 스탈린이었다. 스탈린을 둘러싼 배경과 그의 성격을 고려하면, 그의 행동도 그다지 놀랍게 보이진 않는다. 그는 볼셰비키 혁명은 제1차 세계대전 도중 러시아 병사들의 불만이 누적되었기에 가능했다는 사실을 잘 알고 있었다. 또한 당시 전방에서의 반란이 소련 내 여러 도시의 봉기를 촉발했다는 점도 잘 알고 있었다. 그는 무자비한 중앙의 통제가 매우 중요하다는 교훈을 역사에서 배웠다. 앞서 본 것처럼 스탈린은 히틀러와 달랐다. 히틀러는 전반적인 군사 목표를 본인이 정했으나 이를 성취할 수 있는 가장 좋은 방법은 전투를 치를 각 부대에 맡겼다. 이와 달리 스탈린은 소련군이 어떻게 전투를 치러야 하는지까지, 세세하게 간섭했다. 흐루쇼프는 당시 스탈린과 모스크바 총참모부의 지도 방식이 역효과를 낸다고 생각했다. 그는 전쟁 이후 다음과 같은 말을 기록으로 남겼다.

> 전선 지휘관들이 각자 최선의 방법으로 병력을 운용할 주도권을 박탈한 것은 멍청한 일이었다.[69] 그곳(키예프)에서 얼마나 많은 장비를 손실했는지를 생각해 보라! 이 모든 것은 말도 안 되는 일이다. 군 전술의 관점에서 무지, 무능, 무식함을 드러낸 짓이었다.[70]

다만 우리는 흐루쇼프가 키예프에서의 실패에 관한 책임을 면하고자 회고록에서 노력했다는 점을 고려해야 한다. 주코프가 전쟁 이후 저술한 회고록에서 했던 것과 똑같았다. 이와 무관하게 수많은 소련군이 스탈린의 부적절한 결정으로 죽었다. 이는 부정할 수 없는 사실이다.[71]

키예프 재앙에서 드러났듯이 스탈린의 지도 방식을 바꾸지 않으면 소련은 패망할 수밖에 없었다. 소련군이 독일군보다 더 많은 병력과 기갑을 보유하고 있다는 점은 중요하지 않았다. 단순한 수적 우위는 굴욕적인 패배를 막는 데에 충분하지 않다는 사실이 키예프에서의 패전으로 증명됐다. 소련을 위해서 스탈린이 변해야 했다. 그는 할 수 있었다. 적절한 때에 스탈린이 본인의 행동을 바꿀 수 있는가. 이것이 제2차 세계대전 전체의 향방을 결정할 핵심적인 요인이었다.

그런데 최소한 한 가지 측면에서 스탈린은 의견을 조정할 수 있다는 가능성을 보여주었다. 그는 과거 자신이 매도하고 비난했던 국가들에서 도움을 받는 일에 죄책감을 느끼지 않았다. 1941년 7월, 그는 독일군의 분산을 위해 프랑스에 제2전선을 열 수 있는지를 영국에 물었다. 7월 20일, 영국 주재 소련대사 마이스키는 자신의 일기에 처칠 총리가 이 사안에 부정적이라고 기록했다. 왜냐하면 처칠은 당시 상황에서 영국이 유럽 대륙을 공격하는 것은 '재앙'으로 이어질 것이라 생각했기 때문이다. 처칠은 영국 공군의 폭격이 일종의 제2전선 역할을 수행할 것이라고 마이스키, 그리고 그의 뒤에 있는 스탈린에게 호소하고자 노력했다. 처칠은 "우리는 독일을 인정사정없이 폭격할 것이고, 그렇게 하여 독일 국민의 사기를 꺾을 것이다."라고 말했다.[72]

마이스키와 처칠의 회동은 아주 중요하다. 우리가 앞으로 보게 될 것처럼, 연합국이 서유럽에서 독일군과 전투를 벌일 시기는 스탈린에게 매우 중요하다. 실제로 1944년 6월 노르망디 상륙작전 뒤에 연합군이 제2전선을 열지 않자, 스탈린은 이를 '사악한 배신A Sinister Betrayal'으로 여겼다.

스탈린은 그해 여름, 루스벨트의 사절인 해리 홉킨스Harry Hopkins와 직접 협상했다. 홉킨스는 루스벨트 행정부에서 공식 직책을 맡고 있지 않았지만, 상당한 영향력을 가진 인물이었다. 해리 홉킨스는 루스벨트의 이상한 정책 수행 방식을 상징하는 인물이었다. 루스벨트 대통령은 열린 자세를 가지고 있는 것처럼 자신의 이미지를 구축했으나 실제로는 전혀 그렇지 않았다. 그가 "오른손이 하는 일을 왼손이 모르게 하라."라는 격언을 무척 중시했다는 일화는 유명하다. 루스벨트는 이 철칙을 열심히 지키며 심각한 행정적 불확실성을 야기했다.[73] 전쟁 기간 중 백악관에서 연락 담당으로 일했던 조지 엘시George Elsey는 이렇게 말했다.

> 루스벨트는 한 부처에 메시지를 보내고, 다른 부처에서 답을 올리게 했다. 예를 들어, 그는 자신 이외에는 누구라도 처칠 총리와의 연락 내용 전체를 알고 있기를 원하지 않았다. 다른 사람이 일의 전모를 파악하기를 원하지 않았다. 이것이 루스벨트 대통령의 특징이었다.[74]

1941년 7월 말, 홉킨스를 모스크바에 파견한 조치에서, 외교정책을 일관되지 않은 방식으로 수행하는 루스벨트의 특징이 엿보인다. 비단 홉킨스가 국무부를 우회하여 루스벨트에 직통 보고를 했기 때문만은 아니었다. 홉킨스는 루스벨트가 지도자 스탈린이 아니라 인간 스탈린에 관한 홉킨스 본인의 주관적 견해를 듣기를 원한다는 사실을 알고 있었다. 루스벨트는 자신이 주요 정치인들과 맺었던 친밀한 관계를 스탈린과도 맺고 싶었기에, 이를 위해서 '인간 스탈린'이라는 1차 정보가 필요했다. 루스벨트는 자신의 사람을 다루는 능력을 자랑스럽게 생각했고, 스탈린을 다루기 위해서는 스탈린이 어떤 사람인지를 알아야 한다고 생각했다.[75]

홉킨스는 스탈린과 회동한 이후 "말, 제스처 매너리즘에 신경을 쓸 필요가 없다. 아주 잘 조절된, 아주 지능적인 기계와 대화를 나누는 것 같다."라는 생각을 했다. 홉킨스는 스탈린과 루스벨트, 처칠 사이의 중차대한 차이점을 발견했다. 스탈린은 상대의 호감을 얻으려는 노력을 전혀 하지 않았다. 이것은 스탈린을 이해하기 위해 알아야 하는 가장 중요한 특징이다. 그는 타인의 호의를 얻기 위한 노력을 결코 하지 않았다.[76] 히틀러도 사람의 호감을 얻으려고 노력하진 않았으나 홉킨스의 의견에 따르면 두 독재자의 차이는 극명하다. 히틀러를 만난 사람들은 그를 두고 "완전히 조율된 기계 같다." 같은 생각을 하진 않는다. 홉킨스는 루스벨트에게 크렘린 회동의 내용을 전달했다. 스탈린은 "모든 국가 사이에는 최소한의 도덕적 기준이 필요한데, 현재 독일 지도자들은 최소한의 도덕적 기준도 갖추지 못했기 때문에 현대 세계의 반세계적 세력을 대표한다."라고 말했다. 이 보고의 내용은 무척 위선적이다. "현재 독일 지도자들"이 스탈린의 말대로 사악하거나 그보다 더 나쁜 것은 사실이다. 그러나 국가 사이의 최소한의 도덕을 강변하는 스탈린이라는 인물은 도대체 어떤 사람인가? 그는 당시 기준으로 최근까지도 무력을 동원해 발트 삼국과 폴란드의 영토를 강탈했다. 그렇지만 스탈린의 의견은 시사하는 바가 크다. 이 의견을 보면, 히틀러가 독소 불가침 조약을 파기한 일에 스탈린이 얼마나 분노하는지를 알 수 있다.

히틀러와 스탈린

독일인들은 오늘 조약을 체결하고, 내일 파기하며, 그다음 날 다시 다른 조약을 체결할 작자들이다.[77]

스탈린은 소련이 독일의 침공을 냉철하게 격퇴할 수 있다는 최고의 자신감을 보여주었다. 7월 31일 홉킨스와의 회동에서, 그는 "겨울 동안 전선은 모스크바, 키예프, 레닌그라드 앞에 형성될 것"이라는 강한 확신을 표했다.[78] 몇 주 뒤 키예프가 위협을 받는 상황에 이르렀을 때, 스탈린이 이전의 포부를 잊었을 가능성은 없다. 그가 키예프 사수를 결정할 이유 중 하나는 자신의 예언이 맞다는 걸 과시하기 위함일 수 있었다. 그러나 독일군은 키예프를 장악하여 키예프 전투에서도 승리했다.

히틀러는 독일군이 소련의 주요 도시 내부로 진입할 때 맞이하게 될 위험에 관해 경고한 적이 있었는데, 그 경고가 현실로 나타나기 시작했다. 9월 24일, 키예프의 중앙우체국에서 큰 폭발이 일어나 인근의 독일군 장교 몇 명이 사망하는 사건이 발생한다. 히틀러가 예견한 대로 소련군은 후퇴하기 전에 함정을 설치한 것이다. 10월 10일, 발터 폰 라이헤나우_{Walther von Reichenau} 장군은 앞으로 키예프 같은 도시는 위험을 제거하기 위해 '완전히 파괴하기' 전에는 점령하지 말 것을 명령했다.[79]

키예프 시내에 진입한 독일군은 바로 이 도시에 살고 있는 유대인들을 박해했다. 당시 키예프에 거주했던 소녀인 빅토리아 이바노바_{Viktoria Ivanova}는 독일군이 9월의 특정한 날에 유대인들에게 따뜻한 옷을 챙겨 정해진 장소로 모이라는 공고를 내린 것을 기억했다. 이바노바는 이때의 일을 이렇게 회상했다.

'따뜻한 옷'이라는 말이 들어간 공지를 본 유대인들은 자신들이 처형될 것이라는 생각을 하지 못했어요. 아마 이들은 다른 곳으로 이주하거나 옮겨갈 것을 상상했어요. 그래서 유대인들은 아주 순종적으로 독일군의 명령에 따랐어요.[80]

비극적이게도 독일군은 유대인을 위한 완전히 다른 계획을 세웠다. 홀로코스트 역사에서 가장 악명 높은 사건 중 하나다. 키예프의 유대인들은 도시 중심에서 3마일 떨어진 바비야르Babi Yar(우크라이나어로 바빈야르)라고 불리는 계곡에 모인 뒤 모두 총살당했다. 빅토리아 이바노바와 그녀의 어머니는 독일군의 기준에 의하면 유대인이었다. 그렇지만 이 '이주'에 참여하지 않는 위험을 감수했는데, 빅토리아의 할머니는 독일군의 명령에 따랐다. 빅토리아와 그녀의 어머니는 키예프에 있는 유대인들이 모이는 광경을 보았다.

나의 어머니는 자신의 본심을 드러내지 않기 위해 본인의 어머니인 할머니에게 가까이 가는 것을 무서워했어요. 그래서 우리는 길 반대편에 서 있었어요. 그러나 나는 길을 건너 할머니에게 가서, 할머니 옆에 섰어요. 할머니는 한 살 아기를 데리고 있었고, 나는 다시 길을 건너 돌아왔어요. 나는 유대인 군중이 바비야르 계곡으로 향하는 모습을 지켜보았어요. 그들 중 일부는 짐작했을지 모르지만, 대부분은 처형될 것이라는 사실을 몰랐어요. 나는 할머니가 우리 옆을 지나갈 때 어머니에게 "나, 간다."라고 말한 것을 기억해요. 그런 다음 할머니는 군중 속으로 사라졌어요.[81]

히틀러와 스탈린

유대인들이 바비야르에 도착한 후 독일군에 부역하던 우크라이나 인들이 유대인 처형 과정을 도왔고, 처형인들은 독일군의 지휘를 받았다. 존더코만도 4aSonderkommando 4a 소속 병사였던 쿠르트 베르너Kurt Werner는 다음과 같은 증언을 남겼다.

이미 처형된 유대인 시신들 위에 새로운 유대인 집단이 연이어 쓰러졌다. 처형인은 유대인 뒤에 서서 그들 목에 총을 쏘았다. 유대인들이 계곡 끝에 가서 이미 처형된 시신들을 보았을 때 내가 얼마나 큰 공포에 사로잡혔는지, 그 모습을 지금도 선명히 기억한다. 이런 참혹한 살인을 수행하기 위해서는 어떤 강심장을 가져야 하는지 상상조차 불가능하다. 바비야르 학살은 정말 무서운 참극이었다.[82]

9월 29~30일 이틀 동안 독일군은 우크라이나 부역자들의 도움을 받아 3만 3,000명이 넘는 유대인을 살해했다. 오늘날까지의 전쟁 역사에서 이만큼 무고한 민간인을 대량학살한 참극은 유례를 찾아볼 수 없다.

디나 프로니체바Dina Pronicheva는 바비야르 학살 사건의 몇 안 되는 생존자 중 한 명이다. 그녀는 그때의 일을 이렇게 증언했다.

다른 유대인들과 마찬가지로 옷을 벗으라는 명령을 받은 직후 처형 구덩이에 던져졌다. 이윽고 총격이 쏟아졌고, 나는 죽은 척하며 누워있었다. 사격이 난무하는 와중에 벌거벗은 시신들이 나를 덮었고, 나는 살아 있다는 것이 발견되지 않은 채 누워있었다. 그날 늦게 내가 탈출하려고 할 때, 7~8명의 독일군이 아직 살아 있는 두 명의 젊은 유대인 여성을 끌고 오는 것을 보았다. 그들은 계곡 아래로 더 내려가고는 두 여성을 강간했다. 수욕을 채운 그들은 총검으로 두 여성을 찔러 죽였다. 두 여성의 시신은 다리가 벌어진 채 다른 시체들 사이에 버려졌다.[83]

최근에는 독일군과 부역자들이 저지른 성범죄도 학술적 연구의 대상이 되어 잔학성이 드러났다. 이런 연구들은 독일 점령군이 나치즘의 이념적 제약 때문에 이런 잔혹 행위를 저지르지 않았다는 변명이 거짓말임을 증명했다. 이 전쟁은 모든 측면에서 용납할 수 없는 더러운 전쟁이었다. 이것이 진실이다.

독일인과 유대인 또는 독일인과 슬라브인의 성적 접촉은 공식적으로 엄격히 금지되었다. 그러나 이 규칙은 철저히 지켜지지 않았다. 예를 들어, 카를하인츠 벤케는 전후에 비밀경찰로서 키예프 동쪽의 한 도시에 복무할 때 "전쟁 당시 예쁜 우크라이나 여성이나 러시아 여성과 성적으로 접촉했었다."라고 고백했다. 그는 자신의 일기에 "다른 수많은 병사와 함께 어떤 여성에게 올라탔다."라고 기록했다. 벤케가 저지른 이 '인종 범죄'를 두고, 독일군 상부에서는 6개월간 진급을 지체시키는 징계만 내렸다. 피해 여성이 성관계에 동의했다는 벤케의 주장은 터무니없는 거짓말이다. 그런 극한 상황에서 동의가 대체 무슨 소용이 있겠는가? 벤케는 자신과 동료들은 성관계의 대가로 해당 여성에게 초콜릿을 주었다고 회고했다.

우리는 '그런 일'을 할 수 있는 집이 있다는 이야기를 들었고, 4~5명이 그곳으로 갔다. 차례로 여성을 강간했지만, 젊은 시절의 무분별한 객기였을 뿐이지 규정 같은 것을 생각하진 않았다.[84]

키예프에서 빅토리아 이바노바와 그녀의 어머니는 몇 시간 만에 바비야르에서 벌어진 일에 관해 들었다.

모두가 총살형으로 죽었다는 사실을 알았다. 이런 일은 숨길 수가 없는 법이다. 이 소문은 키예프에 아주 빠르게 퍼졌다.

그녀와 그녀의 어머니는 바로 몸을 숨기고 친구들 집 여럿을 옮겨 다녔다. 한 아파트에서 모녀는 커다란 옷장 뒤에 몰래 만들어진 방에 숨었다.

독일군이 이 아파트를 수색할 때, 그들은 한 방에 5~6명이 모여 자는 광경을 보았으나 그 뒤에 또 다른 방이 있다는 사실은 몰랐다. 우리는 그런 공포 속에서 지냈다. 우리는 이 공포를 이겨내야 했다. 어린애였던 나는 내내 떨며 엄마한테 꼭 붙었다. 나는 어느 순간이든지 독일군이 들이닥쳐 우리와 우리를 숨겨준 사람들을 처형할 수 있다는 사실을 알고 있었다. 이런 공포 속에서 우리는 3년을 버텼다.

이바노바는 전쟁 중 유대인이 아닌 우크라이나인들의 극명하게 상반되는 행동들을 목격했다.

우크라이나인 중에는 유대인을 구해준 사람도 있었고, 유대인을 배신한 사람도 있었다. 사람들은 두 집단으로 나뉘었다.

그녀의 어머니는 훗날 '이웃'의 밀고로 처형당했다.

당연히 나는 양가 감정을 느낄 수밖에 없었다. 나는 우크라이나인들 덕분에 목숨을 구했으나 우리 유대인을 배신한 사람들을 미워했다. 나는 배신자를 존중할 수 없다.

그러나 무엇보다도, 우크라이나에서 일어난 모든 일과 특히 우크라이나계 유대인들에게 일어난 일에 관해서 독일인들의 책임을 물었다.

그들은 개 같은 짐승이라고 생각했다. 나는 그들을 독일산 사냥개 같다고 생각했다. 우리는 그들을 독일 셰퍼드라고 불렀다. 다른 사람을 죽일 수 있는 사람은, 사람을 물어 죽이도록 훈련된 개나 마찬가지였기 때문이다.[85]

1930년대 초 우크라이나인들이 기아로 죽어갈 때, 스탈린은 '개인적으로' 우크라이나인들을 죽이지 않았다. 히틀러도 마찬가지다. 독일군이 유대인들을 죽일 때, 히틀러도 '개인적으로' 빅토리아 이바노바의 어머니와 키예프의 다른 유대인을 죽이지 않았다. 그러나 두 독재자 모두 각각의 범죄를 저지른 책임이 있다. 이들이 야기한 고통은 이들이 사람들에게 주입시키고자 했던 이념의 산물이었다. 스탈린은 수많은 희생자가 나올 것이라는 사실을 알면서도 소련 농업을 재구성하기 위한 정책을 무자비하게 추진했다. 히틀러는 소련 내의 유대인은 어떤 방식으로든 제거해야 할 대상이라는 세계관에 맹목적으로 충실했다. 이념은 말에 불과할 수 있으나 이념이 낳은 고통은 너무도 실제적이다. 소련에서는 이 고통이 점점 더 심해질 터였다.

7장

절망의 나날

1941년 가을

그해 가을 히틀러와 스탈린의 차이는 점점 더 명확해졌다. 스탈린은 전황에 불안을 느끼는 동안 히틀러는 확신을 느꼈다. 단순히 전쟁이 전개되는 양상에서뿐만이 아니라 지도력을 행사하는 방식에서도 마찬가지였다.

1941년 가을은 두 독재자의 인생을 뒤바꾼 전환점이었다. 두 사람 중 한 사람은 승리가 거의 눈앞에 왔다고 선언했고, 다른 사람은 자신의 생애에서 가장 중요한 결정이라고 평가되는 결단을 내려야 했다.

초가을의 히틀러는 확신에 가득 찬 상태였다. 소련군은 키예프에서만 패배한 것이 아니라 철저히 분쇄되었다. 소련 침공을 결정한 순간부터 히틀러가 기대했던, 그런 종류의 승리였다. 괴벨스는 9월 23일 히틀러를 만난 후 "그는 아주 예외적으로, 전황에 흡족해했고, 큰 기쁨을 표현했다."라고 기록했다.

마법의 상자가 열렸다. 우리는 앞으로 3~4주 안에 새로우면서도 커다란 승리를 얻을 것이다.

괴벨스가 8월에 만났던 '아프고 낙담한 히틀러'는 더 이상 존재하지 않았다. 이제 히틀러는 스탈린그라드Stalingrad(오늘날 볼고그라드Volgograd)까지 하루라도 빨리 진격하여 "볼셰비키들이 석탄과 무기 생산을 하지 못하게 만들 것"을 주문했다. 소련의 자원을 장악한다는 그의 꿈은 다시 한번 달성할 수 있을 것만 같았다. 히틀러는 괴벨스에게 레닌그라드에 관한 계획도 이야기했다. 그는 레닌그라드라는 거대한 도시를 지구상에서 지우기를 원했다. 이 도시에서 볼셰비즘이 시작되었다고 생각한 히틀러는 "이 도시에서 볼셰비즘은 최종적으로 박멸될 것이다."라고 말했다.

히틀러는 "그곳에 몰려 있는 500만 명의 주민을 먹여 살릴 수 없기 때문에" 그 도시를 점령할 계획이 없었다. 그는 레닌그라드의 주민들을 굶어 죽게 하고, 그 도시를 폭발시켜 완전히 파괴하고자 했다. 이와 관련해 괴벨스는 다음과 같은 기록을 일기에 남겼다.

역사상 가장 무서운 일이 레닌그라드에서 벌어질 것이다. 기아, 유혈, 눈물로 시작된 볼셰비즘은 기아, 유혈, 눈물 속에서 소멸할 것이다.

히틀러는 "지금 우리가 취하고 있는 행동은 나 자신이 기획한 것"이라고 괴벨스에게 자랑했다. 그는 브라우히치 같은 '군사 전문가들'은 독일군을 남쪽으로 이동시켜 키예프를 공격하는 작전에 반대했다고 말했다.

히틀러와 스탈린

자신의 작전 조치가 옳다는 점을 장군들에게 확신시키기 위해 히틀러는 상세한 지시문을 써서 자신의 실제 의도를 기록해야만 했다. 사실 이러한 조치는, 우리 독일군 당국자들의 꼬리를 물고 이어지는 생각에 대담성이 결여되었다는 사실이 드러나는, 한탄할 만한 신호다. 물론 지금 와서는 큰 성공을 거두었기에 모든 사람이 히틀러의 조치가 옳다는 사실을 확신하게 되었다. 그러나 이 설득은 어려운 일이 아니었다. 정말 어려운 일은 성공을 정확하게 예언하는 것이다. 이미 성취된 성공을 칭송하기란 쉬운 일이다.[1]

이러한 결실은 전형적인 히틀러식 성취였다. 지도자로서 히틀러는 자신의 성격을 구성하는 여러 부분을 과시했다. 자신이 '격파'한 사람들에게 일체의 관용도 허락하지 않았다는 점이 그의 첫 번째 특징이었다. 그보다 더 잔인한 '정복자'가 있었는가? 지나친 야망과 원대한 계획도 마찬가지였다. 탱크가 전진하기 어려운 겨울이 오기 전까지, 독일군은 어떻게 6,000마일 이상 떨어진 스탈린그라드까지 진격할 것인가? 그리고 본인이 항상 옳다고 자랑하는, 기만적이고 기괴하고 이기적이고 오만한 지도자는, 키예프에서의 승리에 만족하지 않았다. 그는 자신에게 반대 의견을 피력한 '전문가들'이 부끄러움을 느끼도록 망신을 주고자 했다.

우리는 그의 과시와 비인간성을 무척 부정적으로 여기지만, 괴벨스를 포함한 많은 나치 지도자는 히틀러의 말을 다른 방식으로 해석했다. 이들은 수백만 명의 볼셰비키를 반드시 살상해야 한다고 생각했다. 그들은 '인간 이하의 존재Subhuman'이고, 독일은 그들이 거주하는 땅을 원했기 때문이다. 겨울이 다가오고 보급선이 길어진 상황에서, 독일국방군(베어마흐트Wehrmacht)은 스텝지대를 가로질러 수백 마일을 진격한다는 목표를 영감을 느낄 만큼 멋지다고 생각했다. 히틀러가 군지휘관들을 비판한 것은 히틀러가 늘 옳다는 '사실'을 다시 한번 충분히 증명했을 뿐이지 않겠는가?

괴벨스가 히틀러를 만나기 며칠 전인 9월 17일, 히틀러는 여러 사람에게 자신의 명석함을 자랑했다. 만찬 후 발언에서 히틀러는 키예프 작전을 성공시키기 위해 "나의 모든 권위를 저울에 올려놓아야 했다."라고 말했다. 그다음 그는 "나는 우리가 거둔 성공의 상당 부분은 우리가 과감히 저지른 '실수' 덕이라는 점에 주목한다."라고, 냉소적으로 말했다.[2] 그날 밤 그는 중차대한 결정을 내릴 때 자신이 어떤 접근법을 취하는지를 말했다.

> 결정의 정수는 무슨 수를 써서라도 행동하는 데 있지 않다. 내면의 목소리가 당신에게 행동하라고 말할 때 주저하지 않는 것이 결정의 본질이다.

이 말에는 지도자로서 히틀러의 정신세계를 들여다볼 수 있게 해주는 유용한 시사점이 있다. 앞서 본 것처럼 그는 통상적인 통치 방식, 즉 무언가 결정하기에 앞서 최대한 많은 의견을 들어보고 결정 방식을 따르지 않았다. 히틀러는 아주 빈번하게, 자신 이외에는 누구와도 사전에 상의하지 않고 결정했다. 제3제국 역사에서 가장 중요한 시기에 그는 자신의 결정을 아랫사람들에게 단순히 통보했다. 그는 자신의 결정에 의구심 따윈 가진 적이 없었고, 본인의 강력한 설득력에 의존했다. 그는 자기확신과 설득력을 지도자로서의 권위와 결합해 본인이 원하는 바를 밀고 나갔다.

그렇다고 히틀러가 늘 결단력이 좋다는 뜻은 아니다. 프란츠 할더 장군이 프랑스 공격 당시 관찰한 바와 같이, 그는 어떤 때는 "엄청나게 신경이 예민"했고, "위험부담을 지는 것을 두려워했다."[3] 그런데 9월 17일에 히틀러가 한 말을 보면, 왜 그가 그런 사람인지를 알 수 있다. 히틀러는 중요한 결정을 내리기 위해서는 항상 '내적 확신'이 필요했다. 그런 '느낌'이 없으면 그는 어떻게 해야 할지 자신감을 갖추지 못했다. 독일의 운명이 내적 확신이라는 감정에 지배되는 사람의 손에 맡겨진 셈이었다. 하물며 그런 감정은 히틀러가 필요로 할 때마다 불러낼 수 있는 것이 아니었고, 그는 그 감정을 느낄 때까지 선택을 연기해야만 했다.[4]

그해 가을 히틀러와 스탈린의 차이는 점점 더 명확해졌다. 스탈린은 전황에 불안을 느끼는 동안 히틀러는 확신을 느꼈다. 단순히 전쟁이 전개되는 양상에서뿐만이 아니라 지도력을 행사하는 방식에서도 마찬가지였다. 키예프의 상황을 놓고 내리는 결정들을 보면 분명히 알 수 있다. 스탈린은 혼자서 부적절한 결정을 내리곤 했으나 내적 확신에 의존하진 않았다. 대체로 동지들과의 협의를 거치고 결정을 내렸다. 또한 자신의 이름으로 '총통의 지시'를 내려보낸 히틀러와 달리 스탈린은 대체로 자신과 동료 몇 사람의 서명을 함께 담았다. 레닌그라드에서 불과 20마일 떨어진 곳에 있는 실리셀부르크 Shlisselburg가 9월 9일 독일군의 수중으로 떨어졌다는 보고를 받은 다음, 스탈린이 레닌그라드의 볼셰비키 지도자들에게 보낸 지시문을 예시로 들 수 있다. 이 지시문에는 몰로토프, 베리야, 게오르기 말렌코프_{Georgy Malenkov}의 서명이 함께 담겼다.

> 우리는 귀관들의 행동에 매우 실망했다. 귀관들의 보고는 모두 어느 곳이 점령당했다는 내용을 담고 있었다. 귀관들은 이 모든 도시와 기차역의 상실을 방지하기 위해 무슨 계획을 세우고 있는지에 관해서는 한마디도 작성하지 않았다. 실리셀부르크가 빼앗긴 사태에 관한 귀관들의 보고 방식에서 너무도 큰 충격을 받았다.[5]

두 사람의 지도력을 비교하면 그 방식에 큰 차이가 있다는 사실은 분명하게 보이지만, 스탈린이 집단적 의사결정 과정에 참가한 1인의 구성원에 불과하다는 발상은 환상에 불과하다. 레닌그라드 지도부에 보내는 문서에는 네 명의 서명이 적혔지만, 문서에는 스탈린의 감정이 전형적으로 담겨 있었다. 그는 남을 비난하는 문화를 모든 곳에 퍼트렸다. 그는 통제력의 상실을 두려워했다. 그는 최고의 통제력을 유지하는 최선의 방법이 노골적인 위협이라고 생각했다.

스탈린은 레닌그라드의 운명에 격노하는 동시에 영국 주재 소련대사인 이반 마이스키에게는 처칠에게 다음과 같이 경고하라고 지시했다. 만일 처칠이 소련이 요구하는 장비와 다른 물자의 공급을 재가하지 않으면, 독일이 동방에서의 전투에서 '승리할 위험'이 있다는 것이다. 이에 더해 마이스키는 스탈린을 대신해 "소련은 영국이 영불해협을 건너 프랑스를 점령한 독일군과 싸우거나, 아니면 발칸을 거쳐 독일을 공격하기를 바란다."라고 전달했다. 처칠은 마이스키에게 또 다시 "만일 영국이 그런 전략을 따르면 패배할 것이 분명하다."라고 경고했다.[6] 처칠은 마이스키와의 회동에서, 스탈린이 요구하는 촉박한 일정으로는 소련이 필요로 하는 군사적 원조를 제공할 수 없다고 말했다.

> 당신이 믿지 않고 있는 '신'만이 앞으로 6~7주 안에 당신을 도울 수 있다.

필요로 하는 장비를 즉각 공급한다고 허락해도, 그 장비들이 몇 달 내에 소련에 도착할 수는 없다고 처칠은 덧붙였다. 스탈린은 처칠의 편지를 받고는 일주일 후에 답신을 보냈다. 그는 소련군과 '함께' 싸울 25~30개 사단의 파견을 영국에 요구했다. 처칠은 이 요구를 거부했다. 그는 자신이 스탈린이 요구한 병력을 보낼 수 없어서 유감이지만, 현재 상황이 그럴 수밖에 없다고 답했다.[7] 처칠은 9월 초 루스벨트에게 보낸 편지에서 "우리는 소련이 (독일과의) 단독 강화조약을 생각할 수도 있다는 인상을 지울 수 없다."라고 경고한 상황에서 이런 입장을 취했다.[8] 즉 스탈린과 히틀러가 서로 강화조약을 체결할 수도 있다는 가능성을 고려했음에도 영국은 입장을 바꾸지 못했다.

10월, 영국과 미국은 소련에 일부 도움을 추가로 주는 협약을 맺었다. 그러나 스탈린은 이 합의가 진행된 방식 때문에 큰 감동을 느끼지 못했다. '제1협약First Protocol'으로 불린 이 합의에서, 처칠과 루스벨트는 소련에 매달 몇백 대의 항공기와 전차를 보내기로 결정했다. 그러나 1941년에는 500대가 안 되는 영국 탱크가 소련에 전달되었고, 미국은

20대 조금 넘는 전차를 보냈다. 게다가 영국이 보낸 마틸다 탱크_{Matilda}와 밸런타인 탱크_{Valentine tank}는 모두 이동속도가 느리고 적의 공격에 취약하였다. 소련은 영국이 지원한 탱크의 수준에 실망했다.[9]

소련이 당면한 위기 때문에 스탈린은 외부의 지원을 간절히 소망했다. 히틀러의 군대는 더 뛰어난 지휘관의 지도를 받고, 더 잘 훈련되었으며, 전체적으로 소련군보다 뛰어났다. 소련이 위기를 확신했다는 것은 종군기자 바실리 그로스만의 회고에도 드러난다. 그는 1941년에 생포한 독일군 오토바이부대 병사를 심문하는 광경을 목격하고는 이를 기록으로 남겼다.

> 그는 오스트리아인이었다. 키가 크고, 잘 생겼다. 그가 입은 부드러운 색이 들어간 기다란 가죽 코트를 모두가 부러워했다. 모두가 그 코트를 만지며 고개를 좌우로 저었다. 그 태도는 "이런 코트를 입은 사람들과 도대체 어떻게 싸울 수 있겠는가?"라고 말하는 것이나 마찬가지였다.[10]

소련군은 이제 더 큰 위기에 직면했다. 키예프 전투에서 승리한 이후 히틀러는 모스크바로 진격하는 '태풍 작전_{Operation Typhoon/Unternehmen Teifun}'을 승인했다. 보크 원수는 중부집단군의 전력을 보강해 1,500대의 전차와 200만 명 이상의 병력으로 구성된 군대를 갖추었다. 역사상 이보다 더 많은 '전쟁 도구'를 휘하에 둔 지휘관은 없었다. 9월 30일, 구데리안이 이끄는 기갑군이 공격을 개시하여 곧 대단한 전과를 올렸다. 불과 4일 만에 구데리안의 기갑부대는 120마일을 진격해 오룔_{Oryol}

을 점령했다. 소련군은 이 공격에 심히 당황했다. 제4기갑사단의 제 6중대가 오룔시에 진입했을 때, 독일군 병사들은 길에서 전차가 아직 도 돌아다니는 광경을 보았다.[11] 기갑사단 휘하 제6중대장 아르투어 볼슐레거Arthur Wollschläger는 당시를 이렇게 회고했다.

> 우리를 본 오룔시의 시민들은 얼굴이 하얗게 질린 채로 건물과 샛 길로 도망쳤다. 도로와 도로 위 차량들은 덜컹거리게 흔들리고, 심지어 경적을 울리며 통행하고자 했다.[12]

유명한 일화로, 바실리 그로스만의 상사인 신문사 편집장이 화가 난 나머지 "왜 자네는 소련의 영웅적인 방어에 관해서는 아무런 기사도 쓰지 않는가?"라고 다그치자, 바실리 그로스만은 "소련이 아무런 방어 도 하지 않았기 때문이다."라고 답했다.[13]

오룔 점령은 이후 몇 주간 이어질 독일군 승리의 시작이었다. 히틀 러와 그의 주변에 있던 많은 사람이 전쟁에서 사실상 승리했다고 간 주했다. 히틀러의 부관이자 공군 장교였던 니콜라우스 폰 벨로Nicolaus von Below도 "마치 모스크바로 가는 길이 우리에게 활짝 열린 것 같았다." 라고 기록했다.[14] 이러한 낙관주의가 팽배한 가운데 히틀러는 자신의 별장인 볼프스샨체에서 베를린으로 돌아와 겨울철 구호 프로그램의 개시를 알리는 연설을 했다. 10월 3일, 베를린의 스포츠팔라스트Berlin Sportpalast*에서 행한 이 웅변은 히틀러의 가장 중요한 연설 중 하나다.

◆ 베를린의 다목적 실내 경기장으로, 1910년에 건설되었고 1973년에 철거되었다.

사진23 **1941년 12월 모스크바로 진격하는 독일 중부집단군 병사들**
모스크바 공방전은 독소전쟁의 승패를 바꾸었다.

그가 자신이 추구하는 근본적인 이념에 관해서 무언가 새로운 말을 꺼내서가 아니라, 그가 연설 도중 자신의 정치 경력에서 가장 큰 실수를 저질렀기 때문이다. 특히나 카리스마가 넘치는 지도자에게는 더욱 치명적인 실수였다.

자신의 앞에 운집한 군중뿐만 아니라 라디오를 통해서도 연설을 알린 히틀러는, 단정적인 어조로 "모든 것이 계획대로 진행되었고, 적은 이미 쓰러져 다시는 일어나지 못할 것이다."라고 선언했다.[15] 청중의 대다수는 이 말을 동방 전쟁에서 독일군이 승리하고 소련군이 패배한 것으로 받아들였다. 이러한 반응은 나치 정권에게는 단기적으로 강력한 이익을 선사했다. 소련과의 전쟁이 개시된 이후 히틀러의 첫 공개 연설이라는 사실로도 그 효과가 증폭되었다. 괴벨스는 10월 5일에 이 웅변에 관해 "총통의 연설은 독일 국내에 마법 같은 효과를 불러일으켰다."라고 일기에 기록했다.

모든 비판, 비관주의, 심지어 불안마저 완전히 사라졌다.

그러나 최고의 선동가는 그 일기에 이런 말을 덧붙이며 우려를 표명했다.

(낙관적) 여론이 너무 높게 치솟을 것이다.[16]

6일 후인 10월 9일 히틀러의 공보비서인 오토 디트리히Otto Dietrich는 기자들을 위해 가진 브리핑에서 히틀러에 못지않은 과도한 자신감을 보였다.

군사적 관점에서 보면 소비에트 러시아는 끝났다.[17]

다음 날 독일 언론들은 승리의 축포를 터뜨렸다. "볼셰비즘의 군사력은 영원히 분쇄되었다. 동방에서의 승리는 독일이 동서 양면에서 전쟁을 치르길 원하던 영국의 희망을 산산조각냈다."라고 《프로이센 자이퉁Preußische Zeitung》 신문은 보도했다.[18] 나치당의 기관지 《푈키셔 베오바흐터》도 이에 못지않게 축하 기사를 실었는데, "동방 작전은 이미 승패가 '결정'되었고, 이 순간은 '볼셰비즘의 군사적 종언'을 의미한다."라고 주장했다.[19] 그러나 괴벨스는 심각한 우려를 표하기 시작했다. 그는 10월 10일에 이런 내용을 일기에 적었다.

> 히틀러의 공보비서 오토 디트리히는 총통 사령부에서 돌아온 후 기자들 앞에서 말했다. 그는 군사적 상황을 극도로 긍정적이고 낙관적인 모습으로 전달했다. 일례로 "승패는 결정되었다!"라는 타이틀은 확실히 너무도 지나친 장담이었다. 앞으로도 힘든 날이 많이 남았고, 이러한 과신은 우리를 계속 괴롭힐 수 있다. 나는 우리가 심리적 차질을 겪지 않도록 군사작전이 잘 진행되기를 신께 기도한다.[20]

괴벨스가 이런 글을 쓴 순간에는 나치 군대에 이런 "차질"이 조만간 벌어질 가능성은 거의 없었다. 오히려 그 반대로 독일군은 눈부신 승리를 거두고 있었다. 중부집단군은 두 곳에서 소련군을 거대한 포위망에 가두고 있었다. 한 곳은 뱌지마였고 다른 한 곳은 브랸스크Bryansk였다. 독일군이 모스크바 서쪽으로 불과 60마일 떨어진 뱌지마에 진입했을 때, 소련군 사령관인 로코솝스키를 거의 생포할 뻔했다. 시내 중심에 있는 교회 종탑에서 독일군의 진격을 목격한 시장이 급보를 전해준 덕분에 로코솝스키는 독일 탱크를 피해 샛길로 탈출할 수 있었다.[21]

수십만 명의 소련군이 뱌지마에서 독일군 포위망에 갇혔다. 제11기갑사단 소속 장교였던 발터 샤에퍼-케네르트Walter Schaefer-Kehnert는 소련군이 포위망을 뚫고 탈출하려는 모습을 기억했다. 샤에퍼-케네르트는 그 모습을 이렇게 회상했다.

히틀러와 스탈린

소련군은 양 떼처럼 독일군이 포진한 곳으로 걸어왔다. 밤이 되자 소련군 병사 대부분은 술에 취하였다. 이들에게 보드카가 배급되었기 때문이다. '만세(Hooray, 돌격)'를 외치며 독일군이 있는 쪽으로 수천 명이 돌진해 왔다. 그 광경을 보며, 지금까지 우리가 겪은 전투와는 완전히 다른 느낌을 받았다.[22]

독일군 기관총 중대는 어떤 때는 앞으로 쏟아져 나오는 소련군 숫자에 압도당했고, 수많은 소련군 병사를 사살한 후 본인들도 전사했다. 이를 두고 샤에퍼-케네르트 장교는 "다음 날 밤에 더 많은 병력의 소련군을 대비하던 대기조가 과연 어떤 감정을 느꼈을지 상상해 보라."라고 말했다.

굉장히 재미있게도, 탄약이 바닥나서 우리 보병들은 후퇴해야 했다. 야음을 타고 뛰어 퇴각하는 병사들은 서로에게 물었다. "너는 어느 부대 소속이야?"라고 물은 병사는 자신이 소련군과 같이 뛰고 있다는 사실을 깨달았다! 두 병사 모두 동쪽으로 뛰었던 것이다. 소련군 병사는 탈출하기 위해, 그(독일군 병사)는 탄약보급대로 가기 위해 뛰고 있었다.

독일군의 '가마솥 포위망'에 갇힌 소련군 병사들은 곧 최악의 상황에 직면했다. 미하일 루킨Mikhail Lukin 중장은 10월 10일 상부에 전황을 보고하며 이런 기록을 남겼다.

포위된 병력의 상황은 급격히 나빠지고 있다. 포탄도 거의 없고, 총알도 떨어졌으며, 식품도 없다. 병사들은 주민들이 주는 음식과 말고기를 먹고 있다. 의약품과 붕대도 다 소진되었다. 모든 텐트와 주거에는 부상자들이 넘쳐나고 있다.[23]

소련군 제32군의 18세 사병이었던 빅토르 스타라즈돕스키Viktor Strazdovski는 뱌지마 포위망 안에서 고통을 당했던 병사 중 한 명이다. 자신과 4명의 동료는 단지 소총 두 자루와 약간의 탄약을 가지고 있었다.

모든 것이 파괴되었고 불에 탔다. 우리의 상태는 절망적이었다. 우리는 명령을 따르지 않을 수 없었으나 명령을 따른다면 우리는 죽게 되어 있었다. 우리는 독일군에 돌격하면서 소총 두 자루로 무슨 일이건 해야 했다.

그와 소수의 동료는 포위망을 뚫고 나오는 데에 성공했다.

우리는 운이 좋았다. 그 절망적인 순간에, 우리는 독일군과의 교전을 피했다. 그러나 이 결과는 단순히 행운 덕분이었다.[24]

소련군 종군기자였던 바실리 그로스만은 독일군 포위망의 위험에서 벗어나기 위해 동쪽으로 탈출하려는 거대한 숫자의 소련 민간인을 보았다.

히틀러와 스탈린

나는 탈출 광경을 많이 보았다고 생각했다. 그러나 나는 지금 보고 있는 모습과 같은 장면을 본 적이 없다. '대탈출'이다. 성경에 나오는 대탈출! 차량들은 8줄로 움직였고, 진흙탕*에서 빠져나오려고 안간힘을 쓰는 수십 대의 트럭 엔진이 내는 굉음은 요란했다. 홍수가 난 것도 아니고, 강을 건너는 것도 아니다. 그런데도 마치 흘러가는 대양이 서서히 움직이는 모습을 보는 것 같다. 이 바다의 물결은 넓이가 수백 미터나 된다. 수레 위에 임시로 만든 텐트에서 아이들이 고개를 내밀어 밖을 내다보았다. 그 아이들의 얼굴은 하얗다. 그 밖에도 검은 얼굴, 성서에 나올 것 같은 유대인 노인의 턱수염, 농부 여인의 머릿수건, 우크라이나 아저씨들의 모자, 유대인 소녀와 여인들의 검은 머리카락이 보였다. 그들의 눈에 머금은 침묵은 또 어떠한가? 총체적인 재앙을 바라보는 그들의 눈에 담긴 슬픔의 지혜와 숙명적 감정이란![25]

스탈린은 독일군의 진격이 초래할 위기의 심각성을 잘 알고 있었다. 러시아 학자 빅토르 안필로프Viktor Anfilov 교수는 스탈린이 독소전쟁이 발발한 그해 10월 당시 독일군과 단독으로 강화를 맺으려고 했다는 주장을 제기했다. 빅토르 안필로프 교수는 1960년대 주코프 장군을 인터뷰한 적이 있었다. 주코프는 전쟁 당시 스탈린과 베리야의 통화를

◆ 러시아에서는 봄과 가을에 비나 눈이 융해되어 땅에 진흙이 생성된다. 이에 따라 겨울이 오기 전까지 비포장도로를 이용하기가 불편해지는데, 이런 자연현상을 라스푸티차(Rasputitsa)라고 부른다. 독소전쟁 당시 독일군은 가을의 라스푸티차 현상, 겨울의 추위로 인해 작전 수행에 어려움을 겪었다. 2022년 2월 발발한 러시아–우크라이나 전쟁에서도 라스푸티차 문제로 러시아군은 작전 수행에 많은 차질을 빚었다.

옆에서 들었다. 스탈린이 베리아에게 "자네 요원들을 통해 독일 정보부와 접촉해 독일이 우리와 단독으로 강화를 체결할 의향이 있는지 알아보라."라고 말했다고, 주코프는 증언했다.[26]

물론 주코프가 둘의 대화를 오해했을 가능성도 있다. 그러나 스탈린은 전에도 위기의 순간에 독일과 단독으로 강화협상할 가능성을 논의한 적이 있다. 몇 달 전인 1941년 7월 NKVD 요원인 파벨 수도플라토프Pavel Sudoplatov는 스탈린의 명령을 받은 베리야로부터 모스크바 주재 불가리아 대사인 이반 스타메노프Ivan Stamenov를 만나라는 지시를 받았다. 수도플라토프는 이반 스타메노프 대사를 중재인으로 이용하여 독일이 전쟁을 종식하는 데에 어떤 조건을 원하는지를 알아보려고 하였다.

독일은 발트국가, 우크라이나, 베사라비아, 부코비나, 카렐리야 지협을 넘겨주면 만족할 것인가?

수도플라토프는 불가리아 대사와의 회동을 기록으로 남겼다. 또한 1953년 라브렌티 베리야 재판* 당시 제출된 문서보관서 자료가 해당 내용을 언급했는데, 그 자료도 이 일화를 증명한다.[27]

러시아 역사가 드미트리 볼코고노프Dmitry Volkogonov는 불가리아 대사 사건에 관해서 다른 이야기를 기록했다. 드미트리 볼코고노프는 제

➤ 1953년 6월, 스탈린 사후에 주도권을 두고 베리야와 경쟁한 니키타 흐루쇼프가 몰로토프, 불가닌, 말렌코프 등을 규합해 베리야의 즉각적 해임과 체포를 가결했다. 이후 베리야는 반역, 테러, 반혁명행위라는 죄목으로 사형을 당했다.

2차 세계대전 종결 이후 키릴 모스칼렌코Kirill Moskalenko 원수와의 대담을 인용했다.

> 스탈린, 베리야, 몰로토프는 자기들끼리 파시스트 독일 정권에 항복할지 말지를 논의했다. 그들은 히틀러에게 소련이 확보한 발트 국가, 몰다비아(오늘날의 몰도바Moldova), 우크라이나와 벨라루스의 영토 상당 부분을 넘겨줄 것을 고려했다. 이들은 불가리아 대사를 이용해 히틀러와 접촉하려고 했다. 어느 러시아 차르도 이런 고민을 한 적이 없었다. 불가리아 대사가 이 지도자들보다 더 높은 기개를 가지고 있었다는 점이 흥미롭다. 그는 이들에게 "히틀러는 결코 러시아인들을 꺾을 수 없기 때문에 스탈린은 염려할 필요가 없다."라고 말했다.

모스칼렌코의 의견에 따르면, 몰로토프는 "소련의 영토를 양보하는 강화협상은 제2의 브레스트-리토프스크 조약이 될 수 있다. 그러나 레닌도 그런 일을 했고, 우리의 의도도 레닌의 의도와 같다."라고 말하기까지 했다.[28]

당시 독일과 단독으로 강화를 시도한 것보다 비밀로 지켜져야 할 일은 없었다. 따라서 실제로 단독으로 강화 의사를 타진했다는 물증을 찾기란 어렵고, 상호 상반되는 증거들도 나왔다. 관건은 스탈린이 이 일에 직접 관여했는지가 아니라 그가 전적으로 이런 계획을 지원했는지다. 훗날 수도플라토프는 독일 측을 혼란에 빠뜨리기 위해 불가리아 대사를 이용했을 뿐, 소련 단독으로 강화협상을 벌이려는 진지한 의도 따위 없었다고 말했다. 그러나 실제로 강화협상이 타결되는 순간까지는 수도플라토프의 변명이 당국의 공식 입장인 경우가 많다. 특히 1941년 10월 주코프가 옆에서 들었다는 스탈린과 베리야의 대화는 독일 측이 혼선을 빚게 하려는 '의도'라기보다는, 전쟁을 끝내기 위해 히틀러의 요구조건을 알아내기 위한 '시도'일 가능성이 크다.

그렇지만 히틀러가 당시 기준으로 소련과의 강화에 동의할 것이라 상상하기는 어렵다. 나치 정권으로서는 독소전쟁이 단순한 이념적 전쟁이 아니라 자원을 얻기 위한 투쟁이었다. 소련이 지닌 우크라이나의 밀밭과 바쿠의 석유를 얻기 위한 싸움이었다. 나치 군대가 소련의 유전지대에서 1,000마일 이상 떨어져 있는 상태에서, 스탈린이 (우크라이나의 밀밭과 바쿠의 유전지대를 내놓으라는) 독일의 요구에 순응할 것이라는 발상은 공허한 환상에 불과하다.

이 일화는 결정적 시기에 스탈린의 마음속을 들여다볼 혜안을 제공한다는 점에서 중요하다. 소련이 독일과 계속 싸우는 것이 불가피하지 않았다는 뜻이다. 즉 스탈린은 흔들리고 있었다. 전쟁 이후, 스탈린이 압박을 받으면서도 굳건하게 전쟁을 수행했다고 선전하고 싶은 사람들에게 이러한 역사의 진실은 실로 불편할 따름이다.

10월 13일, 독일의 제1기갑사단이 모스크바 북서쪽에 있는 도시 칼리닌Kalinin(오늘날 트베리Tver)에 진입했다. 독일군의 진격은 결코 멈출 수 없을 것처럼 보였다. 모스크바는 며칠 동안 막연한 불안감이 아니라 진정한 공포를 느꼈다. 모스크바 사람들은 본인들도 독일군의 공격을 받으리라 두려워했다. 더욱이 스탈린은 정부의 핵심 부처들을 모스크바에서 남동쪽으로 500마일 이상 떨어져 있는 볼가강 인근의 쿠이비

히틀러와 스탈린

셰프Kuibyshev(오늘날 사마라Samara)로 이전시키기로 결정을 내리자 상황이 악화했다. 10월 15일 기록된 스타프카(국가방위위원회)의 비밀문서에는 다음과 같은 내용이 적혀 있었다.

> 소련 최고회의 내 간부회의*와 정부의 최고위층을 철수시키기로
> (스탈린 동지는 상황에 따라 내일이나 그 이후에 떠날 예정) 결정했다. 적군이 모스
> 크바 문턱에 다다른 경우, NKVD와 베리야 동지, 셰르바코프Shcher-
> bakov 동지는 철수할 수 없는 주요 산업체와 창고, 주요 기관 건물
> 들과 모든 지하 철도, 전기 시설을 폭파하라는 명령을 받았다.[29]

마이야 베르지나Maya Berzina와 그녀의 남편, 세 살의 아들은 정부 관리들이 모스크바를 떠나는 광경을 본 이후 모스크바를 탈출하기로 결심했다. 이들이 떠나려 했을 당시, 외곽으로 나가는 도로는 이미 막혀 있었다. 조만간 '독일군이 도시를 점령할 것'을 두려워하여 강을 타고 모스크바를 빠져나가기로 했다. 남쪽 강변 항구로 가는 동안 독일군이 이미 모스크바 시내에 전차를 타고 돌아다닌다는 소문, 그리고 일부 모스크바 시민이 수도로 진입한 독일군을 환영할 준비를 한다는 소문을 들었다. 상점들이 약탈당한다는 소문도 돌았다. 마이야 베르지나는 이때를 떠올리며 "나는 엄청나게 겁이 났고, 장래에 관한 온갖 걱정으

◆ 소련 최고회의(the Supreme Soviet)는 명목상 최고의 입법기관이었지만, 상설기구로서 공산당 최고위층으로 구성된 최고회의 내 간부회의(the Presidium of the Supreme Soviet)가 소련의 핵심 결정기관으로 운영되었다. 간부회의는 훗날 정치국으로 다시 바뀌어 8~10인의 정치국원이 당 서기장 선출 및 주요 정책을 결정하며 최강의 권력을 행사했다. 본문에서 언급하는 '간부회의'는 소련 최고회의 내 간부회의를 지칭한다.

로 머릿속이 가득 찼다"라고 말했다.[30]

모스크비의 의대생이었던 타티아나 체사르스키Tatyana Tsessarsky는 기숙사에 돌아왔을 때, 그곳에 살던 학생 대부분이 도망갔다는 사실을 발견했다. 그녀는 누군가 기숙사 밖 담벼락에 커다랗게 그린 나치 문양을 보았다.[31]

모두가 모든 것을 남긴 채 도망갔다. 모두가 애국자이진 않았다. 나라에 불만이 많은 사람이 적잖았다. 그러나 대부분은 전투가 일단 시작되면 그런 감정 따위 잊었지만 모두 그랬던 것은 아니었다.

그러나 최소한 N. K. 베르즈베츠키Verzhbitskii란 관찰자는 '대중들'이 이렇게 행동하는 이유를 설명했다.

이들은 그간 모욕, 압제, 불의, 압박, 정부의 관료적 제도, 경멸, 당원들의 선전, 무자비한(엄격한) 명령, 박탈, 대중을 대상으로 한 체계적인 기만, 신문의 자화자찬을 당해야 했다. 이들은 이 모든 역겨운 이야기를 들었다. 사람들은 진심을 담아 말했다. "이런 분위기에 빠진 모스크바가 스스로를 방어할 수 있겠는가?"[32]

당시 19세의 병사였던 그리고리 오보즈니Grigory Obozny는 경찰이 모스크바의 공황을 통제하는 것을 도왔다. 그는 수많은 모스크바 시민이 '반역 행위'와 '불빛을 비춰서 적 항공기에 신호를 보낸 혐의'로 체포되었다고 회고했다. 그러나 그는 그렇게 체포된 수많은 시민이 소련 정권에 등을 돌린 반역자라고 생각하지 않았다. 그는 "관리자들이 떠나고 공장들이 문을 닫은 상태에서, 시민들은 무엇을 어떻게 해야 할지를 몰랐다."라고 생각했다.[33] 즉 지도자가 없는 상태에서 시민들은 크게 동요했던 것이다.

강력한 지도력의 정점인 스탈린은 일부 동지에게 모스크바를 떠나라고 명령했다. 10월 15일, 코민테른 의장 게오르기 디미트로프는 몰로토프가 옆에 있는 상태에서 스탈린과 이야기를 나누었다. 스탈린은 디미트로프에게 "동지는 철수하라는 말을 듣지 않았는가? 동지가 계속 임무를 수행하려면 그렇게 해야 하오."라고 말했다. 스탈린은 "모스크바를 레닌그라드처럼 방어할 수 없소."라고 덧붙였다. 여기서 "레닌그라드처럼"이란 현재 포위된 레닌그라드가 모스크바의 북서쪽 경로를 통해 아슬아슬하게 보급품을 공급받고 있는 상황을 일컫는 말이었다. 이에 스탈린은 마치 점심을 먹자는 말을 하듯이 태연하게 "오늘 안으로 철수하시오."라고 명령했다.[34]

다음 날인 10월 16일 목요일 저녁, 스탈린의 개인 타자수인 니콜라이 포노마리예프는 스탈린에게서 크렘린에 있는 통신 연결선을 끊고 개인 물품을 챙기라는 명령을 받았다.

30분 후 나는 모든 장비를 짐으로 쌌고, 스탈린의 경호원 한 명이 나를 데리러 왔다. 나는 스탈린의 경호원 전원과 알고 지냈다. 그 경호원이 내게 "준비되었나?"라고 물었다. 나는 "준비되었습니다. 어디로 가는 겁니까?"라고 물었다. 그는 "우리가 도착하면 어

딘지 알 거야. 이제 떠날 준비를 하자."라고 그는 말했다. 밖에는
차가 대기하고 있었고, 우리는 차를 타고 떠났다.

이들은 등화관제燈火管制*조치로 컴컴해진 시내를 지나 이동했다. 가
을비가 차창을 때렸다.

어려운 상황이었다. 거리는 무척 황폐했다. 모스크바는 통상 '행
복한 도시'였다. 그 도시에 남은 사람이 이제는 별로 없다. 남은 사
람들이 이상하게 보였다. 이들은 마치 불행한 일이 일어나기를 기
다리는 것처럼 두려움에 시달리는 모습을 하고 있었다."[35]

이들은 드디어 목적지에 도착했다. 그곳은 스탈린의 열차가 대기하
던 기차역이었다.

나는 객차에 올라 자리에 앉았다. 나는 모스크바를 떠나고, 모스
크바는 적이 점령할 것이다. 이런 생각에 기분이 울적해졌다. 이
것은 도대체 무슨 일인가? 소련 국민이 어떤 비극, 어떤 불행을 겪
게 될 지를 어렵지 않게 상상할 수 있었다. 한 명의 사람으로서, 또
한 사람의 모스크바 시민으로서 바로 이런 이유 때문에 무섭고 두
렵다고 느꼈다.

◆ 적의 야간 공습 같은 비상시를 대비하고자 일정한 지역에서 등불을 모두 가리거나 끄게 하는 일을 의미한다.

히틀러와 스탈린

기차역 플랫폼을 바라본 포노마리예프는 스탈린의 경호원들을 보았다. 스탈린이 곧 도착할 예정임이 틀림없었다.

포노마리예프는 독소전쟁의 역사 또는 20세기 역사에서 가장 극적인 현장에 있었다. 그날 밤에는 아주 단순하면서도 엄청나게 중요한 결정이 내려졌다. 스탈린이 그 기차를 타고 모스크바를 탈출할 것인가? 아니면 이 상황에서도 계속 모스크바에 머물 것인가? 스탈린은 이 문제를 결정하는 것을 가장 어려워했다. 모스크바의 상황은 무척 암울했다. 그러나 독일군도 여러 문제에 당면했다. 그중 하나는 최근의 전황이었다. 수많은 소련군이 생포되었음에도, 일부는 뱌지마와 브랸스크의 포위를 뚫고 독일군의 전선 후방으로 숨어들었다. 러시아 서부의 광대한 지역으로 들어온 독일군에게는 자신들의 후방 통신라인을 위협하는 소련군을 제거할 가망이 없었다.

독일군의 또 다른 난관은 날씨였다. 10월이 되자 비가 많이 내렸다. 러시아의 비포장도로는 기계화된 독일 부대의 이동을 거의 불가능하게 방해했다. 바실리 그로스만은 이 광경을 이렇게 묘사했다.

그런 엄청난 진흙탕을 본 사람은 없을 것이다. 그 진흙탕에 비가 내리고, 눈이 내리고, 우박이 쏟아졌다. 그러자 물이 가득 차서 바닥을 모르는 늪지가 형성됐다. 검은색 진흙으로 만들어진 덩어리가 수천, 수만 병사의 장화, 차량의 바퀴, 전차의 궤도와 엉켰다. 그러자 모든 소련인이 다시 기뻐하였다. 독일군이 하늘과 땅에서 함께 휘몰아치는, 우리의 지옥 같은 가을 악천후에 빠져버린 것이다.[36]

그로스만의 관찰이 옳았는지, 이 광경을 다른 사람도 아닌 독일 중부집단군의 사령관인 보크도 확인했다. 보크는 10월 21일 일기에 "소련군보다는 습기와 진창이 우리를 더욱 거세게 가로막고 있다!"[37]라고 적었다.

10월 말 히틀러는 전장 상황에 관한 상세한 보고를 요구했다. 보크는 "히틀러가 서면 보고를 믿지 않기로 작정했기 때문에 이런 요구를 한 것이고, 이런 요구는 놀랄만한 일도 아니다. 이러한 진창을 보지 않은 사람은 이것을 믿을 수 없기 때문이다."[38]라고 일기에 기록했다.

기상 상황은 그 자체로 독일군의 치명적인 문제 중의 하나였지만, 그로 인해 보급품 공급에도 차질이 생기고 말았다. 적절한 군용 장비와 다른 보급품을 전방으로 보급하는 일이 점점 더 어려워졌다. 11월이 시작되자 중부집단군은 계획한 대로 전투를 하고자 사투를 벌였다. 매일 필요한 32개 보급품 열차 중에서 16개 열차만 전선의 병사들에게 도착하였다.[39] 그러나 비단 보급품 공급 문제에서만 끝나지 않았다. 좀 더 근본적인 문제는 따로 있었다. 독일의 산업 기반은 히틀러의 기대치를 달성할 만큼 강력하지 않았다. 예를 들어, 군에 공급하는 철은 1941년 10월 25일 기준으로 월 17만 3,000톤으로 수량이 줄어들었는데, 이 수치는 1939~1941년 3년 동안 공급한 물량 중 가장 적었다. 즉 독일군이 필요로 하는 물자를 제때 공급하기가 불가능해졌다는 뜻이다. 군의 물자를 담당하는 경제국에서 말한 것처럼 히틀러는 자원이 충분하지 않다는 사실을 믿으려 하지 않았다. 드디어 그는 유럽 대륙 전체를 정복했으니, 독일군이 필요로 하는 물자를 공급받아야만 하였다.[40]

이 중요한 10월에, 전선의 현실과 히틀러의 인식 사이의 괴리를 잘 드러내는 대화가 기록으로 남았다. 일례로, 가을비가 시작되고 며칠이 지난 10월 17일. 히틀러는 우크라이나 전역에 풍차 방앗간을 세우고, 풍요로운 땅에 놓인 들판, 정원, 과수원에 작물을 심는 야심을 설파했다.

> 얼마나 멋진 과업이 우리 앞에 있는가! 우리 앞에는 수백 년 동안 우리를 즐겁게 만족시켜줄 미래가 있다.[41]

그날 밤, 그는 소련군 전멸을 염두에 둔 말투로 "키예프, 모스크바 또는 상트페테르부르크를 밀어버리는 것에 전혀 거리낌이 없다."라고 말했다.[42] 4일 후 히틀러는 자시의 과대망상적 사고방식을 드러내는 말을 했다. 그는 "베를린은 언젠가 전 세계의 수도가 될 것이다."라고 말했다.[43] 같은 날인 10월 21일. 히틀러는 독일군을 지휘하는 자신의 지도력에 관해서도 말했는데, 여기서도 그의 사고방식을 들여다볼 수 있다.

> 나는 내 뜻과는 달리 전쟁지도자 역할을 맡았다. 내가 군사 문제에 생각을 쏟으면 현재로서는 나보다 더 큰 성공을 거둘 사람이 없다는 점을 알고 있기 때문이다.[44]

이 말에서 나타나는 히틀러의 감정을 고려한다면, 독일군이 진흙탕에서 고전하는 바로 그 시기에 어떻게 히틀러가 "우리 앞에는 수백 년 동안 우리를 즐겁게 만족시켜줄 미래가 있다."라고 믿을 수 있는지를 알 수 있나. 그는 당장의 낭패는 일시적인 '차질'에 불과하다 생각했고, 일시적으로 좌절했다가 결국에는 승리한 본인의 정치적 역정을 기억했다. 이 기억에는 1940년 프랑스 점령과 최근의 키예프 공격 작전을 '군사전문가들'이 반대했던 사실도 포함되어 있다.

서유럽 침공과 소련 침공은 규모와 범위에서 차이가 있었지만 두 공격은 한 가지 핵심 측면이 같았다. 두 작전 모두 엄청난 도박이었다는 점이다. 그러나 프랑스 침공이라는 도박에서 성공했다고 소련 침공이라는 도박에서도 성공한다는 보장은 없다. 히틀러는 모든 도박사가 반드시 알아야 할 사실을 제대로 인지하지 못했다. 행운은 영원하지 않다는, 이 자명한 사실을 히틀러는 잊고 있었다.

서유럽 침공과 소련 침공에서, 독일군은 짧은 전격전으로 적을 제압하는 작전을 계획했다. 이 전략은 히틀러의 성격에 잘 들어맞았을 뿐만 아니라, 장기전을 수행하기 어려운 독일군의 사정으로 인해 유일하게 남은 선택지였다. 결국은 자원 문제로 쟁점이 귀결되었다. 독일은 소모전을 버틸 수 없었다. 예를 들어, 1941년 독일은 한 해에 5,200대의 전차를 생산했으나 같은 해에 소련은 6,500대 조금 넘는 수량을 생산했다. 1942년의 이 수치는 극적으로 변모했다(그 이유는 후에 서술할 것이다).[45] 독일은 1만 대도 생산하지 못했던 반면, 소련은 2만 4,000대를 생산했다. 여기에 영국의 저항과 미국의 자원을 함께 고려하면, 나치 독일이 당면한 문제는 아주 심각했다.[46]

히틀러도 이 문제를 알고 있었다. 단지 문제를 해결하기보다는 축소하는 방법을 택했을 뿐이다. 이외에 그가 할 수 있는 조치가 달리 무엇

히틀러와 스탈린

이 있겠는가? 그의 성격은 전쟁을 향한 독일의 노력이 분해되지 않게 만드는 접착제였다. 만일 그런 그가 패배주의에 사로잡힌 모습을 조금이라도 드러내면, 그의 주변인뿐만 아니라 전선에 있는 독일군 전체의 사기에도 큰 영향을 줄 수밖에 없다. 다만 이러한 근본적인 난관에 봉착했음에도 히틀러가 정말로 승리를 확신했는지는 흥미로운 주제가 아닐 수 없다.

　1941년 10월, 실제 문제를 고려하더라도 독일이 승전할 것이라는 믿음은 객관적으로 여전히 유효했다. 스탈린이라는 존재가 그 믿음을 지탱하는 가장 큰 원인 중 하나였다. 지금까지 진행된 독소전쟁에서, 스탈린의 실책으로 수십만 명의 소련군이 전사했다. 키예프에서의 재앙처럼, 소련군은 패배가 무엇인지 몸소 보여주기라도 하는 듯이 독일군보다 더 많은 병력과 전차를 보유하고 있음에도 패배하였다. 스탈린 혼자서 소련군을 패배하게 만들 수 있었다. 이 모든 스탈린의 실책이 당시 소련 인민에게는 알려지지 않았다. 소련 국민은 스탈린이 군사 지휘관으로서 얼마나 무능한지를 알지 못했다. 결과적으로 소련 국민은 그를 '국부the Father of the Nation'로 여기며 그에게 열광하였다. 예를 들어, 1941년 10월 모스크바 외곽의 방어시설을 축조하던 19세의 뱌체슬라프 야블론스키Vyacheslav Yablonsky는 스탈린이 자신에게 큰 용기를 주었다고 회고했다.

　　스탈린은 내가 사랑하는 사람이고, 그가 죽을 때까지 나는 그를 사랑했다. 왜 우리는 스탈린을 사랑했는가? 아마도 그가 우리를 돌보는 사람이기 때문에 그를 사랑했을 것이다.[47]

수많은 소련 인민도 같은 생각을 공유했다. 소련군 병사가 돌격할 때 외치는 구호도 "조국을 위해서, 스탈린을 위해서!"였다. 1941년 10월 16일 저녁, 스탈린이 열차에 올라타 모스크바를 버렸다고 생각해 보라. 그러면 독일군의 침공으로 공포에 사로잡힌 모스크바 시민에게는 물론이고 전선에서 목숨을 걸고 분투하는 병사들에게 어떤 영향을 미쳤겠는가? 물론 우리는 그 답을 확실히 알 수는 없다. 스탈린이 그날 밤에 모스크바를 탈출하지 않았기 때문이다. 그는 잔류를 결정했고, 자신의 크렘린 집무실에서 계속 전쟁을 지휘하기로 했다. 그러나 모든 사람이 그의 결정을 합리적인 판단이라고 생각하진 않았다. 3일 뒤인 10월 19일, 고위 관리들이 스탈린과의 면담을 위해 그의 집무실 앞 대기실에서 기다리고 있었다. 모스크바 소비에트 의장 바실리 프로호로비치 프로닌Vasily Prokhorovich Pronin은 당시 상황에 관해 이런 회고를 남겼다.

> 베리야는 모든 사람에게 모스크바에서 철수해야 한다고 설득하기 시작했다. 그는 우리가 모스크바를 포기하고 볼가강에 방어선을 구축해야 한다고 말했다. 게오르기 말렌코프는 그의 의견을 지지했고, 몰로토프는 이견을 표했다. 나는 베리야의 말이 특히 기억난다. "어떻게 모스크바를 방어하겠는가? 우리에게는 아무것도 없다. 우리는 큰 열세에 봉착했고, 총에 맞은 꿩 같은 신세다." 그런 다음 우리는 스탈린의 집무실로 들어갔다. 우리가 자리를 잡고 앉자 스탈린이 물었다. "모스크바를 방어해야 하는가?" 아무도 말이 없었다. 그는 잠시 기다리더니 다시 한번 물었다. 그대로 아무

히틀러와 스탈린

도 답을 하지 않았다. "그러면 개별적으로 물어보도록 하겠소."라고 스탈린이 말했다. 몰로토프가 제일 처음 대답했다. "(모스크바를) 방어해야 합니다." 베리야를 비롯한 모두가 똑같이 대답했다. "(모스크바를) 방어해야 합니다."[48]

프로닌의 이야기를 보면, '스탈린을 위해 일하는 것'이 무엇인지를 알 수 있다. 회의가 시작되기 전에 베리야가 모스크바를 탈출해야 한다고 강력하게 주장한 모습을 기억해 보자. 그런 그가 스탈린 앞에서는 바로 머리를 숙였다. 스탈린의 설득이나 꾸중이 있어서는 아니었다. 단지 한 가지 질문 앞에서 그렇게 행동한 것이다. 더욱 확실한 것은 그 자리에 있던 모든 사람은 스탈린이 원하는 대답이 무엇인지 알고 있었다는 사실이다. 스탈린의 부하들은 자신에게 필요한 재주가 무엇인지 아는 덕분에 목숨을 부지했던 것이고, 이들은 그 순간에 자신의 재주를 다시금 선보였다.

히틀러는 결코 이런 식으로 회의를 진행했을 리가 없다. 그는 중요한 문제에 관해서 부하들의 의견을 구한 적이 없었다. 스탈린처럼 '엉큼하게라도' 의견을 구한 적이 없었다. 히틀러는 본인의 '내적 확신'에 먼저 귀를 기울인 다음에 다른 사람들을 설득해 자신의 의견에 따르도록 하는 방식을 추구했다. 타인의 조언을 구하는 모습은 히틀러가 추구하는 '지도자의 모습'에 걸맞지 않다. 그러나 스탈린은 달랐다. 볼셰비키의 이상은 '당에 의한 합리적 정부'였기 때문에, 스탈린은 자신의 의견이 공동체라는 연막에 가려져야 한다는 점을 충분히 이해하고 있었다.

사진24 **1941년 11월 7일 모스크바에 남겠다고 발표하는 스탈린**

불과 몇 주 전만 하더라도 모스크바를 떠날 것을 고려하던 스탈린은 혁명 기념일에 붉은광장에 모습을 드러내며 모스크바에 남아 항전하겠다는 뜻을 밝혔다. 붉은광장에서 병사들에게 연설하던 그는 독일 침략자들이 재앙을 맞이할 것이라 경고했다.

　그렇다고 착각해서는 안 된다. 모스크바 잔류는 스탈린이 결정했다. 스탈린이 단독으로 내린 결정이다. 더불어 그는 모스크바 잔류의 사유를 밝히지 않았다. 10월 16일에 나타난 모든 전조는 그가 떠날 준비를 하고 있었다는 점을 방증한다. 베리야가 생생하게 보여 준 것처럼, 모스크바 탈출이 여러 면에서 안전한 방식이었을 것이다. 스탈린이 죽거나, 최악의 경우 독일군에 생포된다면, 소련군에 미치는 영향은 재앙에 비견되었을 것이다. 따라서 스탈린이 '항전의 상징'으로 모스크바에 잔류한 잠재적인 효과는 무궁무진하였다.

　왜 스탈린은 잔류했는가? 가장 중요한 요인으로, 모스크바를 방어할 수 있다는 주코프의 의견에 스탈린이 아마도 영향을 받은 것이다.[49]

당시로부터 한 달 전, 주코프는 스탈린 앞에서 솔직하게 의견을 피력할 수 있었고, 최소한 자신의 판단을 있는 그대로 말해도 목숨을 부지할 수 있다는 것을 알았다. 그리고 10월 20일에는 스탈린이 주코프의 사진을 다음 날 일간지 《프라우다》와 《붉은군대 뉴스Red Army News》에 싣도록 지시했다. 개별 군지휘관을 소재로 한 대대적 홍보는 주코프가 처음이었다. 《붉은군대 뉴스》의 편집장이었던 다비트 오르텐베르크David Ortenberg는 주코프의 사진을 게재한 이유는 모스크바가 함락된다면 그를 희생양으로 삼기 위함이었다고 훗날 밝혔다. 물론 다비트의 주장대로 스탈린이 진실로 주코프를 희생양으로 염두에 두었을 수도 있지만, 뛰어난 지휘관이 모스크바 방어전을 책임진다는 소식을 뉴스로 송출하고 싶어 했다는 가능성이 컸다.[50]

우리는 독일군이 모스크바를 점령할 계획을 세우지 않았다는 점을 기억해야 한다. 대신에 독일군은 포격과 폭격으로 모스크바를 완전히 파괴하려 했다. 키예프에서의 사건을 겪은 독일군은 대도시 점령의 위험성을 알았다. 모스크바는 엄청난 희생을 감수하며 시가전을 벌이기엔 너무 큰 도시였고, 특히 소련군이 준비한 방어전을 고려하면 더욱 그러했다. 독일군이 모스크바 포위를 획책했다는 사실은 스탈린이 모스크바 잔류를 결정한 더욱 중요한 이유였다. 포위 상황에서는 도시에 갇힌 주민들의 사기가 아주 중요했기 때문이다. 최고 지도자가 도시를 버리고 떠났다는 사실을 알면, 도시를 방어하겠다는 모스크바 시민들의 의지는 크게 상실될 것이었다. 앞서 본 것처럼 스탈린은 엄하고 관용이 없는 아버지 같은 지도자로 여겨졌다. 이런 인물을 향한 존경심이란 바로 그 인물의 '힘'에서 비롯된다. 아버지는 가족을 보호하는 역할을 해야만 한다. 아버지의 모든 실책이 용서되어도, 자식을 보호하지 않는 무책임한 행보는 결코 용서될 수 없다. 만일 아버지가 위험에 빠진 아이들을 버리고 도망가면, 아버지의 권위는 즉각 붕괴한다. 간단히 말해 모스크바 시민들에게 도시의 안전을 맡기고 본인이 떠나버리면 신뢰받는 소련의 지도자가 될 수 없다는 사실을 스탈린이 깨달은 것이다. 그리고 이 깨달음이 전쟁에 임하는 소련의 노력에 미친 영향은 엄청났다. 만일 스탈린이 모스크바에서 도주했다며 소련이 패배했을 가능성이 컸다. 1940년 5월에 영국이 독일을 상대로 항전하기로 결정한 장면이 처칠의 운명적 순간이었던 것처럼, 1941년 10월 모스크바에 남기로 결정한 장면은 스탈린의 운명적 순간이었다.

스탈린이 모스크바에 남기로 결정한 다음에 그가 취한 첫 번째 행동은 도시를 방어할 새 조치들의 발표였다. 주코프 원수의 위상을 높이기로 합의한 와중에, 10월 19일 국가방위위원회 명령 제813호Decree no. 813에서 스탈린은 "모스크바 서부의 수도 방위는 서부전선 사령관 주코프에게 맡겼다."라고 공포했다. 그는 모스크바 방어 현장 지휘관으로는 파벨 아르테미예비치 아르테미예프Pavel Artemyevich Artemyev 중장을 임명했다. 아마도 독일군을 격퇴하지 못하는 경우 누가 책임을 져야 하는지를 보여주는 또 하나의 조치였을 것이다.

이 명령 제813호는 "10월 20일부터 모스크바와 도시 인근 지역에 계엄령을 실시한다."라는 내용을 알렸다. 이 내용에는 자정부터 새벽 5시까지의 통금령, NKVD와 다른 치안 기관이 수행하는 '가장 엄격한 도시 보안 조치'를 포함했다. 여기에 "공공질서의 파괴를 꾀하는 적국의 공작원, 간첩, 파괴분자는 현장에서 사살한다."라는 지시도 뒤따

랐다.[51]

당시 모스크바의 질서 회복을 담당한 NKVD 부대 지휘관이었던 블라디미르 오그리즈코Vladimir Ogryzko는 '반역자들'을 찾아내는 자신의 임무를 선명히 기억했다.

우리는 각 구역의 건물들을 샅샅이 뒤지고, 거리 순찰을 돌며 우리의 임무를 수행했다. 그러던 중 갑자기 한 여성이 "저기를 보세요, 사람들이 신호탄을 쏘아 올리고 있어요."라고 외치며 우리에게 뛰어왔다. 우리는 그 가옥을 포위한 후 그 안에 있던 사람들을 현장에서 처형했다. 법과 질서를 수호하는 것은 무엇을 의미하는가? 재빠르게 움직여 즉각 목표물을 조준하고 제거하는 것이다. 이것이 우리가 역동적이고 적극적으로 수행한 임무였다. 계엄령 아래서는 모든 주민을 대상으로 막강한 권력을 행사하였다. 아주 막강한 권력이었다. 자비란 있을 수 없었다. 그렇지 않으면 거짓말, 범죄, 황량함Desolation, 그리고 다른 어떤 것이라도 모스크바에 몰아닥칠 수 있었다. 계엄령 아래서 질서를 유지하기 위해서는 누구라도 법을 어기지 못하게 해야 한다. 만일 법을 위반하면 그걸로 끝이어야 한다! 이것이 '법'이다. 이것이 관용이 없는 '법'이다.

오그리즈코와 그의 부하들은 보드카 공장 침입 사건이 있다는 신고를 받았다.

엄청나게 많은 사람이 이미 술에 취한 상태였다. 이들은 술통을 부수고, 유리를 깼으며, 주위 술병들은 뚜껑이 열린 채 뒹굴었다. 무척 끔찍한 광경이었다. 그 광기에 끝을 내기 위해서는 무력을 사용하지 않을 수 없었다. 일부는 아직 정신이 멀쩡했는데, 다른 사람에게 계속 술을 권해 음주를 충동했다. 우리는 이들을 제거했다. 우리가 질서를 회복한 다음에 취객을 선별했다. 이들은 서로를 쳐다보면서 누가 누구인지, 무슨 일이 벌어졌는지를 확인했다. 이런 광경을 상상할 수나 있겠는가?[52]

모스크바 시내 거리에서 오그리지코는 단순명료한 규칙을 실행했다. "누구든 명령에 복종하지 않는 사람은 세우거나 사살하라!" 혹시 반항하려고 하면 그것으로 끝이었다. 이런 가혹한 조치를 실시한 결과, 며칠 만에 모스크바의 질서가 회복되었다. 이 절체절명의 순간에 스탈린의 지도력을 찬양하고, "그가 뛰어난 결정을 내렸다."라고 생각한 사람은 오그리지코 외에도 많았다. 그와 그의 동료들은 스탈린이 도시의 심장부인 크렘린에서 전쟁을 지휘하고 있다는 사실을 알고 있었다. 더불어 스탈린의 특별한 '힘'을 믿었기 때문에 용기를 얻었다. 이런 발상과 신념은 스탈린이 모스크바를 떠나 볼가강 인근의 안전한 장소로 철수했다면 결코 생기지 않았을 것이다.

스탈린은 상징의 따분함을 알고 있었지만 상징의 위력도 잘 알고 있었다. 바로 이 순간 파시스트에 저항하는 소련의 상징은 바로 스탈린 본인이었다. 그는 혁명기념일인 11월 7일, 붉은광장에서 1917년 러시아 혁명을 기념하는 군사행진을 진행하라는 명령을 내렸다. 모스크바의 치안과 방어를 담당하는 아르테미예프 중장은 이 축하 행사를 취

히틀러와 스탈린

소하고 싶었다. 군사행진 도중 독일 공군이 공습을 한다고 상상해 보라. 그러나 스탈린은 군사행진이 예전처럼 진행되어야 한다고 주장했다. 스탈린은 독일의 침공 이후 내내 침묵하였다. 그러나 이제는 얼마나 많이 달라졌는지를 알리고자 군사행진을 저항의 행동으로서 선보였다. 금요일인 11월 7일 오전 8시. 소련의 전차와 병력이 붉은광장에 나타나 크렘린 벽을 따라 이동한 후에 성 바실리 대성당St Basil's Cathedral을 지나갔다.[53] 이 군사행진에서 스탈린은 현재 상황을 1918년 볼셰비키들이 감내한 상황과 비교하는 연설을 발표했다.

> 소련에 간섭하려 했던 자들에게 대항한 위대한 레닌의 정신은 오늘날 우리에게 용기를 선사한다. 오늘의 우리에게는 과연 무슨 일이 벌어졌는가? 우리는 과거에 상실했던 영토를 모두 회복했고, 전쟁에서 승리를 쟁취했다. 위대한 레닌의 정신은, 23년 전(1918년)과 마찬가지로, 대조국전쟁(독일−소련 전쟁, The Great Patriotic War)을 겪고 있는 우리에게 용기를 선사한다.[54]

스탈린은 크기가 같은 거대한 초상화 두 개가 붉은광장 건너 맞은편에 있는 건물 벽면에 걸린 광경을 보았다. 그 초상화는 당연하게도 스탈린과 레닌의 그림이었다. 학계에서는 이 시기 스탈린의 행동이 얼마나 중요한지를 연구했다. 11월 초 군 검열국Military censors이 열람한 약 250만 통의 편지 중 4분의 3은 스탈린의 연설을 듣고 난 후에 병사들의 자신감이 상승했다는 사실을 증명했다. 스탈린의 연설은 따분했다. 그는 '전사'가 아니라 '관료'처럼 말했다. 그러나 스탈린 특유의 억제되

사진25 **1941년 11월 7일 혁명 기념일에 붉은광장에서 행진하는 붉은군대**
독일군이 모스크바로 다가오는 순간임에도 시가행진은 계속되었다.

고 차분한 연설이 도리어 절망적인 시간을 견뎌내는 데에 필요한 신념
을 소련 인민이 느끼게 하였다.[55]

　11월 7일. 소련군이 붉은광장을 행진하는 동안 독일군은 모스크바
를 향해 최후의 공세를 개시했다. 보크 원수는 그로부터 이틀 전, 자신
의 일기에 "혹한이 시작되기 시작했다. 그래서 군대 이동은 용이하게
개선되었다."라고 기록했다.[56] 보크의 기계화부대는 추운 날씨에서도
자유롭게 진격할 수 있었지만, 눈과 얼음으로부터 몸을 보호할 적절한
방한복과 장구를 갖추지 못한 독일 병사들에게는 힘든 시간이 시작되

　히틀러와 스탈린

었다. 히틀러의 독일국방군과 스탈린의 붉은군대는 이미 4개월 이상 이어진 치열한 전투로 전력이 많이 약화했다. 이제 이들은 서로와 싸울 뿐 아니라 혹독한 날씨와도 싸워야 했다.

8장

세계대전

1941년 12월

1941년 12월 7일 밤. 히틀러와 독일군은 좀 더 중대한 소식을 듣게 되었다. 일본군이 진주만의 미국 해군기지를 기습 공격한 것이다. 독일은 이미 삼국 조약으로 일본과 동맹을 맺었기 때문에, 이 조약의 조건상 독일은 미국에 선전포고를 할 필요도 없었다. 그러나 4일 후인 12월 11일, 히틀러는 독일이 미국과의 전쟁에 돌입했다고 선언했다.

스탈린과 볼셰비키에게 성스러운 기념일이 있는 것처럼 히틀러와 나치에게도 성스러운 기념일이 있다. 각 정권은 새로운 전통을 창출하고, 최근의 역사에서 중요한 사건을 기념하는 것이 아주 중요했다. 특히 후자는 히틀러와 스탈린에게 다른 어느 때보다 중요해졌다.

독일군의 공격이라는 위험에도 불구하고, 스탈린은 1917년 러시아 혁명을 기념하고자 11월 7일 붉은광장 연단에 올랐던 것이 얼마나 중요했는지를 깨달았다. 마찬가지로 히틀러는 11월 8일 뮌헨 맥주홀 반란Beer Hall Putsch 18주년 기념일에 독일 국민 전체를 동원해야 한다는 필요성을 깨달았다. 그래서 히틀러는 동프로이센에 있는 전쟁사령부에서 그가 해야 할 일이 많았음에도 불구하고, 독일 남부로 이동하여 1923년 실패했던 나치의 봉기를 기념했다. 뮌헨에 도착한 히틀러는 힘겨운 연설을 했다. 불과 한 달 전, 그는 "소련군이 다시는 일어나지 못할 것"이라 장담했다. 그러나 동부전선에 겨울이 휘몰아치는 와중에 소련군은 여전히 분전하였다.

히틀러는 책임을 모면하고자 자신의 예언대로 진행되지 않을 때 다른 사람을 비난하는 전술을 애용했다. 스탈린도 똑같은 방식으로 행동했고, 오늘날 많은 정치인이 자신의 잘못에 관해 남을 비난하는 독재자의 전통을 고수하고 있다. 다만 히틀러는 독일이 직면한 모든 문제의 근원에는 어느 한 민족이 있다는 점을 늘 말했다. 그 민족이란 바로 유대인이었다.

토요일인 11월 8일 저녁, 뮌헨의 맥주 레스토랑인 뢰벤브레우켈러Löwenbräukeller에서 연설을 하고자 히틀러가 자리에서 일어나려 했다. 그때 그는 옛 나치 동료들을 기리면서 뒤이어 "나는 이 전쟁(독소전쟁)의 배후에 국가 간의 타협을 이간질하려는 방화범들이 있다는 사실을 안다. 그들은 국제 유대인이다!"라고 말했다. 추가로, "나는 이 유대인들이 세계의 방화범이라는 사실을 알게 되었다."라고 덧붙였다.[1]

이제는 독자들도 해당 연설에 동원된 히틀러의 화법에 어느 정도 익숙해졌을 것이다. 우리가 앞서 본 것처럼 히틀러는 오랫동안 독일의 문제를 유대인 탓으로 돌렸다. 그리고 그는 음모론을 자주 들먹이며 유대인들이 그늘에서 비밀리에 활동하는 중이라고 비난했다. 히틀러 본인이 이 황당한 주장을 사실이라 증명할 수 없다는 것은 아무런 문제가 되지 않았다. 사실 유대인이 현재 독일이 당면한 문제의 책임자라는, 황당무계한 주장과 실존하지 않는 '증거'는 오히려 긍정적인 요소였다. 증거가 부재하니, 되려 유대인이 흔적을 숨기는 데에 뛰어나다는 식으로 치부되었기 때문이다.

히틀러는 이 연설에서 소련과의 전쟁이 계속되는 이유가 유대인 때문이라 언급했고, 이를 통해 전황이 어려워진 사태를 정당화하였다. 그는 "유대인의 가장 거대한 하수인은 소련"이라고 주장했다.

> 오직 아무 생각 없고, 프롤레타리아화된 인간 이하의 존재들만이 소련 영토에 잔류했으며, 그들 위에는 거대한 유대인 인민위원들, 실제로는 노예 소유자들이 군림하고 있다.

> 과거에 존재했던, 가장 끔찍한 노예제도가 소련이라는 '낙원'에 존재한다. 수백만 명이 겁에 질리고, 압제받으며, 권리를 박탈당한, 반쯤 굶어 죽은 사람들이다. 이 위험이 사라지게 하는 것이 유럽을 위한 진정한 구원일 뿐만 아니라, 이 농지의 비옥함으로 유럽의 모든 사람에게 이익을 선사할 수 있다.

그러나 히틀러는 소련의 토지가 모든 유럽인이 아니라 독일인에게만 이익을 가져다줄 것이라 생각했다.

히틀러는 스탈린을 "전지전능한 유대인들의 손에 놀아나는 기구에 불과한 사람"으로 끄집어내어 비난의 대상으로 삼았다. 다시 한번 히틀러는 유대인이 무대 뒤에서 모든 것을 조종하고 있다고 주장했다.

> 만일 스탈린이 무대 위에 있다면, 그 커튼 뒤에 있는 유대인들이 1만 개의 가지(꼭두각시 인형의 조종 막대)를 가지고 이 강력한 제국을 통

제하고 있다.[2]

히틀러의 뢰벤브레우켈러 연설로부터 이틀 전, 스탈린은 모스크바 연설에서 "독일이 전쟁에서 450만 명의 인명을 잃었다."라고 말했다. 히틀러는 이 내용은 거짓이라고 조롱했다. 히틀러는 "크렘린의 강력한 지배자가 말한 내용 자체가 아주 유대인적이다."라고 응수했다. 이런 표현은 히틀러가 유대인을 두고 떠드는 말 중 하나였다. 만일 누군가 거짓말을 한다면, 히틀러 입장에서는 "아주 유대인적"으로 말하는 셈이었다.

히틀러가 제1차 세계대전을 언급하면서 이 연설을 마무리한 것은 아주 의미심장하다. 그는 "당시 우리는 승리를 도둑맞았다."라고 주장했다. 히틀러의 연설을 듣던 청중들은 과거를 따로 상기할 필요도 없었다. 히틀러는 전에도 이런 말을 수없이 떠들었다. 유대인이 1918년 독일의 패배를 조장하도록 음모를 꾸몄다는 것이 히틀러의 주장이었다.

> 이번에 우리는 도둑맞은 승리를 되찾을 것이다. (국제조약에 담긴) 모든 조항과 입장을 다 계산하여 (독일이 배상해야 했던) 돈을 되찾을 것이다. 우리는 위대한 전쟁(제1차 세계대전)에서 전사한 병사들의 무덤을 찾아가 이렇게 말할 것이다. "동지들, 자네들은 헛되게 죽은 것이 아니다. 동지들은 결국 승리했다."[3]

이 연설에서 가장 중요한 지점은 다름 아니라 제1차 세계대전의 패배를 설욕하겠다는 부분이다. 그의 이러한 주장을 들은 청중은 큰 반응을 보였다. 독일인에게 1918년 강화협정은 생애를 통틀어 가장 큰 굴욕이었다. 그런데 히틀러가 이들에게 과거에 겪었던 모든 고통을 바로 잡을 것이라 외쳤다. 그리고 이 명제를 받아들인다면, 결국 유대인을 향한 '불가피한 보복'을 감수할 수밖에 없었다. 이번 전쟁에서는 과거와 달리 유대인들이 이익을 얻지 못할 것이고 독일을 파괴하지 못할 것이라고, 히틀러는 강조했다. 반대로 말하자면, 1939년 1월 연설에서 히틀러가 예언한 것처럼 만일 유대인이 전쟁을 일으킨다면 독일인은 "멸절당한 위험"에 처할 것이다.

히틀러가 연설로 저지른 전방위적 공격은 너무도 터무니없어서, 그가 실제로 본인의 말을 믿기는 했는지를 알아볼 필요가 있다. 오늘날 많은 사람은 그의 견해가 단순히 혐오스러울 뿐만 아니라 얼토당토않다고 생각한다. 그러나 히틀러는 마음속 깊숙이 자신의 신념을 진지하게 신앙했다는 여러 흔적이 있다. 그는 상상 속 '유대인의 위협'에 관한 망상을 조장한 하위문화 아래서 성장했고, 유대인을 척결 대상이라 확신한 사람들이 주위에 있었다. 바르바로사 작전 입안 당시부터 소련 내 유대인을 특별한 척결 대상으로 삼은 것이 당연시되었다. 소련 영토로 진군한 처형단Killing squad은 유대인을 처형하는 임무를 맡고 있었다. 이 부대는 전쟁 초기에 소련 당국과 정부에서 일하는 유대인들을 처형했다. 이때의 유대인 살해는 앞으로 벌어질 유대인 학살의 신호에 불과하다는 사실은 분명했다. 침공이 개시된 지 불과 몇 주 후인 7월에는 처형단이 보강되었고, 1941년 여름과 가을에 걸쳐 독일군이 점령한 소련 지역에서는 유대인 여성과 아이들이 총살당했다.

그러나 독일군만 대량학살을 저지른 건 아니었다. 다른 국적의 수많

사진26 **1941년 빈니차에서의 마지막 유대인 학살**

'빈니차에서의 마지막 유대인 학살'은 홀로코스트를 촬영한 여러 유명한 사진 중 하나다. 우크라이나에서 유대인 시민을 살해하는 독일군의 모습이 촬영되었다.

은 사람이 가담했고, 특히 루마니아군이 적극적으로 나섰다. 루마니아군은 독일군과 함께 소련을 침공했다. 이들의 목적은 소련에 빼앗긴 영토를 회복하기 위함이었다. 루마니아 지도자 이온 안토네스쿠Ion Antones-cu는 침공을 며칠 앞둔 날, 히틀러에게 "인종적 품질의 문제를 고려해서라도, 루마니아는 독일에 이익에 되도록 반反소련 완충 역할을 계속 수행할 것이다."라고 약속했다. 루마니아인들은 반슬라브인적일 뿐만 아니라 반유대주의적이기도 했다. 이들은 스스로를 '라틴계' 민족이라 주장했다. 1941년 후반부, 루마니아 외무장관은 괴벨스에게 "루마니아인은 태생부터 반유대주의 신념을 지닌 민족이다."라고 말했다.[4]

루마니아군이 흑해 연안의 오데사Odesa를 점령한 직후인 10월 16일. 루마니아군은 수천 명의 유대인을 살해했다. 이후 자신들의 군사령부가 파괴된 후인 10월 22일. 루마니아군은 유대인을 향한 공격을 강화했다. 2만 명이 넘는 유대인이 오데사 외곽의 들라니치 마을로Dlanic 끌려가고는 창고에 갇힌 채 살해됐다. 참극을 목격한 한 기자는 전쟁이 끝난 후에 이 사건을 기록으로 남겼다.

> 한 명씩 살해하는 동안 창고는 기관총과 소총 사격 소리로 가득했다. 창고에는 휘발유를 뿌린 후 불을 붙였고, 마지막 창고는 폭파했다. 말로 형용할 수 없을 정도로 혼란의 아비규환이었다. 다친 사람들이 산 채로 불에 태워지고, 머리카락에 불이 붙은 여자들이 절망스럽게 구조를 요청하며 창고 지붕 위 틈새로 기어 나왔다. 다른 사람들도 탈출하고자 화염 속에서 창턱이나 지붕 위로 올라왔고, 차라리 총을 맞고 죽게 해달라고 애원했다.[5]

3만 명 이상의 유대인이 오데사에서 살해당했다. 루마니아군은 소련의 다른 지역에서 수십만 명의 유대인을 살해했다고 실토했다.[6] 다만 루마니아군은 나치의 강요 때문에 부득이 대량학살을 자행한 것이 아니다. 오히려 이런 학살을 주도했다는 증거가 있다. 루마니아 신문 《포룬카 브레미Porunca Vremii》('시대의 명령'이라는 뜻)는 1941년 여름에 이런 기사를 실었다.

루마니아에 있는 유대인들을 절멸시키는 계획은 최종 단계에 진입했다. 우리는 유럽에서 유대인 문제를 선봉에서 해결했다는 자랑거리를 추가해야 한다. 현재 루마니아는 미래의 유럽이 내릴 결정을 미리 보여주고 있다.[7]

1941년 11월 13일 내각 회의에서 이온 안토네스쿠는 오데사의 대량학살을 언급하면서 이렇게 선언했다.

나는 역사에 관한 책임이 있다. 미국의 유대인들이 원한다면 나를 고소해도 상관없다. 우리는 유대인들에게 자비를 베풀어서는 안 된다. 왜냐하면 기회가 생기면 그들도 우리에게 자비를 베풀지 않을 것이기 때문이다. 유대인들은 기회만 생기면 복수할 것이라는 점을 명심하라. 유대인이 살아서 복수를 하지 못하게끔 나는 이들을 반드시 파괴할 것이다.[8]

안토네스쿠의 말은 히틀러의 말처럼 쉽게 나왔다. 그리고 이 말은 히틀러와 스탈린의 관계를 둘러싼 맥락을 파악할 때 중요하다. 그의 선언은 "스탈린, 볼셰비즘, 유대주의를 겨냥한 히틀러의 십자군 전쟁"에 다른 사람이 얼마나 많이 가담했는지를 보여주기 때문이다. 오데사에서 루마니아군이 벌인 학살은 나치의 유대인 학살과 비슷한 점이 많다. 나치군처럼 루마니아군도 자국 병사들에 대한 공격에 보복하고자 유대인을 자주 죽였다. 이들도 나치처럼 유대인은 볼셰비즘과 밀접하게 연계되어 있다고 믿었다. 그들의 믿음이 거짓이라는 점을 반복해서 말할 필요도 없다. 실제로 반유대주의는 소련에서도 흔한 현상이었다. 예를 들어 루마니아군이 진군하기 전인 9월, 오데사에서 열린 반유대주의 집회에 모인 사람들은 "유대인을 격멸하고 러시아를 구하자!"라고 외쳤다.[9] 그런데도 유대인이 소련의 배후에, 특히 은밀히 진행되는 음모의 배후에 있다는 발상은 소련을 침공한 군사들 사이에 널리 퍼져 있었고, 독일군은 확실하게 유대인을 '소련군 파르티잔'과 연계하여 생각했다.

1941년 가을, 많은 소련군 병사가 독일군의 전선 뒤에 남겨졌고, 거대한 포위망 속에서 많은 병력이 숲으로 숨었다. 그런 소련군 병사들은 특별한 훈련을 받은 파르티잔 병사와 더불어 독일군 보급선에 커다란 위협을 가했다. 이들은 발각되기만 하면 현장에서 사살되는 스파이로 간주되었다. 파르티잔의 위협과 유대인의 '위협'을 연결하는 논리는 근거가 없다 하더라도 독일군 병사들의 머릿속에서는 자연스럽게 떠올랐다. 10월 10일, 독일군 제6군 사령관 발터 폰 라이헤나우가 내린 명령을 보면 이를 잘 알 수 있다.

유대-볼셰비키 체제를 적으로 삼은 작전의 주목표는 그 세력을 완전히 격멸하고, 유럽 문화 영역에 묻은 아시아적 영향을 지워내는 것이다. 그 결과로 우리 병력은 통상적인 순수한 군사적 임무를 넘어서는 과업을 수행해야 한다. 병사들은 유대인, 즉 인간 이하 존재들에게는 격한 속죄가 필요하다는 점을 반드시 숙지해야 한다. 이것은 독일국방군의 후방에서 일어나는 반란의 싹을 뽑아버리는 것을 목표로 해야 한다. 경험적으로 독일국방군의 후방에서 발발하는 반란의 싹은 유대인들이 사주하였다.[10]

라이헤나우는 후방의 파르티잔 활동과 유대인의 연관성을 확고히 선언했다. 히틀러는 이런 연관성을 전심으로 강조했으며, 유대인 학살의 위장막으로서 '파르티잔 사살'이라는 명분을 내밀었다. 1941년 12월, 히틀러를 만난 힘러는 책상 일지에 "유대인 문제"라고 쓴 후 그 옆에 "파르티잔처럼 몰살해야 한다."라고 썼다.[11] 소련 내에서도 유대인들은 '파르티잔'이라는 이유로 살해되었을 뿐만 아니라, 엄청나게 많은 수의 유대인이 단지 '유대인'이라는 이유만으로 살해되었다. 히틀러는 나치 제국의 다른 지역에 있는 유대인의 운명에 관해서도 모종의 계획을 세우기 시작했다. 그리고 그가 1941년 말기에 내린 결정을 살펴보면, 그의 살인적 사고가 어떻게 형성되었는지에 관한 실마리를 알 수 있을 뿐만 아니라, 스탈린의 행동이 의도치 않게 히틀러에게 미친 영향도 알 수 있다.

괴벨스는 1941년 여름에 히틀러에게 독일계 유대인들을 강제이주시킬 것을 요청했다. 베를린 대관구지휘자를 맡았던 괴벨스는 8월 19일

사진27 독일군 후방에서 작전 수행 중인 소련 파르티잔

전쟁이 지속될수록 소련 파르티잔은 독일군을 효과적으로 괴롭혔고, 히틀러는 그들을 최대한 잔혹하게 제압하고자 했다.

히틀러에게 "독일 병사들이 동부전선에서 죽어가는 상황에서, 7만 명의 유대인이 베를린에 거주하는 상황을 용인할 수는 없다."라고 보고했다. 그러나 괴벨스의 청원을 들은 히틀러는 베를린 거주 유대인들을 강제이주시키는 조치에 반대했다. 그렇지만 유대인에 관한 한 가지 조치를 승인했다. 9월 1일부터 독일과 병합된 지역에 거주하는 6세 이상의 모든 유대인이 옷에 노란 별, 이른바 '다윗의 별'을 달고 다녀야 하는 조치만큼은 승인했다. 몇 주 후 히틀러는 마음을 바꾸었다. 독일계 유대인은 노란 별을 달게 할 뿐만 아니라 강제이주시키기로 결정했다. 우리는 히틀러가 왜 생각을 180도 바꾸었는지 정확히는 알 수 없다. 다만 동방 지역 담당 장관인 알프레트 로젠베르크 밑에서 일하고 있는 오토 브로이티감Otto Bräutigam이 9월 14일에 올린 보고에 히틀러가 영향을 받앉을 가능성이 크다. 로젠베르크는 "스탈린이 최근 볼가강 지역에 거주하는 독일계 주민을 대상으로 내린 결정에 대응해서 중부 유럽의 모든 유대인을 강제이주시켜야 한다."라고 제안했다.[12]

의심병을 달고 살았던 스탈린은 같은 소련인이더라도 독일계 후손의 '충성'에 관해서는 우려했다. 1941년 8월, 볼가강 유역Volga region에 거주하던 '자치구'는 폐지되었고, 9월 초에는 약 60만 명의 독일인이 오지로 강제이주하는 엄청난 고난을 겪었다. 볼가강 유역 출신 독일인은 해당 오지에 도착한 후 그곳의 풍경을 이렇게 묘사했다.

> 회색의 황야 이외에는 아무것도 없었다. 우리는 헛간(오두막)에서 살았다. 햇볕이 너무 뜨겁게 내리쬐었다. 비가 오면 헛간에 비가 스며들어 모든 것이 젖었다. 우리는 땅바닥에서 잠을 잤다. 우리는 매일 쓰러질 때까지 노동에 시달렸다. 우리는 매일 여덟 시간씩 비료에 인분을 섞는 작업을 했다. 아주 뜨거운 햇볕 아래서도 이 일을 해야 했다.[13]

이러한 척박한 환경에서 수천 명의 볼가강 유역 출신 독일인이 죽었다. 소련은 제2차 세계대전 동안 소수민족을 강제이주시켰는데, 이들이 바로 첫 번째 희생양이었다. 그러나 이들이 마지막은 아니었다. 물론 전적으로 '스탈린의 강제이주 조치' 때문에 히틀러가 독일계 유대인을 강제이주시키는 것을 승인했을 가능성은 적다. 로젠베르크의 제안은 당시 히틀러가 유대인 정책으로 제시받은 수많은 제안 중 하나에 불과했다. 예를 들어, 9월 15일 함부르크 대관구지휘자인 카를 카우프만Karl Kaufmann은 함부르크의 유대인을 강제이주시킬 것을 히틀러에게 요청했다. 그는 유대인들이 거주하던 집을 뺏어서 공습으로 집을 잃은 독일인들에게 제공하고 싶다고 말했다. 괴벨스, 로젠베르크, 카우프만은 유대인들을 강제이주시켜야 할 서로 다른 이유를 제시했지만, 그들의 동기는 똑같았다. 보복심이었다. 독일 사람들이 고통에 허우적거리고 있으니, 유대인들이 그 대가를 치러야 한다는 심리였다. 이 나치당의 지도자들은 "제1차 세계대전 때 충성스러웠던 병사들이 전선에서 죽어가는 동안 유대인들은 안락하게 생활했다."라는 히틀러의 거짓말을 믿었다. 그들은 히틀러의 거짓말 같은 일이 다시 일어나도록 허용할 수 없었다. 애당초 그런 일이 없었다는 진실은 중요하지 않았다.

　1941년 가을. 히틀러는 독일 내에 거주하는 유대인들의 강제이주를 승인했다. 그러나 목적지에 도착한 유대인들의 처우에 관해서는 구체적인 계획을 구상하지 않았다. 대량학살과 이에 버금가는 일을 고려했을 수도 있겠으나 유대인들을 즉각 처형할 것인지 아니면 학대를 받다가 죽게 할지는 이 단계에서 결정되지 않았다. 자연스레 유대인의 '처리'는 히틀러의 부하들이 담당하게 되었다. 일례로 독일에서 추방된 유대인들은 폴란드의 우치에 있는, 병이 들끓는 과밀한 게토로 보내졌다. 다른 유대인들은 독일군이 점령한 소련 지역으로 이송되어 즉각 총살당했다. 유대인들이 동쪽으로 강제이주하는 사이, 독일국방군은 태풍 작전을 수행하며 모스크바로 진군했다. 모스크바 공방전을 수행하는 동안 독일군이 수행하는 실제 전투와 그들이 달성해야 하는 작전의 목표 사이의 간극은 점점 더 벌어졌다. 11월 13일, 중부집단군 작전회의에 참석한 구데리안의 참모장은 상관들로부터 "기갑군의 목표는 모스크바에서 동쪽으로 250마일 떨어진 도시, 고리키Gorky(오늘날 니즈니노브고로드Nizhny Novgorod)"라는 말을 들었다. 당시의 보급품 공급 상황과 겨울 날씨를 고려하면 이것은 터무니없는 목표였다. 구데리안의 참모장은 "지금은 5월이 아니고, 우리는 프랑스에서 전투를 수행하고 있는 것이 아니다."라고 답했다. 이 작전 계획을 보고받은 구데리안은 "이 목표는 단순하게 달성 불가능하다."라고 말했다.[14] 이 일화에서 가장 중요한 부분은 프란츠 할더를 비롯한 독일군 최고수뇌부가 "달성 불가능한 제안"을 제시한 집단의 일부였다는 지점이다.[15]

바르바로사 작전은 원래 계획보다 몇 주 뒤떨어져 있었지만, 히틀러는 여전히 낙관적인 태도를 견지했다. 11월 22일까지도 괴벨스는 히틀러의 꺾이지 않은 야망을 기록했다.

> 만일 날씨가 우리에게 유리하다면, 히틀러는 독일군이 모스크바를 포위하여 소련 주민들을 기아 상태로 몰아넣고 도시를 완전히 파괴하기를 바라고 있다.

이뿐만 아니라 괴벨스가 독일이 이 전쟁에서 승리할 것이라 생각하는지를 히틀러에게 묻자, 그는 이렇게 답했다.

> 1918년 반쯤 눈이 먼 상태로 포메라니아Pomerania●의 야전병원에

◆ 독일어로는 포메른, 폴란드어로는 포모제라 불린다. 유럽 중북부~발트해 남쪽 연안에 자리한 역사적 지역이다. 현재는 영역의 대부분이 폴란드에 속하며, 서쪽 끝 일부 지역은 독일에 속한다.

누워있을 때도 나는 독일의 승리를 믿었는데, 현재 세계에서 가장 막강한 군대를 보유하고 유럽 대부분을 발아래 둔 상태에서 승리를 믿지 않을 수 있겠는가?

그런데 히틀러의 이 대답에는 실로 불행한 비교가 담겨 있다. "1918년 눈이 반쯤 먼 독일군 상병"은 독일의 승리를 믿긴 했어도, 그렇다고 독일의 굴욕적인 패배까지 예방하진 못했다. 즉 히틀러는 현재 다가오고 있는 겨울의 위험을 억지로 무시했다. 그는 괴벨스에게 "세계의 역사는 날씨에 의해 만들어지지 않는다."라고 말했다.[16] 일주일 후 동부전선의 열악한 날씨와 보급품 부족이 야기한 문제가 점점 더 커지는 데도 히틀러는 계속 전망을 낙관했다. 히틀러는 괴벨스에게 "독일군이 로스토프Rostov에서 소련군의 반격으로 물러난 상황도 문제가 되지 않는다."라고 말했다. 그는 로스토프를 포격할 수 있는 지점까지는 철수할 계획을 세웠고, 그렇게 해서 유혈이 낭자한 사례를 남기고자 했다. 히틀러는 독일군이 소련의 대도시를 점령하지 말아야 한다는 자신의 견해를 고수했다.

모스크바나 레닌그라드는 도시의 모양을 갖춘 채 우리 손에 들어오지 않을 것이다. 이 도시들은 철저히 파괴되어 훗날 쟁기로 밭을 갈 수 있어야 한다.[17]

히틀러는 마치 청중에게 확신을 불어넣는 것처럼 자신에게도 확신을 불어넣는 것 같았다. 이번 청중은 선전장관인 요제프 괴벨스였다. 이성적으로 생각하면 괴벨스는 히틀러의 예언대로 일이 풀릴 것이라 믿기 어려웠다. 그러나 히틀러의 주장을 듣는 것은 이성과는 별개의 문제였다. 나치당의 부상을 지켜본 언론사 기자 콘라트 하이덴Konrad Heiden이 우리에게 이러한 내용을 상기했다.

> 히틀러의 연설은 기쁨이 넘치는 구원의 약속, 승리를 약속하는 행복한 결말로 자주 끝났다. 그의 주장은 이성을 이용하면 얼마든지 반박할 수 있었다. 그러나 사람들은 어떠한 부정도 관여할 수 없는, 훨씬 더 강력한 잠재의식의 논리를 받아들였다.[18]

괴벨스에게 멋진 이야기를 떠들기란 쉬운 일이었다. 그러나 자신이 직면한 냉엄한 현실을 '부정'하기란 완전히 다른 문제였다. 놀랍게도 히틀러가 괴벨스에게 본인의 낙관을 설파한 바로 그날, 그는 엄중한 현실을 보고한 사람들을 만났다. 독일 전차 생산을 담당한 산업가 발터 롤란트Walter Rohland는 히틀러에게 "소련이 효과적인 무기를 대량으로 생산하고 있을 뿐만 아니라 미국도 그 이상의 산업 잠재력을 가지고 있기 때문에 미국이 참전하면 독일이 패배할 것"이라고 말했다. 군수장관(군수탄약성 장관the Armaments Minister)인 프리츠 토트Fritz Todt는 히틀러에게 "군사적 수단만으로 전쟁에서 승리할 수는 없다."라고 분명하게 말하자 분위기는 더욱 암울해졌다. 히틀러는 "그러면 내가 이 전쟁을 끝내려면 다른 무엇이 필요한가?"라고 물었지만, 토트는 "정치적 해결이 필요하다."라는 답만 했다. 히틀러는 "나는 정치적으로 전쟁을 끝낼 수 있는 방법을 모르겠다."라고 답했다.[19]

히틀러와 스탈린

이 회동의 여러 양상에 주목할 필요가 있다. 스탈린과 마주한 소련 지도자들과 달리, 롤란트와 토트는 히틀러 앞에서 솔직하게 자신의 의견을 개진했다. 히틀러가 듣기에 거북할지언정 모든 정보를 보고했다. 이런 모습이 아마 가장 중요한 차이점일 것이다. 그들은 히틀러 앞에서 그렇게 행동해도 자신이 해를 입지 않을 것이라 생각했기 때문에 그렇게 행동한 것이다. 이런 모습은 스탈린과 그의 밑에서 일하는 사람들의 모습과는 크게 대조된다. 우리가 앞에서 본 것처럼 스탈린의 모스크바 탈출을 논의할 때, 라브렌티 베리야 같은 정치국원은 회의실 밖에서나 자신의 진정한 신념을 표출할 수 있었다. 스탈린 앞에서는 그럴 수 없었다. 그런데도 히틀러가 본인의 뜻을 굽히지 않는 양상도 중요하다. 스탈린처럼 자신의 마음속 깊은 곳의 두려움, 염려, 욕망을 터놓을 사람이 없던 상황에서는 이런 모습이 더욱 의미심장하다. 정상적인 사고를 하는 사람이라면 정신이 무너질 만한 부정적인 뉴스를 들었음에도 말이다. 그러나 이런 모습에서 두 독재자의 근본적인 차이를 확인할 수 있다. 스탈린은 자신의 부하들이 냉혹한 진실을 보고하는 것을 두려워하는 세계를 만들었으나 히틀러는 그렇지 않았다.

전선에서 중부집단군 부대들은 모스크바 외곽에 거의 접근했다. 그러나 이들이 가까이 갈수록 소련군은 더 거세게 저항했다. 기갑사단 장교였던 발터 샤에퍼-케네르트는 독일군이 모스크바에 근접했을 때 "격렬한 저항을 받았다."라고 회고했다.

나는 숲속의 작은 길을 통과하면서 세 명의 병사가 우리 앞에서 걷고 있는 모습을 직접 보았다. 그들은 우리보다 약 100~150미터 앞에서 걷고 있었다. 갑자기 폭발이 일어나더니, 그 병사들의 몸이 산산조각이 나서 살점들이 좌우의 나무에 걸린 광경을 목격했다.

소련군의 강력한 저항에도 불구하고 12월 초 독일군 최전방 수색대는 모스크바 중심부에서 12마일 떨어진 지점까지 진출했다. 샤에퍼-케네르트와 그의 동료들은 이보다 몇 마일 뒤에 떨어져 있었다. 그러나 이들은 모스크바가 포격 사정권 안에 들어왔다는 사실을 깨달았다.

나는 크렘린까지의 거리를 측정한 후 이렇게 말했다. "좋아, 우리가 장거리포만 있으면 이제 크렘린을 포격할 수 있다."

그와 다른 병사들은 이 사실을 발견하고 흥분했고, 밤새도록 모스크바 중심부에 포탄을 발사했다. 그러나 추위로 인해 통상적인 전투는 불가능했다.

오늘 밤 기온은 이미 영하 30도 이하로 떨어졌다. 우리는 자동화기를 더는 쏠 수 없다. 보병들에게는 최악의 상황이 도래했다. 자동화기를 가지고 있는데 총알이 발사되지 않는 상황이라니, 병사들로서는 정말 두려운 상황이다. 자신을 방어할 수단이 전혀 없는 것이다. 차량에 시동을 걸 때도 똑같은 문제가 일어났다. 병사들의 개인 장구도 마찬가지다. 가죽 군화도 얼어붙었다. 밤 동안 병사들의 몸을 녹일 데가 없어서 병력이 크게 손실됐다. 병사들의 손과 발이 동상에 걸린 탓에 전투 때보다 손실이 더 컸다. 병사들의 손발에 동상이 심했다. 전쟁 초기에 내가 따르던 대대장께서 한 말을 무척 잘 기억한다. 그는 제1차 세계대전 중 루덴도르프 총참모부에서 젊은 장교로 복무했었다. 그는 늘 이렇게 말했다. "전쟁을 하려면, 전쟁에 필요한 준비를 잘해야 한다."[20]

독일군의 진격은 한계에 봉착했다. 그들은 더는 모스크바를 향해 진격할 수 없었다. 12월 5일, 제4기갑군의 지휘관 에리히 회프너 장군은 당시 전황을 이렇게 기록했다.

> 우리 군의 공격 전투력(제12·40·44·47기갑군단)은 고갈되었다. 이 이상의 공격은 우리 부대의 전력을 소진할 것이고, 러시아(소련)의 반격을 격퇴할 수 없게끔 할 것이다.[21]

회프너의 말에는 뼈가 있었다. 이틀 후인 12월 5일, 소련군은 대규모 반격을 펼쳤다. 총 27개 소련군 사단이 모스크바 외곽에서 독일군에 반격을 가했다. 독일군과 다르게 소련군은 혹독한 겨울 날씨에 맞추어 제대로 준비하였다. 보크는 이런 상황을 12월 5일 일기에 간단명료하게 잘 기록했다.

> 우리 전차는 고장이 났으나 러시아 전차는 겨울 날씨에 더 부합하게 제조되었다.[22]

모스크바 전선의 기갑부대 지휘관이었던 알프레트 루벨Alfred Rubbel은 그해 12월에 치른 전투를 두고 "가혹한 경험이었다. 전쟁 상황은 완전히 바뀌었다."라고 회고했다. 그와 그의 동료들은 독일 기술에 자부심을 느끼는 대신 T-34 전차 같은 소련의 장비를 몹시 부러워하게 되었다.

> T-34 전차는 모두에게 큰 충격을 주었다. 우리는 T-34에 관해 아무것도 몰랐다. 그 전차는 소련군이 필요로 하는 바로 그 무기였다. 소련은 기술을 단순화시키고, 압축 공기를 준비해 두었다가 전투를 치를 때 압축 공기를 이용해 엔진을 가동했다. T-34는 더 넓은 궤도 축을 가지고 있어서 진흙탕 위로도 잘 굴러갔다. 반면에 우리의 전차는 그렇지 못했다.

소련군 병사들의 지구력과 회복력은 적군에게 큰 효과를 보였다.

> 우리는 소련 병사들이 얼마나 고통을 잘 참는지 알게 되었다. 소련군은 우리 독일군이라면 결코 수행할 수 없었을 불가능한 명령도 그대로 수행하고, 모든 것을 견뎌냈다. 우리는 (침공 전에) 이런 이야기를 들은 적이 없었다.[23]

알프레트 루벨은 훗날 올림픽에서 사격으로 이름을 날릴 바실리 보리소프Vasily Borisov 같은 소련군 병사들을 상대해야 했다. 시베리아 사단에 소속되었던 보리소프는 "(독일군을 향한) 반격 때 백병전이 벌어졌다."라고 말했다.

히틀러와 스탈린

우리는 참호 속에서 독일군과 싸워야 했다. 좀 더 강한 자가 살아 남고 약한 자는 죽게 되어 있었다. 우리는 소총 끝에 총검을 꽂았 다. 나는 아주 힘이 셌다. 나는 적을 총검으로 찌른 채 그를 참호 밖으로 던져버릴 수 있었다. 그들도 우리와 마찬가지로 겨울 코 트를 입고 있었고, 총검은 그 코트를 뚫고 살 안으로 들어갔다. 마 치 빵조각을 찌르는 것과 같았다. 아무런 저항도 없었다. 내가 너 를 죽이거나 네가 나를 죽이는 문제였다. 정말 피가 튀는 혼전이 었다. 우리 보병이 가세해서 독일군을 다음 방어선으로 밀어냈다. 우리 병사들은 강했다. 이들은 붉은군대의 병사다. 이들은 이런 식으로 싸울 만큼 강했다.[24]

루벨은 보리소프 같은 정예병사를 상대하면서 "이런 병사들을 보니 갑자기 우리의 전력이 우세하다는 생각이 사라지기 시작했다. 소련군 의 지휘력도 점점 좋아졌다."[25]라고 증언했다. 소련군의 반격이 시작된 지 이틀 후인 12월 7일, 악명높게 철두철미한 지휘관인 보크는 이렇게 썼다.

힘든 날이었다. 제3기갑집단군의 우측 진영이 밤새 철수하기 시 작했다.[26]

그러나 같은 날인 일요일인 12월 7일 밤. 히틀러와 독일군은 좀 더 중대한 소식을 듣게 되었다. 일본군이 진주만의 미국 해군기지를 기 습 공격한 것이다. 그 직후 미국은 일본과의 전쟁 상태에 돌입했다. 이런 상황은 히틀러에게 크게 치명적이었다. 이전에 그는 "미국이 전쟁에 뛰어들기 전에 독일이 유럽의 모든 문제를 해결할 필요가 있다."라고 말했다. 만일 히틀러의 뜻대로 이루어지지 않을 상황에 관해, "우리가 그때까지 과제를 끝내지 못하면 고뇌가 우리를 덮칠 것이다."라고 말했다.[27]

독일은 이미 삼국 조약으로 일본과 동맹을 맺었기 때문에, 이 조약의 조건상 독일은 미국에 선전포고를 할 필요도 없었다. 일본이 미국과의 전쟁을 촉발했기 때문이다. 그러나 4일 후인 12월 11일, 히틀러는 독일이 미국과의 전쟁에 돌입했다고 선언했다. 많은 사람은 히틀러의 결정을 이해할 수 없었다. 수천 마일이나 떨어진 경제강국과의 전쟁을 자발적으로 개시할 필요가 대체 어디 있는가? 더욱이 독일은 미국 점령을 고려한 적도 없지 않았는가?

히틀러는 고민하기보다는 일본이 미국을 공격한 사건을 기쁘게 받아들이는 듯했다. 그는 "우리는 전쟁에서 절대 패배할 수 없다. 우리는 지금 3000년 동안 정복되지 않은 나라를 동맹으로 삼고 있다."라고 말했다.[28] 히틀러의 주위에서도 그만큼 기뻐했다. 진주만 기습 소식을 들은 이후 발터 발리몬트Walter Warlimont 장군은 "총참모부 전체가 기쁨에 휩싸인 듯했다."라고 기록했다.[29] 독일 외무장관 리벤트로프도 이런 흥분을 공유했다. 이탈리아 외무장관 치아노는 자신의 일기에 다음과 같이 적었다.

한밤중에 리벤트로프가 전화를 걸어왔다. 그는 일본이 미국을 공격한 사건에 기뻐하고 있었다. 그가 너무 기뻐해서, 나는 이 일이 가져올 이익에 확신이 없었음에도 그를 축하하지 않을 수 없었다. 지금 한 가지 사실은 분명하다. 미국은 참전할 것이고, 이 전쟁은 미국이 잠재적 힘을 모두 쏟아 넣을 때까지 길게 진행될 것이다.

무솔리니도 이 소식을 기뻐했다. 그는 오랫동안 미국과 추축국 사이에서 자신의 입지를 분명히 세우고 싶었기 때문이다.[30]

히틀러와 그의 주변 인물들의 관점에서 보면, 미국이 참전했다는 뉴스에 이토록 이상한 반응을 보인 이유가 몇 가지 있었다. 첫째, 미국이 상당히 오랫동안 영국의 전쟁을 지원해 오고 있었기 때문이었다. 이전 해에 미국은 영국 영토 내에 있는 일부 군사기지를 사용할 권한을 구축함 50척과 교환했다. 이로부터 몇 달 후 루스벨트는 좀 더 광범위한 무기대여법Lend-Lease을 제정하여 영국은 다양한 군사 장비와 보급품을 받을 수 있게 되었다. 당시 기준 가장 최근에는 북대서양에서 미국 군함들과 독일 해군의 유보트(U−boot, 독일 잠수함 Unterseeboot의 약자) 간에 교전이 있었다. 히틀러와 레더 제독 같은 독일 군지휘관들은 미국이 이미 절반은 선전포고를 했다고 간주했고, 미국을 향한 독일의 선전포고가 독일 해군의 교전을 허락한 것이라고 보았다.

둘째, 히틀러가 보기에 미국과 영국은 태평양 전쟁으로 인해 유럽 대륙의 전쟁에 집중할 수 없었다. 히틀러의 관점에서 이는 미국의 참전으로 얻는 즉각적인 이득이다. 영국의 주요 기지들이 일본군의 위협을 받고 있을 뿐만 아니라 곧 점령될 위기에 봉착했다. 홍콩은 1941년 성탄절에 일본군에 항복했다. 두 달도 지나지 않은 다음 해 2월 15일에는 싱가포르가 일본군에 함락되었다.

마지막으로, 이념적 차원의 고려도 있었다. 히틀러는 루스벨트 뒤에 유대인이 있다고 점점 더 굳게 믿게 되었다. 1939년 히틀러는 루스벨트를 위선자라고 공개적으로 비난했고, 이제 그는 자신의 상상 속 잠재적인 위험대상과 공개적으로 대결할 기회를 얻은 것이다. 히틀러가 생각하기에 미국은 결코 독일의 우방국이 될 수 없었다.

히틀러는 진주만 기습 직전, 일본이 미국을 공격하면 독일은 미국에 선전포고를 하겠다고 동의했다. 히틀러는 독일이 직접 선전포고를 했다는 사실 자체에 큰 의미를 부여했다. 그는 미국이 먼저 선전포고를 하거나 독일의 관점에서 대서양의 상황이 악화하기를 기다리고 있었다. 그러나 이렇게 된다면 히틀러 본인이 상황을 통제하고 있는 것으로 보일 수는 없었다. 그리고 히틀러에게는 본인이 상황을 통제한다는 '외양'이 무척 중요했다.

히틀러는 베를린으로 돌아가기로 결정하고, 12월 11일 제국의회에서 미리 준비된 연설을 했다. 이 연설은 매우 중요하다. 히틀러의 연설을 직접 듣던 청중이나 라디오를 통해 듣고 있던 국민은 제1차 세계대전의 역사를 너무 잘 알고 있었다. 미국이 연합국 측으로 참전한 사건이 독일의 전쟁에 얼마나 큰 타격을 입혔는지도 잘 알고 있었다. 히틀러는 연설의 상당 부분을 자신이 생각하기에 독일이 어떤 이유로 1939년 전쟁뿐만 아니라 1941년 독소전쟁을 시작했는지를 설명했다. 그의 머릿속에서 펼쳐진 대안적 역사His alternative history에 따르면, 독일이 1939년 전쟁에 뛰어들게 만든 원흉은 영국의 외교술이다. 또한 영국이 1940년 여름에 영국이 독일과의 강화를 거부했기 때문에 유럽에서 전쟁이 끝날 수 있었음에도 그렇지 않게 되어버렸다. 소련을 향한 전

히틀러와 스탈린

쟁에 관해서, 히틀러는 "스탈린의 유럽 공격을 막고자 했을 뿐이고, 만일 독일이 행동하지 않았다면 유럽은 '상실'되었을 것이다."라고 항변했다.[31] 이윽고 히틀러는 독일이 미국에 아무런 해도 끼치지 않았음에도 루스벨트와 미국은 독일에 대항하고 영국을 도왔다고, 거의 애처롭게 설명했다. 그는 루스벨트가 나치독일에 반기를 든 이유를 쉽게 설명할 수 있다고 주장했다. 역시나 배후의 유대인들이 루스벨트를 "악마적 악의Satanic malice"로 충동한다는 것이다. 히틀러가 보기에 "유대인은 오로지 분열을 일으키는 데에만 관심이 있고, 질서를 존중하지 않는다." 그런데 이 '사실'을 루스벨트는 이해하지 못했다. 히틀러는 루스벨트가 유대인의 본질을 이해하지 못하는 이유가 "정신적으로 저능해서가 아니라 미쳤기 때문"이라고 비난했다.[32] 추가로, 루스벨트와 처칠은 자국의 문제에 집중해야 한다는 충고도 덧붙였다.

사회적으로 후진적인 국가에 거주하는 이 신사들은 전쟁을 선동하는 대신 자국의 실업자들을 돌봐야 한다. 그들의 나라는 국민에게 식량을 분배하기 위해 분주하게 처리해야 할 문제와 어려움이 너무 많다.

히틀러는 결론적으로 독일인들은 국제적 공모의 희생양이 되어 왔다고 말했다. 그래서 독일이 이탈리아, 일본과 단합하여 미합중국, 영국과 싸워야 한다고 주장했다. 히틀러는 그들과의 전쟁을 승리로 이끌 것이라고 단호하게 천명했다.[33]

이 연설은 전형적인 히틀러식 논리로 가득하다. 그는 전쟁 외에는 대안이 없는 것처럼 떠들었다. 히틀러의 연설 속 독일은 승리와 멸절 외에는 다른 선택지를 고를 수 없었다. 사건을 극단적으로 해석하는 발상은 히틀러 특유의 사고방식이다. 제1차 세계대전 이후 히틀러는 1920년 뮌헨의 호프브로이하우스Hofbräuhaus 맥주집 회의에서 총 25항으로 구성된 나치당 정강을 설계했다. 이 회의의 막바지에서, 히틀러가 세상을 극단적인 세계관으로 이해한다는 첫 신호를 감지할 수 있다. 이 문서의 마지막 부분에는 이런 말이 들어있다.

> 당의 지도자들은 이 프로그램을 행동으로 옮기기 위해 만일 자신의 생명을 희생해야 한다면, 인정사정없이 그리할 것을 약속한다.[34]

이런 조항은 평범한 정당의 통상적 정강이 아니다. 어떤 '정상적인 정당'의 정강이 목표 달성을 위해 구성원의 희생적 죽음을 요구한다는 말로 끝나는가?

이처럼 사건을 극단적인 시각으로 파악하는 습성은 스탈린과의 전쟁을 해석하는 히틀러의 관점과 긴밀히 연결되어 있다. 그는 의도적으로 독소전쟁을 승리 아니면 파괴로 이어지는 전쟁으로 몰아세웠다. 독소전쟁은 곧 '절멸전쟁Vernichtungskrieg'이라는 히틀러의 주장은, 만일 소련이 승리한다면 소련이 독일에 무서운 보복을 가할 것이라는 예언인 셈이다. 그러나 히틀러는 이러한 사태를 긍정적으로 보았다. 히틀러는 전쟁 직전 무솔리니에게 보낸 편지에서, 독일이 소련을 공격하게 되어 "나는 영적으로 자유롭다고 느낀다."라는 글을 적었다.[35] 그리고 여기서의 자유란, 이 역사적인 전쟁이 그와 독일이 승리하거나 파괴당할 것이라는 점을 알고 있다는 사실에 기반을 둔 개념이었다. 1941년 6월 16일, 히틀러는 괴벨스에게 이렇게 말했다.

> 우리는 옳든 틀렸든 승리를 쟁취해야 한다. 그렇지 않다면 우리 국민 전체는 멸절될 것이다. 우리가 승리해야 한다는 목표는 무슨 수를 써서라도 책임지고 완수해야 한다.[36]

걸려 있는 판돈은 단순히 크기만 한 것이 아니다. 절대적이었다. 그리고 히틀러는 이를 원하였다. 그런 점에서 12월 11일 히틀러의 연설은 공개적인 도전장이었다. 그러나 미국은 유럽 대륙에서 3,000마일이나 떨어져 있고, 독일이 대단한 해군력을 가지고 있지 못한 상황에서, 그는 과연 어떻게 승리를 달성할 것인가? 그는 영불해협을 건너 영국을 침공하는 작전조차 불안하게 느꼈는데, 그랬던 그가 어떻게 미국을 굴복시킬 것인가?

나는 이 물음에, 히틀러가 먼 앞날을 내다보았을 가능성이 적었을 것이라 답하겠다. 그는 스탈린과의 전쟁을 우선했다. 미국이 군비 증강을 서두른다 한들, 독일의 유보트가 돌아다니는 대서양을 가로질러 병력과 장비를 이동시키는 데는 시간이 걸릴 것이 분명했다. 이를 고려한 히틀러는 진주만 기습 직전 괴벨스에게 이렇게 말했다.

> 나는 미국을 과소평가하지는 않지만, 미국의 참전을 급박한 위협으로 여기지는 않는다. 미국은 유럽 대륙의 상황을 바꿀 수 없다.[37]

무엇보다도 미국은 수천 마일 떨어진 곳에서 일본과 전쟁을 벌여야 했다. 만일 독일이 1942년에 소련을 패퇴시킬 수 있으면, 그래서 소련의 자원, 특히 석유를 있는 그대로 확보할 수 있으면, 영국과 미국이 궁극적으로는 독일의 패권을 인정하는 교착 상태를 구축할 수 있으리라 판단했다.

물론 이 가정은 너무나 많은 '만일'을 전제했기 때문에 환상에 가까운 시나리오다. 그러나 히틀러의 공군 부관 니콜라우스 폰 벨로도 히틀러의 환상을 공유하였다. 니콜라우스 폰 벨로는 미국이 모든 거대한 잠재력을 동원해 전쟁에 영향을 미치기 전에 소련을 파괴할 가능성이 있다고 보았다. 또한 히틀러도 자신과 똑같은 생각을 공유한다고 믿었다. 히틀러는 실제로 1942년에 소련을 굴복시킬 수 있을 거라 확신했다.[38]

히틀러는 대중 앞에서 확고한 확신을 과시했다. 그러면서 동시에 독일군 지휘관들이 자신들의 낙관을 훼손하지 않도록 고군분투를 벌이고 있다는 사실을 알아챘다. 제1차 세계대전 공군의 에이스 전투기 조종사였던 에른스트 우데트Ernst Udet의 경우를 보자. 그는 옛 전우 헤르만 괴링의 도움으로 독일 공군의 기술 및 군수품 책임자로 임명되었으나 그 직책은 그에게 전혀 어울리지 않았다. 우데트는 전투기를 조종하고 술을 마시는 것처럼 즐거운 일을 원했으나 괴링의 도움으로 얻은 직책으로는 자신이 해결할 수 없는 행정 문제를 붙잡고 시간을 허비하는 일만 해야 했다. 이보다 더 나쁜 것은 히틀러에게서 독일 공군의 전과에 관한 추궁을 받은 괴링이 우데트에게 책임과 비난을 전가하려 했다는 점이다. 히틀러는 괴링에게 달성 불가능한 목표를 부과하고, 괴링은 부하에게 과도한 목표를 전가했다. 이에 우데트는 너무도 큰 대가를 치르게 됐다. 그는 1941년 11월 17일에 스스로에게 총을 발사해 사망했다.

이 시기에 다른 독일군 지휘관들도 전장에서 사라졌다. 그러나 이들은 스스로 목숨을 끊을 필요가 없었다. 이들의 신체가 알아서 그들 스스로를 공격했다. 우데트가 자살하기 일주일 전인 11월 10일, 발터 폰 브라우히치는 심장마비를 겪었다. 12월 16일 독일군 역사상 가장 거대한 대규모 공세를 벌인 중부집단군 사령관 보크 원수는 자신의 일기에 이런 글을 작성했다. "내 건강은 아슬아슬하게 버티고 있다."[39] 일주일 후 그는 사령관직에서 물러났다.

다른 수많은 고위 지휘관은 건강상의 문제가 아니라 소련의 새로운 공세에 곤란을 겪었다. 좀 더 수비가 수월한 방어선으로 후퇴하겠다는 제안을 제시했다는 이유로 그들은 해임됐다. 일례로, 남부집단군 사령관이자 히틀러에게 가장 충성하는 장군 중 하나인 게르트 폰 룬트슈테트Gerd von Rundstedt 원수는 소련의 로스토프 지역에서 후퇴할 때, 히틀러가 명령한 수준보다 훨씬 뒤로 후퇴했다는 이유로 해임됐다. 이런 양상은 전쟁에서 반복되어 나타난다. 룬트슈테트의 후임으로 임명된 발터 폰 라이헤나우도 룬트슈테트가 제안한 위치로 후퇴할 것을 허락해달라고 요청했고, 히틀러는 이를 승인했다. 그렇지만 '의지의 승리Triumph of the will'를 굳게 믿은 히틀러는 전장의 상황이 변경되는 것을 용납할 수 없었다. 게다가 라이헤나우는 남부집단군 사령관으로 오래 복무하지 못했는데, 그는 사령관으로 임명된 몇 주 후 심장마비로 사망했다.

한편 독일의 고위 군지휘관들은 히틀러의 목표를 지지했다. 그들은 순전히 실제적인 문제에 당면했다. 그들은 히틀러에게 어떤 일을 해야 할 필요가 있다는 논리적 이유를 제시해봤자 히틀러가 이를 거절한다는 사실을 알아차렸다. 그래서 이들은 처음으로 히틀러의 대안적 현실을 마주쳐야 했다. 이를 깨닫게 되면서 그들은 대단히 충격적인 경험을 겪었다. 이런 현상의 가장 극단적인 사례는 1941년 12월 20일에 발생했다. 히틀러는 자신이 가장 신임하는 지휘관 중 한 명인 기갑군 사령관 하인츠 구데리안을 만났다. 히틀러는 이제 브라우히치를 대신할 독일군 총사령관 자리에 누군가를 임명하겠다는 결심을 굳혔다. 구데리안을 만나기 전날, 히틀러가 생각하기에 현 제3제국 내에서 이 직책을 맡을 만한 사람은 오직 한 사람뿐이었다. 바로 히틀러 자신이었다.

구데리안은 "우리의 최고사령관이 전선을 아는 장군의 '합리적인 제안'을 경청할 것"이라는 희망을 품고 동프로이센에 있는 최고사령부에 도착했다.[40] 그러나 그는 머지않아 놀라운 상황을 맞닥트리게 되었다. 히틀러는 엄하고 차가운 눈빛을 뽐내며 구데리안을 맞이했다. 그래서 구데리안은 자신의 정적이 본인에게 불리한 이야기를 히틀러에게 떠들었다고 생각했다.

실제로 구데리안은 자신의 병력이 몇 주 전 브라우히치와 합의한 지점으로 후퇴한다는 보고를 올렸다. 이 말을 들은 히틀러는 "내가 그것을 금지했는데!"라고 소리쳤다. 그러나 구데리안은 "이미 후퇴하고 있어서 후퇴를 중지하면 병력이 노출될 것"이라고 답했다. 그런데도 히틀러는 병사들이 현 위치를 고수해야 한다고 강조했다. 구데리안은 땅이 얼어붙어서 히틀러의 명을 따를 수 없다고 대꾸했고, 히틀러는 이렇게 받아쳤다.

히틀러와 스탈린

그렇다면 병사들은 곡사포로 구덩이를 만들어야 한다. 우리는 제
1차 세계대전 때 플랑드르 지방에서 그렇게 했었다.

구데리안은 히틀러의 요구가 왜 좋지 않은지를 길게 설명했으나 히
틀러는 본인의 뜻을 일절 굽히지 않았다. 구데리안이 병력 후퇴를 중
단하면 쓸모없는 병력 손실을 감수해야 한다고 거듭 설명하자, 히틀러
는 이렇게 대답했다.

자네는 프리드리히 대왕의 근위연대가 죽고 싶어 했다고 생각하
나? 그들도 살고 싶어 했다. 그러나 대왕이 이들에게 희생을 요구
한 것은 옳은 일이었다. *

히틀러는 구데리안이 병사들에게 "너무 많은 동정심"을 쏟는다고
평가해다. 회동이 파하면서, 구데리안은 히틀러가 최고사령부 참모장
카이텔 장군에게 말한 내용을 엿들었다.

나는 이 친구(구데리안)를 설득할 수 없어![41]

6일 후인 12월 26일 구데리안은 제2기갑군 사령관직에서 해임되었

◆ 제2차 슐레지엔 전쟁 중 보헤미아 북동부에서 벌어진 조르 전투(Battle of Soor, 1745년 9월 30일)에서, 프리드리히
대왕이 지휘하는 2만 2,000명의 프로이센군은 약 4만 명의 오스트리아-작센 연합군에 맞서 싸워 힘겹게
승리했다. 이 전투에서 프리드리히 대왕의 근위연대는 처절한 공격으로 오스트리아군의 포대를 노획했고, 이후
대대적인 공격을 펼쳐 오스트리아군의 전열을 붕괴시켰다. 이윽고 혼란에 빠진 오스트리아군은 퇴각했다.

다는 통보를 받았다. 구데리안은 자신의 회고록에서, 그날의 일화를 현실 감각이 없는 정치인이 전쟁의 실상을 이해하지 않기로 작심한 사례로 제시했다. 그러나 구데리안의 해석은 당시의 사건을 단순하게 해석한 바다. 히틀러가 이제는 군지휘관들에게 비합리적인 요구를 제시하기 시작한 하나의 분명한 사례이긴 하지만, 그렇다고 해서 반드시 군지휘관이 옳았고 히틀러가 틀렸다는 것을 의미하진 않는다. 우리가 지금까지 본 것처럼 히틀러는 1940년 고위 군지휘관의 반대에도 불구하고 서유럽 침공 계획을 밀어붙였고, 그의 판단이 옳았다는 점을 자랑스럽게 증명했다. 그러면 이번에도 그가 틀렸다고 말할 사람은 누구인가? 장군들이 원하는 대로 후퇴할 수 있다는 인상을 주면 이들이 어디까지 후퇴할 것인지를 누가 알겠는가? 히틀러는 전선을 굳게 사수하라는 반응을 가장 먼저 드러내 최소한 지휘관들이 후퇴를 주저하게 만들 수 있었다.

구데리안이 묘사한 대로 히틀러라고 해서 항상 고집을 피운 것은 아니었다. 일례로, 상대적으로 계급이 낮은 지휘관인 귄터 폰 벨로Günter von Below가 1941년 12월 볼프스산체 회의에 참석했을 때, 그는 또 다른 '히틀러'를 만났다.

분위기가 아주 차분했다. 히틀러는 몇 가지 질문을 했다. 그때 전화벨이 울렸다. 그 전화의 발신자는 귄터 폰 클루게Günther von Kluge 원수였다.

클루게 원수는 자신의 일부 부대를 전진 배치 위치에서 후퇴시키고

히틀러와 스탈린

싶다고 말했다.

"그럼 부대가 불리한 위치에서 후퇴한다는 뜻인가? 다시 눈이 덮인 황야로 후퇴한다는 말인가?"라고 히틀러는 물었다. 그는 클루게와 잠시 논의를 한 다음 "원수, 귀관이 후퇴 작전 실행의 책임을 져야 한다."라고 말했다. 이후 그는 아주 차분한 태도를 유지했다.[42]

독일군이 모스크바 공방전이 초래한 위기를 어떻게 다루었는지에 관한 상세한 내용은 역사가들의 논란거리였다. 그런데 이 논쟁에서 한 가지 중요한 사실이 자주 간과되었다. 1940년 여름 대승리 직후, 작전의 강력한 추동력이었던 히틀러의 '절대적 확신'이 구데리안과 다른 장군이 보기에는 엄청난 약점으로 바뀌었다. 히틀러는 군사 문제를 다루는 동시에 자신이 보기에 못지않게 중요한 주제에 관해서도 결정을 내렸다. 바로 유대인 문제였다. 우리가 앞서 본 것처럼 12월 11일 연설에서, 히틀러는 유대인이 스탈린과 볼셰비키뿐만 아니라 영국 지원을 결정한 루스벨트 대통령과 미국인의 배후에 있다고 주장했다.

이 연설의 다음 날, 총통관저에서 약 50명의 나치 지도자를 만났던 당시에도 히틀러는 소련과의 전쟁에 개입한 유대인의 역할에 관한 생각을 많이 했다. 괴벨스는 그날의 일화를 일기에 기록했는데, 그의 일기 내용 중 가장 중요한 부분에 해당한다.

총통은 유대인 문제와 관련된 상황을 개선했다. 그는 (1939년 1월 연설에서) 유대인에 관해 예언하기를, 만일 그들이 또 다른 세계대전을 일으키면, 그들 스스로 절멸을 초래할 것이라고 말했다. 이 엄포는 빈말이 아니었다. 이제 세계대전이 벌어졌고, 유대인들의 절멸은 피할 수 없는 결과다. 이 문제는 '연민' 없이 처리해야 한다. 우리는 유대인이 아니라 독일 국민을 동정해야 한다. 동부작전(독소전쟁)에서 이미 16만 명이 목숨을 잃었다. 이토록 피가 낭자한 전쟁을 일으킨 자들은 자신의 목숨으로 그 대가를 치러야 한다.[43]

괴벨스가 표현한 대로, 당시에 여러 사건이 중첩되고 있었다. 동방에서의 전투, 유대인의 운명, 미국의 참전, 보복적 잔학성을 띤 히틀러의 비전 수립 등이 동시에 벌어졌다. 유대인들이 이 '세계대전'의 배후에 있으니 이들은 죽어야 마땅했다. 스탈린과의 전쟁에서 독일인들이 피를 흘리는 동안 유대인은 살아 있었다. 히틀러와 나치독일은 이러한 '문제'를 용납할 수 없었다. 유대인이 곧 범죄의 직접적 원인이었다. 다만 유대인 멸절의 장기적 이유는 히틀러의 마음속에 예전부터 있었다. 완전한 인종으로만 구성된 국가를 건설하기 위해서는 유대인이 반드시 '처리'되어야 했다.

물론 히틀러가 유대인의 '파괴'를 요구했음에도, 당시로서는 나치독일 내에 있는 수백만 명의 유대인을 살해하는 것이 실제로는 불가능했다. 다시 한번, 히틀러의 야망이 부하들의 실행 능력을 넘어섰다. 이번에는 전혀 놀랍지도 않았다. 히틀러는 이미 부하들에게 역사에서 시도된 적이 없는 규모의 대량학살을 자행하도록 요구했기 때문이다. 대다수 유대인이 거주하던 폴란드 영토에 세워진, 독일 총독부의 총독인 한스 프랑크는 12월 16일 히틀러의 연설에서 유대인 정책에 관한 실마리를 감지했다. 12월 12일 회의에 참석했던 한스 프랑크는 자신의 측근들에게, 본인이 히틀러에게서 "베를린에서 그들(유대인)을 알아서 처리하라!"라는 말을 들었다고 전했다. 이에 한스는 본인에게 유대인을 처리할 계획이 있다고 말했다. 이 일화는 히틀러의 지도력이 어떻게 작동하는지를 다시 한번 보여주는 예시가 된다. 히틀러는 비전을 세우고, 다른 사람은 그 비전을 달성할 방법을 고안했다.[44]

물론 스탈린은 이렇게 일하지 않았다. 이 방식은 스탈린의 방식이 아니다. 그렇지만 볼가강 유역 독일인 소수민족 전원을 강제이주시킨 스탈린의 결정은 유대인을 처리하라는 명령을 내린 히틀러의 결정과 매우 유사하다. 최소한 겉으로 보기에는 그렇다. 두 사례 모두 특정한 인종 집단을 목표 대상으로 삼았고, 개인의 책임과는 상관없이 민족 전체를 징벌적으로 조치한 사례다. 두 인종 집단은 자신들이 살던 곳에서 쫓겨나 구성원 전체가 큰 고난을 겪어야 하는 장소로 강제이주해야 했다. 그러나 스탈린과 히틀러 사이에는 중요한 차이가 있다. 히틀러는 유대인의 '멸절'을 언급했으나 스탈린은 히틀러처럼 절대적인 계획을 세우지 않았던 것처럼 보였다. 볼가강 출신 독일인 중 상당수는 아마도 강제이주를 당하며 인구의 약 25~33퍼센트가 사망한 것으로 추정되지만, 그들 모두를 처형한다는 사전 계획은 없었다. 또한 앞에서 말한 것처럼 스탈린은 히틀러의 세계관에 필적할 만한 인종 이론을 구축한 적이 없었다. 그가 볼가강 독일인 같은 인종 집단을 척결 대상으로 규정한 이유는, 독일과의 전쟁 상황에서 그들은 잠재적 위협을 내재한 세력이라 소련에 반기를 들 수 있을 것이라 생각했기 때문이다. 스탈린은 이들이 열등하거나 다른 소련 국민과 근본적으로 다르다고 생각하지는 않았다. 그는 "혈통이 운명을 결정한다."라는 히틀러의 이론을 웃음거리로 여겼을 것이다.

그러나 군사작전을 무자비하게 수행한 측면에서는 스탈린이 히틀러보다 한 수 위였다. 독일과의 전쟁에서, 스탈린은 자신의 병력이 겪는 고난을 전혀 개의치 않아 한다는 사실을 보여주었다. 예를 들어, 소련 육군 정치장교 스테파노프Stapanov가 자신의 병력을 모스크바 위치에서 후퇴시키도록 허가를 요청하자, 스탈린은 그와 그의 병사들이 삽을 가지고 있는지만 물었다. 스테파노프가 삽을 가지고 있다고 대답하자, 스탈린은 "스테파노프 동지. 자네 동지들에게 삽을 들고 각자의 무덤을 파라고 하게. 우리는 모스크바를 떠나지 않는다."라고 답했다.[45]

12월에 소련의 반격에 참여한 소총부대 중대장이었던 표도르 스베들로프Fyodor Svedlov는 일말의 동정심도 없는 스탈린의 냉혹한 성정을 높게 평가했다.

당신은 동정심을 느낄 틈이 없다. 동정심을 느끼더라도 전사할 수 있는 병사에게 동정심을 느껴서는 안 된다. 만일 동정심을 느낀다면, 당신은 우리나라의 많은 부분을 독일군에게 넘겨주고 수천 명의 국민이 처형당할 수 있는 위험부담을 지는 것이다.

스베들로프는 그해 12월, 자신만의 전쟁 이론을 구축했다. 그의 이론은 스탈린도 지지할 법했다.

가능하면 공격하라. 앞으로 진격하는 병사, 계속 나아가는 병사는

히틀러와 스탈린

살아남았다. 당신이 계속 나아가면, 당신이 적에게 가까이 다가가면, 믿기지 않겠으나 당신은 적의 포격에 피격당하지 않는 '안전지대'에 들어가게 된다. 이 전략을 충실히 따르면 짧은 거리에서 소총사격으로 적을 확실하게 분쇄할 수 있다. 이것이 우리의 전술이었다.[46]

스베들로프는 스탈린처럼 무자비하게 전투를 치를 자세가 되어있었다.

나는 두 번 생각하지 않고 전투에서 이탈하려는 부하 병사를 직접 사살했다. 전쟁은 잔인한 과업이다. 우리의 전쟁은 프랑스-독일 전쟁과는 다르다. 프랑스와 독일은 강화협정을 체결하자마자 파티를 열었다. 이런 전쟁은 지난 세기의 방식이다. 우리는 죽느냐 사느냐의 전쟁에 뛰어들었다. 이 전쟁의 승패에 국가와 인민 전체의 생명이 달려있다.

스베들로프가 스탈린의 지도력에서 영감을 받은 동시에 그와 그의 동료들은 아돌프 히틀러를 집중적으로 혐오했다.

어느 연락 담당 장교가 나에게 뛰어왔다. 그는 "니콜라이 쿨리시(Nikolai Kulish) 정치장교가 총에 맞았습니다."라고 말했다. 나는 좌측 방으로 뛰어갔다. 그는 아직 살아 있었지만, 가슴에 총알을 맞은 채 피를 흘리고 있었다. 그는 그런 상황에서도 재치가 넘치는 사람이었다. 내가 "니콜라이, 상태가 어때?"라고 묻자 그는 "히틀러가 지금 나처럼 고통스럽기를 바랍니다."라고 대답했다. 그는 그날 사망했다.

전쟁은 전선에 있는 병사들의 인생만 바꾸는 것이 아니다. 전쟁은 후방에 있는 수많은 소련 인민에게도 큰 영향을 미쳤다. 소련의 작곡가 겸 피아니스트인 드미트리 쇼스타코비치Dmitry Shostakovich는 전쟁 전에도 이런 글을 썼다.

사람들은 이불 아래서 소리 내지 않고 울어야 했다. 아무도 보지 못하게 울어야 했다. 모두가 모두를 두려워했다. 믿기지 않을 고통과 재난을 겪으면서 모든 사람이 은밀하고 고독한 슬픔을 공유했다. 사람들은 이제 말할 수 있다. 대놓고 울 수 있고, 대놓고 죽은 자를 애도할 수 있다. 사람들은 더 이상 자신이 흘리는 눈물을 두려워할 필요가 없었다.

시인 예브게니 옙투셴코Yevgeny Yevtushenko도 이와 거의 비슷하게 느꼈다.

전쟁은 러시아인들의 정신적 짐을 가볍게 해주었다. 러시아인은 더 이상 솔직하지 않을 필요가 없어졌다.[47]

스탈린은 예외였다. 그는 계속 솔직하지 않아야 했다. 우리가 앞서 본 것처럼 그는 자신이 특히 혐오하는 국가, 폴란드를 다룰 때 유독 솔직하지 않았다. 독일의 바르바로사 작전이 개시되었을 때, 폴란드는 자국의 의사와는 무관하게 소련의 동맹이 되었다. 그러나 당시에 두 나라가 겪은 일을 잊기란 불가능하다. 소련은 1939년 9월 폴란드 동부 지역을 차지했을 뿐 아니라 수십만 명의 폴란드 국민을 소련의 오지로 추방했다. 그리고 스탈린은 수만 명의 폴란드 장교를 처형하라는 문서에 직접 서명했다. 당연하게도, 스탈린은 1941년 12월 3일 크렘린 회의에서 폴란드 망명정부 수상 브와디스와프 시코르스키Władysław Sikorski 장군과 안데르스Anders 장군을 만났을 때 이 문제를 언급하지 않고 넘어갔다.

안데르스 장군은 1939년 전쟁 당시 초기에 소련군에 억류된 인물이었다. 그는 실종된 폴란드 장교가 어디 있냐고 질문했으나, 스탈린은 그 질문을 진지하게 받아들이지 않았다. 처음에느 그들이 석방되었다는 터무니없는 거짓말을 했고, 그다음 "그들이 탈출했을 수도 있다."라고 말했다. 안데르스가 수천 명의 장교가 어디로 탈출했는지 묻자 스탈린은 "만주로 탈출했다."라고 대답했다.[48] 스탈린은 뛰어난 폴란드 장군 두 명을 가지고 놀았던 셈이다. 스탈린은 소련과 폴란드의 관계에서 주도권은 자신에게 있다는 사실을 알고 있었고, 이미 처형하라고 명령을 내린 수천 명의 운명에 관해 농담을 할 수도 있었다.

물론 폴란드 지도자들은 스탈린의 거짓말을 알아챘다. 어떻게 수천 명의 장교가 소련의 포로였다가 탈출하여 만주로 도망쳤겠는가? 그리고 스탈린은 폴란드인이 자신의 거짓말을 간파했다는 사실을 눈치챘다. 그러나 그는 신경을 쓰지 않았다. 그는 새로운 '동맹자'와 면담은 해야 했으나 똑바로 처신할 필요는 없었다.

스탈린이라 한들 좀 더 강력한 동맹국인 영국과 미국을 상대할 때는 이런 모멸적인 태도를 보이진 않았다. 다만 그의 행동은 최소한 외교적 관점에서 보면 아주 거칠었다. 1941년 11월 처칠에게 보낸 편지에서, 스탈린은 전후 유럽에 관한 영국의 계획을 단도직입적으로 물었다. 그는 영국-소련 관계의 즉각적인 '명료성Clarity'을 요구했다. 거기다 영국이 소련에 보낸 물자들이 "제대로 포장되지 않아 훼손된 채 도착한다."라고 불평하기도 했다.[49] 스탈린의 편지를 읽은 처칠은 화를 냈다. 소련대사 마이스키는 "처칠은 편지에 담긴 스탈린의 '말투'로 인해 분명히 화가 났다."라고 기록했다.[50] 다음 달 영국 외무장관 앤서니 이든은 영국 전함을 타고 양국 관계를 증진하기 위해 힘겹게 소련을 방문했다. 그는 12월 16일 크렘린에서 스탈린을 만났다. 그날은 한스 프랑크가 폴란드 크라쿠프에 있는 부하들에게 "유대인을 멸절하라."라는 명령을 내린 날이기도 하다. 소련에 도착한 영국 대표단은 스탈린이 가장 중요하게 논의하고자 하는 주제가 전후 국경 문제라는 사실을 알고는 놀랐다. 독일군이 모스크바에 근접한 상황에서, 이들은 스탈린이 어떻게 전쟁에서 승리할 것인지를 집중적으로 논의할 것이라 예상했다. 그러나 스탈린은 힘이 어떻게 작용하는지를 다시 한번 보여주었다. 그는 소련군이 독일군의 위협을 잘 막아내고 있다는 것을 알았고, 연합국은 소련이 흘린 피에 보상해야 한다고 생각했다. 스탈린은 소련이 독소 비밀협정으로 확보한 영토를 계속 보유하는 것을 연합국이 즉각 승인해주기를 원했다.

이 주제는 12월 17일 자정에 열린 두 번째 회의에서 주요 안건이 되

히틀러와 스탈린

었다. 스탈린은 영국 대표단의 제안서를 잠시 살펴본 이후 "제안서 내용이 흥미롭긴 하지만, 나는 소련의 장래를 위한 '국경'에 훨씬 더 관심이 많다."라고 답했다. 그는 영국이 1941년 소련 국경을 '존중'해주기를 대표단에게 다시금 요구했다. 스탈린은 자신의 주장을 반복하며, "소련의 국경 문제는 우리에게 아주 중요하다. 소련이 전쟁 부담을 모두 짊어진 상황에서 영국 정부는 왜 소련의 서부 국경을 인정할 용의조차 없는가?"라고 따졌다. 그다음으로 바르바로사 작전 개시 이전에 소련이 획득한 발트국가 관련 문제를 제기했다.

우리 군대(소련의 붉은군대)가 가까운 장래에 발트국가들을 다시 장악할 것이다. 그런 경우 영국은 이 국경을 인정하기를 거부할 것인가?

이든은 스탈린의 질문에, 자신감 없이 답했다.

발트 삼국은 현재 독일군이 점령했기 때문에, 영국 정부는 존재하지 않는 국가들을 주제로 논의할 수 없다.

회의 중 스탈린은 때때로 이든을 조롱하는 것처럼 굴었다. 폴란드 장군들이 실종된 장교들의 행방을 물을 때 스탈린이 그들을 조롱했듯이 스탈린은 이든에게 농담처럼 "아마도 내일의 영국은 우크라이나가 소련의 일부가 아니라 선언할 수도 있겠군."이라고 내뱉었다. 그는 영국의 태도에 크게 놀랍다고 말하고는, "아주 바보 같은 상황이 전개되었다. 한 동맹이 다른 동맹을 지원해야 하는 상황이 시작될 수 있다."
라고 주장했나. 이든은 스탈린에게 니무도 큰 위협을 받았다. 그리고
소련의 서부 국경을 즉각 인정할 권한이 자신에게 없으며 이 논의는
연기되어야 한다고 항의했다.[51]

이든과의 대화에서 스탈린은 고도의 연기를 펼쳤다. 한 가지 사안에
집중해서, 즉 소련의 서부 국경을 영국이 인정해야 한다고 집요하게
강조해서, 이든을 빠져나올 수 없는 구석으로 몰아세운 것이다. 이든
은 처칠과 협의 없이 국경 문제에 동의한다고 말할 수 없었다. 또한 소
련군이 독일군을 이 지역에서 몰아낸 다음에 이 지역을 점령하면 영국
이 어떻게 반응할 것인지도 말할 수 없었다. 그래서 그는 궁지에 몰렸
고, 스탈린이 말한 대로 "아주 우스꽝스러운 상황"에 봉착했다.

이든의 여행은 12월 20일 저녁 만찬으로 종결되었다. 영국 대표단
은 새벽 5시가 되어서야 만찬장을 떠날 수 있었다. 외무차관 알렉산
더 캐도건의 회고에 의하면, 비교적 깐깐하면서도 다소 취한 듯 보였
던 스탈린이 그 시각에는 말짱한 정신으로 나타났다. 캐도건은 스탈린
이 7시간의 만찬 '내내' 술에 취해 있었다고 생각했다. 그래서 스탈린
이 멀쩡하게 나타나자, 그 모습을 경이롭게 바라보았다.[52] 영국 대표단
은 깨닫지 못했지만, 스탈린은 의외로 술을 덜 마시고 취한 상태의 손
님들을 관찰했다. 그러나 스탈린의 모든 동료가 스탈린만큼 자제력이
있는 것은 아니었다. 보로실로프 원수는 완전히 취한 나머지 영국대사
관의 하위 외교관과 레슬링까지 했다. 새벽 4시가 되자 더는 몸을 주
체하지 못해 사람들이 보로실로프를 신고 나가야 했다.[53] 스탈린은 절
대 그런 상태까지 간 적이 없었다. 한편 히틀러는 술과 담배를 멀리했

기 때문에 그는 이런 일을 겪을 수 없었다.

12월 영국과 소련의 접촉은 여러 측면에서 기억할 만했다. 우선 이든은 스탈린을 향한 평판과 스탈린의 실체를 조화시킬 수 없었다. 그는 당시를 이렇게 회고했다.

> 스탈린이 정적과 경쟁자가 흘린 피를 뚝뚝 떨어뜨리는 장면을 상상해 보려고 노력해보았지만, 이런 그림은 그에게 맞지 않았다.[54]

스탈린은 기민하고 차분하며 꾸밈이 없었다. 즉 그는 독재자의 전형적인 이미지에 부합하지 않은 사람이었다. 알렉산더 캐도건도 이든처럼 스탈린의 침착한 행동 방식을 보며 불안을 느꼈다. 그는 자신의 일기에 이런 기록을 남겼다.

> 스탈린에게서 강한 인상을 받았다고 말하긴 힘들다. 그는 무소불위의 권력을 가진 통치자고 다른 한편으로는 군중 속에서 골라내기 힘들 정도로 너무 평범한 사람이었다. 반짝반짝 빛내는 두 눈과 뻣뻣한 머리카락 때문에 그가 고슴도치처럼 보였다. 무엇보다도 그는 자제력이 뛰어나고 차분한 사람이다.[55]

이든은 훗날 스탈린을 자신이 만난 가장 인상적인 정치인 중 한 사람이라고 평가했다. 그는 전후 회고록에서 다음과 같은 기록을 적었다.

> 협상가로서 스탈린 원수는 가장 상대하기 힘든 대상이었다. 실제

로 30년 동안 다양한 국제회의 경험을 한 나에게, 누군가 회의장에 같이 데려가고 싶은 팀을 구성하라고 말한다면, 나는 가장 먼저 스탈린을 택할 것이다. 물론 그는 무자비하지만, 자신의 목적에 충실하다. 그는 말 한마디도 허투루 하지 않았다. 그는 절대 화를 내는 법이 없고, 초조해하지도 않는다. 스탈린은 자신의 감정을 감추고, 차분하게 행동했으며, 언성을 높인 적이 없었다.[56]

영국 정치인들은 1938년 뮌헨 회담을 포함해 히틀러를 상대한 경험이 여럿 있었다. 그러나 히틀러는 스탈린과 다르게 회의 중 오랜 시간 침묵을 지키지 못했고, 외국 정치인들에게 장광설을 늘어놓았다. 히틀러와 달리 스탈린은 꾸밈없이 굴었다. 1941년 12월 회의에서 스탈린의 꾸밈없는 태도는 협상에서 좋은 결과를 낳는 데에 일조했다. 영국의 외무장관 이든은 스탈린이 전후 소련의 국경 문제가 "양국 사이의 진정성을 쌓을 시금석"이 될 거라 확신한 채 모스크바를 떠났다. 그러면서도 그 주제가 얼마나 예민한 문제인지 이든은 잘 알고 있었다. 1941년 여름, 루스벨트와 처칠이 서명한 대서양 헌장* 제2조는 "어떠한 영토적 변경이든 양국 국민의 자유로운 의사표시에 따라 결정되어야 한다."라고 규정한다. 그런데도 1941년 1월 초 처칠에게 보낸 비망록에서, 이든 본인은 스탈린이 원하는 바(소련의 서부 국경 인정)를 소련에

◆ 제2차 세계 대전 중인 1941년 윈스턴 처칠과 프랭클린 루스벨트는 대서양에서 전후의 세계 질서에 대하여 14개조의 평화조항으로 된 구상을 발표하였다. 미국이 파시즘에 대항하는 민주세력의 일원으로서의 책임을 다하려는 결의를 표명한 것이며, 소련을 위시한 33개 국가가 승인했다. 이 내용은 전후에 창설된 국제연합(유엔) 헌장의 기초가 되었다.

히틀러와 스탈린

제공하는 데에 찬성한다는 의견을 강하게 개진했다.[57] 이든의 이런 제 안에 처칠은 긴 답신을 보내며 자신의 뜻을 확고히 밝혔다.

> 스탈린이 요구한 영토는 히틀러와의 수치스러운 공모에 바탕을 둔 침공으로 획득한 것이다. 소련은 독일의 공격을 받고 나서야 전쟁에 뛰어들었고, 이전에는 우리의 운명에 철저하게 무관심했 다. 오히려 우리가 가장 위험한 시기에 우리의 짐을 더욱 무겁게 했다. 영국 정부를 이끄는 총리로서, 대서양 헌장에서 정의된 자 유와 민주주의의 원칙을 고수해야 한다는 데에 착오가 있어서는 안 된다고 생각한다.[58]

처칠의 답신을 보면 영국과 소련 사이에 존재하는 거대한 간극을 확인할 수 있다. 스탈린은 큰 나라가 작은 나라들의 영토를 빼앗는 계 획을 획책하는 것이 이상하다고 느끼지 않았다. 결국 스탈린은 나치 독일과 맺었던 타협을 영국과도 맺고자 했다. 이든과의 첫 번째 회동 에서, 스탈린은 전후 소련의 국경을 보장하는 '비밀협정'을 영국과 체 결하고 싶다는 뜻을 밝혔다. 이 비밀협정은 우리가 앞서 본 것처럼 1939년 리벤트로프와 체결한 '비밀협정'과 유사하다. 이든은 "이 제안 은 받아들이기 불가능하다."라고 답하며 거부했다.[59]

한편 처칠에게 민주적 원칙들은 중요했고, 이를 언급한 그의 말은 멋있고 고결하게 보인다. 그러나 우리는 앞으로 보게 될 것이다. 그는 자신의 말대로 행동하지 않았다는 것을.

9장

기아

1941년 8월~1942년 5월

히틀러와 스탈린은 현장 집행자들보다 훨씬 용이하게 기아 정책을 추진했다. 히틀러는 게토나 폴란드 내 수용소를 방문한 적이 없었고, 스탈린도 강제노동수용소 체제를 조성했음에도 방문한 적이 없었다. 두 독재자 모두 자신이 구축한 고통의 시스템으로부터 스스로를 지키는 방어막을 설치했다.

두 독재자는 여러 면에서 서로 달랐으나 한 가지 중대한 공통점이 있었다. 바로 기아의 힘이 강력하다는 사실을 알고 있었다. 두 사람은 개인적인 경험으로 식량을 주거나 주지 않는 것이 극적으로 효과적인 통제 방법임을 알았다. 두 사람은 각각 제1차 세계대전과 그 직후 시기에 기아가 정치적 봉기에 끼친 영향력을 직접 목격했다. 권력을 장악한 두 사람은 자신이 아는 지식을 이용해 무서운 결과를 창출했다. 두 사람에게는 수백만 명의 남녀노소를 의도적으로 죽인 책임이 있다. 두 사람의 범죄는 너무도 잔혹한 나머지, 둘이 남긴 '유산'의 중요한 부분으로 간주된다.

전쟁 기간에 기아를 이용한 대량학살로 가장 악명 높은 사건은 독일군이 거의 900일간 포위했던 레닌그라드, 오늘날 상트페테르부르크에서 일어났다. 그 900일 동안 정확히 얼마나 많은 사람이 죽었는지는 아무도 모른다. 아마도 70~80만 명이 죽은 것으로 추정한다. 일각에서는 100만 명 또는 그 이상을 추정한다.[1]

바르바로사 작전이 시작된 초기인 1941년 여름, 독일 북부집단군은 신속하게 레닌그라드로 접근했다. 당시 대학생이었던 레프 라주몹스키Lev Razumovsky는 그때를 이렇게 회고했다.

> 우리 모두 큰 충격을 받았다. 우리 땅을 어떻게 이리 쉽게 잃어버렸단 말인가? 우리는 적의 영토에서 싸우고, 거의 피를 흘리지 않은 채 전쟁을 끝낼 것으로 생각했다.[2]

독일군 북부집단군의 작전은 대단히 성공하여 9월 9일에는 레닌그라드를 포위했다. 레닌그라드는 라도가 호수Ladoga 위의 위태로운 경로를 제외하고는 소련 영토와 단절되었다. 이 재앙이 일어나기 전까지, 스탈린은 몇 주 동안 레닌그라드 지도부를 비난했다. 8월 22일, 레닌그라드 도시위원회 제1서기First Secretary 안드레이 즈다노프Andrei Zhdanov 에게 보내는 편지에서 스탈린은 이렇게 질책했다

> 우리는 당신들의 계획과 행동을 전혀 알 수 없다. 우리는 이런저런 일이 의도되고 계획되고 있다는 사실을 항상 '우연히' 알게 되지만 (일이 터지고, 이를 중앙지도부가 접하게 되기까지) 매번 시간상의 간극이 있다. 우리는 이런 상황을 참을 수 없다. 당신들은 어린애가 아니니까 용서할 필요도 없다는 점을 잘 알고 있을 것이다. 일이 많다

는 핑계는 웃음거리에 불과하다. 우리도 당신들만큼 과로한다. 당신들은 단지 제대로 조직되지 않았고, 타인을 전혀 고려하지 않으며, 마치 고립된 섬에서 홀로 일하는 것처럼 행동한다. 그로 인해 자신의 행동에 무책임하게 굴고 있다.[3]

8월 26일 레닌그라드에 인접한 토스노~Tosno~시가 독일군에 함락되었다는 소식을 들은 스탈린은 '특별위원회'의 일원으로 레닌그라드를 방문하고 있던 몰로토프와 말렌코프에게 전보를 보냈다.

만일 이런 식으로 일이 진행되면, 멍청하게 레닌그라드를 적에게 내줘야 하고 그곳의 사단 전체가 포로가 될 것을 염려하지 않을 수 없다. 마르키안 포포프(Markian Popov, 레닌그라드 전선군 사령관)와 보로실로프는 지금 무엇을 하고 있는가? 이들은 위기를 어떻게 극복할 것인지에 관해 내게 일언반구도 하지 않았다. 이들은 후퇴선을 찾느라 정신이 없다. 그들은 이딴 식으로 임무를 수행하고 있다. 이런 뿌리 깊은 '수동성'과 농부의 습성 같은 '숙명성'은 도대체 어디서 비롯된 것인가? 나는 그들을 이해할 수 없다.[4]

비슷한 시기에 몰로토프에게 보낸 또 다른 전보에서, 스탈린은 반역자들이 끼어들었다는 자신의 의심을 표출했다.

동지(몰로토프)는 누군가 의도적으로 독일군에 길을 열어주고 있다는 생각이 들지 않는가? 레닌그라드 사령부가 무용지물이라는 점

을 나는 도저히 이해할 수 없다.[5]

스탈린이 보낸 전보로 인해 레닌그라드 지도부는 주도권을 행사할 수 없었다. 스탈린은 격려의 말을 한마디도 하지 않고, 실질적인 도움은 주지도 않았으며, 단지 위협만 했다. 그가 말한 "우리도 당신들만큼 과로한다."라는 문장은 그의 성격을 구성하는 두 가지 측면을 알게 해준다. 우선, 위기 앞에서 자기연민과 정당화에 의존하는 측면이다. 둘째, 일인칭 주어를 복수형으로 사용해 다른 사람들 뒤에 숨는 측면이다. 그렇지만 스탈린에게 '집단성'이란 늘 연막에 불과했다. 1939년 독일의 리벤트로프가 경험했듯이 영국 외무장관 이든은 1941년 스탈린과 몰로토프를 만났다. 두 가지 상황에서, 소련의 집단적 의사결정이란 환상에 불과했다. 소련에는 오직 단 한 명의 결정자가 있다. 그의 이름은 이오시프 스탈린이다.

스탈린은 독일군의 레닌그라드 포위가 시작되기 전에, 레닌그라드에 있는 민간인을 철수할 비상계획을 세우지 않았다. 그의 방심은 재앙을 야기했다. 수십만 명이 기차를 이용해 도시를 빠져나가긴 했으나 약 250만 명의 민간인이 도시 내부에 남았다. 30만 명 이상의 주민이 독일이 포위한 교외에 갇혔다. 이러한 크나큰 재앙의 원인은 복합적이다. 당연히 레닌그라드 지도부의 실책도 재앙을 불러일으킨 이유였지만, 무엇보다도 스탈린의 실책이 가장 큰 원인이었다. 그는 레닌그라드 주민의 안전에 거의 신경을 쓰지 않았고, 비전투원의 철수를 위한 작전 조율을 명령하지 않았다. 그는 전쟁이 전개되는 속도를 따라가지 못하는 무능함을 뽐내면서도 레닌그라드의 군사적 방어에만 초점을 맞춘 나머지 크나큰 문제를 일으킨 것이다.

레닌그라드를 포위한 독일군은 다음으로 무엇을 해야 할지 논의했다. 독일군 최고사령부가 9월 21일에 기록한 문서에 따르면, 관련자 전원의 잔인함을 알 수 있다. 독일국방군은 '기아 계획Hunger Plan'을 시행해야 했기 때문에 도시를 점령하는 작전을 배제했다. 대안으로 도시를 전기 철조망으로 두른 다음에 기관총을 들고 경계를 서는 작전을 구상했다. 그러나 이 대안에도 여러 문제가 있었다. 그중 하나로 "탈출하는 여인과 아이들에게 병사들이 사격을 가할 수 있을지가 의문"이었다. 가장 기괴한 발상 중 하나로, 레닌그라드가 항복한 이후 루스벨트 대통령이 레닌그라드 시민들에게 보급품을 제공하거나 시민들을 데리고 나가게 한다는 것이다. 독일군이 미국 대통령의 개입 가능성을 염두에 둔 이유는 나치 정권이 그를 유대인과 고난받는 사람들에게 동정심을 느끼는 사람으로 파악했기 때문이다. 나치 정권이 루스벨트를 그런 사람이라고 추측한 까닭은 루스벨트가 전쟁 전에 유대인을 돕기 위해 에비앙 회담을 소집했기 때문이다. 그러나 독일 당국은 루스벨트가 레닌그라드 시민을 돕는 것이 현실적이지 않은 가설이라는 점을 잘 알고 있었다. 이런 아이디어는 단순한 선전 공세로서 제기되었을 가능성이 크다. 좀 더 실현 가능성이 높은 대안은 "먼저 레닌그라드를 밀봉하듯이 봉쇄한 후 최대한 많이 포격하고 폭격해 그 도시를 가루로 만들어버리는 것"이었다.[6]

독일군 총사령부가 이런 잔혹한 의견을 제시하기 직전, 총참모장 프란츠 할더 장군도 자신만의 의견을 제시했다. 그의 의견 역시 무척 잔혹했다. 그는 자신의 일기에 이와 관련한 이야기를 남겼다.

(레닌그라드의) 상황은 우리의 동맹인 '기아'가 효과를 보이기까지는 긴장된 상태를 유지했다.[7]

10일 뒤 히틀러도 자신의 판단을 내놓았다. 그는 레닌그라드가 지구상에서 사라져야 한다고 말했다. 이 도시를 포위한 다음 폭격과 포격으로 완전히 파괴해야 했다. 투항하려는 민간인이 있으면 모두 제거해야 한다. 왜냐하면 "주민에게 식량과 주거를 제공하는 문제를 해결할 수도 없고, 그렇게 해서도 안 되기 때문이다."[8] 히틀러는 이 지시를 공식적으로 하달하기 전에 개인적인 소감을 남겼다.

일부 사람들이 머리를 감싸고 다음 질문에 관한 답을 찾으려 한다고 생각한다. "총통은 상트페테르부르크(히틀러는 레닌그라드를 이렇게 불렀다)를 어떻게 파괴할 것인가?" 나는 천성적으로 다른 종류에 속한다. 나는 사람들이 고통받기를 원하진 않으나 한 인종이 위험에 직면했을 때 행동을 취해야 한다고 생각한다. 만일 내가 행동을 주저하면 장래에 희생이 요구될 것이다. 내일의 유토피아를 만들기 위해 오늘의 많은 사람이 죽어야 한다.

그는 이런 말을 하기 직전, 자신의 인생에 결정적인 영향을 미친 제1차 세계대전에 관해 언급했다. 이는 우연이 아니다. 그는 제1차 세계대전에 "순수한 이상을 품고 뛰어들었으나 전쟁터에서 수천 명의 사람이 쓰러지는 광경"을 보게 되었다. 그래서 그는 "생은 잔혹한 투쟁이고, 인종 보존 외에는 다른 목적이 없다."라는 깨달음은 물론이고 "자신을 대신할 사람이 있으면 개인으로서의 인간은 사라질 수 있다."라는 깨달음도 얻었다.[9] 좀 더 정확히 말하자면, 특별한 한 개인은 대체될 수 없다고 믿었다. 여기에 덧붙이자면 특별한 한 개인이란 바로 아돌프 히틀러 본인이었다.

히틀러가 레닌그라드에 관해 절멸적인 언어를 사용하기 직전인 9월 21일, 스탈린도 히틀러의 화법처럼 말했다. 독일군이 소련 시민들을 방패로 삼아 독일군 앞에 걸게 만들 수도 있다는 뉴스를 접하자, 스탈린은 레닌그라드 지도부에 이런 내용을 담은 편지를 보냈다.

> 사람들이 내게 얘기한다. 레닌그라드 볼셰비키 중에 독일군이 레닌그라드 시민을 방패로 앞세울 수도 있으니 무기를 사용할 생각을 하지 않는 자들이 있다고. 나는 볼셰비키 중에 이런 자들이 있다면, 이들은 독일 파시스트보다 더 위험한 자들이므로 바로 처형되어야 한다고 생각한다. 감상에 빠지지 말라. 적과 부역자들의 이빨을 부숴라. 자발적이든 아니든 상관없다. 전쟁은 무자비하다. 유약함과 주저함을 보이는 사람에게 파멸이 도래한다. 더러운 독일놈들이나 그들의 대리자에게는 결단코 자비를 베풀지 말라.[10]

"전쟁은 무자비하다. 결단코 자비를 베풀지 말라."라는 스탈린의 신념에는 히틀러 역시 완전히 동의하였다. 실제로 스탈린의 명령은 히틀러가 폴란드 침공 직전에 장군들에게 하달한 최종 지시와 놀라울 만큼 흡사했다. 히틀러는 장군들에게 "마음에서 동정심을 몰아내고 잔인하게 행동하라."라고 말했다.[11] 이 전쟁으로 야기된 엄청난 수준의 고통은 두 독재자가 공유한 태도에서 비롯됐다. 스탈린은 명령을 어긴 장군들을 처형하고 후퇴하는 소련군 병사들을 처형하는, 후퇴저지부대Backstop unit를 배치하는 잔혹함을 발휘했다. 독일군의 방패로 행진하도록 강요받은 소련 민간인을 향해 인정사정없이 발포해야 한다는 발상에서도 스탈린의 잔혹함을 엿볼 수 있다.

그렇지만 스탈린의 잔혹함은 히틀러와 다르게 '존재론적 위협an existential threat'에서 비롯된 반응이었다. 절망에 빠진 지도자들은 절망스러운 일을 저지르는 경향이 있다. 다만 자기방어를 위한 극적인 조치를 고려하는 다른 지도자들과는 달리 스탈린은 전쟁이 발발하기 훨씬 이전에도 전쟁 이후와 똑같은 수준의 잔인한 면모를 드러냈다. 앞서 본 것처럼 1930년대 초 스탈린의 정치적 결정으로 수백만 명의 주민이 우크라이나에서 기아로 사망했다. 몇 년 후 대숙청으로 약 100만 명이 사망했다. 이외에도 스탈린의 이전 행적을 살피면 그는 히틀러처럼 이념적 사유로 아주 무자비하게 행동했다. 두 지도자는 국가 전체의 '의식'을 새롭게 개조하려 했고, 그 목표를 이루기 위해서는 도중에 수반되는 가장 참혹한 고통조차 정당화된다고 생각했다.

레닌그라드 내부에서는 각 시민에게 어느 정도의 식량을 제공해야 하는지가 아주 중요한 문제로 대두했다. 이 주제는 주민들의 사활이 걸린 문제였다. 이때 볼셰비즘의 본질이 평등이었다고 상상한다면, 그 발상은 일반적으로 잘못된 생각이다. 예를 들어, 레닌도 각 시민이 생활에 필요한 물품을 동등하게 공급받아야 한다고 설교하지는 않았다. 1921년 적백내전 동안 기아 사태가 발생했을 때, 레닌은 이렇게 말했다.

식량 배급은 생산성을 높이는 방법, 도구, 수단으로 간주되어야 한다. 국가는 최고의 노동생산성을 달성하는 데에 기여한 노동자에게 식량을 제공해야 한다. 그리고 식량 배급이 정책 수단으로 이용된다면, 생산에 필수적으로 필요하지 않은 사람에게 분배될 몫을 줄이고 생산에 필요한 사람에게 격려 차원으로 분배되어야 한다.[12]

권력 최상층의 스탈린과 공산당의 고위 간부들은 전쟁 중에도 식량 부족을 체감한 적이 없었다. 당시 레닌그라드 시민이었던 엘레나 무히나Elena Mukhina는 1941년 1월 일기에 이런 글을 남겼다.

우리는 이 도시에서 파리처럼 굶어 죽고 있다. 그런데 어제 스탈린은 모스크바에서 앤서니 이든을 위한 만찬을 또 베풀었다. 수치스러운 일이다. 그들은 배를 가득 채우고 있는 동안 우리는 정상적인 인간 존재임에도 빵 한 조각조차 구할 수 없다. 그들은 크렘린에서 화려한 만찬을 즐기는 동안 우리는 동굴에서 지내는 사람처럼 굶주리고 있다.[13]

모스크바의 스탈린과 그의 동료들이 풍족한 식사를 즐겼듯이 레닌그라드 지도부도 마찬가지였다. 공산당원들이 가장 잘 먹었고, 기사나 산업 책임자처럼 도시를 운영하는 데에 필요한 사람들로 간주된 사람들도 매한가지였다. 또 다른 레닌그라드 시민인 이리나 젤렌스카야Irina Zelenskaia도 일기에 이렇게 썼다.

우리가 현재 겪는 불평등을 누구도 상상할 수 없을 것이다. 사람들의 얼굴만 봬도 알 수 있다. '2등시민'으로 분류되어 영양실조로 얼굴이 누렇게 된 노동자의 얼굴과, 권력을 가진 사람 또는 '식당에서 일하는 여자'의 발그레한 얼굴을 비교해 보라.[14]

젤렌스카야가 지적했듯이 보통 사람보다 더 많은 양을 배급받은 사람은 공산당 관료뿐만은 아니었다. 식량 배급 체계에서 일하는 사람 대다수도 그런 특혜를 누렸다. 소련의 유명한 화가이자 목판화 기술의 선구자였던 안나 오스트로우모바—레베데바Anna Ostroumova-Lebedeva도 이러한 현실을 새로이 체감하게 되었다. 그녀가 1942년 5월 자신의 일기에 남긴 기록을 보자.

아나스타시야 오시포브나(Anastasia Osipovna)가 나를 찾아왔다. 그녀는 얼마 전 공중목욕탕에 갔다 왔다. 그녀는 루벤스 그림*에 나오는 듯한, 잘 먹고 윤기 나는 몸과 빛나는 얼굴을 한 젊은 여자가 목욕탕에 가득하다는 사실을 목격하고는 놀랐다고 한다. 아나스타시야가 공중목욕탕에서 마주친 여성은 모두 제빵공장, 식품점, 공공식당, 어린이집에서 일했다. 그들은 제빵공장과 식품점에서 불우한 주민의 식량을 훔쳤다. 그들은 가장 좋은 식품을 나누어 가졌다. 그들은 육류의 좋은 부분을 챙겼다. 그들은 공공식당과 어린이

집에서 식품을 훔친다. 그리고 식량 배급 체계의 최정점에서도 이런 일이 진행되고 있다. 나는 그렇게 생각한다.[15]

독일군의 레닌그라드 포위 기간에 아이들은 특히 취약했다. 고아원과 어린이집에서 아이들을 돌보는 담당자가 아이들의 식량을 가져가기 때문이기도 했고, 길에서 어린이들의 품에 있는 식량을 상대적으로 쉽게 훔쳤기 때문이기도 했다. 아이들은 어릴수록 위험했고, 특히 부모가 죽은 아이들은 더욱 위험했다. 어느 여성은 한 아파트에 들어갔는데, 어린 소녀가 이미 죽은 어머니의 손을 잡고는 "엄마, 나 배고파."라고 말했다 한다. 그리고 다른 애는 "노인 같이 움푹 파인 얼굴을 한 채로 정신이 나가 아무런 말도 하지 못하고 있었다."

> 다른 아파트에서, 두 어린애가, 이미 부패가 시작된 어머니의 시신과 함께 침대에 누운 광경을 보았다.[16]

좀 더 나이가 있는 아이들도 포위 도중 부모를 잃었으며 거의 마비되고 말았다. 당시 10대였던 엘레나 무히나는 1942년 4월 일기에 이런 내용을 작성했다.

> 하나님, 내 주변에는 낯선 사람들, 낯선 사람들, 단지 낯선 사람들만 있어요. 가족도, 친구도 없어요. 모두가 무관심한 표정으로 내 옆을 지나가고, 아무도 나를 알고 싶지 않아 해요. 아무도 나에게 신경을 쓰지 않아요. 봄이 왔고, 어제는 첫 번개가 쳤어요. 삶은 이

어지지만 나 외에는 엄마가 없다는 사실을 아무도 알지 못해요. 이 무서운 거울이 엄마를 데려갔어요.[17]

가장 혹독한 추위가 휘몰아친 1941~1942년 겨울, 부족한 식량, 처참한 보건 상태, 독일군의 포격이 레닌그라드를 참혹한 죽음의 땅으로 만들었다. 그로 인해 '식인'이라는 또 다른 공포가 태어났다. 그해 겨울을 살아난 빅토르 키르신Viktor Kirshin은 당시의 공포를 기억하고 있었다.

나는 그것을 내 눈으로 직접 보았다. 마당에 여자 시신이 며칠 동안 방치되어 있었다. 그 시신은 가슴이 절단되어 있었다. 어린 소년의 몸은 여기저기 뜯겨 있었다. 아주 무서운 광경이었다.

식량이 부족해지자 주민들은 크게 고통받았고, 극단적인 상황은 사람들을 극단적인 행동으로 몰아세웠다.

그런 배고픔을 말로 표현하기란 불가능하다. 그건 세상에서 가장 처참한 경험이다. 마치 어떤 동물이 몸속을 기어다니는 듯한 감각을 느낀다. 그 동물은 아주 무서운 야수다. 그 야수는 당신을 발톱으로 할퀴고, 갉아먹으며, 당신의 내장을 찢고, 모든 것을 벗겨낸다. 그 괴물은 빵을 요구하고, 음식을 요구하며, 먹여 달라고 애원한다.[18]

레닌그라드 주민들은 길에서 훼손된 시신을 보는 것에 익숙해졌다.

히틀러와 스탈린

당시 레닌그라드에 거주하던 발레 교수, 베라 코스트로비츠카야Vera Kostrovitskaia는 1942년 4월에 이런 기록을 남겼다.

> 어떤 남자가 전봇대에 몸을 기댄 채 눈 속에 앉아 있었다. 키가 큰 사람인데, 넝마로 몸을 감싸고 어깨에는 배낭이 매달려 있었다. 그는 전봇대와 한 덩어리가 되었다. 그는 아마도 핀란드 역(the Finland Station)으로 가는 도중에 완전히 지쳐서 주저앉은 것 같았다. 내가 병원으로 출퇴근하는 2주 동안, 그 사람은 그곳에 내내 '앉아 있었다.' 그러다 배낭이 없어졌고, 다음으로 넝마가 사라졌다. 이후 바지가 없어지더니, 끝내 벌거숭이가 되었다. 그다음으로 해골이 드러났다. 5월이 되어서야 그 시신이 치워졌다.[19]

레닌그라드 식인 사건들의 내막에는 인육을 취하고자 사람을 죽인 사례도 있다. NKVD 보고에 따르면, 자신이 살고자 다른 사람을 죽인 사건들이 있었다. 다른 자식에게 밥을 먹이고자 18개월 딸을 죽인 어머니, 아들과 친척을 먹여 살리고자 부인을 죽인 배관공도 있었다.[20] 오늘날 우리의 시선으로는 시체 섭취와 인육을 얻기 위한 살인은 분명히 다르다. 그러나 당시에는 둘 사이에 차이가 분명치 않았던 것 같았다. 어차피 죽을 사람의 수명을 재촉해 허기로 죽어가는 자식들을 먹이는 것을 살인으로 생각하지 않았을 수 있다.

독일군의 레닌그라드 봉쇄 기간에 인육 섭취가 어느 정도 퍼졌는지를 정확히 알 수는 없다. NKVD가 제출한 보고서에서, 1942년 말까지 2,000명 이상의 주민이 식인 혐의로 체포되었다고 한다. 그러나 수많은 사람이 기아로 죽어가는 상황에서, 인육 섭취 범죄를 숨기기란 비교적 쉬웠기 때문에 실제 사건이 발생한 횟수가 축소되어 보고되었을 것이 거의 확실하다.[21]

봉쇄 기간에 인간으로서의 존엄성도 죽었다. 이 죽음은 또 다른 결과를 야기했다. 생명이 사실상 '배급카드'에 달렸기 때문에 시신을 집 안에 계속 방치한 채 아직 죽지 않은 가족들이 죽은 사람의 배급카드까지 사용하는 경우가 잦았다. 자신의 아파트를 떠났다가 다시 돌아온 한 여성 주민은 자신의 침실에 시신 세 구가 놓여 있는 모습을 보았다. 그녀는 그때의 일을 자신의 일기에 이렇게 묘사했다.

　이웃들이 내 방을 시신 안치실로 사용한 것이 분명했다. 그렇게 하라고 두자. 나는 시신 따위에 신경 쓰지 않았다.[22]

봉쇄 동안 큰 고통을 겪은 사람들의 증언은 대체로 각각이 어떤 고난을 겪었고 어떤 괴로움에 시달렸는지에 초점이 맞춰져 있다. 그 증언들을 수집하는 과정에서, 이전에는 몰랐던 새로운 모습을 발견했다. 레닌그라드에 거주했던 학자, 드미트리 리하초프(리하체프)Dmitry Likhachev•는 당시를 이렇게 회상했다.

　당시에는 굶주림이 나의 삶에서 가장 중대한 문제였다. 나머지는

─────────

✦　드미트리 리하초프(1906~1999)는 고대 러시아어 및 문학 분야의 저명한 연구자로, 소련의 강제노동수용소에 수감되었다가 풀려나 '러시아의 양심'으로 불렸다. 그는 '민족 문화의 수호자, 마지막 상트페테르부르크인'이란 평가를 받았다.

허상에 불과하다고 생각했다. 기아에 시달리자 사람들은 본모습을 드러냈고, 발가벗은 내면을 드러냈으며, 모든 하찮은 일에서 자신을 해방했다. 어떤 사람들은 대단하고 어디 비할 데 없는 영웅이 되었으나, 어떤 사람들은 잡범, 악당, 살인자, 식인마가 되었다. 중간은 없었다.[23]

레닌그라드 포위전을 겪었던 엘레나 코치나Elena Kochina는 1941년 10월에 이미 이러한 진리를 발견했다.

전쟁 전에 많은 사람이 본인을 과신하며 용기, 원칙의 준수, 성실 등 좋은 미덕을 모두 동원해 자신을 치장했다. 그러나 전쟁의 폭풍이 치장된 넝마를 찢어버렸다. 이제 모든 사람은 자신이 되고픈 모습이 아니라 실제 모습을 그대로 드러냈다. 많은 사람이 가련한 겁쟁이요, 악당이었다.[24]

엘레나 코치나는 비극적인 현실을 발견했다.

우리는 각자의 고통과 조용히 싸웠다. 서로를 도울 방법은 없었다. 모두가 홀로 삶과 죽음의 문제와 싸워야 했다.[25]

그녀는 자신이 발견한 진리와 현실을 받아들이려고 몇 주간 애썼다. 이후 이런 결론을 내렸다.

사람은 어느 정도의 육체적 고통을 겪으면 자신 이외의 모든 것에 무감각해지는 징도를 넘어서게 된다. 영웅주의 및 영웅적 행위, 그리고 자기희생은 배가 부르고 오랫동안 굶주리지 않은 사람이나 할 수 있다.[26]

그녀의 판단은 일부는 틀렸고 일부는 맞았다. 레닌그라드가 봉쇄된 동안 인간의 영혼을 가장 고귀하게 드높이는 '자기희생'의 사례가 없진 않았다. 그러나 이런 고귀한 행위가 일반적이지는 않았다는 점에서 그녀의 판단은 나름 타당하다.

레닌그라드를 포위한 히틀러와 독일군 지휘관들, 독일 병사들은 자신들이 소련인에게 고통을 가한다는 점을 알고 있었다. 앞서 봤듯이 그들은 그 도시를 점령하겠답시고 본인들의 생명을 희생하려 하지는 않았다. 또한 그 도시를 점령할 수 있다 해도 주민들의 생활을 책임지려 하지 않았다. 그들의 발상은 보다 거대한 계획에서 도출되었다. 소련 침공 중 수립된 독일군의 작전에 따르면, 독일 병력은 현지에서 최대한 보급품을 충당해야 했다. 따라서 독일군은 현지 주민의 양식을 탈취할 수밖에 없었다. 독일국방군 돌격포대대Assault-gun battalion 소속 병사였던 알베르트 슈나이더는 이와 관련해 다음과 같은 증언을 남겼다.

우리는 모스크바 전방에서 2~3주 머무는 동안 현지 주민들이 소유한 모든 것을 체계적으로 징발했다. 주민이 숨긴 감자나 다른 식량을 찾고자 헛간을 수색했다. 주민이 굶어 죽을 수도 있다는 염려 따위는 전혀 하지 않았다.

히틀러와 스탈린

슈나이더는 어떤 농민이 독일군을 향해 자신이 기르던 돼지를 훔치지 말라고 항의하다가 총살당하는 광경을 목격했다. 그 농민이 죽은 이유는 "독소전쟁 처음부터 그 사람들(소련인)은 '인간 이하의 존재'라고 생각해야 옳다고 전제했기 때문"이다.

그들의 존재 이유는 우리에게 봉사하는 것이다. 그들의 용도란 오직 그뿐이었다. 우리는 그들을 쓰레기 더미에 던져버릴 수 있었다. 당시의 프로파간다가 그랬었고, 그 선전은 아주 효과가 좋았다. 당시의 나는 인간이 야생동물과 다를 바가 없다고 생각했다. 나는 지금도 인간이 야생동물과 다를 바가 없다고 생각한다.

슈나이더는 원칙적으로 독일의 소련 침공을 반대하지 않았다. 그는 "당시의 나는 볼셰비키에 절대적으로 반대했고, 지금도 그러하다."라고 증언했다. 거기다 볼셰비키 세력의 권력이나 영향력을 행사하는 사람을 척결 대상으로 간주하는 것은 정당하다고 생각했다고 덧붙였다.

볼셰비키당(소련공산당)의 간부들은 다른 사람을 죽이라고 선동한다. 나는 그들을 똑같은 방식으로 징벌하는 것이 끔찍하다고 생각하지 않는다.

그는 평범한 소련 시민이 나치의 이념에 충성하도록 시도하지 않는 것에 반감을 느꼈다. 독소전쟁 초기, 그는 우크라이나에서 독일어 교사로 일했던 현지 여성과의 일화를 거론하면서 다음과 같이 증언했다.

그녀의 태도는 무척 독일인다웠다. 그녀는 친독일적인 사람이었다. 그녀는 볼셰비즘에서 해방되이 기쁘다고 말했다. 그녀는 스탈린이 많은 사람을 굶어 죽게 했고, 많은 사람을 처형했으며, 이미 수백만 명이 죽었다고 말했다. 그녀는 이제 독일군이 볼셰비즘을 격파해 자신들(우크라이나인)이 자유로워지기를 희망한다고 말했다. 그녀의 증언만 들어도 알 수 있다. 그들(우크라이나인)은 우리 독일군을 '해방군'으로 바라보고 있다. 우리는 그들을 해방했다. 우리가 그들에게 모든 압제로부터의 해방을 선사했다![27]

독일군은 레닌그라드를 봉쇄하고 진격하며 주민들에게서 식량을 탈취해 소련 주민을 굶어 죽게 했다. 독일군은 도시 지역을 점령한 다음 시민들에게서 조직적인 방식을 동원해 식량을 탈취했다. 예를 들어 우크라이나 동부의 하리코프Kharkov (우크라이나어로 하르키우)에서, 독일군의 라이헤나우 원수는 휘하 병사들에게 "무기로만 싸우는 단순한 전쟁이 아니라 '경제전쟁'이기 때문에 현지에서 보급을 해결하라."라는 지시를 하달했다. 이런 논리에 따라 독일 당국은 독일 점령군을 위해 일하는 하리코프 시민에게만 식량을 배급했다. 나머지는 굶겨 죽도록 방치했다.[28]

1941년 여름. 독일군이 하리코프를 점령했을 때였다. 당시 15세였던 인나 가브릴첸코Inna Gavrilchenko는 "도시를 장악한 침략자들이 3~4일 동안 쉬지도 않고 도둑질을 했다."라고 증언했다.

독일군은 음식과 옷을 훔쳤다. 나는 독일 병사 한 명이 소맷동이 달

히틀러와 스탈린

린 검은 장갑 한 쌍을 가져갔을 때 특히 화가 났다. 그 장갑은 내 일생의 목표(the dream of life)라 할 수 있는, 이모가 내게 선물한 것이다. 나는 큰 충격을 받았다. 나는 이런 일이 실제로 일어나리라고 생각한 적이 없었는데, 실제로 이런 일이 생기고 말았다. 기분을 말로 설명할 수도 없거니와 (독일군을) 용서할 수도 없었다.[29]

레닌그라드와 마찬가지로, 1941~1942년의 하리코프에 휘몰아친 겨울 날씨 역시 아주 혹독하게 추웠다. 독일군이 주민에게서 식량을 탈취하고 얼마 있지 않은 후였다. 많은 사람이 기아로 사망했다. 거리를 걷던 인나 가브릴첸코는 사람들이 눈에 얼굴을 처박은 채 쓰러져 있는 것을 보았다. 그러나 그들이 죽었는지 아니면 그저 정신을 잃었

사진28 **우크라이나 서부 하리코프에서 음식을 구걸하는 소년**
독일은 독소전쟁에서 수백만 명의 소련인을 기아로 죽이는 계획을 추진했다.

는지는 알 수 없었다. 쓰러진 사람 옆에 무릎을 꿇거나 몸을 굽히려는 사람은 거의 없었다. 그 이유는 자기 자신이 다시 일어설 수 있을지 확신할 수 없었기 때문이다. 그러다 1942년 5월 1일이 오자 가브릴첸코의 아버지가 사망했다. 그녀는 아버지의 시신 옆에서 8일을 보냈다.

나는 아무 일도 할 수 없었다. 나는 아버지를 매장할 수도 없었다. 나는 (무언가 행동할) 기력이 일절 없었고, 무덤을 마련할 돈도 없었다.

그녀는 얼마 후 자신이 바보가 되었다고 생각했다. 이후 그녀의 집을 방문한 사람은 그녀가 죽은 아버지의 시신에 말을 걸고 있는 광경을 목격했다.

아버지의 몸은 차가웠지만, 나는 계속 말을 걸었다.

이웃이 인나에게 빵 한 조각을 주자, 그녀는 아버지에게 빵을 먹으라고 말했다.

나는 그 빵을 아버지에게 보여주고는 이렇게 말했다. "아버지, 보세요, 오랫동안 빵을 보지 못하셨잖아요. 보세요, 아주 멋진 빵이에요. 한 입만 드세요, 제발 한 입만…." 그러나 아버지는 움직이지 않았다.

히틀러와 스탈린

인나에게 빵 한 조각을 선물한 이웃은 어느 독일군 병사를 알고 있었던 덕분에 음식을 얻었다. 이런 여건 속에서, 일부 독일군 병사는 자신들이 이미 알고 있던 우크라이나인들이 굶어 죽는 광경을 보고 싶지 않아서 자신에게 할당된 식량을 조금 내주었다. 그러나 이런 현상은 하리코프 같은 곳에서 기아 계획을 시행하는 독일 당국 입장에서는 심각한 문제였다. 만약 굶어야 할 사람들이 물리적으로 독일군과 분리된다면, 만약 레닌그라드처럼 포위되거나 게토처럼 철망으로 분리된다면, 그들을 굶겨 죽이는 일이 좀 더 용이할 것이다. 즉 기아로 죽어가는 사람들과 함께 생활하는 독일군 병사들에게서 심정적인 '문제'가 발생한 것이다.

독일군은 일부 병사들의 '동정심'이 유발할 위험성을 인지했고, 이를 제거하고자 이러한 프로파간다들을 내세웠다.

현지 주민들에게 빵이나 1그램의 식량을 선의로 내준다면, 독일 국민과 가족에게서 멀어지게 될 것이다.

독일군 병사는 굶주린 여인과 아이들 앞에서 냉철해야 한다. 그렇지 않으면, 그들이 우리 독일 국민을 위태롭게 흔들 것이다. 적군 (The enemy)이 겪고 있는 고통스러운 운명은 우리 독일군이 독일의 안위를 위해 안배한 것이다. 저들은 세계와 역사에 (자신들의 잘못이 무엇인지를) 고백해야 한다.[30]

인나 가브릴첸코는 나무껍질과 나뭇잎을 먹으며 버텼다. 이후에는 정육 공장의 일자리를 얻어 생존했다. 그녀는 독일 식당에서 접시를 씻은 더러운 물을 마시기도 했다. 그 접시들에는 음식 찌꺼기가 조금 남아 있었다. 그녀는 때때로 음식을 훔치기도 했다고 고백했다. 그녀는 머지않아 전쟁이 끝날 것이라는 희망을 부여잡고 기어이 살아남았다.

> 나는 장래를 생각해 본 적이 없었다. 우리는 전쟁이 시작되었을 때의 상태만 기억했다. 우리는 전쟁이 오래 이어질 것이라 예상하지 않았다. 우리는 전쟁이 한 달 정도 진행될 것이라 예상했다. 기껏해야 두 달이나 석 달이면 끝날 것이라 예상했다. 전쟁이 무려 4년씩이나 지속될 거라 예측한 사람은 아무도 없었다.[31]

레닌그라드와 하리코프의 상황이 처참했지만, 전쟁 초기에 기아로 인해 가장 많은 사람이 죽은 장소는 다른 곳이었다. 바로 소련군 포로가 수용된 독일군 측 포로수용소였다. 1941년 6월 22일 시작된 독소전쟁 초기, 독일군에 생포된 335만 명의 소련군 포로 중 1941년 12월까지 생존한 포로는 110만 명에 불과했다. 소련군의 정치장교들은 생포되자마자 수천 명이 총살당했다. 이는 소련군 정치장교를 즉결 처형하라는 독일군의 정치장교 지령에 의거했다. 나머지 사망자는 대부분 질병, 기아 또는 둘 다로 인해 죽었다.[32] 독일군 병참 담당 장군인 에두아르트 바그너Eduard Wagner는 1941년 11월 소련군 포로들이 기아로 죽고 있다는 보고를 접했을 때, "일하지 않는 전쟁 포로는 굶어야 한다."라고 대답했다.[33]

같은 달 괴링은 이탈리아 외무장관 치아노에게 소련 병사들이 줄지어 이동하는 것을 감독하기 위한 무장 경비병이 필요하지 않다고 말했다.

포로 행렬 맨 앞에 향긋한 음식 냄새가 나도록 수용소에 이동형 취사장을 배치하면 된다. 그러면 수천 명의 포로가 굶주린 동물 떼처럼 냄새를 따라간다.

이 말에 앞서 괴링은 "소련군 포로들이 서로를 잡아먹었을 뿐 아니라 독일 경비병도 잡아먹었다."라고 말했다.[34]

하리코프의 어린 주민이었던 아나톨리 레바Anatoly Reva가 기억하기를, 당시 독일군은 소련 주민이 전쟁포로에게 조금이라도 음식을 주는 것을 허용하지 않았다. 소련군 포로들을 가둔 수용소가 당시 아나톨리 레바의 집 뒤에 있었다.

따뜻한 마음을 지닌 아빠는 수용소 담장 위로 음식을 던졌어요. 포로들이 먹을 수 있도록 감자, 홍당무 등 가지고 있는 음식을 던졌어요. 아빠는 귀가 들리지 않는 농인이었어요. 독일군이 "꺼져, 꺼져"라고 소리쳤지만, 아빠는 그 말을 듣지 못했어요. 독일군은 아빠에게 발포했어요. 한 번, 그리고 두 번. 그걸로 끝이었어요. 독일군이 아빠를 죽였어요. 그들에게 조금이라도 복종하지 않는다면 죽음, 죽음만이 기다렸어요. 어떤 일을 했든 하지 못했든 상관없었어요.[35]

게오르기 세메냐크는 1941년 독일군의 포로가 되었으나 종전 이후까지 생존한 소수의 병사 중 한 사람이었다. 그는 전쟁 개시 직후 포로가 되어 수천 명의 동료 병사와 함께 거대한 수용소에 갇혔다. 수용소는 철조망에 간힌 노지에 불과했다. 독일군은 포로들에게 적절한 양의 식량을 제공하지 않았다. 포로들을 굶어 죽게 방치했다.

> 우리는 모두 노천에 앉아 있었다. 몸을 숨길 곳이 없었다. 밤이 되면 땅을 파서 구덩이에서 잠을 자려고 했다.

그와 그의 동료들은 자신들이 엄청난 범죄의 희생자라는 사실을 잘 알고 있었다.

> 우리는 이런 일이 옳지 않다는 사실을 잘 알고 있었다. 어떠한 국제법도 전쟁포로를 이딴 식으로 대우하라고 허용하지 않았다.[36]

특정할 수 없는 수량의 소련군 포로는 수용소까지 오지도 못했다. 그들은 항복하려 했으나 즉시 사살당하거나 체포된 직후 사살당했다. 이런 식으로 살해된 병사 대다수가 정치장교가 아니라 일반 병사였다. 이러한 살상 사건을 두고, 독일군에서 퇴역한 병사 출신들은 "독일군이 소련군에게 당한 잔학행위에 응수하는 보복으로써 그런 일을 저질렀다."라는 명분을 내세웠다. 물론 그런 상황이 있었다는 사실 자체는 분명하다. 다만 그들의 변명은 충분하지 않다. 많은 수의 소련군 포로가 전쟁 초기에 사살되었다는 점을 고려하면 이러한 '보복'은 정당화될 수 없다. 일례로, 전쟁 개시 불과 3일이 지난 이후 기갑군단의 사령관 요아힘 레멜젠Joachim Lemelsen은 이런 말을 남겼다.

나는 아무 근거 없이 전쟁포로와 민간인이 살해되는 광경을 보았다. 군복을 입고 용감한 전투를 치른 후 포로가 된 러시아 병사(소련군)는 합당한 대우를 받을 자격이 있었다. 우리는 (소련) 민간인들이 볼셰비즘의 굴레에서 해방되기를 원했으며 동시에 (그들의) 노동력이 필요했다. 그렇지만 (소련군 포로를 합당하게 대우하라는) 나의 지시는 파르티잔과 볼셰비키 정치장교를 인정사정없이 처리하라는 총통의 지령 앞에서 무력했다.

그러나 그의 말도 큰 효과가 없었다. 왜냐하면 그는 5일 후 다시 이런 지시를 내려야 했다. 레멜젠은 이렇게 외쳤다.

계속 총살이 진행되고 있다. 이것은 살인이다! 독일국방군은 볼셰비즘을 상대로 전쟁을 수행하지, 통합된 러시아 국민(소련 국민)을 상대로 전쟁을 수행하지 않는다. 우리는 오랜 기간 유대인과 범죄 집단의 압제로 무서운 고통을 겪은 이 땅에 평화와 안정과 질서를 다시 가져오기를 원한다. 총통은 볼셰비즘(정치장교들)과 파르티잔을 인정사정없이 조치하라고 명령했다. 그런 부류로 분명히 드러난 포로는 별도로 분류되어 장교의 명령에 의해서만 총살할 수 있다.[37]

이론적으로는 레멜젠의 지시가 애매하나 실제적으로는 그렇지 않다. 그는 소련군 전쟁포로를 기품 있게 대우할 것을 독일군 병사들에게 요구했고, 한편으로는 "파르티잔과 소련군 정치장교를 인정사정없이 처리하라."라는 총통의 명령을 충실히 따르기를 희망했다. 그러나 전선에서 싸우는 병사들은 레멜젠의 지시와 총통의 지령을 쉽게 구별하지 못했다. 특히 "인간 이하의 존재들을 멸절하는 전쟁"이라 불리는 상황에서는 더욱 그러했다. 뱌지마 전투에서 소련 병사 무리를 만난 독일군 병사 볼프강 호른Wofgang Horn의 사례를 예시로 제시하겠다. 옹기종기 모여 있는 소련 병사들은 독일군을 만나자마자 겁에 질려 손과 팔로 얼굴을 가렸다. 독일군 병사들이 러시아어로 "손들어!"라고 외쳤으나 그들은 곧장 반응하지 않았다. 그래서 볼프강 호른과 그의 동료들은 소련군 병사들을 사살했다.

> 그들이 투항하지 않았기 때문에 우리는 그들을 쏴 죽였다. 우리의 조치는 당연했다. 그들은 겁쟁이였다. 그들은 더 나은 대접을 받을 자격도 없었다.[38]

이런 상황을 고려하자면, 수많은 소련군 전쟁포로가 1941년에 독일군 손에 죽지 않고 상당수 생환했다는 사실이 놀라울 수 있다. 종전할 때까지 생존한 병사들은 고통을 이겨낸 각자의 이야기가 있다. 예를 들어, 파벨 스텐킨Pavel Stenkin은 자신이 생환한 까닭이 스탈린의 농업 집단화 정책 덕분이라 생각했다. 그는 전쟁 발발 직후 포로가 되었다. 그리고 독일군이 점령한 폴란드에 세워진, 철조망이 쳐진 거대한 들판 수용소에 갇혔다. 그와 다른 포로들에게는 멀건 수프만 아주 간간이

히틀러와 스탈린

제공되었다. 그때 그는 넉넉한 집안에서 태어나 평소에 호의호식했던 병사들이 먼저 죽는다는 사실을 발견했다. 그러나 파벨은 당시 스탈린의 농업집단화 정책으로 자주 굶었다.

> 당시 집단농장의 사정은 처참했다. 가축들이 죽었고, 모든 것이 죽었다. 나는 늘 배를 곯았기 때문에, 어려서부터 음식을 거의 먹지 않고 견디는 것이 익숙했다.[39]

1941년 10월 파벨 스텐킨과 수천 명의 전쟁포로는 폴란드 남부의 아우슈비츠 수용소로 이동했다. 그들은 아우슈비츠에 도착한 첫 번째 소련군 포로가 아니었다. 그들이 도착하기 3개월 전이었던 7월, 수백 명의 소련군 정치장교가 해당 수용소에 도착했다. 그들은 독일군에 의해 전쟁포로가 된 직후 정치장교 신분이 드러나지 않은 수천 명의 포로 중 일부였다. 독일 당국은 소련군 정치장교를 체포 즉시 사살하는 대신 일반 전쟁포로가 수용되는 포로수용소로 보냈다. 일부는 전쟁 전 독일 영토에 설치된 작센하우젠 수용소로 보냈고, 일부는 아우슈비츠 수용소로 보냈다.

아우슈비츠 수용소에서의 정치장교 포로들은 극심한 처우를 받았다. 당시에도 그 수용소의 잔인함은 악명이 높았다. 그런데도 다른 수감자들은 소련군 정치장교들이 받는 고통의 수위를 보고는 충격을 받았다. 자갈 채취장에서 작업하는 정치장교 포로들을 목격한, 아우슈비츠 생존자 예지 비엘레츠키는 이런 일화를 떠올렸다.

그들은 모래와 자갈이 가득 실린 수레를 밀면서 달려야 했다. 그런 작업은 아주 고뇌다. 그들이 수레를 밀고 다니니 나무판은 이리저리 흔들렸다. 정상적이지 않았다. 그런 지옥 같은 상황은 나치친위대가 전쟁포로를 위해 특별히 조성했다. 4~5명의 나치친위대원이 총을 들고 그들을 감시했다. 총을 든 경비병은 가끔 실탄을 장전하고 아래를 내려다보다가 자갈 채취장에 있는 '목표물'을 향해 조준사격을 했다. 그때 내 친구가 내게 이렇게 말했다. "저 미친놈은 무슨 짓을 하는 거야?" 그때 나는 카포(수용소 수감자 중 선발된 감시자)가 총에 맞은 사람을 막대기로 때리는 광경을 보았다. 내 친구는 군대 훈련을 받은 사람이었다. 그래서 "저 사람들은 전쟁포로야! 저들은 포로로 대우받을 권리가 있어!"라고 외쳤다. 그러나 그들은 과중한 노동에 시달리다가 죽어갔다.[40]

파벨 스텐킨과 그의 동료들은 정치장교가 아니었다. 몇 달 뒤 이들이 아우슈비츠 수용소에 도착하면서 그곳 수감자의 '구성'이 바뀌었다. 1941년 9월, 하인리히 힘러는 수용소를 크게 확장하기로 결정했다. 그때까지는 아우슈비츠 수용소가 하나만 있었다. 이 수용소는 전쟁 전 독일 다하우 강제수용소를 모델로 건축되었다. 힘러는 기존의 이 수용소에서 1마일 반 정도 떨어진 곳에 새로운 수용소를 크게 지을 것을 명령했다. 새로운 수용소가 세워질 마을은 폴란드어로 브제진카 Brzezinka라 불렸고, 독일어로는 비르케나우 Birkenau라고 불렸다. 훗날 유대인을 몰살하는 장소로 악명을 얻을 이 아우슈비츠 비르케나우 수용소는 처음부터 '기계화된 살인공장 Killing factory'으로 사용하려고 축조하진 않았다. 처음에는 소련군 전쟁포로 10만 명을 가두고자 건설됐다. 당시 나치독일에서 가장 큰 수용소로, 독일 당국은 이곳에 수용될 소련군 전쟁포로들을 수용소에서는 물론이고 인근 여러 산업체에서 노동시킬 계획을 수립했다. 그런데 전쟁 도중 이미 자원이 고갈되기 시작한 상황에서, 늪지대에 이런 거대한 시설을 세우기란 쉽지 않았다. 파벨 스텐킨처럼 1만 명의 굶주린 소련군 포로가 이 수용소를 만드는 데에 동원됐다. 그들이 겪은 처절한 비극은 여전히 제대로 조명받지 못하였다.

폴란드 정치범이었던 카지미에시 스몰렌Kazimierz Smolen은 그해 가을 소련군 포로들이 수용소에 도착한 광경을 기억했다.

그때 벌써 눈이 오고 있었다. 비정상적이게도 10월에 눈이 내렸다. 그러나 그런 상황에서도 모든 포로가, 모든 옷을 벗고, 소독제가 담긴 통으로 뛰어들어야 했다. 그들은 벌거벗은 채로 아우슈비치 본 수용소로 걸어갔다. 그들 대부분은 완전히 탈진한 상태였다.[41]

파벨 스텐킨은 나치친위대가 포로들에게 얼마나 굴욕을 주었는지를 기억했다.

먼저, 우리는 옷을 다 벗어야 했다. 위생 검사를 위해서였다. 독일 군은 호스로 우리에게 찬물과 더운물을 뿌렸다. 찬물을 뿌리다가 갑자기 뜨거운 물을 뿌리는 식으로 조롱했다. 우리는 완전히 당황했다.

그는 기존의 수용소 수감자들조차 소련군 포로들에게 좋지 않은 감성을 느끼고 있다는 것을 느꼈다.

> 폴란드는 우리의 식민지 같았기 때문에 폴란드인은 우리를 좋아하지 않았다. 사실상 모든 민족이 우리를 좋아하지 않았다. 그들이 유럽에서 파시스트를 좋아하지 않은 것처럼 그들은 공산주의자들도 좋아하지 않았다.[42]

아우슈비치 수용소장이었던 루돌프 회스는 "소련군 포로들이 아주 열악한 상태로 도착했다."라고 기록했다. 그들이 이전에 수감된 수용소에서 아우슈비치로 행군하는 동안 굶주렸기 때문이다. 경비병들은 그들에게 거의 음식을 주지 않았다. 행군 도중 잠시 멈추면 포로들은 가장 가까운 들판으로 달려가 소 떼처럼 아무 풀이나 찾아서 뜯어 먹어야 했다. 전쟁 후 회고록을 쓴 루돌프 회스는 이런 모습을 기록했다. 다만 포로들의 상황을 동정하며 묘사했다기보다는, 비르케나우 수용소를 짓는 데에 제공된 인력의 '질'을 불평했다.

> 쇠약해진 그들의 신체는 더 이상 움직이지 않았다. 그들의 체력은 완전히 고갈됐다.

루돌프 회스는 수용소 당국의 방치로 굶주린 포로들이 어떻게 서로를 잡아먹었는지도 기록했다.

첫 번째 집단이 (비르케나우) 건물의 기초를 놓기 위해 땅을 팠을 때, 동료들에 의해 살해당한 소련군 시신이 자주 발견되었다. 이들 신체의 일부는 누가 잘라 먹은 채 진흙 구덩이에 파묻혀 있었다.[43]

파벨 스텐킨도 이와 관련해 다음과 같은 기록을 남겼다.

아무도 살아서 나갈 수 없다는 사실을 곧 깨달았다. 모든 포로가 죽거나 살해될 것이라 예감했다. 우리는 우리가 어떤 미래를 맞이할지 알고 있었다. 우리는 무덤으로 향할 것이다. 나는 지금 당장은 살아있으나 다음 순간 자살할 수 있었다. 당신은 왜 그런지 이해하지 못할 것이다.[44]

비르케나우 수용소를 짓기 위해 아우슈비츠로 보내진 1만 명의 포로 중에서 1942년 봄까지 9,000명이 죽었다. 파벨 스텐킨과 소수의 동료는 철조망 밖 작업장에서 일하는 동안 경비병을 피해 탈출하는 데에 성공했기 때문에 살아남을 수 있었다.

아우슈비츠의 나치친위대는 굶주림, 기아를 징벌의 도구로 사용했다. 수감자가 탈출하면, 탈출자가 속한 막사나 작업반에서 다른 수감자를 골라서 본 수용소의 11번 블록으로 보냈다. 그리고 본 수용소의 '기아방'으로 집어넣어 그들이 거기서 굶어 죽도록 조치했다. 기아 감옥과 비르케나우가 건설되던 시기에는 유대인들이 대량으로 아우슈비츠 수용소에 갇히진 않았다. 그러나 독일이 점령한 지역 도처에 있는 게토와 다른 수용소에서, 나치는 유대인들을 조직적으로 굶겨 죽였다.

1940년 여름에 이미 폴란드의 우치에 있는 게토에서 식량 시위가 발발했다. 굶주림에 지친 유대인들이 "우리는 빵을 요구한다! 우리는 굶어 죽고 있다!"라고 외치며 시위를 벌였다.[45] 우치에서 발생한 식량 문제는, 나치가 기아를 압제 수단으로 활용한 탓에 촉발되었다. 1940년 봄, 게토가 봉쇄되면서 유대인들은 귀금속을 처분해야만 식량을 얻을 수 있었다. 여성들은 결혼반지와 빵을 교환했다. 바르텔란트의 총독인 아르투어 그라이저는 이러한 조치가 유대인의 재산을 빼앗을 가장 효과적인 방법이라 생각했다. 1940년 7월과 8월, 유대인 주민의 1.5퍼센트가 죽을 만큼 사망률이 기록적으로 상승했다. 아르투어 그라이저는 이 시기에 이르자, 유대인이 더는 값나가는 물건을 소유하지 않고 있다며 만족했다. 그리고 이 시점이 되어서야 유대인들에게 게토 내의 공장에서 근무하여 식량과 교환할 수 있는 물건을 생산하도록 허용하는 결정이 내려졌다.[46] 그러나 이러한 변화가 모든 사람에게 식량이 넉넉하게 제공되었다는 뜻은 아니었다. 여전히 식량은 부족했다. 1941년 가을이 오기 전, 독일 영토 내 수만 명의 유대인이 게토에 쏠리면서 기아 상황은 더욱 심각해졌다. 오늘날 체코의 수도 프라하에서 폴란드 우치로 강제이송된, 오스트리아계 유대인 작가 오스카르 로젠펠트Oskar Rosenfeld는 이때의 일을 이렇게 기억했다.

사람들은 3개월의 기아로 많이 변했다. 모든 사람의 등이 굽고, 다리가 휘청거렸다. 질병이 이들의 몸에 스며들었다. 젊은이들은 폐렴을 앓았다. 수천 명의 주민이 나무판자 침대에서 잠을 이루지 못해 몸을 뒤척였다. 침대에 몸을 누이면 뼈가 아팠고, 잘 때는 음식을 먹는 꿈을 꿨다. 3개월 동안 영양실조에 시달린 수천 명의 사람이 죽음의 문턱까지 다다랐다.[47]

유대인들을 폴란드의 게토로 보내기 전, 나치 당국은 게토 안에 갇힌 수많은 유대인이 몇 달 안에 굶어 죽을 것이라고 예상했다. 바르텔란트의 포즈난 지역에서 근무한 나치친위대 장교 롤프-하인츠 회프너Rolf-Heinz Höppner는 1941년 7월에 아돌프 아이히만에게 다음과 같은 보고를 올렸다.

> 이번 겨울에, 모든 유대인에게 더는 식량을 제공할 수 없을 수도 있습니다. 그런데 유대인들은 더는 근로할 능력이 없으니, 그들을 신속한 방법으로 제거하는 것이 인간적으로 최선의 해결책이 아닌지를 심각하게 고려하실 필요가 있다고 생각합니다. 어떻게 제거하든, 그들을 굶어 죽게 내버려 두기보다는 기분이 편할 것입니다.[48]

그의 보고서는 핵심적인 문서 사료다. 이 보고서에는 하리코프의 사례에서 우리가 앞서 본 것처럼, '실무를 집행하는 담당자'들이 기아 정책을 실행하면서 겪었던 근본적인 어려움이 서술되어 있다. 사람들이 기아로 죽어가는 광경을 관찰하는 것은 나치당원들에게 '아주 즐거운 일'이 아니었다. 그러나 해당 보고서에는 이런 상황을 초래한 책임자가 나치독일이라는 깨달음이 전혀 담겨 있지 않았다. 소련 포로들이 인육을 뜯어먹는 광경을 보고도 아우슈비츠 수용소장 루돌프 회스가 아무런 죄책감을 느끼지 않았듯이 회프너 역시 유대인을 죽음의 문턱까지 몰아세운 독일 정책의 정당성을 문제 삼지 않았다. 굶어 죽는 유대인에 관한 즉각적인 해결책이란 제대로 된 음식을 배급하는 것이지, 그들을 '신속한 방법'으로 살인하는 것이 아니었다. 그러나 아우슈비치 수용소에서 루돌프 회스가 그렇게 생각하지 않았던 것처럼 회프너 역시 그렇게 생각하지 않았다. 두 사람 모두 "유대인은 위험한 종족이고, 소련 포로들은 인간 이하의 존재"라 생각했다. 아돌프 히틀러가 구축한 '이념'은 그들에게 인도적인 해결 방법을 허락하지 않았다. 독일군의 프로파간다가 촉구하듯이 기아로 죽어가는 사람을 보고 마음이 흔들리지 않는 것이 중요했다.

히틀러와 스탈린은 현장 집행자들보다 훨씬 용이하게 기아 정책을 추진했다. 히틀러는 게토나 폴란드 내 수용소를 방문한 적이 없었고, 스탈린도 강제노동수용소 체제를 조성했음에도 방문한 적이 없었다. 두 독재자 모두 자신이 구축한 고통의 시스템으로부터 스스로를 지키는 방어막을 설치했다. 실제로, 1941년 12월에 구데리안을 만난 히틀러는 "이러한 개인의 고통에서 거리를 두어야 한다."라고 강조했다. 더불어 구데리안이 지나치게 감정적으로 병사들을 연민한다고 비판했다.

> 귀관은 병사들을 향해 너무 많은 동정심을 베풀고 있다, 좀 더 거리를 두어야 한다.[49]

이오시프 스탈린의 입에서도 이런 말이 쉽게 나왔다. 아무도 "스탈린은 동정심이 너무 많다."라고 비판할 수는 없었다. 앞서 봤듯이 스탈린은 역사상 가장 참혹한 우크라이나 대기근에 책임이 있다. 1930년대 초, 약 400만 명의 우크라이나인이 스탈린의 정책 때문에 참혹한 여건에서 기아로 사망했다.[50] 그러나 스탈린 치하에서는 다른 소련 시민들도 기아로 죽었고, 특히 강제노동수용소에서 수많은 사람이 사망했다. 1939년 소련 당국은 60퍼센트에 이르는 수용소 수감자가 식량 부족으로 인한 영양실조와 기타 질병을 앓고 있다고 평가했다.[51] 강제노동수용소의 한 관리는 1941년에 라브렌티 베리야에게 자신이 이 문제를 어떻게 처리하고 있는지를 보고했다.

> 우리의 과업은 수용소 수감자들의 노동력을 최대한 착취하는 것이다.[52]

그래서 일을 할 수 없거나 할당량을 채우지 못하는 수감자를 가치가 없는 존재로 간주하여 배급품의 수량을 줄였다. 그렇게 배급품의 수량이 줄어든 사람은 나락으로 떨어지게 되었다. 강제노동수용소에서 생존한 폴란드인 안토니 에카르트Antoni Ekart는 이를 이렇게 표현했다.

> 일을 적게 하면 적은 식량을 받고, 식량이 적으면 원기가 더 떨어지고, 원기가 떨어지면 일을 더 적게 할 수밖에 없다. 이 악순환은 최종적으로 그가 무너질 때까지 반복된다.[53]

1940년 소련군에 체포된 또 다른 폴란드인, 저널리스트 구스타프 헤를링은 자신이 수감된 수용소에서 기아가 어떤 재앙을 초래하는지를 똑똑히 목격했다.

굶주림은 무서운 경험이다. 그 경험은 마음속에 지속적인 열병으로 악화하여 끝내 의식을 함몰시켜 악몽으로 변질된다. 기아와 고통을 무기로 사용하면 어떤 사람에게든 강요하지 못할 일이 없다. 사람은 인간적 환경에서만 인간으로 생활한다. 나는 어느 사람이 비인간적인 환경에서 저지른 행위를 근거로 타인을 판단하는 것이 터무니없다고 생각한다.[54]

헤를링은 어느 감독관이 여자 수감자의 식량을 빼앗은 다음 그녀와 성적 관계를 갖기를 요구했다. 감독관은 헤를링에게 그녀가 굴복할 것이라며 장담하고는 내기를 했다.

내기를 하고 한 달이 지난 후였다. 그 여성은 원하는 사람이라면 누구든지, 자신을 갖기를 원하는 사람 모두와 성교를 맺기 시작했다. 그녀는 감자 더미 위에서, 56작업반장이자 곱추인 혼혈 레브코비치(Levkovich)와도 성관계를 맺었다.[55]

이러한 경험을 한 헤를링은 이런 경고를 전했다.

만일 신께서 존재한다면, 굶주림으로 다른 사람을 파괴하는 자들

을 무자비하게 징벌하시기를.[56]

헤를링이 느꼈던 감정에, 비에스와바 사테르누스Wiesława Saternus도 공감했다. 비에스와바 사테르누스는 가족과 함께 폴란드에서 추방되어 시베리아의 벌목장으로 강제이주했다. 다른 강제추방자들처럼 그녀도 공식 수감자는 아니었으나 굶주림의 시기를 경험했다.

굶주림은 아주 무섭다. 굶주림은 아주 이상한 경험이다. 굶주림을 경험해 보지 않은 사람은 절대 이해할 수 없다. 진정한 굶주림은 인간을 망가뜨린다. 굶주린 인간은 동물이 된다.[57]

파벨 스텐킨은 히틀러와 스탈린이 어떻게 수백만 명을 죽게 만든 정책을 추진했는지를 말할 수 있는, 가장 좋은 자격을 갖춘 사람이다. 그는 아우슈비치 비르케나우 수용소를 탈출한 후 소련 당국에 의해 강제노동수용소에 수감된 사람이기 때문이다. 그는 독일군의 포로가 되었다는 이유만으로 아무 증거도 없이 '스파이'라는 판결을 받았다. 간첩 혐의는 독일군에게 사로잡힌, 소련군 전쟁포로에게 적용되는 일반적 혐의였다. 전쟁 발발 첫날, 독일군이 그를 사로잡았을 때, 그가 의식불명 상태였다는 점은 아무런 변명거리도 될 수 없었다. 그는 포로로 사로잡히게 상대에게 '허용함'으로써 조국의 배신자가 되었다.[58] 독일 수용소에서 굶주림을 경험한 후 그는 소련 강제노동수용소에서 끝없는 굶주림에 시달렸다. 그는 스탈린이 죽은 1953년이 되어서야 강제노동수용소에서 풀려나서 "배가 차도록 먹을 수 있었다." 두 체제를 모두 경험한 파벨 스텐킨은 이런 확신을 느꼈다.

파시즘과 공산주의는 똑같다. 내 말에 동의하는 사람도 있고, 그렇지 않은 사람도 있을 것이다. 그러나 나는 어떤 사람보다도 이 사실을 잘 알고 있다.[59]

히틀러와 스탈린

10장

과대망상

1942년 6월

스탈린은 세계에서 가장 막강한 권력자들의 말을 믿었다. 그리고 동시에 실수를 범했다. 루스벨트는 의도적으로 스탈린을 호도했다. 스탈린이 이를 깨닫게 되자 서방 연합국이 감당해야 할 대가는 아주 컸다.

1942년 초반 몇 달 동안 스탈린은 자신이 내린 결정의 결과를 감당하며 살아야 했다. 첫 번째 결정으로 소련은 전쟁을 해야 했고, 두 번째 결정으로 소련이 전쟁에서 이기는 데에 도움을 주었다. 역설적이게도 두 가지 결정 모두 소련이라는 나라의 어떤 특징 때문에 이루어졌다. 바로 스탈린 한 사람으로의 권력 집중이었다.

첫 번째 결정은 전쟁의 가장 중요한 요인 중 하나인 '자원'과 밀접했다. 이론적으로, 1942년이 시작되면서 독일군이 소련의 산업 및 농업의 심장부를 점령하자 소련은 절망적인 곤경에 처하였다. 하리코프의 탄광 지역에서부터 우크라이나 서부의 밀밭에 이르기까지, 주요 자원이 밀집된 지역을 독일군이 점령했다. 비단 토지만 상실한 것이 아니다. 소중한 인적 자원까지 상실되었다. 1940년 소련은 830만 명의 인력을 보유했으나 1942년에는 550만 명으로 줄어들었다.[1] 그러나 이 모든 손실에도 불구하고 소련에는 기적과 같은 일이 일어났다. 1942년 소련은 독일보다 훨씬 많은 군사 장비를 생산했다. 소련은 독일보다 비행기를 1만 대, 탱크는 1만 5,000대 더 많이 만들었다. 포병 장비는 11만 5,000개나 더 생산했다.[2] 이러한 성취는 독일이 소련을 침공하고 며칠이 지난 이후 '무자비한the ruthless' 라자리(라자르) 카가노비치Lazar Kaganovich의 지휘 아래 '수송(철수)위원부Council for Evacuation'가 설치된 덕분에 달성할 수 있었다. 철수 계획의 핵심은 최대한 많은 산업 인프라를 독일군의 침공에서 멀리 떨어진 동쪽으로 이전시키는 것이었다. 공장은 분해되었고, 노동자와 그들의 가족도 함께 철수했다. 1941년 말까지 2,500개 이상의 산업 단위가 안전 지역으로 이주했다. 주코프 장군이 "전쟁 중 영웅적인 산업 역량의 철수와 재조립은 가장 위대한 전투만큼 조국의 운명을 구하는 데에 커다란 기여를 했다."라고 말한 것은 결코 이상한 일이 아니었다.[3]

독소전쟁 전 급격한 산업화를 겪으며, 소련 노동자들은 목표를 최대한 빠르게 달성하는 소중한 경험을 했다. 덕분에 소련 사회는 중앙에서 하달하는 지시에 순응하는 데에 익숙해진 상태였다. 전장과는 달리 산업 분야에서는 개인이 주도권을 발휘하는 것이 그렇게 중요하지 않았고, 의사결정의 중앙화는 긍정적인 결과를 창출했다. 여기에 노동자들에게 요구한 과제도 단순명료했다. 전선에서 멀리 떨어진 지역에 공장이 재조립되자 노동자들은 상대적으로 단순한 무기를 어마어마한 수량으로 생산하라는 명령을 받았다. 스탈린은 현대전에서의 전투란 전선뿐만 아니라 공장에서도 벌어진다는 사실을 잘 알고 있었다.

1941년 11월, 그는 이렇게 예측했다.

> 모터 생산에서 압도적인 우위를 차지하는 측이 전쟁에서 승리할
> 것이다.[4]

스탈린은 이러한 공정을 감독할 수 있는 완벽한 지도자였다. 그는 중
앙의 계획과 지시에서 벗어나지 않는 신뢰할 만한 하수인들을 이용하
는 통제 시스템을 믿었다. 그리고 라자리 카가노비치는 주인의 명을 열
성적으로 따르는 인물이었다. 그는 과거 수백만 명의 희생자를 만든
우크라이나 농업집단화를 주도한 인물이었다. 그는 '강철의 라자리Iron
Lazar'로 알려진 인물로, 1930년대 대숙청 기간에는 스탈린을 기쁘게 하
는 연설로 편집광적인 공포 분위기를 형성하는 데에도 일조했다. 카가
노비치는 얼마 있지 않아 자신의 직책을 차석자Deputy에게 넘겨주어야
했지만, 그는 소련 수송(철도)인민위원으로서 공장의 재배치에 계속 중
요한 역할을 수행했다.[5]

재조립된 공장에서, 소련 노동자들은 장시간 노동을 요구받았다. 엄
청난 수의 대포와 탱크가 생산됐다. 소련의 통제경제 제도는 중앙의
행정관료들이 군사 장비의 생산과 소비재 생산의 균형을 자의적으로
결정할 수 있었다. 이토록 절체절명의 시기에, 소비재 생산은 완전히
뒷전으로 밀려났다.

소련과 달리 독일에는 중앙통제를 따르는 군비 생산 구조가 없었다.
여러 부처가 어떤 무기를 개발할 것인지를 두고 서로 경쟁했다. 이 모
든 경쟁 관계를 관리하는 인물은 아돌프 히틀러였고, 그는 '통합된 구

조'를 향한 의심이 컸다. 4개년 경제 계획을 책임진 부하는 헤르만 괴링이었다. 그는 자신을 만나러 온 경제전문가들을 줄 세우고는 "비록 나는 경제에 관해 아무것도 모르나 불굴의 의지를 가지고 있네."라고 떠드는 아마추어 호사가에 불과했다.[6] 그러나 여기에 모순이 있었다. 권력을 집중하려는 스탈린의 욕망은 산업시설을 동부 지역으로 성공적으로 이동시키는 데에 효과를 발휘했지만, 독일군과 싸우려는 소련군을 방해하기도 했다. 우리는 최전선에서 이른바 '자체전술(Auftragstaktik, 임무형 전술)'이라 불리는, 주도적 의사결정을 시행하는 독일군과 최선의 방식을 스스로 결정할 수 없는 소련군의 극적인 대비를 앞서 확인했다. 이러한 소련군의 약점은 1942년까지 영향을 미쳐서, 군사 문제에 아마추어와 다를 것이 없는 최고지도부의 충동적 요구와 결합하며 소련군에 재앙을 일으켰다.

1942년 1월 스탈린은 소련군의 모든 전선에 걸쳐 여러 장소에서 독일군을 공격하라는 명령을 내렸다. 모스크바 외곽에서 소련군이 성공적으로 반격한다는 사실에 기분이 들뜬 스탈린은 독일군이 이미 거의 붕괴하는 중이라고 착각했다. 그러나 히틀러가 소련 침공 전에 소련군의 회복력을 터무니없게 과소평가한 것처럼 스탈린도 독일군을 평가할 때 똑같은 실수를 저질렀다. 스탈린은 과한 자신감에 도취된 나머지, 하나의 작전에 집중하기보다는 넓은 지역에 걸친 전면적인 공세 작전을 펼치기 원했다. 스탈린은 1942년 2월에 행한 연설에서 이렇게 말했다.

강력한 타격력을 지닌 소련군이 레닌그라드에서 적을 몰아내고 벨라루스, 우크라이나, 리투아니아, 라트비아, 에스토니아, 카렐리야의 도시와 마을들에서 적을 몰아내며 크림반도를 해방할 것이다. 소련 땅에서 승리의 적기赤旗가 다시 한번 펄럭일 날이 얼마 남지 않았다.[7]

지난 가을, 히틀러가 "소련군은 다시 일어나지 못할 것"이라고 외친 약속처럼 스탈린의 연설 내용도 터무니없이 과장된 약속이었다. 스탈린의 실책은 곧 제2충격군the Second Shock Army의 운명에서 여실히 알 수 있다.

이 이야기는 너무도 큰 재앙인지라 오랜 세월 소련 역사에서 삭제되었다. 스탈린은 그해 1월 초, 메레츠코프 원수에게 레닌그라드 전방의 독일군 북부집단군을 향해 공격하라는 명령을 내렸다. 메레츠코프 원수는 군대를 조직할 시간을 확보하고자 작전 개시일을 연기할 것을 요청했으나 스탈린은 이를 거부했다.[8] 소련군은 명령대로 진격했지만 머지않아 거의 포위된 상태에 처하였다. 좁고 위태로운 회랑으로만 후방 소련군 전선과 연결된 상황에 봉착하고 말았다. 이 포위망에 갇힌 소련군은 곧 절망에 빠지고 말았다. 한 병사는 당시를 이렇게 회고했다.

우리는 완전히 속수무책이었다. 우리는 탄약도, 순찰병도, 빵과 담배도, 심지어 소금도 떨어졌다. 의료지원을 받지 못하는 것이 최악이었다. 그러나 가장 큰 문제는 배고픔이었다. 어디를 가든 무엇을 하든, 음식 생각이 떠나지 않았다. 한번은 누군가 불에 탄 초가집에 묻혀 있던 오래된 감자 한 알을 찾아냈다. 우리는 그것을 잘라서 각자 작은 조각 하나를 먹었다. 대단한 식사였다! 어떤

병사는 감자 조각을 핥았고, 어떤 병사는 냄새를 맡았다. 그 냄새를 맡자 집과 가족이 생각났다.[9]

겨울전쟁을 연상케 하는 장면이다. 이 장면에서 소련군 부대는 고립되어 죽을 운명에 처했다. 제2충격군을 목격한 어느 독일 병사는 이렇게 증언했다.

그들은 필설로 형용할 수 없는 상태에서 괴멸되었다. 숲도 전혀 없었다. 모든 것이 산산이 조각나고, 갈기갈기 찢어졌다. 포탄 구멍 옆에 포탄 구멍이 또 생기고, 수를 셀 수도 없는 볼셰비키 병사의 시신이 전장을 덮었다. 수백, 아니 수천 명의 적군이 진창, 먼지 위에 겹겹이 쌓였다.[10]

소련의 관점에서 보면, 이 작전은 재앙이었다. 다양한 작전에 투입된 32만 6,000명의 병력 중 30만 명 이상이 전사하거나 다치거나 독일군의 포로가 되었다.[11] 독일의 관점으로는, 모스크바 앞에서의 실패 이후 얻은 기쁜 승리였다. 1942년 중에 출간된 어느 독일어 도서는 당시 전투를 서사시적인 묘사로 기록했다.

볼호프Volkhov•가마솥(포위) 전투에 관한 설명은 불과 몇 달이 흐른

◆ 상트페테르부르크(독소전쟁 당시 레닌그라드) 동쪽에 자리한 도시를 가리킨다. 소련군은 1942년 1월, 이 도시에서 독일군의 레닌그라드 봉쇄를 돌파하기 위한 전투를 시작했다.

오늘의 우리에게는 이미 과거에서 다시 들려오는 영웅적 노래가
되었다. 한 단계씩 가마솥은 제거되었다. 한때 자랑스러웠던 소
련의 충격군, 스탈린의 희망, 레닌그라드 해방군이 포위된 지역은
점점 조여졌다. 최후의 저항이 분쇄되고, 최후의 볼셰비키가 사
살되거나 생포될 때까지, 한 부대씩 차례로 포위되고 구석에 몰린
채 전멸되었다.[12]

독일군 제18군 사령관 게오르크 린데만Georg Lindemann 장군은 병사들
에게 "귀관들은 이 승리를 자랑스럽게 생각해도 좋다!"라고 말했다.

귀관들은 소련 종족보다 독일인이 더욱 우월하다는 사실을 증명
했을 뿐만 아니라 얼음처럼 차가운 날씨와 돌파할 수 없는 봄의 진
창을 극복한 위업을 달성했다. 조국은 기꺼이 희생을 감수한 귀관
들의 용기에 감사하고, 귀관들의 행위는 더욱 커진 독일의 역사에
서 절대로 잊히지 않을 것이다![13]

전선의 중앙부, 뱌지마-르제프Rzhev 지역에서의 소련군은 독일군을
밀어내는 데에 성공하여 모스크바는 더 이상 위협을 받지 않았다. 다
만 독일군 중부집단군의 잠재적인 전력은 그대로 유지되었고 소련군
의 손실은 컸다. 소련군 로코솝스키 원수는 자신의 회고록에서 그해
1월 스탈린과 소련군 총참모부가 내린 결정을 혹독하게 비판했다. 그
로 인해 그의 회고록에서 해당 부분은 소련 체제가 붕괴할 때까지 출
간될 수 없었다. 로코솝스키는 1942년 초 소련군의 행동은 "무의미

_{pointless}"했다고 비판했다. 독일군은 당시에 막강한 적이었고, 소련군은 독일군과 정면에서 맞서 대결할 힘이 없었다. 그때 필요했던 것은 공세 연기와 소련군의 재편성, 증원군의 보강이었다. 그러나 참호를 파고 방어선을 굳건히 지키는 독일군을 향해 소련군이 공격을 감행했으니, 전력을 소진하는 결과만 초래하고 말았다. 로코솝스키는 "스탈린과 총참모부는 가장 아둔한 실책을 저질렀다."라는 결론을 내렸다.[14]

스탈린조차 당시 소련군이 전면공세에서 전차를 제대로 활용하는 데에 실패했다고 인정했다. 그는 그해 1월 말, 군지휘관들에게 보낸 명령서에 "지금까지 보병과 전차 진영, 그리고 각 부대의 합동 작전은 형편없이 조직되었다."라는 지적을 남겼다. 문제는 보병부대 지휘관들이 "적절한 목표를 설정하지 못하고, 후퇴할 때 변화된 전황에 관한 정보를 전차부대 지휘관들에게 통보하지 않은 것"이었다. 스탈린은 뒤이어 "전선 지휘관들은 전차부대를 너무 성급하게 배치했고, 적군의 진영과 거점에 관한 가장 기본적인 정찰 활동도 시행하지 않았다."라고 비난했다.[15] 다시금 모든 실패의 책임을 스탈린을 제외한 나머지 모두가 떠맡아야 했다. 그러나 전선에서 소련 병사를 실패하게 만든 가장 큰 원인은 스탈린의 과신과 군사작전에 관한 무지 때문이다. 이 모든 문제와 책임에도 불구하고, 스탈린은 소련군이 재편성할 여유를 허락하지 않았다. 그는 티모셴코 원수, 흐루쇼프와 상의한 후 우크라이나 남부지역의 하리코프에서 대공세를 준비토록 하였다. 주코프를 포함한 냉철한 지휘관들은 스탈린의 작전이 너무 무모하다고 판단하여 반대 의사를 표했다. 그런데도 스탈린은 지휘관들의 우려를 무시하고 총참모부가 하리코프 공세에 일절 관여하지 못하도록 명령했다. 결과는 이미

보았듯이 스탈린은 또다시 엄청난 실수를 저질렀다.[16]

하리코프 작전에 참가한 소련군 정보장교, 보리스 비트만Boris Vitman 은 공격 작전을 계획할 당시의 낙관주의적 분위기를 잘 기억해냈다.

> 미국제 및 영국제 장비가 많이 도착했다. 나는 엄청난 수의 영국 군화, 장화가 반입되는 광경을 보았다. 새로 도착한 부대들은 영 국제 장화를 받았다. 새로운 군용 장비도 도착했다.

심지어 전장에서는 소련군이 곧 전쟁에서 승리할 것이라는 말도 돌 았다. 1942년 5월 12일 새벽, 보리스 비트만과 다른 소련군 병사들은 공격이 시작되기를 기다렸다. 이들은 소련 포병의 어마어마한 포격 소 리를 들었다. 그 소리를 들은 병사들은 승리를 확신했다. 누가 이런 포 화를 견뎌내겠는가? 한 시간 정도 집중 포격이 이어진 후 6개 군軍이 독일군 방어선을 향해 진격했다. 그러나 비트만이 첫 번째 독일군 방 어선에 도착했을 때, 그는 독일군이 그곳을 버리고 철수한 사실을 깨 닫고 놀랐다. 소련군의 공격을 예상한 독일군이 후방으로 물러난 것이 다. 비트만과 동료들이 연이어 진격했을 때 독일군은 거의 저항하지 않았다.

> 가끔 적군의 박격포 공격을 받았을 뿐이다. 그러나 우리는 독일군 은 보지 못했고, 민간인 시신만 보았다.[17]

일부 지역에서는 소련군이 30마일까지 진군하는 데에 성공했고, 이 성공에 자극받은 스탈린은 "총참모부를 날카롭게 비판할 근거를 갖게되었다."라고 자랑했다. 또한 "총참모부가 이 작전을 지지하지 않아서, 이렇게 성공적으로 진행된 작전을 내가 거의 취소할 뻔했다."라고 비판했다.[18] 소련군의 빠른 진격은 그해 2월에 하달한 명령 제55호Order NO. 55에 표현된 스탈린의 판단을 뒷받침하는 듯했다. 명령서에는 이런 내용이 적혀 있었다.

> 독일-파시스트 군대가 활용한 기습의 효과는 완전히 소진되었다. 전쟁의 불리한 조건이 제거되었다. 이제 전쟁의 승패는 단기적인 기습이 아니라 장기적인 요인들에 달려있다. 후방의 안정, 군대의 사기, 사단의 수와 질, 무장 수준, 지도부의 조직 능력이 중요하다.[19]

그러나 "기습의 효과가 소진되었다."라고 말한 스탈린은 더할 나위 없는 실수를 범했고, 결국 수십만 명의 소련군 병사가 스탈린의 실수를 감당해야 했다. 다시 돌아와서, 비트만은 "독일군이 우리를 함정으로 유도했다."라고 회고했다.

> 하리코프 외곽에서 갑자기 독일군이 강력하게 저항했다. 독일군은 미리 튼튼한 방어선을 구축한 상태였다. 인근에는 견고한 지하실을 갖춘 창고가 아주 많았고, 그곳은 아주 유리한 사격 거점이되었다. 우리 군의 전차 일부가 파괴되었다. 하리코프 외곽에서 아군 전차들은 기동력을 상실하고 작전에서 이탈했다. 이런 식으

로 우리의 공세는 저지되었다.[20]

독일군이 소련군 후방에서 전형적인 포위 작전을 펼치자 너무도 성급하게 진격한 소련군은 작전에서 실패하고 말았다. 독일군 제14기갑군단 소속 장교 요아힘 스템펠Joachim Stempel은 이와 관련해 이런 증언을 남겼다.

우리는 거의 환희에 가까운 상태를 맞이했다. 우리의 목표는 소련군 최정예부대를 포위하여 격파하는 것이었다.

스템펠은 소련군 지휘관들이 새로운 전황에 신속하게 대처하지 못하는 모습을 목격했다.

만일 (소련군이) 아직 온전한 병력을 활용하여 상황을 다르게 처리하고, 공격 방향을 즉시 바꾸어 돌파를 시도했다면, (독일군이) 포위상태를 강력하게 유지하기가 훨씬 힘들었을 것이다.

당시 독일군은 수적으로 열세였기 때문에 이 포위 작전의 승리는 더욱 의미 있는 쾌거였다.

나(스템펠)의 부대는 러시아군(소련군)의 월등한 숫자에 비해 병력과 장비가 부족했다. 이런 상황에서, 독일군 지휘부는 한 거점에서 다른 거점으로 신속히 이동하는 작전으로 대응했다. 모든 곳에서

강력한 방어를 펼치지는 못했지만, 결정적인 거점에서는 강력하게 응수했다.[21]

독일군의 강력한 반격이 가능했던 이유는 '독일군 지휘부의 유연한 지휘'뿐만은 아니다. 남동부 공격을 위해 독일군 부대들이 사전에 집결한 지역을 향해 소련군이 정면으로 공격한 덕분이기도 했다. 정보 수집을 실패한 참화로 인해 소련군은 독일군의 집결 여부를 인지하지 못했다. 소련군을 기만하기 위해 독일군이 개시한 '크렘린 작전'의 성과가 소련을 무지하게 만드는 데에 나름 일조했다. 독일군은 그해 여름, 다시금 모스크바를 공격할 것이라는 역정보를 흘려 소련군을 속였다. 동시에 스탈린은 또다시 큰 실수를 저질렀다. 독일군의 거짓 정보 유출과 스탈린의 어리석은 판단이 맞물렸다. 스탈린은 독일의 기만전술에 제대로 걸렸다.[22]

소련군의 공세가 시작된 지 9일 후였다. 보리스 비트만은 소련군 제6군 사령부를 방문했다. 대혼란이 펼쳐졌다. 소련군 장교들이 서류를 모아 담고 도망갈 준비를 하고 있었다. 이윽고 독일군이 공격했다.

우리가 더는 저항할 수 없었다는 사실이 최악이었다. 탄약이 바닥났다. 사방에서 총탄이 날아오고 있었다. 독일군은 기관총과 박격포를 쏟아붓고 있었다. 독일군은 정조준을 할 필요도 없었다. 너무 많은 병사가 몰려 있었기 때문이다. 그렇게 사람이 많이 모여 있으면 조준사격을 하지 않아도 누군가는 맞는다. 비행기가 폭탄을 투하한 후 포격이 시작되었다. 포격이 끝나면 비행기들이 다시 와서

폭탄을 떨어뜨렸다. 사방에 유혈이 낭자했다.[23]

독일군이 포위망을 좁혀오자 보리스 비트만은 독일군 포로가 되었다. 그는 하리코프 작전의 실패로 소련군이 상실한 약 25만 명의 병력 중 한 명이었다. 그는 학교에서 배운 독일어 덕분에 포로 상태로 살아남았다. 그는 독일어를 할 줄 알았기에 통역병으로 근무하고 다른 포로들보다 좋은 대접을 받았다. 독일군은 러시아어만 할 줄 아는 다른 병사들을 "열등한 존재"로 생각했으나 보리스 비트만을 향해서는 그렇게 생각하지 않았다.

하리코프 전투는 독소 양측에 커다란 의미를 남겼다. 독일군은 전쟁에서 승리할 수 있다는 희망을 느꼈다. 독일군 제6군 소속 헤르베르트 셀레Herbert Selle 대령은 다음의 기록을 남겼다.

우리 군은 방어 전투의 무거운 짐을 벗었다. 우리 군은 안정감을 회복했다. 적군보다 우리가 우월하다는 인식이 다시 강화되었다.[24]

당시 전투와 파괴의 규모를 목격한 독일군 병사들은 그 광경을 잊지 못하였다. 1942년 6월, 《푈키셔 베오바흐터》에 글을 기고한 게오르게 솔단George Soldan 중령은 해당 기사에 이런 내용을 남겼다.

떠오르는 해가 참혹한 전장에 빛을 비추었다. 1914~1918년 전쟁을 경험했던 장교들이 말하기를, 그들이 본 전장의 참혹함은 지금까지 목격한 모든 참혹한 광경보다 끔찍했다. 항복하려고 했던 수많은 소련군 병사는 소련군 장교와 정치장교들의 권총 사격을 받고 양 떼처럼 다시 돌아섰다. 보병들은 전차를 따라가기를 주지했다. 그들에게는 남아 있는 탄약이 없었다. 그들은 다시 몽둥이세례를 받고 앞으로 전진했다. 이와 대조되게 우리 장교들은 목표가 뚜렷한 선제 조치를 시행했고, 우리 병사들은 엄청난 용기를 과시했다. 이번 전투는 연대들 전체와 개별 병사의 빛나는 승리로 끝났다.[25]

독일군 종군기자인 헤르베르트 라우흐하우프트Herbert Rauchhaupt는 전

사진29 **1942년 5월 하리코프 전투에서의 독일군 병사들**
하리코프 전투에서의 승리 이후 수많은 독일군 병사는 소련을 정복할 수 있다는 헛된 희망을 포기하지 않았다.

히틀러와 스탈린

투의 후일담만 기사로 쓰지 않았다. "하리코프 남부 포위 작전이 벌어졌던 모든 곳에서 소련군 전차가 작동 불능이 되고, 불에 타며, 버려진 채 방치되어 있었다."라고 쓴 다음 "우스울 정도로 수가 적은 독일 병력이 엄청난 적군 병력을 상대로 기록적인 승리를 거두었다."라고 서술했다.[26] 결국 수적으로 열세인 상황에서도 소련군을 격파할 수 있다는 사실을 경험한 요아힘 스템펠 같은 독일군 장교 및 병사들은 앞으로 닥칠 어떤 일도 해결할 수 있을 것이라는 자신감과 사기를 품은 채 하리코프를 떠났다.

소련군이 왜 전투에서 패배했는지 쉽게 알 수 있었다. 그러나 누구의 책임인지를 따지기란 너무도 어려웠다. 특히 실책의 가장 큰 책임자 본인이 자신의 실수에 책임을 지려 하지 않았다. 스탈린은 군사 문제에서 아마추어라는 사실을 다시금 보여주었다. 공세 작전의 전제부터가 잘못 설정되었고, 그는 공격 계획의 위험성을 경고한 주코프 같은 전문가들의 말을 경청하지 않았다. 물론 다른 사람들도 이 재앙에 책임이 있었다. 특히 소련의 정보당국은 군사 정보를 제대로 관리하지 못했다는 커다란 실수를 저질러서, 최정예 독일군 부대가 집결한 지역으로 소련군이 진격하는 멍청한 작전을 시행하도록 일조했다. 티모셴코와 흐루쇼프 역시 엄청난 실수를 저질렀다. 특히 티모셴코는 시시로 바뀌는 전황에 너무 늦게 대응하고, 포위 위험이 분명한 상황에서도 계속 공세를 몰아붙였다.

하리코프 작전은 실패했다. 이 어마어마한 실패의 책임 소재는 스탈린 사후에 주요한 논쟁 쟁점이 되었다. 소련 최고 지도자가 된 흐루쇼프가 훗날 주장하기를, 자신과 티모셴코는 좀 더 일찍 작전을 포기하려 했으나 스탈린이 이를 거부했다고 한다.[27] 그러나 주코프는 이에 의문을 제기했다. 알렉산드르 바실렙스키Aleksandr Vasilevsky 같은 거물급 지휘관들도 각자의 의견을 개진했다.[28] 이들이 펼치는 모든 '개인적인 논쟁'은 좀 더 커다란 논점을 은폐했다. 바로 '스탈린이 하리코프 재앙을 야기하도록 부추긴 풍토를 형성한 주범'이라는 사실이다. 한 예로, 당시 소련군 장군 중 누가 스탈린에게 후퇴를 요청할 수 있었겠는가? 히틀러는 신임을 잃은 장군들에게 보통 퇴역을 명령했으나 스탈린은 그들을 총살할 수 있었다.

스탈린은 군사 문제의 결정자로서 성숙하지 않았다. 하리코프 전투에서의 패배는 스탈린이 1941년 여름에 독소전쟁이 발발한 후 1942년 봄이 도래했음에도 불구하고 여전히 군사적으로 무능한 사령관이라는 사실을 증명했다. 독소전쟁 당시 보병 장교로 참전하고 소련 해체 이후 러시아군 최고위직에 오른 마흐무프 가레예프Makhmut Gareev는 이와 관련해서 이렇게 말했다.

> (레닌이 말한 대로) 적에게서 배워야 한다는 사실을 모르는 사람은 없었다. 소련군은 레닌의 구호를 따랐고, 스탈린도 이를 지지했다. 즉 적의 전략과 전술을 완전히 숙지하지 못한 군대는 '범죄자 군대(Criminal army)'라는 것이었다. 모든 사람은 적의 장점을 배워야 한다고 배웠으나, 모두가 이 가르침에 주의를 기울인 것은 아니었다.[29]

'주의를 기울이지 않은' 사람을 분명하게 지적하자면 바로 스탈린이었다. 그렇지만 예상대로 스탈린은 하리코프 작전의 실패를 책임지지

히틀러와 스탈린

않았다. 대신에 그는 티모셴코와 흐루쇼프에게 책임을 물었다.

전투는 숫자가 아니라 기술로 승리해야 한다. 만일 자네들이 병력을 이전보다 훨씬 더 잘 지휘하는 법을 배우지 못한다면, 이 나라가 생산하는 모든 장비도 자네들에게 부족하게 될 것이다.[30]

그는 흐루쇼프에게 엄한 경고를 내리고, 티모셴코를 해임했다. 흐루쇼프는 스탈린에게 소환당했을 때 자신의 목숨을 염려했다. 그는 스탈린이 '음흉한 인간'이라는 사실을 잘 알았다.

그는 자신이 실수했다는 사실을 인정하는 것 말고는 어떤 일도 할수 있었다. 스탈린의 주장은 천재의 발언으로 둔갑되었고, 스탈린이 반대한 이야기는 모두 쓸데없고 무의미한 소리로 치부되었다. 스탈린이 반대한 이야기를 주장하는 사람은 부정직한 인물로 취급받았고, 심지어 인민의 적이 될 수도 있었다.[31]

스탈린은 흐루쇼프를 라브렌티 베리야와 NKVD 고문관들의 손에 넘기지는 않았다. 아마도 흐루쇼프의 떠버리 기질을 스탈린도 어느 정도 즐긴 듯했다. 무슨 이유든지 스탈린은 흐루쇼프에게 모욕을 주고 거의 장난감처럼 취급했다. 그래서 흐루쇼프는 스탈린의 집무실을 나설 때마다 자신의 운명이 어떻게 될지를 가늠할 수 없었다.[32]

1942년 초. 스탈린은 물론이고 히틀러 역시 자신의 책임을 인정하지 않았다. 모스크바 공방전에서 실패한 후 히틀러는 늘 하던 것처럼 유대인을 비난했다. 그는 독일이 현재 미국과 전쟁을 하고 있고, 영국의 처칠과 강화를 맺지 않는 이유 역시 유대인 때문이라고 말했다. 거기다 히틀러는 스탈린의 배후에 여전히 유대인이 있고, 유대인이 스탈린을 조종한다고 주장했다.

독일이 당면한 문제에 관해서, 히틀러는 일관되게 유대인의 멸절을 주장했다. 그해 신년 메시지에서 히틀러는 "유대인들은 유럽 민족들을 멸절시킬 수 없고, 자신들이 음모의 희생양이 될 것이다."라고 주장했다.[33] 그해 1월 30일 수상 취임 9주년 기념 연설에서도 그는 이런 내용이 담긴 연설을 했다.

> 우리는 이 전쟁이 아리아 인종의 멸절 아니면 유럽 내 유대인의 멸절로 끝날 것이라는 사실을 알고 있다. 그리고 역사상 가장 사악한 세계의 적이 최소한 1000년 동안 사라질 시점이 도래할 것이다.[34]

히틀러는 1월 말 힘러도 참석한 사적 모임에서 "급진적으로 행동해야 한다. 이빨을 뽑을 때도 단번에 빼내야 고통이 금방 사라진다. 유대인은 유럽에서 척결되어야 한다."라고 말했다. 그는 '척결'이라는 말을 사용하는 상황에서, 사악한 의도를 숨기지 않은 채 유대인과 당시 독일 집단수용소에 수감되어 죽어가던 수많은 소련군 전쟁포로를 비교했다. 그는 유대인이 이 전쟁을 촉발했기 때문에 이러한 모든 비극이 자신의 잘못이 아니라고 주장했다.[35]

이 시기 히틀러의 행동을 관찰하면 흥미로운 사실 한 가지를 알 수 있다. 바로 자신을 향한 독일인 전체의 충성심을 의심하기 시작했다는 점이다. 그가 유대인을 소련군 전쟁포로와 비교하고 4일이 지난 후였다. 그는 독일인 전원의 충성심이 자신의 기대에 미치지 않는다고, 사석에서 경고했다. 만일 독일인이 자신에게 충성하지 않는다면 그들은 살 자격이 없다고 덧붙였다.

> 만일 독일 국민이 생존을 위해 자신의 몸과 영혼을 바칠 생각이 더는 없다면, 독일 국민은 어찌할 수 없이 사라질 것이다![36]

우리가 앞서 본 것처럼, 히틀러는 1920년대 초반에 나치당의 강령에 따르지 않으면 나치당원들은 스스로 목숨을 끊어야 한다고 주장했다. 그때부터 히틀러에게 가장 중요한 화두는 승리와 멸망이었다. 그런 측면에서 1942년 초에 히틀러가 독일인의 충성심을 강조하는 것은 히틀러다운 언행이라 할 수 있다. 그렇지만 히틀러의 이 발언은 중요한 계기가 되었다. 물론 히틀러는 과거에도 독일 국민이 자신이 제시한 길을 따라오지 않으면 재앙을 맞이할 것이라 경고한 적이 있으나, 그때의 언명은 독일인이 '믿음'을 상실하면 사라져도 마땅하다고 언급한 첫 번째 발언에 불과했다. 1920년대《나의 투쟁》에서 "세상은 겁쟁이 민족을 위해 존재하지 않는다. 시험을 견디지 못한 인종은 좀 더 건강하고 강력하며 저항력이 탁월한 인종에 자리를 내주고 사멸하게 될 뿐이다."라고 서술하긴 했으나, 이 문구조차 이론적 발언에 불과했다.[37] 독일 국민이 '인종'으로서 우월하지 못해 사멸할 것이라면, 독일인이 아돌프 히틀러를 추종하더라도 이러한 숙명을 피할 수 있다는 논리가 성립하지 않는다. 그런데 독일인이 히틀러를 지지하는 핵심 이유는 그의 지도력이 독일의 승리를 보장한다고 믿었기 때문이 아니었는가? 그런데도 히틀러는 사석에서, 자신의 시도릭이 충만한 시기에, "독일인이 멸망해야 한다."라고 말하고 있다. 아돌프 히틀러를 추종한 사람들은 이런 결론을 결코 예상치 못했다.

한 인종이 집합적으로 실패하면 해당 인종은 파괴되어야 한다는 그의 말에서 벗어날 방도는 없었다. 수많은 히틀러 추종자는 자신들이 다른 누구보다도 우월한 존재라는 선전은 떠받들었으나 다른 인종이 더욱 우월하다면 무슨 일이 발발할지를 심각하게 고민한 적이 없었다. 이런 상황에서 자신들이 지지한 바로 그 '논리'에 의해 그들은 생존할 자격이 없다는 결론에 도달한다. 마르크스주의를 향한 확신이 스탈린에게 시사점이 되는 것처럼 인종 이론은 히틀러에게 시사점이 된다. 그러나 스탈린이 사적인 자리에서라도 소련 국민 전체가 사라져야 마땅하다고 말하는 상황을 상상할 수는 없었다. 거기다 히틀러는 모스크바 전선에서 독일 병사들이 몸과 영혼을 모두 바쳤음에도 패전할 수 있다는 가능성을 고려하지 않았다. 적군의 기관총은 혹한의 날씨에도 작동하는데 독일군의 총이 작동하지 않는다면, 개별 병사의 '확신' 따위가 도대체 무슨 소용이 있겠는가?

1942년 초, 유대인을 비난하고 잠재적으로 독일 국민 전체를 비난했던 히틀러에게는 두 개의 공격 대상이 또 있었다. 그중 첫 번째는 "우리(독일인)의 생명을 갉아먹는 악"이었다. 이 '악'이란 바로 "우리의 사제들"이었다.[38] 정치에 입문한 이후 히틀러와 기독교의 관계는 순탄치 않았다. 1920년대 연설에서 히틀러는 기독교를 신앙하는 나치당원을 확보하고자 '우리의 구세주'를 향해 겉치레 말만 건넸다. 이후 그는 예수에 관해서는 직접적으로 말하지 않고, '신의 섭리Providence'라는 애매한 단어를 구사했다. 1942년 초에 사석에서 밝힌 것처럼 그는 사실 기독교를 멸시했다. 1942년 4월, 히틀러는 가톨릭교를 '비관학파School of pessimism'라 부르면서 "지옥의 위협으로 사람을 줄 세운다."라고 비난했다. 히틀러 입장에서 가톨릭교는 가장 예민한 시기의 아이들에게 지옥의 공포를 강요하는 종교다. 가톨릭교는 인간의 영혼을 구하는 것이 얼마나 어려운 일인지 떠든다. 그러나 히틀러는 사람의 신체가 더는 존재하지 않는 상태에서 과연 사람이 불에 달구어지고 고문을 받는 것이 가능하냐고 되물으며 가톨릭교가 내세우는 지옥 개념의 비논리성을 비판했다.[39]

히틀러는 전투를 치러야 하는 병사가 자제를 규율하는 종교적 인식의 제약을 받아야 한다는 개념 자체를 싫어했다. 만일 병사들이 국가를 위해 목숨을 희생해야 한다면, 그들은 사제의 비판을 받지 않고 인생의 가장 큰 즐거움인 성교의 쾌락을 누릴 수 있어야 한다고 히틀러는 생각했다.[40]

히틀러는 1941년에 교회 때문에 겪은 문제에 관한 불만을 토로했다. 바이에른에서 나치 관리들이 학교에서 십자가를 치우려 하자 항의 시위가 촉발했다. 시위대의 팻말에는 이런 문구가 적혀 있었다.

당신들은 갈색 셔츠를 입고 있지만, 셔츠를 입은 그대들은 볼셰비키이고 유대인이다.[41]

수많은 반대로 인해 결국 이 정책은 번복되었다. 히틀러는 이보다 더 나쁜 일을 겪었다. 1941년 가을에 나치가 '선별된 장애인'을 죽이는 정책을 시행하려 하자 뮌스터Münster의 주교, 클레멘스 아우구스트 폰 갈렌Clemens August von Galen이 질문을 제기하며 이를 비판했다.

생식능력이 없는 장애인들은 살 권리를 박탈당한 것인가?[42]

대중의 항의에 시달린 나치 당국은 다시금 정책을 철회해야 했다. 이런 일들 때문에 히틀러는 짜증이 나긴 했으나 상황 자체는 보이는 것처럼 나쁘진 않았다. 히틀러는 십자가를 치우려는 논란의 책임에서 벗어나 있었다. 갈렌 주교의 간섭은 장애인들을 특별 살해 장소로 이동하는 것만을 막았지, 각 병원에서 산발적으로 장애인을 살해하는 것까지 막진 못했다. 하물며 갈렌 주교도 나치 체제를 근본적으로 흔들려고는 하지 않았다. 1941년 9월, 주교는 동부에서의 전쟁을 지지하는 편지를 당국에 발송했다. 그 편지에서 주교는 나치의 공식 선전 문구를 앵무새처럼 반복했다.

모스크바의 유대인-볼셰비키 지도자들이 수십 년 동안 독일뿐만 아니라 유럽 전체를 화염에 휩싸이게 하려고 했다![43]

그렇지만 1942년 초에 히틀러는 교회를 향해 분노했다. 관건은 그가 교회를 향해 어떤 행동을 취할 것인지였다. 대단한 행동을 취하진 않았다. 별 것 없었다. 스탈린처럼 전쟁에서 절체절명의 순간을 맞이한 시기에, 교회라는 기관과 싸움을 벌이는 '전술적 실수'를 저지를 수는 없었다. 1942년 2월 히틀러는 당시 상황을 이렇게 표현했다.

> 현재로서 나는 그들이 요구하는 답을 줄 수는 없다. 그러나 이에
> 관해 그들은 큰 대가를 치르게 될 것이다. 이 모든 사안을 내 노트
> 에 기록했다. 나는 그들과 셈을 치를 시간이 올 것이라 생각한다.
> 그때가 오면 나는 문제의 핵심으로 바로 뛰어들 것이다.[44]

히틀러는 교회의 비관주의와 갈렌의 항의가 독일인의 사기에 미친
영향에 분노했다. 그렇지만 그를 자극한 근본적인 문제는 따로 있었
다. 히틀러가 보기에 교회의 사제들이 항상 자연의 법칙에 반하는 한
가지 일에 매달렸다. 바로 약자 보호였다. 히틀러는 바로 이것 때문에
갈렌 주교의 간섭에 분노했다. 그는 강한 자가 독일을 지키기 위해 죽
어야 하는데 약자가 살아있는 것은 이치에 맞지 않다고 생각했다. 안
락사의 열렬한 옹호자였던 의사 헤르만 판뮐러Hermann Pfannmüller는 이를
다음과 같이 표현했다.

> 겁 많고 무책임한 반사회적 인간들이 후방에서 안전한 삶을 구가
> 할 수 있도록 보호하기 위해서, 가장 뛰어나고 꽃 같은 젊은이들
> 이 전선에서 목숨을 잃어야 한다니. 나는 그런 부조리를 결코 참
> 을 수 없었다.[45]

유대인이든 나치가 척결 대상으로 삼은 다른 집단이든, '국내(후방)
전선Home front'에서 '적'을 보호하려는 세력이 준동한다는 생각을 하자

히틀러는 격노했다. 히틀러는 1942년 5월 22일, 사적인 대화에서 이렇게 말했다.

> 전선에서는 이상적인 인물이 숱하게 죽어가는데 국내에서는 더러운 돼지 같은 존재들이 관대한 대접을 받으며 살아가고 있다. 이러한 '역도태(negative selection)'를 부추기는 현상은 1917~1918년의 전쟁에서 교훈을 얻지 못했다는 방증이다. 1918년에는 영웅들이 전선에서 죽고 악당들은 국내에 전선을 만들었다. 이런 일을 막는 것이 나의 책임이라 생각한다.[46]

'범죄자'들을 관대하게 대우해 결국 '역도태'가 발생하도록 방관한다면 훗날 나치독일에 큰 위험이 될 참이었다. 특히 당시와 같은 중대한 시기에는 더욱 그렇게 보였다. 히틀러는 교회의 간섭을 차단할 수는 없었으나 이에 못지않게 위험한 다른 집단을 공격할 수 있었다. 바로 법조인들이었다. 히틀러는 "우리의 사법제도가 각 개인의 사건에 우호적인 태도를 견지하고, 찬부 양론을 따지며, 정상참작의 방법을 찾는 것"[47]에 반감을 표했다. 그런 관행의 결과로 '더러운 돼지들'이 원래 받아야 할 대접보다 훨씬 관대한 대접을 받고 있다고, 히틀러는 주장했다.

자주 그래왔듯이[48] 히틀러는 한 가지 사건에 자신의 주장을 집중적으로 쏟아냈다. 1942년 3월 에발트 슐리트_Ewald Schlitt라는 조선소 노동자가 부인을 폭행으로 죽인 사건이 발생했다. 법원은 우발적으로 사건을 저질렀다고 판단하여 슐리트에게 적절한 5년형을 선고했다. 히틀러는 이런 관용을 용납할 수 없었다. 이 판결 소식을 듣자마자 그는 법무부장관 대행 프란츠 슐레겔베르거Franz Schlegelberger에게 전화를 걸고는 화를 내며 판결이 바뀌어야 한다고 주장했다. 히틀러가 보기에 해당 판례란, '용감한 독일인들은 전선에서 목숨을 잃고 있는데 사법제도가 더러운 돼지들을 향해 우호적인 태도를 보인' 전형적인 사례였다. 슐레겔베르거는 히틀러의 기분을 달래기 위해 할 수 있는 모든 것을 했다. 그는 히틀러에게 "나는 범죄자들에게 가장 가혹한 형벌을 부과해야 한다는 각하의 의견에 동의합니다."라는 내용의 편지를 써서 보내고, 슐리트 사건을 재심리하겠다는 의사를 표했다.[49] 새로운 재판에서, 판사들은 슐리트에게 사형을 선고했다. 1942년 4월 2일, 조선소 노동자 슐리트는 단두대에서 처형되었다. 슐리트는 히틀러의 간섭으로 목숨을 잃었다. 이 사례는 히틀러가 독일 사법제도에 간섭한 대표적인 사례다.

그러나 히틀러는 이만한 수준에 만족하지 않았다. 슐리트가 처형된 지 3주 지난 후였다. 히틀러는 제국의회에서 연설을 하면서, 의원들에게 두 가지 권한을 부여해달라고 요청했다. 모든 사람이 맡은 의무를 다하도록 요구할 권한, 그리고 직무를 성실하게 수행하지 못한 사람이라면 기존에 어떤 권리를 갖고 있든지를 떠나서 불명예 해임할 수 있는 권한을 달라고 요청했다. 더불어 히틀러는 앞으로 법원 판결이 마음에 들지 않으면 그 판결을 내린 사람을 해임하겠다는 뜻도 분명히 밝혔다.

이제부터 이 시대의 명령을 인정하지 못하는 판사는 해임하겠다.[50]

히틀러가 연설을 마치자 괴링은 총통을 두고 '최고판사Supreme Law Lord'로 지명하자고 의원들에게 제안했다. 제국의회는 히틀러와 괴링의 제안을 만장일치로 통과했다. 괴벨스는 이때의 광경을 이렇게 묘사했다.

> 의사당에 모인 의원들이 히틀러를 지지하는 열광적인 박수갈채를 쳤고, 히틀러는 마음의 짐을 벗어버린 것처럼 기뻐했다.

괴벨스는 이 사건 직후 히틀러의 연설을 최고로 극찬[51]했으나 이틀 후에 그의 태도는 회의적으로 변하였다. 괴벨스는 독일의 적들이 히틀러의 연설을 "물에 빠진 사람의 외침" 따위로 받아들이고, "독일 사법제도가 받은 대접을 거대한 내부 반란으로 과장할 수 있다."라고 생각했다. 실제로 독일인 사이에서는 "총통께 왜 새로운 지위가 필요한가?"라는 의문이 돌아다녔다.[52]

괴벨스는 히틀러가 '최고판사'로 임명되면 역효과가 나타날 것이라 판단했다. 그의 판단은 정확했다. 히틀러는 이미 독일의 수상, 독일 국민의 총통, 독일군의 최고사령관 지위를 차지했다. 그러면 새로운 지위는 불필요하지 않은가? 그러면 그는 왜 지위를 요구했는가? 특히 이러한 지위 없이도 자신이 하고픈 일을 마음대로 할 수 있다는 사실을 드러낸 마당에 그런 지위가 왜 필요한가?

이 질문들에 관한 대답으로 제시할 수 있는 한 가지 이유로, 히틀러가 '국내(독일) 전선'에서 소요가 발생할 것을 우려했기 때문이다. 제국의회에서의 연설을 기준으로 당시에는 식량 배급량이 축소되었다. 또한 독일 국민은 동부전선에서의 전투가 계획대로 진행되지 않는다는 사실을 알고 있었다. 이제 모든 국민은 최고판사인 아돌프 히틀러의 자비를 기대할 수 없다는 사실도 깨달았다. 독일인에게 복종을 강요하는 것 외에도 히틀러에게는 다른 의도가 있었다. 그의 행동을 이끄는 핵심은 바로 신념이었다. 1942년 4월 26일 제국의회 연설에서, 히틀러는 이렇게도 말했다.

> 이 시기에는 아무도 자신의 기득권을 주장할 수 없다. 그 대신 의무만 있다는 것을 알아야 한다.

히틀러가 생각하기에 개인은 집단의 한 부분에 불과하다. 국민은 국가를 상대로 인간으로서의 권리를 행사할 수 없었다. 언론의 자유, 종교의 자유, 표현의 자유, 법치주의 등 모든 자유주의적 자유 Liberal freedom 는 국가의 요구 앞에서 아무런 가치가 없었다. 그렇다면 누가 국가의 요구를 정의하는가? 바로 아돌프 히틀러라는 이름을 지닌 단 한 사람이었다. 1942년 봄의 전쟁은 히틀러를 '최고판사'로 세운 촉매제였다. 그렇지만 이러한 행보의 기저에 놓인 원동력은 히틀러의 신념이었다. 그는 독일이란 나라를 자신의 의사에 복종하는 인종주의 국가로 구축하고자 했다.

히틀러가 최고판사라는 지위를 얻고 한 달이 지났다. 위장한 소련 폭격기 한 대가 비밀 임무를 수행하고자 스코틀랜드의 던디Dundee 공항에 착륙했다. 그로부터 18개월 전. 베를린에서 아돌프 히틀러와 비밀협정을 진행한 당사자인 몰로토프가 서방 연합국과 협상을 하기 위해 영국에 방문했다. 처칠은 몰로토프의 도착을 공표하려 했으나 스탈린이 반대했다. 몰로토프가 모스크바로 안전하게 귀환할 때까지 서방에서 몰로토프의 영국 방문 사실을 아무도 알지 못하게 해야 한다고 주장했다. 몰로토프와 그의 수행원들은 차를 타고 남쪽으로 내려가 영국 총리의 별장, 체커스Chequers로 향했다. 체커스에 도착하자 담당 직원 중 한명이 그를 맞이했다. 다음 날 아침, 담당 직원이 등화관제 문제로 몰로토프의 숙소 내 커튼을 완전히 닫아야 한다고 얘기하자고 문을 노크하자, 몰로토프는 권총을 손에 쥔 채 방문을 열었다. 커튼 문제는 바로 해결되었으나 처칠이 훗날 회고한 것처럼 이 에피소드는 소련식 생활방식과 서방의 생활방식 사이의 차이를 잘 보여주는 한 예가 되었다.[53]

처칠은 히틀러와 리벤트로프처럼 몰로토프라는 사람이 매력이라곤 전혀 없는 사람이라는 사실을 깨달았다. 예를 들어, 처칠은 협상을 시작하기에 앞서 영국 비행기에 탑승했다가 비행기 추락으로 사망한 소련군 관계자를 향해 애도를 표했다. 그런데 몰로토프는 "그 사건은 무척 슬픈 일이지만 비행기 사고는 늘 있는 일이다."라고 답하고는 바로 협상을 시작했다.[54] 알렉산더 캐도건 외무차관은 그런 몰로토프를 두고 "토템 신앙의 대상으로 쓰이는 기둥의 매력과 친화력을 소유했다."라고 비꼬았다.[55] 하지만 몰로토프는 유쾌한 대화나 나누고자 영국에 찾아오지 않았다. 이미 소련이 여러 번 제기한 두 가지 요구사항을 들고 찾아왔다. 우선, 그는 종전 이후 소련이 나치독일과의 협정에서 획득한 영토를 계속 보유해야 한다고 주장했다. 그다음으로, 서방 연합국이 서유럽을 최대한 빨리 침공해 이른바 '제2전선'을 열어야 한다고 요구했다. 두 가지 요청 모두 영국이 선뜻 수용하기 어려운 사안이었

히틀러와 스탈린

다. 나치와의 야합으로 획득한 폴란드 땅을 소련이 전쟁 이후에도 계속 보유하겠다는 조건을, 영국이 어떻게 선뜻 수용할 수 있겠는가? 심지어 협상으로부터 몇 주 전, 처칠은 이든 외무장관에게 "스탈린은 그 영토(폴란드 땅)를 히틀러와의 수치스러운 거래로 얻었다."라고 말한 바 있었다.[56] 제2전선 형성에 관해 1942년 당시 영국은 영불해협을 건너 공격을 개시하는 방안이 현실적이지 않다고 생각했다. 연합국은 해당 작전에 쓸 병력도 없었고, 연합국 병력 모두가 안전하게 해협을 건너게 할 수단도 부재했다. 상황이 이러하니 협상이 아무 결과를 도출하지 못한 채 공전하는 것이 당연했다. 국경 문제에 관해서, 영국 측은 협상 초안을 거론하며 애매하게 답했다. 몰로토프는 5월 24일에 이를 스탈린에게 보고하면서 자신의 의견을 덧붙였다.

우리는 이 초안을 수용할 수 없다고 생각합니다. 협상 초안은 소련 측에게 필요하지 않은 내용이 담긴, 빈(쓸데없는) 문서나 다름없습니다.

이에 관해 스탈린은 예상치 못한 답신을 보냈다.

우리는 협상 초안의 내용이 비었다고 보지 않고, 중요한 문서로 본다. 국경에 관한 상세한 규정이 없다 하더라도, 그렇게 나쁘지 않다. 왜냐하면 (영국 측의 제안에 여백이 있으니) 우리는 (해석의) 재량권을 얻었기 때문이다.

스탈린은 "어찌 되었든 장래의 국경은 무력에 의해 결정될 것이다."라고 답했다. 몰로토프는 지체하지 않고 "새로운 조약의 초안이 긍정적인 가치를 가질 수 있다고 생각합니다. 저는 즉각 알아차리지 못했습니다."라고 답했다.[57] 이 사례만 보더라도 이오시프 스탈린을 위해 일하는 것이 얼마나 위험한지 알 수 있다. 몰로토프는 자신이 생각하기에 스탈린이 듣기 원하는 보고를 했지만, 스탈린은 몰로토프의 의견에 반론을 제기했다. 몰로토프가 보낸 답신에 담긴 공포는 오랜 기간 파문을 일으켰다.

그러나 이보다 더 큰 문제가 있었다. 서방 연합국을 향한 스탈린의 태도가 왜 유화적으로 바뀌었는지였다. 한 가지 이유로, 해당 교신이 오간 시점을 꼽을 수 있다. 스탈린이 몰로토프에게 답신을 보내는 시기에, 소련군은 하리코프에서 수십만 명의 병력을 상실하였다. 1941년 12월, 스탈린이 영국 외무장관 앤서니 이든을 만나 소련이 전후에도 나치와의 협정으로 얻은 지역을 계속 보유해야 한다고 주장했을 당시의 전황은 1942년의 상황과는 아주 달랐다. 독일군이 모스크바에 근접하긴 했으나 소련군의 반격은 성공적이었다. 그러나 5개월이 지난 후 하리코프 작전에서 소련군이 실패하면서 소련의 취약점이 드러났다. 그래서 이때는 전후 국경 문제를 두고 서방 연합국과 논쟁을 벌일 여유가 없었다. 당장 제2전선 문제에 집중해야 할 때였다. 무엇보다도 스탈린은 서방 연합국이 몇 달 안에 유럽에 상륙 작전을 펼쳐 소련군에 가해지는 나치독일의 군사 압박을 분담하기를 원했다.

하지만 스탈린이 국경 문제에 관해 고집을 부리지 않은 다른 이유도 있다. 오늘의 우리는 소련, 미국, 영국 간의 동맹이 전쟁 말기까지

히틀러와 스탈린

지속됐다는 사실을 알고 있다. 다만 1942년에는 세 나라의 동맹이 언제까지 지속될지에 관해서 아무도 확신할 수 없었다. 스탈린은 의심이 깊은 사람이다. 그는 소련군이 크게 패배할 가능성을 염두에 두고는, 서방 연합국이 히틀러와 별도의 강화조약을 맺을 수도 있다는 의심을 품었다. 우리가 앞서 본 것처럼 스탈린의 의심은 모든 외교적 증거, 군사적 증거에 부합하지 않은 발상이다. 그러나 스탈린은 현실과 유리되는 생각을 발휘할 줄 아는 사람이다. 그의 음습한 사고방식은 서방 연합국을 바라볼 때 더욱 치밀하게 발휘되었다. 영국과 미국 역시 스탈린이 삼국의 동맹을 계속 지킬 것이라 확신하지 못했다. 아마도 스탈린이 갑자기 전쟁에서 이탈해 히틀러와 단독으로 강화조약을 맺을 가능성이 있으리라 고심했다. 나치 정권과 폴란드를 두고 '영악한 거래'를 했던 스탈린이 다시 한번 그렇게 하지 못할 이유가 어디 있겠는가?[58]

몰로토프는 스탈린의 요구대로 영국이 제시한 '온건한 조약의 초안'에 서명한 이후 영국에서 미국으로 건너갔다. 루스벨트는 몰로토프를 얼마든지 주무를 수 있다는 대단한 자신감을 가진 채 그를 기다리고 있었다. 그해 3월, 루스벨트는 처칠에게 이런 내용의 편지를 보냈다.

너무나도 솔직한 나의 성품을 양해하시기를 바란다. 나는 귀국의 외무부나 미국의 국무부보다 스탈린을 개인적으로 잘 다룰 자신이 있다고 생각한다. 스탈린은 귀국의 수뇌부가 지닌 용기를 좋아하지 않는다. 그는 나를 더 좋아할 것이고, 앞으로도 계속 그럴 것이라 기대한다.[59]

사진30 프랭클린 루스벨트

그는 타인을 조종하는 자신의 능력을 과신했다. 심지어 그는 스탈린조차 자신의 마음대로 주무를 수 있을 거라 확신했으나 그의 생각은 틀렸다.

루스벨트 입장에서 스탈린을 다루기 위한 첫 번째 단계는 그의 대리인인 몰로토프를 다루는 것이었다. 몰로토프를 주무르기를 원한 루스벨트의 계획은 5월 29일 몰로토프가 도착한 이후 불과 몇 시간도 지나지 않아 실행되었다.[60]

몰로토프가 백악관에 짐을 풀자마자 루스벨트는 그와 제2전선을 포함해 전황에 관한 일반적인 대화를 나누었다. 그날 저녁, 루스벨트는 영국-소련-중국-미국의 '세계 경찰 역할'이라는 주제를 거론했다. 이 세계 경찰 역할이란 루스벨트가 크게 중시한 구상이었다. 이 구상은 몇 년 후 '국제연합 창설'이라는 형태로 실현되었다. 몰로토프는 루스벨트의 구상에 지지 의사를 밝히진 않았으나 그의 계획이 '중요한 의제'라는 데에 동의했다.[61] 그날 논의는 거기서 끝났다. 루스벨트는 소련 측의 요구에 관해서는 자세한 얘기를 하지 않고, 다음 날 아침에 군사전문가들이 참여하는 논의에서 다루자며 말했다. 루스벨트의 논의 지연은 우연이 아니었다. 루스벨트는 몰로토프를 다루는 시도를 그날 밤에 끝내려 하지 않았기 때문이다.

소련 문서고 자료에 의하면, 몰로토프가 백악관 이스트윙에 마련된 방에 머물 때, 밤 11시가 조금 넘은 시각에 누군가 방문을 두드리는 소리를 들었다. 대통령의 특별보좌관President's special adviser 해리 홉킨스Harry Hopkins가 찾아왔다. 그는 몰로토프와 잠시 사적인 이야기를 나누어도 괜찮은지를 몰로토프에게 물었다. 홉킨스는 몰로토프에게 이런 내용을 말했다.

> 대통령(루스벨트)께서는 1942년 제2전선을 형성하는 방안을 강력히 지지한다. 그래서 나는 당신이 소련이 직면한 힘든 상황을 있는 그대로 얘기해서, 미국의 장군들이 상황의 심각성을 깨닫게 해주기를 바란다.[62]

홉킨스는 다음 날 회담에 앞서 루스벨트에게 이 전략을 따르겠다고 말해야 한다고 했고, 몰로토프는 이에 동의했다.

공산주의가 무너진 다음에 개방된 소련 문서고 자료를 통해 이 회동의 자세한 상황이 밝혀졌다. 당시를 기록한 미국 자료에는 이 대화에 관한 내용이 없고, 단지 홉킨스가 몰로토프와 "잠시 얘기를 나누기 위해 방에 들어갔다."라는 기록만 확인된다.[63] 루스벨트와 그의 측근들이 홉킨스의 방문을 비밀로 지키기를 바랐는지를 이해하기란 어렵지 않다. 루스벨트는 자신이 몰로토프의 '친구'라는 것을 과시하고자 미국의 장군들에게 반론을 제기하라는 힌트까지 몰로토프에게 건네주었다. 홉킨스를 전달책으로 삼아서, 루스벨트 본인은 빠져나갈 수 있는 여지를 마련했다. 최악의 경우, 루스벨트는 전달 내용에 오해가 있다고 변명하거나, 홉킨스가 자신이 지시하지 않은 행동을 저질렀거나 루스벨트가 모르는 일을 저질렀다고 변명하면 그만이었다. 기만적인 술책이긴 하지만 나름대로 유효한 전술이었다.

다음 날. 미국의 조지 마셜George Marshall 장군과 해군 사령관 어니스트 킹Ernest King 제독이 배석한 회담에서, 몰로토프는 해리 홉킨스의 조언대로 모든 내용을 거침없이 말했다. 그는 프랑스 침공을 준비하기 위해 제2전선 형성을 1943년까지 연기하는 것이 합리적인 전략처럼 보일 수는 있겠으나 실상 현명하지 않은 선택이라 주장했다. 그는 "소련군이 독일군을 계속 저지할 수 있을지 확신하기 어렵다."라고 말하면서, 1943년이면 히틀러가 소련의 유전지대를 장악할 수도 있다고 덧붙였다. 그래서 제2전선 형성을 1943년까지 미루는 조치는 소련에 커다란 위험부담을 안기는 조치고, 나아가 미국과 영국에도 엄청난 위험을 초래할 것이라고 주장했다. 그의 발언은 소련의 잠재적 취약점을 솔직히 인정했다는 점에서 무척 놀라웠다.

그다음 루스벨트는 미국의 군지휘관들에게 1942년에 제2전선을 형성하기를 원한다고 단도직입적으로 요구했다. 그들에게 실행 가능 여

히틀러와 스탈린

부를 묻자, 마셜 장군은 정치인처럼 대답했다. 그는 이 작전의 실현 가능성에 관한 논의가 현재 진행 중이고 "만일 준비 작업이 올해 중 성공적으로 마무리되면 제2전선 형성은 1942년에도 가능하다."라고 말했다.[64] 회담을 마친 이후 마셜 장군은 루스벨트에게 두 가지 의견을 꺼냈다. 첫째, 마셜 장군은 소련 측에 확정적인 약속을 하지 말아야 한다고 주장했다. 둘째, 회담 이후 진행될 공식 발표에서 1942년이라는 언급이 들어가지 않기를 바란다고 말했다.[65] 그러나 그의 의견은 아무런 효력이 없었다. 루스벨트는 계속 자신의 주장을 굽히지 않았고, 공동성명에 들어가는 문구에는 이런 약속(1942년에 제2전선을 형성하겠다)이 바로 눈에 띄어야 한다고 주장했다. 공동성명에는 "회담에서는 1942년에 제2전선을 형성해야 한다는 데에 양측이 완전히 양해했다."라는 말이 삽입됐다.[66]

5월 31일. 루스벨트는 처칠에게 보낸 편지에서 이런 결과가 도출된 과정과 상황을 설명했다. 루스벨트는 편지에 이런 내용을 서술했다.

> 1942년에 영불해협을 건너는 작전이 실행되기를 간절히 바란다. 나는 소련의 상황이 아주 위태롭고 앞으로 계속 악화할 것이라고, 강력히 확신한다.

여기에다가 루스벨트는 "몰로토프가 출장 임무에서 확실한 결과를 얻고 귀국해 스탈린에게 보고할 수 있기를 바란다. 내가 보기에, 현재 러시아인들은 다소 풀이 죽은 상태다."라고 덧붙였다.[67]

루스벨트는 몰로토프를 매혹하고자 할 수 있는 모든 수를 동원했고,

처칠보다 더 좋은 결과를 창출하고자 큰 신경을 썼다. 몰로토프는 스탈린에게 "루스벨트와의 첫 만찬 이후 백악관 거실로 찾아가 좀 더 친밀한 분위기에서 대화를 나누었다."라고 보고했다.

> 루스벨트는 처칠이 저를 이런 식으로 대우했는지를 물었고, 본인이 아주 격의 없고 솔직하게 저를 맞이했다는 점을 강조하려고 했습니다.

몰로토프는 루스벨트와 처칠의 환대에 모두 "아주 만족했다."라고, 무척 외교적으로 답했다.[68] 이 사례는 루스벨트가 소련의 환심을 사고자 처칠과 어떻게 경쟁했는지를 알려준다. 루스벨트는 스탈린이 자신을 만나기 이전에도 "스탈린은 영국인들보다 나를 더 좋아한다."라고 주장했고, 지금은 몰로토프의 찬사를 얻어내고자 했다. 루스벨트는 자신의 엄청난 매력이 소련의 강경한 정치인들과의 관계를 개선하는 데에 효과가 있었다는 점을 알았다. 그러나 소련이 원하는 것을 제공해야만 했다. 그 시점에 스탈린은 1942년에 제2전선을 서유럽에 형성하겠다는 약속 이외에는 아무것도 필요로 하지 않았다. 그래서 루스벨트는 자신이 오랫동안 소련이 원했던 '원조'를 제공할 것이라는 인상을 남기고자 결정했다.

1942년에 제2전선을 형성한다는 '완전한 양해'가 실제로 무엇을 의미하는지를 놓고 볼 때, 몰로토프와의 회담 이후 미국 측이 제시한 약속은 다소 애매한 것이 사실이다. 몰로토프도 이 약속을 두고 회의적인 태도를 견지했으나 스탈린은 루스벨트가 그 해에 프랑스 침공을 감

히틀러와 스탈린

행하고자 노력할 것이라 약속했다고 간주했다. 마셜 장군이 이 작전의 어려움에 관해 설명하지 않았더라도[69] 루스벨트 자신도 이 작전이 1942년에 감행할 수 없다고 거의 확신하고 있었다.[70] 스탈린은 세계에서 가장 막강한 권력자들의 말을 믿었다. 그리고 동시에 실수를 범했다. 루스벨트는 의도적으로 스탈린을 호도했다. 스탈린이 이를 깨닫게 되자 서방 연합국이 감당해야 할 대가는 아주 컸다.

11장

스텝을 가로질러

1942년 여름

1942년 히틀러와 스탈린 모두 위기의 순간을 겪고 있었다. 그러나 아랫사람들에게 동기를 부여하는 방식이 너무 달랐다. 히틀러는 호소 내지는 간청을 하여 불가능한 목표를 달성하도록 다그쳤다. 이와 달리 스탈린은 '감정 게임'을 하는 데에 관심이 없었다. 그는 위협의 힘을 믿었다.

1942년 6월의 독일군 내에서는 낙관주의가 팽배했다. 북아프리카에서 에르빈 롬멜Erwin Rommel의 아프리카군단이 연합군을 밀어붙여서 결국 6월 21일에 오늘날 리비아의 도시인 투브루크Tobruk를 점령했다. 북극해에서는 독일 해군의 유보트와 공군기들이 연합국 수송선단에 큰 타격을 가했다. 소련 남부의 하리코프에서는 소련군을 상대로 거둔 승리의 영광을 만끽하였다. 동부전선에 도착한 지 얼마 안 된 공수부대원 요제프 클라인Joseph Klein은 승리를 확신했다.

우리는 전원 승리를 확신했고, 소련과의 전투 초창기 때처럼 전쟁이 (독일군에 유리하게) 진행될 것이라 생각했다. 아무도 당시에는 나쁜 결말이 있으리라고 생각하지 않았다. 나는 이 기간에는 한순간도 독일을 의심하지 않았다. 만일 러시아인이 독일의 방어선을 돌파했다면 오늘날 유럽은 공산화되었을 것이다. 나는 이렇게 생각했기 때문에 우리가 옳았다고 보았다.[1]

남부집단군에서 싸우던 젊은 독일 병사 헬무트 발츠Helmut Walz는 독소전쟁과 관련된 모든 '고무적인 소식'은 총통의 힘을 향한 믿음이 무너지지 않았다는 것을 의미한다고 생각했다. 그와 동료들은 독일군이 적군보다 우월하다고 느꼈다. 그 이유에 관해 이렇게 증언했다.

러시아인들은 모든 측면에서 우리보다 훨씬 뒤처졌다. 일반적으로, 국가사회주의는 볼셰비즘보다 훨씬 우월했다.[2]

하리코프 전투에서의 굴욕적인 패배 이후 스탈린은 히틀러의 의도를 의심하고 우려했다. 그는 독일군이 모스크바를 향해 새로운 공격을 준비하고 있다고 생각했다. 그러다 6월 19일에 독일군의 전투기, 피젤러 슈토르히Fieseler Storch가 소련군 후방으로 추락하자 스탈린은 큰 충격을 받았다. 해당 비행기에 독일군 소령, 요아힘 라이헬Joachim Reichel이 탑승했기 때문이 아니라 사람과 더불어 독일군의 작전 계획 전체 내용이 담긴 문서를 발견했기 때문이다. 그 서류에는 머지않을 독일군의 공세가 스탈린의 예언과는 다르게 전개될 것이라는 내용이 적혀 있었다. 독일군은 모스크바 근교가 아니라 남부의 돈강과 캅카스 너머에서 전투를 전개할 계획을 세운 것이다. 스탈린의 예상을 완전히 빗나갔으니 좋은 소식은 아니었다. 그래서 스탈린은 이를 무시했다. 스탈린은

히틀러와 스탈린

또다시 정확한 정보를 거짓 정보로 무시한 것이다. 그러나 '청색 작전 Operation Blue'이라고 명명된 독일군의 공세는 정말로 남부를 향했다. 소련군이 라이헬 소령으로부터 독일군 작전 계획을 입수하고 9일이 지난 후인 6월 28일, 독일군은 소련의 남부를 공격했다. 요아힘 라이헬의 문서가 독일군의 기만술일 수도 있다고 의심한 것은 비난할 수 없다. 하지만 스탈린은 자신만이 옳다고 연거푸 고집을 부렸다. 바로 이 대목에서 스탈린이 비난을 받아야 한다. 독일군의 작전 계획이 사실일 수도 있다는 가능성, 스탈린은 이 가능성에 대비하지 않았다.

히틀러는 침공 작전을 수립한 단계에서부터 소련의 자원을 획득하기를 원했고, 여기에 모든 것을 걸었다. 공세 직전, 히틀러는 남부집단군 지휘관들에게 "만일 마이코프Maikop와 그로즈니Grozny의 석유를 얻지 못하면, 나는 이 전쟁을 끝내야 한다."라고 말했다.[3] 그 전해에 소련 공격을 위한 작전 설계에 참여했던 후베르트 멘첼 소령도 청색 작전이 마지막 도박이라는 점을 잘 이해했다.

> 우리는 1942년 말까지 동부에서 치러질 전쟁에 관한 결정을 내려야 한다는 것을 알았다. 모스크바 전선에서는 일이 잘못되어 더는 우리가 계획한 대로 일이 진행되지 않았다. 그래서 소련군이 정말로 우리를 상대하도록 만들고자, 1942년의 어느 장소에서 소련군을 상대할 것인지 (독일군 상부에서) 결정했다. 우리는 1943년부터 서부전선에서 전투를 벌여야 한다고 예상했기 때문이다.[4]

라이헬의 작전 문서 내용대로 청색 작전은 시작되었다. 독일군은 소

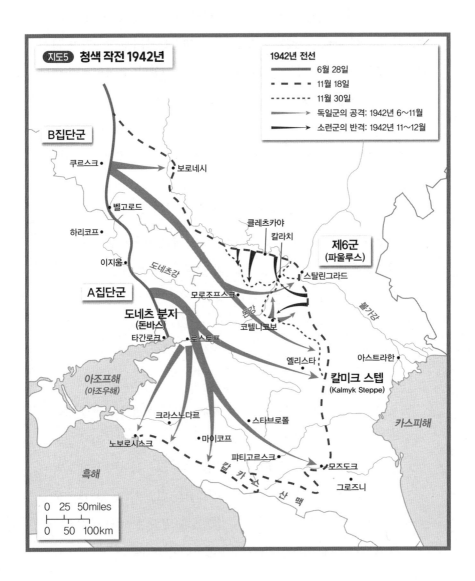

지도5 **청색 작전 1942년**

1942년 전선
───── 6월 28일
― ― ― 11월 18일
- - - - 11월 30일
───▶ 독일군의 공격: 1942년 6～11월
───▶ 소련군의 반격: 1942년 11～12월

B집단군

쿠르스크 •
• 보로네시
• 벨고로드
하리코프 •
이지움 •
도네츠강

A집단군
클레츠카야
칼라치
제6군
(파울루스)
• 스탈린그라드
볼가강
도네츠 분지
(돈바스)
모로조프스크 •
타간로크 •
• 로스토프
코텔니코보
• 옐리스타
• 아스트라한
아조프해
(아조우해)
칼미크 스텝
(Kalmyk Steppe)
카스피해
크라스노다르 •
• 스타브로폴
노보로시스크 •
• 마이코프
흑해
퍄티고르스크 •
카 프 카 스
• 모즈도크
산 맥
• 그로즈니

0 25 50miles
0 50 100km

히틀러와 스탈린

련의 남부로 진격했다. 독일 총사령부에 보고된 초기 전황은 고무적이었다. 작전에 참여한 부대는 지난 1년간 동부전선에서의 전투로 전력이 많이 약화했다. 단적인 예로, 손실된 차량들이 대체되지 않았는데도[5] 이 청색 작전은 1941년 여름의 영광스러운 날들이 반복되는 듯했다. 제14기갑사단의 요아힘 스템펠은 "청색 작전 초창기에는 소련군이 도망친다는 인상을 받았다."라고 기록했다.[6] 제71보병사단 소속 게르하르트 뮌히Gerhard Münch는 당시를 이렇게 회고했다.

> 자랑스러운 경험이었다. 동쪽으로, 깊이 진격했다. 계속, 계속 앞으로 나아갔다. 우리는 독일군의 장비가 더 우월하고, 독일군이 소련군보다 더 잘 훈련받았다고 느꼈다. 소련군의 고위 지휘부는 기계화부대를 지휘할 수준이 될 만큼 훈련받지 않았다. 우리는 사람을 아끼는 훈련을 받았던 반면, 소련군은 주민들의 생명을 놓고 도박을 했다.[7]

독일군은 동쪽으로 진격할수록 광활한 공간을 마주하며 크게 놀랐다. 요아힘 스텔펨은 이렇게 회고했다.

> 암울하고 황량하게도 스텝은 지평선까지 한없이 펼쳐져 있었다. 길이 꺾이는 곳마다 마을이 보이는 독일과는 달랐다. 여기에는 아무것도 없었다. 망원경으로 들여다보아도 아무것도 없었다. 먼지와 뜨거운 열기뿐이었다. 우리는 겨울에 이런 지형을 경험하지 않기를 희망한다고 스스로 말했다. 그러나 우리는 낙관적이었고, (이전 전투

의 승리로 인해) 도취되었기 때문에 이런 생각은 몇 초 후 사라졌다.[8]

광활한 스텝지대의 광경에 관해서는 헬무트 발츠도 다음의 증언을 남겼다.

쑥이 30~40센티미터까지 자랐고, 우리는 발걸음을 옮길 때마다 수많은 각다귀와 부딪쳤다. 믿을 수 없을 정도였다. 이런 지형 자체가 압박감을 주었다. 우리는 엄청난 장애물을 만났다. 거기다 햇볕은 사정없이 내리쬐었다. 땅은 팬케이크처럼 평평했고, 여기 저기 움푹 파인 곳에 녹색 웅덩이가 있었다.[9]

총참모장인 프란츠 할더 장군은 독일군의 빠른 진격이 지닌 의미에 관해 혼란을 겪었다. 그는 7월에 이런 내용을 일기에 적었다.

나는 소련군의 실제 상황을 분명하게 알지 못한다. 두 가지 가능성이 있다. 하나, 우리가 적의 전력을 과대평가했고, 우리의 공세가 적을 완전히 섬멸할 것이다. 다른 하나, 적군이 계획적으로 철수하고 있거나 1942년 안에 회복될 수 없을 만큼 공격받는 것을 방지하고자 노력하고 있다.[10]

실제로는 두 가지 가설 모두 사실이 아니었다. 스탈린은 이제야 부대가 필요에 따라 전술적으로 후퇴할 것을 용인하긴 했다. 그렇지만 소련군은 공황 상태였다. 사관생도 부대를 지휘해 독일군과 싸운 아나톨리 메레시코Anatoly Mereshko는 당시를 이렇게 회상했다.

우리는 절망감과 분노를 느꼈다. 우리가 속수무책 상태라는 점을, 그리고 적군과 싸워야 하는데 왜 우리를 준비시키지 않았는지를 이해할 수 없었기 때문이다. 우리는 왜 계속 후퇴만 해야 하는가? 후퇴하는 다른 병사들을 보니, 그들은 사기를 완전히 상실한 상태였다. 그들은 어디로 가는지를 몰랐다. 자신들의 부대를 어디에서 찾아야 하는지를 모르고 있었다. 예를 들어, 그들은 마리노프카(Marinovka)에서 재집결하라는 명령을 받았다. 그러나 마리노프카는 도대체 어디에 있는가? 5~6명의 병사가 우리에게 다가와 물었다. "마리노프카는 어디에 있습니까?" 그래서 그들은 무기를 든 채 계속 걸어갔다. 무기를 소지하지 않으면 심문을 당했다.[11]

새로운 무기가 일부 소련군 방어군에게 지급되기는 했지만, 메레시코와 동료들의 분위기는 암울했다.

중대 내 120명 병사 중 제대로 된 무기를 소지한 병사는 45명뿐이었다. 이들이 소지한 소총 중에는 1890년에 만들어진 것도 있었다. 우리는 자동 장전 소총을 가지고 있었지만, 총이 너무 낡아서 첫 전투를 치른 후 버렸다. 먼지가 들어오면 총이 더는 작동하지 않았다.[12]

독일군이 캅카스로 향하는 로스토프를 향해 진격해 오고 있던 7월

19일 영국 주재 소련대사 이반 마이스키는 자신의 일기에 이런 글을 남겼다.

> 소련군은 역사상 가장 위험한 상황에 직면했다. 혁명의 미래와 인류의 미래에 치명적인 위기가 도래했다.[13]

당시로부터 일주일 전, 마이스키는 처칠 총리를 만나 영국군이 북아프리카 전선에서 패배한 이유가 무엇인지 논의했다. 처칠은 독일군이 영국군보다 전쟁 수행 능력이 뛰어나다고 대답했다. 거기에 "영국군에는 죽는 한이 있어도 항복하지 않는 소련군의 기개가 없기 때문"이라고 덧붙였다.[14] 그러나 현실은 마이스키나 처칠이 생각한 것처럼 그리 단순하지 않았다. 독일군은 소련 남부로의 진격에 성공했고, 아프리카에서는 영국군보다 훌륭하게 전투를 수행하긴 했으나 겉으로 보이는 것이 전부는 아니었다. 이면에 숨겨진 모든 것이 잘되지는 않았다.

오랫동안 히틀러와 그의 장군들 사이에는 긴장이 흘렀다. 히틀러가 도박사처럼 행동하여 유발된 위험을 두고 히틀러와 그의 장군들은 상이한 태도를 취했다. 이뿐만이 아니다. '전사warrior'는 어떻게 행동해야 하는지를 두고 히틀러와 장군들 사이에 이견이 있었다. 히틀러가 생각하기에 전사는 늘 잠자코 있어야 했다. 독일 외무부에서 근무한 열렬한 나치주의자 라인하르트 슈피치는 히틀러의 생각을 이렇게 정리했다.

> 내(히틀러)가 생각하기에, 장군들은 목에 쇠줄이 걸린 불테리어bull

히틀러와 스탈린

$terrier^{\bullet}$ 같아야 한다. 오직 전쟁, 전쟁만을 원해야 한다. 그리고 나는 그들의 제동을 거는 존재가 되어야 한다. 그러나 지금 상황은 어떠한가? 나는 강력한 정치력을 쥐고 앞으로 나아가려고 하는데, 장군들은 나를 제지하려고 한다. 상황이 잘못되었다.[15]

1942년 여름, 히틀러는 자신의 장군들이 "목에 쇠줄이 걸린 불테리어" 같지 않다고 생각했다. 7월 13일, 그는 남부집단군 사령관인 보크 원수를 해임했다. 진격 속도가 충분히 빠르지 않다는 이유로 말이다. 이로써 보크는 히틀러에게서 두 번째 해임을 당했다. 1941년 12월, 보크 원수는 중부집단군 사령관직에서 해임된 바 있었다. 그는 자신의 두 번째 해임은 순전히 히틀러의 '조급함' 때문이었다고 말했다.[16] 당연하게도 보크 원수가 이 작전에서 해임된 마지막 지휘관은 아니었다.

10일이 지났다. 우크라이나의 새 전방사령부에서, 히틀러는 터무니없이 낙관적인 명령 제45호Directive No. 45를 하달했다. 명령서의 첫 문장은 당시의 분위기를 그대로 반영했다.

3주 조금 넘는 기간 동안, 내가 동부전선 남쪽 측면에서 세운 목표는 기본적으로 달성되었다.

히틀러는 첫 문장 다음으로 새로운 목표들을 제시했다. 남부집단군이 차례로 그 임무를 달성해야 하는 동안 남부집단군의 일부인 A집단

◆ 불도그와 테리어를 교배하여 개량한 개의 품종을 말한다.

군은 캅카스 방면으로 직접 진격하고, 남부집단군의 다른 일부인 B집단군은 스탈린그라드로 진격해 "그 도시를 점령"하도록 명령했다.[17] 명령 제45호가 하달되기 전까지는 스탈린그라드 점령이 작전의 목표가 된 적은 없었다.

히틀러의 명령으로 인해 A집단군과 B집단군은 완전히 서로 다른 작전을 펼치게 되었다. A집단군은 캅카스로 남향하고, B집단군은 스텝을 가로질러 스탈린그라드로 진격해야 했다. 두 집단군 사이의 거리가 너무나 멀어서 독일군 부대들은 육상이 아니라 해상에서 작전을 펼치는 것과 같은 처지에 놓이고 말았다. 1940년 프랑스에서의 신속한 전진과는 극명하게 대비되었다. 소련의 광활한 스텝과 높은 산악 지형 때문에 보급품 공급의 어려움도 덩달아 심화했다.

히틀러가 이 명령을 하달한 그날, 프란츠 할더 장군은 자신의 일기에 "군사회의에서 히틀러가 격분에 휩싸여서 참모본부를 심하게 질책했다."라고 적었다. 히틀러가 분노를 터트린 직접적인 원인은 로스토프 인근의 부대 배치 문제였지만, 그보다 더 큰 이유는 히틀러가 독일 장군들이 또다시 겁을 먹었다고 느꼈기 때문이다. 할더가 히틀러와는 다른 시각으로 사태를 바라본 것에 놀라워 할 필요는 없다.

적군의 전력을 과소평가하는 히틀러의 만성적인 경향은 점점 더 터무니없이 확대되고 적극적인 위험의 단계에 들어섰다. 상황은 점점 더 견디기 어려워지고 있다. 여기에서는 진지한 일을 할 여지가 없다. 이른바 히틀러의 리더십이란, 상황 인식에 관한 병리적인 반응과 지휘체계와 가능성에 관한 철저한 이해 결여로 요약

히틀러와 스탈린

할 수 있다.[18]

그러나 히틀러는 서둘렀고 '지휘체계'에 관해서는 신경을 쓸 수 없었다. 히틀러가 명령 제45호를 하달한 직후 로스토프는 독일군 수중에 떨어졌고, 소련군은 혼란스러운 상태로 후퇴했다. A집단군이 캅카스 유전지대를 향해 남쪽으로 진격할 때, 최고사령부의 불만이 전선 부대에서는 공유되지 않았다. 기갑부대의 지휘관인 알프레트 루벨은 다음의 회고를 남기며 캅카스로 향하는 진격 작전이 어땠는지를 증언했다.

우리의 기분은 아주 좋았다. 우리는 계속 전차를 밀고 전진했다. 연료를 보급받은 이후 계속 진군했다. 1941년 가을에 700킬로미터를 진격했던 것처럼 이 작전도 별 것 아니었다. 도로 상태도 좋았고, 식량도 풍부했다. 우리는 진격하던 도중 아헨(Aachen)의 식인 사건에 관해 떠들었다. 적군을 보지 못했고, 태양은 강하게 빛나고 있었다. 그 태양 아래서, 나는 불을 훔친 프로메테우스 신화•를 생각했다. 마치 프로메테우스가 튀어나온 것 같았다. 그리고 날씨가 따뜻해졌다. 캅카스의 놀라운 전경을 보았다. 멋진 과일, 토마토, 감귤이 널려 있었다. 여름의 진격 작전은 멋지기만 할 뿐, 전쟁이 아니었다. (이 시기에 찍은 사진을 보면) 부인들은 우리가 왜 즐거운 표정을 지었는지를 자주 물었다. "전쟁이 재미있나요?" 부인들에게

◆ 그리스·로마신화에서, 프로메테우스는 인간에게 불을 주어 기술과 문명을 발달시키게 했다는 이유로 벌을 받았다. 그는 산에 매달려 낮에는 독수리에게 간이 쪼이고, 밤이면 다시 간이 자라나는 형벌을 받았다. 그가 형벌을 받은 장소는 현재 조지아의 카즈베크(Kazbek)산으로 알려져 있다.

답하기가 어려운 질문이었다. 그러다 좋은 설명이 생각났다. "좋은 친구들과 함께 있는 것은 특별한 경험"이라는 것이다.[19]

이런 들뜬 분위기 속에서, 독일군의 산악사단이 캅카스에서 가장 높은 엘부르스산Elbrus* 정상에 올라가서 나치독일 깃발을 꽂는 일이 벌어졌다. 이들은 이런 행동을 하면서도 히틀러의 반응을 예상하지 못했다. 히틀러는 격렬한 분노를 표출했다. 히틀러는 중차대한 시기에 이런 장난스럽고 경박한 행동은 거의 범죄나 마찬가지라고 생각했다.[20] 소련군 병사들이 스탈린의 허락 없이 시간을 내서 이런 일을 한다는 것은 상상할 수도 없었다. 스탈린의 분노는 소련군 병사들에게 아주 위험했다. 그날로부터 10일 전인 8월 11일에 열린 회의의 분위기를 고려한다면, 한시라도 빨리 캅카스의 자원을 확보하겠다는 히틀러의 소망을 이해할 법하다. 당시 회의에서, 알베르트 슈페어**와 독일 석탄협회 의장 파울 플라이거Paul Pleiger, 그리고 여러 기업가가 히틀러와 함께 철과 강철iron and steel 공급 문제를 논의했다. 히틀러는 회의 시작부터 플라이거를 비난하며, 미국 노동자들이 독일 노동자보다 세 배의 석탄을 생산한다고 언급했다. 그 이야기를 사실이라고 단정하고는 플라이거에게 어째서 석탄을 더 많이 공급하지 못하는지를 질책했다. 그러나 플라이거는 생산량을 늘리라는 히틀러의 요구에 '완강하게' 버티면서 그의 요구에 따르기가 불가능하다고 답했다. 참석자들의 증언에 따르

◆   러시아 캅카스산맥의 해발 5,642미터 고봉으로, 세계에서 열 번째로 높은 산이다.
◆◆ 나치독일의 정치가이자 건축가로, 히틀러 내각의 군수장관으로 일했다.

면, 플라이거의 대답을 들은 히틀러는 차분하고 단호하게 말했다.

> "플라이거씨. 만일 석탄이 부족하면, 그래서 강철 생산이 의도대로 증가하지 않으면, 우리는 이 전쟁에서 패배합니다." 우리는 번개에 맞은 사람처럼 놀랐다. 물을 끼얹은 듯한 침묵이 흘렀다. 결국 플라이거는 이렇게 답했다. "총통 각하. 저는 목표를 달성하기 위해, 사람이 할 수 있는 모든 일을 하겠습니다."[21]

이 순간은 아주 의미 있는 장면이었다. 더 많은 자원을 얻을 수 없다는 말을 들은 히틀러가 '독일이 전쟁에서 패배할 수도 있다'는 가능성을 시인했다. 자신의 이너서클inner circle 밖의 사람들과 대화할 때는 항상 긍정적인 이야기를 하던 지도자가 실로 놀라운 말을 꺼낸 것이다. 거기다 현재의 생산능력을 단순히 의지의 힘으로 증가시키려고 했다는 점도 히틀러와 현실 사이에 존재하는, 작지만 분명한 '괴리'를 드러낸다. 플라이거가 히틀러의 요구대로 석탄 생산량을 늘리겠다고 대답한 것은 잘한 일이었지만, 현실적으로 이를 실현하는 것은 완전히 다른 문제였다. 이런 열정적인 회의 이후에도 석탄 생산량은 히틀러의 바람대로 늘어나지 않았다.

이 회의는 전쟁 상황이 히틀러의 바람과는 다르게 진행되고 있다는 사실을 보여준다. 그는 미국이 심사숙고만 할 뿐, 아직은 전쟁에 크게 개입하고 있지 않으나 머지않아 전선에 뛰어들 것이라는 점을 내심 잘 알고 있었다. 따라서 소련 남부에서의 전투에서 가능한 빠르게, 장군들의 예상보다 더 빠르게 승리를 거두어야 했다. 플라이거와 마찬가지로 독일군의 장교들도 불가능한 성취를 달성하라는 명령을 받았다.

독일군의 이런 문제 중 어떠한 것도 스탈린의 기분에 영향을 끼치진 않았다. 그는 분노하면서도 커다란 근심에 사로잡혀 있었다. 7월 말, 로스토프가 함락된 사건이 특히 실망스러웠다. 독일군은 1941년 11월 로스토프를 점령했으나 소련군은 얼마 후 이 도시를 탈환했고, 이를 축하하는 큰 행사를 개최했다. 소련군 입장에서 로스토프 탈환은 전황이 반전된다는 일종의 상징이었다. 그러나 독일군의 파도가 다시금 이 도시를 덮쳤다. 로스토프가 재함락된 후 스탈린은 명령 제227호 Order No. 227를 하달했다. 그는 자신의 격노를 감출 생각이 없었다.

> 남부 전선의 부대들은 공포를 조장하는 파괴분자의 선동에 휘말려 로스토프와 노보체르카스크(Novocherkask)*를 적에게 넘겨주었다. 적군에 강렬히 저항하지도 않았고, 모스크바의 명령에도 따르지 않았다. 그들은 자신들의 깃발(군기)을 수치스럽게 변질시키고야 말았다.

스탈린은 재편성을 위한 후퇴라는 발상이 크게 잘못되었다는 점을 강조했다.

> 모든 지휘관과 소련군 병사, 정치권의 노동자들은 자신들의 자원이 무한하지 않다는 것을 명심해야 한다. 더 이상의 후퇴는 자신

✦ 로스토프에서 북동쪽으로 약 30킬로미터 떨어져 있는 도시다.

과 함께 조국을 파멸시키는 행위다.

우려스러운 상황에서 스탈린이 내린 결론은 극단적이었다.

한 발도 뒤로 물러나서는 안 된다! 이것이 우리의 기본 철칙이다. 우리는 우리가 서 있는 모든 위치, 영토의 1미터조차 빼앗기지 않기 위해 최후의 피 한 방울까지 흘려야 한다. 우리는 다른 모든 가능성이 소진될 때까지 마지막 한 줌의 흙을 사수해야 한다. 우리의 땅을 지켜야 한다.[22]

하급장교이며 충성스러운 공산당원이었던 표도르 부벤치코프Fyodor Bubenchikov는 당시 상황을 이렇게 회상했다.

명령 제227호는 진실을 말했다는 점에서 좋다. 각 중대, 대대에서는 명령문 전체를 낭독했고, 모든 병사가 그 내용을 숙지했다. 우리는 우리 시대의 총아였다(We were children of our time). 당시 스탈린이 서명한 명령서는 지휘관부터 말단 병사까지 모든 사람에게 감동을 선사했다. 전방 부대들이 소환되어 각 병사는 다시 한번 충성 맹세를 했다. 내 생각에 (명령 제227호 덕분에) 전쟁을 대하는 모든 사람의 태도가 달라졌다. 1942년의 문제는 사느냐 죽느냐였고, 소련이 존재하느냐 사라지느냐였다.[23]

명령 제227호는 유명해졌다. "한 걸음도 뒤로 물러나지 않는다!"라는 문구는 소련의 저항을 상징하게 되었다. 그러나 실질적으로는 새로운 것이 없다는 점에서 이상한 명령문이기도 했다. 우리가 앞서 본 것처럼 스탈린은 1941년 8월에 명령 제270호를 공표해 "독일군에 항복하거나 허가 없이 후퇴하는 병사는 조국의 배신자"라고 낙인찍었다.[24] 마찬가지로 전장에서 이탈하려는 병사의 사살을 전담하는, 후퇴저지부대도 이미 편성된 상황이었다. 더군다나 새로운 명령이 하달된 시점을 고려하면 이 명령의 존재 이유는 더욱 이상해진다. 당시의 스탈린은 적군의 포위에서 벗어나기 위한 병력 후퇴를 소련군 지휘관들에게 허용했다. 예를 들어, 새로운 명령이 하달된 시기로부터 몇 주 전, 스탈린은 소련군 병력이 돈강의 밀레로보Millerovo에서 남동쪽으로 후퇴할 것을 허가했다.[25] 돈강을 향해 동쪽으로 진격하던 독일군은 일부 소련군 부대가 두려움이 아니라 전략적 이유로 후퇴하는 광경을 발견했다. 당시 제71보병사단 지휘관이었던 게르하르트 힌덴랑Gerhard Hindenlang은 이렇게 말했다.

러시아 군인들은 질서를 유지한 상태로 후퇴를 하면서 우리에게 저항했다. 소련군은 이 작전을 잘 수행했다. 우리는 돈강 중심부에 다다를 때까지 소련군과 거의 교전을 하지 않았다. 당시에 소련군은 광대한 지형을 영리하게 이용했고, 우리는 보급선에서 점점 더 멀어졌다.[26]

명령 제227호는 예상보다 엄하게 적용되지 않았다. 스탈린은 소련군의 후퇴 작전을 좀 더 유연하게 허용한 시점에 이런 일벌백계 유형의 명령을 하달한 것으로 추측된다. 스탈린이 당시 염려한 가장 거대한 위험은 일부 지휘관이 새로운 전황을 핑계 삼아 무단 후퇴하는 것이었다. 스탈린은 '조율된 후퇴'는 쉽게 완패로 이어질 것이라 간주했다. 명령 제227호는 이런 일을 방지하기 위해 제정된 셈이다. 역설적이게도 공황 상태의 발생을 방지하기 위해 제정된 명령이 그 자체로 '공황'의 냄새를 풍겼다. 명령 제227호에는 너무나도 절망에 휩싸인 사람의 감정이 담겨 있었다.

명령 제227호를 하달한 시점의 스탈린은 너무 근심한 나머지 자신이 지금까지 품고 있던 많은 신념도 번복하려 하였다. 명령을 내린 직후인 7월 말, 그는 장군과 장교들을 위한 새로운 훈장을 창조했다. 넵스키Nevsky 훈장, 쿠투조프Kutuzov 훈장, 수보로프Suvorov 훈장•은 뛰어난 전술이나 용맹성을 발휘한 지휘관들에게 수여되었다. 이 훈장들의 '이름'에 주목하라. 모두 러시아 혁명 이전에 활동하던 역사적인 장군들의 이름에서 따왔다. 즉 스탈린은 마르크스주의 신념 체계를 넘어서 애국심에 직접 호소한 격이었다. 이 훈장을 제정하고 수여한 그해 후반부에는 볼셰비키의 원칙에서 한 걸음 더 후퇴하여, 소련군 내에서 정치장교의 위상이 격하되었고 정규군 장교들이 단독으로 지휘권을 행사했다.[27]

정치장교는 그간 군 내에서 막대한 혐오를 받았기 때문에 그들의

◆ 알렉산드르 넵스키는 13세기 튜튼기사단과의 전투에서 승리한 러시아의 국민적 영웅이다. 미하일 쿠투조프는 나폴레옹의 침략으로부터 러시아 제국을 수호한 사령관이었다. 알렉산드르 수보로프는 러시아 제국의 대원수로, 대(對) 폴란드 전쟁에서 공을 세웠고, 어떤 전투에서도 패배한 적이 없다고 알려져 있다. 독소전쟁 당시 소련은 세 인물의 이름과 이미지를 적극적으로 활용했다.

지위를 격하한 조치는 특히 큰 호응을 받았다. 예를 들어, 시베리아 사단의 바실리 보리소프와 그의 동료들은 지휘관들을 좋아했으나 권력을 남용하는 정치장교들은 싫어했다.[28]

병사들이 참호를 파고 있을 때 한 정치장교가 참호로 와서 모든 병사가 제대로 보급을 받고 있는지, 즉 제대로 먹고 있는지 등을 검열했다. 그러나 어떤 정치장교는 아주 잔인했다. 전쟁 초기에 반격을 펼칠 때, 어리고 경험이 없는 병사는 겁을 먹은 나머지 참호에서 나오지를 못했다. 그때 나는 한 정치장교가 이 병사를 탈영병으로 취급하고는 머리에 총을 쏘는 광경을 목격했다. 그렇다. 이 어린 병사는 단지 겁을 먹은 것뿐이고, 반역자는 아니었다. 그는 단지 겁쟁이였다. 그는 훈육대로 보내면 되었지만, 정치장교는 다른 병사들에게 일벌백계의 예를 보여주고 싶었던 것이다. 나는 구역질을 느꼈다. 나는 정치장교를 증오했다. 그날의 기억은 내 머릿속에서 지워지지 않는 흔적을 남겼다.[29]

점증하는 위험을 마주한 스탈린의 마지막 변화는 8월 말 주코프 장군을 다른 나라의 국방부 차관에 해당하는, 부鬪인민위원으로 승진시킨 것이다. 이에 따라 주코프 장군은 군사 문제에서 스탈린 바로 다음 자리까지 올라갔다. 군부에서 '새로운 나폴레옹'이 등장해 자신의 권위에 도전할 것을 염려하던 스탈린으로서는 아주 용기 있는 조치였다. 스탈린은 잠재적 경쟁자를 신경 쓸 겨를이 없다는 사실을 깨달았다. 독일군이 소련의 심장부로 진격하는 상황이라면 유능한 장군을 발탁하고 등용해야 했다.

그러나 스탈린의 지도방식 중 일부는 바뀌지 않았다. 1942년 8월 석유산업부 차관Deputy Minister of Oil Industry 니콜라이 바이바코프Nikolai Baibak-ov가 스탈린을 만났을 때다. 스탈린은 바이바코프에게 "비행기를 타고 캅카스 북쪽으로 날아간 후 만일 독일군이 유전지대를 점령할 것으로 예측된다면 석유 채굴시설을 파괴하라."라고 명령했다. 여기까지는 이상하지 않았다. 그러나 스탈린은 다음 내용을 덧붙였다. 만일 바이바코프가 석유 채굴시설을 파괴했는데 독일군이 그곳까지 진격하지 않는다면, 바이바코프를 처형할 것이라 말했다. 이와 마찬가지로 그가 석유 채굴시설을 파괴하지 못했는데 독일군이 그곳을 장악하면, 그때도 처형할 것이라 말했다. 과거에도 스탈린을 몇 번 만난 적이 있는 바이바코프는 그의 적나라한 위협을 특이하다고 생각하지 않았다.

석유가 나라 전체를 지탱하고 있었기 때문에 (그의 명령은) 전혀 이상하지 않았다. 그의 명령은 충분히 그럴만한 이유가 있었다. 내가 무엇이라 말하겠는가? 나는 조용히 그의 말을 들었다. 그는 의자에 앉아 있었고, 나도 의자에 앉아서 대화를 했다. 나는 아무런 두려움도 느끼지 않았다.

나는 스탈린을 위대한 사람이라고 생각했다. 모두가 나의 의견에 동의하지는 않을 것이다. 우리 세대의 사람들조차 모두가 그렇게 말하지는 않겠지만, 나는 그를 긍정적으로 생각한다. 물론 그도 실수를 저지르긴 했지만, 지금 사람들은 그를 과도하게 비판하고

있다.[30]

 1942년 히틀러와 스탈린 모두 위기의 순간을 겪고 있었다. 그러나 아랫사람들에게 동기를 부여하는 방식이 너무 달랐다. 히틀러는 석탄 협회 의장 파울 플라이거에게 호소 내지는 간청을 하여 불가능한 목표를 달성하도록 다그쳤다. 그는 별다른 방도가 없다고 대꾸한 플라이거가 히틀러 본인의 요구대로 시도하겠다고 입장을 바꿀 때까지 감정적으로 압박했다. 이와 달리 스탈린은 '감정 게임'을 하는 데에 관심이 없었다. 그는 위협의 힘을 믿었다. 스탈린은 소련의 애국주의에 호소하긴 했으나, 그의 호소에는 인간 생애를 바라보는 스탈린의 냉철한 통찰이 담겨 있다. 바로 인간은 폭력적 위협에 가장 잘 반응한다는 적나라한 진실이 스탈린의 호소 아래에 놓여 있었다. 이런 환경에서 지낸 바이바코프 같은 사람이 스탈린의 지도력이 지극히 정상이라고 생각한다니. 아마도 이것이 가장 특이한 부분일 테다.

 한편 이 시기는 스탈린에게 가장 힘겨운 시절이었다. 캅카스 유전지대에 관한 걱정뿐만이 아니었다. 처칠과의 관계 때문이다. 그해 여름 초기로 거슬러 올라가야 하는 7월 초. 영국은 자국 역사상 가장 커다란 재앙을 겪었다. 소련으로 향하던 북극해 수송단 PQ-17*이 독일 해군의 공격으로 선박 36척 중 24척이 침몰했다. 영국 총참모부The

---

◆ 1941년 3월, 미국은 제2차 세계대전 동안 영국, 소련, 중국 등 연합국에 전쟁물자를 무상으로 제공하고자 '무기대여법(렌드리스, Lend-Lease)'을 제정했다. PQ-17은 아이슬란드에서 소련으로 향하는 17번째 렌드리스 선단이었다. 1942년 6월 27일, 독일 해군은 아이슬란드를 출발하여 소련의 북부 해안 아르한겔스크로 향하던 연합군 수송단을 미행했다. 이후 연합군 수송단은 독일 해군의 공격을 받았다.

British Chiefs of Staff는 적국의 공격을 고려하여 5월에 PQ-16 선단의 출항 중지를 건의했으나 처칠은 예정대로 출항할 것을 주장했다. 그는 자신의 수석군사고문chief military assistant인 헤이스팅스 이즈메이Hastings Ismay 장군에게 다음과 같은 내용이 적힌 전문(전보)을 보냈다.

스탈린 서기장뿐만 아니라 루스벨트 대통령도 수송선단의 출항 포기에 매우 반대할 것이다.

이 사례는 처칠이 무언가 결정할 때 정치적인 고려를 얼마나 하는지를 알려준다.

러시아인들은 현재 힘겨운 항전을 하고 있고, 그들은 우리가 위험을 무릅쓰고 기여에 수반하는 대가를 치를 것을 원하고 있다.

처칠은 그 '대가'가 엄청나더라도 그렇게 해야 한다고 주장했다.

나는 (작전의 위험성을) 크게 우려하면서도 수송선단이 5월 18일에 출발해야 한다고 생각한다. 수송 선박의 절반만 목표지점에 도달해도 이 작전은 성공했다고 볼 수 있다. 이런 시도조차 하지 않는다면, 두 개의 동맹국(미국, 소련)에 관한 영국의 영향력이 약화한다. 행운과 날씨의 불확실성은 항상 존재하는 법이다. 나는 귀관들의 우려에 공감하지만 이 작전은 의무적으로 시행해야 한다고 생각한다.[31]

PQ-16 수송선단의 선박 36척 중 6척이 소련으로 향하던 중 격침되었다. 처칠에게 그 정도 손실은 '정치적으로' 받아들일 만한 수준이다. 그래서 그는 PQ-17 수송선단을 출항시켰다. 그러나 PQ-17 선단의 36척 중 24척이 침몰하자, 처칠은 영국의 정책을 재고하였다. 그는 모든 수송선단의 파견을 중단했다. 처칠은 스탈린에게 수송선단의 파견을 취소하는 결정이 쉽지 않았다는 나쁜 소식을 통보하면서, 동시에 1943년까지 서유럽에 제2전선을 형성하는 과업을 수행하기가 불가능할 것이라는 사실도 통보했다. 스탈린은 독일군이 러시아 남부의 스텝지대를 빠른 속도로 침공하는 와중에 처칠에게서 이런 소식을 들어서 이중으로 실망하였다.

처칠은 7월 17일 스탈린에게 보낸 전문에서, 수송선단에 관한 자신의 결정이 내려진 과정을 최선을 다해 설명했다. 그는 전문에서 "막강한 독일군의 해군"이 야기하는 위험성을 자세히 서술했다. 그리고는 영국 해군 참모들의 말을 빌려 "현재 독일 해군의 수상함, 잠수함, 공군 전력을 고려하면, 북러시아로 향하는 모든 선단이 무참히 파괴될 것이 분명하다."라고 주장했다. 그래서 "우리(영국)가 다음 수송선단 PQ-18을 파견하더라도 귀국(소련)에 아무런 이익이 될 수 없거니와 우리 동맹의 공동 목표에 심각한 손해를 끼칠 것이라는 결론에 도달했다."라고 설명했다.[32]

한편 처칠은 제2전선 형성이라는 예민한 주제에 관해서는 거의 덧붙인 이야기인 것처럼, 전문을 작성하던 참에 뒤늦게 떠올린 것처럼 언급했다. 일단은 연합군의 프랑스 침공이 1942년에는 없을 것이라고 말하면서도, 곧바로 긍정적인 해석을 달았다. 그는 소련으로 보내는 수송선단의 출항 중지로 좀 더 많은 미군 병사들이 영국으로 수송될 참이고, 그 병력은 1943년에는 연합군에 유리한 제2전선을 구축하는 데에 도움을 줄 수 있을 것이라 말했다.

처칠의 편지에 관한 스탈린의 답신은 차가운 내용으로 가득했다. 7월 23일, 스탈린은 다음과 같은 답신을 보냈다.

> 나는 7월 17일에 당신의 편지를 받았다. 그 편지에서 두 가지 결론을 유추할 수 있었다. 첫째, 영국 정부는 북방 통로를 이용해 소련에 전쟁 물자를 보내는 것을 거부했다. 둘째, 1942년에 제2전선을 형성한다는 긴급한 과제에 관해 양국이 합의한 공동성명을 타결했음에도 불구하고, 영국 정부는 이 합의 사항을 1943년까지 연기하기로 결정했다.[33]

이 답신은 전형적인 스탈린식 대답이었다. 외교적 격식 따윈 일절 없고, 영국의 입장을 이해하려는 일말의 시도도 하지 않았으며, 단지 불쾌함을 날카롭게 표현했다. 그는 영국의 수송선단을 원했고, 1942년에 제2전선이 구축되기를 원했다. 그런데 처칠이 두 가지 모두 거부했다. 그리고 스탈린은 공세적인 태도로 처칠에게 문의했다. 스탈린은 PQ-17 선단의 상업용 수송선들이 왜 그렇게 많이 격침되었는지를 '자국의 전문가들'은 이해하기 어려워한다고 말했다. 이후 처칠에게 "전쟁 중에는 위험부담이나 손실 없이 중차대한 과업을 수행하기가 불가능하다."라고 설교했다. 그는 가장 큰 손실을 부담하는 나라는 당연히 소련이라는 점을 꼬집어서 지적했다. 제2전선에 관해서 스탈린은 "이 사안은 마땅히 수반되어야 했을 신중한 숙고조차 없이 처리되었다."라고 지적했다.

영국 주재 소련대사 마이스키가 스탈린의 전문을 전달하자 처칠은 낙담하고 동시에 모욕을 느꼈다. 마이스키는 처칠이 해당 전문을 소련의 전쟁 포기를 암시하는 전조라고 믿었을 수도 있다고 생각했다. 다음 날, 마이스키는 자신의 일기에 "처칠은 성질이 급하다."라고 적었다.[34] 냉정한 성격의 소유자인 스탈린과의 대조는 극명했다. 루스벨트처럼 처칠 역시 스탈린이 자신과 밀접한 관계를 맺지 못해서가 아니라 자신의 개인적인 매력을 경험할 기회를 갖지 못했기 때문에 문제가 생겼다고 생각했다. 그러나 스탈린에게는 처칠과 본인이 어떤 '관계'를 맺고 있는지가 하등 중요하지 않았다. 현실적인 문제에 관한 논쟁을 했을 뿐이다.

소련 주재 영국대사 아치볼드 클라크─커Archibald Clark─Kerr는 영국 정부에 "소련은 영국 정부가 현 전쟁을 심각하게 받아들이지 않는다고 생각하고 있다."라고 알렸다. 스탈린이 처칠에게 단도직입적인 답신을 보내고 이틀이 지난 날이었다. 클라크─커는 다음의 내용을 영국 정부에 보고했다.

> 그들(소련)은 1939년 이후 우리(영국)가 겪은 사소한 인적 및 물적 손실을 자국이 겪은 엄청난 손실과 비교하고 있다.[35]

이 전문 보고를 보낸 후 클라크─커는 처칠이 직접 모스크바로 와서 스탈린을 만나 현안들을 직접 논의하도록 건의했다. 처칠은 이에 바로 동의해서 전쟁 중 가장 흥미로운 회동이 다급하게 준비되었다. 이집트를 경유하는 위험한 비행으로 처칠과 영국 대표단 제1진이 8월 12일 모스크바에 도착했다. 도착한 그날 저녁에 바로 첫 회담이 개회됐다. 장소는 크렘린에 마련된, 스탈린의 거무칙칙한 집무실이었다. 그 장소를 본 영국 대표단은 '철도역 대합실'을 떠올렸다.[36]

스탈린은 회의가 시작된 즉시 처칠에게 전선 소식을 알리며 사실상 소련군이 독일군 병력 전체를 감당하는 중이라고 주장했다. 이어서 스탈린은 영국이 이 전쟁에 지금까지 기여한 '작은 공헌'이 무엇인지 거의 주저 없이 지적했다. 이에 처칠은 1942년에 제2전선을 형성하는 것이 왜 불가능한지를 설명했다. 뒤이어 "영국과 미국은 1943년에 대규모 작전을 시행하고자 준비하고 있다."라고 스탈린에게 설명했다.[37] 여기까지는 두 사람의 대화가 예측할 수 있게 진행되었다. 그러나 처칠이 현재 프랑스에 주둔한 독일군 25개 사단이 상륙작전에 대비한 방어 태세를 갖추고 있다고 말하자 스탈린이 이렇게 되받아쳤다.

위험부담을 감수하려고 하지 않는 사람은 전쟁에서 이길 수 없습니다.

스탈린의 대답은 영국의 소심함을 공격하는 비난과 다를 바가 없었다. 그런데도 처칠은 계속 설명을 이어나가며 영국 공군이 독일군에 가하는 공습을 설명했다. 그는 영국이 민간 목표물도 폭격한다는 점을 강조하고 "만일 필요하다면 우리는 독일의 모든 도시와 모든 건물을 파괴할 것을 희망한다."라고 말했다.

이때부터 처칠은 자신의 웅변술뿐만 아니라 예술적 재능까지 발휘하며 이야기를 펼쳐나갔다. 그는 악어 그림을 그린 이후, 아프리카라는 땅은 독일이라는 파충류 아래 불안한 상태에 있다는 점을 보여주었다. 이런 이유로, 처칠은 아프리카에서의 작전을 제2전선으로 볼 수도 있다고 주장했다. 스탈린의 태도가 처음보다는 덜 냉소적으로 완화된 채 그날 회담은 끝났다.

처칠은 첫날 회담이 잘 진행되었다고 생각했다. 스탈린이 자리를 뜬 이후 처칠은 본국에 보낸 공식 전문에서 "나는 이 사람과 확고하고 진지한 관계를 형성할 수 있다고 기대한다."라고 적었다.[38] 그러나 사적인 자리에서 처칠은 이른바 미사여구, 즉 격식과 예의에 신경을 덜 썼다. 공군사령관 아서 테더Arthur Tedder 원수가 기록하기를, 처칠은 영국 대표단 숙소에 틀림없이 도청장치가 있을 거라고 확신한 상태에서도 "하고 싶은 말을 다했다."

처칠은 스탈린을 농부 같다고 평가했다. 처칠은 그런 사람을 어떻게 상대해야 하는지 잘 알고 있다고 말했다.[39]

다음 날 처칠은 자신의 능력을 과신했다는 것을 깨달았다. 우선 스탈린은 영국 대표단에 전문을 보내, 영국이 제2전선을 열겠다는 약속을 위반했다고 다시 한번 불만을 표했다. 그다음으로 그날 저녁 회담에서 스탈린은 영국이 "겁을 먹어서" 제2전선을 형성하지 않는다는 식으로, 자신의 의견을 좀 더 적나라하게 표현했다. 처칠은 열을 내어 영국의 입장을 설명한 후 숙소로 돌아왔다.[40]

그다음 날 분위기는 조금 나아졌다. 크렘린에서 개최된 화려한 저녁 만찬으로 회담이 마무리되었지만, 처칠의 기분은 좋지 않았다. 만찬에 참석했던 처칠은 일찍 자리를 떴다. 그는 친구이자 주치의인 찰스 윌슨Charles Wilson에게 "스탈린이 내 이야기에 귀를 기울이지도 않았고, 음식조차 시원치 않았다."라고 불평했다.[41] 스탈린이 자신에게 적대적인 태도를 보인다고 확신한 처칠은 다음 날 아침에 모스크바를 떠나려고 했다. 윌슨과 클라크-커의 노력으로 처칠은 스탈린과 마지막 회담을 갖기로 했다. 마지막 회담은 시작부터 비생산적인 방식으로 진행되었다. 이미 익숙해진 풍경이었다. 그때 무언가 다른 일, 처칠에게는 '의미 있는 일'이 일어났다. 스탈린은 크렘린에 마련된 자신의 관저에서, 어린 돼지를 삶아 만든 요리를 먹으며 심야 회담을 하자고, 처칠에게 제안했다. 두 사람은 몰로토프와 함께 새벽까지 술을 마시며 이야기를 나누었다. 새벽 3시, 숙소로 돌아온 처칠은 아주 기분이 좋아서 "스탈린과 우정을 단단히 쌓았다"라고 말했다.[42] 그는 그날 모스크바를 떠나면서 스탈린과 같이 일할 수 있는 가능성을 찾았다고 열변을 토했다. 24시간 만에 발생한 특별한 대반전이었다.

처칠은 스탈린과의 회담이 너무도 비생산적이어서 모스크바 체류 시기를 단축하려고 했으나 심야 회담 이후 엄청난 성과를 거두었다고 믿게 되었다. 그러나 사실 실질적인 성과는 없었다. 예를 들어, 스탈린은 자신의 정권이 얼마나 피에 굶주렸는지를 장황히 설명하며 "부농은 모두 처형했다."라고 자랑했고, 몰로토프를 "갱스터"에 비유하는 농담을 했다. 그러나 처칠은 그때 술에 취한 상태였다. 다만 소련 밖의 정치인들이 보기에 스탈린은 아주 신비로운 인물이었다. 그는 세계에서 가장 막강한 권력을 쥔 사람이었으나 서방의 어떤 지도자와도 개인적인 친분을 쌓지 않았다. 그런데 처칠이 스탈린과 술을 거나하게 마셨다. 물론 이런 일을 정말로 의미심장하게 여길 이유는 없다. 마찬가지로 클라크-커도 1942년 4월 소련 주재 영국대사 스태퍼드 크립스에게 쓴 편지에서 이렇게 말하며 자랑했다.

> 나는 스탈린과 마음이 통했다고 생각한다. 우리는 파이프 담배를 서로 나누어 피며 농담을 즐겼다. 그는 내가 좋아하는 타입의 사람이다.[43]

하지만 클라크-커가 후에 깨달은 것처럼 그는 자신이 스탈린과 마음이 통했다고 생각했으나 스탈린도 그렇게 생각했다는 증거는 어디에도 없다.

아서 테더 공군사령관은 그해 8월, 처칠이 스탈린과 개인적으로 밀접한 관계를 맺으려고 노력했다가 실패한 사건 두 가지를 목격했다. 첫 번째 사건은 크렘린에서 처칠이 힘겨운 회담을 하던 때 발발했다. 처칠은 당시를 이렇게 회고했다.

> 나는 많은 난관에 봉착한 상황에서, 동지를 만나기 위해 모스크바로 왔지만, 나는 철저히 실망했다. 나는 그런 동지를 이제껏 만난 적이 없었다.[44]

스탈린은 처칠의 바람을 저버렸다. 두 번째 사건은 크렘린에서의 만찬이었다. 처칠은 스탈린에게 볼셰비키 혁명 중 자신이 러시아 황실 가족을 지원한 것을 용서해줄 수 있는지를 물었다. 스탈린은 "내가 용서할 일이 아니라 신이 용서할 일입니다."라고 대답했다.[45] 스탈린이 무신론자라는 점을 감안할 때, 이 대답에는 복선이 깔려 있다.

앞서 본 것처럼 '카리스마'는 대중과의 관계에서만 존재한다. 이 진리는 스탈린 역시 피하지 못했다. 자신이 만나는 사람에게 자신의 능력을 뽐내려는 습관은, 자신의 매력을 과신하는 오만함과 결합될 때 대단한 착각을 유발할 수 있다. 이러한 원리를 대입하면 처칠과 스탈린의 일화를 일부 설명할 수 있다. 처칠과 클라크-커는 모두 대단한 자의식의 소유자였다. 두 사람 모두 자신들이 타인에게 강렬한 인상을 남길 수 있을 거라 믿었다. 거기다 두 사람 모두 자신에게는 거부할 수 없는 매력이 있다고 자만했다. 그들은 '초라한 배경'에서 성장한 스탈린을 상대적으로 경멸했고, 그들의 비대한 자의식은 스탈린을 향한 경멸을 증폭시켰다. 처칠이 보기에 스탈린은 "보잘 것 없는 농민"이었고, 클라크-커가 보기에 "아주 좋아하는 주머니쥐이지만 나를 눈여겨보다가 내가 나쁜 짓을 할 때는 나의 엉덩이를 물 수 있는" 존재였다.[46]

술이 거나하게 취한 만찬 이전에는, 스탈린은 확실히 처칠의 매력에 굴복하지 않았다. 클라크-커는 처칠에게 이렇게 말했다.

각하께서는 귀족이고 처세술에 능란하시지만, 스탈린과 소련 지도자들은 쟁기나 선반을 다루던 사람들이어서 아주 거칠고 경험이 미숙합니다. 저들은 우리의 논의 방식대로 문제를 다루지 않습니다. 그 무엇도 우리보다 더 알지 못하는 '농민' 때문에 화를 내셔

서는 안 됩니다.[47]

그러나 스탈린을 가장 모욕적으로 표현한 인물은 따로 있다. 바로 영국 전시내각의 군사보좌관으로서 크렘린에 영국 대표단의 일원으로 참석했던 이안 제이콥Ian Jacob 대령이다. 그는 자신의 일기에 스탈린에 관해 이런 글을 남겼다.

> 어깨에 곡괭이를 멘 채 밭고랑에서 방금 나온 듯한 작은 체구의 농민이, 이 웅장한 만찬장에 조용히 앉아 있는 것을 보았다. 대단히 보기 드문 장면이었다.[48]

영국 측에는 스탈린이 합리적인 사고를 할 수 있다고 생각한 사람이 거의 없었다. 그러나 객관적인 관찰자라면 스탈린이 합리적인 사고를 할 수 있다는 사실을 인정할 수밖에 없다. 소련은 1941년 여름에 절망적인 위기에 봉착했고, 그 위기의 순간에 영국은 북극해를 이용해 수송선단을 보내는 조치를 중단했다. 거기다 스탈린은 앞선 미국과의 회담 이후 최소한 루스벨트의 막강한 도움으로 1942년에는 제2전선이 형성될 것이라 기대했으나 처칠은 그런 공세가 시작되지 않을 것이라고 분명히 말했다. 이런 상황에서 화를 내지 않을 사람이 어디 있겠는가?

다만 영국 대표단 중 한 사람만큼은 스탈린에게 높은 점수를 주었다. 그는 영국 총참모장Chief of the Imperial General Staff 앨런 브룩이었다. 그는 당시를 이렇게 회고했다.

나는 스탈린의 정확성과 기민한 영민함에 큰 감명을 받았다. 그는 아첨을 하지 않고, 아첨을 좋아하지도 않는 현실주의자였다.

브룩은 처칠과 스탈린 사이의 큰 차이도 발견했다.

두 지도자는 극과 극의 인간이다. 스탈린은 가장 확실한 현실주의자고, 그에게는 사실만이 중요했다. 그리고 그는 가장 거북한 사실도 직면할 준비를 하였다. 이와 반대로 윈스턴 처칠은 불쾌한 사실은 마지못해 맞닥뜨려야 할 때까지 외면했다. 그는 스탈린에게는 존재하지 않는, 감성에 호소하려고 노력했다.[49]

이 증언의 마지막 문장은 스탈린과 다른 서방 지도자들 간의 관계를 묘사한 서술 중 가장 정확하다. 처칠과 루스벨트는 이후 몇 년 동안, 스탈린에게는 찾아볼 수 없는, 감성에 호소하려고 큰 애를 썼다. 브룩은 스탈린을 "명석한 두뇌로 전쟁의 본질을 현실적으로 파악하는 뛰어난 사람"으로 평가했다. 이와 동시에 "머리카락 하나 까닥하지 않고 사람을 처형할 수 있는 능력을 지닌 인간"으로 묘사했다.[50] 그의 평가는 처칠이 모스크바를 떠나며 스탈린에게 내린 평가보다 훨씬 정확하다. 처칠은 스탈린을 두고, 그저 "더 이상 촌스러운 농부가 아니라 같이 일하기에 즐거운 위대한 사람"이라고만 평가했다.[51]

처칠이 모스크바를 방문하고 3주가 지났다. 새로운 위기가 우크라이나 빈니차Vinnitsa에 자리한 히틀러의 전선사령부에서 발생했다. 히틀러는 여름 공세의 진전 또는 실패에 매우 집착하는 중이었다. 그는

8월 말에도 분노를 참지 못하고 폭발한 적이 있었다. 그는 군지휘관들의 지직 자만심, 정신적 부적응성, 사태의 본질을 파악하는 능력의 부재를 비난했다.[52] 또한 독일국방군 최고사령부의 알프레트 요들 장군과 히틀러가 큰 논쟁을 벌였다. 요들은 지휘관 중 히틀러에게 가장 아첨을 잘하는 장군이었기 때문에 이 논쟁은 큰 사건이었다.

요들은 9월 7일 스탈리노Stalino(우크라이나어로 도네츠크Donetsk)를 방문하여 A집단군 사령관인 빌헬름 리스트Wilhelm List 원수를 만나고 복귀했다. 리스트 원수는 캅카스로의 진격은 불안한 보급선, 산악이라는 지형, 소련군의 강력한 저항이 맞물려 난항을 겪는 중이라 보고했다. 바쿠의 유전지대를 장악하는 것은 독일 집단군의 능력 밖이라는 결론이 분명해졌다. 거기다 빌헬름 리스트는 히틀러의 지휘관들 사이에서 가장 재능이 뛰어난 장군 중 한 사람이라는 점을 기억할 필요가 있다. 그는 만슈타인이나 구데리안처럼 화려한 개성을 갖추지는 않았지만, 프랑스 정복과 바르바로사 작전 개시 직전에 유고슬라비아와 그리스에서 독일군이 거둔 놀라운 성공에서 핵심 역할을 맡았다.

리스트의 불만을 청취한 요들은 빈니차로 돌아와 히틀러에게 자신이 들은 바를 그대로 전달했다. 이를 들은 히틀러는 유례 없는 격노를 표출했다. 그는 장군들을 모욕적으로 비난하면서, "그들은 주도적으로 행동하지 않는다."라고 질타했다. 이런 상황에서 요들은 감히 상상할 수 없는 행동을 저지르며 반박했다. 요들은 리스트가 단지 히틀러의 명령을 수행할 뿐이라고 대답했다. 그의 대답으로 상황은 더욱 악화했다. 히틀러는 자신이 전에 내린 명령이 왜곡되었다고 재차 질책했다. 기분이 몹시 상한 히틀러는 등을 돌린 채 상황실을 나갔다.[53]

히틀러와 스탈린

히틀러의 공군 부관인 니콜라우스 폰 벨로는 논쟁이 발생했을 때 밖에 있다가 그 직후 상황실로 들어왔다. 그는 방의 분위기가 "완전히 우울"하다고 느꼈다. 그는 당시 분위기를 이렇게 묘사했다.

> 전황 회의가 더 이상 전선사령부에서 진행되지 않고, 히틀러 개인 숙소의 넓은 서재에서 진행되었다. 또한 히틀러는 방에 들어올 때 전에 하던 습관을 떠나 더는 지휘관들과 악수를 하지 않았다. 자신의 벙커에서만 혼자 식사를 했다. 그는 자신의 말이 훗날 왜곡되지 않도록 전황 회의에서 나오는 모든 말을 '두 명의 여성 속기사'가 기록하게 조치했다.[54]

히틀러는 벨로에게 "고령의 장군들은 전성기를 지났으니 젊은 장군들로 교체되어야 한다."라고 불만을 털어놓았다. 이러한 '새로운 사고'의 첫 희생자는, 솔직한 말로 총통의 비위를 건드린 빌헬름 리스트 원수였다. 그는 요들 장군과 히틀러의 논쟁 직후 다음 날에 해임되었다. 독일군 총참모장인 프란츠 할더 장군이 다음 순서였다. 히틀러는 벨로에게 "프란츠 할더는 열정이 없고 무미건조하다. 그는 문제를 발견할 줄은 알아도 해결할 방법은 모르는 사람"이라고 말했다.[55] 결국 할더는 9월 24일에 해임되었다. 할더가 자신의 일기에 서술하기를, 히틀러는 "고위 지휘관들은 자신의 '아이디어를 향한 광적인 믿음'을 습득하도록 교육을 받아야 한다."라고 말했다고 한다.[56]

히틀러의 '아이디어'를 향한 광적인 믿음이 있는 것으로 보이는 쿠르트 자이츨러Kurt Zeitzler 장군이 새로운 총참모장으로 임명되었다. 그는 할더와 달리 전략적 군사 경험을 겪진 않았으나 히틀러를 더욱 존경할 인물임은 확신했다. 이보다 더욱 놀라운 조치는 A집단군 사령관 교체였다. 히틀러는 자신이 거느리고 있는 유능한 군지휘관 중에서 가장 출중하게 보이는 후보를 임명했다. 다름 아닌 히틀러 자신이었다. 히틀러는 본인을 가장 중요한 사람으로 생각했을 뿐만 아니라 다른 누구보다도 잘 수행할 수 있을 거라고 믿었던 듯했다. 히틀러는 히틀러라는 사람이 단 한 명만 있다는 현실을 유감스럽게 여겼다.

믿기지 않겠지만, 히틀러는 600마일 떨어진 흑해 동쪽의 전선에서 전투를 벌이고 있는 집단군에 매일매일 작전을 손수 작전을 지휘했다. 이렇게 해서 그는 네 가지 다른 직책에 자신을 임명했다. 집단군사령관commander of an army group, 육군사령관Supreme Head of the, Army, 독일국방군 총사령관Supreme Head of all the Armed Forces, 국가수반head of state이었다. 더욱이 이러한 파행적이고 혼란스러운 지휘구조가 잘 작동되리라고 믿었다는 점도 이상했다. 일반적으로 과대망상자들은 자신들이 모든 중요한 업무를 맡으면 어떤 과업이든 해결할 수 있을 거라 믿지만 실제로 그렇게 행동하는 자는 거의 없다. 그러나 히틀러는 예외였다. 히틀러는 과거 프랑스 침략과 같은 성공 사례에서는 비전을 제시하고 현장 지휘관들에게 최대한의 재량권을 허락했었다. 그런 점을 고려한다면 1942년 9월에 히틀러가 결정한 조치들은 특히 놀랍다. 구데리안이나 롬멜 같은 장군들이 현장에서 재량권을 발휘했다는 점이 당시 전투에서의 승리를 이끈 중요한 원동력이었다. A집단군의 지휘관이, 자신이 지휘하는 부대에서 수백 마일 떨어져 있는 상태에서, 구데리안이나 롬멜의 사례처럼 군사적 창의성이 발휘될 것이라고 생각한 히틀러의 발상이 신기할 따름이다.

히틀러는 자신의 계획과 달리 캅카스 유전지대를 장악하지 못할 수도 있다는 것을 깨달았다. 그의 혼란스러운 조치들은 바로 다급함에서 비롯되었다. 그는 이 목표를 달성하거나 그렇지 못하면 전쟁을 끝내야 할 것이라고 스스로 말한 바 있었다. 독일 육군의 보급품 공급을 책임지는 프리드리히 프롬Friedrich Fromm 장군이 9월 말 히틀러에게 충격적인 보고서를 제출하면서, 독일의 전쟁이 위기에 직면했다는 사실을 또다시 확인시켰다. 프롬 장군은 첨부된 상세 보고문을 통해 "두 전선 또는 세 전선에서의 전쟁이 왜 장기적으로 수행될 수 없는지"를 상세히 보고했다. 중요한 이유가 "미국의 참전 가능성과 (독일 도시들을 향한) 공습의 개시"는 아니었다. 프롬은 독일이 계속 전쟁을 수행하면 필연적으로 패배할 수밖에 없다는 점을 보다 더 정확하게 지적하고, 독일이 즉각 전쟁에서 빠져나와야 한다고 건의했다. 히틀러에게 "제3제국의 지도력을 내려놓고, 외교정책 문제에 집중해야 한다."라고 건의했다.[57] 군대의 역할은 "협상이 만족할 만한 결론에 이를 때까지 더는 실패하지 않는 데에 중점을 두어야 한다."라고 주장했다. 프롬 장군이 말하는 전쟁의 목표란 "승리의 획득이 아니라 재앙의 회피"였다.[58]

이 실망스러운 보고를 받은 히틀러는 예상대로 반응했다. 그는 보고서를 올린 사람을 비난했지만, 프롬은 직책에서 해임되진 않았다. 히틀러는 당시 기준 최근에 자신이 군지휘관들을 무더기로 해임했는데, 이를 통해 노련한 군사 행정가들이 무한정 있진 않다는 사실을 깨달았을 가능성이 컸다.[59]

프롬의 보고를 받은 시기에 히틀러는 A집단군의 캅카스 진격이 막했을 뿐만 아니라 B집단군과 파울루스_{Paulus} 장군이 지휘하는 제6군의 진격 상태에 관해서도 우려하게 되었다. 독일군은 돈강과 볼가강 사이의 스텝지대로 비교적 수월하게 진격하는 듯했으나 독일군이 스탈린그라드에 근접할수록 소련군의 반격이 강화되었다. 제14기갑사단장 요아힘 스템펠은 당시를 이렇게 회고했다.

> 스탈린그라드 서쪽에 소련군 방어진지가 구축되고 확장되었고, 이는 독일군의 진격에 커다란 장애물이 되었다. 나와 내 동료들은 소련군의 화염병 투척병사들을 크게 두려워했는데, 그들은 우리 병사들에게 무서운 화상과 부상을 입혔다.[60]

소련군 사관생도 부대를 지휘하는 아나톨리 메레시코는 다음과 같이 회고했다.

> 스탈린그라드에 인접한 곳에는 장비가 잘 갖추어진 참호, 다양한 사격거점 및 관측거점이 구축되어 있었다. 방어선도 군사교본에 맞추어 제대로 구축되었다.

그러나 그가 소속된 부대의 전사자 비율은 아주 높았다.

> 독일 전차가 우리 사관생도들이 있는 참호 위를 밟고 지나간 후 다시 방향을 돌려서 모든 것을 짓밟고 우리 병사들을 산 채로 매장하려 하였다. 전쟁에서 두려움을 느낀 적이 없다고 말하는 사람은

거짓말쟁이다. 누구나 공포를 느낀다. 누구도 죽고 싶어 하지 않
는다. 이런 측면에서 지휘관은 좀 더 유리한 입장에 있다. 그는 부
하들의 전범이 될 수 있다. 러시아 사람들은 이런 말을 한다. "많
은 사람 앞에서 죽는 것은 아름답다." 즉 다른 말로 하면 수백 명이
당신을 지켜보는 상황에서 당신은 다르게 행동한다. 두렵지만 당
신은 그 두려움을 누를 수 있다. 당신은 자신이 죽을 수도 있다는
것을 알고 있다.[61]

　소련군의 저항에도 불구하고 제6군은 1942년 8월 말 스탈린그라드
외곽에 도달했다. 작전 개시 때 독일군이 캅카스 진격 작전의 부수적
인 목표물로 생각했던 이 도시는 곧 이 전쟁의 운명을 결정짓는 결전
의 장소가 될 참이었다. 단순히 나치독일과 소련 사이의 전투가 아니
라 아돌프 히틀러와 이오시프 스탈린의 결투가 될 예정이었다.

12장

볼가강의 혈투

1942년 9~12월

널따란 볼가강 너머에는 단지 숲, 그리소 숲, 끝없는 지평선이 펼쳐져 있었다. 간단히 말해서, 스탈린그라드의 동쪽에는 정복할 가치가 있는 것이 아예 없어 보였다. 그렇기 때문에 독일군은 자신들이 종착점이 아니라 시작점에 도착했다는 사실을 깨닫지 못했다. 그들 아래 있는 불타는 도시를 장악하기 위한 참혹한 전투가 임박하였다.

1942년 8월 23일 일요일의 오후였다. 열한 살의 발렌티나 크루토바 Valentina Krutova는 스탈린그라드에서 멀지 않은 곳에서 버찌 열매를 채취하고 있었다. 그녀는 갑자기 웅웅거리는 소리를 들었다. 하늘을 쳐다본 그녀는 비행기들이 파도처럼 밀려오는 광경을 보았다. 잠시 후 연이은 폭발이 도시를 뒤흔들었다. 거대한 불길이 볼가강 인근의 공장과 석유저장소에서 솟아올랐고, 가까운 곳에서는 여자들과 아이들이 겁에 질려 불타는 집을 뛰어나와 도망을 쳤다. 약 2만 5,000명의 생명을 앗아간 독일 공군의 공습이 시작되었다.[1] 50만 명 이상의 주민이 여전히 스탈린그라드 안에 살고 있었기 때문에 사상자가 많이 발생했다. 발렌티나 크루토바는 당시 상황을 이렇게 설명했다.

그건 스탈린의 명령이었어요. 그는 스탈린그라드를 포기하지 않을 것이라 말했고, 주민들은 도시를 떠날 수 없었어요. 스탈린을 향한 믿음이 아주 커서 사람들은 이 도시가 항복하지 않을 거라고 생각했어요.[2]

14세였던 알베르트 부르콥스키Albert Burkovski도 이 공격을 목격했다. 그는 당시 물을 긷고자 볼가강 인근에 있었다.

우리는 독일군이 올 것이라 예상치 못했다. 그러다 폭격이 시작되자 정말로 무서웠다. 나는 아직도 그날의 비행기, 비행기의 소음을 생생히 기억한다. 마치 지옥 같았다. 나는 사람들이 어떻게 그걸 견뎌냈는지 모르겠다. 집에 돌아와 보니, 집은 이미 파괴된 상태였다. 아무것도 없었다. 나는 신음하는 소리, 우는 소리를 들을 수 있었다. 나는 길어온 물을 내동댕이치고는 울음을 터뜨렸다. 나는 아무것도 할 수 없었다. 나는 누군가 와서 우리를 구해주기를 바라며 울었다. 그러나 당신이 삽을 가지고 있었다 한들 무슨 일을 할 수 있겠는가? 이틀 뒤 다시 돌아왔을 때, 여전히 누군가의 신음을 들을 수 있었다. 아이들은 아직 질식해 죽지 않은 상태였다. 나는 홀로 남았다. 불에 탄 집, 죽음 사람들, 모든 것이 뒤죽박죽이었다.[3]

집에 있던 알베르트 부르콥스키의 할머니, 그리고 나머지 사람들 모두가 다 죽었다. 그날의 폭격은 동부전선에서의 전투 중 가장 극심한

히틀러와 스탈린

규모의 참상을 야기했다. 며칠 뒤인 9월 3일, 독일 장교 요아힘 스템펠은 볼가강에 인접한 언덕 위에서 불타고 있는 스탈린그라드를 바라보았다.

> 아시아의 경계에 서서, "우리는 드디어 볼가강에 왔다!"라고 말하였다. 그날은 기억에 남을 만했다. 아주 경이로운 느낌을 받았다. 우리는 이제 (전쟁이 독일군의 승리로 끝날 때까지) 오래 걸리지 않을 거라고 생각했다. 우리는 드디어 이곳까지 온 것이다.[4]

스템펠과 다른 독일 병사들이 최종 목적지에 도착했다고 생각한 것은 이상하지 않다. 그들은 바르바로사 작전의 최종적인 목표에 관해 설명을 들은 적은 없었지만, 베를린에서 1,400마일 떨어진 볼가강의 스탈린그라드가 자신들이 도달해야 할 최대의 목표라고 생각했다. 스템펠의 눈 앞에 펼쳐진 광경만 봐도 그렇게 생각할 법했다. 널따란 볼가강 너머에는 단지 숲, 그리고 숲, 끝없는 지평선이 펼쳐져 있었다. 간단히 말해서, 스탈린그라드의 동쪽에는 정복할 가치가 있는 것이 아예 없어 보였다. 그렇기 때문에 독일군은 자신들이 종착점이 아니라 시작점에 도착했다는 사실을 깨닫지 못했다. 그들 아래 있는 불타는 도시를 장악하기 위한 참혹한 전투가 임박하였다.

이후 몇 달간 스탈린그라드는 나치독일에 대항하는 소련의 저항을 상징하는 도시로 유명해졌다. 역설적이게도, 우리가 앞서 봤듯이 스탈린그라드 점령은 독일군의 청색 작전을 수립할 당시에는 원래 포함되지 않았던 사안이었다. 공세가 개시된 이후에야 히틀러는 스탈린그라드 산업시설을 파괴할 뿐만 아니라 아예 도시 전체를 장악해야 한다고, 제6군에 명령했다.

권터 폰 벨로 같은 제6군 소속 장교 중 일부는 히틀러의 숙적인 스탈린과 연관이 큰 이 도시에 관해 이렇게 생각했다.

> (스탈린그라드는) 상징적 중요성이 있다. 그래서 히틀러는 스탈린그라드의 점령을 볼셰비즘에 대항한 이념전의 승리라고 생각했다. 나는 이러한 상징성이 그의 결정에 영향을 주었다고 확신한다.[5]

원래 이름이 차리친Tsaritsyn이었던 이 도시는 1925년 스탈린이 혁명기간 중 이곳에 머물렀다는 사실을 기리고자 이름을 스탈린그라드로 바꿨다. 지리적으로 보면 스탈린그라드는 공격 측에 유리한 듯했다. 스탈린그라드는 볼가강 서안에 있는, 길고 좁은 지역에 20마일 정도 되는 길이에 걸쳐 펼쳐져 있었다. 도시 중심부로서는 통상적이지 않은 형세였지만, 거대한 강으로 인해 이런 형세가 조성될 수밖에 없었다. 독일군이 삼면에서 도시를 포위한다면, 스탈린그라드는 볼가강 동안東岸으로 연결된 유일한 보급로에 의존할 수밖에 없게 된다. 독일군이 포위된다면 볼가강을 도하하는 것이 아주 위험해진다.

스탈린그라드의 점령을 맡게 된 지휘관은 제6군 사령관 프리드리히 파울루스Friedrich Paulus였다. 파울루스는 키가 컸고, 학자풍의 모습을 한 50대 초반의 남성이었다. 스탈린그라드 점령 임무를 맡은 독일군의 대대장이었던 게르하르트 힌덴랑은 이렇게 증언했다.

그는 가끔 보면 차갑고 거만하게 보였다. 그는 뛰어난 참모 장교였지만, 병력을 직접 지휘하는 타입은 아니었다. 그는 그럴만한 용기가 없었다. 그는 결단력이 없었다.[6]

보크 원수도 힌덴랑의 의견에 동의했다. 그는 몇 달 전 벌어진 하리코프 전투에서 파울루스가 소련의 취약점을 제대로 활용하지 못했다고 생각했다.[7]

9월 12일 파울루스는 우크라이나 빈니차에서 히틀러를 만나 스탈린그라드 작전을 논의했다. 그는 특히 긴장된 순간에 현지에 도착했다. A집단군의 사령관인 리스트 원수와 총참모장인 할더 장군이 며칠 전 해임되었다. 히틀러는 최근 요들 장군에게 화를 내며 그가 자신의 견해를 잘못 이해했다고 비난했다. 이러한 충격적 사건 직후에 빈니차에 도착한 발터 발리몬트 장군은 당시의 분위기를 알게 해주는 기록을 남겼다.

내가 통나무집으로 들어갔을 때, 히틀러는 오랫동안 나를 악의에 찬 시선으로 쳐다보았다. 나는 갑자기 이런 생각이 들었다. 히틀러의 자신감은 사라졌다. 그는 사활을 걸었던 자신의 '게임'이 예정된 종착지에 들어섰다는 것을 깨달았다. 두 번의 시도에도 소련은 정복되지 않았고, 이제는 자신이 제멋대로 행동한 대가로 양면 전선에서 전쟁을 벌여야 하는 상황에 봉착하고 말았다. 나는 계속 생각했다. 바로 이러한 이유로, 히틀러는 자신의 실수, 실책, 환상, 백일몽을 너무 자주 목격한 장군들을 본인 주변에 두는 것을

더 이상 용납하지 않았다. 그가 이들에게서 멀리 떨어지려는 이유
이기도 하다. 또한 히틀러는 본인을 향한 무한하고도 확고한 믿음
을 지닌 사람만을 주변에 두고 싶어 했다.[8]

파울루스는 히틀러의 새 세상에 딱 들어맞는 유형의 장군이었다. 정
확한 전략을 수립하는 참모로서 훈련을 받기도 했거니와 우유부단한
성격의 소유자인지라 그는 히틀러를 상대로 도전할 용기와 기질 모두
없었다. 당장에는 히틀러의 목적에 충실한 일꾼으로는 파울루스가 적
합했다. 그러나 그는 롬멜, 만슈타인, 구데리안처럼 모험심 강한 장군

사진31 **프리드리히 파울루스**
독일군 제6군을 지휘한 그는 모든 측면
에서 소련군의 바실리 추이코프와 달랐
다. 그는 신중하고, 대체로 학자 같은 인
물이었다. 그는 그가 맡은 임무와는 전
혀 어울리지 않는 사람이었다.

들과는 정반대였다. 그로 인해 곧 역효과, 부작용이 생기고 말 것이다.

파울루스를 등용한 초기에는 이런 문제가 두드러지지 않은 듯했다. 스탈린그라드 공략이 특별히 힘든 과제로 여겨지지도 않았다. 9월 14일, 스탈린그라드를 향한 본격적인 공세를 펼친 독일군은 좋은 전과를 거두었다. 독일군은 시내 중심부를 내려다보는 전략 요충인 마마예프 쿠르간Mamayev Kurgan 언덕, 기차역, 강나루를 향해 진격했다. 그러나 독일군이 시내로 진입할수록 작전은 점점 더 어려워졌다. 개활지open steppe에서 독일군이 발휘한 모든 전술적 이점은 폐쇄공포를 불러일으킬 만한 시가지에서는 무의미했다. 불에 탄 적군의 건물과 폐허를 수색해야 한다는 어려움은 일부에 지나지 않았다. 이런 환경에서는 정교한 전술보다 가공되지 않은 원초적인 용기가 훨씬 더 중요하다. 한 예로, 9월 14일 제13근위소총병사단13th Guards Rifle Division은 가장 중요한 소비에트식 작전의 일환으로 포화가 집중되는 볼가강을 도하해 전장 한가운데에 뛰어들었다. 다음 날까지 사단 병력의 30퍼센트가 전사하거나 다쳤고, 전투가 끝났을 대는 1만 명의 병력 중 300명 조금 넘는 병력만 생존했다.[9] 이들의 무수한 희생으로 독일군이 강둑에 다다르는 것을 저지할 수 있었다.

소련군의 필사적인 결의를 상징하는 인물로 제62군을 지휘하는 바실리 추이코프Vasily Chuikov 사령관이 있다. 그는 전략적 사고를 폭넓게 할 줄은 몰랐지만, 우직하고 강인한 성정으로 자신의 부족한 부분을 보충했다. 그는 심각한 애주가였고, 스탈린은 바실리 추이코프가 "술버릇으로 군대를 망치지 않을지 염려"하여 제6군 사령관으로 임명하기를 주저하기도 하였다.[10] 그는 또한 부하들에게 자신이 느낀 불만을 폭력적인 방식으로 표출했다. 추이코프 휘하에서 군복무를 했던 아나톨리 메레시코는 그때를 이렇게 회상했다.

> 그는 부하들을 주먹이나 막대기로 구타하기까지 해서, 스탈린이 이를 말리기도 했다.[11]

추이코프가 지휘한 부대에서 부하를 구타한 지휘관은 추이코프 외에도 더 있었다. 당시 스탈린그라드 전투를 취재한 종군기자 바실리 그로스만은 부하를 구타하는 습관이 있는 다른 장교 두 명에 관해 이런 내용을 남겼다.

> 두 사람은 각자 '구타 지휘체계'를 가지고 있었다. 두 사람은 큼직하고 살이 많은 주먹을 쥔, 체격이 거대한 사람들이었다. 군사당위원회(Army Party Commission)에서 두 사람의 구타 행위를 지적하긴 했으나 두 사람은 그 버릇을 버리지 못했다. 그들은 더는 부하를 구타하지 않겠다고 약속했으나 술주정뱅이처럼 약속을 지키지 않았다. 그들은 매번 화를 참지 못하고, 부하들에게 주먹을 휘둘렀다.[12]

이와 관련해서 아나톨리 메레시코는 다음과 같이 회상했다.

> 바실리 추이코프는 강인한 의지를 지닌 군인이며, 아주 용감했다. 무모할 정도로 용감했다고 말하고 싶다. 군지휘관은 그 정도로 무모하게 용감할 필요가 없었다. 예를 들어, 그는 늘 최전선으로 향

하려 했고, 우리에게도 전선으로 향하라고 요구했다. 만일 누군가 전선에 나가보지 않고 나간 것처럼 보고하면, 그는 귀신처럼 그의 거짓말을 포착했다. 그는 아주 세세한 사항까지 질문하고 확인했다. 그는 부대를 아주 엄격하게 통제했다.

메레시코의 회상에 의하면 "추이코프는 '위대한 전략가'는 아니었지만, 그래도 전술에는 아주 뛰어났다."

그는 전투의 진행 방향을 아주 잘 예측하고, 시의적절한 결정을

사진32 바실리 추이코프

소련군 제62군을 지휘한 그는 스탈린그라드 전투와 같은 극한의 상황에서는 때때로 잔인한 리더십을 발휘해야 한다고 판단했다.

내렸으며, 모든 장애에도 불구하고 자신이 내린 결정을 수행했다. 그의 끈질김이야말로 최고의 장점이었다. 나는 파울루스가 왜 추이코프의 전술을 이해하지 못했는지를 이해할 수 있다. 파울루스는 전략적 사고가 익숙한 인물인데, 그런 전투에서는 전략적 사고 따윈 필요하지 않다. 시가전 전술이 필요할 뿐이다.[13]

스탈린 입장에서는, 과음을 한다는 점만 빼면 추이코프의 성격은 호감이 갈 수밖에 없었다. 추이코프 사령관은 주코프처럼 수단보다는 목표에 집중했다. 만일 그 수단이 자신이 보유한 '인적 자원'을 무자비하게 소비해야 하는 것이라면, 추이코프는 기꺼이 그렇게 하였다.

그러나 "스탈린그라드 전투에 참여한 소련군 병사 전원은 위대한 목적을 위해 자신을 기꺼이 희생하려고 했다."라는 발상은 틀렸다. 많은 병사가 자신의 책임을 회피했고, 그 결과로 가차 없는 처벌을 받았다. 1만 3,000명 이상의 병사가 전투 중 소련 당국에 의해 처형당했다. 이런 일벌백계식의 가혹한 규율은 서방 국가의 군대에서는 상상할 수 없는 일이었다.

스탈린그라드 초창기에는 독일군에 유리할 거라 간주된 '지리' 요소가 역설적이게도 하나의 핵심 부문에서는 소련군에 유리하였다. 바로 더는 후퇴할 곳이 없다는 특징이었다. 앞에는 독일군이, 뒤에는 강이 있다. 소련군은 그 불리한 거점에서 버텨야 했고, 스탈린그라드를 지켜야 했다. "볼가강 뒤에는 땅이 없다."라는 추이코프의 선언은 도시를 지키는 방어군의 구호가 되었다.

독일 제6군 소속의 수많은 병사는 계속 싸움을 지속하는 소련군의 결의를 이해할 수 없었다. 1940년 여름에 영국이 전투를 포기하지 않는 것을 이해하지 못한 히틀러처럼, 스탈린그라드 전투에 참전한 독일 병사 한 사람은 집에 있는 가족에게 이런 편지를 보냈다.

우리는 러시아가 굴복해야 한다고 생각하지만, 저 무식한 사람들은 너무 멍청한 나머지 그것을 깨닫지 못하고 있다.[14]

독일군이 한 발자국도 더 앞으로 진격하지 못하자, 시내 건물 하나하나에서 치열한 전투가 발발했다. 독일군은 이런 전투에 제대로 대비하지 않았다. 제71보병사단의 장교였던 게르하르트 뮌히는 이렇게 회상했다.

우리는 건물 1층에 있었고, 소련군은 지하에 있었다. 수류탄을 던질 수밖에 없었다. 러시아군이 같은 건물 지하에 있고, 우리는 그들 위에 있었기 때문에 다른 방법은 쓸 수 없었다. 우리 독일군은 건물을 샅샅이 훑는, 이런 종류의 전투 훈련을 받은 적이 전혀 없었다.[15]

"건물을 하나하나 수색하며 벌이는 전투는 무서웠다."라고 요아힘 스템펠도 이렇게 증언했다.

그 시점에 병사들은 완전히 다른 전투 상황에 직면했다. 우리가 이 공장들, 즉 트랙터공장, 무기공장, 금속공장, 또 제빵공장 앞에 다다랐을 때, 우리는 무엇이 무엇인지 도저히 알아차릴 수 없었다. 눈에 띄지 않는 적군들이 갑자기 사방에서 나타나 우리에게 사격을 가하고, 우리 후방에서도 사격을 가했기 때문이다. 우리는 이런 식의 전투를 겪어본 적이 없다.[16]

스탈린그라드의 병사들뿐 아니라 히틀러와 스탈린도 근심으로 가득한 9월의 나날을 살았다. 히틀러의 절망감은 점점 커졌다. 9월 11일, 히틀러는 스탈린이 남부 전투에 투입할 병력이 '아직도' 200만 명이나 보유하고 있고, 소련은 매달 1,000대 이상의 전차를 생산할 수 있다는 보고를 받았다. 이 보고를 받은 히틀러는 입가에 거품을 물고, 양 주먹을 꽉 쥐고는 보고자를 향해 "이런 터무니없는 소리를 더는 참고 들어

사진33 **스탈린그라드 전투의 소련군 병사들**
시가전, 근접전에서 독일군 특유의 기동전은 효과가 없었다.

히틀러와 스탈린

줄 수가 없다."라고 외쳤다.[17] 히틀러는 이런 나쁜 소식을 보고받기를 도저히 용납할 수 없었다. 특히 자신의 목표를 거의 이루었다고 느낀 시점에서는 더욱 그랬다. 제6군은 스탈린그라드에서 소련군을 거의 쓸어낼 뻔했고, A집단군은 캅카스 유전지대에 거의 도달할 뻔했다. 그러나 히틀러에게는 '거의'가 충분하지 않았다.

히틀러는 9월 말 베를린으로 가서, 수천 명의 초급장교를 상대로 연설했다. 당시 연설을 들은 친위대의 카를하인츠 벤케는 이 장면을 이렇게 회상했다.

> 그날 연설은 내가 전쟁 중 가까이서 히틀러를 마주한 유일한 순간이었다. 스포츠팔라스트에서 진행된 연설에서, 당시 우리는 큰 감동을 받았다. 히틀러는 회색 군복을 입고, 유일하게 1등 철십자 훈장을 달고 있었다.

벤케처럼 히틀러의 청중들은 모두 나치라는 나라에서 성장했고, 어린 시절부터 총통이 거의 신비에 가까운 힘을 가졌다고 믿으며 자랐다. 무엇보다도, 이들은 아돌프 히틀러를 향한 '믿음'을 가지라는 훈계를 받으며 자랐다. 그래서 벤케와 그의 동료들이 "무조건적으로 총통에게 충성할 결심"을 했던 것은 놀라운 일이 아니었다.

그들이 계속 신념을 지킨 이유 중 하나는 그 당시 시대의 성격이다. 그들 대부분은 독일이 자원 부족이라는 근본적 문제를 해결하지 못했다는 것을 알지 못했다. 그리고 그들의 관점에서 사태를 바라본다면 승리가 곧 눈앞에 있었다. 더군다나 히틀러는 그들에게 평범한 승전이

사진34 **수심에 잠긴 히틀러와 그의 군지휘관들**

카메라를 바라보는 왼쪽 인물은 알프레트 요들 장군이다. 알프레트 요들 장군과 히틀러 사이에 모피 코트를 입고 있는 인물은 구데리안 장군이다.

아니라, 그들 모두에게 영광이 될 "동방의 거대한 식민지"를 약속했다.

그는 도저히 상상할 수 없는 비전을 제시했다. 그는 유토피아를 약속했다. 우리는 하나가 된 위대한 유럽에서, 동쪽에 레벤스라움이 마련된다는 (히틀러가 주장하는) 사실에 매혹되었다. 당시 나는 그의 명에 따르는 것이 옳은 방향이라 생각했다. 이와 관련된 모든 일, 즉 사람을 살상하고 기타 등등의 일에 관해서는 전혀 고려하지 않았다. 당시 우리는 간간이 전쟁에서 패배하면 좋겠다는 농담도 했다. 왜냐하면 그렇게 되지 않으면 나는 지역의 사령관, 총독이 되어 집에서 멀리 떨어진 타지에서 내 직무를 수행해야 했기 때문이었다. 나는 우리가 단순히 우월하다고도 생각했다. 알다시피 슬라브인들보다 우월하다고 생각했다. 지금 돌이켜보면 순진한 발상이었다. 그렇게 거대한 제국을 꿈꿨다는 것은![18]

히틀러는 베를린을 방문한 짧은 기간에 다른 연설도 했는데, 이 연설에 좀 더 문제가 많았다. '겨울 구호'라는 연례 자선행사 개회식에서 행한 연설이었다. 거기서 히틀러는 독일 국민을 상대로, 독일국방군이 동부전선에서 전투를 치르는 동안 다시 겨울이 왔다는 점을 상기시켰을 뿐만 아니라 전년도의 전쟁에서 거의 승리를 거두었다는 식으로 말했다. 신문들도 동방에서 독일이 승리했다는 식으로 선언하다시피 떠들었다. 이제 그런 일이 일어나지 않았다는 것이 너무도 분명해졌다. 그리고 "미국이 참전하면 독일이 과연 전쟁에서 승리할 수 있는가?"라는 의문이 제기되었다. 그런 점에서 스탈린그라드 전투는 상징적이었다. 공세 초기에는 그다지 중요하지 않았던 이 도시가, 이제는 동부전선에서 독일의 성취를 가늠하는 지표가 되었다.

히틀러는 스탈린그라드가 "스탈린의 이름을 지닌 도시"였기 때문에 관심 대상이 되었다는 주장을 부인했다. 대신에 "그 도시가 전략적으로 중요한 위치에 자리 잡고 있기 때문"이라고 주장했다. 그리고 "아무도 우리를 이 장소에서 쫓아내지 않을 때가 와야 마음 편하게 쉴 수 있다."라고 맹세했다. 이 맹세는 그가 1941년 10월에 했던 약속보다 좀더 구체적인 내용을 머금고 있었다. 1941년에는 "소련군이 절대로 재기하지 못할 것이다."라고 약속했다. 1942년의 히틀러는 어느 특정 도시에 자신의 명예를 걸었다. 그의 병사들은 이제 스탈린그라드를 포기할 수 없게 되었다. 그의 약속은 분명히 의도적이었다.

사실 히틀러는 그런 약속을 할 필요가 없었다. 그는 연설에서 그 문장을 생략해도 상관없었다. 그렇다면, 그는 어찌하여 그런 약속을 말하기로 결정했는가? 아마도 스탈린그라드에서 전투를 치르는 독일 병사들을 격려하고, 고국의 친지들에게는 그들의 희생이 가치 있다는 점을 강조하고 싶어 했을 가능성이 크다. 그렇지만 한편으로는 이전에도 사용했던 기만술을 또다시 사용했던 것으로 볼 수 있다. 자신의 약속에 강력한 의지를 담아 전달하여, 그는 자신과 다른 사람들에게 그런 일이 실제로 일어날 수도 있다는 확신을 심어주려고 한 것이다. 히틀러의 이러한 수사는 배를 불태우는 방식form of burning his boats ◦이고, 동시

◆ '배를 불태우는 것(burning one's boat)'이란 더 이상 물러설 수 없게, 계획 변경을 불가능하게 만드는 것을 의미한다. 1519년 오늘날 멕시코의 '베라크루스'에 상륙한 스페인 모험가 '에르난 코르테스'가 자신의 배를 불태운 일화에서 해당 표현이 유래했다는 설이 있다.

히틀러와 스탈린

에 오랫동안 히틀러가 선호한 기법이었다.

　무엇보다도, 그는 전황이 진전되고 있다는 점을 보여주고 싶어 했다. 이 연설에서, 히틀러는 "아무것도 일어나지 않는 것처럼 보이는 때에도 거대한 일이 진행되고 있다."라고 말했다. 이 말에 담긴 의미는 무척 컸다.[19] 이런 보장을 내건 이유는 분명했다. 독일 국민이 연합군의 폭격으로 점점 더 많은 고통을 받고 있었기 때문이다. 히틀러는 "무고한 민간인들을 대상으로 폭격을 개시하도록 허락한 장본인"인 처칠이 최근에는 폭격 규모가 크게 증가할 것이라 선언한 말을 인용했다. 그러나 히틀러는 곧이어 이 위협이 처칠과 전쟁광 루스벨트의 배후에 있는, 유대인들의 작품이라고 비난했다. 현재 진행 중인 유대인 멸절 작업을 언급하고는, "유대인들은 조만간 웃고 싶은 생각이 없어지게 될 것이다."라고 약속했다. 그러나 연합군의 폭격 위협에 시달리던 대부분의 독일 국민은 자신이 살고 있는 집이 파괴될지 아닐지가 가장 중요했다. 그래서 히틀러의 연설에는 히틀러가 생각하는 우선순위가 무엇인지 알 수 있다. 그는 연합군의 폭격을 막을 수도, 독일 국민을 보호할 수도 없었다. 그러나 유대인은 죽일 수 있었다.

　그는 장황하고도 지루한 연설에서 다른 사항도 언급할 필요가 있었다. 당시 고위 장성들을 위한 수보로프 훈장을 만든 스탈린과 달리 히틀러는 철십자 훈장Knight's Cross of the Iron Cross은 계급에 상관없이 수여할 수 있다는 것을 자랑스럽게 말했다. 서훈의 유일한 기준은 병사가 국민을 이끌 지도자가 되기에 걸맞은 '용감한' 사람인지 아닌지였다. 독일의 최고 훈장은 군에서 용맹한 성과를 선보인 누구라도 받을 수 있다는 점을 강조하면서, 그는 "구세계가 무너졌다."라고 덧붙였다. 많은

1942년 말~1943년 초 사이에 촬영한 히틀러

해당 사진은 히틀러의 전용기에서 촬영되었다. 그는 과거에 똑같은 비행기 안에서 독일군이 패배하면 자결하겠다고 발언한 적이 있었다. 이 사진이 촬영된 시기의 히틀러는 독일군이 전쟁에서 승리하기 어렵다는 사실을 알고 있었다.

히틀러와 스탈린

독일인이 히틀러를 지지한 중요한 이유는 히틀러가 계급구조를 철폐했다고 생각했기 때문이다. 영국군에 생포된 한 독일 장교는 녹음이 된다는 사실도 모른 채 다음과 같이 말했다.

> 어떤 것(계급구조, 구세계)은 영원히 남는다. 수백 년간 지속된다. (계급구조 또는 구세계를 나치가) 만들지도 않았다. 중요하지도 않다. 그러나 이 국가가 조직된 방식은 오랫동안 이어졌다. 특히 노동계급을 국가의 일부로 조직한 방식은 오랫동안 이어졌다. 히틀러는 국가라는 조직에서 노동자의 몫을 할당했다. 과거에는 아무도 이렇게 하지 않았다. "모든 사람이 공통의 목표를 위해 일한다."라는 원칙을 말하긴 쉽다. "기업가란 독일 노동자와 다른 자본가가 제공한 자본을 위임받은 사람에 불과하다."라고 말하기도 쉽다. 그러나 말이 쉬울 뿐이다. 아무도 그렇게 하지 못했다.[20]

그러나 이러한 '계급 없는 유토피아'에서도 양성은 평등하지 않았다. 여성들은 기본적으로 남편을 내조하고 자녀를 양육하는 능력을 요구받았다. '독일 어머니'의 이미지는 나치독일의 선전을 통해 거의 신격화되었다. 수십만 명의 여성이 독일국방군에서 비서, 간호사, 기타 비전투 직무 요원으로 근무했다. 여성이 전선에서 싸운다는 발상은 히틀러에게는 결코 용납될 수 없는 금기였다. 그러나 스탈린의 생각은 완전히 달랐다. 소련군에는 100만 명 이상의 여성이 전차 지휘관, 저격수, 전투기 조종사 등 여러 직무에 배치되었다.

무장친위대_{Waffen-Schutzstaffel}* 소속 빌헬름 로에스_{Wilhelm Roes}는 소련 여성들이 조종하는 T-34 전차부대와 전투를 벌였다. 그는 포로가 된 소련 여군들을 관찰하면서 이렇게 증언했다.

> 그들은 너무 강인했고, 너무 광신적이었다. 그 여자들은 아마 자원병이었다. 그들은 마치 우리를 이 자리에서 죽이려 하는 듯한 눈빛을 뿜냈다. 그들은 트럭에 태워져 후방으로 이동했는데, 나는 그들에게 무슨 일이 일어났는지 알 수 없다. 우리는 독일군 전차 안에서 오랫동안 이 이야기를 했다. 동료는 이렇게 말했다. "너는 우리 동료가 아니야. 우리는 그 젊은 여성을 여기에 데려와 재미를 보았어야 했어." 우리는 이런 식으로 대화를 시작했다. 내 동료들은 독일에서는 여자들이 앉아서 일을 하는데, 소련군은 어째서 여자를 전투에 참전시켰는지를 이해할 수 없다고 말했다. 독일인에게 엄마는 애를 낳는 여자였다. 나는 항상 여자를 존경했다. 내 어머니는 그런 대단한 사람이었다.[21]

빌헬름 로에스와 그의 동료들은 전투에 여성을 투입하는 것이 공산주의 체제의 전형적인 특징이라 생각했다. 이들은 적군을 자국의 땅에서 몰아내기 위해서는 무슨 일이든 할 수 있는 인력이었다. 이런 판단은 어떤 면에서 옳았다. 소련군이 여성 인력을 폭넓게 활용한 이유는 소련이 직면한 위험한 상황 때문이기도 했다. 스탈린그라드에서 통신

◆ 나치친위대(Schutzstaffel) 소속 무장 전투집단으로, 제2차 세계대전 당시 제4의 군대로 활약했다.

장교로 참전한 타마라 칼미코바Tamara Kalmykova는 이렇게 말했다.

여성들이 참전하는 일은 드물다. 그러나 이곳의 전투는 너무 치열해서 나는 방관할 수 없었다. 나와 똑같을 성씨를 지닌 (친척) 28명이 전사했고, 7명이 불구가 되어 생환했다. 어떤 사람은 독일군 강제수용소에서 죽었다. 또 다른 사람들은 산 채로 태워졌다. 이런 상황에서 누가 복수심에 불타지 않을 수 있겠는가? 어떤 소수민족의 어떤 여성이라도, 나와 같은 상황에 봉착한다면 똑같이 참전했을 것이다.[22]

사진36 **소련군에서 활약한 여성 저격수**
소련군에서 여군은 전차 지휘관, 저격수, 전투기 조종사 등 다양한 병과에서 활약했다.

소련군에 여성이 광범위하게 참여한 이유 중에는 독일과는 구별되는 소련의 철학도 꼽을 수 있다. 1930년대 소련은 현대적 산업화를 진행하는 과정에서 여성 인력을 적극적으로 활용했다. 이와 달리 히틀러는 소련군이 독일로 진군하는 전쟁 말기에도 여성의 참전과 전선에서의 전투를 허용하지 않았다. 나치의 여성관은 다음 문장으로 요약할 수 있다.

> 여성은 세 가지 K, 아동(Kinder), 부엌(Küche), 교회(Kirch)에 집중해야 한다.

소비에트 공산당원 입장에서 나치의 여성관은 혐오의 대상이었다. 그러나 그렇다고 소련 여성들이 차별적 대우를 받지 않았다는 뜻은 아니다. 단적인 예로, '전장 부인Campaign wives'이 있다. 지휘관들이 전선에서 '성적 대상'을 '선택'하는 이 관행을, 소련군 고위 지휘부에서는 인정하였다. 종군기자 바실리 그로스만이 "전장 부인은 우리의 큰 죄악"이라고 말할 정도였다.[23] 전장 부인으로 선택된 여성들은 자신들을 택한 남성 지휘관들의 부하였고, 이들은 이런 관행에 복종하도록 압력을 받았다.

소련군에 복무한 여성들은 다른 고초도 겪었다. 제3전차군 소속 전차 운전병이었던 예카타리나 페틀루크Ekatarina Petluk는 당시 겪었던 부조리를 이렇게 증언했다.

> 정말 힘든 상황이었다고 말해야 한다. 여자인 나로서는 월경 기간

이 가장 힘들었다. 목화로 만든 면이나 의료용 붕대가 충분치 않았다. 나는 눈에 띄는 물건을 찾아 임시로 생리대를 만들어야 했다. 나는 젊었고, 수줍음도 많이 탔다. 나는 수많은 남성과 같이 생활하는 상황에서 나의 자존심과 여성성을 지켜야 했다.[24]

소련군의 모든 병사는 성별을 떠나서 가장 힘든 여건을 견뎌내야 했다. 예를 들어, 스탈린그라드 전투에서 통신부대에 복무했던 알베르트 부르콥스키는 하수구에서 생활했다.

아주 습기가 찼고, 음습했으며, 냄새도 고약했다. 병사들이 마셔야 할 산소가 부족했다. 그러나 병사들은 무사했다. 어떤 지뢰, 수류탄도 그렇게 두꺼운 벽을 뚫고 침투할 수 없었다. 병사들은 전투가 끝날 때까지 하수구에 머물렀다. 병사들은 이(louse, 벌레의 일종)를 잡아서 경주를 시켰다. 목표지점까지 제일 먼저 도달하는 이의 임자가 승자였다.[25]

이런 고난을 견뎌내는 소련군 병사들의 인내심은 독일군과의 싸움에서 강력한 강점이 되었다. 바실리 그로스만은 이에 관해 다음과 같이 적었다.

러시아인들은 역경을 견디며 자라났다. 이와 다르게 독일군은 기술적 우위에 기반을 둔 손쉬운 승리를 거두는 데에 익숙했다. 독일군은 환경의 고통에 쉽게 굴복했다.[26]

바실리 추이코프는 자신이 지휘하는 병사들에게 전선에서 최대한 독일군에 근접할 것을 명령했다. 이러한 조치 덕분에 소련군을 상대로 사용할 독일군의 포병 화력이 무력화되었을 뿐만 아니라 독일군이 소련군의 방식대로 싸울 수밖에 없도록 만들었다. 소련군의 방식은 종종 백병전 형태로 구현됐다. 제305보병사단 소속 사병이었던 헬무트 발츠는 자신과 동료들이 낯선 방식으로 싸우는 탓에 얼마나 애를 썼는지를 회고했다.

> 우리는 여러 번 삽을 사용하여 싸워야 했다. 당시 우리는 접히는 삽을 새로 지급받았고, 나사로 그 삽을 조여서 사용해야 했다. 그렇지만 삽은 무서운 무기가 될 수 있었다. 전투 중 다른 방법이 없을 때에는 순식간에 이 삽을 집어 들고, 적군의 머리나 배를 치거나 다른 곳을 타격했다.[27]

10월 14일, 독일군은 스탈린그라드를 향해 다시 한번 공세를 개시했다. 다시 방어를 시작한 소련군은 큰 압박을 받았으나 무너지지 않았다. 스탈린이 병사들을 격려하고자 스탈린그라드에 왔다는 소문도 돌았다. 물론 거짓말이었지만, 강력하고 신비로운 강철의 지도자는 조국을 위해 싸우는 병사들을 크게 위로했다.[28]

그 시각, 스탈린은 전선에서 병사들을 독려하는 대신 크렘린 집무실에 앉아 '의심의 날개'를 활짝 펼쳤다. 스탈린은 10월 19일 영국 주재 소련대사 마이스키에게 이런 내용이 적힌 전문을 보냈다.

모스크바에 있는 우리는, 처칠이 우리를 대가로 히틀러와 협상을 하기 위해 소련의 패배를 바란다고 의심한다. 처칠은 왜 제2전선의 형성을 거부하고, 소련에 공급하는 무기를 계속 감축하며, 또한 최근 루돌프 헤스를 재판에 회부하는 일*도 전후로 미루었는가? 이런 추측 없이는 이를 이해하기 힘들다.

1941년 이후 영국에 억류되어 있는 히틀러의 최측근, 루돌프 헤스의 운명에 관한 스탈린의 의심은 거의 병적인 수준이었다. 거기다 "처칠은 9월에 모스크바를 방문했을 때, 베를린을 향한 전면공습을 감행하겠다고 약속했음에도, 여전히 '조금도' 공습을 실행하지 않고 있다."라고 불평을 덧붙였다.[29] 처칠은 당연히 전쟁에서 발을 빼는 음모를 꾸미지 않았지만, 스탈린은 본인의 심각한 우려를 반영한 의심을 드러냈다. 그러나 이 메시지 뒤에는 숨은 진실이 있다. 소련군이 동부전선에서 살육을 감행하는 독일군과 혈투를 벌이는 동안 서방 연합군은 소련군을 돕기 위한 어떠한 행동도 하지 않았다.

스탈린이 마이스키에게 보낸 전문을 보면, 스탈린은 소련의 운명이 아직 예측할 수 없다고 생각했다는 것을 알 수 있다. 그러니 몇 달 후 소련 병사들이 승리했다고 해서, 붉은군대가 어떻게든 성공했을 것이라 간주하지 않는 편이 좋다.

독일군의 10월 공세는 이전 공격과 마찬가지로 난관을 마주했다.

◆ 독일의 부총통이었던 루돌프 헤스는 1941년 비밀리에 영국으로 날아가 제2차 세계대전의 종전 협상을 시도했다. 그는 체포된 후에 전범 혐의로 무기징역형을 선고받았고, 1987년 감옥에서 자살했다.

스탈린그라드 전투에 참전했던 독일군 보병장교 게르하르트 뮌히는 이렇게 회고했다.

> 돌아보면 모든 일에서 제정신이 아닌 것 같았다. 전투를 계속할 아무런 이유가 없었다. (전황을) 바꿀 자원이 없었기 때문에 변화시키겠다는 의지조차 없었다. 아군 병력이 갈수록 고갈되는 상황에서 충격군의 지휘관을 아무렇게나 선발할 수는 없었다. 고국에서 10주 훈련만 받은 신병을 전선에 배치하고 스탈린그라드의 폐허에서 싸우라 하는 것은 아무런 의미가 없었다. 시도할 가치조차 없었다. 나는 차라리 이들을 고향으로 돌려 보내는 것이 낫다고 생각했다. 다음 날 아침이면 이 병사들은 전원 전사할 것이다. 이들은 아무 경험이 없고, 제대로 된 전투 감각도 없기 때문이다.[30]

매일 엄청난 수의 병력이 손실되어, 독일군 지휘관들은 얼마 안 있으면 독일국방군 병사가 스탈린그라드에 한 명도 남아 있지 않을 것이라 우려했다.[31] 아마도 히틀러도 후방에서 이와 같은 근심을 했을 가능성이 크다. 그의 공군 부관은 당시 히틀러가 시름에 잠긴 광경을 자주 발견했다.

> 그는 정말로 독일이 승리를 거두고 이 전쟁을 종결할 수 있을 것이라 생각하는가? 이 질문이 처음으로 머릿속에 떠올랐다. 이 질문에 관한 대답이 무엇인지 추측하기 어려웠다.[32]

히틀러와 스탈린

히틀러는 스탈린그라드뿐만 아니라 북아프리카에 연합군이 상륙할 가능성도 우려했다. 11월 8일, 10만 명의 연합군 병력이 알제리와 프랑스령 모로코에 상륙하면서 근심은 현실이 되었다. 최초로 미군도 이 전선에 참전했다. 히틀러에게 더할 나위 없이 최악인 시점이었다. 그날은 나치당이 뮌헨에서 맥주홀 폭동을 일으켰던 '기념일'이었고, 히틀러는 그날 저녁에 전통에 따라 기념연설을 하고자 뮌헨으로 떠났다. 그러나 연합군의 북아프리카 상륙에 관해 히틀러가 대체 무슨 말을 할 수 있겠는가? 제1차 세계대전 당시 독일 국민은 미국이 프랑스에 도착하면서 독일의 국운이 다했다는 것을 잘 알고 있었다. 이제 미군이 다시 한번 독일군과 싸우게 되었다. 괴벨스는 자신의 일기에 "우리는 이 전쟁의 전환점에 서 있다."라고 적었다.[33]

히틀러는 사적인 자리에서 미국의 주도권을 얕잡아 보았으나[34] 공식석상에서는 이 문제를 논의할 가치조차 없게 취급했다. 뮌헨의 뢰벤브레우켈러에서 발표한 긴 연설에서, 히틀러는 미국을 딱 한 번만, 그것도 아주 짧게 언급했다. "늙은 갱스터인 루스벨트는 독일군으로부터 북아프리카를 보호하기 위해 공격을 시작"했다고 주장했는데, 히틀러는 루스벨트의 말을 두고 "이러한 신빙성 없는 주장은 언급할 필요조차 없다."라고 일축했다. 연설의 나머지 부분은 이미 익숙한 내용이었다. 그는 다시 한번 "유대인들이 또다시 전쟁을 일으키면, 그들을 멸절시킬 것"이라고 말했다. 당시 이 말을 우습게 여긴 수많은 사람은 시간이 흐른 이후 더는 웃지 못하였다. 히틀러는 청중들에게 "독일은 연합국의 폭격에 큰 타격을 입힐 반격을 준비하고 있다."라고 주장했다. 그러나 이런 엄포에도, 히틀러는 이미 약속을 실현할 능력이 없다는 사실을 감출 수 없었다. 히틀러는 스탈린그라드가 여태 점령되지 않았다고 인정했으나 저항할 수 있는 장소가 몇 군데만 있다고, 도시가 함락되지 않았다는 사실 자체는 별로 중요하지 않다고 주장했다. 더는 볼가강에 (소련으로의) 선박 유통이 불가능해졌기 때문이다.

히틀러는 연설 끝자락에서, 독일군은 전장에서 히틀러 본인의 생각을 대신 수행하고 있다고 말했는데, 그로 인해 청중들에게 자신의 말이 얼마나 설득력 없게 들렸을지를 깨닫지 못했다. 앞으로 그는 "아주 드물게 연설할 것"이라고 언급하고는 뻔한 말로 연설을 마쳤다. 그는 청중들에게 "이 전쟁은 우리 국민_{Volk}이 존재할 것이냐 사라질 것이냐를 결정할 것"이라 말했다.[35]

히틀러의 이 연설에는 유약한 변명의 악취가 진동한다. 히틀러는 독일이 전쟁에서 불리한 상황이라는 점을 감출 수 없었다. 상황이 너무 나빠서, 히틀러의 측근 일부는 소련과의 강화조약을 체결하자고 말하기 시작했다. 연설을 하기 이틀 전, 기차로 이동하던 히틀러는 바이에른의 밤베르크_{Bamberg}에서 리벤트로프를 만났다. 리벤트로프는 히틀러에게 중립국인 스웨덴에 주재하는 소련 외교관들을 이용해 스탈린에게 접선하여 동부전선을 마무리할 것을 건의했다. 히틀러는 "(아군이) 약해진 시기에는 적과의 협상이 적절하지 않다."라고 답하며 이 제안을 거절했다.[36]

히틀러에게 향해지는 압박은 점차 강해졌다. 전황 때문만은 아니었다. 히틀러는 정상적인 일정으로 일하지 않았다. 전쟁 전에는 딜레탕트_{Dilettante}•처럼 생활하며 늦게까지 잠자리에서 일어나지 않았다. 1930년 히틀러의 개인 비서로 일한 프리츠 비데만_{Fritz Wiedemann}의 증언에 따르면, "히틀러는 문서를 자세히 읽기를 싫어했다."라고 한다.

> 우리는 히틀러가 관련 서류를 보겠다고 요구하지도 않은 상태에
> 서 중요한 문제에 관한 결정을 내리기도 했다. 히틀러는 많은 일
> 에 간섭하지 않고 놔두면 스스로 우선순위가 가려진다고, 경중이
> 가려진다는 생각을 가지고 있었다.[37]

그러나 이런 자유방임적인 업무 스타일은 전쟁 이후에는 더 이상
유지할 수 없었다. 그는 규칙적으로 군사회의를 주재해야 했고, 자주
고립되었다고 느낄 만큼 회의 참석자들의 공격을 받기도 했다.

히틀러는 일종의 휴가를 핑계 삼아 베르히테스가덴 위의 산악지대
인 베르그호프로 물러나 있었다. 베르그호프는 등산과 따뜻한 차를 즐
기던 좋은 시절을 상기시켰다. 그러나 (전쟁이 한창인) 그 시점에, 히틀러
가 선택한 베르그호프는 최악의 업무 장소였다. 그는 1,500마일 떨어
진 곳에서 전투를 진행하는 자신의 병력을 세밀한 전략으로 직접 지휘
하겠다고 고집을 피우고 있었다. 히틀러가 베르히테스가덴의 휴양지
인 오버잘츠베르크Obersalzberg에서 휴식을 취하던 11월 19일, 소련군은
전쟁 중 가장 강력한 반격을 개시했다.

천왕성 작전Operation Uranus이라는 암호명이 붙은 이 반격 작전은, 스탈
린이 9월에 주코프와 총참모장 알렉산드르 바실렙스키와 회동하면서
수립되었다. 전황 지도를 살펴보던 스탈린은 주코프와 바실렙스키가

◆ 예술이나 학문 따위를 업무가 아니라 취미로 하는 사람을 이르는 말이다. 이탈리아어 '즐기다(Dilettare)'가 어원이다.

서로 스탈린그라드 문제에 관한 "또 다른 해결법"을 대화하던 광경을 우연히 목격했다. 자신에게 집중하지 않는다고 두 장군을 야단치는 대신 스탈린은 이들에게 그 계획을 상세히 구축할 것을 지시했다. 다시 돌아온 두 장군은 스탈린에게 파격적인 계획을 제안했다. 바로 스탈린그라드에서 아주 먼 서쪽에서 독일군과 독일의 동맹군을 포위해 보급선을 차단하는 방법이었다. 이 계획을 처음 접했을 때, 스탈린은 공격 지점이 전장에서 너무 떨어져 있다는 점을 우려했다. 어느 진격 지점은 스탈린그라드에서 서북쪽으로 100마일 이상 떨어져 있었다. 그러나 두 장군이 설득하자 스탈린은 이 계획을 받아들였다.[38] 역사에서 아주 중요한 순간이었다.

천왕성 작전이 모험적이라서 역사적이라고 평가하는 것이 아니다. 흥미롭게도, 스탈린은 휘하 장군들이 이렇게 커다란 규모의 창의적인 해결책을 스스로 제시할 수 있도록 격려했다. 주코프를 향한 스탈린의 신뢰가 점점 커진 덕분이라고 추측한다. 1942년 가을, 두 사람 사이에 오간 교신 내용을 검토하면 스탈린의 어조가 바뀌었음을 알 수 있다. 스탈린은 이제 무슨 일을 해야 할지를 일방적으로 지시하고 그다음 바로 지휘관을 비판하지 않는다. "귀관은 무슨 계획을 세웠는가? 귀관은 그렇게 생각하는가?" 같은 말을 사용했다. 그가 갑자기 자상한 사람으로 변한 것은 아니었다. 그는 여전히 일부 장군을 가혹하게 대우할 수 있었다. 그러나 주코프만큼은 다른 대접은 받았다. 모두를 의심하는 것을 무기로 사용해 경력을 쌓았던 스탈린은 칼루가Kaluga 지역에서 구두 수선공의 아들로 태어난 주코프를 신뢰했던 듯했다.[39]

스탈린, 주코프, 바실렙스키의 회동이 있었던 날짜가 정확히 언제인지에 관해서는 일부 논란이 있다. 다만 핵심 사항에 관해서는 아무런 의문이 없다. 스탈린이 장군들의 의견에 귀를 기울였고, 주코프에게 특별한 신뢰를 드러냈다. 당시 히틀러의 행동과 대조할 때, 이보다 더 차이가 나는 부분은 없었다. 스탈린이 동지애를 발휘하던 그 시기에, 히틀러는 군지휘관들의 세부 작전에 일일이 간섭했을 뿐만 아니라 창의성이 없는 파울루스 같은 장군을 제6군 사령관으로 임명했다. 이런 점이 이후 발생할 사건의 유일한 이유라 평할 수는 없지만 얼마 지나지 않아 독일군 제6군이 괴멸되는 핵심적인 전제조건이었다는 점은 확실하다.

천왕성 작전은 스탈린그라드에서 제6군을 포위하려고 시도했다. 먼저 도시의 서쪽을 방어하던 루마니아군을 목표로 삼았다. 루마니아군은 전투 동기, 지휘력, 무장 수준에서 독일군에 훨씬 못미쳤다. 이외에도 소련군은 영민하게 행동했다. 소련군은 이 공격 작전에 보유한 전차의 과반을 투입했지만, 독일군에 정체를 들키지 않게 하기 위해 대규모 기만전술을 펼쳤다. 독일군의 정찰 노력을 헛수고로 만들고자 실제 공격 방향에서 멀리 떨어진 곳에 다리를 세웠다. 소련군은 낮에는 위장 상태로 가만히 있다가 야간에만 어둠에 숨어 은밀히 예정된 위치로 이동했다. 공격에 사용될 부교들은 수면 위 30센티미터 정도에 세워 그들의 존재는 공중에서 볼 때 거의 탐지되지 않았다.

아마도 가장 탁월한 혁신은 소련군 전차부대와 보병부대의 작전 조율이었다. 천왕성 작전에 참가했던 전차부대 장교인 이반 골로콜렌코 Ivan Golokolenko는 이렇게 회고했다.

종래에는 전차부대가 주로 보병을 지원하는 역할을 수행했다. 그러나 새로운 작전의 아이디어는 아주 달랐다. 전방의 좁은 지역에서 방어선을 돌파한 다음, 그 좁은 통로를 2개의 전차부대가 돌파했다. 전차부대의 목표는 진지를 구축한 적의 방어선과 저항 거점을 우회해서 다리나 시내의 종탑 가운데 중요한 전략거점을 장악하는 것이었다. 보병은 전차부대가 돌파한 길을 따라 들어가 잔존하는 적을 소탕했다. 이러한 전술은 새로운 작전 방식이었다.[40]

대대장 표도르 부벤치코프도 새로운 전술을 습득했다.

교육 시간에 새로운 전술을 교육받았다. 우리는 유연성을 발휘해 적군과 정면에서 교전하지 않고 포위하는 법을 배웠고, 적의 측면을 공격하는 방법과 포병을 활용하는 방법을 배웠다. 우리는 병사들에게 적군의 전차나 항공기를 두려워하지 말도록 가르쳤다. 도망가지 않는 것이 가장 중요했다. 두려워하지 않아야 했다.[41]

주코프와 바실렙스키는 11월 중순 작전의 최종 계획을 스탈린에게 보고했다. 주코프는 당시를 이렇게 회상했다.

스탈린의 기분은 좋아 보였다. 그는 우리의 이야기를 경청했다. 그는 파이프 담배를 피우지 않은 채 자신의 콧수염을 쓸어내렸다. 그리고 우리의 이야기를 한 번도 중단시키지 않았다. 그는 계획에 만족한 것이 분명했다.[42]

히틀러와 스탈린

공격이 시작되던 11월 19일 새벽 이른 시간, 대기하던 병사들은 스탈린의 훈시를 들었다. 이반 골로콜렌코는 당시 스탈린의 훈시를 경청한 소감을 이렇게 회상했다.

그의 말은 아버지, 부모의 말처럼 들렸다. 이야기를 들은 나는 거의 눈물을 흘렸고, 진정한 용기가 샘솟는 것을 느꼈다.

이러한 반응이 얼마나 일반적이었는지는 확언할 수 없지만, 다른 병사들도 똑같이 감동받은 것은 분명했다.[43] 다시 한번 스탈린은 병사들의 '애국심'에 호소했다. 이런 측면에서 스탈린의 과제는 히틀러보다 명확했다. 소련 시민들은 왜 나치독일에 저항해야 하는지를 분명히 인지했다. 독일군이 자신들의 영토를 침범하고, 자신들의 생명을 앗아가려고 하기 때문이었다.

공격 첫날부터 천왕성 작전은 성공할 것처럼 관측됐다. 당시 이반 골로콜렌코는 전황을 이렇게 묘사했다.

적의 저항을 받지 않고 진격했다고는 말할 수 없지만, 전보다 훨씬 수월하게 진격했다. 적들은 적극적으로 반격하지 못했다. 그들은 크게 당황한 듯했다. 그들은 (소련의) 공격에 대비하거나 진지를 구축하지 않았다. 적들은 거점을 제대로 방어할 준비를 하지 못했다.

골로콜렌코의 부대는 재빨리 루마니아군 사령부와 보급품 창고를 점령했다.

> 우리는 탄약과 식품이 보관된 수많은 창고를 장악했다. 우리는 창
> 고에 보관된 식품들을 배불리 먹었다. 소련 병사들이 평생 보지
> 못한 식품들도 많았다. 술, 초콜릿, 소시지, 치즈, 포도주, 피클 등
> 대단한 음식이 많았다. 우리는 당연히 흥청망청 폭식했다. 전차부
> 대 중대장인 내 친구는 다음 날 아침, 만취한 채로 잠든 자신의 운
> 전병을 깨우느라 애를 먹었다.[44]

독일 남부 바이에른 지방에 머물던 히틀러는 동프러시아 사령부에
있는 자이츨러 장군에게서 '천왕성 작전'이 시작되었다는 보고를 받았
다. 히틀러는 페르디난트 하임Ferdinand Heim 장군이 지휘하는 제48기갑
군단에 소련군 격퇴를 명령했다. 그러나 페르디난트 하임의 군단은 그
럴만한 능력이 없었고, 격퇴 작전은 실패했다. 히틀러는 이에 책임을
물어 하임 장군에게 사형선고를 내리도록 상황을 몰아갔다. 숱한 원
인이 맞물려 발생한 재앙의 책임을 단 한 사람의 장군에게 묻는 불합
리한 시도였다. 훗날 하임 장군은 감형을 받았지만, 이 사건은 당시 히
틀러의 심리가 불안했다는 사실을 말해준다. 히틀러는 1941년 여름에
공황에 빠진 스탈린처럼 굴었다. 페르디난트 하임 장군은 큰 잘못을
저지른 적이 없던 붉은군대의 파블로프 장군과 똑같은 대우를 받았다.

소련군이 독일군의 측면을 방어하는 루마니아군을 돌파한 상황에
서, 히틀러는 스탈린그라드의 제6군이 위험에 처했다는 사실을 인정
하지 않았다. 히틀러의 공군 부관 벨로의 증언에 따르면, 히틀러는 제

6군이 '일시적으로' 포위될 수는 있어도 독일군이 머지않아 성공적으로 구조 작전을 펼칠 수 있을 것으로 믿었다.[45]

천왕성 작전 개시 3일 후였다. 소련군의 북부군집단은 남쪽에서 올라오는 군집단과 만나 독일의 제6군을 포위했다. 이반 골로콜렌코와 그의 동료들은 이 시기를 독소전쟁의 전환점으로 이해했다.

이 포위로 우리는 적을 물리칠 수 있다고 생각했고, 이 작전은 나의 군 경력에서 가장 빛나는 사건이 되었다.

골로콜렌코 입장에서, 단순히 독일군과 독일의 동맹군을 밀어붙였다는 것이 아니라 소련군이 우월한 전술로 적군에 굴욕을 안겨주었다는 것이 가장 기뻤다.

우리는 밤에 진격하는 법을 배웠다. 새벽 2시, 3시에 그런 작전을 펼쳤다. 우리는 시골 농가에 잠입해 잠자던 독일군을 생포했다. 한때는 어느 농가에 들어가 소련 여성과 자고 있던 독일군 장교를 발견했다. 그는 일어나서 우리 앞에서 옷을 걸쳐 입었다.[46]

그 시점에 히틀러는 동프로이센의 최고사령부로 이동했다. 도중에 군지휘관들에게 계속 전화를 거는 바람에 그의 여정은 평소보다 오래 걸렸다. 그러나 각 정차역에서 내렸던 명령은 명약관화했다. 제6군이 포위망 돌파를 시도하지 말아야 한다는 것이었다. 히틀러는 "우리 군은 일시적으로 러시아군에 포위되어 있다."라고 말하면서 '일시적'이라는 단어에 강조점을 찍었다.

> 제6군을 구조하는 데에 필요한 모든 일을 한 나의 노력을 알아야
> 한다.[47]

갑작스럽게 포위됐음에도 불구하고 제6군의 분위기는 상대적으로
긍정적이었다. 스탈린그라드에서 싸우고 있던 게르하르트 뮌히는 당
시 분위기를 이렇게 회상했다.

> 한 군이 오랜 기간 포위될 가능성, (상부에서) 군 전체에 그대로 있으
> 라는 명령을 내릴 가능성은 생각조차 할 수 없었다. 나는 그런 확
> 률을 계산한 적이 없었다.[48]

스탈린그라드에 갇혔던 다른 독일군 장교인 후베르트 멘첼은 소련
의 공격이 시작되기 며칠 전, 제16기갑사단 작전참모로 임명되어 이
도시로 날아왔다. 다른 수많은 병사처럼 멘첼 역시 독일군이 전에도
포위당했다가 구출된 사례가 많았다는 것을 알고 있었다. 가장 비슷한
사례로 그해 초 데먄스크Demiansk에서 포위당했다가 구조된 일이 있었
다. 그러나 이런 경험, 그리고 구조하겠다는 히틀러의 약속 때문에 제
6군 병사들 사이에 수동적인 분위기가 형성되었다. 전후의 여러 군사
전문가가 제시한 의견처럼 멘첼이 이들을 구출하기 위한 유일한 방법
은 신속하게 조치를 취하는 것이었다.

만일 그 시점에 최고사령부가 스탈린그라드에 있는 부대들에 포위를 뚫고 나올 수 있는 무언가를 제공했더라면, 돌파할 수 있었을 것이다.[49]

정말로 돌파할 수 있었을지는 분명하게 따지기 어렵다. 영양부족에 시달리던 독일 병사들이, 구조하기 위한 지원병이 가까이 오지 않는 상황에서, 포위를 돌파할 수 있을지 없을지는 의문스럽다. 그러나 이러한 논의는 순전히 학구적이다. 히틀러는 독일군이 스탈린그라드를 포기하지 않은 상황에서 문제를 해결할 수 있다고 생각했기 때문에 천왕성 작전이 시행된 초창기에 독일군의 돌파를 허용하지 않았다. 파울루스 장군이 포위당하기 며칠 전 히틀러에게 소련의 포위망을 돌파하는 시도를 해도 되는지를 묻자 히틀러는 현 위치를 고수하라는 명령을 지시했다.

히틀러는 다른 사람들의 반대에도 불구하고 제6군에 공수로 보급품을 전달할 수 있다는 괴링의 말에 설득당한 것처럼 굴었다. 말도 안 되는, 지나치게 낙관적인 발상이었다. 겨울의 날씨, 소련군의 방공포 때문에 매일 500톤에 육박하는 보급품을, 그것도 장기간 공중 보급할 수는 없었다. 상황이 해결되기를 고대하면서 위치를 고수하던 멘첼은 독일군 병사들의 항전 능력에 감탄했다.

눈에 덮인 포탄 구덩이에 누워서 잠도 자지 못하고, 식량도 거의 없는 상태에서, 이들은 포기하지 않겠다고 다짐했다. 여러 밤을 얼음처럼 차가운 구덩이에 누워서 버티다가 소련군이 접근하면 사격을 했다. 병사들은 이런 식으로 한 달 반을 버텼다. 얼음 구덩이가 적에게 점령되면, 반격을 펼쳐서 눈에 덮인 구덩이를 다시 차지했다. 이들은 대단한 전공을 세웠다.[50]

독일군이 점령한 스탈린그라드에 갇힌 소련 민간인들의 상황은 최악으로 치달았다. 주변의 병사들과 다르게 이들은 전투 식량도 배급받지 못했다. 당시 11세였고, 오빠와 여동생과 함께 살아남으려고 발버둥 친 발렌티나 크루토바는 당시를 이렇게 회상했다.

> 겨울 날씨는 너무 혹독했다. 우리 셋은 한 침대에서 잤다. 난방을 할 방도가 전무했다. 입을 만한 옷도 없었다. 어느 날, 오빠는 먹을 것을 찾으러 나섰으나 아무것도 발견하지 못했다. 또 다른 어느 날, 오빠는 어느 집의 다락방에 올라가 거기서 소가죽과 밀가루를 발견했다. 그것들은 칼로 자를 수 없을 만큼 딱딱한 나머지 오빠가 톱을 사용해 잘랐다. 그다음 우리는 가죽을 불에 구웠다. 소가죽을 씹을 순 없으나 빨아먹을 수는 있었다. 가죽에 스며든 소금이 우리의 허기를 조금은 달래주었다. 우리는 그렇게 살아남았다. 이 식량이 끝나면 우리의 삶도 끝이라고 생각했다. 우리는 침대에 누워서 일어나지 않았다.[51]

마침내 12월 12일, 포위망에 갇힌 독일군을 구출하기 위해 만슈타인 장군이 겨울폭풍 작전Operation Winter Storm을 지휘하기 시작했다. 작전 초기에는 잘 진행되었으나 머지않아 독일군은 더 진격하지 못했다. 날씨도 나빴지만, 만슈타인의 부대 자체가 포위되었다는 것이 문제였다. 소련군은 인근에 배치한 강력한 병력을 이용해 다시 한번 공세를 펼쳤다. 남부에 있는 독일의 A집단군을 차단하는 토성 작전Operation Saturn이 개시되었다. 독일 입장에서는 제6군이 괴멸되는 것도 재앙이었고, A집단군과 만슈타인의 부대를 향한 위협이 새로이 등장하는 것도 재앙이었다.

이런 상황을 고려한 만슈타인은 더 이상 나갈 수가 없다고 생각했다. 그는 제6군 스스로 스탈린그라드 포위망을 돌파해 구조 부대에 합류할 것을 요청했지만, 히틀러는 만슈타인의 아이디어를 거부했다. 괴링의 보급품 공수 작전이 실패한 탓도 있지만, 포위 후 제6군의 전투 준비태세가 악화한 나머지 어떠한 돌파 시도든 자살과 다를 바 없이 되어버리고 말았다. 12월 23일, 결국 만슈타인 장군은 구조 작전을 포기했다.

소련군은 엄청난 승리가 눈앞에 다가왔다는 것을 알았다. 그렇지만 이들은 앞으로 있을 승리의 규모를 과소평가했다. 소련군은 포위망 안에 갇힌 독일군의 규모가 9만 명도 안 될 것이라 판단했다.[52] 그러나 실제로는 25만 명이 넘는 독일군과 동맹군 병력이 스탈린그라드에서 최후의 운명을 기다리고 있었다.[53] 포위망에 갇힌 독일 병사들의 분위기는 당연히 아주 암담했다. 일례로 포병연대 장교들이 자살한 소식을 들은 게르하르트 뮌히는 자신의 중대장들과 "총으로 자결할 것"을 논의했다. 그러나 "우리가 지휘하는 병사들이 살아있으니 우리는 자살을 감행할 도덕적 권리가 없다."라는 결론을 내리고 자살을 하지 않기로 결정했다.[54]

1943년 1월 1일, 제6군이 겪는 고난을 히틀러에게 제대로 알리고자 파울루스 장군은 서훈을 받은 기갑사단 장교이자 정보참모인 빈리히 베어Winrich Behr 대위에게 비행으로 포위망 밖으로 나가 직접 히틀러에게 보고할 것을 명령했다. 히틀러에게 도착한 베어 대위는 참혹한 현실을 있는 그대로 보고했다. 히틀러와 20명이 넘는 고위지휘관 앞에서, 빈리히 베어는 제6군이 기아와 질병에 시달릴 뿐만 아니라 탄약도 바닥이 난 상태에서 저항하는 중이라고 설명했다. 히틀러는 구조 작전이 준비되어 있다고 즉답했으나, 빈리히 베어는 히틀러를 만나기 전에 만슈타인 장군을 만났기 때문에 그의 대답이 사실이 아니라는 것을 알고 있었다. 그러나 히틀러는 자신의 웅변술을 이용해 구원이라는 유령이 다가오고 있다는 것을 설명하려고 했다.[55] 빈리히 베어는 그때의 히틀러를 이렇게 묘사했다.

> 당시 히틀러는 현실감각을 상실했다. 그는 (나치독일의) 지도와 깃발로 덮인 환상의 세계에 살고 있었다. 그 일을 계기로 히틀러를 향해 품었던 환상이 종식됐다. 나는 독일이 전쟁에서 패배할 것이라는 확신을 느끼게 되었다.[56]

다시 한번 우리는 히틀러의 자기기만 능력에 놀라지 않을 수 없다. 바르바로사 작전이 시작되었을 때의 스탈린처럼, 히틀러는 사실과 다른 대안적 현실에 거주하는 것처럼 굴었다. 그는 정말로 제6군을 구할 수 있으리라 자신했단 말인가? 믿기 어렵다. 아마도 그는 스탈린그라드에 있는 독일 병사들이 희망을 잃지 말아야 한다고 생각했던 듯했다. 대규모 항복은 수치스러운 일이었으니까. 프로파간다를 위해서라도 제6군의 모든 병사는 항복을 할 바에야 전사하는 편이 좋았다.

이 시기에 히틀러의 공군 부관 벨로는 히틀러가 '약한 모습'을 감추고, "어떤 상황에도 희망이 없진 않다."라는 것을 과시하는 그의 능력에 감탄했다.

> 그는 실패에 긍정적인 가치를 부여하고자 노력했고, 자신의 측근들에게 확신을 심어주고자 노력했다. 그 결과, 그는 본인이 다른 사람보다 좀 더 현실을 직시하는 편이라고 생각했다.

히틀러에 관해 이렇게 생각한 벨로 역시 "우리가 전쟁에서 실제로 진다는 것을 믿지 않았다."[57]

빈리히 베어가 히틀러와 결실 없는 회동을 하던 동안 소련군은 스탈린그라드를 해방하기 위한 반지 작전Operation Ring을 며칠째 벌이고 있었다. 독일군과 동맹군은 격렬한 저항을 펼쳤다. 연료와 탄약을 더 이상 아낄 필요가 없다고 생각한 덕분에 이러한 저항이 가능했다. 모든 병사가 이 전투가 자신들의 마지막 순간이라는 사실을 직감했다. 주변에서 격렬한 전투가 벌어지는 동안 대대장인 게르하르트 뮌히에게는 비행기로 도시를 벗어나 모든 공문을 100마일 서쪽에 떨어진 사령부로 가져가라는 명령이 하달됐다. 가장 힘든 시점에 자신의 부대를 떠나기 원치 않았던 뮌히는 당시를 이렇게 회상했다.

> 상상한 적 없던 일이었다. (그 명령을 받았을 때) 내 첫 반응은 "이것은

불가능하다."였다.

그러나 명령은 명령이었고, 그는 이의를 제기할 수 없었다. 뮌히는 포위망 내에서 유일하게 작동하고 있는 활주로를 향해 차를 타고 갔다. 거기에 도착한 그는 소련군의 포격으로 비행기 두 대가 "이리저리 흔들린 후 착륙하는 광경"을 보았다. 비행기가 땅에 닿자마자 그는 무서운 광경을 보았다. 눈에 가려진 숱한 구덩이에서 엄청난 숫자의 독일군이 쏟아져 나왔다. 다친 병사도 있었고, 멀쩡한 병사도 있었다. 그들 전원 도망치려고 비행기에 달려들었다.

한 조종사가 간신히 명령을 내려서 비행기에 너무 사람이 타지 않도록 한 후, "이리 와. 나와 같이 조종실에 앉아."라고 말했다.

뮌히가 탄 비행기는 눈에 덮인 활주로를 떠났지만 어떻게든 탈출하려고 병사 몇 명이 날개에 매달렸다. 그러나 이들의 행동은 비행기 탑승자 전원을 위험에 빠트렸다. 그래서 조종사는 비행기가 이륙한 즉시 방향을 여러 번 틀어서 날개에 매달린 자들을 눈 위에 떨어트렸다. 몇 시간 후 뮌히는 상대적으로 안전한 사령부에 도착했다. 그러나 그는 자신의 병력을 뒤에 남겨두고 왔다는 '트라우마'에서 벗어날 수 없었다.

죄책감은 나를 떠나지 않았다. 병사들은 나를 믿었고, 병사와 지휘관 사이에는 군사 작전의 핵심인 신뢰가 있었다. 그러나 나는

결국 혼자 빠져나왔다.[58]

뮌히가 스탈린그라드를 빠져나온 날, 파울루스는 제6군이 항복해도 되는지를 히틀러에게 물었다. 더 이상의 저항은 아무 의미가 없었다. 그러나 히틀러는 그의 요청을 거절했다. 파울루스의 요청은 히틀러가 구축한 '순교자 신화'에 부합하지 않았다. 그리고 이 '순교자 신화'의 일부로, 히틀러는 8일 뒤에 파울루스를 원수로 승진시켰다. 파울루스에게 자살을 하라는 신호를 보낸 것과 다르지 않았다. 당시 독일군 원수는 포로로 잡힌 전례가 없었기 때문이었다. 그러나 파울루스는 자살을 거부하고, 소련군이 스탈린그라드 시내로 진입하자 포로가 되었다. 히틀러는 파울루스가 포로로 잡혔다는 소식을 듣고는 이성을 상실했다. 상황실 회의록에는 히틀러가 분노를 표출했다는 기록이 적혀 있고, 그 내용을 보면 그의 사고방식을 알 수 있다.

　　너무 가슴이 아프다. 그렇게 많은 병사의 영웅적 행위가 이 한 명의 무골 허약자로 인해 파괴되었다. 이것은 무엇을 의미하는가? 생명? 개인으로서의 존재는 죽어야 한다. '개인' 위에 '민족'이 있다. 그러나 비참한 상태에 있던 본인을 자유롭게 만든 그 순간을 누가 경계한단 말인가?

히틀러의 담론과 달리 파울루스는 '민족의 영원함' 보다 '소련 감옥에서 쥐에게 물어뜯기는 여생'을 택했다.[59]

히틀러는 이러한 문제가 발발한 근본적인 원인이 "독일인들의 지성은 발전했는데 강인한 성품은 충분히 발전하지 않았기 때문"이라고 말했다. 달리 말해서 '강인한 성품'이 지성을 대가로 교육되어야 한다고 주장한 셈이다. 만일 그렇지 않으면 "우리(독일)는 무거운 숙명을 홀로 감내할 수 있는 우수한 인종이 되지 못할 것이고, 이는 치명적인 문제다."라고 말했다.[60] 히틀러는 포위된 독일 병사가 취해야 할 행동이 무엇인지 분명히 밝혔다.

> 서로 모여서 주변에 방어선을 친 다음, 마지막 탄창을 이용해 스스로 총을 쏘는 것이다.[61]

히틀러는 승리를 쟁취하지 못할 바에야 자기희생을 해야 한다고 생각했다. 얼마나 많은 그의 추종자가 그와 같은 생각을 공유할 것인지는 별개의 문제였다.

13장

계속되는 전쟁

1943년 7월 5일

지난 3년 동안 독일군은 봄과 이른 여름에 강력한 공격을 개시했다. 1940년에는 서유럽 침공, 1941년에는 바르바로사 작전, 1942년에는 청색 작전을 시작했다. 이 작전들은 모두 초반에 엄청난 성공을 거두었다. 그러면 1943년의 봄과 이른 여름에는 무슨 공격을 할 수 있겠는가? 독일군은 이제 예년처럼 그럴 수 없었다.

당신이 카리스마 넘치는 강대국의 지도자로 성공하면 많은 이익을 누릴 수 있다. 대중이 당신을 신앙에 버금갈 만큼 숭앙한다. 당신은 중요한 결정을 스스로 내릴 수 있다. 그리고 무엇보다도 당신은 세기적인 인물로 역사에 기록될 것이다. 그러나 거대한 단점도 있을 수 있다. 만일 일이 잘못되면 당신은 비난을 피할 수 없다. 스탈린도 스탈린그라드 전투에서 패전했을 당시 이 문제에 당면했다. 이런 문제에 히틀러는 간단한 대응책을 세웠다. 대중에게서 사라졌다.

바르바로사 작전 초기, 스탈린도 붉은군대가 참혹하게 패전을 거듭하자 스탈린은 대중의 눈에서 사라졌다. 다만 이와 유사한 재앙을 맞은 히틀러는 스탈린과는 동기가 달랐다. 1943년 초 제6군을 상실한 상황에서, 히틀러는 자신이 1941년 여름의 스탈린보다는 권력을 잡고 있다고 생각했다. 우리가 앞으로 살펴볼 여러 제도 및 개인의 이유로 인해 히틀러를 권좌에서 퇴위시키기란 어려웠다. 그러나 지도자로서, 특히 자신의 카리스마에 크게 의존하는 히틀러로서는 스탈린그라드 전투의 실패가 자신의 권위에 큰 타격을 주었다는 점은 이해하고 있었다.

그래서 히틀러의 수상 취임 제10주년 기념식에서, 히틀러 대신 헤르만 괴링이 연설을 하며 생색을 내야 했다. 괴링은 제6군의 궤멸을, 마치 과거 스파르타의 레오니다스Leonidas 국왕이 열세에 처했음에도 테르모필레Thermopylae 전투에서 영웅적으로 희생하면서까지 페르시아 군과 맞서 싸운 사건에 비유하고자 노력했다. 그러나 이 비유는 적절하지 않았다. 테르모필레 전투에서 스파르타인들은 월등한 적의 전술에 포위당하진 않았다. 스파르타인들은 제6군처럼 대규모로 항복하지도 않았다. 나치 정권은 제6군이 최후의 순간까지 투쟁했다고 주장하면서 대규모로 항복했다는 사실을 은폐하고자 했다.

괴링은 아돌프 히틀러 같은 '평범한 전사'를 위대한 인물로 만드는 것을 '신의 섭리Providence'가 보장한다고 주장했다.

> 이 모든 것이 무의미해지는 일이 어떻게 가능하겠는가? 스탈린그라드의 승자인 소련군은 지금 '마지막 자원'을 다 소진했다. 소련군에는 현재 지칠 대로 지친 노인과 16세의 소년들만 있다.[1]

이러한 '오합지졸 군대'가 제6군을 궤멸했기 때문에 괴링의 연설은 실제 현실과 완전히 배치되는 주장을 담고 있었다. 심지어 이 연설 시간은 괴링에게도 좋지 않았다. 그의 황금기는 이미 한참 전에 지나갔

히틀러와 스탈린

다. 그가 연설을 했던 당시에 아무런 힘이 없었다는 사실은 바로 그날 연합군이 베를린을 폭격하여 연설을 1시간이나 뒤로 연기해야 했다는 것만 봐도 충분히 알 수 있다. 독일 공군의 수장인 헤르만 괴링이 연합군의 폭격으로 곤란을 겪었다. 즉 자신의 실패가 드러나는 순간이었다. 특히 그는 그때까지 베를린은 절대 공습을 당하지 않을 것이라고 장담했기 때문에 그의 무능과 실책이 더욱 도드라졌다.[2]

괴링이 스탈린그라드 전투의 패배를 치장하려고 노력한 그날, 괴벨스는 히틀러의 포고문을 낭독했다. 이 포고문에서는 스탈린그라드 전투의 경과를 최대한 완곡하게 설명했다. 볼가강에서의 사건을 "영웅적 투쟁"이라고만 언급했다. 포고문은 불리한 전황 대신 "유럽을 덮치려고 위협하는 중앙아시아인—볼셰비키들의 공세"만을 거론했다.[3] 즉 독일인이 계속 투쟁해야 하는 핵심 이유가 바로 그들 때문이라고 주장했다. 히틀러는 포고문을 이용해 지금부터 전쟁의 마지막 순간까지, 만일 독일인이 항복하는 경우 어떤 일이 벌어질 것인지를 경고하며 공포를 주입했다. 동부전선에서의 전황은 구체적으로 언급하지 않았으나 모두가 잘 알고 있었다. 독일군이 소련 땅에서 전투를 벌이고 있어서 소련군이 잔인하게 복수할 것이라는 메시지도 담겨 있었다. 그래서 최후의 최후까지 전투 외에는 대안이 없었다.

해당 연설이 끝나고 2주가 지났다. 괴벨스는 연설의 메시지를 주제로, 훗날 자신의 가장 유명한 연설로 거론될 '총력전Total War 연설'을 했다.

볼셰비즘의 목표는 유대인이 주도하는 세계혁명이다. 그들은 제3제국과 유럽에 대혼란을 일으키려 한다. 제3제국의 볼셰비키화

는 지식인, 그리고 지도부 전체를 제거할 것이다. 우리 독일 노동
자들은 볼셰비키와 유대인들이 구축한 노예제에 귀속되는 결말을
맞이할 것이다.

독일인들은 이 위험에 어떻게 대처해야 할 것인가? 괴벨스는 대중에
게 물었다. 곧이어 "볼셰비키와 똑같지는 않아도 대등한 방법을 사용"
해야 한다고 자답했다. 즉 총력전을 추구하는 것이었다. 클럽, 바Bar, 귀
중품 상점 등은 모두 문을 닫았다. 독일 국민은 더 오랜 시간 노동해야
했다. 그는 다음과 같은 수사적인 질문을 던지면서 연설을 마무리했다.

여러분은 전쟁을 방해하는 자는 목숨을 잃어야 한다는 주장에 동
의하는가? 총통을 향한 여러분의 신념은 그 어느 때보다 더 커지
고, 더 충성스러우며, 더 굳건하지 않은가?[4]

괴벨스의 연설에 환호한 청중들은 체제를 지지했다. 그러나 괴벨스
의 연설은 허장성세로 치장된 말장난에 불과했다.

실제로 괴벨스도 사석에서는 전혀 확신하지 못했다. 군수장관 알베
르트 슈페어의 증언에 따르면, 괴벨스는 '지도력의 위기Leadership crisis'가
아니라 '지도자의 위기Leader crisis'를 거론했다.[5] 괴벨스는 독일이 직면한
문제의 한 축은 히틀러에게 입김을 불어넣는 나치당수Parteiminister • 마르

→ '나치당수' 또는 '나치당 장관직'은 히틀러 집권 이후 나치당을 지휘한 당조직, 파르타이칸츨라이(Parteikanzlei,
영어로는 Head of Nazi Party Chancellery)의 수장을 일컫는다. 마르틴 보어만의 '나치당수'라는 직책명은 여러
매체에서 '당수부장, 당관방지휘자, 국가당수' 등으로 표기되었다.

틴 보어만_{Martin Bormann}이라고 주장했다. 마르틴 보어만은 점점 히틀러의 문고리를 쥔 강력한 권력자가 되었고, 이전에 영향력이 컸던 나치 당원들은 마르틴 보어만에게 불만이 많았다.

괴벨스와 슈페어는 마르틴 보어만을 실각시키고, 새로운 자문위원회를 개설해 히틀러에게 자신들의 영향력을 행사하고자 했다. 이 계획에 따르면, 헤르만 괴링이 새로운 집단의 수장이 되고 슈페어와 괴벨스가 핵심 역할을 맡기로 하였다. 되돌아보면 괴링은 그 자리에 부적합한 인물이었지만 제3제국 내에 그가 남긴 유산은 막대했다. 그는 경제개발 4개년 계획의 책임자였고, 나치의 이상을 위해 투쟁한 세월이 깊은 나치당 초기 당원 중 한 명이었다.

그렇지만 괴링을 포섭하려는 시도에서 문제가 생겼다. 그는 괴벨스에게 격노했다. 총력전이라는 이유로 괴링이 가장 사랑하던 베를린의 식당, 호르헤르_{Horcher}가 문을 닫았기 때문이다. 그래서 슈페어는 두 사람의 화해를 돕고자 바이에른 남부의 산악지대에 있는 오버잘츠베르크에 있는 괴링의 집에 찾아갔다. 괴링을 만난 슈페어는 그의 모습을 보고 깜짝 놀랐다.

> 그의 잠옷에 달린 거대한 루비 브로치는 이미 익숙했지만, 그때 괴링은 얼굴에 분을 바르고 손톱을 색칠한 상태로 날 맞이했다. 내가 말을 하는 동안 괴링은 주머니 속의 보석을 골라 손가락 사이로 이리저리 장난스럽게 굴렸다.[6]

이 회동은 순조롭게 진행되었다. 괴링도 보어만이 너무 많은 권력을 손에 쥐었기 때문에 무슨 조치가 있어야 한다는 데에 동의했다. 그는 괴벨스를 용서하기로 하였다. 그래서 괴벨스는 오버잘츠베르크로 달려갔다.

> 괴링은 나를 아주 따뜻하게 맞이했고, 나에게 마음을 열었다. 그의 옷은 다소 바로크식으로 이상했기에 그를 잘 모르는 사람이 봤으면 웃음을 참기 힘들었을 것이다. 그렇지만 괴링은 원래 그런 사람이었다. 나는 그의 기묘한 취향을 참아야 했다.[7]

괴벨스는 괴링이 새로운 제국방위 각료회의The Council of Ministers for the Defense of the Reich *를 이끌어야 한다는 뜻을 전했다. 괴링은 다시 한번 괴벨스의 아이디어를 수용했다.[8] 괴벨스는 "일이 잘될 것이고, 괴링이 생기를 회복했다."라고 슈페어에게 말했다.[9] 그러나 괴벨스는 이후 괴링이 상황을 '조금 순진하게' 바라보고 있다는 것을 알아차렸다. 예를 들어 괴링은 (나치독일이 보기에) '금권정치'를 펼치는 영국이 어째서 볼셰비즘과 긴밀한 동맹을 맺을 수 있는지를 이해할 수 없었다. 이를 두고 괴벨스는 괴링이 일시적인 편리성과 확신을 구별하지 못하는 사람으로 이해했다. 또한 괴링은 괴벨스에게 "분명 절망적인 상황일 텐데도 볼셰비즘은 '어디서' 계속 무기와 병사를 얻는가?"라고 물었지만, 괴벨스는 "어디서 얻는지는 중요하지 않다. 중요한 것은 계속 병력과 무기를 보

◆ 아돌프 히틀러가 폴란드 침공을 앞두고 독일에서 만든 6인의 각료회의다. 헤르만 괴링, 루돌프 헤스, 빌헬름 프리크, 빌헬름 카이텔, 발터 풍크, 한스 라머스로 구성되어 있었다. 루돌프 헤스가 영국으로 떠난 후에는 마르틴 보어만으로, 1943년 8월에 빌헬름 프리크가 해임된 이후에는 하인리히 힘러로 대체되었다.

충한다는 사실뿐이다."라고 답했다.[10]

괴링이 자신들의 계획에 동의하자 슈페어와 괴벨스는 히틀러에게 상황을 설명하고 동의를 얻고자 우크라이나로 날아갔다. 빈니차의 전방사령부에서, 이들은 격앙된 상태의 히틀러를 마주했다. 당시 상황을 괴벨스는 일기에서 이렇게 묘사했다.

> 히틀러는 이탈리아 문제로 매우 화가 나 있었다. 그들(이탈리아군)은 아무 일도 하지 않았다. 그들은 동부전선에서 아무 쓸모가 없다. 북아프리카에서도 쓸모가 없고, 잠수함전에서도 쓸모가 없었다. 그들은 국내(독일) 방공작전에서조차 쓸모가 없었다. 총통은 그들이 왜 전쟁에 가담했는지 모르겠다고 말했는데, 그의 말이 옳았다.

히틀러는 자신의 장군들에게도 화를 냈다.

> 모든 군과 장군의 자질을 망라한 총통의 판단은 아주 형편없었다. 그들 모두가 그를 속이고, 그에게 아첨하며, 어린애도 반박할 수 있는 통계자료를 내밀며 총통의 지성을 모욕했다.[11]

괴벨스는 히틀러를 설득하기 좋은 분위기가 아니라 판단했다. 좀 더 기다려보기로 했다. 그러나 저녁 식사 때에도 상황은 개선되지 않았다. 나치당대회를 주최해 오던 뉘른베르크가 연합국의 폭격을 받았다는 보고가 들어왔다. 화가 난 히틀러는 괴링의 공군참모, 카를 보덴샤

츠_{Karl Bodenschatz}를 깨워 자신에게 오도록 하였다. 히틀러는 독일 방공체
계 전반의 문제점과 특히 헤르만 괴링의 지도력을 비난하며 장광설을
퍼부었다.[12] 상황이 이렇게 되자 슈페어와 괴벨스는 빈니차를 방문했
음에도 자신들의 계획을 거론하지 못하고 돌아왔다.

이 일과는 별개로, 슈페어는 괴링이 중요한 직책을 감당하기엔 부
적절한 인물이라고 나름의 판단을 내렸다. 히틀러와의 회동 이후 몇
주가 지났다. 오버잘츠베르크에서 열린 철강산업 회의에서, 슈페어는
"괴링이 들뜬 기분에 눈을 가늘게 뜨고 나타난 것"을 보았다. 괴링은
회의 초반에 용광로와 금속가공에 관해서 전문가들에게 일장 연설을
한 다음 "생산을 증대하고 혁신을 피하지 말 것" 따위의 뻔한 이야기를
늘어놓았다. 그렇게 두 시간을 연설만 하자, 괴링의 연설 내용은 점점
텅 비게 되었다. 마지막으로 연설을 끝낸 괴링은 탁자에 머리를 대더
니 편하게 잠들었다.[13]

슈페어와 괴벨스가 히틀러에게 영향력을 행사하려고 시도한 이 블
랙코메디는 스탈린그라드 전투 직후 제3제국이 어떻게 움직이고 있는
지를 보여준다는 측면에서 시사하는 바가 컸다. 핵심 나치당원들이 영
향력을 확보하기 위한 개별 집단을 만들려고 시도하고자 실제로 모종
의 일이 벌어졌다. 즉 업무의 우선순위, 시급한 업무의 순위가 바뀌었
다는 것이다. 괴벨스가 '지도자의 문제'를 거론하긴 했으나 문제의 핵
심인 아돌프 히틀러를 어떻게 하려는 시도는 일절 없었다. 모든 일이
잘못되는 근본 원인은 아돌프 히틀러다. 극적으로 상황을 타개할 수
있는 유일한 방법은 히틀러를 실각시키는 것이다. 그러나 괴벨스나 슈
페어는 히틀러를 제거하려고는 하지 않았다. 히틀러에게 영향력을 행

히틀러와 스탈린

사하는 보어만을 실각시키고, 그 자리를 '헤르만 괴링'이라는 부족한 인물로 대체한다는 계획을 세웠다. 이따위 계획으로는 아무것도 해결할 수 없었다.

주요 나치당원들은 왜 히틀러에게 반기를 들기 어려워했는가? 이 질문에 대답하기 위한 가장 중요한 실마리는 괴벨스와 논의하던 괴링의 어느 말에서 찾을 수 있다.

괴링은 만일 우리가 전쟁에서 조금이라도 약한 모습을 보이면 우리에게 어떤 일이 닥칠지를 완벽하게 이해하고 있었다. 그는 이 점에서는 아무런 기대도 하지 않았다. 특히 유대인 문제에 관해서 우리가 탈출할 수 없다(피할 수 없다)는 사실을 이미 받아들였다. 이런 태도는 무조건 환영받을 만했다. 경험적으로, 돌아갈 다리를 불태워버린 사람은 후퇴할 수 있는 사람보다 훨씬 강한 결단력을 발휘하며 싸운다.[14]

괴벨스는 동부전선에서 자행되는 악행을 잘 알고 있었다. 괴벨스가 1942년 3월 일기에 쓴 내용을 보자.

세세히 서술할 필요 없는 야만적 행위가 그곳에서 벌어지고 있고, 유대인은 거의 남아 있지 않다. 전체적으로 유대인 60퍼센트는 제거해야 하고, 40퍼센트는 노동에 사용해야 한다. 우리는 이 문제를 감정적으로 대해서는 안 된다. 만일 우리가 유대인을 물리치지 못하면, 그들이 우리를 파괴할 것이다. 이 전쟁은 아리아 인종과

유대인 간균(桿菌) 사이의 사활이 걸린 싸움이다.[15]

이런 극악무도한 범죄를 지원하던 괴벨스와 괴링은 다른 대안이 없다고 생각했을 것이 분명하다. 하던 일을 계속하고, 승리를 향한 희망을 품는 것 외에는 다른 방도가 없다고 생각했을 것이다. 하지만 실제 일어난 일은 더욱 심각했다. 빈니차에서 괴벨스는 히틀러와 새벽 3시까지 대화했다. 당시 상황을 괴벨스는 이렇게 기록했다.

그 길고도 친밀한 대화를 통해 나는 온갖 희망을 품으며 장래를 내다 보았다.[16] 나는 큰 힘을 얻은 상태로 총통 앞을 떠났다.

슈페어는 괴벨스의 변화를 목격했다. 그날 새벽의 대화 이후 괴벨스는 더 이상 '지도자의 위기'를 거론하지 않았다. 오히려 히틀러를 향한 이전의 확신을 회복한 듯했다.[17]

괴벨스는 나치 엘리트 중 가장 지적이었고, 가장 냉소적이었으며, 감정에 쉽게 휘말리지 않았다. 그런데 히틀러는 그에게 마술적인 속임수를 쓴 것 같았다. 그리고 그날 대화가 처음도 아니었다. 1926년 바이에른 북부의 밤베르크 지역에서 열린 나치당대회에서, 괴벨스는 히틀러의 정책에 너무 실망한 나머지 자신의 일기에 "낙담해서 히틀러를 더는 신뢰할 수 없다."라고 썼었다.[18] 그러나 두 달 후 히틀러가 괴벨스에게 베를린으로 찾아와 함께 시간을 보내자는 뜻을 전한 뒤, 괴벨스는 히틀러를 향한 신뢰를 회복했다.

아돌프 히틀러. 당신은 위대하면서 동시에 단순하다. 그래서 나는 당신을 사랑한다. 사람들이 천재라고 칭송하는 사람의 본질이 이러하다. 정책적 이견은 이제 중요치 않다. 지도자를 향한 믿음만이 중요하다.[19]

히틀러가 이런 방식으로 영향을 끼친 사람은 괴벨스뿐만은 아니다. 전쟁 말기에 히틀러가 주재한 회의에 참석했던 참모부 장교 울리히 데 메지에르Ulrich de Maiziere는 히틀러에 관한 인상을 이렇게 평가했다.

나는 그런 경험을 한 적이 있다. 더 이상 이런 식으로 (전쟁을) 계속할 수 없다고 말하려는 사람들이 있었고, 실제로 그렇게 말한 사람도 있었다. 그러나 히틀러가 한 시간 동안 말하자, 그들은 회의장을 나가면서 "나는 한 번 더 시도하겠다."라고 말했다. 히틀러는 아주 대단한 의지를 지닌 사람이다. 그의 언변에는 모든 합리적인 주장을 꺾을 수 있는 설득력이 있다. 그가 캅카스를 향한 공격을 명령하면 병참 전문가들은 연료가 충분하지 않다고 답한다. 그러면 그는 "석유를 노획하라. 나는 신경 쓰지 않겠다. 그게 다다."라고 말했다.[20]

메지에르가 말했듯이 히틀러는 '설득력'이 넘치는 사람이었다. 다만 우리는 그의 '설득력'이란 설득을 당할 준비가 된 사람들에게서만 효과적이라는 사실을 앞서 보았다. 히틀러의 설득에 넘어간 자들은 독일이 겪는 고난을 벗어날 길이 있다고, 절망 속에서 신념을 지킨 사람들이다. 그들은 과거에 다른 사람들이 의심할 때 히틀러의 판단이 타당했던 것을 지켜보고 기억했다. 예를 들어, 수많은 사람이 불가능하다고 여긴 프랑스에서의 승리를 누가 과연 망각할 수 있겠는가? 그래서 그들은 이와 비슷한 상황에서 변화를 희망했다. 1927년에 히틀러는 이미 이렇게 말했다.

> 확신을 가져라. 우리는 인식보다 믿음(Glauben)을 우선해야 한다. 이상을 믿을 수 있어야 한다. 종교적 신념을 위해 전투에서 죽는 사람들은 어떤 동기를 품고 뛰어들었는가? 그들은 인식이 아니라 맹목적 믿음을 품고 그렇게 했다.[21]

이와 달리 스탈린은 소련 국민에게 '맹목적 믿음'을 강요해 죽으라고 요청하진 않았다. 그렇게 굴기에는 스탈린은 지나치게 합리적인 사람이었다. 따라서 히틀러가 자신을 지지하지 않는 사람들을 다루는 과정에서 '믿음' 때문에 문제를 저지르는 건 크게 놀랍지 않다. 그중 한 예로, 독일국방군에서 가장 뛰어난 전술가인 만슈타인 원수를 꼽을 수 있다. 구데리안은 훗날 자신이 전쟁 말기에 만슈타인을 독일국방군 총사령관으로 임명하라고 히틀러에게 추천했지만, 만슈타인은 본인의 생각을 앞세우는 인물이었다. 따라서 히틀러는 자신의 의도에 충실한 빌헬름 카이텔을 총사령관으로 계속 두었다.[22] 만슈타인이 승리를 위해 최선을 다하지 않는 인물이라서가 아니다. 그가 아돌프 히틀러의 천재성에 맹목적인 믿음을 가지고 있지 않기 때문이다.

구데리안은 1943년 2월 말 사령부를 방문했을 때, 히틀러가 주위 사람들의 감정을 통제하려고 시도하는 광경을 직접 목격했다. 구데리안은 당시 기준 1년 전에 모스크바에서의 철수를 불허하는 결정에 항의하다가 중부집단군 사령관직에서 해임된 상태였고, 이후로 히틀러를 본 적이 없었다. 그는 사령관직에서 해임된 이후 히틀러가 훨씬 늙어졌다고 생각했다. 히틀러는 구데리안을 기갑군 감찰관Inspector General of Armoured Troops으로 임명하고자 했고, 둘 사이의 '여러 오해'를 후회했다고 말했다. 그다음으로, 그는 결정적으로 "나는 귀관이 필요하네."라고 말했다.[23] 히틀러의 개인적 호소는 그의 전매특허였다. 중부집단군 작전사령관 페터 폰 데어 그뢰벤은 당시를 이렇게 회상했다.

> 회의가 끝날 때마다 히틀러는 사령관인 원수를 향해 "귀관은 나를 버리지 않겠지?"라고 말했고, 원수의 양손을 붙잡고 흔들었다. 그는 사람을 조종하고 영향을 미치는 대단한 능력을 소유하고 있었다.[24]

구데리안은 새 직책을 맡겠다고 답했지만, 히틀러에게 직보하겠다는 조건을 달았다. 그의 조건은 수용되었으나 훗날 구데리안은 권력이 막강한 나치당원들이 자신의 노력을 무산시키고, 따라서 자기 할 일을 수행하기가 불가능하다는 것을 깨달았다. 예를 들어, 구데리안은 하인리히 힘러를 만났을 때 그가 히틀러의 지원을 받으며 무장친위대의 별도 임무를 수행하고 있다는 것을 알아챘다. 괴링은 구데리안과의 만남을 거부했다. 괴링의 거절에 관해서, 구데리안은 "그 신사(괴링)는 비군사적 업무에 너무 열중한 나머지 나를 만날 시간이 없었다."라고 회고

록에 기록했다.[25]

　이러한 정치적 이해관계에서 멀리 떨어진 평범한 독일인은 스탈린
그라드 전투의 패배를 어떻게 이해해야 할지 몰랐다. 제6군 병사들이
겪은 패전을 은폐하기로 결정한 히틀러와 괴벨스의 조치로 인해 더욱
이해하기 어려워졌다. 소련군이 9만 명 이상의 독일군 포로를 확보했
으나 나치 당국은 모든 독일 병사가 전선에서 전사했다고 주장했다.
그들은 「니벨룽의 반지」 속 '신들의 황혼'에서 모두 전사했다는 것이
다.* 이때 나치가 펼쳤던 기만술은 결정적인 프로파간다 실책 사례로
꼽힌다. 당연하게도, 포로가 된 병사들이 겪은 운명을 끝까지 감추기
란 불가능했기 때문이다. 당시 외무부 언론정보팀의 관리는 이런 말로
경고했다.

　　모든 사람이 적의 방송에서 소식을 들으려는 유혹을 물리치는 것
　　은 아니다. 소련군이 생포된 병사를 모두 사살한다고 수도 없이
　　선전하긴 하는데, 대중의 단순한 시선에서는 '포로'와 '전사자'는
　　완전히 달랐다.[26]

　소련군은 좋은 선전 소재를 얻었다는 것을 깨닫고는 독일군 후방에
포로로 잡힌 병사들의 명단이 적힌 전단을 뿌렸다. 그 명단이 어느 독
일 여성의 손에 들어갔는데, 그 여성은 명단에 적힌 병사의 가족을 만

◆ 「니벨룽의 반지」는 독일의 작곡가 리하르트 바그너가 작곡한 서사 오페라로, 4개의 악장으로 구성되었다. 그중
'신들의 황혼'은 오페라의 제4장으로, 신들의 왕국이 몰락함과 동시에 새로운 시대를 알리는 상징적인 결말을
제시한다. 나치 당국은 독일 병사가 전사하여 독일을 새로운 미래로 이끌었다는 의미로 '신들의 황혼'을 거론했다.

나려고 했다. 게슈타포가 그녀를 신문하자 그녀는 "단지 불행을 겪은 사람들을 돕고자 했고, 친척들에 관해 아무런 소식도 전하지 못해 아쉽다."라고 답했다.

게슈타포는 딜레마에 빠졌다. 그녀는 결코 반체제 인사가 아니었다. 그녀의 가족 일부는 제1차 세계대전 당시 전사했을 뿐만 아니라 그녀 자신도 아들 중 하나를 현재의 전쟁에서 잃었다. 단지 동료 독일인을 향한 동정심에서 이런 일을 저질렀을 뿐이다. 그런데도 그녀는 적군의 '거짓말'을 퍼트린 셈이었다. 게슈타포는 결국 그녀에게 엄중한 경고를 하고 방면했다. 나치 정권이 속이 훤히 들여다보이는 거짓말을 하지 않았더라면, 이처럼 사기를 저하하는 혼란을 피할 수 있었을 것이다.[27]

고향에 있는 가족들에게는 전사했다고 통보가 되었지만, 스탈린그라드에서 소련군의 포로가 된 독일군 병사들은 큰 고난을 겪었다. 이들 중 많은 수가 환상에서 깨어난 것은 당연했다. 제6군의 대대장이었던 게르하르트 힌덴랑은 스탈린그라드 전투 막바지에 히틀러가 했던 말을 기억했다.

> 그는 우리에게 라디오 메시지를 전했다. 구원하러 갈 테니 버티라는 뜻이었다. 우리는 그 말을 정말로 믿었다. 우리는 그의 메시지를 절대적으로 믿었다. 내가 쓰라리게 실망한 것은 당연한 일이었다.

소련군의 포로가 된 힌덴랑은 고문을 받았다.

그들(소련군)은 장작으로 쓰는 나무로 나를 구타했다. 때로는 머리에 수건을 씌우고 물을 부어서 숨을 쉬지 못하게 했다.

그는 "스탈린주의나 나치즘이나 완전히 똑같다."라는 결론에 도달했다.

둘 다 아주 잔혹한 체제다. 나는 집에 돌아갈 수 있다는 생각을 꿈에도 하지 못했다.[28]

스탈린그라드 전투에 참가한 제16기갑사단 작전지휘관인 후베르트 멘첼은 당시에 관해 이런 증언을 하였다.

소련군이 우리에게 달려들어 물건을 탈취하고, 탈취하고, 탈취했다. 그들은 우리의 모든 것을 다 빼앗아갔다. 조금이라도 값어치 있는 것을 찾아내기만 하면 다 탈취했다. 그들의 행동은 도저히 이해할 수 없었다. 손수건이면 손수건, 팬티면 팬티, 목도리면 목도리, 모든 것이 러시아인들에게는 보물이었다. 우리는 반복적으로 몸수색을 당하고 물건을 탈취당했다.

멘첼은 자신의 약혼반지를 숨기려고 얼마나 애를 썼는지를 길게 설명했다. 심지어 그는 시체들 밑으로 숨기도 했다.

나는 내 몸 위로 시체들을 끌어와 덮었다. 시신들은 이미 모든 물건이 탈취된 상태였다. 그래서 나는 시체 아래에 숨어 물건을 탈취당하지 않았다. 포로들이 소련군 후방으로 끌려가면서, 우리도 전투 지역에서 벗어나 탈취 횟수가 줄어들었다. 그러나 먹을 것이 없었기 때문에 우리는 점점 더 약해졌다. 추위는 혹독했다. 누군가 쓰러지면 바로 총살당했다. '빵'하는 사격 소리가 나면 머리 뒤쪽이나 등에 총알이 박혔고, 병사는 고꾸라져 일어나지 못했다. 그래서 행진하는 내내 포로의 숫자가 점점 줄어들었다. 죽은 병사들로부터 노획한 귀중품을 가득 실은 썰매를 우리가 끌어야 했기 때문에, 점점 더 체력이 소진되었다. 러시아인들은 어디에 쓸 것인지를 따지지 않고 모든 물품을 썰매에 실었다. 물건이 산더미처럼 쌓여서 엄청나게 무거웠다. 나는 썰매를 아주 오래 끌었고, 그러면서도 계속 구타를 당했다. 내 치아가 부러지기도 했다. 나는 거의 죽는 줄 알았다.[29]

결국 멘첼은 우랄산맥 인근 수용소에 수감되었다. 그 수용소에 있는 전쟁포로들 사이에서 발진티푸스가 발병했다.

매일 아침, 우리는 세 명, 네 명 또는 다섯 명의 시신을 옆으로 밀어냈다. 그렇지만 우리는 식량 배급을 받고자 그 시신들을 (밖으로 버리지 않고) 2~3일 동안 가지런히 침상에 눕혔다. 덤으로 받은 식량을 (생존자들과) 공평하게 나누었다. 그래서 우리는 시신들과 함께 생활했다. 소름이 끼치는 거짓말이 아니라 실제 겪은 일이었다. 죽음이 매일의 일상이 되었다. 죽은 사람들은 그런 방식으로 우리를 도와주었다.

멘첼은 또 다른 위기에 봉착했다. 숱한 독일군 포로와 마찬가지로, 이른바 '해방위원회National Committee'에 가입해 공개적으로 '반파시스트'임을 선언하라는 강요를 받았다. 그 대가로 더 나은 대접을 받을 것이라는 회유를 받았다.

서명한 사람에게는 편한 업무를 배정하고, 그렇지 않은 사람에게는 중노동을 배정했다. 만일 서명을 하지 않으면 바로 나가서 노동해야 한다는 말을 들었다.

그러나 멘첼은 서명을 거부했다.

그들의 목적은 분명하다. 아직 전투를 수행하는 독일군 병사의 사기를 꺾기 위함이다.

그는 자신의 의무가 독일군 진영에 타격을 줄 행동을 하지 않는 것이라 생각했다. 결국 그는 이른바 '정치적 고립구역Political isolation'이라는 곳에 배정되었다. 악명 높은 제6구역에 수감된 이후 1945년 여름까지 고립된 생활을 견뎌내야 했다. 구국위원회에 가입하지 않은 사람들에게 내려진 징벌이었다. 멘첼은 스탈린그라드에서 포로가 된 이후 12년이 지난 1955년이 되어서야 수용소에서 풀려났다. 포로 생활을 회고하면서, "내가 단단하고 오래된 가구처럼 건장해서 모든 고통을

견뎌낼 수 있었기 때문에 생존했다."라고 증언했다.[30]

　그렇지만 독일군 포로들이 전쟁 끝까지 살아남을 수 있게 해준 요인은 '모든 고통을 견뎌낼 수 있는 능력'뿐만이 아니었다. 그들의 계급도 생존하는 데에 도움을 주었다. 일반적으로, 그리고 평등이라는 원칙에 반하게도, 소련군은 포로 중 장교를 사병보다 우대했다. 믿기 어렵겠지만, 포로가 된 독일군 병사의 90퍼센트가 사망했으나 장교는 고작 5퍼센트만 사망했다. 소련군의 지휘관들은 독일군 장교를 살아있게 한 다음에 그들을 자국의 목표에 맞게 '전향'시킬 때 발생할 '이익'이 무엇인지 잘 알고 있었다.[31] 그래서 요아힘 스템펠 같은 독일군 하급장교는 크게 분노할 수밖에 없었다. 그는 포로가 된 이후 몇 분 만에 병사들과 분리되었다. 곧이어 난방이 잘 되고 하얀 침대보와 식탁보가 깔린 급행열차를 타고 모스크바에 마련된 장교 전용 수용소로 향했다고 증언했다.[32]

　독일군 제30보병사단에 소속된 20대 초반의 병사였던 발터 마우트 Walter Mauth는 계급이 낮아 나쁜 대접을 받았다. 1944년에 포로가 된 그는 당시 경험을 이렇게 회상했다.

　　소련군 병사는 베를린까지 행군해야 하니 좋은 신발이 필요하다면서 내 군화를 약탈했다. 그러자 그는 내 양말을 보았다. 소련 병사들은 양말이 없었다. 그들은 천을 발에 감쌌을 뿐이다. 소련 병사가 내게 "양말 벗어!"라고 명령했다. 그래서 나는 맨발로 땅에서 있어야 했다. 얼마 후 소련군이 여성들을 고용해서 '치료'를 맡겼다. 총을 든 여성들이 들어와서 나를 죽도록 구타했다. 그러자 어떤 소위가 들어와 나를 여성들에게서 보호했다. 나는 그때 이렇게 말했다. "나는 절대 결혼하지 않겠다!" 정말로 당시에 그렇게 말했다. "여자가 이렇게 폭력적인 존재라면 나는 결혼하지 않겠다!" 그 말을 들은 그들은 나에게 분풀이를 했다. 정말로 분풀이를 했다. (독일군이) 모든 것을 파괴하고, 아마도 (그 여성들의) 남편을 죽이고 형제자매를 총살했는지도 모르겠다.

소련의 포로수용소에 수감된 발터 마우트는 당시 일상을 이렇게 묘사했다.

피가 나도록 끔찍하고, 잔인했다. 우리는 배가 고팠고, 또 배가 고팠으며, 계속 고팠고, 더욱 배가 고팠다. 일부 포로는 너무 배가 고픈 나머지 숲 감시견을 죽이고는 수용소에서 그 개의 살을 떴다. 그러나 아무런 도구가 없었기 때문에 생고기를 그대로 먹어야 했다. 그건 상상하기 힘든 일이다. 그렇지만 오늘날 우리가 말하는 '배고픔'은 단순한 허기가 아니다. 우리는 식욕이 있었기 때문에 그런 것(생고기)도 먹을 수 있었다. 굶주림, 허기란 무엇인가? 만일 굶주린 당신이 누웠다가 일어났다면, 모든 것이 깜깜해져 다시 쓰러지게 될 것이다. 그게 배고픔이다. 우리는 이런 굶주림을 진실로 겪었다. 나는 이런 고통을 직접 겪었다.[33]

발터 마우트는 운이 극히 좋았던 전쟁포로 중 한 명이었다. 그는 수용소의 사망률이 최고로 높았을 때 포로가 되었다. 사망률은 1943년

히틀러와 스탈린

초 거의 60퍼센트에 달했다.[34] 그러나 포로 사망률을 따질 때, 우리는 독일군의 포로가 된 소련군의 사례도 함께 고려해야 한다. 독일군에게 잡힌 약 570만 명의 소련군 포로 중 330만 명이 사망했다. 소련군 포로는 1941년 12월까지 최대치로 사망했다. 전쟁 발발 초기 6개월 동안 포로가 된 약 335만 명의 소련군 포로 중 225만 명이 독일군의 수용소에 수감된 상황에서 사망했다.[35] 그런데 소련군의 포로가 된 약 300만 명의 독일군 중 200만 명 이상이 생존했다.[36]

소련 당국이 스탈린그라드 전투에서 생포한 독일군 포로들을 처리하는 동안 스탈린과 소련군 지휘관들은 전선 전체에 걸쳐 또 한 번의 대규모 반격을 실시했다. 전선 중앙의 독일군 핵심 전력인 제2기갑군을 거대한 포위망에 가두려는 작전이라는 점에서, 1년 전 개시했다가 대실패로 귀결된 하리코프 전투에서의 방식과 크게 다르지 않다는 걸 알 수 있다. 과거의 경험에 비추어 볼 때 이런 결정을 내렸다는 것이 기이하게 보일 수 있다. 다만 이를 보면, 역사를 설명하기가 쉽지 않다는 사실을 알 수 있다. 스탈린이 주코프와 바실렙스키에게 천왕성 작전을 수립하라고 지시했다고 해서, 스탈린이 본인의 습성을 근본적으로 탈바꿈한 것은 아니다. 두 장군이 천왕성 작전을 수립한 시점부터 스탈린의 고집이 덜해진 것도 아니고, 군사령관으로서의 본인이 얼마나 부족한지를 깨달은 것도 아니다. 그는 자신이 신임하는 군지휘관들, 특히 주코프 장군과 함께 천왕성 작전을 구축했다. 그렇다고 소련군이 전략을 수행하는 데에 손을 떼고 지켜만 보겠다고 결심한 것도 아니다. 천왕성 작전이 커다란 성취를 거둔 이후 스탈린은 다시금 군사적 의사결정 과정을 주도했고, 자만심에 가득 찼다. 하리코프 작전

대실패를 초래한 그의 사고방식은 사라지지 않았다.

결국 전선 중앙부를 타격한 새로운 공세는 실패로 끝났다. 로코솝스키 원수는 훗날 이 작전을 "조잡한 실책"이라고 불렀다. 그는 "(스탈린의) 과욕이 가능성을 앞섰다."라고 평가했다.[37] 소련군은 작전 초반에는 남부에서 성공을 거두어 하리코프를 탈환했지만 곧 실패를 경험했다. 3개의 정예 나치친위대 소속 부대, 그리고 라이프슈탄다르테Leibstan-darte•가 독일군에 합류하였다. 만슈타인 원수는 증원군까지 가세한 독일군을 지휘해 한 달 만에 하리코프를 다시 탈환해 소련군을 격퇴했다. 스탈린의 지도력이 다시 한번 실패했다. 그는 독일군의 월등한 전술적 능력에 밀려 패배를 맛봐야 했다. 전세가 역전되자 스탈린은 "연합국이 돕지 않아서"라는 생각을 강화했고 분노를 표출했다. 연합국이 가만히 있었던 것은 아니었다. 무기대여 프로그램Lend-Lease으로 소련에 원조를 제공했고, 북아프리카에서는 추축국과 전투를 했으며, 동시에 독일을 폭격하고 있었다. 그러나 스탈린 입장에서는 가장 중요한 안건, 바로 "연합국이 언제 제2전선을 형성해 서유럽 해방작전을 개시할 것인가?"라는 안건이 해결되지 않았다. 스탈린이 보기에 다른 모든 지원은 부수적인 조치에 불과했다. 영국과 미국은 제2전선이 형성될 시기를 두고 소련을 기만했다. 스탈린은 바로 이 부분에서 더욱 화가 났다.

잠시 앞으로 돌아가면, 1942년 12월 스탈린은 연합국에 이런 편지를 썼다.

◆ SS 라이프슈탄다르테(Leibstandarte SS Adolf Hitler)는 히틀러의 호위를 위해 1933년에 창설된 준군사조직이다. 줄여서 LSSAH 또는 LAH로 표기한다.

더는 시간을 낭비할 수 없다. 1942년 또는 늦어도 1943년 봄에 제2전선을 형성하겠다는, 루스벨트 대통령과 처칠 총리의 약속을 이행하시오. 미국과 영국이 유럽에 제2전선을 형성해야 한다는 사안과 관련하여, 나는 추호도 다른 생각을 하지 않는다.[38]

이 편지를 보낸 다음 스탈린은 제2전선이 열릴 정확한 날짜가 언제인지를 알기 위해 영국과 미국을 계속 압박했다. 1943년 1월 30일, 스탈린은 처칠과 루스벨트에게 편지를 다시 보냈다.

연합국은 제2전선을 형성해 독일군을 분쇄하는 것을 목표로 삼아야 하고, 나는 이 목표를 달성하기 위해 실제 작전에 관한 정보를 입수하기를 무척 원하고 있다.[39]

1943년 2월 12일, 스탈린은 드디어 처칠에게서 답신을 받았다.

우리도 8월에 영불해협 도하 작전을 시행하고자 최선을 다해 준비하고 있다. 영국군과 미국군이 이 작전에 참여할 것이다. 그러나 다시 한번 말하지만, 상륙용 선박이 부족하다. 만일 날씨나 다른 요인으로 이 작전이 연기된다면, 작전을 더욱 강력하게 보강하여 9월에 시행할 것이다. 작전의 정확한 시행 시점은 당연히 그 시기 독일군의 방어 능력을 고려해서 결정할 것이다.[40]

스탈린이 보기에 처칠과 루스벨트는 1943년에 제2전선을 형성한다는 약속을 확실히 하지도 않았고, "늦어도 1943년 봄"이라는 조건도 지키지 않았다. 1943년 초 독일군의 보충 병력이 동부전선에 도착하자 스탈린의 인내는 점점 고갈되었다. 그는 해당 독일군 병력이 제2전선이 형성되었다면 영국군과 미국군이 맞서 싸워야 했을 병력이라고 주장했다.

영국 주재 소련대사 이반 마이스키는 자신의 일기에 서방 연합국이 이런 식으로 행동하는 이유를 두고 자신의 생각을 기록했다. 그의 생각은 당시 많은 소련인이 공유하던 추측이기도 했다. 그는 1943년 2월 5일 일기에 이렇게 적었다.

> 한편으로, 영국의 지배층은 프랑스를 침공하기 전에(서유럽에 제2전선을 형성하기 전에) 소련군이 독일군 전력을 크게 약화하기를 바라지만, 소련이 영국보다 먼저 베를린을 차지할 만큼 전쟁을 지연시키기를 원하지도 않는다.

달리 말해, 영국과 미국은 제2전선을 "너무 빨리도, 늦게도 아닌 '정확한 시기just in time'에 형성"하기를 원한다는 뜻이었다.[41] 이런 생각은 상륙함정의 부족 등 여러 이유로 작전이 지연되고 있다는, 런던과 워싱턴의 변명을 거짓된 위장에 불과하다고 치부하는 발상이었다. 그리고 소련은 영국과 미국이 인정사정없는 현실정치의 맥락에서 소련군의 무한한 희생을 무시하는 중이라고 간주했다. 소련은 당시 전황을 지나치게 냉소적인 관점으로 바라보았지만, 기실 이런 관점을 뒷받침하는 정황적 증거가 차고 넘쳤다. 예를 들어, 당시 미국 상원의원이었

히틀러와 스탈린

고 훗날 대통령이 되는 해리 트루먼은 1941년 독일군이 소련을 침공하자 공개적으로 이렇게 말했다.

만일 독일이 이기면 우리는 러시아를 도와야 하고, 만일 러시아가 이기면 우리는 독일을 도와야 한다. 가능한 그들이 서로를 많이 죽이도록 유도해야 한다.

물론 해리 트루먼은 "나는 어떠한 상황에서도 히틀러가 이기기를 원하진 않는다."라고 해명하긴 했었다.[42] 《월스트리트 저널The Wall Street Journal》은 여기서 한 발자국 더 나아갔다.

미국인은 히틀러와 스탈린의 차이가 콧수염 길이뿐이라고 생각한다.[43]

그 이후 상황은 변했다. 미국은 참전했고, 소련군은 숱한 예상과 달리 독일군의 침공을 성공적으로 반격했다. 이런 상황에서 스탈린은 처칠과 루스벨트가 소련군이 독일군의 공격을 온몸으로 방어하는 상황을 은밀히 기뻐할 것이라 의심했다. 그리고 1941년 여름에도 반소련 정서가 아직 곳곳에 남아 있다고 의심했다. 1943년이 왔음에도 제2전선을 형성하겠다는 계획이 지연되는 판국이라면, 스탈린이 아니더라도 보통의 평범한 사람조차 영국과 미국을 의심할 수밖에 없었다.

당시 상황을 따지자면, 영국과 미국은 소련을 동맹국으로 생각했기 때문에 실제로 소련군의 희생을 은밀히 기뻐하진 않았다. 다만 영국은 군사장비 개발과 관련된 자세한 내용을 소련과 공유하려고 하지 않았다. 예를 들어, 영국은 레이더 방해 장비와 폭격조준기 개발을 비밀리에 진행했다. 미국은 이보다 더욱 삼엄하게 군사기밀을 지켰다. 미국은 영국에 제트기 엔진 같은 최신의 기술개발 소식을 소련에 알리지 말라고 요청했다.[44]

영국 외무부의 올리버 하비Oliver Harvey는 당시 서방 연합국의 많은 사람이 고뇌한 딜레마를 자신의 일기에 기록했다.

> 러시아인들은 아주 성가신 동맹이다. 성가시게 조르고, 품위가 없으며, 감사할 줄 모르고, 음흉하며, 의심이 많고, 늘 더 많은 것을 요구한다. 그러나 좋은 일을 한 가지 하고 있다. 그들은 우리를 위해 전쟁에서 이기고 있다.[45]

처칠의 전문과 제2전선 형성에 관한 영국의 변명을 세심히 살핀 스탈린은 1943년 3월 15일 보낸 답신에서 불만을 드러냈다.

> 공통의 이상이라는 관점에서 바라볼 때, 프랑스에서의 제2전선 형성을 계속 미루는 것이 얼마나 위험한지를 가장 강력한 방식으로 경고하는 게 나의 의무라 생각한다.

그는 이 주제를 대하는 런던과 워싱턴의 '불확실한 태도'에 심각하게 우려한다는 표현도 덧붙였다.[46]

그러나 이와 동시에 스탈린은 다소 흥미로운 행동을 했다. '심각

히틀러와 스탈린

한 우려'를 담은 전문을 보낸 바로 그날, 그는 또 다른 전문을 처칠에게 보내 영국이 최근 독일 도시 몇 군데에 성공적인 폭격 작전을 수행한 일을 축하했다. 2주 뒤에 스탈린은 북아프리카에서 연합군이 싸우는 모습을 담은 「사막에서의 승리Desert Victory」라는 다큐멘터리 영화를 시청한 다음 또 다른 칭찬을 담아 편지를 보냈다. 마이스키는 이 편지를 3월 31일 처칠에게 전달했고, 스탈린에게 "처칠이 크게 감동했다." 라고 보고했다. 마이스키는 처칠의 눈가에 눈물이 맺힌 광경을 보았다. "마이스키씨. 당신이 제게 이런 멋진 편지를 전달한 적은 없었습니다."라고, 감정에 북받친 처칠이 말했다. 특히 처칠은 「사막에서의 승리」가 스탈린의 판단을 바꾸는 데에 큰 역할을 했다는 말을 높이 평가했다. 그 다큐멘터리 영화는 소련의 '악당들'이 공유하던 편견, "영국은 옆에서 구경만 하고 싸우지 않는다."라는 인상을 지웠기 때문이다.[47] 사태가 흥미롭게 전개되었다. 그때까지 영국이 제대로 싸우지 않는다고 비판했던 스탈린이 소련 '악당들'의 우두머리였기 때문이다. 북아프리카에서 영국군의 전투를 그려낸 다큐멘터리를 보고 스탈린이 진정으로 감명받았을 법도 하지만, 그는 영국군이 독일의 북아프리카 군단을 상대로 성공적인 작전을 펼치고 있다는 사실을 일찌감치 알고 있었다. 물론 동부전선의 전투 규모에 비할 바는 아니었다. 그렇지만 스탈린의 발언은 그 자체로 몹시 놀라웠다. 이에 영국 외무부의 한 관리는 "스탈린이 말장난을 하는 건가?"라고 의심까지 했다.[48]

그의 말이 개인적인 농담이었는가? 스탈린은 과거에 냉소적인 유머 감각을 발휘한 적이 있었다. 앞서 본 것처럼 그는 처형이 예고되거나 처형된 폴란드 장교들의 행방에 관해서, 악의 섞인 농담을 하듯 "만주로 탈출했을 가능성이 있다."라고 대답한 적이 있었다. 또한 스탈린은 나치와 비밀협정을 맺었던 시기에 본인을 "반코민테른주의자"로 내세운 적도 있었다. 처칠에게 보낸 메시지에서 상반되는 내용이 담긴 이유 중 하나로, 타인의 감정을 가지고 노는 스탈린의 변태적인 기질을 꼽을 수 있다. 즉 스탈린은 루스벨트, 처칠과 개인적인 신뢰 관계를 형성하는 데에 신경 쓰지 않았다. 앞서 보았듯이 스탈린의 이런 성정이 처칠처럼 감정이 풍부한 사람의 눈에는 스탈린을 수수께끼 같은 존재처럼 보이게 했다. 처칠은 "두 명의 스탈린이 있다."라고 생각했다. 3월 중순, 스탈린이 같은 날에 뜨거운 전문과 차가운 전문을 각각 보냈을 때, 처칠은 이렇게 이해했다.

> 첫 번째 편지는 나와 좋은 관계를 맺기를 간절히 바라는 스탈린이 보냈고, 두 번째 편지는 타인의 영향을 받은 스탈린(Stalin in council)이 보낸 것이다. 스탈린은 권력이 막강한 '조언자들'이 그의 뒤에서 행사하는 어두운 영향력을 감내하는 중이고, 영국은 그 사실을 깊이 염두에 두어야 한다.[49]

처칠의 판단은 대단히 잘못되었다. 그러나 그가 왜 그런 실수를 범했는지는 어렵지 않게 이해할 수 있다. 처칠은 스탈린과 다르게 유혈이 낭자한 숙청을 주도한 적이 없고, 수백만 명이 굶어 죽는 기아 또는 스탈린이 이미 저지른 범죄를 시행한 적이 없었다. 처칠은 투표소에서 자신을 지지하는 국민의 동의를 받아 권한을 확보했지만, 스탈린은 부하들이 견디기 어려울 만큼 본인을 무서운 존재로 승격시켜 권력을 장악했다. 스탈린의 배후에서 "어두운 영향력"을 행사하는 사람들 따윈 존재하지 않았다. 바로 스탈린 자신이 "어두운 영향력"을 행사하는 주범이었다.

처칠이 스탈린을 오해하고, 제2전선 형성이 이루어지지 않는 것을 두고 스탈린이 강력하게 비난하는 와중에도, 연합국의 동맹은 와해할 위기에 직면하지 않았다. 만인이 히틀러의 패배를 원했고, 당시에 소련군이 겪었던 여러 패전에도 불구하고 전쟁의 흐름이 서서히 연합국에 유리하도록 전환되는 듯한 조짐이 보였다. 또한 스탈린은 다시 한번 본인이 가장 신임하는 지휘관 주코프의 조언을 수용하는 듯했다. 그해 4월 18일, 주코프는 스탈린에게 보고를 올렸다.

우리의 방어 전략으로 적군 전력이 소진되도록 유도하고, 적의 전차를 파괴해야 합니다. 이후 새로운 아군 병력을 보충한 후 전면 공격으로 적군의 주요 집단군을 격파하는 것이 바람직합니다.[50]

달리 말해서 "제대로 준비될 때까지는 공격하지 말자"라는 뜻이었다. 이런 와중에 연합국의 동맹이 위태로워지는 일이 발생했다. 바로 폴란드 문제였다.

그간 스탈린과 서방 연합국 사이에 자주 시빗거리로 거론된 폴란드 문제가 다시 한번 말썽을 일으켰다. 괴벨스는 1943년 4월 9일에 이런 내용을 일기에 기록했다.

폴란드 군인들의 시체가 묻힌 대규모의 무덤이 스몰렌스크 인근에서 발견되었다. 볼셰비키들은 (폴란드인을) 총으로 학살한 다음 약 1만 구의 시신을 얕은 무덤에 매장했다. 그중에는 민간인, 주교, 지식인, 예술가 등이 포함되었다. 그 무덤 위에 소련군은 다양한 시설을 건설하여 자국의 만행을 은폐하려고 했다. 학살의 진상은 현지 주민들의 비밀스러운 귀띔으로 외부에 알려졌다.[51]

1940년 봄, 독일군은 소련 영토 내에서 NKVD가 학살한 약 2만 2,000구의 시신이 묻힌 세 장소를 발견했다. 그 시신들의 신원은 폴란드 동부 출신의 지도층 인사들이었다. 스탈린은 해당 학살을 명령한 문서에 서명한 정치국원 중 한 사람이었다. 서류상으로는 책임자 중 한 명에 불과하지만, 이 학살은 사실상 스탈린이 원했기에 벌어진 참극이었다. 스탈린은 자신의 손에 피를 묻혔다.

이 참극이 일으킨 여파를 감히 누가 상상할 수 있었겠는가? 폴란드는 미국과 영국의 동맹국이자 소련의 동맹국이었다. 그런데 동방의 동맹국이 자국의 시민들을 무참히 살해한 사건을 폴란드가 알아챘다. 처칠과 루스벨트가 간절히 외면했던, 엄청난 문제에 세간의 시선이 쏠리게 된 것이다. 영국과 미국은 유럽 대륙 서쪽의 학살자를 격파하기 위해 동쪽의 학살자와 동맹을 맺은 것인가? 만일 그렇다면 연합국은 왜 사실을 호도하며 그간 학살자 스탈린을 칭찬한 것인가? 괴벨스는 이 사건이 연합국 사이에 균열을 일으킬 수 있음을 즉각 인지했다. 그는 본인의 일기에 "우리는 모든 수단을 동원해 이 문제를 이용해야 한다."라고 썼다.[52] 괴벨스가 시신을 "이용"하려는 계획 중 하나로, 폴란드 지식인들에게 시신의 존재를 알리는 방법이 있었다. 만일 볼셰비키가 격파한 독일군의 희망이 현실이 되었다면, 그들을 기다리고 있던 운명도 무엇인지를 알려줄 수 있다고 생각한 것이다. 그렇지만 나치 역시 폴란드의 엘리트를 제거 대상으로 삼았기 때문에 괴벨스의 전략은 아주 위선적이었다.[53]

카틴 숲 인근에 살았던 현지 주민, 드미트리 쿠디크Dmitry Khudykh는 당시 독일군이 주민들에게 죽은 폴란드인의 소지품을 어떻게 보여주었는지를 기억했다.

> 그들은 우리가 (카틴 학살의) 역사적 증인이 되기를 원했다. 그러나 나와 내 친구들은 독일군에 의해 죽은 폴란드 사람들을 많이 목격했기 때문에, 독일군의 요구에 특별히 흥미를 느끼지 못했다.[54]

나치의 프로파간다 중 보다 성공적이었던 사례는 시신 문제를 다루는 독립적인 조사팀을 꾸린 다음 대량학살에 관한 다큐멘터리를 제작한 것이었다. 당시 학살된 수많은 폴란드 장교가 부인과 자녀의 사진을 품에 지니고 있었고, 다큐멘터리 영화에서 이런 장면이 제시되자 관객의 감정은 크게 동요되었다.

런던에 머물던 폴란드 망명정부 지도부는 이 사건에 각별한 관심을 기울였다. 그들은 지난 3년간 행방불명된 장교들에게 도대체 무슨 일이 벌어졌는지를 알고자 했다. 드디어 그들은 장교들에게 가해진 참극을 깨달았다. 소련군이 그들을 학살했다.

이런 위기를 직면한 스탈린은 과연 어떻게 대응했는가? 그의 대처 방식을 보면 그의 정치적 자질에 관해 많은 사실을 알 수 있다. 당연하게도, 그는 이 범죄를 "전혀 알지 못했다."라고 말했다. 심지어 당돌하게도 이 사건을 폴란드 망명정부를 향한 전면적인 비난의 계기로 삼기도 했다. 1943년 4월 19일, 《프라우다》는 망명정부를 "히틀러의 부역자들"이라고 비난했다. 거기다 폴란드 망명정부의 국방장관을 향해서는 "히틀러의 공작원들을 명백히 지원하는 인물"이라고 비난했다.[55] 정치적으로 몹시 뻔뻔하고, 지극히 극단적인 비난이었다. 소련은 이 학살에 연루된 자국의 책임을 부인했을 뿐만 아니라 폴란드인이야말로 나치 협조자라는 억지 주장을 하며 학살에 대한 독립적인 조사를 가로막았다. "힘이 곧 정치의 모든 것"이라는 스탈린의 관점을 드러내는 좋은 사례라 할 수 있다.

스탈린은 영국과 미국이 소련의 도움을 원한다는 사실을 아주 잘 알고 있었다. 그래서 스탈린에게는 폴란드인을 살해한 혐의 내지는 확신 따위가 중요하지 않았다. 그는 이전부터 꾸준히 경멸하던 폴란드 망명정부를 비난하는 데에 이 사건을 이용했다. 1930년대 대숙청 당시 스탈린은 자신의 동료들이 진실을 부인하도록 종용하고자 그들을 고문했고, 고문 기술자들은 스탈린의 숙청 대상자들에게 말도 안 되는 제안을 하고 그들이 거짓말을 수긍하도록 부추겼다. 이와 마찬가지로 폴란드 망명정부가 자국 시민에게 무슨 일이 일어났는지를 깨닫자 스탈린은 그들을 나치 협력자라고 몰아세우며 폴란드인들에게 더한 고통을 가하였다.

오늘날의 우리는 당시 영국과 미국이 소련의 '거짓 비난'에 동조했다고 판단한다. 그해 4월 28일, 처칠 총리는 외무장관 앤서니 이든에게 비밀전문을 보냈는데, 그 편지에서 말하길 "그 범죄를 누가 저질렀

히틀러와 스탈린

사진37 **1943년 봄 소련군의 전쟁범죄를 폭로하는 독일군**

스몰렌스크 외곽의 카틴 숲에서 소련군은 수천 명의 폴란드 장교를 학살했다.

는지에는 큰 관심이 없다."라고 밝혔다. 처칠은 "스몰렌스크에 있는, 조성된 지 3년이 된 무덤들을 파헤쳐서 사후 검시한다고 한들 아무런 이득도 얻을 수 없다."라고도 덧붙였다.[56] 그날로부터 며칠 전, 처칠은 스탈린에게 전문을 보내 "최근 폴란드 신문들은 소련 정부를 비난하면서 동시에 소련 정부와 협업하려는 시코르스키(폴란드 망명정부 수상)를 비판한다. 영국은 그 신문들을 잠잠하게 만드는 조치의 가능성을 검토하고 있다."라고 말했다.[57]

그러나 스탈린은 카틴 학살을 자국에 유리하게 활용하는 법을 알고 있었다. 그는 처칠의 편지에 곧장 답신을 보냈다. 그 편지에서 "폴란드 망명정부와의 관계 단절을 이미 결정했고, 그 이유로 폴란드인의 배은망덕과 배신"을 꼽았다.[58] 그리고 모두가 알고 있듯이 스탈린을 추종하는 폴란드 괴뢰정부를 조직할 수 있는 방도 또한 마련했다. 스탈린이 과거 핀란드 침공 때 써먹은 구실과 똑같았다. 당시 소련군은 핀란드 전쟁에서 기대했던 성과를 거두지 못해서 이 전술이 유효하진 않았다. 그러나 그때와 1943년의 상황은 아주 다르다. 시간이 갈수록 소련군이 폴란드를 해방할 것이라는 미래는 확실해졌고, 스탈린이 '합법적인' 폴란드 망명정부와의 대화를 거부한다면 서방 연합국은 새로운 골칫거리를 품에 안게 될 터였다. 영국과 미국이 대응책을 고심하는 동안 스탈린은 그들을 가지고 놀 수 있었다. 스탈린은 폴란드에 괴뢰정부를 수립하겠다는 언급은 하지 않았다. 영국 주재 소련대사 마이스키 역시 영국 관리들에게 "현재로서는 그런 의사가 없다."라고 말했다. 그러나 소련이 '공식적으로' 무슨 말을 하든지 가능성은 늘 존재했다.[59]

나치독일은 자국에 유리한 프로파간다 자료를 계속 활용했다. 대량학살을 조사하기 위해 나치가 조직한 조사위원회에는 나치가 통제하는 지역 밖에서 온 부검 전문가가 오직 한 명뿐이었다. 그리고 나치가 조직한 조사위원회는 소련의 책임을 강력하게 시사하는 보고서를 발표했다. 보고서를 읽은 '공평한' 독자라면, 누구나 소련 당국이 학살의 주범이라는 사실을 분명히 알 수 있었다. 폴란드 장교들은 1940년 봄부터 실종됐고, 시신들이 묻힌 무덤 위에 심어진 나무들은 바로 그 시기에 심어진 것으로 밝혀졌다. 거기다 카틴 숲에서 들린 총성을 들은 증인들도 그 시기를 지적했고, 당시에 해당 지역 전체를 NKVD가 통제했다는 증언도 확보했다.

폴란드 망명정부 담당 영국대사인 오웬 오말리Owen O'Malley도 증거를 조사한 다음 독일군이 조직한 조사위원회와 똑같은 입장을 발표했다. 그는 외교적인 언어를 사용해 "누적된 증거들이 말하길, 이 학살을 부인하는 러시아(소련) 당국에 심각한 의구심을 제기한다."라고 결론을 내렸다. 그는 영국과 미국이 듣고 싶지 않은 진실도 함께 지적했다.

소련 정부와 우호적 관계를 유지해야 한다는 시급한 이유 때문에, 우리는 이 증거를 평상시보다 더 조심스럽게 판단할 수밖에 없다.[60]

아주 불편한 진실이 아닐 수 없다. 루스벨트에게 이 보고서를 전해야 했던 처칠은 첨부된 편지에 "암담하고, 잘 작성되었다. 지나치게 좋은 글로 보인다."라고 썼다.[61] 완곡한 표현으로 이 사건을 덮으려는, 대표적인 고위관료인 외무차관 알렉산더 캐도건은 이런 고백을 남겼다.

나는 그곳에서 발견된 진실을 두려워했다. 카틴 숲을 향하던 내 시선을 돌렸다. 그러나 우리가 쥔 정보를 보면, 러시아인들에게 (폴란드인 학살 사건의) 책임이 있다는 전제를 벗어나기란 어려워 보인다.

그러나 캐도건은 오말리의 보고서가 "순수한 도덕적 의도"에서 새로운 정보를 제공하는지에 관해서는 의문을 표했다.

소련 정권은 얼마나 많은 자국 인민을 처형했는가?

캐도건은 소련의 '새로운 범죄(새로 발각된 범죄)'에 대응할 방도가 없다고 결론을 내렸다.[62]

다른 수많은 영국 외교관도 이 문제가 잊히기를 원했다. 그들이 보기에 이 문제는 감당할 수 없을 만큼 불편했다. 카틴 숲에서 일어난 학살을 제대로 규명하기를 원하지 않았던 대표적인 인물이 바로 소련 주재 영국대사 아치볼드 클라크─커였다. 그는 영국 외무장관 앤서니 이든에게 전문을 보내 이 학살 문제를 깊이 파고들지 말라고 경고했다.

소련은 (폴란드인 학살의 책임을) 부인하면서 엄청난 분노와 더불어 자신감이 결여된 모습을 드러냈다. 이를 통해 소련의 죄책감을 알 수 있다. 독립적인 조사팀을 꾸린다면 범죄자가 그곳에 있다는 사실만이 나타날 것이다.[63]

루스벨트의 태도는 쉽게 짐작할 수 있었다. 그는 오말리의 보고서를 무시하기로 결정했다. 그는 수용하기 껄끄러운 정보를 상대할 때마다 자주 무시하는 태도를 취했다. 소련 당국도 이런 '전술'을 자주 사용했다. 예를 들어, 모스크바의 영국대사관에서 근무하던 휴 룽기는 이렇게 회고했다.

> 내가 무언가 소련 관리들에게 요청한다면, 소련 관리들은 일단 "검토 중이다."라고 답한다. 그다음으로 침묵을 택했다. 우리는 그들의 업무처리 방식을 '소독면 처리법'* 이라 명명했다.[64]

서방 연합국이 카틴 학살을 불편하게 여긴 것과 달리 나치 정권은 활발한 선전 공세를 이어갔다. 그러나 독일인도 사석에서는 소련이 왜 그런 범죄를 저질렀는지를 일정 부분 '이해'하였다. 예를 들어, 괴벨스는 자신의 일기에 학살당한 폴란드인을 비난했다.

> 아마도 그들(폴란드인)이 진정한 전쟁광이었기 때문에, 그들이 살해된 것도 그들 자신의 책임이었을 수도 있다.[65]

히틀러는 (투하쳅스키 원수 같은 사람들을 죽인 일을 포함해) 모든 반대파를 제거해 소련군 내에 패배주의적 요소를 지운 스탈린을 부러워했다. 또

◆ 소련 관리들이 문제를 근본적으로 해결하려고 하기보다는 상처를 소독면으로 덮어 눈에 보이지 않게 하듯이 사안을 침묵으로 덮으려 한다는 의미다.

한 군대에 정치장교 제도를 도입해 소련군의 전투 능력을 '향상'시켰다고 생각해 스탈린을 칭찬하기도 했다.[66] 히틀러의 사고방식을 살펴보면, 그는 민주국가들이 하지 못한 일을 감히 수행한 스탈린을 어떻게 이해하고, 심지어 그를 왜 부러워했는지를 알 수 있다.

당시 수많은 독일 국민도 소련군이 폴란드인들을 학살할 필요가 있었다고 이해한 듯했다. 이 또한 흥미로운 현상이었다. 나치친위대 보안국sd은 이런 내용을 보고했다.

> 독일 국민의 대다수가 (소련이) 폴란드 장교들을 제거한 일을 '위험한 반대파를 극단적으로 처형한, 전쟁에서는 피할 수 없었던 행위'로 간주하고 있다. (소련의 학살은) 영국과 미국이 독일 도시에 저지르는 폭격, 그리고 최종적으로 독일의 유대인 말살 정책과 똑같은 차원의 일로 볼 수도 있다.[67]

많은 독일인이 보기에, 이 전쟁에 연루된 모든 당사자는 '무서운 일'을 저지르고 있었다.

처칠과 루스벨트는 카틴 숲에서의 학살로 야기된 문제에 당면했을 뿐만 아니라 제2전선 형성의 문제는 아직 풀지도 못했다. 두 사람은 언제 제2전선을 형성할지를 합의하지 못한 상태였다. 처칠이 이 문제에 적극적이지 않았기 때문이다. 1943년 5월, 워싱턴에서 루스벨트를 만난 처칠은 "북아프리카에서 전개한 작전으로 연합군의 자원이 소진되었고, 일본과의 전쟁에 쓸 상륙정이 많이 필요한 상황에서 영불해협을 도하하는 작전은 실질적으로 시행하기 어렵다."라고 강조했다. 며칠간의 논의 끝에 미국은 영국과 함께 제2전선 형성 시기를 1944년 봄까지 연기하기로 합의했다. 스탈린에게만 또다시 나쁜 일이 벌어진 것이다.

그런데 루스벨트와 처칠이 이 문제를 논의하던 바로 그 순간, 루스벨트의 특사가 크렘린에서 스탈린을 만나고 있었고 처칠은 이를 전혀 모르고 있었다. 이토록 놀라운 사건을 살펴보면, 루스벨트가 겉으로는 솔직함을 가장하나 실상 거짓말을 할 수도 있는 이중적인 인물임을 알 수 있다. 루스벨트는 스스로 두 가지 상반된 결정을 내렸다. 스탈린과 개인적으로 만나고, 처칠을 따돌리려는 것이다.

루스벨트는 스탈린과의 일대일 회동에서, 명성 높은 자신의 매력을 발산하여 스탈린과 더 좋은 관계를 맺을 수 있을 거라 확신했다. 둘의 관계는 이미 제2전선 형성 문제 때문에 훼손된 상태였다. 그래서 일대일 회동을 타진하기 위한 첫 번째 절차로 조지프 데이비스Joseph Davies를 모스크바로 보내 스탈린과 만나게 했다. 데이비스는 1930년대에 소련 주재 미국대사로 일했던 인물로 소련 체제에 온건적이었다. 그는 《모스크바에서의 임무Mission to Moscow》라는 책을 저술했는데, 그는 저서에서 "대숙청 기간에 진행된 수많은 인민재판이 정당했다."라는 거짓말을 퍼뜨렸다. 이 책의 내용을 바탕에 두어 스탈린을 미화하는 할리우드 영화가 머지않아 상영될 예정이었다. 이 영화에서 심히 불편한 장면이 몇 가지 나오는데, 그중 가장 대표적인 순간이 바로 데이비스가 스탈린을 만나는 장면이었다. 해당 장면에서 데이비스 역을 맡은 배우가 "스탈린 각하, 저는 역사가 각하를 인류를 위해 가장 크게 공헌한 사람으로 기록할 것이라 믿습니다."라고 아첨했다.[68]

당시 소련 주재 미국대사였던 윌리엄 스탠들리William Standley는 데이비스의 방문 목적에 관한 아무런 통보를 받지 못했다. 심지어 스탈린과 데이비스가 만난 자리에 동석하지도 못했고, 데이비스가 가져온 루스벨트의 편지 내용도 알지 못했다. 그는 "나는 배를 한 방 맞은 것만 같았다. 아주 난처한 상황에 빠졌었다!"라고 회상했다.[69] 스탠들리가 밖에서 기다리는 동안 데이비스는 스탈린에게 동맹국인 영국의 문제를 고자질했다. 영국은 전시 내내 재정적 파산을 맞이했을 뿐만 아니라 "처칠과 이든 외무장관이 낡아빠진 제국주의 정책을 고수하고 있다."라고 비판했다. 데이비스는 처칠과 이든을 향해 '존경과 경의'를 표하긴 했으나 그는 영국을 미소 회담에서 제외하고 싶다는 뜻을 분명히 밝혔다.[70] 데이비스가 스탈린에게 전달한 루스벨트의 편지에서도 이런 뜻이 담겼다. 루스벨트는 스탈린에게 단독으로 만나고 싶다는 의사를 전달했고, 미소 정상회담은 베링 해협의 양안 어디에서든 개회되어도 좋다고 제안했다.[71] 스탈린은 처칠을 배제하는 이유를 물었고, 루스벨트는 "처칠과 늘 의견이 일치하지 않았다고 생각했었다."라고 답했다.

이 사건은 처칠에게 크나큰 모욕이었다. 만일 미소 회동이 성사되고, 루스벨트의 의도대로 처칠이 제외되면, 미국과 소련이 전후 미래를 설계하고 영국의 역할은 크게 축소될 예정이었다. 스탈린은 이 상황을 분명히 즐겼을 것이다. 그는 루스벨트의 요청을 받은 후 자신의 외교력을 확실히 인지했을 것이다. 스탈린은 정상회담의 구체적인 날짜가 언제인지를 언급하기보다는, 소련이 독일과의 전쟁에 큰 부담을 감내하고 있으니 자신이 루스벨트보다 훨씬 바쁘다고만 답했다.

워싱턴과 모스크바의 밀회 시도를 전혀 모르던 처칠은 루스벨트와

히틀러와 스탈린

제2전선 형성이 지연되는 이유를 어떻게 스탈린에게 설명할지를 논의했다. 두 사람이 마련한 변명은 이상했다. 두 사람은 연합국의 군사 전략을 요약한 긴 메시지에서 이 문제를 한 구절만 빼고는 언급하지 않는 방식을 택했다. 두 지도자의 의도적인 외면으로 과연 무엇을 얻으려 했는지는 알기 어려웠다. 루스벨트와 처칠이 보좌진과 함께 최종 전문을 다듬던 중이었다. 백악관 전쟁상황실에 있던 해군 정보장교 조지 엘시는 당시 상황을 이렇게 회상했다.

> 그날 밤, 루스벨트는 아주 조용히 앉아 있었고, 조지 마셜 장군이 처칠과 영국 대표단에게 최종 전문의 내용을 설득했다.[72]

그러나 최종 전문의 출처가 어떻든 간에 이들이 6월 2일 스탈린에게 보낸 전문은 아무런 매력이 없었다. 스탈린에게는 거의 모욕에 가까운 내용이었다.[73] 전문을 받은 스탈린은 당연하듯이 강한 불만을 표시하며 답했다.

> 서유럽에 제2전선을 형성하기로 안배된 일정이 이미 1942년에서 1943년으로 연기되었고, 이번에는 다시 1944년 봄으로 연기되었다. 이러한 연기는 소련에 예측 불가한 어려움을 만들었고, 소련을 아주 강하고 위험한 적과 거의 단독으로 싸우게 부추기고 있다.[74]

"소련은 냉혈적으로 자국의 이익만 생각하고, 우리의 재산과 생명을 완전히 무시하고 있다."라고 생각한 처칠은 스탈린의 반복되는 질책에 개인적으로는 짜증을 느꼈지만, 스탈린에게는 진심을 표현하지 않으려고 노력했다.[75] 6월 20일, 그는 스탈린에게 화해를 청하는 전문을 보냈다.

> 귀하와 루스벨트 대통령이 동의하는 장소라면 어디든 마다하지 않고, 모든 위험부담을 감수하며 기꺼이 찾아가 대면 회담을 하겠다.[76]

처칠은 인식하지 못했으나 이 전문을 받은 스탈린은 확신했다. 영국은 스탈린과 데이비스가 몰래 회동했다는 것을 전혀 모르고 있었다. 그러나 루스벨트는 스탈린과의 비밀거래가 발각될 수도 있다고 우려했다. 스탈린 입장에서는 연합국이 제2전선 형성을 거부한 상황에서, 루스벨트와 단독으로 만날 생각이 추호도 없었다. 상황이 이러니 미소 비밀회동의 계획을 처칠이 알아차릴 수도 있었다. 그래서 루스벨트는 사태를 진정시키고자 또 다른 특사 애버렐 해리먼을 처칠에게 파견해 미국의 '이중 플레이'를 덮으려고 했다. 해리먼은 처칠에게 이렇게 설명했다.

> 루스벨트 대통령께서는, 처칠 총리께서 같은 방에 계셨다면 스탈린과 친밀한 이해관계를 형성하기 어려웠을 것이라고 말했습니다.[77]

처칠은 루스벨트에게 보낸 전문에 자신의 이견을 있는 그대로 담왔다.

어젯밤 애버렐은 귀하가 U.J.(엉클 조. 스탈린의 별명)와 알래스카에서
따로 만나려 했었다는 것을 알려주었습니다. 전 세계와 우리 동맹
모두는 세 강대국의 정치지도자들뿐만 아니라 군지휘관들이 모여
앞으로의 전쟁 계획을 논의하기를 바라고 있습니다.

처칠은 자신이 빠진 회담은 적(추축국)의 프로파간다에 이용당할 것
이고, 그리 되면 "상황은 혼란스러워질 것이고, 많은 사람이 당황하고
놀라게 될 것이다."라고 말했다.[78] 이에 대한 답신에서 루스벨트는 또
거짓말을 했다. 그는 스탈린과의 회담을 제안한 적이 없었는데, 스탈
린이 그렇게 '전제'했다고 거짓말했다. 그는 솔직하지 못했다. "이런 사
전 회동이 일정 부분 이익이 되는 측면도 있다."라고 변명했다. 그 이
유로 "사람이 많이 모인 정식회담에서보다 스탈린이 더 솔직해질 수
있다."라고 덧붙였다.[79] 그렇지만 스탈린에게서 제2전선 문제에 관한
항의적 전문을 받은 처칠은 이후 태도를 바꾸었다. 스탈린이 분노를
담은 항의성 전문 내용은 다음과 같다.

말할 필요도 없이 당연한 소리지만, 공동의 적에 대항하는 이 전
쟁에서 소련은 자국의 핵심 이익이 훼손되는 상황을 용납할 수
없다.[80]

이 전문은 동맹의 상황이 심각하게 악화하고 있다는 증거였다. 이후

스탈린이 너무도 화가 난 나머지 독일과의 단독 강화조약을 추진할 수도 있다는 우려가 팽배해졌다. 더욱이 스탈린이 처칠에게 전문을 보내기 며칠 전인 6월 16일, 스웨덴의 어느 신문이 소련 외교관과 독일 외교관이 스톡홀름에서 만났다는 기사를 발행하면서 우려는 훨씬 커졌다.[81] 물론 이런 하위급 실무진의 접촉은 아무런 의미가 없을 수 있다. 특히 히틀러는 자신이 우월한 입장이 되었을 때나 스탈린과의 협상을 고려하겠다는 말을 한 적이 있었다. 그러나 연합국은 히틀러가 이런 발언을 했다는 사실을 몰랐다.

연합국의 동맹이 붕괴할지도 모른다는 우려가 확산되는 와중에 처칠은 루스벨트와 스탈린의 양자 회담을 반대하던 기존의 입장을 철회했다.[82] 지금 당장은 스탈린의 기분을 달래야 했다. 그러나 독자들이 예상한 것처럼 당시 상황에서 미소 정상회담은 성사될 수 없었다.

세 지도자 사이에 오간 전문들의 내용을 보면 여러 사실을 알 수 있다. 특히 처칠과 루스벨트의 '다정한 관계'를 광고하던 프로파간다 신화Propagande myth 뒤에 있는 냉철한 현실뿐만 아니라 스탈린의 능란한 정치적 역량까지도 알 수 있다. 스탈린에게서 친절한 전문을 받고 눈물을 보인 처칠과 달리 스탈린은 늘 평정심을 유지했고 생각이 깊었다. 조지프 데이비스가 관찰한 것처럼 "스탈린은 루스벨트 대통령이 보낸 편지 내용을 들으면서도 눈썹 한 번 까닥하지 않았다."[83]

스탈린은 자신의 생각을 드러낸 적이 거의 없었다. 대신에 그는 자신의 '대응'을 여러 단계로 조절했다. 일례로, 스탈린은 제2전선 형성에 관한 전문을 처칠에게 보낼 때 여러 단계에 나누어 자신의 불만을 표현했다. 그는 언제 상황을 고조시키고 언제 상대를 칭송해야 할지를 능숙하게 활용했다. 그는 침묵이 가장 많은 메시지를 담고 있는 대답이라는 점도 잘 알고 있었다. 6월 말에 한바탕 설전이 오간 이후 스탈린은 8월 8일까지 영국과 미국이 보낸 전문에 일절 답하지 않았다. 그는 두 사람을 한 달 이상 초조하게 만들었다. 스탈린은 영국과 미국의 정상이 소련의 기분을 살피도록 만들었다.

스탈린이 동맹국을 이리저리 시험하는 동안 히틀러는 적군의 전력이 날로 강화되는 현실을 직시했다. 지난 3년 동안 독일군은 봄과 이른 여름에 강력한 공격을 개시했다. 1940년에는 서유럽 침공, 1941년에는 바르바로사 작전, 1942년에는 청색 작전을 시작했다. 이 작전들은 모두 초반에 엄청난 성공을 거두었다. 그러면 1943년의 봄과 이른 여름에는 무슨 공격을 할 수 있겠는가? 독일군은 이제 예년처럼 그럴 수 없었다. 거대한 전선에 걸친 강력한 공세를 펼치는 대신 독일군은 모스크바 남서쪽 300마일 지점에 있는 쿠르스크Kursk 주변에 있는 소련군을 공격했다.

독일군 입장에서는 쿠르스크를 마땅히 공격해야 했다. 그곳의 전선은 거대하게 돌출되었고, 소련군이 장악한 영역은 독일군 진영에 깊숙이 들어온 형세를 이루었다. 지도를 볼 줄 아는 사람이라면, 누구나 독일군이 남북에서 동시에 공격해 엄청난 수의 소련군을 포위할 것이라고 예상할 수 있었다. 그래서 독일군에게는 그 지역이 골칫덩어리였다. 과거 세 번의 공세와 달리 이 공세는 적이 능히 예상할 수 있었다. 그래서 쿠르스크에서의 공세는 기습의 효과를 얻을 수 없었다.

히틀러의 장군들은 이 공격이 현명한지 아닌지로 의견이 갈렸다. 장군들이 단합하여 반대를 피력했으나 히틀러가 고집을 피웠던 과거

와는 달랐다. 히틀러는 충분히 예측 가능한 공격을 진행할 예정임에
도 불구하고, 공격 시점을 여러 번 연기하며 문제를 더욱 복잡하게 꼬
았다. 그는 티거Tiger나 판처Panzer 같은 새로운 전차가 양산되기를 기다
렸다. 발터 모델Walter Model 장군 역시 자신이 지휘하는 제9군의 화력이
증강되기를 기다렸다.[84] 그러나 작전 연기는 실책이었다. 특히 판처형
전차는 생산 초기에 문제가 있었다. 기갑군 감찰관 구데리안은 5월
초 히틀러에게 공세를 지연하면 아무런 득이 없음을 지적했다. 그러
면서도 앞으로 있을 연합군의 프랑스 상륙(제2전선 형성)을 대비해 자원
을 비축하는 편이 훨씬 합리적이지 않겠냐고 따지기도 했다.[85]

  괴벨스의 증언에 따르면, 구데리안은 총통을 열정적으로 좌고우면
없이 따르는 충실한 장군으로 평가받았기 때문에 히틀러 앞에서도 솔
직하게 의견을 개진할 수 있었다.[86] 전후 출간된 구데리안의 회고록에
서도 이런 사실이 가감 없이 실렸다. 그는 히틀러에게 반농담으로 "각
하께서는 얼마나 많은 사람이 쿠르스크라는 도시를 알고 있다고 생각
하십니까?"라고 묻기도 했고, "왜 우리는 올해 내내 동부전선에서만 공
세를 펼칩니까?"라고 묻기도 했다. 구데리안이 회고록에서 주장하길,
자신의 질문에 히틀러는 "귀관의 지적이 전적으로 옳다. 내가 공격을
염두에 둘 때마다 위가 뒤집힌다."라고 대답했다.[87] 히틀러는 구데리안
에게 자신의 생각을 정확히 말하긴 했다. 다만 히틀러가 단편적인 생
각 내지는 회의만 표현했을지도 모른다. 그의 회고록 속 히틀러의 발
언이 히틀러의 모든 것을 그대로 드러내지는 않는다. 히틀러는 정치적
역정을 돌파하면서 늘 선제적으로 행동했다. 그는 방어적 전략은 겁쟁
이의 방식이라 생각한 남자였다.

앞으로 전개될 공격에 관해, 히틀러는 1943년 4월 15일에 내린 명령에 자신의 의중을 담았다. 그는 명령서에서 "쿠르스크에서의 승리가 세계를 비추는 등대가 될 것이다."라고 선언했다.[88] 6월 말 괴벨스와의 대화에서, 그는 1941년 이후 독일국방군이 동부전선에서 현재만큼 강력한 전력을 보유한 적이 없었다고 말했다. 그는 스탈린과의 대결로 '결정적인 전선decisive front'이 그어질 것이고, 한때 독일군은 캅카스까지 진격하지 못했으나 앞으로 소련은 머지않아 식량 위기로 붕괴할 것이라 예측했다.[89]

하지만 히틀러의 상상은 환상에 불과했다. 소련에는 기아 또는 다른 문제로 붕괴할 조짐이 전혀 나타나지 않았다. 오히려 소련의 전력은 점점 더 강해지고 있었다. 더군다나 쿠르스크에서의 승리가 어떻게 '세계를 비추는 등대'가 될 수 있단 말인가? 구데리안의 지적대로 대부분의 사람은 쿠르스크가 어디에 있는 도시인지조차 잘 몰랐다. 쿠르스크 공세는 히틀러가 최소한 주도권을 행사하긴 했지만, 이마저도 훗날 독일군이 모든 전선에서 방어 전술을 펼치면서 점점 더 드물어졌다.

공세를 연기한 탓에 목표 대상이 어디인지 분명히 드러났고, 결국 작전의 효과도 더욱 감소되었다. 스탈린과 소련 군지휘관들은 독일의 공격에 대비할 충분한 시간을 확보했다. 그들의 손에는 독일군의 정보가 넘쳐났다. 영국이 정보를 넘겨주기도 했지만, 블레츨리 파크Bletchley Park●의 암호해독팀에서 일하던 소련 스파이, 존 케인크로스John Cairncross가 영국이 기밀로 유지하려는 정보의 상당량을 NKVD에 넘겨주었다.

◆ 블레츨리 파크는 제2차 세계대전이 진행된 당시 독일군이 사용한 암호를 해독한 비밀시설이었다.

덕분에 소련군은 독일군이 공격 대상으로 삼은 쿠르스크 돌출부 주변에 어마어마한 방어선을 구축할 수 있었다. 일부 지역에서 이 방어선은 소련 진영 안쪽 200마일까지 구축되기도 했다.[90]

당시 독일군 측에서 기갑대대를 지휘하던 알프레트 루벨 장군은 당시를 이렇게 회고했다.

> 준비 시간이 충분했기 때문에 (공격 일정이 지연되어도) 심각하게 생각하지 않았다. 우리는 연극도 관람하고, 하리코프의 영화관에도 갔다. 나는 강아지와 산책하기도 했다.

그러나 시간이 지날수록 공격이 지연되자 알프레트 루벨도 점차 걱정했다. 그는 잠을 푹 자지 못했고, 그의 생각은 점점 어두워졌다.[91]

쿠르스크 전투는 독일군이 개시하지 않았다. 독일군의 최종 준비를 방해하고자 소련군이 엄청난 포격을 쏟으며 시작되었다. 즉 쿠르스크 전투는 주도권이 소련군으로 넘어갔다는 사실을 상징한다. 영국에 심은 스파이들이 보낸 정보 덕분에 소련군은 독일군이 공격하는 시점을 미리 알고 있었다. 심지어 약 180만 명의 병력과 5,000대의 전차로 구성된 소련군의 전력은 독일군 전력의 두 배 정도였다.[92]

루벨과 그의 기갑대대는 1943년 7월 5일, 제1차 공격대로 진격했으나 곧바로 소련군이 지뢰를 매설한 지역에 도착했다. 루벨은 정찰을 맡았던 공군이 해당 지역을 기갑대대가 통과할 수 없다는 사실을 미리 탐지하지 못한 것에 짜증을 느꼈다. 그는 머지않아 이 공세 작전 자체가 무책임하고, 독일의 자원을 낭비하는 실책일 뿐이라고 생각하였

히틀러와 스탈린

다. 루벨은 독일군의 능력을 전 세계에 과시하고자 레닌그라드에서부터 로스토프에 이르는 전선 전체에서 차출된 독일군 전차들이 집결하는 광경을 목격했다. 쿠르스크 전투 전에 이를 보았던 입장에서, 루벨은 "만일 공격 시점이 네 번이나 연기되지 않았더라면 이 작전은 제대로 실현될 수도 있었다."라고 말했다.[93]

독일 무장친위대 소속 제1-SS기갑사단 라이프슈탄다르테의 기갑병이었던 빌헬름 로에스는 적들에 대한 정보가 없다는 현실에 크게 실망했다.

나는 지금까지 독일 공군의 정찰이 형편없었다는 점에 불만을 느낀다. 적군 전차 10대가 숨는 것은 가능하지만, 전차 800대가 숨는 것은 불가능했는데도 말이다.

로에스와 그의 부대는 머지않아 아군 앞에 집결한 소련군 전차부대를 돌파해야 했다. 그 과정에서 로에스는 전에는 겪지 않은 끔찍한 경험을 했다.

20미터 뒤에 소련군 병사가 누워있었다. 우리의 전차가 그의 배 위를 지나간 것이다. 그는 홍조를 띤 앳된 얼굴의 병사였다. 우리는 이런 상황에서 적군에게 절대 물을 주지 말라는 교육을 받았다. 절대로 물을 주어서는 안 되었다. 우리가 할 수 있는 일은 없었다. 그의 신체 중앙은 5센티미터 정도로 납작해졌다. 우리가 그 땅바닥에 앉는 사이, 그는 갑자기 머리를 떨구더니 그대로 숨을 거두었다. 그래서 우리는 다시 전차에 올라탔다. 나는 내 몸이 떨고 있는 광경을 발견했다. 내 몸 전체에 진동이 일었다. 그렇게 불쌍한 죽음을 맞이한 병사가 바로 나일 수도 있었다. 나는 그제야 죽음이 실제로 얼마나 가까이 있는지를 깨달았다. 내가 죽음을 맞이할 수 있다는 사실을 몸소 느꼈다. 그러나 우리는 하루 종일 전차를 파괴해야 했다. 나는 기계를 조준했지, 사람을 저격하지 않았다. 나는 늘 '기계덩어리'를 조준했다.[94]

루벨과 로에스는 둘 다 티거를 타고 싸웠다. 이 전차는 10센티미터 두께의 장갑과 88밀리미터 포를 장착하고 있었다. 쿠르스크 전투에서 소련군에 참전했던 미하일 보리소프Mikhail Borisov는 이렇게 회고했다.

우리는 독일 신문과 라디오 방송에서 티거 전차가 러시아 방어벽을, 마치 칼로 버터를 자르듯 손쉽게 무너뜨릴 수 있다는 소식을 들었다. 그 전차를 처음 보았을 때, 나는 내 손과 다른 병사들의 손이 떨리는 모습을 보았다. 그들이 속으로 어떻게 생각했을지는 당신도 추측할 수 있다.[95]

쿠르스크 전투에 참가했던, 소련군 제2전차군 소속 지휘관이었던 이반 사군Ivan Sagun은 이렇게 회고했다.

나는 그 전차(독일군의 티거)를 만난 적이 있었다. 그 전차는 1킬로미터 밖에서도 포를 쏘았다. 첫 번째 포탄은 우리 전차 측면에 구멍을 냈다. 두 번째 포탄은 우리의 차축을 맞췄다. 나는 500미터 거리에서 그 전차를 향해 특수구경포탄을 발사했다. 그러나 우리의 포탄은 초(Candle)처럼 적군 전차에 맞는 즉시 튕겨 떨어졌다. 우리가 쏜 포탄은 적 전차의 장갑을 뚫지 못했다. 300미터 거리에서 나는 두 번째 포탄을 쏘았다. 그러자 그 전차는 우리 쪽으로 포탑을 돌려 우리를 찾기 시작했다. 나는 전차를 급하게 후진시켜 나무 뒤에 간신히 숨었다.[96]

그러나 소련군 병사들은 이 전투를 위한 만반의 준비를 했고, 독일군의 공세에 끈질기게 반격했다. 제3전차군 소속 여성 전차병이었던 예카타리나 페틀루크의 사례를 보면 소련군의 열정을 알 수 있다.

매 순간 기본 포탄과 박격포탄이 터졌고, 파편이 사방으로 날아다녔다. 언제나 전차가 파괴되었고, 모든 전차병이 죽을 수 있었다. 나는 쿠르스크 전투에서 두 번 다쳤다. 한 번은 우리 전차 후미에서 포탄을 쏠 때, 나는 얼굴을 다쳤다. 동시에 포탄이 소리를 내며 우리에게 날아오는 것을 느꼈다. 검은 연기가 일어나며 전차에 불이 붙었다. 만일 전차가 포탄에 맞으면 폭발할 수 있으므로 재빨리 전차에서 탈출해야 했다. 내가 전차에 불이 붙었는지를 살펴보는 순간, 파편이 얼굴에 날아왔다. 그러나 운 좋게도 눈은 맞지 않았다. 그래서 상처에 붕대를 싸매고, 다시 전장으로 전차를 몰았다.[97]

양측은 역사상 가장 큰 전차전을 치렀다. 소련군은 독일군과 달리 기술적으로 진보한 전차를 보유하진 못했다. 하지만 기술적 열세를 수적 우세로 메웠다. 독일군 제7기갑사단의 게르트 슈뮈클레Gerd Schmückle는 당시를 이렇게 회고했다,

나는 유례 없는, 대단한 광경을 보았다. 우리 전방 약 1마일 앞에 수백 대의 소련군 전차가 있었다. 아마도 위장했다가 나타난 듯했다. 이제 소련군 전차들은 퍼레이드를 벌이듯이 나란히 늘어섰고, 종심도 아주 깊었다. 우리 연대(Regiment)는 규모가 작았기 때문에, 그 광경이 무척 무서웠다. 우리는 많은 전차를 상실했었는데, 갑작스레 거대한 전차군단이 나타난 것이다.[98]

한 전투에서 600대의 소련군 전차가 250대의 독일군 전차와 전투를 벌였다. 소련군은 400대의 전차를 상실했지만 독일군은 70대의 전차만을 잃었다.[99] 그러나 독일군은 이러한 손실조차 감당할 수 없었다. 계획과 달리 두 개의 공격 선봉이 합세해 소련군을 포위할 가능성은 사라졌다. 히틀러는 7월 중순, 작전 중단을 명령했다.

소련군은 대단한 승리를 거두지는 못했다. 쿠르스크 전투에서 소련군이 입은 손실은 독일군보다 컸다. 그러나 이 전투의 심리적 효과는 아주 컸다. 소련군은 독일군의 공세를 처음으로 격퇴했다. 2년간의 치열한 공방전 끝에 스탈린과 소련군을 히틀러와 독일군으로부터 주도권을 탈취했다.

히틀러와 스탈린

사진38 **1943년 말기에 촬영된 스탈린**

이 사진을 촬영한 시점의 소련군은 독소전쟁의 승기를 잡았다. 스탈린그라드를 재탈환하고
쿠르스크에서 독일군의 진격을 저지한 이후, 스탈린은 여러 근거를 종합해 승리를 확신했다.

14장

가상과 현실

1943년 11월 28일

테헤란 회담이 열리는 시점에 스탈린은 자신이 아무 거리낌 없이 범죄를 저지를 수 있다는 사실을 보여주었다. 가장 적나라한 예시가 1940년 카틴 숲의 학살이었다. 그는 영국과 미국이 소련의 행동을 얼마든지 묵인해줄 수 있다는 사실을 알아챘다. 스탈린은 잔혹한 행위를 중단하지 않았다. 오히려 정반대였다. 테헤란 회담이 끝나자마자 스탈린은 수천 명의 무고한 인민에게 죽음을 명령했다. 그리고 서방 연합국은 아무런 항의도 하지 않았다.

전쟁 중 히틀러에게 가장 힘들었던 기간이 언제였는지를 골라내기란 쉽지 않다. 여러 선택지가 있다. 1941년 12월과 모스크바 전투에서의 역전, 1943년 2월과 스탈린그라드 전투에서의 패배, 1944년 6월과 연합군의 D-day 공격 시점이 가장 유력한 후보임은 틀림없다. 그러나 순수하게 압박의 측면에서, 특히 예기치 못한 압박이라는 측면에서 본다면 1943년 7월이 가장 힘겨운 시기였을 것이다. 그런 점에서 히틀러가 어떻게 그 시기를 견뎌내고, 권력을 계속 유지하며 주변 사람들에게 전쟁을 지속할 확신을 제공했는지는 전쟁 기간 전체에서 가장 인상적인 이야기로 보일 것이다.[1]

1943년 7월 10일, 연합군이 시칠리아에 상륙하면서 히틀러는 전혀 다른 문제에 직면했다. 스탈린이 요구한 제2전선, 즉 프랑스 침공은 시작되지 않았으나 처칠이 주장했듯이 시칠리아 상륙 또한 일종의 제2전선을 형성했다. 처음으로 미군이 유럽 전선에 활약했고, 머지않아 미군과 연합국 군대가 승리할 것이 자명해졌다. 이탈리아군은 항전을 포기하고 항복한다는 소식이 접수됐다. 히틀러의 다른 동맹국들도 이탈리아의 전철을 밟을 것인가? 아니면 이탈리아군만 항복할 것인가?

히틀러는 과거에도 이탈리아군은 전쟁 의지가 없다는 비난을 했었다. 특히 이탈리아군이 동부전선에서 제대로 싸우지 못하고 있다고 생각했다. 히틀러는 무솔리니가 동맹의 유지를 주저하자 결의를 다잡고자 서둘러 남쪽으로 향해 그와 만났다. 두 사람은 7월 19일, 이탈리아 북부 펠트레Feltre에서 만났다. 여름의 열기 속에서 히틀러는 무솔리니에게 두 시간 동안 쉬지 않고 장광설을 설파했다. 히틀러는 오랫동안 무솔리니 앞에서 상전처럼 굴었고, 이 회동에서도 그런 태도를 견지하였다. 히틀러는 양국이 시대를 좌우하는, 물러설 수 없는 전쟁을 치르고 있다고 강조했다. 이 싸움을 '다음 세대'에 넘겨줄 수 없고, "다음 세대는 거인들의 세대가 될 것이라고 보장할 수 없다."라고 경고했다. 그는 과거 로마제국이 위대한 시기를 지나서 다시는 부활하지 못했다고 지적했다. 지금은 앞으로의 진로를 따지지 말고 계속 전쟁에 임해야 하는 순간이라고 설득했다. 그러나 그는 이탈리아군에게 별도의 무기를 제공할 생각 따위는 하지 않았다. 대신에 독일군 부대를 이탈리아에 추가로 파견할 작정이었다. 히틀러의 조치에 담긴 시사점은 분명했다. 히틀러는 이탈리아를 믿지 않았다.[2]

두 독재자의 동맹에 금이 가고 있었다. 점심을 곁들인 회담에서 히틀러는 무솔리니에게 독일군이 전세를 역전시킬 놀라운 무기를 개발

히틀러와 스탈린

하고 있다고 말했다. 그러나 무솔리니는 머나먼 미래의 최첨단 무기보다는 앞으로 다가올 며칠 후의 위기, 몇 주 후의 위기를 걱정했다. 불확실한 장래에 대한 애매한 약속은 무솔리니에게 아무 도움도 되지 않았다. 무솔리니는 어떻게 해야 할지 알 수 없었다. 회담 도중, 독일 주재 대사와 참모총장은 무솔리니에게 "왜 히틀러에게 전쟁을 종결할 방법을 찾자고 제안하지 않으십니까?"라고 조용히 물었다. 이에 무솔리니는 "20년의 역사가 누적된 파시즘을 단번에 파괴하고, 우리가 오랫동안 고생해서 얻은 성과를 다 없애버릴 수 있는지" 되물었다. 그는 그들에게 단호히 답했다.

> 단독 강화조약을 언급하기란 쉽다. 그러나 히틀러가 어떤 반응을 보이겠는가? 자네들은 그가 우리에게 자유롭게 행동할 기회를 줄 것이라 생각하는가?[3]

무솔리니의 판단이 맞았다. 이탈리아가 고려하던 모든 선택지가 마땅하지 않았다. 이탈리아는 연합국의 힘과 독일의 힘 사이에 갇혔다. 그러나 무솔리니 역시 상황이 얼마나 재빨리 본인에게 불리하게 전개될지는 미처 알지 못했다. 히틀러와의 회동으로부터 5일이 흘렀다. 7월 24일 저녁, 무솔리니는 로마에서 열린 파시즘 대평의회Grand Council of Fascism•에 참석했다. 이 기구는 정기적으로 개회하지 않았고, 당시 기

◆ 베니토 무솔리니가 이끌던 국가파시스트당의 최고의결기구로, 이후 무솔리니와 파시즘 세력이 이탈리아 왕국을 장악하면서 이탈리아의 최고의결기구로 운영되었다.

준으로 지난 4년 동안은 열린 적이 없었다. 회의가 오래 진행되어 논란이 있었지만 무솔리니는 자신이 큰 위험에 처했다는 자각은 하지 못한 채 평의회를 떠났다. 그런데 다음 날인 7월 25일, 무솔리니는 당시 이탈리아 국왕 비토리오 에마누엘레 3세Vittorio Emanuele III를 알현했다. 그는 국왕을 알현한 자리에서, 본인이 해임되었다는 소식을 처음 알았다. 왕궁을 떠나자 그는 곧바로 체포되었다. 뒤이어 총리로 임명된 피에트로 바돌리오Pietro Badoglio 원수도 독일의 동맹국으로서 전쟁을 계속 수행할 것이라 약속하긴 했으나 전쟁의 끝이 도래한다는 인식이 널리 퍼지는 중이었다.

무솔리니가 체포되고 몇 시간이 지났다. 이탈리아의 여러 도시에서는, 20년 동안 이탈리아를 이끈 무솔리니를 향해, 경멸을 발산하는 민중 시위가 개최됐다. 당시 젊은 기자였던 밀레나 밀라니Milena Milani는 시위 현장을 이렇게 묘사했다.

모든 사람이 이렇게 외쳤다. "파시즘은 끝났다." 로마의 도로는 종이 쓰레기로 가득 찼다. 시민들이 이성을 잃은 것 같았다. 길을 걸으면서 파시스트당 배지를 발로 밟았다. 모든 사람이 겉옷을 벗어 땅바닥에 던졌다. 일부 시민은 무솔리니의 초상화를 불태웠고, 다른 시민들은 파시스트의 상징물을 뜯어냈다. 파시스트들은 다 어디로 갔는가? 나는 자전거를 타고 거리를 다녔다. 로마의 비아 델 트리토네(Via del Tritone) 거리에는 함성을 외치는 군중으로 가득했다. 도시의 모든 사람이 집에서 나왔다. 모든 창문에 불이 켜졌다. 남자와 여자들이 서로 껴안았다. 이들은 전쟁도 끝났다고 생각했다.

히틀러와 스탈린

아무도 바돌리오 총리의 라디오 방송에 귀를 기울이지 않았다. "이탈리아는 (독일에 한) 약속을 지킬 것이다."[4]

베를린에서 이 소식을 들은 괴벨스는 크게 당황했다.

21년간 권력을 유지한 '혁명 세력(이탈리아 파시스트)'이 그렇게 무너지다니, 참으로 실망스럽다.[5]

히틀러도 격노했다. 그는 독일 장군들과 함께 이탈리아에서 벌어진 일을 다루기 위해 어떤 군사적 선택을 해야 할지를 논의했다. 그러나 무솔리니가 몰락하고 2일이 지난 시점에 독일은 완전히 새로운 재앙을 맞닥뜨렸다. 7월 27~28일, 함부르크가 거대한 화염에 휩싸였다. 7월 24일 시작되어 8월 3일까지 이어진 연합국의 공습 작전 중 가장 파괴적이었던 야간 공습이 전개되었다. 이 공습 작전은 피해가 누적되도록 세심하게 안배되었다. 연이은 공습으로 지상의 민방위군이 불길을 잡을 틈도 주지 않았다. 화재 진압을 시도할 때 폭발하도록 만들어진 '지연 폭탄'이 작동하자 소방관들은 화재 진압에 애를 먹었다.

영국 공군의 전문가들은 작전 수립 당시부터 독일 도시들의 가연성, 건물 간의 간격을 연구해 가장 크게 타격받을 구역을 목표로 겨냥했다. 전문가들은 함부르크 같은 도시의 중심부에 "중세 시대에 축조된 박스처럼 생긴 건축물들의 테라스에 불을 붙여야 가장 좋은 결과를 얻을 것"으로 예상했다.[6]

이 공습이 성공할 수 있었던 또 다른 기술적 장치가 있었다. 영국 공군참모총장이자 공습부대 사령관 아서 해리스_{Arthur Harris} 원수는 이렇게 증언했다.

> 첫 번째 함부르크 공습에서는 우리가 오랫동안 보유했던 것을 사용해서 좋은 결과를 거두었다. 바로 '창문(Window)'이라 불리는 것인데, 알루미늄 종잇조각을 뿌리는 방법이었다. 이렇게 하자 항공기 탐지부대뿐만 아니라 대공포 조준기계에도 큰 혼란을 야기했다.[7]

영국은 함부르크 공습으로 유럽 도시에 가장 커다란 손실을 입혔다. 대략 3만 7,000명의 사망자가 발생했다. 7월 27~28일의 건조한 날씨, 목표지점의 가연성, 이전 공습으로 화재가 끊이지 않았던 도시 건물들. 이러한 요소들이 어우러져 거대한 화재가 발생했다. 함부르크 경찰서장은 이 공습을 "인간의 모든 대비책을 무용하게 만든 화염 태풍"이라 불렀다.[8] 함부르크 대관구지휘자(시장)인 카를 카우프만은 영국 공군의 공습이 야기한 결과는 "상상할 수 없는 차원의 재앙"이라 묘사했다.[9]

당시 함부르크 주민이었던 벤 비터_{Ben Witter} 기자는 공습을 당하고 있을 때, "시민들이 횃불처럼 불에 타던 장면"을 회고했다.

> 사람들은 운하로 입수했으나 물조차 불에 잡아먹혀 있었다. 수많은 소형 배가 폭발하고, 거기서 기름이 흘러나왔다. 몸에 불이 붙은 사람들이 물에 뛰어들었기 때문이다. 잘 알지 못하는 화학물질들도 물에 스며든 것 같았다. 사람들이 불에 탄 채 수영을 하다가

물밑으로 가라앉았기 때문이다.[10]

도시의 또 다른 주민이었던 그레틀 뷔트너Gretl Büttner도 당시를 회고
했다.

사방에 건물 잔해가 깔렸다. 거리에 잔해가 날렸다. 건물과 도로
경계석이 전부 무너지고, 나무들은 불에 탔으며, 정원은 파괴되었
다. 그리고 건물들이 또 무너지면서 굉음을 냈다. 엄청난 불길이
활활 타오르는 소리를 끝없이 들었다. 가련하고, 아름답고, 사랑
스러운, 그러나 처참하게 유린당한 도시, 함부르크. (그곳에 있던) 누
구도 말을 할 수 없었다.[11]

함부르크의 파괴는 무솔리니의 몰락과 더불어 독일 민간인의 사기
에 큰 영향을 미쳤다. 나치친위대 소속 보안국SD에서 작성한 기밀보고
서에는 "그간 독일인은 '제3제국의 정부 형태'가 대체되지 않으리라
생각했으나 최근 들어 갑자기 바뀔 수 있다는 생각이 확산됐다."라는
내용이 적혀 있었다. 또한 이런 내용이 적힌 보고서도 발견되었다.

악의에 찬 농담도 돌아다닌다. 총통이 '나의 실수'라는 책을 쓰기
위해 보이지 않는 곳에 숨어버렸다는 것이다.[12]

독일 정권 내 일부는 이런 상황이 너무도 부담스러웠다. 열렬한 나
치주의자였던 공군 총참모장 한스 예쇼네크Hans Jeschonnek는 그해 8월

18일에 자결했다. 그는 영국 공군이 독일군의 비밀기지인 페네뮌데
Peenemünde 육군연구소●를 공습한 일을 계기로 자살한 것으로 보인다.
다만 그는 과거에 함부르크가 겪은 재앙에 비하면 스탈린그라드가 겪
은 고통은 "하찮다."라고 평가한 적이 있었다.[13]

괴벨스는 공습의 여파를 심각히 우려했다. 7월 25일, 그는 일기에
"대중들에게서 엄청난 비판이 적힌 편지들을 받고 있다."라고 적었다.
보통의 독일인은 "왜 총통은 공습으로 커다란 피해를 받은 지역에 방
문하지 않는가? 왜 총통은 나타나지 않는가? 왜 총통은 연설을 하지
않는가? 왜 총통은 우리에게 현 상황에 관한 정보를 주지 않는가?"라
고 계속 물었다. 괴벨스는 이에 관한 자신의 의견을 이렇게 기록했다.

> 총통은 그렇게 해야 한다고 생각한다. 커다란 군사적 부담이 뒤따
> 른다더라도, 국민을 너무 오랫동안 무시할 수는 없다. 국민은 전
> 쟁의 핵심이다. 만일 국민이 내적 원동력과 독일 지도부를 향한
> 신뢰를 상실하면, 우리가 지금까지 겪지 못한 심각한 위기가 도래
> 할 것이다.[14]

그러나 히틀러는 괴벨스의 충언을 듣지 않았다. 그는 상황이 점점
악화하는 시기에도 모습을 보이려고 하지 않았다.

1943년 7월에 온갖 재난이 히틀러에게 찾아왔으나 그는 재난이 겹

● 독일 동북부 끝자락에 자리한 페네뮌데섬에 설치된 비밀연구소로, 나치독일은 제2차 세계대전에서 승리하고자
이곳에서 미사일 등의 무기를 실험 및 개발했다.

친 달의 말미까지 아무 흔들림 없이 권좌를 지켰다. 종종 사기를 진작시키기 위해 했던 웅변도 하지 않았는데도 말이다. 그러면 그의 운명은 왜 무솔리니와 달랐는가? 한 가지 이유로, 우리가 앞서 봤듯이 독일 국민이 동쪽으로부터의 위기를 자국 존재를 위협하는 대상으로 간주했기 때문이다. 소련군이 점령한 독일과 서방 연합군이 점령한 이탈리아를 똑같다고 생각할 사람은 아무도 없었다. 스탈린과의 전쟁에서 쉽게 빠져나갈 방법은 없었다. 소련군 병사들은 자국을 괴롭힌 고난의 근원에 보복하고자 벼르고 있을 것이 분명했다.

물론 히틀러가 권력을 유지한 이유는 또 있었다. 그는 나치 정권의 권력 구조에서 도움을 받았다. 무솔리니와 달리 히틀러는 '국가원수'였다. 그래서 히틀러를 비판하거나 해임할 '군주'가 없었다. 이탈리아의 파시즘 대평의회처럼 히틀러에게 책임을 물을 정치적 기구도 없었다. 거기다 히틀러는 나치친위대의 충성을 신뢰했다. 나치의 비밀경찰은 "우리의 명예는 충성이다Meine Ehre heisst Treue"라는 영속적인 충성맹세를 선언했었다. 당연히 위기의 기간 내내 히틀러는 나치친위대 수장인 하인리히 힘러에게 의존했다. 힘러는 1943년 8월 내무장관Minister of the Interior에 임명되었고, 히틀러 반대파를 숙청하는 데에 가장 중요한 역할을 담당했다.

히틀러를 제거하려는 무리는 그에게 접근하기 쉽지 않다는 난관에도 부닥쳤다. 히틀러는 대체로 동프러시아의 깊숙한 숲속에 자리 잡은 안전한 군부대에서 시간을 보냈다. 그와 정기적으로 접촉하는 사람은 나치 관료, 군부의 장성들뿐이었다. 결국 그들만이 히틀러를 제거할 수 있었다. 히틀러는 제1차 세계대전 당시의 카이저(황제)처럼 스스로 권력을 포기할 가능성이 없는 인물이었다. 히틀러를 막기 위한 유일한 방법은 그를 죽이는 것뿐이었다. 그런데 그를 죽이기 위해서는 두 가지 문제를 추가로 고려해야 한다. 하나는 감정적 문제, 다른 하나는 실제적 문제였다. 실제적 문제는 확실했다. 누군가 히틀러를 암살해야 한다면, 폭탄을 이용해 함께 죽거나 먼 거리에서 시한폭탄을 이용해 살해해야 한다. 감정적 문제는 다루기가 더욱 어렵다. 모든 독일 병사는 아돌프 히틀러에게 충성을 맹세했다. 수많은 독일군 장성, 장교들이 품은 히틀러를 향한 충성을 깨기란 불가능하다. 더불어 제1차 세계대전 이후 '누군가 아군의 등을 뒤에서 찌르는 공포'가 팽배해졌다는 것을 모두가 알고 있었다. 이 공포란, 당시 후방의 유대인 정치가와 산업가들 때문에 패전했다는 환상이었다. 만일 히틀러가 지금 죽으면, 이와 유사한 환상이 또 만들어지지 않겠는가? 그러면 누가 이 문제에 책임질 것인가?[15]

그렇지만 자발적으로 나서서 히틀러 암살을 시도한 독일군 장교들이 있었다. 스탈린의 군지휘관들과 다르게 히틀러의 장교들은 자신의 지도자를 공격할 준비가 되어있었다. 1943년 여름까지 히틀러의 목숨을 겨냥한 몇 번의 시도가 있었다. 중부집단군 장교들은 히틀러가 1943년 3월 스몰렌스크의 전선사령부를 방문하고 귀환할 때 그를 살해하려고 시도했다. 모의에 가담한 장교들은 폭탄을 술병으로 위장해 상자에 넣고, 히틀러가 타고 돌아가는 비행기에 해당 상자를 넣었으나 폭탄이 폭발하지 않았다. 그날 이후 일주일이 지난 3월 21일, 루돌프 크리스토프 프라이헤어 폰 게르스도르프Rudolf Christoph Freiherr von Gersdorff 라는 장교가 베를린에서 열릴 전시회를 이용하기로 했다. 그 전시회는 소련군으로부터 노획한 군사장비를 소개하는 자리였다. 루돌프 장교는 그곳에서 폭발물을 터트려 히틀러와 함께 죽으려 시도했다. 그는 점화된 작은 폭탄을 주머니에 넣고 전시장에서 히틀러를 수행했다. 그러나 히틀러가 예상보다 전시장을 빨리 빠져나가는 바람에 암살에 실패했다. 게르스도르프는 화장실에서 폭발물 뇌관을 제거해야 했다.

히틀러 암살 시도가 번번이 실패하는 한편, 많은 독일인이 숙고해야 하는 또 다른 문제가 있었다. 히틀러와 그의 정권을 지지한 독일 국민은 유대인 학살의 후폭풍을 두려워했다. 함부르크 공습 이후 작성된 나치친위대 보안국 보고서에 따르면, 일부 독일인은 "마지막 유대인이 뷔르츠부르크Würzburg를 떠난 다음에 연합군의 뷔르츠부르크 공습이 시작되었다."라는 소문을 퍼트렸다.[16] 1942년 12월에 작성된 나치친위대 보고서에서는 "러시아에서 유대인 학살과 관련된 소식을 흘렸고, 그 소식이 독일 남부의 프랑켄Franken*지역까지 도달했다."라는 기록이 적혀 있었다. 그래서 "독일인은 유대인이 다시 독일로 돌아오면 그들이 무서운 복수를 할 것이라 생각"했다.[17] 이로 인해 "유대인 학살은 결국에는 유대인이 아닌 독일인을 더욱 고통스럽게 할 것"이라는 단순한 유추까지 부상했다. 유대인 제거와 학살을 직접 명령한 장본인은 히틀러와 그의 추종자들이다. 그렇지만 '평범한 독일인' 중 많은 이가 유대인 추방으로 이득을 얻었다. 또는 유대인을 위해서는 아무런 행동도 하지 않았다. 이탈리아인은 일말의 죄책감 없이 무솔리니를 실각시켰다. 왜냐하며 이탈리아에서는 아직 유대인이 추방되지 않았기 때문이

◆ 독일 바이에른주 북부와 인접 지역을 가리키는 역사적 명칭이다.

다. 그러나 수많은 독일인은 유대인 학살 문제로 불편한 죄책감을 느끼고 있었다.

1943년 여름, 히틀러는 전황이 불리하다는 사실을 잘 알면서도 유대인 학살을 우선하겠다는 입장을 고수했다. 아주 드물긴 하지만 누군가 히틀러의 우선순위에 이의를 제기했으나 소용이 없었다. 유대인 문제에 관한 히틀러의 태도는 시사하는 바가 크다. 1943년 6월 말, 히틀러는 숨 막히는 분위기의 군사령부를 떠나 독일 남부 바이에른에 있는 산악별장 베르그호프로 돌아갔다. 그곳에 찾아온 두 명의 손님 중한 명은 전직 히틀러유겐트Hitlerjugend(히틀러 청소년단)의 책임자이자 당시 빈의 대관구지휘자였던 발두어 폰 시라흐Baldur von Schirach와 그의 부인 헨리에타Henrieta였다. 히틀러의 개인 사진가 하인리히 호프만Heinrich Hoffmann의 딸인 헨리에타는 어렸을 때부터 히틀러를 알고 있었다. 이러한 사적인 인연 덕에 그녀는 당돌하게 행동할 수 있었던 것이 분명하다. 세 사람이 베르그호프의 저택 홀에 앉아 있던 어느 저녁, 헨리에타는 암스테르담에서 추방되는 유대인 여성이 길에서 울고 있던 장면을 목격했다고 말했다. 그 말을 들은 히틀러는 격노했다. 그는 그녀에게 "왜 이 문제에 관심을 갖는가?"라고 물었고, 그녀가 너무 감성적이라고 비난했다. 그는 수천 명의 독일 병사가 전쟁에서 죽어가고 있는데, 열등한 인종이 여전히 살아있는 것은 문제라고 말했다. 이 장광설을 들은 직후 시라흐 부부는 베르그호프를 떠났다. 이 짧은 일화만 봐도, 유대인 학살을 시행하겠다는 히틀러의 변함 없는 집착을 알 수 있다. 그에게서 이 문제에 관한 입장을 철회시키기란 불가능했다.[18]

헨리에타에게 유대인 문제를 말하거나 군지휘관들에게 군사 문제

사진39 **나치당의 지도자 히틀러**

히틀러는 '운명'과 결혼하여 세속적인 쾌락을 절제한 남성으로 자신의 이미지를 선전하고자
노력했다.

를 말할 때, 히틀러는 자신이 옳다고 늘 확신했다. 그는 자신이 만드는
모든 고통과 죽음은 제3제국의 이익이 될 거라 믿었을 뿐만 아니라 자
연법의 인종적 처방에 충실한 수행이라고 생각했다. 그는 어떤 종교의
광신도처럼 자신의 신념에 집착하고 몰두했다.

괴벨스는 히틀러를 거의 메시아에 필적하는 인물로 떠받드는 프로
파간다 이미지를 구축했다. 괴벨스의 프로파간다는 히틀러를 금욕적
인 생활을 영위하는 인물로 묘사했다. 그는 국가와 '결혼'한 사람이다.
그는 목표에 집중하고자 인간의 모든 쾌락을 멀리하는 사람으로 묘사

되곤 하였다. 그러나 히틀러의 일상을 들여다보면, 괴벨스의 선전은 환상에 불과했다. 히틀러는 전쟁 기간에 비밀스럽게 애인과 함께 생활했다.

히틀러는 1929년 뮌헨에서, 자신의 연인 에바 브라운을 처음 만났다. 그는 자신보다 23세나 어린, 어여쁜 금발 소녀에게 마음을 뺏겼다. 1933년 1월, 히틀러가 수상이 되었을 때 두 사람은 이미 연인 관계였다. 다만 통상적인 관계는 아니었다. 히틀러는 베르그호프에서의 고립된 상황에서만 에바 브라운을 연인으로 인정했다. 그리고 에바 브라운은 히틀러의 최측근을 제외하고는 모습을 감추고 살았다. 베르그호프 관리책임자 헤르베르트 되링Herbert Döring은 히틀러가 외부에서 손님을 맞이할 때마다 에바 브라운이 별장을 떠났던 광경을 기억했다. 예상보다 회의가 길어진 어느 날, 히틀러는 에바에게 "부엌문으로 몰래 들어오는 것"을 허용했다.[19]

그러나 이러한 속임수로도 에바 브라운과 히틀러의 방이 바로 옆이라는 사실을 숨길 순 없었다. 정기적으로 방문하는 손님들의 시선에서 두 사람은 확실한 연인이었다. 나치의 군수장관 알베르트 슈페어는 두 사람의 관계를 두고 이렇게 기록했다.

> 히틀러와 에바 브라운은 밤이 깊은 시각에 함께 침실로 올라가는 것 외에는 연인 사이라는 걸 드러내지 않고자 노력했다. 나는 그들의 노력에 감탄을 금치 못했다.[20]

히틀러는 공개적으로 에바 브라운을 향한 사랑을 표현한 적이 없지만 두 사람의 관계에는 정감 어린 측면이 있었다. 히틀러의 비서였던 트라우들 융게Traudl Junge는 히틀러가 에바 브라운의 작은 개를 두고 농담하는 광경을 회고했다.

> 그는 그 개를 향해 "먼지떨이로 닦아낼 털이 두 어개 밖에 없다."라고 놀렸다. 그녀는 셰퍼드인 히틀러의 강아지 '블론디(Blondi)'를 두고 "개가 아니라 송아지"라고 농담했다.[21]

에바가 히틀러에게 특별한 여인이었다는 사실과는 별개로, 그녀는 결코 히틀러와 대등한 관계를 맺을 수 없었다. 두 사람의 관계를 두고 슈페어는 이렇게 기록했다.

> 히틀러는 그녀의 감정에 별로 관심이 없었다. 그는 마치 그녀가 곁에 없는 것처럼 과장된 태도로 다른 여성을 대했다. 고도로 지적인 남성은 원초적이고 아둔한 여성을 얻어야 한다.[22]

결국 히틀러는 "에바와 함께 있으면서도 완전히 긴장을 풀거나 솔직하게 굴지 못했다." 국가의 지도자와 개인의 연인 사이에는 늘 간격이 유지되었다.[23] 두 인격 사이의 '간격'은 너무도 커서, 그녀는 히틀러의 분노를 피하면서 원하는 것을 이루기 위해 베르크호프 직원들의 도움을 받아야 했다. 별장의 관리자 되링은 이렇게 회상했다.

> 그녀는 주전부리를 좋아했다. 그녀는 초콜릿을 먹고 싶어 했다.

전시에는 초콜릿이 무척 귀해서 구할 수 없었다. 그녀는 나와 내 아내(베르그호프에서 함께 일했다)에게 찾아와서 초콜릿을 구해달라고 부탁했다. 그렇지만 우리 부부에게도 초콜릿은 없었다. 공급품은 다 소진되었다. 그래서 나는 꾀를 냈다. 나는 베르그호프와 오버잘츠베르크의 문장이 새겨진 편지지를 사용해 서신을 작성했다. 히틀러를 편지에서 언급하진 않았다. 나 자신도 언급하지 않았다는 점을 강조하고 싶다. 나는 무척 근사한 편지를 작성해서, 아주 큰 초콜릿 공장에 보냈다. 히틀러가 알았다면 이런 일을 막았을 것이다. 마르틴 보어만도 그랬을 것이다. 보어만은 그녀를 좋아하지 않았다. 그가 보기에 에바 브라운은 기생충 같은 존재였다. 심히 게으르고 형편없는 여성이었다. 편지를 발송하고 4일, 5일, 6일이 지나자 소포가 도착했다. 정말 대단한 소포였다. 거기에는 10, 20 아니면 30파운드의 초콜릿이 들어있었던 것 같다.

되링은 계산서를 베르그호프 계장에 달지 않았고, 누구도 이 문제를 자세히 살필 수 없게 했다.

히틀러가 이 사실을 모르게 했다. 그가 알면 에바와 나를 심하게 야단쳤을 것이다.[24]

히틀러가 에바 브라운과 관계를 맺고 있던 그 시기에 스탈린도 좀 더 조심스러운 방법으로 한 여자와 관계를 맺고 있다는 소문이 돌았다. 아무도 이 사실을 확인할 수 없지만, 스탈린은 전시 기간에 하녀

히틀러가 바이에른 산맥의 베르히테스가덴에서 졸고 있다. 그의 옆에 있는 에바 브라운의 존재는 일반 독일인에게 알려지지 않았다.

중 한 명인 발렌티나 이스토미나Valentina Istomina와 성적 관계를 맺고 있었다. 그녀는 스탈린보다 거의 40세나 어렸다. 그녀는 모스크바 외곽에 자리한 스탈린의 별장에 소속된 하녀였다. 통통하고 쾌활하며 가정적인 그녀는 스탈린의 전처였던 나데즈다 알릴루예바Nadezhda Alliluyeva와는 성격이 정반대였다. 나데즈다는 엄격하고 논쟁에서 물러서지 않는 성격이었던 반면에, 발렌티나는 쾌활하면서도 순종적이었다. 다만 스탈린은 발렌티나와의 관계를 공식적으로 인정하진 않았다. 훗날 몰로토프는 이렇게 말했다.

발렌티나 이스토미나가 스탈린의 부인인지 아닌지는 중요하지 않았다. 프리드리히 엥겔스도 자기 하녀와 살았다.[25]

이렇듯 전시에 두 독재자는 순종적인 연인과 성적 관계를 맺었던 듯하다. 그들의 측근은 두 독재자의 여인과는 현저하게 다른 여성을 아내로 두고 있었다. 예를 들어, 공산당원으로 활발히 활동한 몰로토프의 부인 폴리나 젬추지나Polina Zhemchuzhina는 전시 중에 수산업을 관장하는 인민위원People's Commissar for Fisheries으로 활약했다. 독일의 경우, 괴벨스의 부인 마그다 괴벨스Magda Goebbels는 남편 못지않게 영민했으며 엄청난 야망을 품었다. 두 독재자는 자신의 연인에게 순종하는 태도와 쾌활한 성품을 지니기를 요구했다. 몰로토프와 괴벨스는 자신들의 아내가 순종하는 태도와 쾌활한 성품을 갖추기를, 본인들이 모시는 상관들보다 훨씬 더 많이 요구했다.

이런 현상이 나타난 이유를 설명하기란 어렵다. 히틀러와 스탈린은 주위와의 거리를 유지했다. 히틀러는 더욱 확고하게 거리를 유지했다. 아무도 히틀러와 밀접한 관계를 맺었다고 주장할 수 없었다. 스탈린은 히틀러보다는 덜했다. 스탈린은 측근들과 별장에서의 시끌벅적한 주연을 가졌고, 그곳에서 모두 술에 취했다. 그러나 겉으로만 친밀했을 뿐이다. 실제로 스탈린의 측근들은 소련의 주인께서 무슨 생각을 하시는지 도통 알 수 없었다. 그들은 오로지 언제라도 체포되어 고문받을 수 있다는 가능성만을 확실하게 인지했다. 흐루쇼프는 언젠가 이런 말을 남겼다.

히틀러와 스탈린

우리는 스탈린의 주위에 '잠시' 머무르는 존재다. 그가 우리를 어느 정도 신뢰하는 동안에는 목숨을 유지하며 일할 수 있었다. 그러나 그가 신뢰를 거두면, 불신의 잔이 넘칠 때까지 당신을 '관찰'한다. 이후 이미 사라진 사람의 뒤를 따라갈 차례가 임박한다.[26]

흥미롭게도 히틀러와 스탈린도 과거에는 지성적인 여성에게 끌린 적이 있었다. 스탈린의 두 번째 부인, 나데즈다 알릴루예바는 강단이 있고 독립적인 여성이었다. 모스크바의 산업아카데미*에서 공부했었다.[27] 히틀러는 마그다가 괴벨스와 결혼하기 전, 한때 지성적인 마그다에게 끌렸었다.[28] 그러나 1943년의 두 사람은 모두 보다 순종적인 여성에게 정착했다.

히틀러와 달리 스탈린에게는 자녀가 있었다. 첫 부인에게서 얻은 장남 야코프Yakov는 소련군 장교였다가 개전 한 달 만에 독일군의 포로가 되었다. 그는 1943년 4월에 작센하우젠 집단수용소에서 사망했다. 스탈린과 야코프는 빈번히 갈등했고, 스탈린은 아들을 자주 다그쳤다.[29] 스탈린의 차남 바실리Vasily는 알코올 중독자가 되어 여자만 따라다니며 시간을 낭비했다. 그는 1962년 40세에 죽었다. 스탈린의 딸 스베틀라나Svetlana는 어린 시절에 아버지와 좋은 관계를 유지했으나 스탈린이 딸의 사생활에 지나치게 간섭**하자 두 사람의 관계도 틀어졌다.[30]

◆ 모스크바 산업아카데미는 1925~1941년 동안 모스크바에서 운영된 고등 교육기관이다.
◆◆ 스탈린의 외동딸이자 막내인 스베틀라나는 대학생 때 만난 모로조프와 결혼하려 했으나 스탈린은 모로조프가 유대인이라는 이유로 반대했다. 그러나 두 사람은 1944년 결혼했고, 1947년 이혼했다. 1967년 인도에 머물고 있던 스베틀라나는 미국 대사관을 이용해 서방으로 망명했다.

사진41 1920년대 동료들과 함께 휴식을 취하는 스탈린

사진의 맨 왼쪽에 스탈린이 있다. 그의 우측에는 아내 나데즈다 알릴루예바가 앉아 있다.

히틀러는 이런 문제를 피할 수 없을 것이라 생각했다. 그는 "위대한 인물의 자녀로 태어나는 일은 끔찍"하다고 생각했다. 되링은 "히틀러는 결혼을 원하지 않았다."라고 증언했다.

만일 그가 결혼해서 자녀를 얻으면, 자신의 자녀들이 고통받을 것이라고 생각했다. 그는 본인을 천재라 여겼고, 자녀들은 아무것도 될 수 없었기 때문에, 자녀들이 조롱받을 것이라 생각했다.[31]

히틀러와 스탈린

히틀러와 스탈린 모두 전쟁 중 건강상 문제가 있었다. 히틀러는 오래 전부터 위장이 아팠는데, 전시에 증상이 악화했다. 왼손에 경련 증상도 생겼다. 전쟁 말엽에는 히틀러에게서 파킨슨병 초기 증세가 나타났다.[32] 히틀러의 무능한 주치의, 테오도어 모렐의 약물 및 주사 처방으로는 히틀러의 증세를 해결할 수 없었다. 한편 스탈린은 전시 중에 동맥경화증이 악화했고, 혈액 순환에 문제가 있었다. 그의 흡연과 음주가 건강을 더욱 나쁘게 만들었다.

이런 상황에서, 스탈린은 1943년 독일군의 쿠르스크 공세를 저지한 일을 계기로 일련의 반격을 명령했다. 첫 작전은 모스크바 남서쪽에 포진한 독일군을 상대로 펼친 쿠투조프 작전Operation Kutuzov이었다. 1941년 10월 소련군이 치욕적으로 포기했던 도시, 오룔을 1943년 8월 초에 탈환했다.

독일군의 문제는 점점 쌓여 갔다. 독일국방군은 소련군뿐만 아니라 후방에서 암약하는 파르티잔의 공격까지 받았다. 소련군이 전세 역전에 성공한 두 가지 이유는 긴밀히 연결되어 있다. 독일군을 곧 몰아낼 수 있을 것이라는 믿음이 하나, 파르티잔의 엄청난 활약이 또 다른 하나였다. 예를 들어, 파르티잔의 레닌그라드 지휘부는 1941년에 870량輛의 독일군 열차를 파괴했고, 1943년에는 5,347량을 파괴하는 전과를 올렸다.[33] 1943년 7월의 마지막 열흘 동안 오룔 인근에서, 파르티잔은 7,500개의 철로를 파손했다. 직후에 약 10만 명의 파르티잔이 독일군의 광범위한 전선에서 '철도전쟁 작전Operation Rail War'에 참여했다.[34]

히틀러와 스탈린의 의식 깊숙한 곳에 자리한 잔인한 철학은 그들이 각각 파르티잔에 어떻게 대응했는지를 보면 알 수 있다. 1941년 7월

3일, 스탈린은 파르티잔에게 독일군 후방에서 저항하라고 지시했다. 히틀러는 스탈린의 도전을 기꺼이 용납했다. 스탈린의 지시에 따라 파르티잔이 행동하면, 독일군에 대항하는 모든 적을 일망타진할 수 있는 기회를 얻을 것이고 독일군을 흘겨보는 자들조차 사살할 수 있었기 때문이었다.[35] 이듬해인 1942년 8월 8일, 히틀러는 소련 파르티잔과의 전투를 "북아메리카 대륙의 인디언과 싸우는 격"이라 비유하고, "승리는 강한 자가 차지하고, 힘은 우리가 더욱 강하다."라고 장담했다.[36]

1942년 말, 동부전선 정보부대의 라인하르트 겔렌Reinhard Gehlen 대령은 현지 주민을 동원해 파르티잔과의 전투에 참전시켜야 한다고 주장했다. 그러나 히틀러는 자신의 강경 노선만을 다시 강조했다.

> 파르티잔과의 투쟁이 시작되면 무자비하고 잔혹한 조치만이 우리의 성공을 보장한다.[37]

히틀러가 언급한 '무자비하고 잔혹한 조치'를 추구하는 과정에서, 독일군은 파르티잔의 공격에 보복한다는 명분으로 무고한 민간인을 처형했고 농가를 불태웠다. 마을 주민들을 폭발물을 제거하는 인간 탐지기로 사용하기까지 했다.

독일군이 점령한 지역의 소련 주민들은 양립할 수 없는 상황에 빈번하게 직면했다. 만일 이들이 독일군의 규칙을 따르면 파르티잔은 이들을 '부역자'로 낙인찍는다. 만일 이들이 파르티잔을 도우면 독일군은 이들을 처형할 수 있다. 주민들은 양측으로부터 부당한 비난을 받을 수도 있었다. 즉 누군가 앙심을 품고 있으면 타인을 쉽게 제거할 수 있었다. 독일군 후방에서 생존해야 하는 파르티잔의 문제 때문에 소련 주민의 곤란한 상황이 더욱 심각해졌다. 파르티잔은 이따금 공수로 보급품을 받긴 했으나 대체로 현지 주민의 도움을 받았다. 필요하면 강탈하기도 했다. 소련 북부 지역에서 어느 파르티잔 부대를 지휘한 미하일 티모셴코는 당시 상황을 이렇게 증언했다.

> 때때로 심하게 배가 고프면, 우리는 집단농장에서 소 한 마리 끌고 왔다. 소의 내장을 가른 후 모닥불에 구워 먹었다.

파르티잔은 지역 주민들에게서 식량을 구걸해야 했을 뿐만 아니라 주민의 생명을 빼앗아야 할 수도 있었다.

> 우리는 독일군을 도운 주민을 무조건 사살했다. 만일 누군가 우리를 배신했고, 내가 이를 알게 되었다고 상상해 보라. 그 배신자가 아직 집에 있다면 다행이다. 배신자는 몸을 숨기지 않고 가족과 함께 살고 있다. 반역자는 누군가 자신이 저지른 일을 나에게 밀고했다는 사실을 모르고 있다. 나는 밤에 두 사람을 보내 그의 집 문을 열고, 그를 끌고 나오게 한다. 나에게 그를 데려오면 심문이 시작된다. 그들 대부분은, 당연하게도, 자신의 잘못을 인정하지 않는다. 자백을 받아내기란 너무도 어렵다.

세 사람이 진행하는 '즉결 심판'은 단순히 형식에 불과했다. 티모셴코는 자신이 항상 '반역자'가 배신했다는, 믿을만한 정보를 미리 쥐고

심판을 했다고 주장했다. 그래서 자신의 부대에서 문초받은 사람은 머리 뒤에 총을 맞고 사살되었다고 말했다.

> 나는 반역자를 방면할 권한이 없다. 소련 법률에 따르면, 독일군에 부역한 자는 재판을 받고 감옥에 가야 한다. 그러나 (전쟁 중에) 그를 어디로 보낸단 말인가? 어디에서 감옥을 찾을 수 있겠는가? 그래서 당신이 원하든 그렇지 않든 상관없이 당신에게 이런 결정을 내릴 수밖에 없다. 이는 분명한 사실이다.

티모셴코는 독일군을 처리할 때도 이처럼 무자비한 규칙을 적용했다.

> 우리의 임무는 다음과 같다. 독일군의 병력, 장비를 파괴한다. 다리, 철로, 통신 시설을 폭파한다. 다시 말해서, 독일군에게 효용이 있는 모든 것을 파괴한다. 나는 자상한 사람이다. 나는 동물을 죽이지 못한다. 나는 동물의 얼굴도 때리지 못한다. 그러나 나는 독일군을 죽여야만 한다고 생각했다. 나를 이해할 수 있겠는가? 소련의 프로파간다 때문이 아니다. 내가 느끼는 감정 때문에 그렇게 했다. 독일군은 나의 여동생을 유린했고, 나의 엄마와 나의 딸을 죽였다. 그리고 그들은 나를 노예로 만들려고 했다.[38]

스탈린은 티모셴코의 잔혹함을 인정했을 것이다. 특히 그가 '반역자들'을 다루는 방식을 인정했을 것이다. 실제로 소련 당국은 이보다 더욱 무자비했다. 1942년 6월 소련 국가방위위원회는 독일군에 부역한 죄로 사형선고를 받은 사람의 가족들은 5년 동안 강제유형에 처한다는 내용을 발표했다.[39] 기소된 사람의 부인, 남편, 부모와 다른 친척들은 죄를 짓지 않았더라도, 이 연좌제 규정은 예외 없이 적용되었다. 스탈린이 자국민을 무자비하게 대한 정책은 전장에서도 적용되었다. 베를린 전투 같은 한두 가지 사례를 제외하면, 소련군은 점차 전술적으로 탁월한 실력을 발휘하며 날이 갈수록 사상자 수가 줄어들었다. 그런데도 "개인은 얼마든지 희생시킬 수 있다."라는 기본적인 신조는 전혀 바뀌지 않았다. 소련군이 '징벌부대penal battalions'를 운용했다는 사실이 바로 소련군의 신념을 상징한다. 해당 부대는 군법을 어긴 병사들로 구성되었는데, 강제수용소에서 차출한 인원을 보강했다. 이들은 가장 위험한 작전에서, 거의 자살에 가까운 임무를 수행하기 위해 투입되었다. 전쟁 중 약 100만 명의 병사가 군법회의에서 유죄를 선고받았다. 그중 약 40만 명이 징벌부대에 배속되었고, 나머지는 수감되거나 총살되었다. 약 16만 명의 소련군 병사가 전쟁 중 처형됐는데, 이 수치는 전쟁 중 처형된 독일군 병사의 수보다 열 배가 넘는다.[40] 독일군도 징벌부대를 운용하긴 했으나 소련군은 징벌부대를 훨씬 다양한 방면으로 활용했다.

블라디미르 칸톱스키Vladimir Kantovski는 소련 징벌부대에서 복무하다가 살아남은 얼마 되지 않은 병사 중 하나였다. 그는 1941년 18세의 나이로 자신의 선생님이 체포된 사안에 항의하다가 감옥에 수감되었다. 강제수용소에서 그는 '자원병' 모집에 손을 들고 나섰다. 그는 위험을 인지했으나 '애국자'였던 만큼 독일군과 싸울 수 있는 기회를 환영했다.

당시 내게는 징벌부대에 입대해 얻은 작은 자유가 대단히 중요했다. 당신은 자유가 무엇을 의미하는지 이해하거나 상상할 수 있는가? 자유의 소중함을 알기 위해서는 옴스크(Omsk)에 있는 감옥 속 작은 감방에 반년 정도 갇혀보아야 한다. 당신이 그곳에서 할 수 있는 일이라고는 작은 구멍으로 하늘을 엿보는 게 전부다.

징벌부대의 다른 병사들처럼 칸톱스키도 딱 한 번만 전투에 참여했다. 레닌그라드 남부의 데먄스크 인근에서, 그의 부대는 정찰을 위해 독일군 진지로 접근하라는 명령을 받았다. 소련군 지휘관들은 무장도 제대로 갖추지 못한 채 소모품처럼 사용될 수 있는 병력을, 적군이 얼마나 포진되어 있는지를 알아내는 정찰 임무에 소비했다. 독일군이 징벌부대 병력에 사격을 가해 병사들이 죽는 동안 소련군 지휘관들은 독일군 화기의 위치를 파악했다. 칸톱스키는 당시 총알이 쏟아지는 앞으로 전진하는 와중에 '숙명론자'가 되었다.

이런 작전에 던져지면 애국심 따위는 느낄 수가 없다. 가장 큰 감정은 무감각이다. 당신은 무감각해질 것이다. 당신은 앞으로 일어나는 모든 일을 피할 수 없고, 운명이라고 받아들여야 한다. 마치 러시안 룰렛 같다. 당신의 운수는 어떻게 될 것인가?

칸톱스키는 곧 자신의 운명을 자각했다. 그는 기관총 사격을 받고 땅에 쓰러졌다. 그가 피를 흘리며 누워있을 때, 그는 본인의 지휘관이 자신(칸톱스키)이 일부러 다친 것으로 오해할 수도 있겠다는 염려를 했

히틀러와 스탈린

다. 만일 그렇게 생각한다면, 그는 '소심함(비겁한 행동)'이라는 죄목으로 처형당하게 될 터였다. 그러나 자신이 할 수 있는 선택은 전장에서 죽거나 조국의 손에 죽는 것뿐이다. 그는 이 사실을 깨닫고는 기어서 소련군 진지로 돌아갔다. 징벌부대의 전반적인 상황을 고려하자면, 그는 운이 좋은 사례였다. 부대원 대부분은 그날 전사했으나 그는 목숨을 건졌다. 징벌부대에서 전상戰傷을 당한 병사 중 대다수가 자신의 죄를 '피'로써 용서받은 것으로 간주되었고, 그들은 일반부대로 전출되었다. 그러나 소련 당국은 칸톱스키를 강제수용소로 돌려보냈다. 그는 이런 일을 겪으면서 조국을 향한 사랑, 공산주의를 향한 신념, 스탈린을 향한 증오를 구별하게 되었다.

> 우리는 스탈린의 정치가 프롤레타리아 독재가 아니라 프롤레타리아 위에 군림하는 잔인한 독재임을 깨달았다.[41]

1943년 징벌부대를 지휘한 표도르 부벤치코프는 아주 다른 시각에서 징벌부대 활용법을 구상했다. 그는 해당 부대에 벌을 받아서 부임하지 않았다. 복종하지 않은 병사들을 통제하기 위해 배속되었다.

> 내 임무의 일부는 그들을 규합해 전장으로 내보내는 것이었다. 그들은 전투 직전에서야 무기를 보급받았다. 그들은 인형을 상대로 훈련했다. 이런 측면에서 그들은 통상적인 병사가 아니었다.

이런 연유로, 그는 전선에서 부하를 이끌지 않고 몇백 미터 뒤에서 그들을 통제했다.

'식민지(강제수용소)'에서 막 출발한 400명의 인원은 상습범, 절도범 또는 흉악범들이다. 그들은 5~6일 동안 훈련받는다. 이런 짧은 기간에 그들이 제대로 배우기란 불가능하다. 그런 그들을 이끌고 전투에 나서는 게 가능하겠는가? 그것이 가당키나 한가? 우리는 병사들 뒤에 있을 권한이 있었다. 그러나 우리는 제시간에 맞추어 병사들에게 식사를 제공하고, 보드카를 배급할 수 있도록 보장할 의무를 지켜야 했다.[42]

우리가 앞서 본 것처럼 히틀러와 스탈린은 전장에서 죽어가는 병사들뿐 아니라 후방에서 고난을 겪는 일반 시민들과도 거리를 두고자 노력했다. 이런 측면에서 스탈린이 1943년 8월 초 전방을 방문하기로 갑작스레 결정한 일은 흥미로운 사건이다. 그는 기차와 차를 갈아타 모스크바 서쪽에 자리한 도시 르제프를 방문했다. 그러나 스탈린은 4일 동안 자신의 집무실에서 먼 곳에서 지냈다. 실제 전투가 일어나는 곳에서 상당히 떨어진 곳에 있었다. 다만 스탈린의 방문은 일종의 과시용 업무였기 때문에, 이런 사실 자체는 하나도 중요하지 않았다.[43] 소련 언론은 스탈린을 병사들에게 가까이 다가간 용감한 사령관으로 묘사했고, 스탈린은 이런 보도를 처칠과 루스벨트 상대로 유용하게 써먹었다. 두 지도자는 자국에서 독일군을 격퇴하지 않았고, 스탈린과 달리 이토록 전투에서 중요한 결정을 내려본 적이 없었다. 스탈린은 8월 8일 루스벨트에게 보내는 편지에서 본인의 공적을 자랑했다.

나는 이제 막 전선에서 돌아왔기 때문에, 당신이 7월 16일에 보낸 편지에 답신을 보낼 수 없었습니다.[44]

그는 자신이 참호에서 전투를 치렀다는 인상을 주고자 이 기회를 이용했던 듯하다. 만일 정말로 그랬다면, 그가 연합국 지도자들과 잡담을 나눌 시간이 없었던 것도 당연했다. 그가 제2전선이 형성되지 않은 사안에 화를 내는 것도 당연했다. 그는 그때까지 이런 '가벼운 여행'으로 그렇게 많은 정치적 '마일리지'를 적립한 적이 없었을 것이다.

스탈린이 '전방'을 방문한 사건은 머지않아 도래할 정상회담 장소를 결정하는 데에 지렛대로 사용되었다. 스탈린은 8월 8일 보낸 전문에 "나의 임무는 싸우는 전사"라는 내용과 루스벨트와 처칠을 만나고 싶다는 의사를 함께 담았다. 그는 "전선 여러 곳을 돌아다녀야 했다."라고 뻔한 거짓말을 자주 했다. 그는 다음 회담이 소련에서 열려야 하고, 그 장소로 '아스트라한'이나 '아르한겔스크'를 제안했다.

스탈린은 자신이 루스벨트와 처칠을 직접 대면해서 만나는 것이 유용하고, 이 회동은 소련이 통제하는 상황에서 개회되어야 한다고 결정했다. 이 회동이 성사되려면, 스탈린이 요구한 조건으로 진행되어야 했다. 이 사안만 봐도 스탈린이 쥔 권력을 여실히 알 수 있다.

이후 몇 달 동안 연합국 측은 스탈린이 마음을 바꾸도록 여러 노력을 기울였다. 특히 루스벨트는 회담이 미국으로부터 가까운 곳에서 개회하기를 원했다. 단순히 지리의 문제가 아니었다. 정치가들에게는 외양이 중요했다. 대체로 약한 사람이 강한 사람을 방문하러 찾아가는 것이 통례였다.

스탈린은 최종적으로 테헤란을 회담 장소로 제안했다. 이 도시는 상대적으로 소련에 가까웠다. 소련은 1941년에 영국과 함께 이란을 침공했기 때문에 그곳에 소련군이 주둔하던 참이었다. 그러나 루스벨트는 이 제안에 거세게 반대했다. 루스벨트는 "헌법적 이유" 때문에 테헤란으로 찾아갈 수 없다고 주장했다. 또한 짧은 기간 안에 워싱턴의 의회에서 법안에 서명하거나 거부해야 한다는 점, 기상 조건이 나빠 테헤란으로 제시간에 출발하지 못할 것이라는 점을 반대 이유로 제시했다. 루스벨트는 대안이 될 장소들을 제안했다. 이집트의 카이로, 에리트리아Eritrea의 아스마라Asmara 또는 세 나라의 지도자가 각자 배를 타고 올 수 있는 동지중해의 항구도 제안했다.[45]

그러나 스탈린은 고집을 굽히지 않았다. 만일 테헤란에서 회담이 열리지 않으면 자신은 몰로토프를 대신 보내겠다고 말했다. 스탈린이 내놓은 조건을 루스벨트는 용납할 수 없었다. 그는 이미 몰로토프를 만난 적이 있었다. 그는 스탈린과의 만남을 원했다. 그래서 1943년 11월 8일 보낸 전문에서, 루스벨트는 양보의 의사를 표했다. 그는 기적처럼 대통령으로서 의무를 수행할 수 있는 '방법'을 찾아냈고, 테헤란으로 날아갈 수 있다고 알렸다.[46] 이에 따라 회담이 시작되기도 전에 스탈린은 이미 주도권을 잡았다.

11월 말 테헤란 회담이 열릴 때까지, 소련군은 독일군을 우크라이나 동부에서 몰아내고 키예프에 접근하고 있었다. 이탈리아에서 연합국의 작전이 상대적으로 실패하고 있는 것과는 대조되었다. 연합군은 이탈리아군의 항복을 제대로 활용하지 못했다. 무솔리니는 그해 7월 25일에 체포되었으나 이탈리아군은 9월 8일에야 항복을 선언했다. 독일군이 이탈리아군을 무장해제한 이후 강력한 방어선을 구축했기 때문이다. 독일군의 강렬한 저항, 이탈리아반도의 험준한 지형으로 인해 연합군은 거의 진격할 수 없었다. 거기다 테헤란 회담을 앞둔 시점에 영국과 미국의 지도자들은 반목하기까지 하였다. 테헤란 회담을 위해 양국 대표단이 출발하기에 앞서 카이로에서 먼저 회담이 열렸다. 카이로 회담에서 미국은 제2전선을 구축하는 안건에 관한 처칠의 태도를 우려했다. 11월 25일, 모란Moran 경[47]으로 불린 찰스 윌슨*은 루스벨트가 신임하는 특사인 해리 홉킨스를 만났다. 그는 홉킨스가 조롱과 험담을 입에 달고 사는 사람임을 깨달았다. 처칠이 프랑스 공격을 계획하기보다는 이탈리아에서의 전쟁에 집중하자, 해리 홉킨스는 화를 냈다. 결국 홉킨스는 "우리 중 일부는 영불해협을 건너는 침공이 실행되기나 할 것인지 의문을 품기 시작했다."라고 말했다.[48]

우리(미국)는 테헤란에서 반드시 싸울 준비를 할 것이다. 당신들(영국)은 우리가 러시아인의 편에 서는 광경을 목격하게 될 것이다.

모란 경은 홉킨스의 말에 놀랐다.

나는 너무도 큰 충격을 받았다. 미국인들 입장에서 우리 총리(처칠)는 악당으로 보이는 듯했다. 그들은 스탈린보다 처칠을 훨씬 더 크게 의심한다.

◆ 모란 경은 처칠의 주치의로, 얄타 회담 등 주요 회담에 동행했다. 훗날 제2차 세계대전에 관한 회고록을 저술했다.

모란 경은 영국과 미국 사이의 불협화음 때문에 연합국이 공통의 계획도 없이 스탈린을 만난다는 사실에 탄식했다.[49] 연합국 공통의 계획은 없다. 그렇지만 루스벨트의 계획은 단순명료하게 확립되었다. 그는 스탈린과 일대일 관계를 맺기로 작정했다. 그렇지만 본인의 매력을 과신한 루스벨트의 오만은 스탈린의 뛰어난 협상력 앞에서 무용지물이었다. 스탈린은 테헤란 회담에서 본인이 원했던 것을 거의 다 얻어내며 소련으로 돌아갔다. 일반적으로 서방 연합국은 1945년 2월 열린 얄타 회담에서 소련의 힘에 굴종했다고 본다. 이런 발상은 일종의 신화다. 사실상 이런 흐름은 이미 테헤란 회담에서 명확히 드러났다.

루스벨트는 테헤란 회담 초반부터 스탈린의 비위를 맞추려고 노력했다. 루스벨트와 미국 대표단은 테헤란의 소련 대사관으로 찾아와 체류하라는 스탈린의 제안을 선뜻 수용했다. 일찍이 마련된 미국 대사관 숙소의 위치는 회담 일정에 방해가 되었고, 회담장까지 안전하게 이동할 수 없었다. 스탈린은 이런 점을 고려해 자국 대사관으로 찾아오라 제안했다. 루스벨트는 스탈린에게 가까이 다가갈 수 있게 된 것에 기뻐했다. 그러나 이런 결정으로 인해 또 다른 문제가 나타났다. 미국 대표단이 소련의 감시를 받게 되었다. 소련 측은 루스벨트의 사적인 대화를 모두 도청했다.

루스벨트는 1차 전체 회의가 개최하기 전에, 처칠을 배제한 채 스탈린과 만나기를 고집했다. 루스벨트는 대화를 좋아했고, 스탈린은 다른 지도자들처럼 경청을 선호했다. 최소한 이런 지점에서 두 사람은 죽이 잘 맞는 파트너였다. 11월 28일 오후, 두 사람이 만났을 때, 루스벨트는 다양한 주제에 관해 자신의 의견을 길게 말했다. 그는 떠드는 내내

사진42 **1943년 테헤란 회담에 참석한 세 지도자**

윈스턴 처칠은 스탈린(우)과 루스벨트(좌) 사이에 앉아 있다.

처칠과의 거리를 두려는 태도를 일관되게 유지했다.[50]

　루스벨트는 스탈린과의 대화에서 처칠을 거의 식민주의의 유산 정도로 묘사했다. 해리 홉킨스는 훗날 모란 경에게 증언하기를, 루스벨트는 스탈린에게 "말라야Malaya*, 버마(오늘날 미얀마), 다른 영국 식민지들이 머지않아 자치정부를 수립할 수 있게 그들이 교육받기를 바란다."라고 말했다. 또한 처칠의 '반동적 관점'을 고려해, 스탈린에게 "처칠과는 인도 문제를 논의하지 말라."라고 충고까지 했다. 이후의 일은 모란 경이 말한 대로였다.

◆　과거 영국이 식민지로 지배했던 싱가포르와 말레이반도 일부 지역을 통칭한다.

스탈린의 눈이 가늘어졌다. 그는 그 말을 놓치지 않았다, 그는 모든 사안을 다 고려하고 계산한 것이 분명했다.[51]

루스벨트와 스탈린의 친밀한 대화 직후 세 지도자의 첫 번째 회담이 열렸다. 그곳에서 처칠 역시 스탈린에게 좋은 인상을 남기려고 노력했다. 루스벨트와 처칠은 미사여구를 활용하며 이 회담의 특별한 성격에 논했다. 루스벨트는 세 지도자가 한자리에 모인 광경을 '식구'에 비유하며 "한 가족 구성원 같다."라고 말했고, 처칠은 "신이 내려주신 이 기회를, 우리가 동포들에게 봉사할 수 있는 기회로 쓸 수 있게 행동하게 해달라."라고 기도했다. 이에 스탈린은 "우리 세 사람이 이 기회를 잘 활용할 수 있기를 희망한다."라고 간단히 대답했다.[52]

회담 당시 스탈린은 주요 의제에 돌려 말하지 않았다. 그는 먼저 양보했다. 스탈린은 루스벨트가 간절히 원한대로 일본과의 전투에 참전할 것이라 표명했다. 다만 독일이 항복한 다음에 참전하겠다는 조건을 걸었다. 그다음으로 그는 제2전선을 구축할 것을 다시 한번 요구했다. 제2전선은 스탈린이 요구하고 싶은 핵심 조건이었다. 그는 한 손으로는 무언가를 내밀고, 다른 한 손으로는 무언가를 받았다. 스탈린의 전술은 단순하면서도 일관적이었다. 영국 총참모장 앨런 브룩은 세 지도자의 회담을 지켜본 다음, 처칠과 루스벨트가 여러 미사여구를 늘어놓는 모습을 보며 "러시아인들의 환심을 사려고 한다."라고 폄훼했다.[53]

나는 신속하게 깨달았다. 스탈린은 아주 수준 높은 군사적 두뇌를 소유했다. 다른 두 지도자보다 스탈린이 이런 측면에서 두드

히틀러와 스탈린

러진다.[54]

지금까지 스탈린이 취한 행동은 "수준 높은 군사적 두뇌"를 거의 보여주지 않았기 때문에 브룩의 평가는 흥미롭다. 아마도 브룩은 스탈린에게서 자신과는 전혀 다른 특성을 발견한 듯했다. 브룩이 발견한 스탈린의 특성은 범죄적 잔혹성이 아니다. 논쟁에서 무엇이 핵심인지를 깨닫고, 핵심을 쉽게 말하는 능력이다. 스탈린은 물론이고 앨런 브룩 역시 루스벨트와 처칠의 '미사여구'를 싫어했다. 당시 루스벨트의 통역사였던 찰스 볼렌Charles Bohlen은 스탈린의 행동을 관찰했다.

> 그는 종이에 붉은 연필로 끄적거리고, 늑대 머리를 그리는 버릇이 있었으며, 결코 감정의 동요를 보이지 않았다. 제스처도 거의 쓰지 않았다. 손에 담배를 쥔 채 조용히 앉아서 토론에 집중했다.[55]

스탈린은 발언권을 얻을 때마다 본인에게 가장 중요한 논의 주제를 거론했다. 제2전선을 즉각 형성해야 한다는 주제였다. 스탈린은 그날 밤 처칠과의 회동에서도, 이 주제를 예의주시하는 입장을 다시금 천명했다. 유럽은 여전히 처칠과 스탈린 사이에 일어난 일의 결과를 품은 채 살고 있었다. 이 회동에서 처칠은 스탈린에게 소련이 전후에 폴란드 동부를 확보하겠다는 주장에 동의한다고 말했다. 해당 지역은 바로 1년 전, 처칠 자신이 대서양 헌장을 위반하지 않고는 소련이 가지도록 할 수 없다고 말한 땅이었다.

스탈린은 탁월한 기교를 활용해 논의를 주도했다. 처칠은 자신의 계획을 모두 설명하기 전에 스탈린이 의견을 내놓도록 최선을 다했으나 소용이 없었다. 스탈린은 단순하게 "내가 말할 필요가 없다."라고 거듭 말했다. 처칠은 계속 본인의 의견을 말해야만 했다. 그는 폴란드 동부를 스탈린에게 넘겨주는 대신 폴란드인들이 독일 영토 일부를 차지하도록 폴란드라는 나라 전체를 서쪽으로 이동시키는 계획을 구상하는 중이라고 설명했다.[56] 처칠은 이토록 가장 중요한 영토 변경 문제를, 영국에 망명 중인 폴란드 정부와는 일절 협의도 하지 않은 채 스탈린에게 제안했다. 영국과 소련 모두의 동맹인 폴란드는 국토의 해체와 변경에 관해서는 아무런 사전 통보도 받지 못했다.

우리가 앞서 봤듯이 스탈린은 1941년 12월, 영국 외무장관을 처음 만난 자리에서부터 폴란드 동쪽 지역은 소련에 할당되어야 한다고 요구했다. 그런데 테헤란 회담에서는 스탈린이 먼저 거론하지 않았음에도 처칠이 이런 제안을 선뜻 제시했다. 처칠은 폴란드 동쪽을 소련에 넘겨주었다. 처칠은 몇 주 후인 1944년 1월, 영국의 외무장관 앤서니 이든에게 편지를 보내 본인의 행동을 정당화했다. 그는 소련군이 '대단한 승리'를 거둔 이후 러시아라는 국가와 정부의 성격에 커다란 변화가 생겼다는 점을 먼저 설명하고, "우리는 스탈린을 향한 새로운 확신을 느낀다."라고 주장했다.[57] 그러나 외무장관에게 보내는 이 편지의 내용 또한 일종의 '미사여구식 치장'으로 의심할 여지가 충분히 존재한다. 아마도 처칠 본인이 소련의 외교정책이 실제로 변화했다고 믿고 싶은 듯했다. 한 예로, 스탈린은 1943년 5월 코민테른을 해산했다. 코민테른은 해외에 공산주의 정권을 수립하는 것을 목적으로 수립된 기구다. 하지만 이 기구를 대하는 스탈린의 태도는 애초부터 애매했다.

거기에 처칠도 이미 알고 있으면서 언급하지 않기로 작정한 소련 정권의 다른 범죄들, 대표적으로 카틴 학살에 비하면야 이러한 '변화'는 너무도 미미했다.

폴란드의 국경을 대대적으로 변경하자는 처칠의 제안은 인정사정없는 현실정치의 한 예시로 볼 수 있다. 그는 소련군이 엄청나게 빠른 진격 속도로 그 영토를 차지할 것이고, 서방 연합군은 이를 폴란드인에게 되돌려줄 수 없다는 사실을 깨달았다. 처칠은 1944년 1월 이든 외무장관에게 보내는 또 다른 편지에서 이런 내용을 썼다.

> 만일 우리가 폴란드의 국경 문제 때문에 소련과 새로운 전쟁을 벌일 것이라고 폴란드인들이 생각한다면, 그들은 바보 같은 짓을 하는 것이다.[58]

스탈린은 자신이 폴란드 문제에 관한 강력한 카드를 쥐고 있음을 확신했고, 이를 성대하게 사용했다. 제2전선 문제는 해결되지 않은 채 내내 지연되었으나 스탈린은 인내심을 발휘하며 연합국 지도자들이 본인에게 올 때까지 기다렸다. 그는 소련군이 서방 연합군보다 먼저 폴란드 땅을 차지할 것임을, 그래서 자신이 사태를 장악할 수 있다는 점을 알고 있었다. 그해 초 스탈린이 카틴숲에서 저지른 학살을 조작한 방식을 떠올린다면, 그는 폴란드 망명정부를 상대하겠다는 비겁하고도 그럴듯한 핑계를 내세울 수 있었다. 스탈린이 그저 그런 노련한 정치인이었다면 테헤란 회담에서 본인의 주도권을 과시하며 연합국이 자신의 요구를 받아들이도록 강요했을 것이다. 그러나 스탈린은 조용히 기다렸다. 시간은 스탈린의 편이었다. 그는 이 사실을 알고 있었다.

처칠이 스탈린과 폴란드 문제로 대화할 때, 루스벨트는 그 자리에 없었다. 그러나 훗날 회담에서 루스벨트는 입장을 밝혔다. 그는 폴란드 문제를 비밀리에 처리하기를 원했다. 루스벨트는 1944년 대통령 선거에 재출마할 의사가 있음을 스탈린에게 말하면서 미국에 거주하는 폴란드계 유권자의 표를 고려해야 한다고 말했다. 루스벨트는 폴란드계 미국인의 지지를 원했고, 선거 전에 폴란드 국경을 크게 변화시키는 내용을 발표하게 된다면 선거에 지장이 생길 것이라고 설명했다. 따라서 그는 비밀이 지켜진다면 폴란드 동부를 소련에 넘겨준다는 처칠의 제안에 동의한다고 스탈린에게 말했다.[59]

스탈린은 테헤란 회담 결과에 크게 만족했다. 루스벨트가 자신의 요구에 동의했을 뿐만 아니라 폴란드 문제를 비밀스럽게 처리하자면서 약자의 입장을 자처했기 때문이다. 만일 훗날 미국이 약속을 지키지 않으면, 스탈린은 루스벨트의 발언을 폭로하면 그만이었다. 이런 방식은 스탈린이 애용하는, '무대 뒤에서의 거래' 중 하나였다. 스탈린은 1941년 12월, 영국 외무장관 이든에게 이러한 '비밀 거래'에 동의할 것을 요청했으나 거절을 당했었다.[60] 그날 이후 얼마나 상황이 변한 것인가? 폴란드 문제를 두고 루스벨트와 스탈린의 대화를 목격한 찰스 볼렌은 "이 거래는 (미국 입장에서) 중대한 실책"이라고 생각했다.[61] 몇 분 지나지 않아 그 이유가 드러났다. 비밀스러운 대화 직후 열린 전체 회의에서, 루스벨트는 폴란드의 장래를 폴란드 망명정부와 논의하라고 스탈린에게 제의했다. 그의 발언은 폴란드계 미국인에게 좋은 인상을 남길 수 있었다. 그러나 루스벨트가 이미 새로운 국경 문제에 관해서 소련에 양보했다는 점을 알고 있던 스탈린은 즉각 제안을 거절했다. 그는 일부러 거짓말을 했다. 폴란드 망명정부 인사들이 독일군과 '접촉'한다고 주장하며, 그들을 '반역자'로 몰아붙였다. 미국 대표와 영국 대표 전원은 소련의 중상모략에 항의하지 못했다.[62]

처칠이 전후에 수립될 폴란드 정부가 소련에 '우호적'일 것이라 기대한다고 말하면서 상황은 더욱 악화했다. 스탈린과의 관계에서 '우호적'이란 말이 실제로 무엇을 의미하는가? 이 발언은 이후 진행될 폴란드 문제 협상에서뿐만 아니라, 훗날 동유럽 국가들이 해방된 이후 어떤 성격의 정부를 수립할 것인지에 관해서도 화근으로 남았다. 처칠과 루스벨트는 실용적인 방식을 택했다고 주장할 순 있다. 그들은 전후 소련군이 점령한 국가들을 통치하는 스탈린의 방식을 두고 갈등을 빚을 생각이 없었다. 그러나 한 독재자, 즉 아돌프 히틀러의 지배를 받다가 다른 독재자 이오시프 스탈린의 지배를 받게 될 수백만 명의 사람에게는 잔혹한 처사였다. 어떤 사람이 제2차 세계대전을 선과 악의 대결인 정의로운 전쟁이라고 생각한다면, 이러한 불편한 현실을 외면할 방도는 결코 없을 것이다.

회담이 끝난 몇 주가 흘렀다. 영국 외무차관 알렉산더 캐도건은 자신의 일기에 소련을 향한 자신의 불편한 심기를 기록했다. 그는 폴란드인을 대하는 '피에 젖은 소련의 마음씨'뿐만 아니라 영국이 독일과 단독 강화를 고려한다는《프라우다》의 가짜 뉴스에 관해서도 극도의 분노를 표출했다. 너무 화가 난 나머지 캐도건 차관은 1944년 1월 17일 자신의 일기에 이런 글을 남겼다.

러시아인들은 악취 나고 오싹하며 최악의 유대인들이다.[63]

캐도건 차관이 분노를 표출할 때 '반유대주의적 욕설'을 사용한 지점을 눈여겨볼 만하다. 이를 보면, 당시 반유대주의가 유럽 곳곳에 퍼져 있었고, 심지어 나치와 싸우는 사람들 사이에서도 팽배했다는 사실을 알 수 있다. 캐도건도 소련 지도부를 유대인이 장악하지 않았다는 사실은 잘 알고 있었다. 대표적인 두 지도자, 스탈린과 몰로토프는 유대인이 아니었다. 스탈린 역시 전후에 자신만의 방식으로 반유대주의적 행보를 선보였다.

캐도건은 소련 지도부에 분노했으나 처칠은 전쟁으로 인한 파괴를 한밤중의 악몽으로 여기며 크게 우울했다. 그는 자신의 주치의 모란경에게 이렇게 말했다.

나는 인간이 인간을 파괴하고, 문명을 초토화할 수 있다고 생각한다. 유럽은 완전히 황폐해졌다. 나는 이에 책임을 져야 할 수도 있다.

모란은 처칠이 왜 이런 생각을 하는지를 알 수 있을 것 같았다.

이곳(테헤란)에 오기 전, 총리께서는 스탈린과 대면하여 민주국가들이 다른 길을 택할 수 있을 것이라 믿었다. 그러나 그는 루스벨트 대통령의 지원을 기대할 수 없다는 사실을 깨달았다. 더욱이 러시아인들은 이를 잘 간파하고 있었다. 강경한 태도를 고수해봤자 스탈린에게는 아무런 소용이 없었다. 그는 자신이 하고 싶은 대로 행동할 수 있었다. 이런 상황이 자유세계에 위협이 될 것인가? 스탈린은 또 다른 히틀러가 될 것인가? 총리께서는 당신의 무능함에 당황하고 있다.[64]

테헤란 회담이 열리는 시점에 스탈린은 자신이 아무 거리낌 없이 범죄를 저지를 수 있다는 사실을 보여주었다. 가장 적나라한 예시가 1940년 카틴 숲의 학살이었다. 그는 영국과 미국이 소련의 행동을 얼마든지 묵인해줄 수 있다는 사실을 알아챘다. 스탈린은 잔혹한 행위를 중단하지 않았다. 오히려 정반대였다. 테헤란 회담이 끝나자마자 스탈린은 수천 명의 무고한 인민에게 죽음을 명령했다. 그리고 서방 연합국은 아무런 항의도 하지 않았다.

15장

대량학살

1943년 12월~1944년 5월

> 스탈린이 소수민족 강제이주를 추진한 과정은 여러 측면에서 나치가 유대인
> 을 게토에 몰아넣은 과정과 비슷했다. 나치가 혐오스러운 인종을 제거하려고
> 시도했던 것처럼 스탈린도 그렇게 했다. 나치가 게토에 몰린 유대인들이 굶
> 주림으로 죽도록 내버려두었듯이 스탈린 역시 강제이주된 사람들이 굶어 죽
> 든 말든 상관하지 않았다.

세상이 알듯이 히틀러는 역사상 가장 끔찍한 범죄인 유대인 대량학
살을 저질렀다. 이 무서운 사건이 드리운 그늘의 시대, 동시기에 스탈
린이 저지른 엄청난 민간인 학살은 그다지 관심을 받지 못했다. 스탈
린은 전쟁 중 범죄를 저지르지 말아야 한다는 경각심이 부족했고, 서
방 연합국의 동맹으로서 스탈린은 '정의의 편'에 있었다. 이런 점들이
맞물리며 스탈린은 대체로 비난을 피했다. 전쟁 도중 스탈린이 저지른
'인종말살' 행위의 세세한 내용을 얼마나 많은 사람이 알고 있는가? 대
표적인 사례로, 스탈린은 테헤란 회담에서 소련으로 귀국한 이후 칼미
크인Kalmyks을 대상으로 강제이주를 시행했다.

칼미크인 또는 칼미크족은 몽골족의 후예이자 인종적으로 소수민
족이다. 그들은 소련 내에 세워진 칼미크자치공화국에 모여 살았는데,

그곳은 스탈린그라드의 서쪽에 자리한 카스피해 서안 지역이었다. 그 지역은 독일군이 소련군과 싸우며 획득한 동쪽 끝이었다. 칼미크자치공화국의 수도 엘리스타Elista는 베를린에서 약 1,500마일 떨어져 있었다. 그런데 1942년 말, 소련군이 칼미크자치공화국을 탈환한 이후 스탈린은 소련의 오지 거주민들을 어떻게 다룰지를 결정했다. 1943년 10월 그는 자신의 의도를 드러냈다.[1] 그는 칼미크인 전체를 '징벌'의 의미로 강제이주하기로 결정했다. 그 결과로 수천 명의 칼미크인이 사망했다.

그해 12월, 소련 간부회의는 "많은 칼미크인이 독일군에 부역했다."라는 내용이 담긴 포고령을 공식으로 발표했다. 물론 독일군이 5,000명의 칼미크인을 징집해 칼미크 기병대the Kalmyk Cavalry Corps를 조직하기는 했다. 그러나 훨씬 더 많은 칼미크인, 약 2만 3,000명의 칼미크인이 소련군에 복무했다.[2] 칼미크 기병대가 독일국방군과 함께 후퇴했기 때문에 '부역자'들은 처벌조차 할 수 없었다. 그렇다고 해서 스탈린의 결정이 바뀌진 않았다. 여러 이유 중 하나로, 칼미크인은 소수민족이었다. 스탈린은 중앙집권적 국가를 건설하고자 했고, 소련 내 다양한 소수민족이 거주하는 현실은 그의 야망과 양립하기 어려웠다. 칼미크인, 크림 타타르인Crimean Tatars • 같은 소수민족들은 자신들의 민족적

◆ 13세기 칭기즈칸과 함께 유럽으로 진출한 튀르크족 계통의 타타르족은 13~17세기에 크림반도의 크림 타타르족이 되었다. 러시아 제국의 크림반도 합병 이후 크림 타타르족은 숱한 탄압을 받았고 수많은 크림 타타르인이 터키를 비롯한 해외로 이주했다. 크림반도가 독일군에 점령당했다가 해방된 1944년 5월, 소련은 독일군 점령 기간 중 독일군에 협력한 크림 타타르인을 강제이주하는 명령을 내렸다. 이에 따라 약 20만 명의 크림 타타르인이 우즈베키스탄 등의 중앙아시아로 이주당했다. 소련 해체 이후 크림반도로 돌아온 크림 타타르인은 현재 크림반도 전체 인구 중 12퍼센트 정도를 차지한다.

유산을 내세우며 조상 대대로 살아온 터전에 머무를 수는 있었다. 그렇지만 그들은 자치권을 요구하는 수준까지 발전할 수 없도록 감시를 받았다. 소수민족의 '독립'만큼 소련의 원칙에 정면으로 대항하는 것은 없었다.

소수민족 탄압은 스탈린이 제정 러시아의 역사를 활용하면서 더욱 악화했다. 과거의 영광을 새롭게 강조하는 흐름은 온갖 곳에서 찾을 수 있었다. 예를 들어, 1942년에 스탈린은 새로운 훈장들을 만들었다. 그 훈장의 이름 역시 알렉산드르 넵스키, 미하일 쿠투조프, 알렉산드르 수보로프처럼 역사 속 군지휘관들의 실명에서 따왔다. 소련 언론은 공개적으로 나치독일과의 투쟁을 제정 러시아의 역사와 연관시켰다. 당시 한 기자가 쓴 기사 내용을 보자.

우리는 전쟁을 겪으며 위대한 러시아 문화의 창시자와 창조자들과의 혈연적 유대관계를 더욱 따뜻하고 밀접하게 느낀다.[3]

'러시아'는 소비에트 민족공동체(가족)의 주도적인 구성원으로, 그리고 모든 소수민족 공화국이 우러러봐야 하는 빅브라더Big brother로 항상 묘사됐다.[4]

스탈린이 칼미크인에게 저지른 죄의 전례는 이미 있었다. 볼가강 인근 독일인들은 1941년 소련의 오지로 강제이주했다. 전쟁 전 극동에 거주하던 한인(조선인) 전체가 중앙아시아 내륙으로 강제이주했다. 스탈린은 권좌에 앉아 있는 동안 다양한 소수민족과 인종에 속하는 수백만 명의 주민을 강제이주시켰다. 그중 약 100만 명이 (강제이주로 인해)

사망했다. 소련은 소수민족의 거주지를 해방한 다음 그들을 강제이주시킨 첫 번째 사례로 칼미크인을 택했다. 칼미크인들에게 행해진 조치는 앞으로 다가올 일의 전조가 되었다.

칼미크인 강제이주는 살인적인 '인종청소'였다. 추방당한 그들이 먹고 잘 수 있도록 조치하지 않았기 때문에 소련의 강제이주는 살인적인 행위였다. 그래서 수천 명이 사망할 수밖에 없었다. 거기다 당시 칼미크자치공화국에 거주하는 러시아인은 강제이주 대상에서 제외되었다. 강제이주 명령을 받은 칼미크인 개개인의 무고함은 일절 고려되지 않았다. 단지 소수민족이라는 이유 하나만으로 그들은 징벌을 받아야 했다.

1943년 12월 29일, NKVD 휘하 병력은 앞서 조율한 계획대로 칼미크인들의 거주지에 들이닥쳤다. 당시 19세였던 베라 타치예바_{Vera Tachieva}는 사범학교 학생이었다. 그녀는 NKVD 병력이 들이닥친 직후 큰 충격을 받았다. 그녀의 친구 몇몇은 기절하고 말았다.

아침 6시에 갑자기 무장한 병사들이 들어와 우리가 거주지에서 추방된다고 선언했다. 선생님들이 달려와서 우리를 진정시키려고 하였다. 그때 트럭들이 들어왔다. 우리는 개인용품만 챙겨서 가방에 넣었다. 병사들은 우리를 기차역으로 데려간 후 화물칸에 밀어 넣었다. 점점 더 많은 사람이 들어와서 화물칸이 사람으로 꽉 찼다. 우리는 울면서 화물칸에 주저앉았다. 내 친구는 엄마를 두고 떠나야 했다. 친구는 자신의 엄마가 어디 있는지, 어디에서 엄마를 찾을 수 있는지 몰라 큰소리로 울부짖었다. 우리는 모든 것을 상실했다고 생각했다.

베라 타치예바는 열렬한 공산주의자였고, 독일군이 점령한 칼미크 자치공화국에서 살았다. 그렇기 때문에 정들었던 '세계'를 파괴한 경험에 더욱 큰 충격을 받았다.

우리는 (이런 행동의) 이유를 전혀 알지 못했다. 우리는 공산주의 사상을 교육받으며 자랐다. 우리는 공산주의를 믿었다. 그리고 우리는 젊었다. 기차가 출발하자 기차 안에서 공포가 배회했다. 화물칸 안에서 울부짖는 소리가 가득히 울렸다.

베라는 다른 칼미크인과 몸에 부대끼면서 5일을 이동했다. 기차에 탄 사람들은 목적지가 어디인지 몰랐다. 곧 온몸에 쥐벼룩들이 기어 다녔다.

학생 한 명이 병이 들어서 곧 죽었다. 그의 몸에는 너무 많은 쥐벼룩이 있어서 그의 몸 전체를 기어 다니는 것이 보였다. 모두에게 쥐벼룩이 옮아갔다. 다음 역에 도착한 다음에야 죽은 사람들을 끌어내렸다. 우리가 노보시비르스크(Novosibirsk)에 접근했을 때 모든 시신을 모아서 열차 맨 뒷칸에 실었다. 그곳에는 시체들이 쌓였고, 기차는 계속 달려야 했기 때문에 다음 역에서 이 칸을 떼어냈다. 대부분의 사람들은 서로를 진정시키려고 노력했다. 서로에게 이렇게 말했다. "안 돼, 소리 지르지 말아요." 또는 "잘잘못을 가려낼 거예요. 죄 있는 자들을 찾아낼 거예요. 우리를 죽이지는 못해요." 어떤 사람들은 여전히 희망을 가지고 있었다.[5]

칼미크인들은 어디에 있든지 숙청 대상이었다. 알렉세이 바드마예프Aleksey Badmaev는 전투에서 입은 부상을 치료하던 군사 병원에서 끌려나왔다. 그는 스탈린그라드 전선에 투입되었고, 용맹한 활약으로 훈장도 받았다. 베리 타치예프처럼 바드마예프 역시 공산주의 정권의 열렬한 지지자였다. 그는 "조국을 위하여, 스탈린을 위하여!"라고 외치며 참전했다. 그렇지만 그도 결국에는 칼미크인이었다.

우리는 일종의 방패가 된다는 생각으로 이 구호를 외쳤다. 무슨 일이 있어도 조국을 방어해야 했다. 우리는 1학년 때부터 그렇게 배웠다. 우리에게는 조국밖에 없었다. 우리는 애국자가 되어야 한다고 배웠다. 동시에 쥐새끼 같은 인간, 인민의 적이 당연히 존재한다고 생각했다. 그리고 그들을 정말로 적이라 생각했다. 그러다 한 사람이 체포되자 이유가 궁금했다. 그가 스탈린을 향해 나쁜 말을 했다고 들었다. 우리는 그를 마땅히 체포해야 한다고 생각했다. 그는 스탈린을 험담하지 말아야 했다.

그러나 칼미크인으로 태어난 죄만 있는 알렉세이 바드마예프는 강제이주 대상이 되었다.

내가 칼미크인들이 강제이주당한다는 것을 깨달았을 때, 나는 결코 회복할 수 없는 충격을 받았다. 내가 무엇을 위해 싸웠고, 무엇을 위해 피를 흘렸단 말인가? 왜 우리 칼미크인들은 강제이주를 당해야 하는가? 이로 인해 내 가슴은 너무 아팠다. 무고한 사람 한 명을 징벌하는 것도 큰 죄다. 그런즉 병들고 정신병에 걸린 비정상적인 사람만이 민족 전체를 강제이주시키라는 명령을 내릴 수 있다.[6]

NKVD 입장에서는 이 작전은 성공적으로 진행되었다. 베리야는 1944년 1월 4일 스탈린에게 직접 "총 2만 6,359가족 또는 9만 3,139명의 개인이 46개의 특별열차에 탑승해 시베리아로 강제이주했다."라고 보고했다.[7] 그곳에서 그들은 강제노역에 투입되었다. 가장 험난한 조건에서, 맨손으로 노동하거나 아사해야 했다. 당시 아동이었던 강제이주 피해자 예브도키야 쿠바코바Evdokiya Kuvakova는 당시를 이렇게 회상했다.

음식과 교환할 물건이 없거나 러시아어를 모르는 사람들은 구걸해야 했다. 일부 현지 주민이 구걸하는 이들에게 빵을 좀 주었다. 그렇지만 많은 사람이 굶어 죽었다. 강제이주로 인해 나는 병에 걸렸다. 내 여동생은 너무 많은 고통과 고난을 겪어 일찍 죽었다. 나는 아직도 여동생의 죽음을 받아들일 수 없다.[8]

알렉세이 바드마예프는 다른 칼미크인 병사들과 함께 강제노동수용소로 보내졌다. 전선에서 싸우는 대신 그와 칼미크인 동료들은 숲속에서의 강제노동에 투입됐다.

> 수용소는 끔찍했다. 그곳에는 소수의 독일군 포로도 있었다. 다른
> 수용자는 죄수들이었다. 처음에 우리는 나무줄기를 뽑아내는 일
> 을 했다. 나무를 쓰러뜨린 이후 뽑아내야 했다. 낮에 작업량을 채
> 우지 못하면 빵을 배급받을 수 없었고, 사람들은 아주 빨리 굶주
> 림으로 죽어갔다. 200명의 목숨이 한 달이 지나자 72명으로 줄었
> 다. 128명이 죽은 것이다.[9]

스탈린이 소수민족 강제이주를 추진한 과정은 여러 측면에서 나치
가 유대인을 게토에 몰아넣은 과정과 비슷했다. 나치가 혐오스러운 인
종을 제거하려고 시도했던 것처럼 스탈린도 그렇게 했다. 나치가 게
토에 몰린 유대인들이 굶주림으로 죽도록 내버려두었듯이 스탈린 역
시 강제이주된 사람들이 굶어 죽든 말든 상관하지 않았다. 1940년 우
치의 게토를 감독한 어느 나치당원은 "유대인들이 빨리 죽어가는 것은
우리의 관심 사항이 아니었다. 바람직한 일은 아닐지라도."라고 말했
다.[10] 칼미크인 생존자들의 증언에 따르면, 시베리아의 공산당 관료들
역시 이와 같은 생각을 했다.

유대인들이 게토에 남겨졌다면, 칼미크인들은 시베리아에 남겨졌
다. 두 인종 모두 시간이 지나면 분명히 멸절될 예정이었다. 폴란드에
서 가장 규모가 큰 도시인 바르샤바와 우치의 게토가 봉쇄된 후 며칠
지나지 않아 폴란드인의 사망률이 출산율을 초과했다. 이와 비슷하게
칼미크인들도 새로운 정착지에서 죽어갔다. 1943년 12월, 강제이주

한 9만 명의 칼미크인 중 1949년까지 생존한 자는 7만 4,000명이었고, 1959년에는 6만 5,000명에 지나지 않았다.[11] 소련 관리들은 1946년 7월에 칼미크인이 멸절될 수 있다는 가능성을 포착했다. 당시 노보시비르스크의 한 소련 관료는 다음과 같은 기록을 남겼다.

> 칼미크인들의 사망률은 아주 높다. 출산율보다 3배 반 높았다.[12]

스탈린이 사망하고 몇 년이 지나자 소련의 정책이 바뀌었다. 칼미크인들은 그때서야 멸절의 위기를 모면할 수 있었다. 스탈린이 칼미크인을 멸절하겠다고 명시적으로 표명한 적은 없었다. 그렇지만 그는 이 범죄를 신중히, 천천히 진행하였다. 그는 칼미크인들을 고향에서 강제 이주시켜 출산율보다 사망률이 훨씬 높은 환경에 던졌다. 이것보다 더 점차적인 멸절 정책이 있을 수 있겠는가? 알렉세이 바드마예프는 당시를 회고하면서 두 독재자의 범죄가 유사하다는 사실에 의구심을 품지 않았다.

> (스탈린의 정책은) 모든 유대인을 죽이려고 했던 히틀러의 정책과 거의 같았다. 우리 칼미크인들이 스탈린과 베리야에게 도대체 무슨 잘못을 저질렀단 말인가? 나는 이유를 모르겠다. 내가 기차역에서 만난 한 노인은 세 아들을 전장에서 잃었다. 그러나 그 노인조차 강제이주를 당해야 했다. 외아들을 전선으로 보낸 나의 어머니도 강제이주를 당해야 했다. 나는 히틀러의 범죄를 제외하고는 이것에 견줄 만한 범죄는 없다고 생각한다.[13]

다만 스탈린과 히틀러의 행동 방식에는 여러 가지 차이가 있었다. 자주 간과되는데, 당시 고통당한 사람들은 본인 기준으로 누가 명백한 죄인이었는지를 판단했다. 유대인들에게는 명백히 히틀러가 주범이다. 그는 오랜 세월 반유대주의를 주창했다. 그러나 칼미크인들처럼 징벌받은 사람들은 주범이 누구인지 분명하지 않았다. 칼미크인 대다수는 스탈린을 '인민을 돌보는 현명한 지도자'로 배웠다. 그런 지도자가 칼미크인이 겪는 고난을 모를 리가 없다고 생각했다. 그래서 일부 칼미크인은 스탈린에게 도움을 청하는 편지를 보냈다. 1946년 4월, 칼미크자치공화국 공산당 관료 세 사람이 보낸 편지는 "소련의 지도자이자 선생이신 스탈린 동지께—친애하고 존경하는 이오시프 비사리오노비치*"라는 말이 맨 위에 적혀 있다.

거대하고 암울한 시베리아에서 칼미크인들은 죽어가고 있습니다. 도덕적, 민족적 굴욕을 겪고 있습니다. 우리 칼미크인들이 버려져도 마땅한 반역자 무리로 오인받고, 소련 국민에게서 저주를 받고 있기 때문입니다. 그러나 수천 명에 달하는 칼미크의 아들은 명예롭고 남자답게 모든 전선에서 싸웠습니다. 이들 중 많은 젊은이가 소련을 위해 목숨을 희생했습니다. 칼미크인들은 자신의 운명에 관한 정부와 각하의 결정을 기다리고 있습니다. 친애하는 이오시프 비사리오노비치시여. 이들은 고향으로 돌아가 민족적으

◆ '이오시프 비사리오노비치'는 스탈린의 이름과 부칭(父稱)이다. 러시아어권에서는 상대를 존칭으로 부를 때 이름과 부칭을 함께 사용한다.

로 단합해야 하고, 정치적으로 복원해야 하며, 경제적으로 재건해
야 합니다.

마지막 서명에 "공산주의자의 존경을 담아"라고 적으며 마무리한
이 편지는 아무 답장을 받지 못했다. 이 편지를 작성한 세 사람의 운
명이 정확히 어떻게 되었는지는 알려지지 않았다. 하지만 스탈린에게
'불평'을 담은 편지를 보낸 사람은 대체로 '스탈린을 번거롭게 한 죄'
를 저질렀다는 사유로 강제수용소로 보내졌다.[14]

히틀러와 스탈린의 더욱 중요한 차이는 따로 있다. 게토를 설치한
이후 히틀러는 독일군이 점령한 소련 땅에서 1941년에 유대인 대량학
살을 직접 지시했다. 또한 아우슈비츠나 트레블링카Treblinka 같은 집단
수용소에서 기계적으로 유대인을 대량학살하는 과정을 주도했다. 이
차이 자체도 분명히 중요하지만, 이러한 차이가 나타난 맥락을 이해하
는 것도 중요하다. 만일 전쟁이 나치의 계획대로 그해 여름에 끝났다
면, 1940년 유대인에 대한 히틀러의 계획이 무엇이었는지를, '마다가
스카르 계획'을 통해 알 수 있다. 앞에서 봤듯이 1940년 5월 히틀러에
게 보낸 보고서에서, 힘러는 다음과 같은 내용을 작성했다.

유대인 모두를 아프리카나 다른 지역으로 이주시키면 유대인이란
개념 자체를 완전히 지워버릴 것이라 희망합니다.

이 보고서를 받은 히틀러는 힘러의 계획을 "아주 좋고, 올바르다."라
고 평가했다.[15] 그해 여름, 프랑스를 정복한 이후였다. 독일 외무부 내

유대인 문제 담당자는 "프랑스는 마다가스카르(당시 프랑스 식민지)를 유대인 문제 해결을 위한 장소로 (독일에) 제공해야 한다."라는 기록을 남겼다.[16]

나치독일은 유대인들을 마다가스카르섬으로 보내는 방법을 진지하게 검토했다. 그러나 그곳은 유대인의 고향인 이스라엘과는 비슷한 점이 없었다. 그곳은 점차적으로 유대인 절멸을 위한 장소로 탈바꿈할 예정이었다. 그 섬은 수백만 명이 목숨을 유지할 수 있는 장소가 아니었다. 'SS제국지도자의 감독을 받는' 유대인[17]의 생활은 폴란드 게토에서 사는 유대인의 생활보다 끔찍할 것이 분명했다. 유대인들은 결국 모두 죽겠지만, 마다가스카르에서 지낸다면 수용소 가스실에서보다 천천히 오랜 시간에 걸쳐 죽어갈 터였다. 1940년 힘러가 보낸 보고서에서, 그는 "볼셰비키 특유의 물리적 멸절 방법은 비독일적이고 불가능하다. 이러한 내적 신념에 비추어 볼 때, 강제이주 같은 조치는 가장 온건하고 최상의 방법"이라고 적었다. 그의 기록은 매우 큰 의미가 있었다.[18] 그러나 2년도 채 되지 않아 힘러는 세계 역사상 그 유례를 찾아볼 수 없는 '물리적 멸절'을 획책했다.

히틀러와 힘러는 전쟁이 1940년에 끝난다는 전제하에 '유대인 문제'를 '마다가스카르 해법'으로 해결할 것을 계획했다. 전쟁이 계속되는 동안 수천 마일 떨어진 아프리카로 유대인을 수송할 가능성은 전혀 없었다. 더군다나 영국이 독일과 강화를 맺을 의지가 없다는 사실이 분명해지면서 마다가스카르 계획은 철회되었다. 이 일화는 히틀러와 스탈린의 사고방식을 비교하는 데에 좋은 시사점을 제공한다. 물론 유대인들을 아프리카로 보내겠다는 나치의 계획과 소수민족을 징벌의 차원으로 시베리아로 이주시키는 소련의 행보에는 큰 차이가 없다. 우리는 두 개의 사례에서 강제이주당하는 사람들의 재산과 소유물은 타인이 차지하고, 원 거주지에 남았던 피해자들의 흔적은 완전히 소거된다는 공통점을 발견한다. 다만 나치의 마다가스카르 계획은 거의 인종학살에 가깝지만 소련의 소수민족 강제이주는 정책의 궁극적 의도가 무엇인지 분명히 밝히기 쉽지 않다. 여러 이유 중 하나로, 스탈린은 히틀러와 달리 자신의 의도를 타인에게 털어놓지 않기 때문이다. 히틀러는 연설을 할 때마다 유대인 멸절을 외쳤다. 스탈린은 그렇지 않았다. 아마도 다양한 선택지를 확보하고자 그랬을 것이다. 1930년대 말 대숙청 기간 당시, 스탈린은 비밀경찰에게 사람을 고문하고 살해할 것을 명령했으나 이후에는 비밀경찰이 과도하게 행동했다는 식으로 비판했다.

두 폭군이 학살에 관여한 방법을 비교하면 모순점이 보인다. 스탈린은 탄압 대상으로 삼은 소수민족에 관한 본인의 의도를 거의 말하지 않았다. 문서 증거만 남겨놓았다. 그를 전범으로 기소하기가 불가능하진 않다. 우리는 그가 베리야를 만나 여러 소수민족의 강제이주를 승인했다는 사실을 알고 있다. 그러나 홀로코스트의 직접적 증거를 찾기 쉬운 히틀러의 사례와는 다르다. 기소가 가능은 하겠으나 쉽지가 않다. 그러나 우리가 두 정권의 다른 성격, 두 지도자의 상반된 성격을 알면 이 모순처럼 보이는 난제도 사라진다. 히틀러는 유대인이 멸절되어야 한다고 정확히 얘기한 적이 너무 많았기 때문에 유대인 학살을 위해 문서 증거를 남길 필요가 없었다. 히틀러의 부하들은 총통의 비전을 실행하기 위해서는 당연히 유대인을 죽여야 한다고 생각했다. 나치독일의 지도자는 이 살인을 재가하는 여러 법적 문서를 확인할 필요가 없었다. 그러나 스탈린은 계획과 비전을 공개석상에서 많이 말하지 않았다. 그의 추종자들은 그의 명령을 서면이 아니고서야 확인할 수 없었다. 서류 없이는 그의 정확한 소망을 따르고 있다는 확신을 느낄 수 없었다.

우리는 두 가해자의 경험을 비교하여 두 체제가 실제로 어떻게 작동했는지를 알 수 있다. 바로 아우슈비츠 수용소에서 복무한 나치친위대 소속 오스카르 그뢰닝Oskar Gröning과 NKVD 소속 니코노르 페레발로프Nikonor Perevalov 중위는 아주 많이 닮았다. 우선 두 사람 모두 각자 부대에 자원해서 복무했다. 둘은 어려서부터 자국 정권을 지지했다. 민족주의 가족에서 태어난 그뢰닝은 11세인 1933년, 히틀러가 수상이 되자 흥분했다. 그는 나치당이 독일을 더 좋은 나라로 바꿀 것이라 믿었다. 한편 1917년 10월 혁명 3개월 전에 태어난 페레발로프는 가장 이른 나이에 공산당원이 되었다.

> 공산당에 가입한 다른 모든 소련 젊은이처럼, 나는 공산주의자가 되어 인민의 전위에서 매사 모범을 보이고 비당원을 교육하며 그들을 전진하도록 이끌 수 있기를 희망했다. 나는 이 꿈을 잊은 적이 없었다. 적을 성공적으로 파괴하려면 이렇게 해야만 했다.[19]

그뢰닝과 페레발로프 모두 '엘리트 조직'에서 근무하기를 소망했다. 그뢰닝은 나치친위대가 되었고, 페레발로프는 NKVD에 들어갔다. 두 사람 모두 자국 정권의 원대한 비전을 잘 이해하고 있었다. 페레발로

히틀러와 스탈린

프는 공산주의의 앞길을 막는 '인민의 적'을 분쇄하려고 했다. 그뢰닝은 새로운 제국을 위협하는 내부와 외부의 적, 특히 유대인을 멸절하기를 원했다. 그뢰닝은 이렇게 말했다.

> 유대인이 독일이 겪고 있는 고난의 실제적 원인이다. 우리는 유대인들이 우리를 향해 거대한 음모를 꾸미고 있다는 신념을 확신하고 있었다.[20]

그뢰닝이나 페레발로프 모두 히틀러나 스탈린의 개인적 매력에 마취되진 않았다. 그들은 지도자를 개인으로서 추종하기보다는, 유토피아로 인도하는 가치체계와 실제 정책을 대표하는 인물로서 지도자를 숭앙했다. 그리고 그들은 '엘리트 당원'으로서 이상 사회를 건설하는 데에 핵심 역할을 담당할 것이라 알고 있었다.

두 사람은 자신이 수행할 일이 일급비밀 업무라고 통보받았다. 그뢰닝은 아우슈비츠 수용소의 존재를 친구나 형제, 동지나 부대 외 사람에게 결코 발설할 수 없었다.

> 우리는 따로 행군하여 그곳까지 찾아갔고, 그래야 한다는 내용이 적힌 서약서에 서명했다.

한편 페레발로프와 그의 부대는 1943년 말에 칼미크자치공화국에 파견되었다. 그의 부대가 갓 도착했을 당시, 그들은 비밀임무를 수행하기 위해 파견되었다는 점만 알고 있었다. 그러다 자신의 임무가 칼미크인들을 고향에서 추방하고 강제이주시키는 것이라는 사실을 알았을 때, 페레발로프는 그 조치가 정당하다고 생각했다.

나는 (칼미크인들의) 친독 부역 행위가 당연히 있었다고 생각했다. 나는 이들을 강제이주시켜야 했다.

그와 부대원들은 칼미크인들의 강제이주를 승인한 소련 간부회의의 '포고문'을 읽었다. 이 조치가 국가의 최고기관이 승인한 명령이라 확신한 그는 칼미크인들을 그들의 고향에서 추방할 준비를 했다.[21]

그뢰닝의 경험은 아주 달랐다. 그는 자신이 앞으로 아우슈비츠 수용소에서 복무한다는 비밀을 지키기로 약속했다. 단지 '통상적인 집단수용소'에서 일할 것이라 생각했다. 그가 아우슈비츠의 재정 담당으로 근무하기 시작한 다음에야 나치친위대 동료 한 명이 "이곳은 특별한 수용시설이다."라고 대수롭지 않게 말했다. 그 동료는 어떤 유대인도 이곳을 떠날 수 없다고 말했다. 아우슈비츠가 대량학살의 현장이 될 것이라 알게 되자 그뢰닝은 이념적 신념을 통해 이러한 잔학한 행위가 일어나는 이유가 무엇인지 이해할 수 있었다.

유대인을 멸절해야 할 이유는 너무 분명했고, (그들의 멸절은) 우리가 보기에 정당했다. 독일의 적은 공중, 전선 또는 영국 등에 있는 것이 아니고, 이 전쟁을 일으킨 유대인이라 믿었기 때문이다. 우리는 그러한 정치적 교육을 받았다. 만일 독일이 전쟁을 한다면, 우리는 독일을 패퇴시키려는 자들에 대항해서 무슨 일이든 해야 했

히틀러와 스탈린

다. 독일을 패퇴시키려는 자들은 일차적으로 전 세계의 유대인이었고, 그다음으로 유대인의 지배를 받아 공산주의 정권을 수립하려는 '유대인의 수도'가 있었다. 때때로 두 가지는 동일한 것으로 간주되기도 했다. 그래서 (유대인 학살은) 우리가 치르고 있는 전쟁의 일부로 취급되었다.[22]

그뢰닝은 자신의 새 직무를 수행하면서 현재 진행되는 '일'에 관한 법적 재가를 받을 필요가 없다고 느꼈다. 그는 어려서부터 배웠던 가치관에만 의존했다. 유대인들은 어떤 식으로든 척결되어야 할 '문제'였다. 절체절명의 전쟁 상황에서, 이 '문제'를 해결하기 위한 '가장 극단적이고 비밀스러운 방법'이 태동하게 된 것이다.

그러나 그뢰닝과 페레발로프는 이러한 조치가 취해져야 할 이유를 이해하는 것과 실제로 이 업무를 수행하는 것이 전혀 다르다는 점을 깨달았다. 그리고 자신들의 업무를 향해 의문을 품기 시작했다. 그뢰닝은 유대인들이 이송되는 광경을 보며 처음으로 우려를 느꼈다. 그가 보기에 이런 일은 통상의 업무가 아니었다.

아우슈비츠에 배정된 이후, 그뢰닝은 대체로 사무실에 앉아 살해된 유대인들에게서 갈취한 돈을 계산했다. 어쩌다 가끔은 밖으로 나가 유대인들의 소지품을 확보하기도 했다. 유대인 선별이 끝나면, 유대인 대부분은 수용소로 들어갔다. 일부는 바로 가스실로 향했다. 분류가 결정되면, 그뢰닝은 뒤에 남은 사람들을 보고 충격을 받았다. 너무 아파서 걸을 수 없거나 엄마를 잃은 아이들을 아우슈비츠 간수들이 잔혹하게 취급하였다. 그는 한 나치친위대원이 아이의 머리를 트럭에 강하

게 부딪치게 하는 광경을 보았다. 다른 나치친위대원은 고령의 유대인
들을 총으로 사살한 이후 시체들을 '밀자루처럼 마차에 싣는' 광경을
보았다.[23] 그뢰닝은 자신이 목격한 광경으로 인해 너무도 화가 난 나머
지 부대 지휘관에게 불만을 토로하며 항의했다.

　　가스실 처형은 피할 수 없어도, 저런 가학적인 과잉 처벌은 일어
　　나지 말아야 합니다.

　그는 상관으로부터 "만일 유대인을 멸절할 필요가 있다면, 그 작업
은 최소한 일정한 틀 안에서 진행될 예정이다."라는 답변을 받았다. 이
후 그뢰닝은 아우슈비츠에서 자신의 일을 계속 수행했다.[24]
　한편 페레발로프는 강제이주하는 칼미크인의 상당수가 여자, 노인,
어린아이인 것을 보았다. 이를 보고 나서야 이 조치가 필요한지 의문
을 느꼈다.

　　나는 어떻게 한 민족 전체를 강제이주시킬 수 있는지 고민했다.
　　나는 우리 중앙정부가 칼미크 공산주의자들, 당 활동가들은 어떻
　　게 처리할 것인지 궁금해졌다. 나는 그 광경(칼미크인 강제이주)을 이해
　　할 수 없었다. 나는 그 모습을 보며 죄스러움을 느꼈다. 나는 이 민
　　족을 보며 죄스러움을 느꼈다.[25]

　그뢰닝과 다르게 페레발로프는 상관에게 자신의 의구심을 표현하
지는 않았다.

명령은 명령이다. 더욱이 소련 최고회의가 내린 포고령이었다. 나는 조국의 입법기관인 소련 최고회의, 정부, 공산당, 그리고 그곳들의 지도자들이 실책을 저질렀다는 생각은 했다. 그렇지만 이 명령을 수행하는 것이 나의 임무다. 군에 복무하는 나의 규율이었다. 아무리 내가 원하지 않더라도, 상황을 어떻게 인식하는지를 떠나서, 나는 그런 의심을 품거나 추측을 해선 안 되었다. 명령은 명령이다. 명령은 수행되어야 했다. 전시 상황에서 불복종하는 자는 군법회의에 회부되어 군법으로 처벌받는다.[26]

두 사람이 놓인 상황 중 한 가지 차이점이 있다. 페레발로프가 겪은 상황은 엄청나게 고통스럽긴 했으나 한 장소에 집중된 살해 상황일 뿐, 거대한 학살의 일부로 보이진 않았다. 정확히 말하자면, 페레발로프는 칼미크인들을 강제이주시킨 이후 어떤 일이 일어나는지 알 수 없었다. 그들을 시베리아로 운송하는 기차에 실어도, 그 기차에 식량과 물이 충분치 않더라도, 그런 문제들은 페레발로프가 걱정할 사안이 아니었으며 그들의 운명은 다른 곳에서 결정될 것이라는 점을 그도 알고 있었다. 그러나 그뢰닝의 상황은 달랐다. 그뢰닝은 유대인을 살해하기 위해 만들어진 시설에서 근무했고, 본인이 그 살인기계에 필요한 톱니바퀴라는 점을 알고 있었다.[27]

그뢰닝은 역사상 가장 참혹한 대량학살 장소에서 근무했으나 실제로 참혹한 과정 대부분에서 비켜나 있었다. 덕분에 그는 업무에 익숙해졌다.

나는 유대인이 도착하는 장소에 오랫동안 있지 않았다. 3~4주에 한 번 그들의 짐을 검사하면서 내 임무에 충실했을 뿐이다. 다른 동료들이 수행하는 업무를 잘 알고 있었고, 충분히 인도적인 방식으로 일을 했다. 매일 반복되는 일상이었기에 이를 수용할 수 있었다. 비록 걷지 못하는 아이들이 트럭에 가득 탔다는 것을 알았고, 그들이 반 시간 내에 죽게 된다는 사실을 알더라도 상관없었다.[28]

아우슈비츠에서 유대인과 다른 수감자가 인도적인 대우를 받았다는 증언은 거짓말이다. 아우슈비츠에서 '인도적'이라 부를 수 있는 부분은 아무것도 없었다. 많은 목격자와 실제 경험자의 증언에 따르면, 수용소에서 벌어진 참혹한 고통이 그뢰닝의 증언이 거짓임을 증명한다.[29]

그뢰닝과 달리 페레발로프는 낙담한 민간인들을 정기적으로 상대해야 했다. 그는 그런 사람들 가까이에서 강제이주를 명령한 포고령을 낭독해야 했다. 그는 울부짖고 소리치는 이들에게서 몇 발자국 떨어져 있었을 뿐이다. 그는 그들이 겪을 고난이 무엇인지 본능적으로 알았기 때문에, 고통받는 사람들과의 감정적 거리를 유지할 수 없었다.

페레발로프가 업무 수행 도중 피해자들과의 거리감을 유지할 수 없었던 또 다른 이유는 NKVD가 아우슈비츠에서 나치가 저지르는 방식보다는 상대적으로 '솔직하게' 잔혹한 행위를 저질렀기 때문이다. 아우슈비츠는 속임수라는 목적 위에 세워진 수용소다. 그뢰닝, 그리고 카포라고 불리는 수감자 감독관들은 끌려 온 사람들을 하차시킨 후 등록과정을 거치고 있는 것이라 믿게 했다. 아우슈비츠의 '속임수'는 희생자들이 '샤워실'이라 불리는 가스처형실에 들어갈 때까지 이어졌다.

히틀러와 스탈린

그뢰닝은 아우슈비츠 수용소에서 일하는 나치친위대원들의 기만전술이 어떤 장점이 있는지를 잘 알았다.

> 벽 앞에 서 있는 사람을 죽이는 일보다 벽 뒤에서 수류탄을 던지는 일이 덜 부담스러운 것과 마찬가지였다.[30]

그러나 그뢰닝과 페레발로프는 양국의 지도자와는 상황을 다르게 인식했다. 히틀러와 스탈린은 본인들이 권력 투쟁을 벌이는 동안 범죄자로 낙인이 찍혔지만, 두 사람은 자신들을 기존 질서의 대리인으로서 법률을 집행하며 범죄자를 처벌한다고만 생각했다. 자신들이 섬겼던 체제가 붕괴하며 발생한 문제를 다루는 데에 힘들었던 수많은 이유가 있지만, 그중 하나는 이러한 상황 인식을 꼽을 수 있다. 특히 그뢰닝은 독일 패망 이후 열등감이 생겨서, 자신의 과거와 화해하는 데에 종종 상반된 태도를 드러내곤 하였다. 그는 "승자는 항상 옳고, 연합국은 독일에 이중적인 기준을 적용하고 있다."라고 생각했었다.

> 우리는 독일이 어떻게 무자비하게 폭격당했는지를 보았다. 여자들과 어린아이들이 화염 속에 죽어갔다. 우리는 이것을 보고 "양측 모두 이런 식으로 전쟁을 수행했다."라고 말했다.[31]

아우슈비츠 수용소장인 루돌프 회스를 비롯한 많은 나치당원이 연합군의 독일 폭격과 나치의 홀로코스트를 똑같은 것으로 이해했다. 그러나 이런 대비는 잘못되었다. 논란의 여지가 많기는 하여도, 연합군의 폭격은 전쟁에서 승리하기 위한 동기에서 비롯된 선택이었지, 어느 특정 인종을 대상으로 저지른 학살이 아니었다. 더군다나 도시 폭격은 전쟁이 종결되자 바로 중단되었다. 이와 달리 유대인 학살은 인종혐오라는 동기로 추진되었고, 인종적 기원이 다른 특정한 인종 집단을 학살 목표로 삼았으며, 만일 독일이 전쟁에서 승리했어도 계속 진행되었을 가능성이 컸다. 그뢰닝조차 아우슈비츠에서 자행된 학살이 끔찍했고, 본인이 그곳에 있었다는 사실 자체에 구역질을 느낀다고 인정했다. 그러나 그뢰닝도 본인이 범죄자라고 생각하진 않았다. 또한 그뢰닝이 과거사를 고백한 2000년대 초반, 그는 독일 당국이 본인을 처벌하지 않을 것이라는 점을 알고 있었다.[32] 그런데 과거사를 고백하고 몇 년이 지난 이후였다. 그는 범죄 '조력자'로 기소되었다. 그는 2015년에 4년형을 선고받았고, 복역을 시작하기 직전인 2018년에 96세의 나이로 사망했다.

한편 니코노르 페레발로프와 NKVD의 동료들이 처벌을 받아야 한다고 생각하는 칼미크인은 많았다. 아동기에 강제이주 조치를 겪었던 피해자, 예브도키야 쿠바코바는 이렇게 증언했다.

> 그들(칼미크인 강제이주를 주도한 NKVD 요원들)은 처벌받지 않았고, 천수를 누렸다. 그들의 안락한 일상이야말로 칼미크 민족 전체에 대한 거대한 불의다.[33]

페레발로프는 연금만 되었을 뿐이다. 페레발로프도 그뢰닝처럼 본인이 열성적으로 지지한 세계관이 붕괴한 이후의 문제를 다루어야 했다. 1991년 소련 붕괴 이후 그는 그뢰닝처럼 과거와 화해하는 데에 어려움을 겪었다.

> 이렇게 말하고 싶다. 한 민족을 강제이주시킨 조치는 불법이다. 그러나 NKVD 군대는 잘못하지 않았다. 우리 소대는 어떠한 불법 행위도 자의적으로 저지르지 않았다. 우리는 (당시) 소련 최상부의 지시에 따랐을 뿐이다. 나는 그 문제를 이렇게 해석한다. 나는 (스탈린이 저지른 범죄에) 동의하지 않는다. 그렇지만 나는 당시에 그런 시대를 살고 있었고, 모든 사람이 그렇게 하는 것(상부의 지시를 따르는 것)이 당연하다고 생각했다.[34]

니코노르 페레발로프는 칼미크인 강제이주 조치를 시행한 이후 칼미크인보다 인구가 많은 소수민족인 크림 타타르인의 강제이주도 시행했다. 라브렌티 베리야는 크림 타타르인 강제이주 작전을 설명한 보고서를 스탈린에게 올렸고, 스탈린은 보고서를 읽은 이후 직접 징벌적 명령을 내렸다. 소련 당국은 약 19만 명의 크림 타타르인 중 약 2만 명이 독일군에 협력했다고 주장했다. 하지만 칼미크인의 사례처럼 아무 죄가 없는 크림 타타르인까지 포함한 민족 전체가 '반역자'와 함께 징벌을 받아야 했다.

1944년 5월 18일, 페레발로프는 크림 타타르인 전체의 강제이주를 감독한 2만 명의 NKVD 병력 중 한 사람이었다. 칼미크인 강제이주 사건처럼, 그는 자신의 업무에 의구심을 느꼈다. 특히 한 노파가 들것에 실려 집에서 추방되어 트럭에 던져지는 광경을 보았을 때 회의를 느꼈다.

> 그녀는 기력이 쇠잔하여 말도 하지 못했다. 그녀는 움직이지 못했다. 그녀는 나이가 너무 많았다. 그런 노파는 아무 잘못도 저지르지 않았다. 대다수의 사람은 아무 잘못도 저지르지 않았다. 나는 솔직하게 말하겠다.[35]

크림 타타르인 대다수는 우즈베키스탄으로 강제이주했고, 3분의 1 이상이 그곳에서 사망했다.[36] 칼미크인처럼 크림 타타르인들도 죄 없는 사람이 왜 고통을 받아야 하는지를 이해할 수 없었다. 이들은 스탈린에게 현 사태를 알려주면 즉시 이 '실수'가 바로 시정될 것이라 생각했다. 강제이주 당시 11세였던 크림 타타르인, 무스페라 무슬리모바 Musfera Muslimova는 강제이주가 진행되고 한참이 지난 이후에도 "기차가 되돌아가고 있다. 스탈린이 사람들을 집으로 돌아가게 해주었다."라는 헛소문이 돌았다는 사실을 기억했다.

> 사람들은 스탈린에게 계속 면벌부를 주었다. "스탈린이 한 일이 아니야. 다른 사람이 저지른 일이야. 스탈린은 아니야." 이후 스탈린이 모든 일을 저지른 장본인이라는 사실이 명백해졌다. 그가 아니라면 이런 끔찍한 일이 수행될 수도 없거니와 애당초 일어날 수도 없다. 스탈린은 가장 악독한 사람이다. 어렸을 때는 이런 사실을 이해할 수 없었다. 그렇지만 시간이 흐르자 분노가 쌓였다.[37]

히틀러와 스탈린

그뢰닝과 페레발로프, 히틀러와 스탈린이 저지른 범죄에는 수많은 유사점이 있다. 그러나 딱 한 가지, 핵심적 차이가 있다. 히틀러도 처음에는 강제이주 또는 기아 같은 스탈린의 방식을 활용했으나 시간이 지나자 완전히 새로운 방법을 채택했다. 바로 특정 인종을 기계적으로 집단학살하는 것이다. 아우슈비츠, 트레블링카, 다른 죽음의 수용소처럼 '학살 공장'으로 쓰인 사례는 스탈린의 소련에서는 찾아볼 수 없었다. 나치독일의 홀로코스트는 비교 대상이 없는, 가장 잔인한 인종학살의 사례로 남았다. 히틀러는 일정한 시간 내에 어느 인종 전체를 멸절하려는 학살 공장 시스템을 구축했으나 스탈린은 그렇게까지 하진 않았다. 스탈린이 칼미크인, 크림 타타르인에게 궁극적으로 어떤 범죄를 저지르고자 결심했는지와는 별개로, 그 민족들은 살아남았고 강제이주를 겪은 사람 대다수는 스탈린 사후 고향으로 돌아갔다.

니코노르 페레발로프와 NKVD 병력이 크림 타타르인의 강제이주 작전에 투입되기 이틀 전인 1944년 5월 16일. 유대인의 첫 번째 집단이 헝가리를 떠나 아우슈비츠 수용소에 도착했다. 그때까지 헝가리는 유대인을 나치가 마련한 죽음의 수용소로 보내는 것을 거부했었다.[38] 아우슈비츠에는 약 40만 명에 달하는 유대인이 도착할 것이란 예상치에 맞춘 대비를 이미 진행하였다. 특히 유대인들을 곧장 아우슈비츠-비르케나우로 실어오기 위해 철로 분기선을 새로 설치한 것이 유독 눈에 띄었다. 이전에는 약 1마일 떨어진 철로에서 수용소까지 유대인을 추가로 수송해야 했다. 그러나 헝가리에 거주하던 유대인들이 도착할 것을 예상한 상황에서, 학살 시설은 그 수를 감당할 수가 없었다. 수용소에 도착한 유대인은 대체로 즉각 학살 대상자로 분류되는데, 그들의 시신을 태울 화장터 면적이 부족했다. 결국 땅에 거대한 구덩이들을 파고, 노천에서 숱한 시신을 화장했다. 일부 유대인은 산 채로 화장용 구덩이에 내던져지기도 했다.[39]

학살이 집중적으로 진행된 시기, 그뢰닝은 대체로 사무실에 앉아 유대인들에게서 탈취한 돈을 계산했다. 헝가리 출신 유대인 학살은 아우슈비츠 수용소에서 근무하던 나치친위대원들에게는 일종의 '골드러시' 같은 호재였다. 헝가리계 유대인은 신속하게 수송되었기 때문에 많은 유대인이 귀중품을 몸, 옷, 가방에 감춘 채 수용소에 도착했다. 아우슈비츠의 나치친위대원들은 그들의 귀중품을 탈취했다. 유대인 대량학살은 아우슈비츠 관리자들에겐 부자가 될 기회였다.

아우슈비츠의 나치친위대원들에게 규율이라곤 거의 없었다. 그뢰닝은 유대인이 가져온 술을 마음대로 뺏어 마실 수 있었다고 기억했다.

> 우리는 어떤 국가에서 왔든 상관없이 유대인에게 동정심 같은 감정을 전혀 느끼지 않았다. 품질 좋은 보드카, 슈납스(Schnapps, 술의 일종)를 뺏을 수 있으면 족했다.

그는 헝가리에서 수송된 유대인들에 관해서 "그들 헝가리인(헝가리 출신 유대인)들은 아주 멋진 플럼 브랜디Plum brandy•를 가지고 있었다." 정도의 내용만 기억했다.[40]

히틀러는 오래 전부터 헝가리에 거주하던 유대인들을 말살할 계획

◆ 자두를 발효해 만든 포도주를 다시 증류하여 만든 술로, 슬라보비츠(Slivovitz)라고도 부른다.

히틀러와 스탈린

을 품었다. 그러나 유대인 멸절을 추진하기란 쉽지 않았다. 스탈린은 간단한 명령 하나로 칼미크인과 크림 타타르인을 강제이주시켰으나 히틀러는 그런 방식으로 유대인에게 강제이송을 명령할 수 없었다. 스탈린은 자신의 계획을 실현하는 과정에서 소비에트가 아닌 기관들의 동의를 얻을 필요가 전혀 없었다. 이와 달리 히틀러는 본인이 원하는 일을 추진하기 위해서 자주 설득과 위협을 병행해야 했다.

  1944년 3월 18일, 헝가리 섭정 호르티 미클로시Horthy Miklós 제독은 히틀러와의 회담을 위해 오스트리아의 클레스하임 궁전Klessheim Palace에 도착했다. 헝가리는 1940년 11월 이후 추축국의 일원이 되었지만, 나치의 이념적 목표보다는 자국의 이해관계를 중시했다. 독소전쟁에 참전한 사정을 살피면, 헝가리는 독일의 동맹임에도 전쟁에 진심으로 임하지도 않았거니와 당시 호르티 미클로시 섭정은 동부전선에 파견된 헝가리군을 자국으로 불러들이고자 했다. 그러나 히틀러의 생각은 완전히 달랐다. 그는 헝가리가 전쟁에서 이탈하고자 연합국과 협상하고 있음을 알고 있다고 말했다. 더불어 헝가리가 유대인들에게 '급진적 조치'를 가하려는 나치의 계획을 방해하고 있는데, 이는 전선 후방에서 전쟁을 위태롭게 만드는 짓이자 반역 종파를 방치하는 짓과 다를 바가 없다고 비판했다. 히틀러는 이런 상황을 더는 용납할 수 없다고 말했다. 독일군이 즉각 헝가리를 점령할 것이고, 호르티는 이를 받아들여야 한다고 위협했다. 호르티가 독일군의 침략을 거부하자 히틀러는 호르티 가족의 안전을 위협했다. 격분한 호르티는 당장 자리를 뜨겠다고 말했는데, 갑작스레 공습경보가 울리고 성 곳곳에서 연기가 피어올랐다. 호르티는 이번 위기로 헝가리의 수도, 부다페스트Budapest와 연결된 모든 전화선이 차단되었다는 소식을 들었다. 결국 그는 회담장을 떠날 수가 없었다. 이 모든 '위기'는 조작되었다. 공습은 없었다. 전화선도 멀쩡했다. 연기는 나치가 직접 만들었다. 호르티 미클로시를 클레스하임 궁전에 억류하기 위한 조작이었다. 나치의 기만전술은 효과적이었다. 성에 갇힌 호르티는 끝내 독일군의 헝가리 진입, 나치에 복종하는 정부 설립에 동의했다. 다음 날, 독일국방군은 헝가리로 행진했다.[41]

나치독일은 헝가리를 점령하며 여러 측면에서 큰 이득을 얻었다. 소련의 침공을 대비해 헝가리 동부에 독일군을 배치할 수 있게 되었으니 전략적으로 아주 유리했고, 헝가리 물산을 모두 징발할 수 있게 되었으니 물질적으로도 이로웠다. 히틀러 입장에서는 엄청난 수의 유대인이라는 노획물이 가장 중요했다. 독일군이 부다페스트를 점령한 이후 얼마 지나지 않아 아돌프 아이히만이 찾아왔다. 그는 현지 당국의 협조 없이는 수십만 명의 유대인을 강제로 이송할 수 없다는 것을 알았다. 그는 대량 이주를 조직하는 데에 도움을 줄 헝가리인들을 찾았다. 바로 반유대주의 정서를 지닌 헝가리 관리들이었다. 대표적으로 당시 헝가리 정부의 국무장관으로 일하던 엔드레 라슬로Endre Laszlo와 헝가리 헌병대 고위간부인 페렌치 라슬로Ferenczy Laszlo였다.

나치는 헌병대와 헝가리 관료의 도움을 받아 유대인 이송을 놀라운 속도로 처리했다. NKVD는 칼미크인 같은 소수민족 강제이주에 관한 세부 사항을 마련하는 데에만 몇 주를 소요했다. 아이히만은 헝가리 동부에 거주하던 약 20만 명의 유대인을 단 2주 만에 강제로 이송하는 데에 성공했다. 이러한 대규모 선별과 강제이송은 헝가리 당국의 도움

히틀러와 스탈린

없이는 불가능했다. 독일에 협조한 헝가리인 중 대다수는 반유대주의 신념뿐만 아니라 개인적 욕심 때문에 유대인 강제이송을 도왔다. 유대인 처형에 앞장선 수많은 사람처럼 그들도 부자가 될 기회를 발견했다. 어느 헝가리계 유대인은 자신의 가족이 소유한 모든 재산을 헐값에 팔아야 했다고 회고했다.

> 내 가족의 집과 사업체를 사들인 사람은 우리가 강제이송 열차를 타러 걸어갈 때, 연민하는 표정이 아니라 고소하다는 표정을 지으며 우리를 바라보고 있었다.[42]

이스라엘 아벨레즈Israel Abelesz는 아우슈비츠로 보내진 헝가리계 유대인 중 한 명이었다. 그가 증언하기를, 나치친위대는 새로 도착하는 사람들에게 아무 염려하지 말도록 안심시켰다. 그래서 열차가 도착하는 플랫폼에는 아무런 특이한 '광경'이 없었다.

> 그곳은 마치 공장 같았다. 마치 콘베이어 벨트 같았다. 콘베이어 벨트 시스템에는 걸리적거리는 매듭이 절대로 있어서는 안 되었다.

이스라엘의 아버지와 어머니, 남동생은 즉시 학살당할 대상으로 분류되었다. 그러나 이스라엘은 '레이버풀Labor pool'이라고 불린 아우슈비츠−비르케나우 작업장으로 보내졌다. 그 작업장에서는 수감자 추가 선별을 정기적으로 진행했다. 그곳에서 선별된 사람은 아우슈비츠 수용소 시설이나 다른 곳으로 이동해 노예처럼 일해야 했다. 몇 주 동안 노동 인력으로 선발되지 않은 사람은 가스처형실로 이동했다.

매일 식량을 배급했다. 그러나 보잘것없는 양이었다. 굶어 죽으라는 양을 배급받았다. 죽음의 공포 외에는 굶주림의 공포에 압도되었다. 굶주림의 공포는 너무 강력해서 다른 모든 감각을 제압했다. 당신은 (그곳에서 지낸다면) 먹을 것을 찾아 헤매는 개처럼 굴 것이다.

전쟁이 끝나고 수용소에서 해방된 한참 후에도 이스라엘 아벨레즈는 아우슈비츠에서 겪은 일로 계속 고통을 받았다.

나는 이 공포를 어떻게 처리해야 할 줄 몰랐다. 잠자리에 들어도 이런저런 이유로 잠을 이룰 수 없었다. 처형당할 대상으로 선별된 어린아이의 얼굴이 떠오르면서 나의 악몽이 시작된다. 그 사람들의 마지막 순간은 어땠을까? 그들이 가스처형실 안으로 들어가고 치클론 B(Zyklon B) 독가스가 살포되어 더 이상 숨을 쉴 수 없게 되었을 때는? 그들이 가스로 인해 질식사한다는 것을 깨달았을 때는 어땠을까? 그들의 마음은 어땠을까?[43]

헝가리계 유대인들이 가스처형실에서 죽어가고 있던 5월 26일, 히틀러는 장군들에게 유대인과의 투쟁이 왜 중요한지를 설명했다.

나는 유대인을 제거하여 체제 전복의 구심점이 형성될 가능성을 제거했다. 물론 귀관들은 내게 이렇게 말할 수 있다. "각하께서 이 문제를 좀 더 단순하게 해결하실 수는 없었습니까? 단순하지 않다면, 좀 더 인도적인 방식은 없었습니까?" 신사, 장교 여러분. 우리는 지금 죽느냐 사느냐의 투쟁을 벌이고 있다.[44]

이 발언은 아주 중요하다. 그의 설교는 당시 유대인 학살에 자원을 집중적으로 투입한 히틀러의 저의가 무엇인지를 일깨운다. 나아가 히틀러와 스탈린이 문제에 접근하는 방법이 얼마나 유사한지를 알려준다. 히틀러는 유대인을 제거 대상으로 삼아 "체제 전복의 구심점이 형성될 가능성을 제거했다."라고 말했다. 이런 표현은 칼미크인, 크림 타타르인, 볼가강 독일인 같은 소수민족을 강제이주한 스탈린의 입에서도 얼마든지 나올 수 있었다.

히틀러처럼 스탈린의 뇌리에도 항상 이런 염려가 스쳤다. 과연 누가 자신에게 대항하는 반역을 획책하고 있는가? 스탈린은 전선의 독일군뿐만 아니라 국내의 적에게도 신경을 크게 썼다. 그는 자신이 25년 전 페트로그라드(상트페테르부르크) 시가지에서 벌인 무장봉기가 혁명을 성공으로 이끈 이유 중 하나였다는 점을 잊지 않았다.[45] 그는 기존 질서가 얼마나 순식간에 무너질 수 있는지를 체득한 인물이다. 그래서 그는 자신의 정치 경력 전체를 통틀어서, 특히나 전쟁 중에는 소련 내부에서의 잠재적 위협에 극도로 예민하게 반응했다.

이러한 맥락에서 두 사람은 결정적인 유사점을 공유한다. 히틀러와 스탈린 모두 다른 국가와의 접경 지역에 사는 주민들을 유독 크게 염려했다. 두 독재자는 전선에 인접한 지역에서 잠재적인 반대파가 형성될까 크게 두려워했다. 스탈린이 발트 지역 주민들을 유독 무자비하게 취급한 이유 중 하나도 바로 이것이다. 발트 지역에 거주하는 수십만 명의 주민은 바르바로사 작전이 시작되기 전에 강제이주를 겪었다. 동시에 전선 인근의 주민들을 경계한 히틀러 역시 1944년 3월, 헝가리계 유대인들을 공격하는 데에 집중했다.

전쟁 중 학살을 자행하는 것이 쉬운 쪽은 스탈린이었다. 그렇지만 어느 시기에 극단적인 조치를 시행해야 할지를 결정하는 것이 더 어려운 쪽도 스탈린이었다. 히틀러는 시기를 고르는 문제에서는 단순명료하게 결정할 수 있었다. 그에게 학살은 인종, 혈통, 이념의 문제였다. 절대적인 가치를 둘러싼 문제였다. 그는 유대인들이 야기할 위협은 마땅히 제거해야 한다고 생각했다. 그러나 앞에서 본 것처럼 스탈린은 여러 경쟁적인 목표의 우선순위를 가늠했다. 그는 소련 내 소수민족을 향한 의심의 눈초리를 거두진 않았다. 다만 그에게는 소수민족을 파괴해야 할 이념적 당위성이 없었다. 스탈린에게 소수민족 문제란 '해결해야 하는 과제 중 하나'였다. 그는 여러 요인을 계산해야 했다. 소련 전체에 징벌을 내리는 것처럼 쉬운 일이 아니었다.

예를 들어, 스탈린은 우크라이나 지역에서 현지인들이 독일군에 부역하고 있다는 사실과 부역의 범위가 어느 정도 되는지를 알고 있었다. 나치독일이 만든 죽음의 수용소에 많은 우크라이나인이 간수로 활동했을 뿐만 아니라, 우크라이나 출신 민족주의 파르티잔은 독일군과 더불어 소련군과도 싸우고 있었다. 스탈린이 칼미크인들을 독일에 부역한 소수민족이라는 이유로 징벌했다면, 똑같은 논리로 모든 우크라이나인을 소련의 오지로 강제이주시켰어야 했다. 그러나 이런 일은 일

히틀러와 스탈린

어나지 않았다. 실행 가능한 정책이 아니었기 때문이다.[46] 이런 모습만 봐도, 두 폭군 사이의 결정적인 차이를 알 수 있다. 스탈린은 가장 잔혹한 대량학살의 범죄를 저질렀으나 현실적으로 가능한 학살에 집중했다. 이와 달리 히틀러는 훨씬 거대한 규모의 대량학살을 꿈꿨다. 유대인뿐만 아니라 주로 소련 내에 있는 수천만 명의 다른 민족까지 포함해서 학살하려 하였다. 히틀러와 그의 추종자들이 과거에 저지른 학살보다 훨씬 더 큰 규모의 학살을 자행하지 못한 이유는 순전히 독일이 패전했기 때문이었다.

1944년 봄, 노르망디 상륙작전이 임박하면서 독일의 패배는 점점 더 가까워지고 있었다. 그러나 히틀러는 여전히 확신 속에서 살아갔다. 그는 1944년 3월 괴벨스에게 "연합군이 프랑스에 상륙하면 독일군이 그들을 다시 바다에 처넣을 것이라고, 절대적으로 확신한다."라고 말했다. 괴벨스는 "총통의 예측이 정확하기를 희망한다."라고 말했으나 본인의 일기에는 이런 말을 남겼다.

최근, 총통께서 회의감을 느끼는 모습을 목격한 탓에 우리는 실망하였다.[47]

앞으로 전개되는 일은 괴벨스의 '회의'가 옳았고, 히틀러의 '절대적인 확신'이 틀렸다는 사실을 증명할 터였다.

16장

두 도시의 봉기

1944년 8월

바르샤바 봉기는 1944년 여름에 있었던 유일한 봉기가 아니었다. 서쪽으로
850마일 떨어진 곳에서 파리 시민들 역시 독일군에 대항한 봉기를 일으키려
고 준비했다. 그러나 1944년, 바르샤바와 파리가 겪은 운명의 차이는 극명했
다. 바르샤바는 히틀러의 군대와 스탈린의 군대 사이에 갇혀버렸다. 파리는
히틀러와 서방 연합군 사이에 갇혔다. 이 차이는 두 도시의 많은 측면을, 특히
나 생사를 구별했다.

1944년 6월, 제3제국을 상대로 두 개의 파괴적 공격이 개시되었다.
그중 하나는 너무도 잘 알려진 노르망디 상륙작전이었다. 오랫동안 고
대한 제2전선의 시작이었다. 또 다른 공격은 바그라티온 작전Operation
Bagration으로, 서방에서는 공로와 업적을 제대로 인정하지 않는 소련군
의 공격이었다. 수많은 러시아인이 느끼는 것처럼, 소련이 히틀러를
패퇴시키는 데에 기여한 공로는 제대로 인정받지 않았다. 바그라티온
작전의 규모는 노르망디 상륙작전보다 훨씬 컸고, 연합군의 프랑스 초
기 작전보다 훨씬 더 성공적이었다. 서방 연합군이 노르망디 돌파와
이후 진격에 난관을 겪는 동안 소련군은 소련의 전사戰史상 가장 큰 성
공을 거머쥐었다. 이토록 거대한 소련의 작전이 실행되는 과정을 살피
면, 우리는 히틀러와 스탈린이 전쟁 지휘관으로서 어떻게 성장했는지

를 볼 수 있다. 히틀러는 융통성과 상상력이 없었던 반면에, 스탈린은 상상력과 유연함이 풍부했다. 바르바로사 작전이 시작된 지 3년이 지났다. 두 사람은 서로의 역할을 맞바꾼 듯했다.

스탈린은 새로운 작전의 이름으로, 나폴레옹과 싸우다가 전사한 조지아 출신 장군의 이름 '바그라티온'을 사용했다. 이 사례는 스탈린이 독일과의 전쟁에서 이기고자 과거 제정 러시아의 영광을 활용한 또 다른 증거였다. 특이하게도, 러시아 장군이 아니라 조지아 귀족 출신의 이름을 택했다.[1] 스탈린 본인도 조지아 출신이었으니, 그가 '조지아'라는 연계점을 아주 매력적으로 느꼈을 수도 있다.

소련군은 독일국방군의 자랑인 중부집단군 집결지에 거대한 구멍을 만들고 서쪽으로 진격하는 계획을 세웠다. 이처럼 야심만만한 계획에 비례해, 스탈린은 약 250만 명의 병력을 이 작전에 투입했다. 독일군은 소련이 이렇게나 거대한 규모로 반격을 개시할 것이라고 예상조차 하지 못했다. 독일 정보당국은 소련군의 주력이 아직 남부 지역에 있다고 판단했다. 마치 바르바로사 작전이 막 개시되었을 때 스탈린이 저지른 실책과 판박이 같은 실수였다. 당시 소련군은 독일군의 주공이 북쪽이 아니라 우크라이나로 향할 것이라 오판했었다.

바그라티온 작전에는 여러 상징적인 사건이 많았다. 첫 공격은 6월 22일로 예정되었는데, 정확히 독일이 소련을 침공하고 3년이 되는 날이었다. 이틀 후인 1944년 6월 24일, 로코솝스키 원수가 지휘하는 전차부대는 전차가 통과할 수 없는 곳으로 여겨진 핀스크 습지대(프리피야티강)를 관통해 독일군 앞에 나타났다. 4년 전 독일군이 아르덴 숲을 관통해 프랑스를 침공한 기동 작전을 연상시키는 활약이었다. 이제는

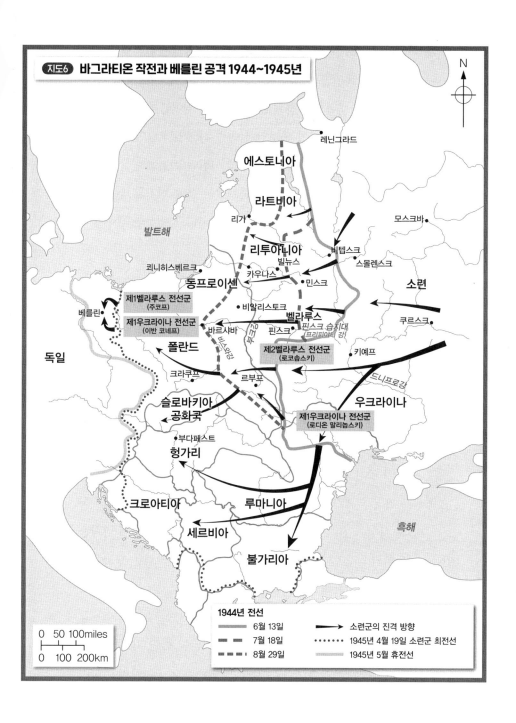

N

레닌그라드

에스토니아

라트비아

발트해

리가

모스크바

리투아니아

비텝스크

쾨니히스베르크

빌뉴스

스몰렌스크

동프로이센

카우나스

민스크

소련

제1벨라루스 전선군
(주코프)

비알리스토크

벨라루스

쿠르스크

베를린

제1우크라이나 전선군
(이반 코네프)

바르샤바

핀스크

핀스크 습지대
프리피야티 강

독일

폴란드

제2벨라루스 전선군
(로코솝스키)

키예프

크라쿠프

르부프

드니프로강

슬로바키아
공화국

제1우크라이나 전선군
(로디온 말리놉스키)

우크라이나

부다페스트

헝가리

크로아티아

루마니아

흑해

세르비아

불가리아

1944년 전선			
――――	6월 13일	➡	소련군의 진격 방향
― ― ―	7월 18일	••••••	1945년 4월 19일 소련군 최전선
▪ ▪ ▪	8월 29일		1945년 5월 휴전선

0 50 100miles
0 100 200km

독일군이 당황할 차례였다. 소련군은 늪지대와 우거진 숲속의 둑길을 통과해 진격했고, 독일군의 정보당국은 이를 전혀 눈치채지 못했다.[2] 진격하는 소련군이 재편성도 하지 않은 채 계속 밀어붙이는 것도 바르바로사 작전 초기에 독일군이 선보인 신속한 진격전과 닮았다. 바그라티온 작전이 시작되고 일주일도 되지 않은 시점이었다. 소련군은 민스크를 탈환했다. 아주 의미심장한 전환점이었다. 1941년 6월, 벨라루스의 수도 민스크가 함락됐다는 소식에 소련군 최고사령부는 공황상태에 빠졌기 때문이다.

1941년 독일군이 작전을 성공하는 데에 스탈린의 무능력이 큰 도움이 되었던 것처럼 히틀러도 1944년 여름에 여러 실책을 저지르며 소련군을 도왔다. 그가 저지른 최악의 실책은 이른바 '페스테 플래체Feste Plätze'라 불리는, 요새 거점Fortified places을 만들라고 고집을 부린 것이다. 히틀러는 "역사적인 요새들처럼 쓰일 수 있는, 포위를 당해도 대규모의 적군을 묶어둘 수 있고 성공적인 반격을 위한 유리한 여건을 조성할 수 있는" 고정된 방어진지를 구축하라는 명령을 내렸다.[3] 말 그대로 '중세적'인 방어 전략이었다. 현대전의 방어선과 달리 요새 거점, 즉 '요새화된 거점'은 사방에서 현대식 포병 공격을 받을 수 있었다.[4] 독일군 제9군 사령관 한스 요르단Hans Jordan 장군은 1944년 6월에 명령을 받은 직후 회의적인 반응을 보였다. 그는 "요새화된 거점을 구축하라는 히틀러의 명령이 특히 위험하다."라고 평했다.[5]

제9군에 속된 병사인 하인츠 피들러Heinz Fiedler는 요새 거점의 무용성을 직접 체험했다. 그와 그의 동료들은 소련군이 이미 자신들을 포위한 상태에서, 보브루이스크Bobruysk(또는 바브루이스크Babruysk)를 방어하라

히틀러와 스탈린

는 명령을 받았다. 독일군은 탄약이 바닥날 참이었고, 전멸을 피할 수 없을 것 같았다.

> 내 동료가 포병에게 "상황이 절망적이면 우리 자신에게 포탄을 날리자."라고 요구하는 광경을 목격했다. 러시아군의 포로가 될 바에야 독일군 포탄에 죽기를 택한 것이다. 진정한 영웅의 모습이었다.[6]

결국 하인츠 피들러와 그의 동료들에게 후퇴 명령이 내려왔다. 보브루이스크에 얼마 남지 않았던 독일군 병사는 소련군의 점령지를 뚫고 독일군 진영으로 가려고 시도했다. 이들은 두려움에 사로잡히지 않으려고 노력했다.

> 병사 무리가 같이 뛰면, 마치 전염되는 것처럼 다들 뛰었다. 다친 병사의 절규가 아직도 내 귀를 울린다. 나는 한 젊은 장교가 총에 맞는 모습을 보았다. 그는 결혼을 했음에도 부인의 이름이 아니라 "엄마!"라고 외쳤다. 나는 보브루이스크 진지에서 무서운 광경을 너무도 많이 본 탓에 여전히 밤에 악몽을 꾼다.

요르단 장군과 마찬가지로 그는 이런 고난을 불러일으킨 히틀러와 최고사령부의 참모들을 비난했다. 당시 승리를 거둔 소련군 장교 표도르 부벤치코프는 히틀러가 '요새화된 거점'을 고집하자 크게 기뻐했다. 독일군은 요새에 갇혀 죽을 운명이었다. 그는 소련군의 재빠른 진

격 속도에도 무척 기뻐했다

독일군이 다리를 폭파하는 데 실패했기 때문에 우리는 굉장히 신속하게 모길료프(Mogilev)를 점령했다. 소련군 전차부대 전체가 강을 건넜다. 민스크 근처에서는 10만 명의 독일군을 포위했다. (스탈린그라드에서) 파울루스의 군을 격파하는 데 두 달이 걸렸지만, 민스크 인근에서는 7월 3일 독일군을 포위망에 가두었다.[7]

부벤치코프와 동료들은 크나큰 환희를 만끽했다.

우리는 마치 승리의 날개를 타고 날아가는 듯했다. 사병부터 지휘관까지, 모든 사람이 승리에 도취했다. 우리 부대원 전원은 흥분에 휩싸였다.[8]

소련군 병사들은 늘 스탈린을 생각했다. 제77근위연대77th Guards Regiment 사병이었던 베니아민 표도로프Veniamin Fyodorov는 "모든 공격은 '조국을 위해, 스탈린을 위해, 돌격!'이란 구호로 시작되었다."라고 회상했다. 그는 공격의 성공을 선명히 기억한 만큼 전장의 위험도 잊을 수 없었다.

전투에 처음 참가했을 때는 괜찮았다. 그러나 두 번째 전투에 참가하면서, 목 위에 머리가 없고 뇌가 드러난 것 같은 감각을 느꼈다. 심장이 '쿵, 쿵, 쿵' 울리는 소리를 들을 수 있었고, 총알이 나를 맞힐 수 있다는 사실도 감지한다. 총알이 날아와 내 몸에 맞을 것이고, 맞을 것이다. (만일 당신이 전투에 참가한다면) 당신은 본인이 살아 있는지도 의아할 것이다. 정수리에서도 똑같은 경고가 들린다. (전쟁은) 모두가 살기를 바라기 때문에 아주 무서운 일인 것이다. 총알은 멍청해서 아무나 맞힐 수 있다.

이런 위험을 고려하더라도, 그는 앞장서서 돌격하는 편이 낫다고 생각했다.

첫 줄에 있으면 아무것도 보지 못한다. 그러나 두 번째나 세 번째 줄에 있으면 다친 병사와 죽은 병사 위를 지나가게 된다. 이것은 무서운 일이다.[9]

베니아민 표도로프는 흔하디흔한 퇴역군인이 아니었다. 그는 전장에서 느꼈던 두려움을 솔직히 말했을 뿐만 아니라 일부 소련군 병사가 전투를 피하기 위해 자해까지 감수한 사실을 털어놓았다.

자해하는 병사들도 있었다. 스스로 총을 쏘아 손에 구멍을 만들었다. 당시 군의관은 그 상처가 실제 부상인지 자해로 인한 상처인지 구별하기가 어려웠다. 이런 경우도 꽤 있었다. 그리고 마치 독가스라도 마신 것처럼 울음을 터트리는 병사도 있었다.

베니아민 표도로프는 자신의 마을로 살아 돌아온 얼마 되지 않는 병사 중 한 사람이었다.

> 우리 마을에는 32가구가 살고 있었다. 이 32가구에서 57명이 징집되었다. 57명 중 5명만 생환했다. 나머지는 모두 전사했다.

그는 전쟁 중 집에 남겨진 사람들의 생활도 전선에서 싸우는 사람만큼 힘들었다는 사실을 뒤늦게 깨달았다.

> 새로운 법이 있었다. 스탈린이 내린 "모든 것은 승리를 위해, 모든 것은 전선으로."라는 명령이었다. 모든 것이 징발되었다. 사람들은 소를 잡아먹고, 남은 감자를 먹어야 했다. 우리 마을에서도 많은 사람이 죽었다. 남녀를 가릴 수 없었다. 내 아버지도 굶어 죽었다. 그는 평생을 집단농장에서 노예처럼 일했는데, 끝내 굶어 죽은 것이다. "모든 것을 전선으로."라는 구호는 잘못되었다. 사람들은 자신들이 농사지은 결실을 일부라도 남겨놓을 수 있어야 했다.[10]

표도로프는 일개 병사에 불과했다. 그렇지만 그의 증언은 중요하다. "1944년 여름 전쟁은 소련 국민에게 유리했다."라는 편견을 바로잡기 때문이다. 전선이든 후방의 마을이든 인민의 삶은 극도로 피폐했었다. 죽음이 모든 사람을 찾아다니던 시기였다.

한편 '요새화된 거점'을 사수하라는 명령만 봐도 히틀러는 아이디어가 부족한 사람이라는 사실을 단적으로 알 수 있다. 그는 독일군이 오

히틀러와 스탈린

늘을 견디며 더 나은 내일을 기대하라는 말만 하였다. 알프레트 요들 장군은 1944년 7월 3일, 자신의 참모들과 대화를 나눌 때 히틀러의 관점을 대신 설명했다.

> 우리의 전쟁 지도부는 전선 전체에 걸쳐 시간을 버는 데에 모든 초점을 맞추었다. 향후 몇 달이 조국을 구하는 결정적인 시간이 될 것이다. 우리의 무장 수준을 보면 큰 기대를 해도 좋다. 모든 것이 준비되었고, 조만간 결과가 나올 것이다. 그래서 싸우고, 방어하며, 견디고, 병사들과 지도부를 심리적으로 강화해야 한다. 지금 버티는 전선에 집중하라.[11]

그러나 중부집단군에 남아 있는 독일군 병력은 소련군의 절반에 불과했다. 요들 장군이나 히틀러가 요구한 수준만큼 전쟁을 치를 수는 없었다. 7월 13일, 소련군은 독일군을 돌파해 리투아니아의 수도 빌뉴스Vilnius까지 진격했다. 1940년에는 독립 국가였던 발트 삼국을 스탈린이 장악한 것이다. 이와 관련해 처칠은 1942년에 이렇게 말했다.

> 발트 삼국을 주민들의 의사에 반하면서 소련에 귀속시키는 것은 이 전쟁에 수반되는 모든 원칙에 반한다. 우리의 이상(목표)을 불명예스럽게 만든다.[12]

하지만 스탈린의 대포가 처칠의 원칙보다 훨씬 힘이 센 것으로 증명됐다. 바그라티온 작전이 시작된 후 2주 동안 독일군은 30만 명의

사진43 **1944년 여름 바그라티온 작전에 참가한 소련군**
독일 중부집단군의 화력은 소련군이 바그라티온 작전을 펼치자 크게 위축되었다.

병력을 잃었다. 독일군 역사에서 이렇게 짧은 기간 동안 이만한 병력을 상실한 사건은 전례가 없었다.[13] 6월 28일, 소련군의 진군을 막아보려는 헛된 노력의 일환으로 히틀러는 중부집단군 사령관을 교체했다. 그러나 히틀러의 전선 고수 명령을 충실히 수행한 에른스트 부슈Ernst Busch 원수를 파면하고 발터 모델 원수로 사령관을 교체한 것은 상황을 바꾸는 데에 전혀 도움이 되지 않았다. 당시 소련군은 병력과 장비에서 독일군을 압도했기 때문이다.

상황은 갈수록 히틀러에게 더욱 나쁘게 전개되었다. 7월 20일, 귀족 출신 장교인 클라우스 폰 슈타우펜베르크Claus von Stauffenberg가 동프러시아에 있는 최고사령부인 볼프스샨체(늑대소굴)에 폭탄이 장치된 가방을 가지고 들어왔다. 히틀러 암살 시도 사례 중 가장 극적인 순간이었다. 우리는 히틀러가 얼마나 운수가 좋은 사람인지를 앞서 확인했다. 한 번은 그의 비행기에 실린 폭탄이 폭발하지 않았고, 또 한 번은 그가 전시회 관람 시간을 단축하면서 목숨을 구했다. 이번 암살 음모의 핵심 주동자이며 제2군 참모장인 헤닝 폰 트레슈코프Henning von Tresckow는 히틀러를 확실하게 암살하기 위해서는 볼프스샨체로 직접 들어가는 것이 좋다고 생각했다. 그해 7월 1일, 슈타우펜베르크가 대령으로 승진하고, 그가 새로운 직책을 맡으며 히틀러를 암살할 기회를 얻었다. 음모를 꾸민 자들은 히틀러를 암살한 이후 예비군 총사령관 프리드리히 프롬이 '발키리 작전Operation Valkyrie'을 시행하기로 계획했다. 원래 발키리 작전은 폭동이나 혁명이 발생할 경우에 실행되는 예비 계획이었다. 히틀러 암살을 획책한 집단은 이 계획의 순서를 뒤바꿔서, 나치 정권이 기능하지 못하게 만들고자 했다. 그렇게 되면 군부가 권력을 장악하게 되었다. 최소한 이론적으로는 그랬다.

그렇지만 이 계획이 실패할 수밖에 없었던 여러 이유가 있었다. 우선 프리드리히 프롬 장군에게 문제가 있었다. 그는 원칙보다는 본인의 이익을 우선했다. 그는 자신이 수행해야 할 일을 감당할 수 없었다. 암살 방법도 문제였다. 슈타우펜베르크는 프롬의 참모장 출신이었고, 음모자들에게 필요한 장교였다. 그는 히틀러 암살 이후 살아있어야 했다. 그래서 히틀러를 확실하게 암살하는 자살폭탄 공격을 할 수 없었다.

7월 20일 아침. 슈타우펜베르크와 그의 부관 베르너 폰 해프텐Werner von Haeften 중위는 볼프스샨체에 도착했다. 슈타우펜베르크는 두 개의 폭발물을 안으로 가지고 들어갔다. 그러나 그는 히틀러가 도착할 때까지 한 개의 폭발물만 가방에 설치하여 회의실 탁자 아래에 놓았다. 그리고 양해를 구한 다음 회의실을 떠났다. 머지않아 폭발물이 작동했으나 히틀러는 경미한 부상만 입었다. 그의 운수는 이번에도 좋았다. 극히 운이 좋았다고 말해야 타당할 것이다. 만일 슈타우펜베르크가 두 번째 폭발물까지 회의실에 가지고 들어갔으면, 그 방에 있던 모든 사람이 죽었을 것이다.[14]

히틀러의 생존 여부로 음모자들은 혼선을 빚었다. 그러나 그가 생존했다는 사실이 알려지자 쿠데타를 향한 열의가 시들어버렸다. 파리에 있던 클루게 원수의 반응이 이를 단적으로 말해주었다. 그는 히틀러가 죽음을 면했다는 소식을 듣자 음모에서 이탈했다. "돼지 같은 그 인간이 죽었어야 했는데."라고 클루게는 말했다. 한 달 후 자결을 하기 직전, 클루게 원수는 "히틀러는 결코 위인이 아니다."라고 고백했다.[15]

음모 주동자들이 주저하는 동안 반란은 진압되었다. 새로운 정부의 수장이 될 예정이었던 루트비히 베크 장군과 쿠데타를 지지한 베를린 최고사령부의 프리드리히 올브리히트Friedrich Olbricht 장군 사이의 대화만 봐도 쿠데타가 실패할 수밖에 없었음을 알 수 있다. 올브리히트는 본인을 보호하고자 건물 주변에 병사들을 배치했다. 베크는 그 병사들이 올브리히트를 위해 죽을 각오를 했는지 물었다. 올브리히트는 자신의 병사들이 그렇게 할 것인지 확신하지 못했다. 그러나 많은 병사가 아돌프 히틀러를 위해 죽을 결심을 했던 것은 의심의 여지가 없었다. 모든 독일 병사가 총통에게 충성의 맹세를 했고, 대부분이 어려서부터 히틀러를 존경하며 자랐다. 올브리히트 따위가 어떻게 히틀러와 경쟁

히틀러와 스탈린

할 수 있겠는가?

음모가 끝나고 몇 시간 만에 주동자 슈타우펜베르크, 올브리히트, 트레슈코프, 베크 등은 처형됐다.[*] 전쟁이 끝난 이후 히틀러 암살을 획책한 주모자들은 영웅으로 칭송받았다. 그러나 우리는 감상에 젖어 그들의 동기를 과도하게 치켜세워서는 안 된다. 그들은 나치의 반유대주의 노선에 반대했으나 독일의 폴란드 점령에 기뻐했고, 프랑스에서 승리하자 크게 열광했다. 나치친위대가 우크라이나의 유대인을 대량학살한다는 소식을 접한 1942년에는 나치 정책에 반대한다는 의사를 표시했다. 그 시점에 독일군은 모스크바 외곽에서 더는 전진하지 못했고, 미국마저 참전한 상태였다.[16] "만일 독일군이 계속 승리했다면 호르티 제독이 헝가리를 전쟁에서 이탈시키려 하지 않았을 것이다."라는 예상은 냉소적인 추측이 아니다. 이와 마찬가지로, "만일 독일군이 소련을 계속 이겼다면, 독일군 장교들은 히틀러 제거 시도를 덜 지지했을 것이다."라는 추론도 충분히 가능하다.

수많은 독일인은 히틀러 암살 시도에 놀랐다. 나치친위대 보안국 보고서에 따르면, "하나님 맙소사, 총통께서 살아있다." 같은 반응이 가장 흔했다. 체제를 향한 비판이 탄압받기 마련인 전체주의 국가에서, 여론을 정확히 파악하기란 어렵겠지만, 당시의 다른 증거들도 보고서 내용을 보증한다. 1944년 8월, 검열 당국이 4만 5,000명의 독일군 병사의 편지를 검열한 결과를 보면, "음모 집단의 반역은 독일 국민을 향한

➤ 프롬의 부하들은 프롬이 음모에 가담했다는 사실을 감추고자 네 명의 장교를 처형했다. 나치친위대는 7,000명이 넘는 인원을 체포했고, 그중 4,980명이 처형되었다. 롬멜 장군도 이 음모에 간접적으로 가담한 혐의로 처형되었다.

가장 큰 범죄"로 인식되었다. 물론 병사들은 나치 정권에 관련된 부정적인 말을 쓰면 처벌을 받긴 했으나 반드시 공개적으로 반감을 드러낼 필요는 없었다. 침묵이라는 또 다른 선택지가 있었다. 그런데 여기서는 침묵이라는 선택지가 전혀 반영되지 않았다.[17]

히틀러 암살 시도가 실패했다는 소식을 접한 일부 나치당원은, 스탈린이 대숙청 기간 중 소련군 장교들에게 취한 잔학한 방법을 옹호하기까지 했다. 보안국 보고에 의하면 그들은 스탈린의 방식을 이렇게까지 옹호했다.

> 스탈린은 모든 지도자 중 가장 지혜로운 사람이다. 그는 바람직하지 않은 세력을 사전에 척결해서 배신 자체가 불가능한 상황을 조성했다.[18]

히틀러는 독일군의 '나치화' 강화를 요구했다. 그는 하인츠 구데리안을 독일군 육군참모총장으로 임명했다. 요제프 괴벨스 같은 나치당원은 구데리안을 나치의 이상에 충실한 군인으로 평가했다. 구데리안은 총참모부 장교들에게 '정치적 문제에 관한 특별교육'을 받으라고 요구했다. 7월 22일, 구데리안은 "총통의 목숨을 노린 비겁한 시도는 독일군 병사답지 않은 불명예스러운 행위"로 규탄하고 비난하는 정훈교육을 받도록 명령했다.[19] 두 달 후인 9월 24일, 히틀러는 독일군 내에서 나치 이념이 중심적 역할을 하도록 보장하는 법안을 발령했다.

독일국방군 병사들은 임무 수행 중이거나 개인 생활에서, 국가사회주의 이념에 따라 행동하고 항상 이를 옹호할 의무를 지닌다. 이것은 모든 장교, 부사관, 사병들의 기본 임무이며, 장교들은 국가사회주의 방식으로 부하들을 교육하고 지휘해야 한다.[20]

1945년 초 독일군에는 4만 7,000명의 '국가사회주의 지도장교National-al Socialist Leadership Officers, NSLO'가 있었다. 전쟁 막바지 시기에 동부전선에서 싸운 발터 페르나우Walter Fernau 중위도 그중 한 명이었다. 그는 병사들의 사기를 진작시키는 임무를 맡았으나 나치 관리에게서 교육용으로 받은 선전 자료가 부적절하다고 생각했다.

예를 들어, 병사들에게 프리드리히 대왕의 퀴스트린(Küstrin) 전투 (1758년)*에 관해 가르치라는 지시를 받았다. 그걸 가르쳐야 하는 이유가 무엇인지를 나 스스로 생각해봤다. 지금 병사들에게 퀴스트린 전투를 가르치는 것이 무슨 소용인가? 그래서 나는 나름의 방법을 구상했다.

페르나우는 병사들에게 역사 강의를 하는 대신 아코디언을 연주하고 "수병들의 뱃노래를 부르면서 좋은 분위기를 만들려고 노력"했다. 병사들이 기분이 좋아진 후에 전황에 관해 설명했는데, 그는 사병들이 쓰는 속어 "모두 개똥 같다!"를 활용하며 그들과 친해졌다.

◆ 퀴스트린 지역은 오늘날 폴란드 서부의 코스트신나트오드롱(Kostrzyn nad Odrą) 지역을 가리킨다. 7년 전쟁(1756~1763년) 당시 러시아군은 프로이센의 퀴스트린을 포격하여 도시를 무참히 파괴했다.

또한 그는 승리를 논하지 않았다. "(이런 상황에서 승리를 강요하는 것은) 내가 보기에 어불성설이었다. 내가 그렇게 말한다면 나는 정신병원에 입원해야 한다."라고 증언했다. 대신에 그는 병사들에게 "히틀러를 믿고, 그에게 전쟁을 무사히 잘 끝낼 능력이 있다는 것을 믿어라."라고 말했다. "병사들보다 전쟁 상황을 훨씬 자세히 알고 있는 총통이 전쟁을 끝낼 방법을 찾고 있는데, 병사들이 총을 내던질 이유가 어디에 있단 말인가?"라고 병사들을 설득했다.[21] 그러나 독일군으로서는 전쟁을 잘 끝낼 방법을 찾기가 쉽지 않았다. 최소한 바그라티온 작전이 펼쳐지는 순간에는 그럴 가능성이 없어 보였다.

슈타우펜베르크가 히틀러를 암살하기 위해 폭발물을 준비한 1944년 7월 20일, 당시 소련군 병사들은 아주 유의미한 순간을 경험했다. 스탈린은 다시 한번 잔혹한 방식으로 인류를 기만했다. 제1벨라루스 전선군 병사들은 부크강Bug River을 건너 폴란드로 진격했다. 누가 폴란드의 합법적 주인인가? 이제는 이 문제가 실제로 중요한 화두가 되었다. 다음 날인 7월 21일, 스탈린은 이 질문에 대답했다. 바로 본인이 직접 구상한 폴란드 괴뢰정부였다. 스탈린은 모스크바에서 '폴란드 민족해방위원회Polish Committee of National Liberation'를 조직했고, 이 조직이 소련 정부와 관계된 여러 문서에 서명해 소련군이 사실상 폴란드에서 자유롭게 행동할 수 있는 권한을 얻은 것처럼 만들었다. 스탈린은 자신이 원하는, 순종적인 폴란드 정부를 구상한 것이다. 영국에 망명한 폴란드 정부를 무력화하는 대담한 시도였다.[22]

이 계획의 일환으로 스탈린은 자신 휘하에 폴란드군도 만들었다. 1944년 7월 이전에 소련군으로 전투를 치르던 부대를 편성해 폴란드

히틀러와 스탈린

제1군을 만들었다. 병사 대부분은 소련 내에 있던 폴란드군 전쟁포로였지만, 수많은 소련군 병사도 이 폴란드 부대에서 복무했다. 소련군인 니콜라이 브란트_{Nikolai Brandt}는 폴란드 제1군의 장교가 되었다. 그는 폴란드 군복을 입고, 폴란드 시골 출신인 사람처럼 위장했다. 그러나 그는 머리부터 발끝까지 러시아인이었다. 1943년 기만전술의 일환으로, 그는 폴란드어를 배우고 자신의 '이력'을 새로 만들었다. 그는 폴란드 남동부의 작은 도시 출신이라 말하라고 교육받았다. 그 도시 출신이 아니라 어떻게 계속 연기할 수 있는지를 묻자, 그는 이런 대답을 받았다.

> 걱정하지 말라, 그 도시는 더 이상 존재하지 않는다. 그 도시는 독일군 폭격으로 완전히 파괴되었다.

브란트는 1944년 초 제1군 편성 전, 폴란드 군인들과 함께 훈련했다.

> 나는 대대를 지휘했다. 우리는 좋은 장비를 받았다. 그리고 우리는 전투에 바로 참여하지 않았다. 우리는 앞으로 폴란드군의 중심이 되어야 했기 때문에, 전투에서 죽으면 의미가 없었다.

1944년 7월이 지나 폴란드 제1군에 정식으로 편제된 후 전황이 크게 바뀌었다. 그러자 이 부대는 많은 작전에 투입되었다.

나는 뛰어나가면서, 폴란드어로 '진격'이라고 외쳤다. 젊은 병사들이 나를 따랐다. 그들은 좋은 병사들이었다. 그들은 나를 좋아했고, 우리는 같이 진격해서 첫 참호를 점령했다.[23]

브란트는 전쟁에서는 개인적 인간성Humanity은 존재하지 않는다는 사실을 빨리 깨달았다. 단지 '지구적 인간성Global humanity'만 존재했다. 모든 사람은 다른 이를 위해 자신의 생명을 희생할 준비를 해야 했다. 예를 들어, 브란트는 '정찰 전투'에 나설 병사들을 골라야 했다. 주로 징벌부대가 수행하던, 아주 위험한 형태의 전투였다.[24] 임무를 맡은 병사들은 소부대로 공격을 펼쳐서 '적군의 사격 거점'을 알아내야 했다. 그래서 이 임무를 맡은 대다수 병사는 전사했다. 폴란드인으로 위장한 러시아인이, 전투에 나가 죽을 폴란드인을 고른다는 발상만 보더라도, 스탈린의 기만전술이 얼마나 파렴치한지를 알 수 있다.

정통성이 있는 폴란드 부대를 대하는 스탈린의 태도는 머지않아 드러났다. 폴란드에 진입한 소련군은 진입 초기 당시에는 폴란드 국내군 (폴란드 조국군대)의 도움을 받으며 폴란드 도시를 해방했다. 폴란드 국내군은 영국에 있던 폴란드 망명정부의 명령에 충성했다. 그러나 독일군이 패퇴하면서 소련군의 태도가 바뀌었다. 예를 들어, 7월 29일 루블린에서 소련군은 폴란드 제9보병사단의 무기를 압수하고, 사단장 루트비크 비트너Ludwik Bittner를 체포한 후 소련으로 압송했다. 8월에는 루블린 외곽에 세워진 마이다네크Majdanek 수용소에 갇힌 약 3,000명의 폴란드 장교와 폴란드 국내군 병사를 체포했다.[25] 독일군을 격퇴하면서, 스탈린이 소련의 영토라고 주장하는 폴란드 동부에 있는 소련군의 태도는 무자비하게 바뀌었다.

브와디스와프 필립코프스키Władysław Filipkowski 장군이 지휘하던 폴란드 국내군은 7월 르부프 해방 전투에서 핵심적인 역할을 담당했다. 필립코프스키는 그 도시를 방어하던 독일군을 교란하고, 소련군 휘하 제1우크라이나 전선군이 도시로 쉽게 진입할 수 있도록 지원했다. 필립코프스키는 자신의 폴란드 국내군을 해산하라는 명령을 받았고, 그의 부대는 스탈린이 구축한 어용 폴란드군에 편입되었다. 일주일도 지나지 않아 '작전회의'에 참석하라고 부른 폴란드 국내군 소속 약 50명의 장교를 체포했다. 소련은 그들을 "범죄인이고, 폴란드 파시스트"라고 부르며 기소했다.[26]

르부프에 진입한 소련군의 제일 중요한 과제는 독일군 나치친위대 사령부를 접수하는 것이었다. 독일군이 완전히 철수하지는 않은 상황에서, NKVD 부대는 친위대 사령부를 접수해 그곳에서 보관하는 서류를 확보하고자 했다. 그 서류를 조사하고, 현지 정보원들에게 정보를 얻은 NKVD는 부역자뿐만 아니라 소련군에 항거할 가능성이 있다면 누구든 체포했다. 르부프 해방 작전에 참가했던 NKVD 소속 장교 뱌체슬라프 야블론스키Vyacheslav Yablonsky는 이렇게 증언했다.

누군가 소비에트 정권을 미워한다면, 누군가 소비에트 정권을 위협하는 존재로 식별된다면, 우리는 바로 그를 체포할 수 있었다. 우리는 누군가의 나쁜 점을 고발하거나, 아니면 누군가를 나쁘다는 식으로 고발할 수 있었다. 정권을 비방한 죄는 통상적으로 강제노동수용소 15년형을 선고받았다. 당시 22세, 23세에 불과했던 나는 그런 생각을 하지 않았다. 나이가 든 지금 생각하니, 잔혹한 징벌이었다. 나는 그때가 그렇게까지 민주적인 시기라고 생각하지 않는다. 이제는 나도 무슨 이야기든 할 수 있지만, 당시에는 그럴 수 없었다.[27]

안나 레비츠카는 르부프에서 NKVD의 목표가 된 사람 중 한 명이었다. 그녀는 전쟁 초기 소련이 점령했던 지역에 살았고, 소련군이 다시 오는 것을 두려워했다. 소련군이 폴란드 동부를 완전히 장악한 후 그녀는 길에서 두 명의 NKVD 병사에게 붙잡혀 감옥으로 끌려갔다. 이미 체포된 사람들이 그녀를 고발했고, NKVD 병사에게는 그들의 '증언'만으로도 충분히 그녀를 체포할 수 있었다. 그녀를 심문한 사람들은 남자 몇 명의 사진을 보여주며 "이들 중 아는 자가 있는가?"라고 물었다. 당연히 그녀는 몰랐고, 그래서 모른다고 대답했다.[28] NKVD에게 체포된 다른 많은 사람처럼 그녀도 고문을 당했다.

보통 밤에 나를 데려가 고문했다. 낮에는 잠을 자지 못하게 했다. 감방 창밖에는 간수가 늘 감시하며 "잠을 자려고 하지마!"라고 명령했다. 밤에 나를 심문 장소로 데려가면, 그곳에는 보통 한 명의 심문관이 있었다. 어떤 때는 여러 명이 들어와 나를 때리기도 했다. 그들은 나를 의자에 앉혔고, 그들은 나에게 다가와 온몸을 구타했다. 머리, 얼굴, 등을 가리지 않고 가격했다. 나는 바닥에 쓰러지며 의식을 잃곤 했다. 그러면 물을 끼얹어 정신을 깨운 후 다시 때렸다. 어떨 때는 그곳으로 끌려가 밤새 앉아 있어야 했다.[29]

히틀러와 스탈린

아홉 달 동안 학대를 받은 후에도 NKVD가 그녀에게 뒤집어씌운 죄가 드러나지 않았다.

> 나는 하루빨리 다른 곳으로 옮겨지기를 바라는 마음으로, 모든 (거짓) 자백서에 서명했다.

그녀는 소련 당국이 그녀가 저지른 '진짜 범죄'를 발견할까 두려웠다. 바로 폴란드 국내군에 약품과 붕대를 건네준 일이었다. NKVD가 만든 '자백서'에 서명한 그녀는 15년 강제수용소형을 선고받았다. 그녀는 스탈린이 죽은 다음에야 풀려났다.

안나 레비츠카는 자신이 거주하던 도시가 독일군에 점령당하고 이후 소련군에 점령당하는 경험을 연이어 겪었다. 그녀는 두 경험을 비교한 다음 다소 놀라운 결론을 내렸다. 독일군이 '유대인에게 저지른 행위'는 무섭지만, 그녀는 독일군이 점령한 기간에 좀 더 안전하게 지냈다고 느꼈다.

> 물론 (독일군 점령기 당시) 통금이 있어서 밤에 시내를 돌아다닐 수가 없었다. 독일인들이 타고 다니는 전차를 탈 수도 없었다. 전차는 독일인이 타는 출입문과 나머지 사람이 타는 출입문으로 구별되었다. (독일인을 위해 마련된 전차 칸에) 한 사람만 앉아 있거나 아무도 없을 수도 있었다. 나머지 칸에는 많은 사람이 타고 있었다. 당시에는 모두가 그렇게 살았다. 그러나 (소련군 점령기 때와 같은) 위험은 느끼지 못했다. 내가 보기에 독일군이 좀 더 교양을 갖추었다. 길에서 보

면 독일군이 좀 더 문명화된 듯했다. 그들은 소련군처럼 행동하지 않았다.

두 지도자와 정권을 비교해 보라는 요청을 받은 그녀는 이렇게 답했다.

내 생각에 히틀러, 스탈린은 똑같다. 히틀러 정권과 스탈린 정권이 외양적으로는 좀 다르다고 말할 수 있겠으나, 그들의 행위와 행동은 그렇지 않았다.

그녀는 많은 나치당원이 전쟁 이후 책임을 졌지만, 소련 정권을 위해 범죄를 저지른 사람들은 기소되지 않은 점이 불공평하다고 생각했다.

그들은 스탈린 치하에서 저질러진 범죄에 본인들의 책임이 있다는 사실을 인정하지 않았다. 범죄에 관련되었던 사람들은 지금 잘 살고 있고, 연금도 받고 있다. 그들은 삶을 즐기고 있다. 나는 그들이 벌을 받는 모습을 보고 싶다. 하지만 그렇게 되지 않았고, 그렇게 될 것 같지도 않다. 아마도 우리가 죽을 때까지 그렇게 될 것 같지 않다.[30]

소련 당국이 '해방'된 폴란드에서 일어나는 모든 저항 운동을 압제하려고 하는 동안, 런던에 있는 폴란드 망명정부는 낙담한 채 이를 지켜보기만 해야 했다. 망명정부는 영국과 미국의 지원을 얻어내려고 하였으나 실패했다. 소련군이 폴란드로 진입하기 몇 주 전, 폴란드 망명정부의 스타니스와프 미코와이치크Stanisław Mikołajczyk 총리는 드디어 루스벨트 대통령을 만날 수 있었다. 이 회담에서 루스벨트는 실로 위선적으로 행동했기 때문에, 서방은 이 만남을 보다 더 잘 이해했어야 했다. 전쟁이 한창일 때의 루스벨트는 대체로 비판을 받지 않았다. 그가 나치를 물리치고자 하는, 세계에서 가장 강력한 민주국가의 수장이었기 때문이다. 그런데도 스타니스와프 미코와이치크는 루스벨트가 거짓말을 하고도 태연자약했다는 사람임을 깨달았다. 미코와이치크와의 면담에서, 루스벨트는 거짓말을 일삼았다.

미코와이치크를 만날 날, 루스벨트는 기분이 좋아 보였다. 노르망디 상륙작전이 조금 전 성공적으로 개시했고, 소련군도 동부전선에서 독일군을 향한 공세를 시작했기 때문이다. 루스벨트는 미코와이치크를 쾌활한 상태로 맞이했다. "나는 오늘 아침 폴란드 지도 16장을 놓고 공부를 했다."라고 루스벨트는 말했다.

> 300년 전만 해도 백러시아White Russia *의 일부가 폴란드 땅이었고, 독일과 체코슬로바키아 영토의 일부도 마찬가지다. 한편으로, 폴란드 땅 일부가 이 국가들에 병합되기도 했다. 폴란드의 영토 문제를 풀기란 어렵다."[31]

✦ 오늘날의 벨라루스 동부 지역을 가리키는 역사적인 명칭이다.

그래서 "이 도시나 저 도시가 어느 국가에 속해야 할지를 알 수 없다."라고, 루스벨트는 말했다. 그렇지만 폴란드인이 중시하는 르부프는 폴란드 도시로 남을 수 있도록 최선을 다하겠다고 보장했다. 루스벨트는 스탈린을 긍정적으로 평가했고, 스탈린을 제국주의자나 공산주의자가 아니라고 생각했다.

상황이 어떻든 스탈린이 폴란드의 자유를 박탈할 의도가 없을 테니, 망명정부의 총리께서는 소련을 너무 경계하지 않아도 된다. 그는 미국 정부가 당신들을 확고하게 지지한다는 사실을 알고 있으니, 감히 그렇게 하지 못할 것이다. 나는 반드시 폴란드가 이 전쟁에서 큰 상처를 받지 않도록 하겠다.[32]

루스벨트는 스탈린에게 폴란드 동부 문제를 거론하고, 커즌라인 Curzon Line에 따라 새로운 국경을 정하기로 제안한 처칠을 비난했다. 커즌라인은 제1차 세계대전 말기, 영국 외무장관 조지 커즌George Curzon이 폴란드와 러시아 소비에트의 경계선으로 정한 선이었다. 이에 따르면, 폴란드 동부는 소련에 귀속되어야 했다. 커즌라인을 경계선으로 정하는 것은 미코와이치크 총리에게는 재앙과 다를 바 없었다. 이탈리아 전선에서 독일군과 싸우는 수많은 폴란드 병사가 폴란드 동부 출신이라는 점도 커즌라인식 국경선 구상을 달가워하지 않는 또 다른 이유였다. 만일 커즌라인이 새로운 국경선이 된다면, 전쟁에서 승리한다 한들 폴란드 동부 출신 병사들은 고향으로 돌아갈 수 없었다. 그렇게 되면 그 병사들은 허상에 불과한 미래를 위해 싸우고 죽고 있는 격이었

히틀러와 스탈린

다. 승전조차 그들에게 고향을 돌려주지 못하게 되는 격이었다.

루스벨트는 스탈린이 이 지역을 차지하는 것을 자신이 비밀리에 동의했다는 사실을 언급하지 않았다. 그는 미국 내 폴란드계 유권자들의 표를 얻고자 그해 말 대통령 선거 시기까지 이 사안에 침묵하기로 작심했다. 그래서 장래의 폴란드 영토 문제의 중요한 안건이 될 사안을 두고, 루스벨트는 폴란드 총리에게 당당히 거짓말을 하였다. 루스벨트는 자신이 공들여 만든 대서양 헌장과 헌장에 담긴 이상을 정면에서 부정했다. 그리고 독재국가든 민주국가든, 강대국은 비우호적인 약소국을 마음대로 이용할 수 있다는 선례를 남겼다.

루스벨트는 스탈린에게 미코와이치크를 포함한 폴란드 지도자들을 만나보라고 제안은 했었다. 스탈린은 힘의 역학을 보여주는 이 문제에 아주 능란하게 응수했다. 그는 만남 자체의 필요성에는 동의하나 조건을 걸었다. 폴란드인이 커즌라인을 소련과의 새로운 국경선으로 인정하고 폴란드 동부 지역을 포기해야 만남에 응하겠다고 말했다. 스탈린은 심지어 폴란드 망명정부의 구성원 교체를 요구했다. 그는 "현 망명정부가 소련에 충분히 우호적이지 않다."라고 주장했다. 그래서 그는 미코와이치크 총리에게 망명정부의 공보장관Information Minister, 국방장관, 총사령관과 대통령을 해임할 것을 요구했다. 스탈린은 이제 망명정부의 구성원마저 좌지우지할 권한을 요구한 것이다. 미코와이치크가 스탈린의 요구를 받아들이지 않은 것은 당연했다.[33] 그리고 이것이 이 전쟁 중 가장 비극적인 사건이었던 바르샤바 봉기, 즉 폴란드 국내군이 바르샤바를 점령한 독일군에 대항하여 봉기를 일으킨 배경이었다.

폴란드 망명정부 입장에서는 소련군이 들어오기 전에 폴란드 국내군이 바르샤바를 해방하면 정치적으로 명백한 이점을 얻는다. 특히 NKVD 병력이 루블린과 르부프에서 폴란드 장교들을 체포한 사건을 고려한다면 더욱 그랬다. 만일 폴란드 국내군이 바르샤바를 해방한 이후 스탈린이 카틴 숲에서의 학살과 같은 일을 또다시 저지른다면, 전 세계는 바르샤바를 구원한 병사들을 스탈린이 탄압하고 있다는 사실을 알게 될 것이다. 그렇지만 봉기를 일으킬 시점은 바르샤바 저항군의 목숨이 달린 사안이었고, 따라서 스탈린의 반응이 중요했다.

7월 말이 되자 소련 제2기갑군 2nd Tank Army 정찰부대가 바르샤바 외곽에 도착하긴 했으나 소련군은 바르샤바 공격을 준비하진 않았다. 소련은 라디오를 통해 7월 말에 봉기를 일으키라고 바르샤바 시민들을 선동했으나 지원 의사를 명확히 밝히진 않았다. 만약 봉기가 일어난 후 소련군이 바르샤바로 진격하지 않으면 폴란드 국내군은 독일군의 반역을 버틸 수 없었다. 그래서 런던에 있던 폴란드 국내군 사령관은 스탈린의 반응을 확신할 수 없다는 점을 가장 염려했다. 그는 소련군의 지원을 받지 못한 상태에서 봉기를 일으키는 것은 "정치적으로 정당화될 수 없고, 군사적으로 낙담을 피할 수 없는 일"이라고 생각했다. 미코와이치크는 더욱 확신이 없었다. 결국 그는 결정권을 현지 지휘관들에게 떠넘겼다.[34]

폴란드 망명정부가 요구조건을 수용하지 않았지만, 스탈린은 7월 말에 미코와이치크의 모스크바 방문을 허락했다. 스탈린의 요구는 너무 황당무계해서 이 요구가 수용되지 않을 것이라는 점은 본인도 잘 알고 있었다. 그리고 미코와이치크와 폴란드 대표단의 모스크바 방문을 허용했다고 해서, 스탈린이 반드시 그들과 만나려 했다는 의미가

히틀러와 스탈린

아니었다. 미코와이치크는 몰로토프에게서 스탈린이 폴란드 대표단을 만나지 않을 것이라는 통보를 받았다. 추가로 스탈린은 폴란드 대표단 대신 소련이 구성하고, 최근 해방된 루블린의 이름을 딴 괴뢰정부인 '루블린 정부'의 대표단을 만날 것이라는 말도 들었다.

8월 1일. 드디어 바르샤바 봉기가 시작되었다. 폴란드 국내군 병사들은 바르샤바 거리에서 독일군과 치열한 전투를 벌였다. 그러나 모스크바에서 미코와이치크는 여전히 스탈린을 만나지 못했다. 이틀이 지난 8월 3일 저녁, 마코와이치크와 폴란드 망명정부 대표단은 그제야 스탈린을 만날 수 있었다. 예상대로 이 회동은 폴란드 대표단 입장에서 순조롭지 않았다. 스탈린의 멸시를 있는 그대로 느낄 정도였다. 그는 본인이 구성한 '루블린 정부' 이야기를 다시 꺼냈다.

왜 미코와이치크는 이들(루블린 정부)과 대화하지 않는가?

바르샤바 봉기에 관해서, 스탈린은 폴란드 국내군(조국군대)이 얼마나 효과적으로 싸울 수 있는지를 의문스럽게 생각했다.

포병, 전차, 공군도 없는 군대가 무슨 군대란 말인가? 심지어 소총도 제대로 갖추지 못했다. 현대전에서 그런 군대는 거의 쓸모가 없다. 그들은 작은 파르티잔 부대일 뿐이다. 정규군이 아니다. 나는 폴란드 정부가 바르샤바에 있는 독일군을 몰아내라는 명령을 이 군대에 하달했다는 소식을 들었다. 나는 이 명령이 어떻게 실현될지 의문스럽다. 그들의 전력으로는 이런 임무를 수행할 수 없

다. 사실 이 사람들은 숲에 숨는 것 외에 할 수 있는 일이 없다.[35]

스탈린의 말에는 경멸조가 가득했다. 그는 폴란드 대표단을 무시하며 회동 중 몇 번이나 전화 통화를 하기도 했다. 스탈린은 미코와이치크와 폴란드 대표단에게 굴욕을 준 것을 크게 기뻐했을 테다. 그는 자신이 폴란드 문제를 아주 영리하게 처리했다고 생각했을 것이다. 그는 바르샤바의 폴란드인들을 돕지 않겠다는 말을 대놓고 하지는 않았다. 그는 서방 연합국의 입장을 고려해 폴란드인을 포기하겠다는 말을 대놓고 하는 것이 현명하지 않은 처사임을 잘 알고 있었다. 한편으로, 그는 언제 어떻게 돕겠다는 말도 하지 않았다. 강대국은 국제관계에서 애매한 태도를 취해야 유리하다는 사실을 스탈린이 다시 한번 선보인 것이다.

소련 측은 훗날 8월 초에 바르샤바를 공격할 상황이 아니었다고 해명했다. 로코솝스키 원수는 전후에 당시를 이렇게 회고했다.

솔직히 말해서, 바르샤바 봉기 시점은 당시 상황상 (소련 입장에서) 최악이었다. 마치 봉기 지도자들이 패배할 수밖에 없는 시점을 의도적으로 고른 것과 같았다.[36]

로코솝스키 부대는 몇 주 만에 수백 마일을 진격해 지쳐 있었고, 독일군은 바르샤바를 방어하기 위해 재편성을 마친 상태였다. 1944년 여름, 로코솝스키는 서방 출신 기자들에게 이렇게 되물었다.

히틀러와 스탈린

당신은 우리(소련)가 바르샤바를 점령할 수 있었는데, 일부러 그렇게 하지 않았다고 생각하는가?[37]

소련군이 8월 초 (당시) 바르샤바를 즉각 공격할 수 있는 상황은 아니었을 수도 있다. 그러나 이들이 8월 초에서 몇 주가 지난 후에도 그렇게 할 수 없었다고 말한다면 그것은 변명이다. 소련 주재 미국대사 애버렐 해리먼은 8월 중순에 이런 견해를 남겼다.

소련 정부가 바르샤바 봉기의 지원을 거부한 것은 작전상 지원이 어려워 내린 결정이나 전투 자체의 포기가 아니다. 가혹한 정치적 계산에 따른 결정이었다.[38]

당시 폴란드 국내군 병사였던 19세의 즈비그뉴 볼라크Zbigniew Wolak는 그해 여름 바르샤바 거리에서 독일군과 싸웠다. 국내군의 다른 병사와 마찬가지로, 바르샤바 봉기는 그가 처음으로 참전한 전투였다.

만약 당신이 처음으로 누군가를 죽인다면, 첫사랑 상대를 기억하듯이 죽은 자를 기억할 것이다. 만약 당신이 공군 조종사거나 포병이면, 당신이 죽이는 사람을 보진 못한다. 그러나 당신이 보병이고, 거리에서 싸운다면, 그 사람의 얼굴을 보게 된다. 나는 그(독일 병사)에게 총을 발사했고, 그는 창문 밖으로 몸이 반쯤 떨어졌다. 그의 철모가 머리에서 떨어지자 그의 얼굴을 보았다. 그는 내 나이 정도에, 금발을 한 젊은 병사였다. 당신은 총을 쏘는 것이 군인의 의무라고 말하지만, 사람을 죽이는 것에 익숙해질 수는 없다. 그렇게 되기는 아주 힘들다. 당시는 그런 상황이었다.

볼라크는 독일 병사가 죽는 광경을 보았을 뿐 아니라 동료가 죽는 광경도 목격했다.

내 친구가 독일군 상황을 관찰하겠다고 말했다. 그는 (방어벽에서) 벽돌을 하나 치우고, 얼굴을 그곳에 대고 밖을 보았다. 그때 그는 이마에 총알을 맞았다. 다음 날, 우리는 그를 묻었다. 그는 우리 병사 중 가장 나이가 많았다. 40대였다. 그는 부인과 두 아이가 있었다.

소련군의 지원을 받지 못한 폴란드인들은 전투에서 패배할 수밖에 없었다. 1944년 여름, 독일군은 바르샤바를 온통 파괴하며 아이들에게 총을 쏘고, 여성들을 유린하고 살해했다. 볼라크는 바르샤바 봉기 전 본인의 머릿속에 있던 독일군의 인상과, 바르샤바 봉기 이후 독일군이 실제 저지르는 신체 절단 및 살해 광경을 동시에 받아들일 수 없었다. 그는 그 광경을 보기 전만 하더라도 독일 군인도 똑같은 인간이라 생각했으나 그들이 학살을 감행하기 시작하자 독일인을 범죄자로 볼 수밖에 없었다. 독일군은 폴란드 군대를 '도적 떼'로 간주했다. 이러한 '상호 고정관념화'가 서로를 쉽게 죽일 수 있게 했다고, 볼라크는 증언했다. 전쟁이 끝나고 오랜 시간이 지난 후였다. 그는 독일인과 함께 일하며 관점을 한 번 더 바꾸었다.

그들은 아주 뛰어난 동료였다. 그들은 가족을 위하는 따뜻한 사람들이었다.[39]

하인리히 힘러는 바르샤바를 파괴하면서 나치의 이상을 실현할 수 있다는 사실을 발견했다. 1944년 9월 21일, 그는 바르샤바 봉기가 시작되었다는 보고를 접한 직후 자신이 보인 반응을 일군의 장교들에게 말했다.

나는 즉시 총통을 만나러 갔다. 나는 이런 뉴스에는 반드시 침착하게 반응해야 한다고 귀관들에게 말한다. 나는 총통께 이렇게 말했다. "총통 각하. 시점이 좋지 않습니다. 그러나 역사적 관점에서 보면, 폴란드인들을 학살하는 것은 경사입니다. 우리는 4~5주 정도면 모든 이를 학살할 수 있고, 그렇게 된다면 폴란드 수도 바르샤바에 거주하던 1,600~1,700만 명의 두뇌와 지성이 사라질 겁니다. 수백 년 동안 우리 독일이 동방으로 진출하려던 길을 막았고, 타넨베르크(Tannenberg)*에서의 첫 전투 이후 늘 우리의 길을 막았던 이 (폴란드) 민족은 사라지게 될 것입니다. 그러면 역사적 문제는, 우리의 뒤를 이을 어린이들뿐만 아니라 오늘의 우리도 더는 방해하지 않을 것입니다." 나는 귀관들에게 바르샤바를 철저히 파괴하라는 명령을 내렸다. 귀관들의 눈에는 내가 무서운 야만인처럼 보일 수도 있다. 만일 자네들이 내가 그런 사람이 되기를 바란다면,

---

◆ 제1차 세계대전에서 독일과 러시아가 싸운 장소로, 오늘날 폴란드의 도시 올슈틴(Olsztyn)이다.

나는 기꺼이 그렇게 될 것이다.[40]

　바르샤바 봉기는 1944년 여름에 있었던 유일한 봉기가 아니었다. 서쪽으로 850마일 떨어진 곳에서 파리 시민들 역시 독일군에 대항한 봉기를 일으키려고 준비했다. 그러나 1944년, 바르샤바와 파리가 겪은 운명의 차이는 극명했다. 바르샤바는 히틀러의 군대와 스탈린의 군대 사이에 갇혀버렸다. 파리는 히틀러와 서방 연합군 사이에 갇혔다.

사진44　1944년 여름 바르샤바 봉기

폴란드 국내군(폴란드 조국군대)은 바르샤바 봉기에서 나치독일에 맞서 싸웠다. 스탈린이 그들을 지원하지 않은 탓에 수많은 폴란드인의 목숨이 희생되어야 했다.

이 차이는 두 도시의 많은 측면을, 특히나 생사를 구별했다.

우선 스탈린이 미코와이치크와 폴란드 망명정부 문제를 두고 갈등했듯이 루스벨트와 처칠은 자유프랑스Free French의 지도자인 샤를 드골 장군과 거북한 관계를 유지했다. 드골은 상대하기 까다로운 인물이었다. 이런 평가는 관점에 따라 명예스러울 수도, 불명예스러울 수도 있다. 그의 발언을 보도록 하자.

> 리더는 사고방식, 행동 방식, 정신적 기능에서 다른 사람들이 전혀 헤아릴 수 없는 '무언가'를 가지고 있어야 한다. 그 '무언가'를 이용해 다른 사람이 본인을 의아하게 바라보게 해야 하고, 그들을 동요시켜야 하며, 그들의 시선을 본인에게 고정해야 한다.[41]

> 지도자는 외로움에 익숙해져야 한다. 에밀 파게Émile Faguet(프랑스 작가)에 의하면, 외로움이란 우월한 사람의 가없은 숙명이다.[42]

처칠은 스스로를 '우월한 존재'라고 생각하는 사람과 상대하기 싫어했다. 결국 처칠은 드골을 "영국 국민의 적"으로 평가했다.[43] 다른 사람들도 처칠의 부정적인 견해에 공감했다. 1943년 7월에 열린 회의에서 처칠이 드골에게 비난조의 장광설을 늘어놓자, 앨런 브룩은 처칠의 의견에 공감했다. 브룩은 드골에 관해 이런 평가를 남겼다.

> 드골은 참으로 매력 없는 족속이다. 그의 교만한 태도, 과대망상증, 부족한 협동심 때문에 그의 장점은 무엇이 있든지 간에 퇴색

된다. 드골은 모든 토론에서, "프랑스의 해방은 나의 과업이고, 프랑스를 해방한 직후 나는 프랑스의 지배자가 되어 이렇게 저렇게 통치할 것이다." 같은 말이나 떠들었다![44]

처칠의 주치의인 모란은 자신의 일기에 이런 글을 남겼다.

> 드골은 늘 자신이 상대하기 어려운 존재이기를 고집한다. 또한 그는 자신의 눈 아래 있는 가련한 인간들에게 콧김을 부는, '인간 기린' 같이 희한한 존재다.[45]

그러나 이 모든 험담도 루스벨트가 드골을 혐오하는 수준을 따라가진 못했다. 노르망디 상륙작전 개시 직전, 루스벨트는 당시 국무차관 에드워드 스테티니어스Edward Stettinius에게 이렇게 말했다.

> 나의 유일한 관심사는 드골과 자유프랑스 국가위원회가 프랑스의 공식정부로 지명되지 못하게 막는 것이다.[46]

루스벨트가 드골을 그토록 싫어한 이유에는 개인적인 측면도 있었지만 정치적인 측면도 있었다. 그는 개인으로서의 드골을 싫어했다. 동시에 정치인으로서의 드골이 전후에 식민주의적 정책을 펼칠 것을 우려했다.

드골은 라디오 방송으로 명성을 얻었다. 전쟁 중 런던의 BBC 라디오 방송 덕분에 드골은 유명해졌다. 그래서 그의 라디오 방송을 중단시키면, 그는 대중의 관심사에서 쉽게 사라질 수 있었다. 루스벨트와 처칠이 드골을 싫어했고, 드골에게 불리한 행동을 할 수 있었으나, 결정적으로 그렇게 하지는 않았다.

주변 국가들이 소련에 우호적으로 굴어야 한다고 강요하는 스탈린이라면, 이와 비슷한 상황에서 어떻게 행동했을지 쉽게 짐작할 수 있다. 자신에게 의존하고 있는 인물이 '우월한 존재감'을 뽐낸다면 스탈린은 과연 어떻게 행동했을 것인가? 드골이 상대하기 까다로운 인물인 점은 분명했다. 그렇지만 미국과 영국의 지도자들은 그의 행동을 상대적으로 관대하게 바라보았다. 처칠은 드골이 일으키는 모든 문제에도 불구하고, 드골의 심정에 공감하는 능력을 발휘했다. 모란이 증언하기를, 처칠은 드골이 프랑스의 명예를 지키는 데에 단 한 순간도 긴장을 늦추지 않았던 모습만큼은 존경했다.[47]

그러나 전쟁 막바지 단계에서도, 미국과 영국은 드골의 자유프랑스를 프랑스의 합법정부로 인정하지 않았고, 프랑스가 해방된 이후 그가 프랑스를 이끌게 될 지도 분명하지 않았다. 그런데도 드골이 노르망디 상륙작전 개시 8일 이후 프랑스 바이유Bayeux를 방문했을 때, 그는 자신의 개성과 명성의 힘을 한껏 과시했다. 노르망디 주민들은 사실 드골을 열렬하게 지지하지 않았다. 그들은 연합국과 독일 사이의 치열한 전투에서 살아남기 위해 사투를 벌이고 있었고, 비시 정권의 부역자들을 처벌한다는 열의도 없었다. 연합국 측의 어느 보고에서는 "상륙작전 이후에도 (프랑스) 농민들은 의심스러운 우리 군대보다 후퇴하는 독일군에게 버터를 판매하는 것을 선호했다."라고 기록하기도 했다.[48] 그렇지만 드골이 바이유에 도착하자 주민들은 그를 환영했다. 약 2,000명의 주민이 모여 그의 연설을 경청했다. 드골을 향한 프랑스 국민의 자발적 지지를 목격한 루스벨트는 7월 11일, 드골의 정부를 '해방된 프랑스 지역의 민간 행정부 작업 당국'으로 인정하는 결정을 내렸다.[49]

연합국이 7월 말~8월 초에 아브랑슈Avranches 지역을 돌파하고, 독일군의 반격이 실패하자, 파리 탈환이 가능해졌다. 그러나 파리는 연합국 입장에서 '전략적으로는' 중요하지 않았기 때문에 파리를 내버려두고 독일 국경으로의 공격에 집중하자는 논의를 나누었다. 이 순간 스탈린이 바르샤바의 운명을 손에 쥐고 있었던 것처럼 영국과 미국은 파리의 운명을 손에 쥐고 있었다.

연합군이 최선의 진격 방법을 논의하는 동안 파리의 독일군에 새로운 사령관으로 부임한 디트리히 폰 콜티츠Dietrich von Choltitz는 파리 방어를 준비하고 있었다. 그러나 바르샤바의 독일군과 달리 파리의 독일군은 이 임무를 결사적으로 수행할 생각이 없어 보였다. 퐁텐블로Fontaineb-leau에서 독일 병력을 지휘하던 한 장교는 당시를 이렇게 회고했다.

전투부대가 전혀 없고, 부대들은 견고한 구조를 갖추지 못했다. 무장도 부족하고, 대공포부대는 필요한 관측 장비도 갖추지 못했으며, 지상전을 치를 준비도 하지 않았다. 대도시에서의 전투 상황과 적군의 우위를 고려해야 한다면, 파리 군관구에서의 효과적인 저항은 기대할 수 없다.[50]

새로운 파리 사령관으로 임명된 콜티츠 장군은 두 개의 상반되는 목표를 조화시키고자 노력했다. 히틀러는 파리를 방어하기를 원했고,

동시에 필요에 따라 완전히 파괴하기를 원했다. 그러나 이러한 작전이 가능하도록 파리에 자원을 지원하진 않았다. 콜티츠는 훗날 본인이 파리의 파괴를 막았다고 주장했다. 물론 파리와 연결되는 다리들과 일부 건물에 폭발물이 설치되었음에도 궁극적으로 도시는 보존되었다. 다만 실상은 콜티츠의 주장과 달랐다. 독일군은 벽돌을 부수듯이 바르샤바를 파괴했다. 그렇지만 파리를 그렇게 파괴할 능력은 없었다. 콜티츠는 본인의 행동이 훗날 명성을 지키는 데에 도움이 될 것이라는 점을 알고 있었기 때문에 실용적인 선택을 한 것이 분명하다. 그는 나치가 승리할 수 없다고 생각했고, 전쟁사에 가능한 좋은 평판을 남기고자 했던 수많은 독일 지휘관 명단에 본인의 이름을 올렸다.

8월 중순이 되자 파리의 열기가 달아올랐다. 파리에서 활동하던 여러 저항집단 가운데 봉기를 일으키는 데에 가장 열성적으로 행동한 부류는 공산주의자였다. 드골 정부의 파리 대표자였던 알렉상드르 파로디Alexandre Parodi는 연합국과의 협의 없이 봉기를 일으키지 말라는 명령을 받았다. 8월 15일, 경찰이 파업을 일으킨 후 일부 저항집단이 시가전을 벌였다. 8월 18일, 저항집단은 파리경찰청을 점령했다. 다음 날 8월 19일. 8월 초 바르샤바의 폴란드 국내군이 봉기를 일으킨 것처럼 파리 시민들이 독일군에 대항하는 봉기를 일으켰다. 바르샤바 시민들처럼 프랑스 전사들도 파리로 접근하는 연합국 지휘관들과는 협의하지 않은 채 봉기를 일으킨 것이다.

저항군의 숫자는 독일군의 두 배였으나 무장 수준은 독일군이 월등했다. 양측의 전투는 큰 피를 흘리며 오래 이어질 가능성이 컸다. 양측의 휴전 협상은 무위로 끝났고, 시가전이 재개되었다. 이후 이틀 동안 격렬한 전투가 이어지면서 파리에 세워진 그랑팔레Grand Palais 박물관이 독일군의 방화로 불길에 휩싸였다. 더 많은 파괴가 벌어질 가능성이 커졌다.[51] 히틀러는 8월 23일, "파리는 폐허 상태로 전락하더라도 적에게 빼앗겨서는 안 된다."라는 명령을 내렸다.[52]

바르샤바에서의 상황과 똑같게도, 파리 외곽에 있던 연합국 군대는 어떤 행동을 취해야 할지를 신속히 결정해야 했다. 그러나 바르샤바에서의 상황과는 다르게 잠재적 해방자들은 도시 외곽에 머무른 채 파리 내 저항군이 몰살당하도록 마냥 방관만 하지는 않았다. 8월 20일, 드골은 당시 아이젠하워 장군을 만나 연합군이 왜 파리로 진격하지 않는지를 따졌다. 특히 프랑스 장군 필리프 르클레르Philippe Leclerc가 지휘하는 제2기갑사단의 병사들이 진격하지 않는 이유가 무엇인지를 따져 물었다. 이에 아이젠하워는 드골에게 파리 봉기가 너무 일찍 발발했다고 답했다. 그는 연합국 군대가 독일군과의 시가전을 벌이기에는 너무 이르다고 생각했다. 드골은 그의 의견에 동의하지 않았다. 필요하다면 필리프 르클레르 장군에게 파리 진군을 별도로 명령하겠다고 단언했다. 물론 드골은 이런 명령을 내릴 권한이 없었다. 그렇지만 둘의 만남 이후 3일이 지난 뒤 연합국은 드골의 요청대로 했다. 르클레르는 파리로 진격할 수 있다는 이야기를 들었다. 그의 부대 중 선발대는 8월 24일 저녁, 파리의 상징과도 같은 파리 시청사Hôtel de Ville에 도착했다. 다음 날 제2기갑사단 병력 대다수와 일부 미군 병사가 파리를 완전히 장악했다. 콜티츠 장군은 그날 오후 독일 점령군을 대표해 연합국에 항복했다.[53] 당일인 8월 25일. 그날 늦게 파리에 도착한 드골은 프랑스의 전설적인 영웅의 모습으로 나타났다. 그는 파리 시청사에서 유명한

히틀러와 스탈린

연설을 했다.

> 과거, 파리는 굴욕을 겪었고 굴복했다! 파리는 순교자가 되었다!
> 그러나 이제 파리는 해방되었다!

　그는 "파리가 스스로의 힘으로 해방했다."라고 선언했다. 그런데 연
합군이 자유프랑스 전사들을 지원하지 않았으면, 드골은 그곳에서 연
설을 할 수 없었다. 엄밀히 따지자면 드골의 선언은 사실이 아니었다.[54]
　연합군은 파리를 탈환하기 위해 진군했으나 소련군은 바르샤바 공
격 작전을 계속 거부했다. 소련군의 지원을 받지 못한다면 바르샤바
봉기는 실패할 것이 너무도 자명했다. 10월 초 바르샤바의 폴란드 국
내군 사령관 타데우시 보르─코모로프스키Tadeusz Bor─Komorowski는 독일
군에 항복했다. 약 20만 명 이상의 폴란드인이 이 봉기로 사망했고, 생
존자 중 대다수가 이만큼 거대한 희생을 감수해야 했던 원인으로 독일
군이 아니라 스탈린을 지목했다. 영국군에 편제된 폴란드군 사령관 브
와디스와프 안데르스Władysław Anders 장군은 이렇게 회고했다.

> 솔직하지 않은 사람이거나 눈이 먼 사람이 아니라면, (바르샤바에서)
> 실제로 일어났던 사건이 (사건 발생 전에는) 정말로 발발할 수 있을 것
> 이라고는 누구도 생각하지 않았다. 즉 소련군은 우리가 사랑하는
> 위대한 바르샤바를 돕는 것을 거부했을 뿐만 아니라 우리 (폴란드)
> 민족의 피가 마지막 한 방울까지 마를 동안 기쁜 심정으로 지켜만
> 봤다.[55]

안데르스 장군의 주장을 반박하기란 어렵다. 스탈린은 그해 9월, 폴란드 국내군에 제한된 도움을 제공하는 것처럼 보이기를 원했다. 그는 폴란드 제1군이 비스와강Wisla 서안으로 진입하는 것을 허락했다. 다만 이 허가는 너무도 늦고, 너무도 적은 도움이었다. 스탈린의 의중은 8월 중순에 소련 주재 미국대사 해리먼에게 전달된 메시지에서 명확하게 담겨 있다.

> 소련 정부는 바르샤바에서 발발하는 모험에 직·간접적으로 연루되기를 원하지 않는다.[56]

1945년 1월이 되어서야 소련군은 비스와강-오데르강Oder 공세의 일환으로 바르샤바에 진입했다. 폴란드인으로 위장하고, 스탈린이 만든 '폴란드군'의 지휘관이 된 니콜라이 브란트는 이렇게 말했다.

> 해방된 바르샤바가 어떤 상태였는지, 직접 보았어야 했다. 독일군 공병은 모든 건물을 파괴했고, 그 전에 모든 건물에 불을 질렀다. 그래서 바르샤바에는 돌덩이만 남았다. 거기에는 아무도 살고 있지 않았다.[57]

브란트가 폴란드 군복을 입고 폐허가 된 바르샤바를 걷고 있을 때, 한 여인이 다가왔다. "내가 드디어 진짜 폴란드 장교를 보았네요, 너무 멋지세요!" 브란트가 그녀와 대화를 하려고 하자, 그녀는 다소 실망한 표정을 지었다. "당신 발음이 좀 이상하네요. 설마 크라쿠프 출신인가

요?" 그녀의 질문에, 브란트는 아니라고 대답했다. 위장된 이력을 말하라는 지시대로 폴란드 남동부 출신이라고 곧장 덧붙였다.

> 나는 내가 러시아인이라는 사실을 말하고 싶지 않았다. 그건 좋아 보이지 않았다. 러시아인이 폴란드 군복을 입고 있다니, 그러면 '폴란드군'이 가짜 군대처럼 보일 것이다. 나는 폴란드군 지휘관 역할을 맡았기 때문에, 모든 사람이 나를 폴란드인으로 믿도록 계속 노력해야 했다.[58]

브란트의 증언은 스탈린이 폴란드인을 얼마나 무시했는지를 알려준다. 동시에 바르샤바와 파리에서 일어난 봉기가 얼마나 대조되는지도 말해준다. 스탈린은 폴란드 국내군이 분쇄될 때까지, 소련군의 전진을 막는 것뿐만 아니라 바르샤바에 도착한 '해방군' 중에 니콜라이 브란트 같은 '가짜 폴란드인'을 상당수 위장 잠입까지 시켰다. 프랑스 제2기갑사단이 파리를 해방했을 때, 파리 해방군의 장교 중에는 적어도 '가짜 프랑스인'은 없었다. 프랑스는 민주주의와 자유를 향한 대열에 다시 합류했으나 폴란드는 새로운 폭정의 치하에 편입되는 대열에 들어서고야 말았다.

1944년 10월, 처칠은 폴란드 망명정부와 스탈린 사이의 갈등을 해결하고자 시도했지만 실패했다. 처칠은 모스크바를 방문해 스탈린을 만났다. 10월 9일, 크렘린에서 열린 첫 회담에서 두 지도자가 당면한 가장 지겨운 주제인 폴란드 문제들 중 최소한 국경에 관한 사안은 해결되었다고 결론을 내렸다.[59] 스탈린은 오랫동안 바란 대로 전쟁 종결 이후 폴란드 동부 지역을 얻게 되었다. 그러나 우리가 앞서 본 것처럼 두 사람이 국경 문제를 해결했다는 판단부터가 솔직하지 못한 발상이 었다. 폴란드의 '합법정부'는 영국과 소련이 합의한 해결책을 수도 없이 반대했기 때문이다. 처칠은 "런던의 폴란드인들이 즉시 모스크바로 와서 문제를 해결하도록 해야 한다."라고 제안했다. 폴란드인들은 용감한 전사였으나 문제가 있었다. 처칠은 "폴란드인의 지도자들은 현명하지 못하고, 두 명의 폴란드인이 있으면 반드시 싸움이 난다."라고 말했다. 스탈린은 처칠의 의견에 동의하며 "한 명의 폴란드인만 남는다면, 그저 심심하다는 이유로 자기 자신과 싸움을 하기 시작한다."라고 덧붙였다.[60]

4일 후 처칠의 요청대로 미코와이치크가 폴란드의 장래를 논하고자 크렘린을 방문했다. 3개월 전 회동에서, 바르샤바 봉기를 소련이 도울 가능성을 두고 스탈린은 미코와이치크를 조롱했다. 그는 그날의 모욕을 잘 기억하고 있었다. 불과 일주일 전, 바르샤바의 국내군이 독일군에 항복했다는 소식은 3개월 전의 기억을 더욱 가슴 쓰리게 만들었다. 사태가 이 지경이 된 가장 큰 이유는 소련군이 바르샤바로 진격하지 않아서, 바르샤바 봉기를 소련군이 지원하지 않아서였다. 그럼에도 미코와이치크는 현실과 협상해야 했다. 소련과 비교할 때 폴란드는 약소국이고, 힘이 없었다. 영국은 사실상 폴란드를 많이 도울 수 없었다. 폴란드 땅에는 영국군이 아니라 소련군이 주둔하고 있다. 이제 주도권은 스탈린에게 있다. 미코와이치크는 이러한 현실을 잘 알고 있었다.

스탈린은 두 번째 회담에서, 다시 한번 다른 '폴란드 정부'를 거론했다. 즉 자신이 조종하는 '폴란드 정부'와 협의를 해야 한다는 핑계를 내세웠다. 그러면서도 폴란드인들이 폴란드 동쪽 땅을 포기하지 않는다면 "폴란드와 소련이 우호관계를 맺을 수 없다."라는 점을 강조했다. 처칠도 스탈린의 입장을 지지했고, 영국은 소련이 그 땅을 차지하는 방안에 동의한다고 거들었다. 처칠은 그래야 하는 이유로 "러시아(소련)가 강해서가 아니라 이 사안에서는 러시아의 주장이 옳기 때문이다."라고 설명했다. 여기까지는 예상대로였다. 미코와이치크는 이미 영국의 입장을 잘 이해하고 있었다. 하지만 이 시점에서 논의가 더욱 나쁜 방향으로 흘러갔다. 미코와이치크 입장에서는 훨씬 나쁜 방향이었다. 몰로토프는 갑작스럽게, 충격적이게도, 거의 1년 전에 열렸던 테헤란 회담에서의 일을 거론했다. 당시 루스벨트 미국 대통령이 폴란드 동부를 소련에 넘겨주는 데에 동의했으나 즉시 공표하기를 원하지 않았다는 것이다.[61] 미코와이치크에게는 너무도 충격적인 진실이었다. 불과 4개월 전, 루스벨트를 만났을 때만 하더라도, 이런 이야기를 접하지 못했다. 오히려 그 반대로, 루스벨트는 미코와이치크에게 자신이 폴란드의 편에 있다고 말했었다. 다음 날의 회담에서도 상황은 거의 바뀌지 않았다. 처칠은 미코와이치크에게 강연하듯이 떠들었다.

우리는 폴란드인들의 싸움 때문에 유럽의 평화를 망칠 수 없다. 당신들은 현재 제정신이 아니다. 만일 당신들이 새로운 국경선을 받아들이지 않으면, 이 논의에서 영구히 제외할 것이다. 러시아 군대가 당신들의 나라를 완전히 휩쓸고 있고, 당신 국민은 전멸을 당할 수도 있다. 당신들은 멸절의 위기에 직면했다. 만일 폴란드인들이 러시아 정복을 원한다면 그렇게 하라고 놔두겠다. 나는 마

치 정신병동에 와 있는 것 같다. 나는 영국 정부가 당신들을 계속 인정할지도 확신할 수 없다.[62]

이러한 험담을 감내한 미코와이치크가 어떤 심정을 느꼈을지는 상상하기 어렵지 않다. 그는 이 이상의 모욕을 참을 수 없었다. 그해 11월 24일, 그는 폴란드 총리직에서 사임했다.

처칠은 내키지 않는 현실을 받아들일 수밖에 없었다. "소련은 소중한 동맹국"이라는 선전에 자극받은 영국에서는, 폴란드를 스탈린의 손아귀에서 벗어나게 하고자 새로운 전쟁을 벌이겠다는 결정을 결코 수용하지 않을 것이다. 이러한 영국 내 여론을 고려하면, 처칠이 "말썽 많은 문서"라고 부른 서류를 스탈린과의 회담에서 작성한 이유를 일부나마 깨달을 수 있다. '그 문서'는 처칠의 1944년 10월 모스크바 방문 사건에서 가장 많이 주목받는 소재다. 처칠은 해당 문서에 유럽 내 여러 나라에서 각 연합국이 차지할 영향력의 비율을 작성했다.

  루마니아: 러시아 90%, 다른 나라 10%
  그리스: (미국의 동의를 얻는다면) 영국 90%, 러시아 10%
  유고슬라비아와 헝가리: 각각 50%
  불가리아: 러시아 75%, 다른 나라 25%[63]

우리는 처칠의 행동에 너무 큰 충격을 받을 필요가 없다. 처칠이 루마니아나 불가리아를 스탈린에게 자의적으로 넘겨준 것도 아니다. 지리적 문제, 소련군의 성공적인 작전 수행으로 해당 국가들이 이미 소

히틀러와 스탈린

련에 넘어갔다는 '사실'을 '인정'한 것에 지나지 않았다. 스탈린과의 비밀스러운 '퍼센티지percentage 거래' 덕분에 처칠이 전후에 그리스를 공산주의자들의 위협에서 구해냈다는 주장까지 튀어 나왔다.

다만 놀랍게도 처칠은 아직도 스탈린과의 관계에 관해 스스로를 속이고 있었다. 그는 그해 10월, 영국 전시내각에 보내는 전문에서 이런 내용을 담았다.

> 나는 양국 관계에서 이전에는 없었던 자유와 선의를 주고받으며 대화했다. 내가 보기에 스탈린은 개인적으로 진지한 경의를 내게 몇 번이나 표했다.[64]

처칠은 본인의 아내에게도 이런 글을 보냈다.

> 나는 늙은 곰(스탈린)과 아주 좋은 대화를 나누었다. 나는 그를 만날수록 그를 더 좋아하게 되었다. 이제 그들(소련)은 우리(영국)를 존경하고, 나는 그들이 우리와 함께 일하기를 원하고 있음을 확신한다.[65]

그는 스탈린과 협상하면서 부딪치는 모든 문제의 원인을, 이전과 마찬가지로, 비밀리에 움직이는 다른 사람들 탓이라 꼽았다. 그는 전시내각에 보낸 전문에서 이렇게 말했다.

> 나는 그가 혼자 결정을 내리지 못하고 있다는 확신을 반복해서 밝

힌다. 이 기수(스탈린) 뒤에는 따분한 상전들이 있다.[66]

처칠이 이런 말을 하는 그 시점에도, 스탈린의 NKVD 부대는 자신들이 '해방한 영토'에서 어떤 행동을 했었는지는 분명하다. 10월이 시작되었을 때, NKVD는 약 10만 명의 폴란드 국내군 병사, 그리고 폴란드인 지도자를 투옥했다.[67] 처칠이 모스크바 방문을 끝내고 며칠이 지난 10월 말, 폴란드 국내군의 한 지휘관은 이렇게 말했다.

크르제슬린(Krześlin)의 시에들체 군(Siedlce powiat)에서, NKVD는 폴란드 국내군 병사와 폴란드 정부 인사들을 가두는 징벌수용소를 세웠다. 체포된 사람들은 사방 2미터 정도 되고 무릎 높이까지 물이 찬 구덩이에 들어가 어둠 속에서 앉은 채로 있어야 했다. 이 수용소는 아주 외딴 곳에 있었다. 그곳에 약 1,500명이 수감되었다.[68]

처칠은 아직 받아들이지 않았지만, 스탈린은 자신이 원하는 것을 얻고자 다른 동맹국들과 함께 일했다. 그리고 지금까지는 그의 전략이 성공한 듯했다. 그러나 이제 모든 것이 변하려고 하였다. 1945년은 연합국이 승리한 해이자 스탈린의 실체가 뒤늦게나마 드러난 해였다.

17장

패망의 나날

1944년 10월 ～ 1945년 4월

이 시기의 히틀러는 1941년 봄과 여름의 스탈린과 비슷하게 행동했다. 적군이 공격할 것이라는 정확한 예측이 보고되었으나 독재자는 자신의 마음속 소망이 틀렸음을 일깨우는 그 진실을 멸시했다. 독재자는 불가능한 임무를 수행하지 못한 지휘관, 적의 공격을 저지하지 못한 지휘관을 체포했다. 측근들이 본인을 상대로 반역을 꾀하고 있다는, 배신이 임박했다는 의심을 품었다. 스탈린은 그런 최악의 상황에서 기적처럼 재기했으나 히틀러도 그럴 수 있을 것이라는 희망은 현실적으로 실현될 수 없었다.

제1차 세계대전이 끝난 1918년 11월, 당시 독일군은 종전 이후에도 적국의 영토에서 싸우고 있었다. 연합국 군대는 여전히 벨기에의 브뤼셀에 도착하지 못한 상태였다. 당시 브레스트-리토프스크 조약으로 전장을 떠난 러시아군은 아무런 위협이 되지 못했다. 그러나 지난 전쟁의 그늘 아래 진행된 두 번째 전쟁은 양상이 아주 달랐다. 이번에는 적국의 군대가 독일의 심장부를 향해 진격했다. 소련군이 자신의 지하 벙커 수십 미터 앞으로 다가올 때까지 계속 전투를 고집했던 일화만 보더라도, 히틀러의 사고방식을 잘 알 수 있다.

1944년 가을, 서방 연합군과 소련군 모두 처음으로 독일 영토로 진입했다. 서부전선에서는 10월 21일에 연합군이 아헨시를 점령했다. 이와 같은 시기에 소련군은 동프러시아의 네메스도르프Nemmersdorf를 점령했다. 네메스도르프에서 발발한 학살 사건은 악명이 높았다. 소련 군을 일시적으로 몰아낸 독일군은 20여 명의 마을 주민이 살해된 광경을 보았다. 살해된 사람 중에는 13명의 여성, 5명의 어린이가 포함되었다. 한 여성은 성폭행을 당한 이후 살해당했다. 독일군은 소련군의 전시성폭행 범죄를 알리고자 처참한 모습 그대로 나타나게 시신의 사진을 찍었다.[1] 나치는 그때 찍은 사진을 선전 도구로 유용하게 사용했다.

괴벨스는 1944년 10월 26일 일기에 "네메스도르프 사건으로, 독일인은 볼셰비즘이 제3제국을 점령할 경우 어떤 일이 일어날지를 확신하게 되었다."라고 적었다. 독일 신문에서는 이 사건에 관해, 60명 이상이 살해당하고 집단성폭행이 있었으며 최소한 한 명은 십자가형으로 살해당했다고 보도했다. 그러나 이 선전은 괴벨스가 기대했던 수준의 효과를 거두진 못했다. 많은 독일인이 네메스도르프 사건으로 큰 충격을 받긴 했다. 하지만 일부는 선전 보도의 정확성에 의문을 제기했을 뿐만 아니라 일관되게 위선적으로 구는 행태도 문제 삼았다. 일례로 슈투트가르트Stuttgart에서 SS제국지도자 보안국에서 올린 보고에 따르면, 일부 시민은 이렇게 반응했다.

소련은 우리 독일이 적국 영토, 심지어 독일 영토에서 저지른 잔학 행위에 복수했을 뿐이다. 우리도 유대인을 수천 명씩 죽이지 않았는가? 독일 병사들은 폴란드의 유대인들이 자발적으로 무덤 구덩이를 파야 했다고, 수도 없이 말하지 않았는가? 이런 모든 사항을 종합하면 내릴 수 있는 결론은 분명하다. "우리가 먼저 이렇

히틀러와 스탈린

게 행동했기 때문에, 그들은 승리할 경우 우리에게 어떤 일이 벌어질지를 보여준 것이다."[2]

소련군이 독일 내에 진입한 문제는 그해 가을 히틀러가 해결해야 할 여러 문제 중 하나에 불과했다. 그는 동맹국들이 무너지는 광경을 지켜봤다. 그해 10월, 소련군은 이미 루마니아와 불가리아를 점령했고 두 나라 모두 독일을 상대로 선전포고했다. 히틀러는 헝가리 섭정 호르티 제독이 연합국 편에 서지 않도록 하고자 그의 아들을 납치하고, 권력을 헝가리 파시스트 지도자 살라시 페렌츠Szálasi Ferenc에게 넘기라고 호르티를 협박했다. 훗날 히틀러는 이러한 '편 바꾸기'를 긍정적으로 묘사했다.

사진45 **1944년 10월 네메스도르프 학살을 조사하는 독일군**
나치는 만약 독일이 소련에 패배할 경우 모든 독일인이 비슷한 일을 겪을 것이라 주장하면서 소련군의 잔혹한 학살 사건을 널리 선전했다.

역사상 가장 강한 국민이 투쟁하는 가운데 왜소하고, 겁이 많으며, 생존에 적절하지 않은 자들이 빠져나가는 것에 불과하다.[3]

그러나 지금까지 이어진 동맹이 파괴된 것을 히틀러가 축하할 이유가 있을 거라 생각했다고 보긴 어렵다. 아마도 그는 '대안적 현실'에 확신을 갖고자 필사적으로 노력한 것이라 볼 수 있다.

히틀러를 가장 열렬히 지지한 사람들도 전쟁을 지속해야 하는지 의문을 느끼기 시작했다. 1944년 9월, 괴벨스는 스탈린이 단독으로 강화를 원한다는 소문에 관해서 히틀러에게 이런 글을 보냈다.

이런 결말은 우리가 1941년에 꿈꾸었던 승리는 아닐 겁니다. 그러나 독일 역사에서 가장 위대한 승리로 기록될 겁니다. 그래야 이번 전쟁에서 독일 국민이 감수한 희생을 전적으로 정당화할 수 있습니다.[4]

히틀러는 괴벨스의 제안에 답하지 않았다. 소련군이 계속 승전하는 상황에서 스탈린이 독일과 협상할 이유가 없다고 판단했기 때문이 아니다. 히틀러의 성격 자체가 이런 발상을 거세게 거부했기 때문이다. 히틀러에게는 승리 아니면 전멸뿐이었다.

이런 암울한 상황에서 맥주홀 폭동 기념일이 다가오고 있었다. 그해 11월, 뮌헨에서 열리는 기념행사에, 당연하게도 히틀러는 참석하지 않기로 결정했다. 그에게는 자신의 연설을 생동감 있게 만들 소재가 없었다. 그래서 그는 스탈린그라드에서의 패전 직후처럼, 자신의 말을 대신 전할 사람을 택했다. 이번에 꼭두각시 역할을 맡은 사람은 하인 리히 힘러였다. 그는 아마도 나치 지도자 중에서 최악의 연설가로 꼽힐 것이다. 그런데 아무리 뛰어난 웅변가라도 국민에게 기쁘게 전할 좋은 뉴스가 하나도 없었다. 그러니 연설 내용은 뻔했다.

볼셰비키들이 독일을 파괴하려 하고 있다. 납득할 수 없게도, 민주국가들은 바로 볼셰비즘이 무덤에 묻힐 상황에서 볼셰비키들을 지원하였다. 볼셰비즘은 모든 민주국가와 사상을 벽에 던져 부술 것이 분명했다.

이전과 마찬가지로 역시나 유대인들에게 모든 책임이 있었다.

유대인들은 항상 인류의 어리석음과 연약함 뒤에 숨어 있었다. 유대인이란 세력은 민주국가들을 조종하고 있고, 볼셰비키라는 세계적인 야수를 키워 조종하고 있다.[5]

다시 한번 히틀러는 (타인의 입을 빌려) 자신이 반대하고 두려워하는 모든 것에 유대인의 책임이 있다는, 망상에 가까운 주장을 공개적으로 펼쳤다. 잠재적 적군을 매번 다르게 파악한 스탈린과 달리 히틀러는 이 세상에서 단 하나의 적만 보았다. 그는 그 시기에 공군 부관 니콜라우스 폰 벨로에게 자신이 소련의 위협에 전력을 집중하지 못한 이유를 "볼셰비키 유대인보다 미국 유대인의 힘이 두려웠기 때문이다."라고 설명했다.[6] 히틀러가 보기에 유대인이 스탈린을 조종하고, 유대인이 루스벨트를 조종하며, 유대인이 처칠을 조종하고 있었다.

히틀러는 자신이 겪는 고난의 책임을 유대인에게 돌리고는, 전쟁에서의 성공만이 독일 국민을 구원할 유일한 길이라고 생각했다. 히틀러는 전형적인 카리스마형 지도자인데, 그런 유형의 지도자는 '실패'를 하기 시작하면 아주 취약해진다. 추종자들은 자신의 신념에 따라 이런 지도자를 지지하지만, 그들의 믿음에는 합리적 이해라는 단단한 기반이 없다. 세상이 카리스마형 지도자에게 불리하게 돌아가면, 그들은 마치 유사流沙에 서 있는 것처럼 위험한 상황에 빠진다. 오직 새로운 승리만이 그들의 사기를 드높일 수 있었다. 히틀러는 이를 잘 알고 있었고, 그래서 새로운 공세를 개시하기로 결심했다.

독일군은 서부전선의 아르덴 숲에서 서방 연합군에 공세를 펼치는 계획을 세웠다. 이 작전의 목적은 연합군을 패퇴시켜 벨기에의 안트베르펜 항구를 재탈환하는 것이었다. 히틀러는 군지휘관들에게 자신의 구상을 간단명료하게 설명했다.

전쟁에서는 한쪽이 승리를 거두고, 다른 쪽은 더는 이길 수 없다는 사실을 깨닫게 된다. 그래서 우리의 가장 중요한 과제는 적들에게 이런 인식을 퍼지도록 하는 것이다.

이 작전은 위험을 부담하고 공격하는 것이 중요했다.

오랜 시간을 끌면, 견고한 방어를 유지하는 적군 때문에 결국 귀관이 지치게 될 것이다.[7]

히틀러는 최정예부대를 이 작전에 투입했다. 그러나 독일은 그런 인식을 적에게 퍼트릴 자원을 보유하고 있지 않았다. 물론 최소한 기습의 이점은 누렸다. 전략적 후퇴가 필요한 상황에서 누가 이런 대규모 공세를 펼칠 것이라 예상했겠는가? 그래서 12월 16일, 히틀러가 작전을 개시하자 초반에는 성공을 거두었다. 제5기갑군은 벨기에의 바스토뉴Bastogne 포위에 성공했다. 다만 그 도시는 목표인 안트베르펜에서 100마일이나 떨어져 있는 곳이었다. 한편 작전 초기에 독일군은 흐린 날씨의 덕도 보았다. 연합군은 공중 공격을 펼칠 수 없었다. 하지만 이러한 두 가지 이점, 즉 기습과 날씨의 이점이 사라지자 공세는 무너졌다. 미국의 조지 패튼George Patton 장군이 바스토뉴 포위를 돌파한 1944년 말 이후 독일군은 공세 전보다 더욱 어려운 상황에 봉착했다. 독일군은 소중한 예비전력을 낭비한 셈이었다.

지난 2년 동안 승리를 강하게 확신했던 히틀러는 이제 확신을 잃어가고 있었다. 니콜라우스 폰 벨로는 1944년 11월에 첫 조짐을 보았다. 소련군이 접근하고 있어서 볼프스샨체를 떠나야 할 때였다. 히틀러는 "전쟁에서 졌다."라고 말했다. 히틀러가 완전히 절망한 시점은 아르덴 공세가 실패했다는 소식을 접했을 때다.

이토록 절망하는 그의 모습을 과거에는 본 적이 없다. 그는 "우리가 전쟁에서 졌다는 것을 알고 있다. 적이 너무도 우세하다."라고 말했었다.

그러나 이런 재난적 상황이 무엇을 의미하는지를 두고, 히틀러는 전적으로 그의 성격다운 결론을 내렸다.

> 우리는 절대 항복하지 않는다. 우리는 내리막길을 걸을 수는 있
> 다. 그러니 우리는 세상도 같이 끌고 내려갈 것이다.[8]

히틀러는 자신의 생각을 평범한 독일인에게는 절대 노출하지 않았
다. 대신에 희망적인 미래('놀라운 무기'가 곧 개발되어 전세를 역전시킬 것이다),
역사적 교훈(프리드리히 대왕은 7년전쟁 당시 암울한 시기를 보냈으나 결국은 최종
적으로 승리하지 않았는가?), 서방 민주국가들과 소련 사이의 동맹이 깨질
것이라는 전망을 거론했다.

열렬한 나치당원들은 히틀러의 '약속'과 본인 주위에서 벌어지는 실
제 상황을 합치하고자 다양한 태도를 보였다. 오토 클리머의 사례를
예로 들겠다. 1944년에 16세였던 그는 당시 열렬한 나치 지지자였고,
그의 아버지 역시 마찬가지였다. 그러나 그해 독일의 운명이 기울자
아버지는 그에게 이렇게 말했다.

> 얘야. 우리는 이 전쟁에서 이길 수 없단다.

그는 아버지의 말을 듣자 이렇게 생각했다.

> 아버지의 말은 아주 놀라웠다. 만일 이 말을 한 사람이 아버지가
> 아니었다면 굉장히 크게 화를 냈을 것이다. 그러나 그 대화는 나
> 에게 결정적인 영향을 끼쳤다. 나는 내 주변에서 일어나는 일을

다르게 보기 시작했다. 그것을 반대하거나 인위적으로 변경하지 않았다. 왜냐하면 이런 일들에도 불구하고 당시의 나는 승리에 대한 확신이 지나칠 정도로 컸기 때문이다.

1944년이 되었을 때, 클리머의 상급생 중 상당수는 군에 징집되었다. 그는 군에 가기에는 어렸지만, 정권을 돕기 위해 무슨 일이든 하고자 했다.

나는 지역 군사령부에 몇 번씩이나 편지를 보내 병사가 되게 해달라고 청원했다. 나는 "총통, 국민, 조국을 위해 죽는 것은 최고의 영광"이라고 썼다. 나는 정말로 이 모든 것의 한 부분이 되고 싶었기 때문에 그렇게 썼다. 이것만 봐도 당시가 얼마나 비정상적인 시대였는지를 알 수 있다.

클리머는 세 살 때부터 나치즘을 열렬히 지지하도록 배웠고, 그렇게 자랐다. 히틀러가 정치 인생 초창기에 거둔 외교적 성공을 영광스럽게 생각한 가족의 품에서 자란 클리머는 자신의 세계관을 바꾸는 것이 불가능하다는 사실을 알고 있었다.

독재 때문이 아니었다. 나는 나의 자유의지에 따라 (나치즘에) 빠져들었다. 아마 이런 상황을 상상하기 어려울 것이다. 그러나 당시 상황이 그랬었다. 나는 평생 이 문제, 그리고 이 문제와 관련된 사안 때문에 자책하며 살았다. 당시 시내 중심부에는 강제수용소 수감자들이 전차의 진입을 저지하는 참호를 파고 있었다. 나는 그곳을 매일 지나다녔다. 내가 그들에게 동정심이나 연민을 느꼈을 거라 생각하는가? 전혀 그렇지 않았다. 당시 상황이 그러했다. 그들은 나치즘에 반대한 정치범들이었다. 당시의 나는 그들이 감옥에 갇히고, 나치친위대가 그들에게 욕을 하며, 그들이 때에 따라 이리저리 떠밀리는 것이 정상이라 생각했다. 이 일화만 들어도 우리의 편견이 얼마나 심했는지, 우리가 주인 인종(Master race)으로서 군림한 것이 아니라 얼마나 빨리 비인간적으로 변하고 있었는지를 알 수 있다.[9]

1945년 1월 1일, 히틀러의 신년 선언은 그의 비인간성을 다시 한번 확인해 주었다. 라디오로 방송된 연설에서, 히틀러는 떨리는 목소리로 독일인들에게 협박을 했다.

만일 누구라도 국가에 헌신하지 않거나 스스로 외국의 도구를 자처한다면 지도부에 의해 제거될 것이다.

독일인들은 계속 투쟁해야 했다. 왜냐하면 "영국—미국 정치인들과 볼셰비키의 통치자들, 이 모든 사태의 배후에 있는 국제 유대인들은 제3제국을 갈기갈기 찢어서 150~200만 명의 독일인을 외국으로 이주시킬 계획을 구축했기 때문"이었다. 이미 홀로코스트에서 수백만 명의 유대인이 학살된 사실을 알고 있던 히틀러는, 유대인이라는 인종이 멸절되면서 이 전쟁이 끝나게 될 것이라 말했다.[10]

히틀러와 독일이 당면한 근본적인 문제는 적이 너무 강하다는 사실을 인정하지 않았다는 것이다. 그는 이탈리아, 핀란드, 루마니아, 불가리아 같은 나라들이 붕괴한 핵심 이유를 "지도자들의 소심함과 결단력 부족" 때문이라고 주장했지만, 이성적인 청취자는 용기와 결심만으로 폭탄과 총알을 효과적으로 막아낼 수 없다는 사실을, 그리고 히틀러는 위협과 혐오 이외에는 국민에게 제공할 수 있는 것이 거의 없다는 사실을 깨달았다.

1945년 1월, 히틀러와 스탈린의 기분과 행동은 어마어마하게 달랐다. 연합군 작전부 부사령관인 영국 공군의 아서 테더 장군은 1월에 스탈린을 만났고, 승리가 다가오던 당시의 스탈린에 관한 흥미로운 단서를 훗날 남겼다. 스탈린의 집무실로 안내받은 그는 아이젠하워가 보낸 시가(담배)를 스탈린에게 증정했다. 스탈린은 시가 상자를 가리키면서 "이게 언제 폭발하는가?"라고 물었고, 테더는 "제가 돌아가기 전까지는 폭발하지 않을 겁니다."라고 대답했다. 연합군 부사령관이 자신을 암살하려고 폭발물을 가져왔다고 말한 이 에피소드는 '흥미로운 농담'으로 전해졌다.

테더는 1942년 모스크바를 방문한 이후 스탈린의 집무실에 처음 방문했다. 그때 스탈린의 행동에서 몇 가지 변화를 감지했다. 테더는 당시 기준 2~3년 전과 현재의 집무실이 다르다는 점을 발견했다.

(전에는) 벽에 카를 마르크스, 엥겔스 등의 초상화가 걸려 있었다. 그러나 지금은 수보로프를 비롯해서 제정 러시아 시기에 이름을 날린 네 명의 원수를 그린 초상화가 걸려 있었다. 스탈린의 외모

에서도 군인 냄새가 물씬 풍겼다. 1942년의 그는 농민 복장인 회색 셔츠와 바지, 장화를 신었다. 그런데 지금은 붉은 별과 적절한 훈장들이 달린, 완전한 원수의 복식을 갖추었다.[11]

비록 외양만 바뀌었더라도, 이런 변화는 사실 굉장히 중요하다. 스탈린은 본인을 평범한 노동자로 보이게 하려고 오랫동안 조심스럽게 노력했다. 그는 화려한 과시를 거부했다. 물론 흥청망청한 크렘린의 연회와는 잘 맞지 않았다. 단지 그의 평범한 복장 자체가 하나의 중요한 상징이었다. 과거의 그는 화려한 옷을 입고, 훈장을 주렁주렁 단 차르나 타국 군주처럼 보이지 않았다. 그러나 이제 그는 유혹에 굴복하여 이때까지의 소박한 외양을 포기했다.

스탈린은 1943년 11월 열린 테헤란 회담에서 처음으로 군복차림으로 나타났다. 이러한 변화를 발견한 알렉산더 캐도건은 스탈린의 새로운 복장이 "어색하게 보인다."라고 생각했다.[12]

스탈린은 왜 군복을 착용하기로 결정했는가? 이 문제의 가장 큰 실마리는 변화의 시점에 있다. 그는 소련군이 확실하게 승리하기 시작하자 최고사령관다운 외양을 갖추었다. 다른 말로 하자면, 그는 우리가 앞에서 본 것처럼 소련군이 승리를 거둔 다음에 영예를 차지하려고 했다. 승전의 영예를 누구와도 공유하려고 하지 않았다. 아서 테더는 이렇게 회고했다.

스탈린은 나폴레옹이나 알렉산드로스 대왕과 같은 반열에 있는 존재로 칭송되었고, 그는 이러한 칭송에 반대하지 않았다.[13]

히틀러와 스탈린

스탈린의 외양이 바뀐 사실은 소련 주재 영국대사 아치볼드 클라크-커가 1943년 쿠르스크 전투 이후 처음으로 발견했다.

> 테이블 건너편 벽에 거대한 수보로프 초상화가 걸려 있고, 마르크스와 엥겔스 초상화는 구석으로 치워진 점이 흥미로웠다.[14]

이러한 변화는 앞서 읽은 것처럼 제정 러시아의 군사적 영광과 소련의 전쟁을 연계하려는 스탈린의 의도 때문이다. 또 다른 이유로, 스탈린의 집무실에 해당 영웅들의 초상화가 걸려 있다는 것은 미래에는 위대한 장군들의 '신전'에 스탈린 본인의 자리도 생길 수 있었기 때문이었다.

시가로 농담을 나눈 이후 테더와 스탈린은 전황에 집중했다. 앞서 앨런 브룩 장군이 그랬듯이 아서 테더 장군 역시 "스탈린의 전황 지식에 큰 인상을 받았다."라고 말했다.

> 스탈린은 중간중간 농담을 하며 분위기를 풀었으나 공포를 유발하는 그의 분노도 순간순간 드러나곤 했다. 스탈린은 총참모부의 알렉세이 안토노프Aleksei Antonov 장군에게 "왜 특정 독일 정유공장이 아직도 폭격을 받지 않았는가?"라고 물으며 이유를 확인했다. 안색이 하얗게 질린 안토노프 장군이 다리를 떨면서 대답했다. 나는 스탈린이 체제를 통치하는 데에 활용하는 공포의 단면을 인상적으로 엿보았다.[15]

이보다 몇 주 전인 1944년 12월, 드골도 이와 비슷하게 스탈린의 통치술이 드러나는 순간을 목격했다. 크렘린에서 열린 연회에서, 스탈린은 공군총사령관 알렉산드르 노비코프Alexander Novikov 원수를 위한 건배를 제의했다.

그는 대단한 공군을 양성했다. 그가 자신의 소임에 충실하지 않았다면, 우리는 그를 죽일 것이다.

다음으로 병참을 전담한 안드레이 흐룰료프Andrey Khrulev 장군을 위해서 이런 건배사를 전했다.

바로 저기 있도다! 그는 병력과 물자를 전선으로 보낸다. 그는 최선을 다하는 것이 좋을 것이다. 그렇지 않으면 교수형을 당할 수 있다. 이것이 우리의 관습이다!

그날 저녁 좀 더 늦은 시간이었다. 스탈린은 자신의 통역사 보리스 포드체로프Boris Podtserob에게 "자네는 많은 것을 알고 있어. 자네를 시베리아로 보내는 편이 좋을 것 같아."라고 말했다.[16]

스탈린은 이런 모습을 드러내며 마치 즐기는 것처럼 보였다. 스탈린은 드골과의 연회에서 속을 터놓고 회의를 진행하는 듯했다. 드골은 프랑스-소련 조약에 관해 논의할 때마다 그의 전매특허를 선보였다. 목을 뻣뻣이 세우고, 농담도 일절 하지 않으며, 프랑스의 '명예'를 고고하게 주장했다. 스탈린은 농담과 공포라는 협상 기술을 이용해 드골에게서 폴란드 괴뢰정부인 '루블린 폴란드 정부'를 인정받으려 했으나 드골은 끝내 승인해주지 않았다. 그렇지만 스탈린은 드골에게 축하의 말을 전했다.

> 잘됐습니다. 저는 제 의견에 공감하지 않아도, 자신이 원하는 바가 무엇인지 잘 알고 있는 사람을 상대하는 것을 좋아합니다.[17]

명백한 거짓말이었다. 자신의 의견을 솔직하게 개진했다가 스탈린의 손에 처리된 사람을 명단으로 작성한다면 아주 길어질 것이다. 단두 가지 사례만 언급한다면, 1939년 핀란드 정부와 1944년 폴란드 망명정부였다.

드골과의 회담이 있던 그날 저녁, 스탈린의 태도가 잠시 부드러워진 듯했다. 승리는 임박했고, 부하들을 대놓고 위협해 기분이 즐거워진 덕분이었다. 그러다 그는 본인도 종국에는 죽음을 피할 수 없음을 잠깐이나마 깨달은 것 같았다. 연회가 끝날 무렵, 드골에게 "결국 죽음이 모두를 이긴다."라고 말했다.[18]

훗날 드골은 스탈린에게서 느낀 인상을 회고록에 남겼다. 그 회고록 내용을 보면, 두 사람에 관해 많은 것을 알게 된다. 그는 "스탈린은 권력의지에 사로잡혔다."라고 생각했다.

> 자신의 외양은 물론, 내면 깊숙한 영혼마저 위장하며 평생을 살아온 스탈린은 모든 사람에게서 장애와 위협을 발견하고자 감상, 연민, 진정성을 모두 없앴다. 그는 전략, 의심, 고집의 대가였다. 원

수로 위장한 공산주의자인 그는 간교한 속임수를 좋아하는 독재자고, 순진한 미소를 드러내는 정복자이며, 기만의 명수였다. 그러나 그의 열정이 너무도 강렬한 나머지 그의 속셈은 사악한 매력과 함께 가끔씩 그의 갑옷을 뚫고 나왔다.[19]

드골이 스탈린을 만난 직후 소련군은 헝가리 수도 부다페스트를 점령하기 위해 힘든 전투를 치렀다. 히틀러는 그 도시를 끝까지 방어해야 하는 요새 거점으로 선언했다. 1945년 1월 중순에 독일군은 다뉴브강(도나우강) 위의 다리를 파괴하고, 부다페스트의 겔레르트 언덕Gellert Hill 요새에서 헝가리군과 함께 마지막 저항을 준비했다. 소련군은 2월 중순이 되어서야 부다페스트를 점령할 수 있었다.

소련군 전차부대를 지휘한 보리스 리하체프Boris Likhachev의 증언에 따르면, 병사들은 승리를 거둔 후 완전히 지쳤다.

우리는 제대로 목욕을 하고 재충전하며 회복하기를 원했다. 이후 아주 잘 회복했다.[20]

소련군 내 일부 병사의 '회복' 방법은 악명이 높았다. 어느 한 추산에 따르면, 부다페스트에서만 약 5만 명의 여성이 성폭행을 겪었고, 헝가리 전체에서는 더욱 많은 여성이 성폭행에 시달렸다. 당시 부다페스트에 주재하던 스위스 대사관은 본국에 이렇게 보고했다.

헝가리 국민이 겪은 가장 큰 고통은 여성들이 성폭행을 당한 것이

히틀러와 스탈린

었다. 10세부터 70세까지, 모든 여성이 강간의 대상이 되었고, 극히 소수의 여성만이 성폭행의 위협에서 피했다.[21]

헝가리 공산주의자들조차 당시 일어난 참극에 항의했다. 부다페스트 동부의 쾨바냐Kőbánya 지역에 있던 한 공산주의자 집단은 이렇게 증언했다.

어머니들이 자식과 남편이 보는 앞에서 술 취한 (소련) 병사들에게 성폭행을 당했다. 12세에 불과한 어린 소녀들도 끌려가 10~15명의 병사에게 성폭행을 당했고, 종종 성병에 감염되었다.

헝가리 공산주의자들이 항의하자 소련군 병사들은 화를 내며 그들을 사살하겠다고 위협하며 이렇게 말했다.

너희는 소련 땅에서 무슨 짓을 했는가? 너희는 우리가 보는 앞에서 우리의 아내들을 강간했고, 우리의 아이들을 죽였으며, 우리의 터전에 불을 지르고 우리의 도시들을 완전히 파괴했다.[22]

소련군 퇴역 병사들은 소련군이 저지른 범죄를 쉽게 인정하지 않았다. 부다페스트 점령 직후에 발발한 사건에 관해 보리스 리하체프는 무심하게 평가했는데, 그의 이러한 태도는 전형적인 예시다.

주민들을 잘못 대우한 사례가 있었겠지만, 나는 알지 못한다. 논리적으로 그런 일이 있을 수야 있다. 그렇지만 역사적으로 전쟁의 승자들은 자신들이 겪은 고난의 보상으로 약간의 전리품을 원했다.[23]

제2우크라이나 전선군 소속 피오도르 크로파티Fiodor Khropatiy는 소련군이 독일을 향해 진격하며 전시성폭행을 저질렀다는 사실을 공개적으로 인정했다. 그는 자신의 동료 병사 중 약 30퍼센트가 이런 범죄에 가담했다고 추산했다. 소련군에서 강간은 공식적으로 범죄행위다. 그러나 그가 경험한 바로는 이 죄를 저지른 사람 모두가 처벌을 면했다. 그는 이 문제에 관해 이렇게 회고했다.

아무도 이 문제에 불평하지 않았다. 이것이 아무도 재판을 받지 않은 이유다. 나는 재판에 회부된 병사가 있다는 말을 들어본 적이 없다. 사병들보다 장교들이 더 많이 강간을 저질렀다. 왜냐하면 그들은 상태가 더 좋았고, 더 좋은 옷을 입었다. 그들은 사병만큼 지치지 않았다. 그래서 그들은 이런 범죄를 더 열심히 저질렀다. 사병 중에도 피로를 덜 느낀, 체력이 강한 병사가 있었다. 그런 병사들이 여성과 관련된 범죄를 저지를 가능성이 높았다. 나는 저지르지 않았지만, 다른 병사들은 했다. 모두 똑같은 죄를 저질렀다. 이런 경우는 아주 흔했다. 성병도 만연했다. 장교들이 성병에 많이 걸렸다. 그들은 군의관을 찾아가지 않고, 몰래 주사를 맞았다.

피오도르 크로파티는 어느 중령이 술에 취해 여성을 데려오라고 명령하는 모습을 목격했다.

그는 부관들을 시켜 여성을 데려오게 했다. 나는 부관들이 한 여성을 쫓아가는 광경을 목격했다. 그들은 한 미망인을 발견했는데, 그녀는 창문을 깨고 뛰어내려 도망갔다. 병사들은 그녀에게 총을 쏘았지만 맞히지 못했고, 그녀는 도망가는 데 성공했다. 온갖 일이 벌어졌다. 이것은 전쟁이었다. 잔인한 전쟁이었다. 전쟁은 참혹하다. 그 장교는 다른 여성을 찾긴 했는데, (나는) 그 미망인이 도망쳤다는 것에 기뻐했다. 그의 부하들은 틀림없이 계속 여자를 찾아다녔을 것이다. 일부는 좀 더 점잖게 행동했지만, 또 다른 일부는 거칠고 무자비하게 행동했다. 이 모든 사태의 기저에는 심리적인 이유가 깔려 있었다. 굶주린 사람이 자신의 허기를 채우기 위해 몸부림치는 것과 똑같다. 먹을 것을 찾으면 그는 행복해진다.

크로파티는 당시 일어난 일을 유혈이 낭자하고 잔인했던 전쟁의 맥락에서 이해하려고 애를 썼다.

부다페스트에서 나는 한 가족을 보았다. 남편, 아내, 딸로 이루어져 있었다. 나는 전차 대열이 지나가다가 그 남편을 깔아뭉갠 일을 목격했다. 20~30초 만에 그 남자는 고깃덩어리가 되었다. 아주 잔인한 행위였다. 이것이 의도적인 살인인지 아니면 조종수가 그를 보지 못해 일어난 실수인지는 알 수 없었다.

전쟁의 모든 상황을 되돌아본 그는 이런 결론을 내렸다.

무엇보다도, 나는 수치심을 느낀다. 전쟁 초기, 히틀러와 스탈린
은 서로 입을 맞췄다. 히틀러는 유럽 전체를 싸워서 차지했다. 그
사이 스탈린은 히틀러를 돕고자 모든 것을 공급하고, 자신의 국민
은 제대로 먹지 못하게 가난 속에 방치했다. 그러다 히틀러와 스
탈린이 전쟁에서 노획한 것을 동등하게 분배할 수 없게 되자 서로
갈라섰다. 이런 지도자가 군림하도록 내버려둔 나의 나라가 부끄
럽다. 스탈린은 조국을 참혹한 전쟁으로 끌고 들어갔고, 수백만
명이 죽게 했다. 국민이 받은 감정적인 충격은 말할 필요도 없다.[24]

스탈린은 크로파티와는 전혀 다른 시각으로 역사를 바라보았다. 놀
랍지도 않다. 그의 시각은 크로파티와 너무도 달라서, 만일 크로파티
가 스탈린 시기에 이런 감정을 공개적으로 드러냈다면 그는 바로 체포
되었을 것이다. 크로파티와 다르게 스탈린은 자국 병사들의 민간인 강
간 행위에 아무런 거리낌을 느끼지 않았다. 유고슬라비아 공산주의자
밀로반 질라스는 유고슬라비아 영토에서 소련 병사들이 성폭행을 저
지르는 것에 항의했다. 그러나 질라스가 1944년 말에 모스크바를 방
문하자, 스탈린은 그가 소련군을 '모욕'했다고 불만을 털어놓으며 되
물었다.

유혈, 총탄, 죽음을 감수하며 수천 킬로미터를 가로질러 온 병사
들이 여성들과 사소한 즐거움을 누리는 것을 '이해'하지 못하는

가?[25]

성폭행 대상은 외국 여성들뿐만이 아니었다. 소련 종군기자 바실리 그로스만은 폴란드에서 이런 내용을 전해 들었다.

> 해방을 맞이한 소련 여성들도 우리 병사(소련군)들에게 강간을 당했다고, 자주 불평했다. 한 소녀는 내게 이렇게 말했다. "그 사람은 너무 늙었어요. 아빠보다 나이가 많았어요."[26]

1944년 12월 말, 독일군 육군참모총장 구데리안은 소련군의 다음 공세에 촉각을 곤두세웠다. 그는 보고를 받아 소련군이 얼마나 강해졌는가를 알게 되었다. 그러나 그가 히틀러의 사령부로 가서 그에게 전황에 관해 경고를 전했음에도, 히틀러는 소련군이 그만한 전력을 보유했다는 사실 자체를 무시했다. 그는 구데리안의 보고 내용을 '적군의 과장'으로 치부하고, "소련군이 그렇게 엄청난 전력을 보유했다는 인식은 칭기즈칸 이후 가장 거대한 사기극"이라고 비판했다. 그는 소련군은 각 부대의 병력 수치를 늘 속여왔다고, "소련군이 전차부대라고 말한 부대에는 전차가 전혀 없었다."라고 말했다. 구데리안은 이 논쟁의 역설적인 측면을 간과하지 않았다. 그는 히틀러가 똑같은 속임수를 쓰려고 한다는 점을 잘 알고 있었다. 그는 이런 기록을 남겼다.

> 기갑여단은 이제 2개 대대로 이루어져 있다. (여단이라고 부르긴 하지만) 연대 정도의 전력에 불과하다.[27]

인간 구데리안은 여러 결점이 있으나 군지휘관 구데리안은 최소한 유능하긴 했다. 그러나 그는 군사적으로 무능한 대량학살자, 하인리히 힘러의 의견에 순응해야 했다. 그날 저녁 식사 때, 힘러는 구데리안 옆에 착석했다. 힘러는 태평한 소리나 해댔다.

친애하는 동지여, 나는 러시아군이 절대로 공격하지 않을 것이라 생각합니다.[28]

힘러가 이런 이야기를 굳이 떠드는 이유를 추측하기란 어렵지 않다. 그는 전적으로 히틀러의 은총으로 출세했다. 또한 히틀러는 나치당의 암울한 시기를 극복하도록 이끈 적이 있었다. 따라서 그가 이토록 절망적인 시기에 어떤 해결책을 마련할지는 아무도 몰랐다. 그러니 힘러의 발상은 남이 볼 때 망상에 가깝지만, 힘러 본인의 관점에서 보기에는 어느 정도 합리적이었다.

구데리안은 히틀러가 합리적인 의견에 귀를 기울이고, 앞으로 다가올 소련군의 공세를 막는 데에 더 많은 자원을 투입할 것이라 생각했다. 그래서 그는 1945년 1월 9일, 히틀러를 다시 한번 설득하고자 시도했다. 독일군 정보부가 마련한 '지도와 도표'를 제시하며 현재 독일군이 당면한 위험이 무엇인지 히틀러에게 설명했다. 히틀러는 "그 정보를 만든 자는 정신병원에 가두어야 한다."라고 말하며 화를 냈다. 이어서 격렬한 논쟁이 벌어졌다. 구데리안은 자신도 이 정보를 믿고 있으니 정신병원에 입원할 자격이 있다고 응수했다.[29]

3일 후 소련군은 비스와강—오데르강을 따라 대규모 공세를 개시했

히틀러와 스탈린

다. 히틀러는 수많은 고위 지휘관을 문책하고 소련군이 진격할 때 그들이 내린 결정에 책임을 물었다. 일부 지휘관은 체포까지 당했다. 합리적인 사람이라면 당연히 그랬겠지만, 상황의 심각성을 깨달은 구데리안은 리벤트로프를 찾아갔다. 구데리안은 리벤트로프의 입을 빌려 서방 연합국과 강화를 맺어 소련군의 공격을 방어하는 데에 전념하도록 히틀러를 설득하려 했다. 리벤트로프는 히틀러가 이런 제안을 절대 수용하지 않을 것이라 답하며, 구데리안의 부탁을 거절했다. 두 사람의 회동 소식을 접한 히틀러는 구데리안에게 "반역죄로 기소할 수도 있다."라고 위협했다. 그러나 단순한 위협에 불과했고, 히틀러는 실제로 그렇게 하진 않았다.[30]

구데리안과 독일군 정보부의 판단이 옳았다. 소련군은 비스와강─오데르강 방면 공세에 엄청난 물량을 투입했다. 소련군은 독일군보다 5배 많은 병력을 끌고 왔고, 일부 주요 거점에서는 훨씬 더 많은 병력을 끌고 왔다. 독일군의 저항이 약소하다는 사실을 파악한 소련군은 신속하게 진격해 3주 만에 약 300마일을 주파했다.

여기서 우리는 다시 한번 놀라게 된다. 이 시기의 히틀러는 1941년 봄과 여름의 스탈린과 비슷하게 행동했다. 적군이 공격할 것이라는 정확한 예측이 보고되었으나 독재자는 자신의 마음속 소망이 틀렸음을 일깨우는 그 진실을 멸시했다. 독재자는 불가능한 임무를 수행하지 못한 지휘관, 적의 공격을 저지하지 못한 지휘관을 체포했다. 측근들이 본인을 상대로 반역을 꾀하고 있다는, 배신이 임박했다는 의심을 품었다. 스탈린은 그런 최악의 상황에서 기적처럼 재기했으나 히틀러도 그럴 수 있을 것이라는 희망은 현실적으로 실현될 수 없었다. 히틀러는 무슨 일이 생기든 1918년 11월(제1차 세계대전 종전)이 반복될 것이라 예상했다. 그는 항복을 할 바에야 죽기로 결심했다. 이 책 앞부분에서 본 것처럼, 초창기 나치당은 1920년 뮌헨의 맥주홀에서 제시한 당 강령의 마지막 조항으로, "당의 지도자들은 자신들의 생명을 희생할 준비가 되었다."라는 내용을 담았다.[31] 그로부터 25년이 지났다. 작금의 히틀러는 그 '약속'을 이행할 준비를 마쳤다. 조만간 자신의 생명을 '희생'할 수 있었다.

1945년 2월, 스탈린은 비스와강−오데르강 공세 작전이 성공적으로 진행되는 가운데 루스벨트와 처칠을 만나러 얄타로 가고 있었다. 스탈

사진46 **1945년 얄타 회담에서의 처칠(우)과 스탈린(좌)**
스탈린은 소련군 원수 제복을 입은 채 행복하게 웃고 있다.

린은 테헤란 회담 때처럼 다시 한번 노련한 협상가임을 만천하에 증명했다. 그는 다시 한번 회담 장소를 정하는 싸움에서 이겼다. 이번에는 루스벨트와 처칠이 흑해에 있는 얄타로 오기로 했다. 전쟁 중 영국과 미국을 한 번도 방문한 적이 없던 스탈린은 두 동맹국 지도자를 소련 땅으로 오게 하는 데에 성공했다.

한 목격자의 증언에 따르면, "스탈린은 원기가 왕성했지만 루스벨트는 아니었다."[32] 루스벨트가 크림반도의 도시, 사키Saky의 공항에 도착해 비행기에서 모습을 드러내자 많은 사람이 깜짝 놀랐다. 영국 대표단의 일원이었던 휴 룽기는 다음과 같은 회고를 남겼다.

그의 얼굴은 노란색에 가깝게 창백했다. 얼굴이 누렇고, (이목구비가) 아주 움푹 파였다. 그는 계속 앉아야 했다. 입을 벌리고 앉아서는 앞을 멍하니 응시하곤 했다. 가히 충격적인 모습이었다.[33]

처칠의 주치의인 모란도 "모든 사람이 (루스벨트) 대통령이 신체적으로 많이 노쇠했다고 생각했다."라고 회고했다.[34] 실제로도 그랬다. 그는 이후 두 달도 못 되어 사망했기 때문이다. 영국 외무차관 알렉산더 캐도건은 얄타 회담과 관련하여 이런 기록을 남겼다.

세 명의 지도자 중 스탈린이 가장 인상적이었다. 그는 아주 조용하고, 발언을 심히 절제하였다. 회담 첫날, 그는 한 시간 반 동안 아무 말도 하지 않고 앉아만 있었다. 대통령은 여러 말을 했고, 총리께서도 큰 목소리로 말했다. 그러나 조('이오시프'에서 유래된 스탈린의 별명)는 그 말을 다 들으며 앉은 채로 즐거워했다. 그는 쓸데없는 단어는 하나도 사용하지 않고, 오직 요점만 말했다. 그는 말재간이 아주 뛰어났는데, 성격이 다소 급했다.[35]

스탈린은 이미 대단히 유리한 입장으로 얄타 회담에 참석했다. 그는 자신의 힘을 충분히 활용했을 뿐만 아니라 중차대한 추가 이익도 확보했다. 그가 '승리'를 쟁취한 이유는 장래를 향한 열망과 현재의 구체적인 성과를 구별할 줄 알았기 때문이다. 그는 앞에 있는 것을 양보하고 뒤에 있는 것을 무자비하게 쟁취했다. 예를 들어, 그는 연합국 지도자들의 환심을 샀다. 특히 그는 앞으로 창설될 국제연합UN의 구성 문제에 관해서는 양보하는 듯이 굴며 루스벨트의 환심을 얻었다. 원래 소련 측은 국제연합 총회에서 소련에 소속된 연방공화국들이 각자의 표결권을 따로 가져야 한다고 주장했다. 미국이 1표를 행사할 때, 소련은 16표를 행사하겠다는 의미였다.[36] 뻔뻔스러울 정도로 극단적인 요구였다. 천하의 루스벨트조차 미합중국 소속 주State마다 표결권을 가져야 한다고 주장하진 않았다. 그렇지만 스탈린은 국제연합을 자신의 정치적 유산으로 삼으려는 루스벨트의 의도를, 그리고 소련의 지원을 절대적으로 필요로 하는 미국의 상황을 알고 있었다. 그래서 스탈린은 얄타 회담에서 가장 껄끄러웠던 문제인 폴란드 지배 문제를 해당 협상의 지렛대로 활용하기로 했다.

루스벨트는 경쟁하는 두 폴란드 정부, 즉 스탈린이 만든 '루블린 정부'와 런던에 근거지를 둔 '폴란드 망명정부'의 지도부를 얄타로 초청한 이후 연합국들이 공동으로 타협안을 도출할 수 있도록 조치했다.

히틀러와 스탈린

물론 미국의 조치는 스탈린이 바라는 바가 아니었다. 그는 폴란드 영토에 관한 물리적 지배력을 확보했고, 자신의 하수인들이 운영하는 '사실상의 폴란드 정부(루블린 정부)'까지 확보했다. 그래서 그는 여러 문제를 걸고넘어지며 루스벨트의 계획에 제동을 걸었다. 스탈린의 발언중 자신이 구성한 루블린 정부 지도자와 연락이 닿지 않는다는 변명은 최악의 거짓말이었다. 누가 이 말을 믿겠는가? 그러다 그는 논의 주제를 갑자기 바꾸었다. 연합국들이 국제연합 구성에 관한 논의를 해야한다고 주장했다.

이때 소련은 크게 양보했다. 소련은 UN에서 16표가 아니라 2~3표의 표결권에 만족하겠다고 말했다. 그러자 루스벨트는 즉각 아주 만족스럽다는 의사를 표시했다. 소련 측의 '양보'에 루스벨트는 "세계의 모든 시민이 환영할 만큼 (협상이) 크게 진전되었다."라고 평가했다. 처칠역시 스탈린과 몰로토프에게 "진심에서 우러나오는 감사"를 전했다.[37] 스탈린의 양보에 감사를 표하는 분위기 속에서, 드디어 몰로토프가 폴란드 문제를 거론했다. 루스벨트의 제안대로 폴란드인들을 크림반도로 부르는 것이 시간상 불가능하므로, 앞으로 세워질 폴란드 임시정부에 '폴란드 망명정부' 출신 민주 인사 일부를 추가하자는 해결책을 제시했다. 새로운 폴란드 정부수립 문제에 실질적으로 개입하겠다는 처칠과 루스벨트의 계획은 한순간에 사라졌다. 현재 폴란드 괴뢰정부에 망명정부 인사 '일부'를 추가하겠다는 몰로토프의 계획만이 남았다. 얄타 회담에서의 이후 논의에서 분명히 드러나듯이 결국 소련 측이 폴란드 정부 수립 문제를 주도했다.

폴란드에서 선거를 치르는 문제를 두고, 스탈린은 "폴란드 정부는

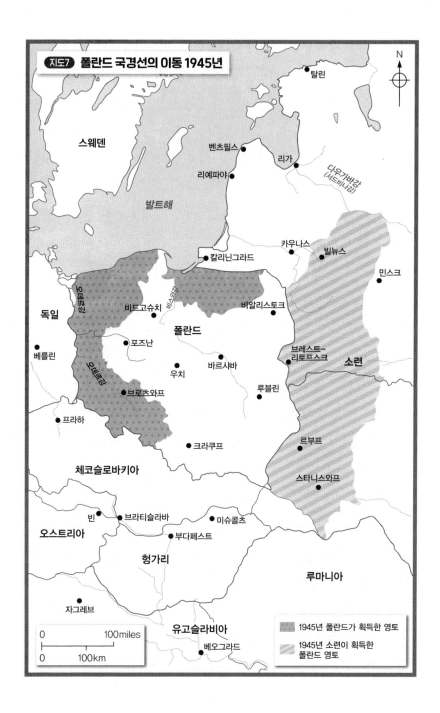

지도7 **폴란드 국경선의 이동 1945년**

N

탈린

스웨덴

벤츠필스

리가

다우가바강
(서드비나강)

리예파야

발트해

카우나스

빌뉴스

민스크

칼리닌그라드

독일

비드고슈치

비알리스토크

포즈난

폴란드

브레스트-
리토프스크

소련

베를린

우치

바르샤바

브로츠와프

루블린

프라하

크라쿠프

르부프

체코슬로바키아

스타니스와프

빈

브라티슬라바

미슈콜츠

오스트리아

부다페스트

헝가리

루마니아

자그레브

0   100miles

0   100km

유고슬라비아

베오그라드

1945년 폴란드가 획득한 영토

1945년 소련이 획득한
폴란드 영토

히틀러와 스탈린

민주적으로 수립되어야 한다."라는 조건에 동의했다. 그리고 소련 측이 앞으로 진행될 일을 책임질 것으로 결정했다. 연합국 대사들은 폴란드에서 진행되는 일을 관찰하고 자국 정부에 보고할 수만 있게 되었다. 이에 관련해 모란 경은 이런 증언을 남겼다.

> 나는 지난 몇 달 동안 스탈린이 폴란드를 러시아의 코사크 변방기지로 삼으려 한다고 생각했다. 그는 여기서(얄타 회담에서) 그 의도를 바꾸지 않았다.[38]

모스크바의 영국 대사관에서 근무하다가 영국 대표단의 일원으로 얄타 회담에 참가한 휴 룽기는 스탈린이 목표한 바를 너무 쉽게 이루는 광경을 보고 놀랐다. 휴 룽기는 소련 관리들이 구사하는 '이중적 언어Double talks'가 연합국이 부과하려는 어떠한 '조건'도 피해갈 수 있게 한다는 점을 즉각 간파했다.

> '자유 선거'란 단어가 어떤 나라에서는 이런 의미로 쓰이고, 또 다른 나라에서는 그런 의미로 쓰일 수 있다. "이것은 부르주아의 '자유'다. 이것은 우리의 자유와 의미가 다르다. 소비에트 사회주의의 '자유'야말로 진정한 의미의 자유다." 그들은 이런 주장을 늘 제기했다.[39]

휴 룽기는 스탈린의 명료성, 기억력, 정확성에 큰 인상을 받았다.

스탈린은 단어의 정확한 의미에 집착했기 때문에 다소 현학적으로 보였다.

스탈린은 '민주주의, 자유, 파시스트'라는 단어의 의미, 그리고 "새로운 폴란드 정부는 소련에 '우호'적이어야 한다."라는 문장이 다양한 뜻으로 해석될 수 있다는 점을 정확히 인지하였다.

우리는 그제야 소련 측이 모든 반대파, 특히 사회주의자, 사회민주주의자 전원을 '파시스트'라고 부른다는 사실을 깨달았다. 은유적인 표현이었지만 그들의 머리를 베어버릴 수도 있음을 뜻했다.[40]

루스벨트의 총참모장 윌리엄 레이히_{William Leahy} 제독은 얄타 회담에서 타결된 폴란드 문제에 관한 합의에 허점이 많다는 것을 깨달았다. 그는 이 합의가 너무도 유연한 나머지 "러시아인들은 이 합의를 부러뜨리지 않은 채 얄타에서 워싱턴까지 늘릴 수 있다."라고 루스벨트에게 말했다.[41] 얄타 회담이 끝난 직후인 2월 17일, 《프라우다》는 이런 내용이 담긴 사설을 실어 레이히의 판단이 옳았음을 확인시켜 주었다.

민주주의는 여러 가지 의미로 쓰일 수 있고, 각 국가는 자국에 최적화된 형태를 '선택'할 수 있다.[42]

스탈린은 얄타 회담에서 눈에 띄는 대가는 얻지 않았으나 구체적인 양보도 하지 않았다. 그는 소련이 일본에 선전포고한다는 요구를 수

히틀러와 스탈린

용했으나 독일과의 전쟁이 끝난 뒤에 참전할 예정이었고, 대가로 일본 열도의 북방 영토를 확보했다. 그는 처칠과 루스벨트가 본인들을 향한 칭송을 좋아한다는 것도 십분 활용했다. 평소에는 입에 발린 칭찬을 경멸했음에도, 작금의 스탈린은 민주적으로 선출된 지도자들과의 관계에서는 이러한 '감정'에 가치가 있음을 잘 이해하였다. 그래서 그는 얄타에서 진행된 만찬장에서 처칠에게 과장된 찬사를 건넸다. 영국의 앨런 브룩 장군은 2월 5일 일기에 이런 내용을 적었다.

> 어젯밤, 스탈린은 윈스턴 처칠의 건강을 위해 뛰어난 건배사를 건넸다. 그는 "가장 중요한 순간, 처칠만이 홀로 독일에 대항해 일어났다. 러시아가 공격을 당했을 때 러시아를 도왔던 기억은 결코 잊을 수 없다."라고 말했다.[43]

　스탈린만큼 쓸데없는 장광설을 싫어한 브룩도 그의 말을 액면 그대로 받아들인 것으로 보인다. 그러나 스탈린이 어떻게 진심으로 이런 말을 할 수 있겠는가? 처칠이 1940년 독일의 막강한 전력을 막아내기는 했다. 그러나 브룩은 중요한 사실을 잊은 듯했다. 스탈린은 그 시기에 히틀러에게 소중한 천연자원을 제공했고, 독소 불가침 조약 때문에 히틀러가 프랑스와 영국을 먼저 공격했다. 거기다 "바르바로사 작전이 개시된 다음 처칠이 러시아를 도왔다."라는 발언은 거짓임을 어떻게 깨닫지 못할 수가 있는가? 당시의 앨런 브룩은 본인이 간절히 희망하던 제2전선 형성을 처칠이 거부하여 격분하지 않았는가?
　얄타 회담 당시 스탈린에게서 깊은 인상을 느낀 자는 브룩뿐만이 아니었다. 냉소적이고 염세적인 알렉산더 캐도건 외무차관도 그에게서 감명을 받았다. 그는 그해 2월 11일 일기에 이런 글을 적었다.

나는 러시아인들이 이렇게 편안하고 손님을 잘 환대하는지 몰랐다. 특히 조(스탈린)는 대단히 뛰어났다. 그는 위대한 사람이다. 다른 두 명의 연로한 정치인에 비해 아주 큰 인상을 받았다.[44]

처칠도 스탈린을 크게 칭찬했다. 런던으로 귀환한 다음인 2월 19일, 처칠은 "스탈린은 선의를 품은 채 세계와 폴란드를 대한다."라고 영국 내각에 보장했다.[45] 4일 후 그는 여기서 한 발자국 더 나아가 이런 발언을 남겼다.

불쌍한 네빌 체임벌린은 히틀러를 믿어도 된다고 착각했지만 틀렸다. 그러나 나는 스탈린에 대해 착각하지 않았다.[46]

루스벨트도 3월 1일 미국 상하원 합동회의에 나가서 이렇게 주장했다.

일방적인 행동, 배타적인 동맹, 영향력 있는 세력, 힘의 균형, 그리고 수 세기 동안 시도되었으나 항상 실패했던 편의적인 행보는 얄타 회담에서 종지부를 찍을 것이다.[47]

스탈린도 얄타에서 원하는 것을 다 얻진 못했다. 그는 전후 독일 분

히틀러와 스탈린

할에 관련한 확실한 응답을 원했고, 소련이 독일로부터 받아야 하는 거액의 배상금에 관해서도 합의하고 싶었다. 그러나 두 사안에서 확답을 받지 못했다. 그렇지만 다른 큰 이득을 여럿 얻었다. 그중 폴란드의 장래에 관해 본인의 뜻을 관철했다는 점이 가장 거대한 이득이었다. 전쟁에서의 승리는 당연지사였다. 그런데 소련군이 폴란드를 이미 점령했다는 점을 감안하더라도, 영국과 미국은 작정하면 스탈린의 뜻을 거부하면서 소련이 마음대로 날뛰지 못하도록 제어할 수 있었다. 예를 들어, 소련은 전쟁에서 큰 피해를 받았기 때문에 서방 연합국은 자신들이 제공할 수 있는 '재정적 지원'을 협상에서 지렛대로 활용할 수 있었다. 만일 두 국가가 그렇게까지 하기를 원하지 않았더라도, 처칠과 루스벨트는 최소한 스탈린의 행동에 반대 의사를 피력할 순 있었다. 폴란드 국내군 내 주요 인사들의 체포와 투옥을 공개적으로 비난하는 방법도 있었다. 두 지도자는 어느 방식도 취하지 않았을 뿐만 아니라 얄타 회담 이후 자신들과 스탈린의 관계가 우호적이라고 떠들었다. 본인을 유혹의 대가라고 여긴 루스벨트와 처칠은 오히려 스탈린에게 매혹당했다. 그리고 그들은 며칠 후에 진실을 깨달았다.

연합국이 얄타에서 세계의 미래를 논의하는 동안 연합군은 독일 도시를 매섭게 폭격하며 파괴하였다. 2월 중순, 연합군은 3일간 사상 최대의 폭격을 드레스덴Dresden에 퍼부어 최소한 2만 5,000명의 민간인을 살상했다.[48] 드레스덴에 살던 소녀 노라 랑Nora Lang은 당시 폭격을 이렇게 기억했다.

사방에 불길이 일었다. 우리는 날아다니는 지붕 벽돌이나 불에 탄 채 추락하는 창문에 맞지 않기 위해 길 가운데로 조심스레 걸어 다녀야 했다. 주변의 모든 것이 날아다녔다. 마치 불로 만들어진 허리케인 같았다.[49]

화염과 파괴의 열흘이 지난 2월 24일, 히틀러는 각 주 및 도시의 대관구지휘자를 만났다. 이 만남은 마지막 회동이 될 참이었다. 그들이 모인 이유는 1920년 2월 24일 뮌헨에서 진행된 나치당의 첫 번째 연설을 기념하기 위해서였다. 25주년이라는 중요한 축일을 기념하고자 모인 회동에서, 히틀러는 베를린 내 총통관저에 대관구지휘자들을 불러 접견했다. 그러나 히틀러는 지난번보다 훨씬 몸이 굽었고, 늙어 보였다. 한 참석자는 당시를 이렇게 회고했다.

청중들을 사로잡던 그의 웅변술이 사라진 듯했다.[50]

할레-메르제부르크Halle-Merseburg의 대관구지휘자 루돌프 요르단Rudolf Jordan의 회고도 비슷했다.

히틀러의 눈이 슬퍼 보였다. 그는 지쳐 보였다. 그의 등은 크게 굽었고, 그의 안색은 창백하고 파리했다.[51]

발두어 폰 시라흐는 "히틀러의 얼굴에 잿빛이 역력했다. 좌절한 사람처럼 보였다."라고 회고했다. 당시 히틀러의 모습은 "과거의 카리스마 넘치던 히틀러가 아니었다. 유령처럼 보였다."[52] 그렇지만 대관구지

히틀러와 스탈린

사진47 **독일 공군과 종전을 주제로 대화하는 히틀러**

이 사진이 촬영된 시기의 히틀러는 이전과 달리 권위가 없었다. 또한 그의 정치적 카리스마는 한 번 상실된 이후 죽는 순간까지 회복되지 않았다.

휘자들은 부정적으로 보이지 않고자 노력했다. 훗날 어떤 사람의 회고대로 "그들 모두 달나라에 사는 듯한 분위기를 연출하고자 노력"했다.

히틀러는 맥빠진 연설을 발표한 후에 점심을 먹었다. 그러면서 나치 지도자 한두 사람에게 찾아가 가시 돋치고 반항적인 독백을 말했다. 루돌프 요르단은 그런 히틀러의 모습을 보며 "우리의 실망은 사라졌다. 예전의 히틀러를 다시 보았다."라고 생각했다.[53] 그 시기의 히틀러가 달리 무슨 이야기를 할 수 있었겠는가? 나치 조직에서 대관구지휘자들은 히틀러와 가장 밀접히 연관된 나치당원들이었다. 그들의 장래는 히틀러와 불가결하게 얽혀 있었다.

다시 한번 사태가 자신에게 불리하게 돌아가자 히틀러는 대중 연설을 하지 않기로 결정했다. 그는 나치 쿠데타 기념일에도 뮌헨에서 연설을 하지 않았다. 그는 회피할 수 없는 이 과제를, 가장 오래된 나치 당원 헤르만 에서_{Hermann Esser}에게 맡겼다. 히틀러가 작성하고 에서가 읽은 연설문의 요지는 판에 박힌 내용 그대로였다. 가장 강한 자만이 생존하고, 독일에 엄습한 고난의 배후에 유대인이 있으며, 프리드리히 대왕은 오늘날의 위기와 같은 고난에서 살아남았다는 내용이었다. 그러나 새로운 내용도 있었다. 그는 '친애하는' 독일 국민과의 유대감을 보여주고자 자신의 별장 베르그호프를 '거의 폭파'했다고 말했다.[54] 일절 도움이 안 되는 위안이었다.

히틀러의 지지율이 추락하는 전쟁 막바지 단계에서도 그를 제거하려는 치밀한 노력 따윈 없었다. 우리가 앞서 본 것처럼 다가오는 소련군을 향한 공포와 나치 정권을 구성하는 요소 때문이다. 제3제국 주민들을 탄압하고자 공포 정책을 점점 더 많이 활용한 점도 또 다른 이유였다. 그렇지만 다른 이유도 있었다. 소수의 히틀러 지지자가 마지막 순간까지 그에게 충성을 바쳤다. 괴벨스가 대표적인 인물이었고, 해군 책임자 카를 되니츠_{Karl Dönitz} 제독을 비롯한 여러 당원도 포함됐다. 되니츠 제독은 히틀러 사망 이후 독일 대통령으로 지목되었다. 그는 전후에 본인은 단순한 해군 병사였고 히틀러에게 대통령으로 지목되었을 뿐이라고 주장했으나 실상 광신적인 나치즘 추종자였다. 그가 1945년 3월 4일에 쓴 보고서에는 이런 내용이 적혀 있었다.

현 상황에서 항복은 자살행위다. 수많은 죽음을 의미한다는 사실을 굳이 설명할 필요가 없다. 항복은 수백만 독일인의 죽음, 그리고 빠르든 느리든 파괴를 야기할 것이다. 이에 비해 이토록 힘겨운 투쟁으로 인한 사상자 수치는 적을 것이다. 우리가 강하게 저항해야만 우리는 우리의 운명을 바꿀 기회를 거머쥘 수 있다. 무엇보다도, 우리는 명예를 위해 최후까지 투쟁해야 한다. 러시아인이나 앵글로색슨족처럼 독실한 체하고 오만하며 야만적인 민족들 앞에서 기어가는 것은 우리 민족의 자존심이 허용하지 않는다.[55]

카를 되니츠는 히틀러에게 매혹되었다. 되니츠가 히틀러를 만나고 돌아온 직후였다. 그를 본 어느 유보트 지휘관은 "되니츠 제독이 감정의 바다에 빠진 채 나타났다."라고 회고했다.[56] 1945년 3월 시점에 되니츠는 본인의 두 아들을 전쟁에서 잃은 후였다. 이런 비극을 겪었으니 임무를 계속 수행해야 할 이유를 상실했다고 생각할 수도 있겠으나 그의 신념은 조금도 바뀌진 않았다. 그렇게 많은 것을 잃은 상황에서, 자신의 선택이 틀렸다고 인정한다면, 본인의 두 아들이 아무런 대가도 없이 허무하게 죽었다는 사실을 인정하는 격이었다.

그러나 되니츠와는 달리 신념이 흔들리는 나치당원도 많았다. 대표적으로 당시 군수장관직을 맡았던, 히틀러가 신임하는 건축가 알베르트 슈페어가 있었다. 되니츠가 "최후까지 투쟁"을 강조한 보고서를 작성한 3월, 슈페어는 침략자들에게 '초토화된 독일 국토'를 건네주기 위해 독일 내 인프라를 모두 파괴하라는 히틀러의 명령을 받았다.

만일 전쟁에서 패배한다면, 국민도 잃게 될(사라질) 것이다. 독일 국민의 기본적인 생존을 걱정할 필요는 없다. 오히려 반대로, 우리가 독일 국민의 기반시설을 파괴하는 편이 최선이다. 독일은 약하다는 사실이 드러났으니, 미래는 오로지 조금 더 강했을 뿐인 동방 민족의 것이 되었다. 어느 경우든 열등한 자만이 전쟁 이후 생존할 것이다. 뛰어난 사람들은 이미 다 죽었기 때문이다.[57]

전쟁 후 슈페어는 본인이 히틀러의 명령에 전적으로 반대했다고 주장했다.

당연한 소리지만 나는 우리가 장래의 재건을 방해하지 않도록 최소한의 파괴로 전쟁을 종식해야 한다고 생각했다.[58]

그런데 슈페어는 왜 이렇게 생각했는가? 우리가 앞서 본 것처럼 히틀러는 자신의 사고방식을 놀라울 정도로 일관되게 고수했다. 독일의 기반시설을 파괴하라는 그의 명령은 그가 상시 표명한 세계관과 합치했다. 오직 강한 자만이 살 자격이 있다는 히틀러의 주장. 이 주장에 걸맞은 명령이었다. 히틀러는 이 전쟁이 독일의 장래를 위한 '죽기 아니면 살기의 투쟁'이라는 본인의 신념을 감춘 적이 없었다. 슈페어는 다른 수백만의 독일인과 함께 독일이 정복하고 파괴해 얻은 과실을 기꺼이 확보하려고 했다. 다만 그들은 피에 굶주린 약탈로 얻은 나쁜 결과를 감당해야 했다. 슈페어는 상당한 정치적, 개인적 기술을 이용해 히틀러에게서 군수장관직을 받아냈고, 그다음으로 기반시설 파괴 명령을 집행하는 책임자가 되었다. 물론 군대의 교량 파괴를 막지는 못했으나, 발전소 및 다른 기반시설의 대량 파괴를 막을 수는 있었다. 슈

히틀러와 스탈린

페어는 전기 및 상하수도 시설을 일시적으로나마 마비시키는 조치도 '총통의 목표를 수행하는 것'이라고 주장할 수 있었다.[59] 동시에 본인의 행동이 전쟁 이후 자신의 생존을 보장하는 데에 도움이 될 것이라는 점도 잘 알고 있었다.[60] 그의 판단은 맞았다. 그는 나치 정권에 깊이 관여한 책임자임에도 뉘른베르크 재판에서 사형 선고를 피하였다.

슈페어가 히틀러의 명령을 축소 시행하려고 노력하는 동안 스탈린과 그의 지휘관은 베를린을 향한 최종 공세를 준비하였다. 4월 중순, 그들은 공격 준비를 끝냈다. 주코프와 그의 병력은 베를린에서 50킬로미터도 떨어지지 않은 오데르강 인근에 진을 쳤다. 주코프의 제1벨라루스 전선군은 중앙을, 로코숍스키의 제2벨라루스 전선군은 북쪽을, 이반 코네프Ivan Stepanovich Konev의 제1우크라이나 전선군은 남쪽을 공격하기로 계획했다. 모두 합쳐 200만 명이 넘는 병사가 참전했다.

전해에, 스탈린은 주코프에게 베를린 점령의 영광을 선사하겠다고 말한 적이 있었다. 그러나 베를린 점령이 눈앞에 다가온 시점에서, 스탈린은 마음을 바꿨다. 그는 베를린을 40킬로미터 남긴 지점에서, 제1벨라루스 전선군과 제1우크라이나 전선군 사이의 경계선을 지웠다.[61] 스탈린은 베를린 점령을 담당할 장군이 주코프인지 코네프인지를 '의도적으로' 결정하지 않았다. 스탈린은 두 지휘관의 경쟁뿐만 아니라 틀림없이 그 이상의 것을 고려했다. 스탈린은 전쟁 이후의 세계 정세를 고려했다. 앞서 본 것처럼 그는 역사를 잘 알았다. 당당하고 확신에 찬 주코프가 또 다른 '나폴레옹'으로 부상하지 않을지 숙고했다.

스탈린은 역사상 가장 거대한 규모의 합동작전을 조율하며 계획을 세우진 않았다. 이러한 경쟁으로 당사자들은 시급하게 공격해야 한다는 생각에 빠져들었고, 두 지휘관은 상호 협력을 염두에 두지 않았다. 베를린 공세에 참전하고, 훗날 바르샤바 조약 기구*가 탄생한 후 바르샤바 조약군의 부사령관이 된 아나톨리 메레시코는 당시 상황을 이렇게 정리했다.

> 누가 (베를린을) 가장 먼저 점령하고, 누가 첫 번째 자리를 차지할 것인가? 이 문제 때문에 주코프와 코네프는 치열하게 경쟁했다. 둘 사이에는 팽팽한 긴장감이 감돌았다.[62]

팽팽한 긴장감은 두 지휘관 사이뿐만 아니라 스탈린과 서방 연합국 사이에도 존재했다. 가장 논란이 된 안건은 폴란드 문제였다. 서방 연합국 지도자들은 뒤늦게 얄타 회담에서의 합의사항 중 일부 어휘에 관한 소련 측의 '해석'이 자신들의 해석과 다르다는 사실을 발견했다. 소련 측은 괴뢰정부에 추가로 들어올 사람을 철저히 조사했다. 소련 측이 구사하는 '파시스트'란 단어는 소련이 싫어하는 모든 사람을 향해 사용되었다. 또한 폴란드에서 정부를 수립하는 과정은 의혹투성이였다. 3월 31일, 루스벨트는 소련이 얄타 회담의 합의를 해석하는 방식에 '우려'를 표한다는 내용의 편지를 스탈린에게 보냈다.[63] 처칠도 다음 날에 편지를 보냈다. 처칠은 "몰로토프가 선거 관찰자들에게 폴란드 입국을 허용하지 않았다는 소식에 '놀라움과 유감'을 표한다."라는

→ 1955년 5월, 나토에 대항하기 위해 니키타 흐루쇼프의 제안으로 결성된 군사동맹 조약기구로, 정식명칭은 '우호협력 상호원조조약'이다.

히틀러와 스탈린

내용을 편지에 담았다.[64]

이에 스탈린은 전형적인 내용의 답신을 보냈다. 그는 자신을 비난한 사람들을 곧바로 비판했다. 그는 폴란드에서 일어나는 어려운 문제들은 연합국이 얄타 합의를 지키지 않았기 때문이라고 응수했다. 얄타 합의에 따르면, '기존 정부'에 일부 인사를 추가하기로 했다. 그런데 스탈린은 "연합국은 폴란드에 '완전히 새로운 정부'를 구성하기를 원하고 있다."라고 주장했다. 4월 7일 연합국에 보낸 전문에서, 스탈린은 손에 쥔 카드를 사용했다. 새로운 인물이 폴란드 정부에 가담하기 위한 전제조건으로, "그들이 진심으로 폴란드와 소련 사이의 우호적인 관계를 형성하도록 노력해야 한다."라고 단정했다.[65] 그렇다면, 누가 스탈린이 내세운 "우호적인 관계"라는 시험을 통과할 수 있겠는가? 당연히 소련인뿐이었다. 처칠과 루스벨트는 스탈린의 애매한 공식을 받아들이며 덫에 갇히고 말았다.

이 시점에서, 소련이 새롭게 '해방한' 동유럽 국가들에서 자기 마음대로 날뛰는 스탈린을 저지하지 못하는 영국과 미국의 무능력 또는 무의지가 너무도 분명히 드러났다. 소련군이 루마니아를 압제하는 광경을 지켜본 영국 외교관은 이렇게 보고했다.

> 검은 것을 희다고 말하고, 민주주의를 파시즘이라 부르며, (좌익)
> 파시즘을 민주주의라고 부르는 단순화 과정이 진행 중이다. 지금
> 당장 문제 삼지 않으면, 독립된 루마니아 땅에 묘비를 세우는 전
> 설이 새로 기록될 것이다.[66]

이로부터 몇 주 전, 불가리아 주재 영국 외교관도 이런 내용이 담긴 전문을 런던에 보냈다.

러시아인이 불가리아인을 희생양으로 삼는 광경을 가만히 앉아 지켜볼 수만은 없다.[67]

동유럽 문제에 관해서는 처칠에게 일정 부분 책임이 있었다. 처칠은 그제야 깨달았다. 여러 동유럽 국가를 두고, 스탈린과 '퍼센티지 거래'를 했던 과거 때문에 현재 소련의 행보에 불만을 토로하기 어렵다는 사실을.[68] 3월 8일, 처칠은 루스벨트에게 이런 내용이 담긴 편지를 보냈다.

나는 최근 루마니아에서 일어나는 일로 낙담했다. 러시아인은 소수 공산주의자의 잘못된 대의제도를 이용해 루마니아의 통치권을 장악하는 데에 성공했다.

하지만 처칠은 이런 말도 밝혔다.

나는 스탈린의 입에서 "당신들이 그리스에서 저지른 행동•에 간섭하지 않았는데, 왜 나는 루마니아에서 재량권을 행사하지 못하게 하는가?"라는 말이 거론될 정도로 나의 견해를 강력하게 피력

◆ 영국군이 1944년 그리스에서 일어난 공산주의자 봉기를 진압한 사건을 가리킨다.

히틀러와 스탈린

하고 싶진 않다.[69]

이 편지 내용에 문제의 핵심이 담겨 있다. 똑같은 편지에서 처칠은 이런 내용도 담았다.

폴란드는 '민주주의, 주권, 독립, 대의 정부, 자유롭고 구속받지 않는 선거' 같은 어휘들의 의미를 둘러싼 우리(서방 연합국)와 러시아인 사이의 해석 차이를 시험하는 사례다.

처칠은 열정적인 어조로 몰로토프와 폴란드의 새로운 정부에 관해 이런 불평을 남겼다.

몰로토프는 루블린 정부 소속이 아닌 폴란드인들과 협의하겠다는 합의를 웃음거리로 만들려 하고 있다. 폴란드의 새로운 정부는, 현재 정부에 관해 아무것도 모르는 사람들 눈에 잘 보이고자 치장하고 있다. 더불어 현재 진행 중인 주민 살상과 강제이주 사건에 관여하지 못하도록 막고 있다.

그렇지만 처칠은 스탈린과의 '퍼센티지 거래'라 불리는, 동유럽 국가들을 둘러싼 비밀 거래를 했다. 도덕성은 선별적으로 적용할 수 없는 원칙이다. 그런데도 처칠은 루마니아와 불가리아는 스탈린에게 줄 수 있으나 폴란드는 경우가 다르다고 주장하고자 했다. 정당화하기 쉽지 않은 논리였다.

처칠과 달리 루스벨트는 폴란드 문제에 매달리지 않았다. 루스벨트는 이 문제에서 일관되게 침착했다. 1944년 대통령 선거에서 폴란드계 유권자를 염두에 두었던 점을 빼고는 늘 그러했다. 루스벨트는 오히려 스탈린의 다른 행보에 크게 우려했다. 스탈린은 소련군이 점령한 지역에 있는 미군 포로에 쉽게 접근하지 못하도록 했을 뿐만 아니라 UN을 향한 전폭적인 지지도 버릴 것처럼 행동했다. 스탈린은 UN 관련 논의를 진행할 샌프란시스코 UN 창립총회에 몰로토프를 보내지 않았다. 거기다 스탈린은 서방 연합국이 독일과의 단독 강화조약을 추진한다고 주장했다. 스탈린의 이러한 '주장'은 루스벨트를 더욱 난처하게 했다. 소련인을 상대하는 동안 루스벨트를 화나게 만든 것은 아마도 스탈린의 이런 주장일 것이다.

1945년 3월 초, 이탈리아 내에 있던 독일군이 항복 가능성을 논의하고자 나치친위대 장군이 스위스에서 미국 정보원과 접촉한 적이 있었다. 서방 연합국은 아무런 결과도 얻지 못했음에도 이 소식을 소련 측에 알렸다. 그런데 소련 측은 소련의 대표도 독일과의 모든 접촉에 참여해야 한다고 주장하며 양측 사이에 논쟁이 발생했다. 이 논쟁은 그해 4월 3일 스탈린이 루스벨트에게 보낸 전문에서 최고조에 도달했다. 스탈린은 거친 어조로 루스벨트의 이중성을 신랄하게 비난했다.

> 당시는 아무 협상도 진행되지 않았다고 주장하지만, (소련 당국은) 완전한 정보를 보고받지 못한 듯하다. 정보를 담당하는 나의 동료들이 자신들이 입수한 자료를 바탕으로 분석한 바에 따르면, (불완전한 정보를 보고받았다는 것에) 의심의 여지가 없다.[70]

루스벨트는 스탈린의 이러한 주장에 놀랐다. 그는 스탈린의 주장을 부인하는 내용의 전문을 보내며 다음과 같은 말로 마지막을 장식했다.

솔직히 말해서, 나는 당신(스탈린)에게 정보를 제공하는 사람들에게 큰 유감을 감출 수 없다. 그들이 누구든 그들은 나의 행동, 내가 신뢰하는 부하들의 행동을 악의적으로 왜곡했다.[71]

통상적으로 루스벨트의 전문은 그의 참모들이 작성했지만, 이 메시지에서만큼은 루스벨트가 상처받았다는 점을 생생하게 느낄 수 있다. 그렇지만 스탈린은 이런 상황에서도, 언제나 그렇듯, 상당한 냉철함을 유지하며 대꾸했다. 루스벨트나 처칠의 '정직함과 믿음'을 의심하진 않으나 이 논쟁이 '연합국이 독일과 어떻게 협상을 진행해야 하는가'에 관한 양측의 이견을 선명하게 드러나게 했다고 주장했다. 스탈린은 기존 입장을 바꾸지 않았다. 스탈린은 아무리 예비 접촉이었다고 한들, 독일과의 모든 협상에 소련이 참여하기를 원한다는 뜻을 재차 강조했다.[72] 스탈린은 이 전문의 사본을 처칠에게 보내면서, 다음의 내용을 추가했다.

내가 보내는 메시지는 완전히 우리 둘(처칠과 스탈린)만의 일이고 비밀이다. 나의 마음을 분명하고 솔직하게 표현하고자 이런 방법을 썼다. 기밀 교신의 장점이다. 그러나 당신이 나의 솔직한 말을 조금이라도 불편하게 느낀다면, 이런 식의 교신은 앞으로 어렵다.[73]

스탈린의 어투는 흥분한 아이를 달래는 부모의 말투와 같았다. 한 국가의 지도자가 다른 나라 지도자에게 보낸 편지라 하기엔 확연히 유별난 메시지였다. 또한 이 편지로 인해 스탈린, 그리고 영국과 미국의 지도자 사이의 차이가 확연하게 부각되었다. 루스벨트와 처칠은 스탈린과의 관계에서 위험한 패턴을 답습하였다. 두 사람은 스탈린이 자신들을 인간적으로 좋아하면 거래가 쉬워질 것이라 여겼다. 그러나 스탈린은 두 지도자와의 감정적 교류는 신경 쓰지 않았다. 이러한 관계의 '비대칭성'으로 인해 스탈린은 처칠을 질책할 수 있었다. 스탈린의 위엄은 전혀 손상되지 않았다. 스탈린은 교신할 때마다 감정에 치우친 적이 거의 없었다. 그는 자신의 불쾌함을 계산된 방식에 따라 표현하였다. 대단하게도, 스탈린은 의사를 드러낼 때 자신의 약점은 거의 드러내지 않았다. 그는 4월 초 루스벨트가 표현한 것처럼 자신의 분노를 밝히지 않았다. 스탈린의 이런 화법은 소련이 연합국을 상대할 때마다 가장 큰 장점으로 쓰였다.

스탈린은 냉혹한 감정과 상대를 기만하는 능력을 갖춘 인물이었다. 예를 들어, 1945년 4월 1일 베를린 점령을 두고 주코프와 코네프의 경쟁을 촉발한 회의 이후 스탈린은 미국의 아이젠하워에게 이런 내용이 담긴 전문을 보냈다.

베를린은 이전과 달리 전략적 중요성을 상실했기 때문에 소련군은 이 도시를 점령하지 않았고 남쪽에서 연합군과 만나는 작전에 집중하고 있다.

히틀러와 스탈린

이 내용은 새빨간 거짓말이었다. 이런 거짓말을 이용해 소련군이 방해받지 않고 베를린을 점령하도록 상황을 조성했다.[74] 이러한 기만술은 스탈린이 누구와도 궁극적인 동맹을 맺지 않는다는 점을 알려주는 증거였다

스탈린이 소련의 최종 작전을 구상하던 때, 나치 정권은 어느 때보다도 커다란 압박에 직면했다. 3월 21일, 히틀러는 괴벨스에게 자신이 낙담하고 있음을 털어놓았다. 그러나 스탈린과 서방 연합국의 동맹은 필연적으로 깨질 것이라 주장했다. 관건은 동맹이 해체되는 시기에 달렸다. 히틀러는 "독일이 완전히 땅에 깔리거나 쓰러지기 전에 동맹이 깨질 것인지 아닌지가 문제다."라고 말했다.[75] 일주일 후 괴벨스는 히틀러가 베를린에서 내리는 결정과 베를린 밖의 실제 상황 사이에 근본적인 괴리가 있음을 인정했다. 그는 일기에 이런 내용을 적었다.

> 우리가 베를린에서 내리는 결정의 실행 여부는 차치하더라도, 아래로 하달조차 되지 않고 있다. 나는 (히틀러의) 권위가 상실하는 극도로 위험한 상황을 지켜보고 있다.[76]

이런 상황에서도, 사적으로 히틀러를 만난 사람들은 그에게서 때때로 긍정적인 태도를 느꼈다. 4월 12일, 히틀러는 알베르트 케셀링Albert Kesselring 원수를 만났다. 그는 훗날 당시 상황을 이렇게 회고했다.

> 히틀러는 여전히 낙관적이었다. 그가 얼마나 연기했는지는 알 수 없다. 되돌아보니, 당시 히틀러는 여전히 어떤 기적과 같은 구원

이 있을 수 있다는 망상에 사로잡혔던 듯했다. 물에 익사하는 사람이 지푸라기라도 잡으려 하는 것과 마찬가지였다.[77]

괴벨스에 의하면 '기적'의 일부는 그날 늦게 강림하셨다. 괴벨스는 루스벨트가 뇌출혈로 사망했다는 뉴스를 들었다. 그렇지만 루스벨트의 죽음이 오랫동안 기다린 연합국 동맹의 붕괴를 야기하지도 않았고, 히틀러를 구원하지도 못했다. 해리 트루먼이 루스벨트의 뒤를 이어 대통령이 되었고, 그는 전임자처럼 나치즘의 파괴와 일본의 정벌을 다짐했다. 다만 해리 트루먼이 집권하면서 한 가지 측면에 가시적인 변화가 나타났다. 트루먼은 루스벨트와 달리 스탈린에게 단도직입적으로 말할 준비를 끝냈다.

연합국의 동맹이 와해할 것이라는 헛된 희망에 매달렸듯이 히틀러는 군사상의 실패를 보고받을 때마다 이전과 똑같이 굴었다. 그저 자신의 책임을 남에게 전가하기 급급했다. 그러나 이 시점의 히틀러는 유대인에게 책임을 전가할 뿐만 아니라 가장 충성스러운 측근들에게도 독일이 겪는 재앙의 책임을 전가했다. 연합군의 공습을 독일 공군이 막지 못한다는 이유로, 한때는 괴링이 히틀러의 맹비난을 있는 그대로 들어야 했다. 그다음으로 힘러가 히틀러의 격노를 감당해야 했다. 나치친위대가 독일 북부의 포메라니아 지역에서 소련군을 저지하지 못하자 힘러는 히틀러에게 추궁을 받았다. 나치친위대 소속 장교이자 히틀러의 전직 경호실장이었던 제프 디트리히Sepp Dietrich 역시 히틀러의 분노를 견뎌낸 인물이었다. 디트리히는 1934년 장검의 밤 사건 당시 처형대를 조직했고, 이후 히틀러의 경호대를 포함한 정예 친위돌격대인 라이프슈탄다르테 소속 제6기갑군의 최고사령관이었다. 히틀러는 3월 초 시작한 자신이 지휘한 헝가리 작전이 실패로 돌아가자 디트리히에게 화를 쏟아냈다. 그래서 작전에 참가한 나치친위대 부대의 완장을 떼어내라고 명령했다. 괴벨스는 당시 상황을 일기에 기록했다.

> 그 명령은 제프 디트리히에게는 가장 가혹한 모욕이었다. 육군 장군들은 경쟁하던 부대가 겪은 이 처벌을 고소하게 여겼다. 어찌됐든 나치친위대 돌격대는 지도부와 핵심 전력이 파괴되었으니, 더는 예전의 돌격대가 아니었다.[78]

히틀러가 타인을 비난하는 문화를 구축하긴 했어도, 스탈린이 저지른 '개인적 응징'에 버금가진 못했다. 병사와 민간인을 막론해 수많은 독일인이 '소심함'을 명목으로 처형당하긴 했어도, 히틀러는 측근 동료들에게 죽음을 강요하진 않았다. 군지휘관을 제거하는 가장 일반적인 방법은 은퇴, 병가를 강요하는 것이었다. 예를 들어, 구데리안은 3월 말 "참모총장직에서 물러나 6주 동안 요양 휴가를 떠나라."라는 명령을 받았다. 그해 2월 두 사람이 격렬한 논쟁을 벌인 이후의 조치였다. 구데리안은 당시를 이렇게 회고했다.

> 히틀러가 분노를 터뜨릴 때면 카펫 끝과 끝을 오가다 갑자기 내 앞에 서서, 내 얼굴을 보며, 비난을 쏟아냈다. 그는 거의 소리를 지르다시피 떠들었다. 눈이 튀어나올 듯했고, 관자놀이에는 핏줄이 올라섰다.[79]

소련군 총사령관이 스탈린을 화나게 했다고 상상해 보자. 요양 휴가를 보내는 것은 스탈린식 방법이 아니라는 건 분명하다.

4월 16일, 소련군은 대규모 포격으로 베를린 공세를 개시했다. 코네프의 부대는 신속히 진격했다. 그러나 주코프 부대는 작전 초기에 베를린 동쪽 늪지 위에 있는 산등성이, 젤로 언덕Seelow Heights에 발이 묶여 있었다. 3일이 지난 후에야 주코프 휘하의 거대한 병력이 독일군의 저항을 돌파할 수 있었다.

공격이 시작된 지 열흘 후인 4월 26일, 소련군은 베를린 시내에서 전투를 벌였다. 베를린 전투에 참여한 소련군 박격포중대의 중대장이었던 블라들렌 안치시킨Vladlen Anchishkin은 당시 자신이 느낀 감정을 선명히 기억했다.

드디어 전쟁의 끝이 보였다. 위대한 승리였다. 장거리 마라톤 같은 전쟁이 드디어 결승선에 도달한 듯했다. 그러나 나는 커다란 심리적, 감정적 압박을 느꼈다. 나는 지난 4년간의 전쟁을 되돌아보게 되었다. 이 전쟁은 사령부에서 지도를 만드는 그런 전쟁이 아니라 죽느냐 사느냐의 투쟁이었다. 이 전쟁은 항공기든 전차든 포병이든 이런 문제를 떠나 누가 먼저 적군을 죽이느냐에 달려있었다. 적이 나를 죽이려 한다면 나는 어떻게 행동해야 하는가? 그에게 입을 맞춰야 하는가? 나는 그를 죽여야 했다. 그러나 사람을 죽이기란 결코 쉽지 않았다. 당신은 병사가 지성체가 될 것이라 상상해서는 안 된다. 병사가 된 지성체는 피와 내장과 뇌를 보며 생존 본능을 발휘한다. 그는 자신의 모든 인간적 면모를 상실한다. 병사는 야수로 변한다. 병사가 지닌 모든 도덕적 특성은 그들이 겪은 일로 인해 파괴되었다. 전쟁은 인간성을 박탈한다.[80]

베를린의 아파트에서 모친과 살던 젊은 비서, 게르다 슈타인케Gerda Steinke는 '파괴'를 직접 목격했다. 그녀는 소련군이 저지르는 잔혹한 행위를 알리는 선전용 뉴스 영화Newsreels를 보며 두려움을 느꼈다. 그녀의 모친은 이렇게 말하곤 했다.

불가능해. 베를린처럼 큰 도시에서 그런 일은 일어날 수 없단다.

그러다 어느 날, 러시아 병사(소련군)가 집에 들이닥쳐서 작은 문을 막아섰다.

그 작은 문은 공습을 막기 위한 것이었어요. 소련 병사가 그 문을 완전히 막았어요. 나는 그 장면, 첫 모습을 결코 잊을 수 없어요. 기관총을 든 몽골 병사가 문을 지나 안으로 들어왔어요. 독일인은 전원 손을 앞으로 내밀어야 했습니다. 그는 독일인의 반지, 손목시계를 모두 낚아챈 후 밖으로 나갔어요.[81]

그날 늦은 시간, 소련군 병사들이 다시 방으로 들어왔다. 그때 게르다와 그녀의 엄마는 식탁보가 바닥까지 내려온 식탁 밑에 숨었다.

그의 다리가 내 앞에 있었어요. 이상한 느낌이 들었죠. 나는 오로지 "오 하나님, 우리가 이곳에 숨어 있는 것을 저들이 알아차리지 못하게 해주세요."라고 기도했습니다. 그때, 2~3명의 여성을 데리고 가는 소리가 들렸어요. 병사들은 그 여성들을 데리고 떠났어요.[82]

게르다와 그녀의 엄마는 어느 건물의 꼭대기에 몸을 숨겼다. 이들은 운이 좋았다. 아래층에 사는 노인이 소련군 병사들에게, "지붕에 불발탄이 있다."라고 말해서 게르다와 엄마는 그날 밤을 무사히 넘길 수 있었다. 그러나 아래층에 살고 있던 게르다의 친구는 이들만큼 운이 좋지 않았다. 소련군 병사들이 게르다의 친구를 찾아냈고, 게르다는 그녀가 겪는 고초를 생생하게 들을 수 있었다.

나는 그녀가 강간당하는 동안 모든 소리를 들을 수 있었어요. 나는, 너무, 너무도 무서웠어요. 나는 그 일이 마치 내게 일어난 일인 것처럼 느꼈어요. 그건 너무 끔찍했어요. 처음에는 비명이 들리더니, 다음에는 신음으로 변했어요. 나는 평생 이 일을 잊지 못할 거예요. 마치 내가 강간을 당하는 것 같았어요. 우리는 같은 학교를 다니진 않았지만 친하게 지냈어요. 우리는 나이가 같았고, 함께 생일을 축하했어요. (그 일 이후) 그녀는 더 이상 내게 인사를 하지 않았어요. 우리는 그렇게 헤어졌고, 우리의 우정도 끝났어요. 내가 꼭대기에 있었고, 그녀와 같이 아래층에 있지 않았던 것이 내 잘못은 아니었지만.

친구가 고통을 당하는 소리를 들은 게르다는 꼭대기 발코니로 나가서, 끝자락에 앉았다.

나는 목숨을 끊으려고 했어요. 누군가 그리로 오면, 러시아인이 오면, 나는 뛰어내리려고 했어요. 모든 것이 끝났다고 생각했어요. 아무도 나를 건드리지 못하게 아래로 뛰어내리려고 했어요. 언제라도 뛰어내릴 준비를 했어요. 거기서 누군가 오기를 기다리며 내내 앉아 있었지만, 아무도 꼭대기로 올라오지 않았어요.

다음 날 게르다와 그녀의 모친은 자신들이 살던 아파트로 잠시 돌아왔다.

나는 내 방에 들어가 창문에 서서, 밖을 보았어요. 소련군 여자 정치장교가 보였어요. 그녀는 채찍을 휘둘렀고, 러시아 병사들은 훔친 자전거를 타며 돌아다니고 있었어요. 나는 아래를 내려다보면서, 모든 것이 끝났으니 나에게 무슨 일이 일어날지를 생각했어요. 앞으로 어떻게 될 것인가? 나는 이런 상황이 얼마나 이어질지 상상할 수 없었어요. 반대편에는 자신의 아이와 함께 발코니에서 뛰어내린 여자의 모습이 보였어요. 아이는 죽었지만, 그녀는 죽지 않았어요. 다리가 부러져 장애인이 되었지요. 이런 이들을 보다 보니, 이런 생각이 들더군요. "더 이상 견딜 수 없다." 나는 4층에서 뛰어내려 모든 것을 끝내고 싶었어요. 나는 그것으로 끝이라고 생각했어요. 나에게 남은 일은 거의 없었어요. 그 당시 나는 "상황이 변할 수 있고 내가 다시 웃을 수 있다."라는 생각을 전혀 할 수 없었어요. 당시의 나는 그런 일을 결코 상상할 수 없었어요.

그날 늦게 게르다와 엄마는 친구네 집으로 옮겨갔다. 그 집에는 "아직 문이 달려있어서" 강간을 당하지 않고 살아남을 수 있었다. 그녀는 "모든 군대에서 강간 문제가 발생한다."라는 이야기를 들었지만, 이렇게 집중적으로, 이렇게 대량으로, 이렇게 의도적으로 발생하는 상황을 도무지 이해할 수 없었다.

나는 큰 굴욕을 느꼈어요. 이것이 현실이라서요. 우리는 모욕을 당해야 할 운명이었고, 그런 일이 실제로 일어났어요.[83]

소련군에 의해 얼마나 많은 여성이 성폭행을 겪었는지 정확히 집계할 방법은 없다. 다만 현재까지는 약 200만 명의 독일 여성이 전쟁 도중과 그 직후에 이런 끔찍한 일을 겪었다고 추산한다.[84] 당시 상황이 너무 끔찍해서, 베를린의 여성들은 서로에게 전시성폭행을 겪었냐고 묻지 않았다. "몇 명에게 당했냐."라고 물었다. 제1벨라루스 전선군에 참전한 블라들렌 안치시킨은 아무런 동정심도 느끼지 않았다.

자신을 범한 야만적인 러시아인 앞에서 독일 미녀들이 앉아 울고 있는 모습을 보며, 나는 이렇게 생각했다. 그녀는 왜 동부전선에서 온 (소련을 약탈하여 취한 물건이 담긴) 소포 꾸러미를 받았을 때는 울지 않았는가?[85]

히틀러와 스탈린

안치시킨은 소련의 선전—선동에 나선 저명한 작가, 일리야 예렌부르크Ilya Ehrenburg의 감정에 동조하는 듯했다.

붉은군대의 병사들이여, 독일 여인들은 너희의 것이다![86]

붉은군대의 수많은 병사는 복수심에 불타 성범죄를 저지르려고 했으나 못지않게 수많은 병사가 전쟁에 관한 대단히 의미심장한 질문을 스스로에게 던졌다. 종군기자 바실리 그로스만은 이런 기록을 남겼다.

수백만 명의 우리 병사가 동프러시아의 부유한 농가들을 목격했다. 잘 정리된 토지, 콘크리트로 만든 축사, 카펫이 깔린 넓은 방, 옷으로 가득한 옷장. 수천 명의 병사가 화가 나서 이 질문을 반복했다. "그런데, 이들(독일인)은 우리를 왜 공격한 거야? 대체 무엇을 원해서?"[87]

이 질문의 대답은 병사들이 보기엔 말도 안 되었다. 오히려 병사들의 큰 분노를 유발했다. 나치는 소련의 사람, 건물, 문화를 원하지 않았다. 소련의 땅과 자원을 원했다. 히틀러의 '유토피아' 때문에 수천만 명의 소련 인민이 죽었다. 수천만 명의 소련 인민이 사라져야 했다. 독일군이 소련을 침공한 지 거의 4년이 지난 시점에서, 그따위 유토피아를 추구한 인물은 종말을 맞이해야 마땅했다.

18장

승리와 패배

1945년 4월 30일

히틀러와 스탈린의 관계는 1945년 4월 30일 오후에 베를린에서 끝났다. 그
러나 이 순간이 아돌프 히틀러를 향한 스탈린의 관심이 끝난 시점은 아니었
다. 소련 군지휘관들이 5월 초 히틀러가 죽었다는 사실을 확인했음에도, 스탈
린은 히틀러가 살아있을 수도 있다고 계속 주장했다.

히틀러의 생일인 4월 20일은 원래 독일 전역에서 경사스러운 축일
로 기념되었다. 히틀러가 50세 생일을 맞이한 1939년 4월 20일, 베를
린은 성대한 축하식을 연출했다. 괴벨스는 당시를 이렇게 기록했다.

> 히틀러는 국민들에게서 지금까지 살았던 사람이 받았던 찬양보다
> 더욱 큰 칭송을 받았다. 청중들은 열광했다. 나는 사람들이 이렇
> 게까지 열광하는 모습을 본 적이 없다.[1]

독일군이 모든 부대, 즉 보병, 기갑, 기술자들이 히틀러의 영예를 기
리며 앞으로 행진할 때, 히틀러는 '세계에서 가장 성대한 행진'을 사열
했다. 하늘에는 독일 공군이 완벽한 대형을 그리며 축하 비행을 했다.

헤르만 괴링은 나치 신문 《푈키셔 베오바흐터》에 "나와 나치 동료들은 모든 것을 히틀러에게서 받았으니 죽을 때까지 그에게 헌신할 것이다."라는 글을 썼다.[2]

6년 전의 생일과 1945년의 생일은 너무도 현저하게 달랐다. 히틀러는 영광의 옥좌에서 낙담의 나락으로 추락했다. 4시간이나 진행되는 행진을 사열하는 대신 벙커에서 총통관저로 나와 적은 수의 병사를 만났다. 그들 중에는 소련군과의 전투에서 용맹함을 발휘한 20명의 히틀러유겐트 소속 청소년도 포함되어 있었다.[3]

1939년 연단에 서 있던 히틀러는 자신의 앞에서 행진하는 독일군을 사열했다. 당시의 그는 보기 좋게 다부진 몸을 가지고 있었다. 지금의 그는 간신히 발을 옮기며 흔들리는, 망가진 사람처럼 보였다. 1945년 4월, 그의 동료 대다수는 도망쳤다. 1939년에 죽을 때까지 헌신하겠다고 맹세한 괴링은 소련군의 진격과는 무관하고 안전한 장소인 독일 남부 지방에 급한 볼일이 있다며 도망쳤다. 히틀러의 공군 부관 니콜라우스 폰 벨로는 "히틀러가 내심 그를 내쳤다는 느낌을 받았다. 히틀러에게 아주 불쾌한 순간이었다."라고 회고했다.[4] 힘러와 다른 측근들도 도망쳤다. 괴링이 남쪽으로 도망쳤다면, 힘러는 북서쪽에 급한 일이 있다는 핑계를 댔다. 그 장소도 역시 소련군의 진격 경로와 무관해 안전한 곳이었다.

히틀러는 자신의 주치의인 테오도어 모렐도 해임했다. 히틀러는 그의 돌봄을 더는 필요로 하지 않았고, 오히려 독극물에 암살당할까 염려했다. "다음 날 아침, 히틀러 측근의 수가 크게 줄어들었다."라고, 히틀러의 비서였던 트라우들 융게가 기록했다.

생일을 축하하는 인사를 하러 온 사람들은 가라앉는 배에서 탈출하듯이 떠났다.[5]

생일 이틀 뒤인 4월 22일, 총통벙커에서 군지휘관들을 만난 히틀러는 감정적으로 거의 무너졌다. 소련군을 향한 공격 명령이 수행되지 않았다는 사실을 알아챈 그는 네 명의 최고위 군참모들에게 격노했다. 그중에는 빌헬름 카이텔, 알프레트 요들 장군도 있었다. 히틀러는 자신이 배반당했다며 소리를 지르고, 30분 동안 장광설을 쏟아냈다. 히틀러 근처에서 일했던 이 지휘관들은 그의 이런 모습을 과거에는 본적이 없었다. 그의 격노가 가라앉자 측근들은 히틀러에게 좀 더 안전한, 바이에른의 산악지대 베르히테스가덴 지역으로 이동하라고 설득했으나 그는 이 제안을 거부했다. 그는 자신에게 충성하던 의협적인 전사들이 본인을 배신했다고 생각하며, 스탈린처럼 분노했다. 다음 날 4월 23일. 히틀러는 괴링에게서 "만일 다른 뉴스를 듣지 않는다면 히틀러가 더는 살아있지 않은 것으로 간주하고 내가 국가수반직을 맡겠다."라는 말을 들었다. 괴링이 히틀러 제거 음모에 가담해서가 아니었다. 그 시점에는 히틀러가 자살했을 것이라 전제했기 때문이었다. 그러나 히틀러는 그렇게 해석하지 않았다. 그는 괴링이 본인을 배신했다고 생각하며, 그를 비난하고 체포명령을 내렸다.

히틀러는 또 다른 배신도 경험했다. 그는 힘러가 스웨덴 외교관 폴케 베르나도테Folke Bernadotte를 중재인으로 삼아 서방 연합국과 항복 협상을 시도했다는 보고를 받았다. 당시 히틀러와 함께 있었던 한 장교는 그때를 이렇게 회고했다.

그 뉴스는 폭탄처럼 벙커를 뒤흔들었다.[6]

　히틀러는 즉각 힘러를 나치당에서 제명하고, 그의 직위를 전부 박탈했다. 히틀러는 괴링과 힘러가 "개인적 배신과는 별개로 국가와 국민 전체에 말할 수 없는 타격을 입혔다."라고 말하며 격노했다.[7] 이 평가는 참으로 가혹했다. 히틀러는 그들에게 베를린을 떠나도 좋다고 허락했었고, 그들은 히틀러가 이미 죽었거나 곧 죽을 것이라 전제하고 그런 일을 저질렀다. 그들은 히틀러가 없는 세상에서 나름대로 최선의 계획을 수립했던 셈이다.

　히틀러가 기만당했다고 느낀 이유는 그가 세상을 보는 관점이 스탈린과 무척 달랐기 때문이다. 앞서 본 것처럼 파울루스가 스탈린그라드

사진48 **베를린에 있던 히틀러의 지하벙커 내부 모습**
히틀러는 이곳에서 최후의 순간까지 몸을 숨긴 채 저항하고자 했으나 끝내 자결하였다. 사진은 소련군이 베를린을 접수한 이후에 촬영되었다.

에서 소련군의 포로가 되었을 때, 히틀러는 파울루스와 그의 주위 사람들에게 패배가 임박했다면 함께 모여 방어선을 치고, 마지막 탄창으로 자기 자신을 쏴야 한다고 명령했다.[8] 히틀러가 생각하기에 이것이 가장 극적인 최후였다. 그러나 현재, 괴링과 힘러는 이런 최후에 가담하지 않겠다는 의사를 확실하게 보였다. 히틀러 입장에서는 본인은 없어져도 상관없는 존재였다. 단지 자신의 '아첨꾼'들이 계속 생존한다는 사실을 받아들일 수 없었다. 고대 왕국의 하인들은 통치자가 죽으면 함께 죽어서 다음 세상으로 떠났거늘, 자신의 모든 추종자는 왜 본인과 함께 죽으려고 하지 않는단 말인가? 괴벨스는 히틀러의 이런 사고방식을 완전히 잘 이해하고 있었다. 그는 부인과 6명의 자식을 모두 히틀러와 가까운 벙커로 옮겨오게 했다. 그리고 집단자살을 준비했다. 괴벨스는 수개월 내내 "만일 독일이 전쟁에서 승리하지 못한다면, 히틀러와 함께 영웅적으로 죽는 편이 차선책이다."라고 생각했다. 그는 이제 그 목표를 위해 부인과 자녀들까지 '영웅적으로' 희생할 준비를 마쳤다.

괴벨스는 당시 엄청난 제작비를 투입해 탄생한 총천연색 영화, 「콜베르크Kolberg」 •라는 작품을 보았다. 그는 이 영화를 보고 "영웅적 죽음은 불멸의 삶으로 이어진다."라는 자신의 신념을 더욱 굳혔다. 나폴레옹 전쟁 당시 포위 상황을 묘사한 이 영화에서, 독일인 배우들은 각각 이런 대사를 말했다.

◆ 1945년 선전용 역사영화로, 제3제국의 마지막 영화 중 하나다. 연합국에 저항하려는 독일 국민의 의지를 북돋우기 위해 만들어졌다. 작품명 '콜베르크'는 오늘날 폴란드의 도시 '코워브제크'의 독일어 이름이다.

죽음은 승리와 같이 묶여 있다. 가장 위대한 성취는 항상 고통과 함께 탄생한다.

재와 돌무덤에서 새로운 국민의 불사조처럼, 새로운 제국처럼 탄생할 것이다.[9]

괴벨스는 「콜베르크」에 매료되었다. 그는 영화에 나온 많은 대사를 직접 쓴 것으로 알려졌다. 그리고 그 영화 제작에 돈을 아끼지 않았고, 수천 명의 병사를 단역으로 출연하게 조치했다. 괴벨스의 부관 빌프레트 폰 오벤Wilfred von Oven은 당시 상황을 이렇게 회고했다.

괴벨스는 병사들을 전선으로 보내기보다는 영화에 출연시키기를 더욱 중시했다. "우리는 완전히 궤멸될 것이기 때문에 싸움은 아무런 의미가 없다."라고, 그는 내게 말했다.

괴벨스는 이 영화의 음악을 담당한 노르베르트 슐체Norbert Schultze에게 "이 영화가 우리보다 오래 살아남을 것이다."라고 말하기도 했다.[10] 「콜베르크」는 히틀러의 수상 취임 20주년인 1945년 1월 30일 베를린에서 개봉했다. 괴벨스는 이 영화를 아주 소중하게 생각했다. 예를 들어, 괴벨스는 괴링에게 부탁하여 이 영화를 프랑스 라로셸La Rochelle에 포위된 독일 병사들에게 공수해 같은 날 상영하도록 조치했다. 괴벨스는 영화 속 '저항'과 연합군의 진격을 맞이할 독일군의 '저항'을 청중이 연계해서 느끼기를 원했다. 몇 달 후인 4월 27일, 괴벨스는 선전부 관리들에게 행한 연설에서 「콜베르크」를 언급했다.

> 신사 여러분, 100년의 세월이 흐르면, 후세의 사람들은 우리가 견
> 딘 이 어려운 시기를 묘사하는, 또 다른 총천연색 영화를 만들 것
> 이다. 당신들은 100년 뒤에 다시 살아나 그 영화 속에서 어떠한 역
> 할을 맡고 싶지 않은가? 지금이라면 누구든 100년 뒤에 만들어질
> 영화에서 어떤 역할을 맡을지 선택할 수 있다. 나는 이 영화가 아
> 주 멋지고, 감정을 고양할 것이라고 보장한다. 이러한 전망을 염
> 두에 두고 강하게 버틸 가치가 있다. 지금을 잘 견뎌라. 그러면
> 100년 후 관객들은 당신들이 스크린에서 나타나는 모습을 보며
> 콧방귀를 뀌거나 야유를 보내지 않을 것이다.[11]

괴벨스는 독일 병사들이 가장 고귀한 역사적 행동인 '자기희생'으로
버티고 있다고 생각했다. 베를린의 폐허 속에서, 그들은 테르모필레
전투의 레오니다스 국왕과 스파르타인 전사처럼, 또는 알라모 전투의
데이비드 크로켓David Crockett이나 제임스 부이James Bowie●처럼 행동하고
있었다. 흥행작들이 테르모필레 전투와 알라모 전투 같은 영웅적 저항
서사를 담아냈듯이 언젠가 독일 병사들의 죽음은 이처럼 비슷한 찬사
를 받을 것이라고 괴벨스는 생각했다. 괴벨스를 잘 아는 독일 외교관
한스-오토 마이스너Hans-Otto Meissner는 "괴벨스는 자기 자신을 믿었다.

● 과거 멕시코의 영토였던 텍사스에서 주민들이 멕시코로부터의 분리를 주장하며 독립전쟁이 발발했다. 텍사스
독립전쟁의 알라모 전투 당시 데이비드 크로켓과 제임스 부이가 의용군을 이끌었다.

1945년 4월 30일의 히틀러
히틀러가 자결하기 직전에 찍은 마지막 사진 중 하나다.

그는 자신의 생명이 역사 속에서 계속 살아있을 것이라 믿었다."라고
평했다.[12]

그러나 괴벨스나 히틀러는 레오니다스나 제임스 부이가 아니었다.
그들은 소련군과 맞서 싸우기보다는 베를린 거리 아래에 있는, 시멘트
로 견고하게 구축된 벙커에 겁을 먹은 채 숨어 있었다. 거기다 그들은
'영웅'이 아니라 본인들이 저지른 '범죄의 유산'으로 기억되고 기록될
숙명을 피할 수 없었다.

종말이 다가오자 지하벙커의 분위기는 괴벨스의 상상 속 미래에서
상영될 영화와는 달랐다. 무사태평한 용기는 없었다. 대신에 나태한
기류가 넘실거렸다. 벙커에서 히틀러를 위해 근무한 베른트 프라이타
크 폰 로링호벤Bernd Freytag von Loringhoven은 당시 벙커 내 분위기가 아주 섬

뜩했다고 회상했다. 그곳에 있는 사람들은 할 일이 전혀 없었다. 이들은 복도를 서성거리며 새로운 뉴스를 기다렸다. 적은 이미 아주 가까이 다가왔다. 그래서 벙커에서 오가는 이야기의 주요 주제는 "어떻게 자살할 것인가?"였다.[13]

히틀러는 괴벨스가 꿈꾼 베를린에서의 영웅적 최후를 대체로 지지했으나 두 가지 중요한 측면에서 히틀러는 환상을 지킬 능력이 없었다. 일단 체포당할 수 있다는 두려움이 컸다. 히틀러는 전투에서 생존한다면 싸울 생각이 없었다. 히틀러는 생애 마지막 시간에 "나는 적에게 잡히고 싶지 않다."라고 말했다.

적들은 흥분한 군중의 즐거움을 위해 유대인 감독을 시켜 새로운 영화를 제작할 것이다.[14]

히틀러가 자신이 선전한 이미지를 끝까지 유지하지 못한 두 번째 측면은 자신의 애인 에바 브라운과 결혼한다는 결정을 내린 점이다. 그는 '독일 민족'과 결혼했다는 환상을 스스로 파괴했다. 그는 평범한 사람과 동떨어진 삶을 살아온 지도자로서의 환상을 지키기보다는 에바 브라운의 충성에 보상해주고 싶었다. 그렇지만 그는 마지막 숨을 거둘 때까지 자신의 이념과 신념은 일관되게 고수했다. 자살하기 직전, 본인이 서명한 정치 선언Political testament에서 히틀러는 "이 전쟁은 유대인의 혈통을 잇거나 유대인을 위해 일하는 전 세계 정치인들이 일으켰다."라고 주장했다. 이 서류에서, 그는 자신의 유대인 학살을 완곡한 어법으로 자랑스러워하는 흔적을 분명하게 남겼다.

실제로 죄를 짓지 않았다면, 수백만 명의 성인 남성이 죽거나, 수십만 명의 여성과 어린이가 불타 죽거나 폭탄에 맞아 죽지는 않았을 것이다. 이런 사실을 모르는 사람들이 없게 되었다. 심지어 그들은 훨씬 인간적인 방법으로 자신들의 죗값을 치렀다.[15]

'실제 죄인'과 '인간적인 방법'이란 표현은 '유대인'을 '가스실에서 처리'한 것을 지칭하는, 진실을 심하게 왜곡하는 말이었다.[16] 결국 최후의 순간까지도 히틀러는 자신의 악명 높은 죄악을 찬양하기를 멈출 수 없었다. 월요일인 1945년 4월 30일 오후, 히틀러와 그의 부인 에바 히틀러는 총통벙커에서 스스로 목숨을 끊었다. 그는 자신에게 총을 쏘았고, 그녀는 독약을 마셨다. 다음 날 괴벨스와 그의 부인은 여섯 명의 자녀를 죽인 뒤에 부부도 동반 자살했다.

스탈린은 히틀러와 괴벨스가 자신들의 생명에 신비로운 종말 서사를 구축하려고 했던 시도를 틀림없이 냉소적으로 바라보았을 것이다. 스탈린은 히틀러와 괴벨스처럼 자신을 위한 역사적 유산을 남기려고 하진 않았다. 다만 전시에 역사 속 러시아의 승전을 이용하고자 과거의 군사적 위업을 찬양했다. 또한 스탈린은 오랫동안 이반 뇌제라는 위인에 관한 환상을 품었다. 소련의 영화감독 세르게이 에이젠슈테인 Sergei Eisenstein 은 이반 뇌제를 소재로 삼은 영화를 제작했는데, 스탈린은 이 영화에 관심이 많았다. 스탈린은 이반 뇌제를, 러시아를 통합하려고 했던 지도자 계보의 첫 번째 인물로 이해했다. 그 계보는 이반 뇌제로 시작해 레닌을 거쳐 스탈린으로 계승되었다. 그렇지만 이반 뇌제를 바라보는 스탈린의 인식은 프리드리히 대왕을 바라보는 히틀러와 괴

히틀러와 스탈린

벨스의 인식처럼 단순하지 않았다.[17] 그는 악명높은 이반 뇌제의 성취 뿐만 아니라 그의 단점도 인지하였다. 믿기 힘들겠지만, 스탈린은 이반 뇌제가 '충분히' 잔인하지 않았다고 생각했다. 정치국원 아나스타스 미코얀은 이와 관련된 스탈린의 발언을 이렇게 회고했다.

> 나(스탈린)는 이반 뇌제가 대귀족들(Boyars)을 너무 적게 죽였다고 생각한다. 그는 대귀족 전체를 죽였어야 했다. 그래야만 진정으로 통합되고 강력한 러시아를 좀 더 일찍 이룩할 수 있었을 것이다.

스탈린은 이반 뇌제를 칭송한 어느 작가에게 이런 말도 건넸었다.

> 그 차르(이반 뇌제)는 한 가지 약점이 있었다. 대귀족들을 처형할 때마다, 그는 양심의 고통을 느꼈고 자신의 잔인한 행보를 후회했었다.[18]

우리가 본 바와 같이 히틀러는 스탈린과 다르게 자신의 목숨과 관련된 낭만적인 망상을 추구했기 때문에 최후의 순간까지도 저항과 마지막 총알의 올바른 사용을 거론했다. 히틀러는 1944년 초에 "만일 내가 최고지도자로서 최후를 맞이해야 한다면, 장교단 전체가 칼을 뽑은 채 나를 둘러싼 최후의 방어선을 만든 상황에서 그렇게 할 것이다."라고 말했다.[19] 스탈린은 히틀러와는 완전히 다른 생각을 했다. 그는 세계에서 제일 무섭고 깊은 의심을 품은 채 인류를 바라보았다. 그는 만나는 모든 사람을 의심했다. 그래서 그는 "장교단 전체가 칼을 뽑은 채" 자신을 둘러싸도록 조치하지 않을 것이다. 스탈린은 그들이 자신을 칼로 찌를 것이라 의심했기 때문이다. 최종적으로 신비로운 마지막을 꿈꾼 히틀러의 환상과 달리 그의 최후는 아주 지저분했다. 어두운 지하벙커에서 자살한 이후 히틀러의 시신은 보좌관들에 의해 총통관저 마당으로 끌려 나왔다. 근처에 소련군 포탄이 떨어지면서 시신이 불에 태워졌다.

히틀러와 스탈린의 관계는 1945년 4월 30일 오후에 베를린에서 끝났다. 그러나 이 순간이 아돌프 히틀러를 향한 스탈린의 관심이 끝난 시점은 아니었다. 소련 군지휘관들이 5월 초 히틀러가 죽었다는 사실을 확인했음에도, 스탈린은 히틀러가 살아있을 수도 있다고 계속 주장했다. 소련군은 결국 총통관저 정원에서 불에 탄 히틀러의 시신을 발견했고, 법의학적으로 조사한 결과 히틀러의 시체로 확인했다.[20] 소련군 소속 심문관들은 히틀러의 마지막을 목격한 증인들도 체포했다. 소련군의 이러한 노력에도 불구하고, 스탈린의 의심은 바꾸지 못했다. 상황이 이렇게 되자 6월 9일, 주코프는 기자회견에서 이렇게 발언했다.

현재 히틀러의 행방이 묘연하다. 우리는 그의 시신을 찾지 못했다. 나는 그의 운명이 어떠한지 확정적으로 이야기할 수 없다.

주코프는 히틀러가 스페인에 있을 것이라 추정했다. 베를린 주재 소련군 사령관인 니콜라이 베르자린Nikolai Berzarin 장군은 주코프의 기괴한 주장에 맞장구를 치며 기자들에게 이렇게 말했다.

내 생각에, 히틀러는 유럽 어딘가로 잠적했다. (스페인의) 프랑코 장군과 함께 있을 가능성이 있다.[21]

주코프와 베르자린이 공동으로 엮은 믿지 못할 이야기는 사실 스탈린의 입에서 처음 등장했다. 치아 감별로 히틀러의 사망이 확실해진 상황에서도, 스탈린은 다른 주장을 하며 무언가를 얻고자 했다. 히틀러가 스페인에 있다고 발언하면서, 스탈린은 자신이 혐오하는 스페인의 파시스트 프랑코 장군에게 압박을 가하고자 했다. 소련군 수뇌부도 히틀러가 특정 국가에 숨어 있다고 발언하면서 프랑코 정권을 비난하는 데에 동참했다. 물론 소련군은 히틀러가 정확히 어디에 있는지 '공식적으로는' 모른다고 말했으나, 히틀러가 아직 살아있고 서방 연합국이 그를 체포하지 않았다는 발언은 그 자체로 논쟁을 불러일으키기에 충분했다.

눈앞에 히틀러가 죽었다는 증거가 있는데도, 소련 당국은 히틀러가 베를린을 탈출했다는 거짓말을 해줄 목격자를 찾아내고자 혈안이 되었다. 1945~1946년 겨울과 봄, 히틀러 전용기의 조종사였던 한스 바우어Hans Baur는 모스크바에서 심문을 받았다. 그는 심문 당시를 이렇게 회상했다.

나는 히틀러를 비행기에 태워 베를린 밖으로 내보냈다는 혐의에 반복적으로 시달렸다. 심문받는 동안 그들(소련인)은 나를 아주 험악하게 다루었다. 그들은 나를 자주 때렸다. 내 머리를 주먹으로 가격했다.[22]

스탈린은 히틀러가 살아있다는 이상한 생각을 1945년 베를린 인근 포츠담에서 열린 회담에서도 제기했다. 그는 당시 미국 국무장관 제임스 번스James Byrnes에게 "나는 히틀러가 살아있다고 믿는다. 그가 스페인 또는 아르헨티나에 있을 거라고 믿는다."라고 말했다.[23]

연합국을 호도하려는 스탈린의 의도적인 노력은 나치와의 전쟁에서 승리한 이후에도 스탈린이란 사람은 바뀌지 않았다는 것을 보여주는 신호였다. 그는 이전과 다름없이 의심이 많았다. 오히려 의심이 더욱 늘었다. 전쟁 중 동맹국들을 향해 누적된 불신도 그가 냉전 체제를 수립하는 데에 중요한 영향을 끼쳤다. 냉전은 나치의 붕괴처럼 스탈린이 남긴 거대한 유산으로 간주되어야 한다. 물론 냉전을 위한 정책적인 이유도 있었다. 소련은 패전국에서 최대한 전쟁배상금을 많이 받아내고자 했고, 인접 국가들이 소련에 '우호적'이어야 한다는 조건을 지속적으로 요구했다. 서방 연합국과의 균열은 일어날 수밖에 없었다. 포츠담 회담에서 스탈린은 독일의 주요 도시 하나를 소련이 차지해야 한다는 요구사항까지 내밀었다.[24]

우리는 전쟁의 대가로 발트해에 있는 독일의 부동항을 하나 차지해야 한다. 나는 쾨니히스베르크를 원한다. 러시아인들이 그렇게 많은 피를 흘렸고, 그렇게 가혹한 고난을 수없이 겪었는데, 그 대가로 독일 영토 한 부분을 차지하는 것은 충분히 정당하다고 생각한다.[25]

서방 연합국은 이에 동의했고, 결국 쾨니히스베르크는 오늘날 '칼리

히틀러와 스탈린

닌그라드'로 불리는 항구도시가 되었다. 이 도시는 소련 붕괴 후에도 러시아의 도시로 남았지만, 오늘날 러시아 본토에서 300마일 이상 떨어져 있다. 그 도시는 스탈린의 요구를 떠올리게 하는, 이상한 고립지대가 되었다.

트루먼과 처칠 모두 포츠담에서 "스탈린이 얄타 회담에서 합의한 '모든 위성국을 민주적인 방식으로 재조직한다.'라는 약속을 지키지 않는다."라고 비판했다. 처칠은 소련이 루마니아와 불가리아에 파견된 영국 대표에게 내부 사정의 관측을 허용하지 않은 탓에 그곳에서 일어

사진50 **1945년 여름 포츠담 회담**
왼쪽에서부터 윈스턴 처칠, 해리 트루먼, 스탈린이다. 세 사람은 웃고 있으나 전후 세계질서의 재편을 두고 극심한 갈등을 겪었다.

나는 일을 전혀 모르고 있다고 불평했다. 심지어 영국 대사관에 '철제 울타리'가 처졌음을 지적했다. 처칠은 다음 해 미국 미주리Missouri주의 풀턴Fulton에서 행한 유명한 연설에서, 포츠담 회담 때의 표현을 활용해 "철의 장막Iron curtain"이라는 단어를 사용했다. 포츠담 회담에서 자신에게 쏟아진 처칠의 비난을 두고, 스탈린은 "모두 동화 같은 이야기에 불과하다."라고 일축했다.[26]

포츠담에서 연합국은 독일을 분단시켜 독일 동부를 소련의 지배하에 편입시키는 계획을 세우진 않았다. 그러나 독일에서 얼마의 배상금을 받아야 하는지에 관한 논쟁이 생기자 스탈린은 이렇게 주장했다.

> 지분과 외국 투자를 고려하여, 소련과 서방 통제 구역의 경계선은 현재의 양측 경계선이 되어야 한다. 이 경계선 서쪽의 모든 것은 서방 연합국에, 동쪽의 모든 것은 러시아인들에게 돌아가야 한다.[27]

이 거래는 스탈린과 서방 연합국 사이에 커지고 있던 갈등을 상징했다. 이 거래는 독일을 두 나라로 분단하는 사건의 전조였고, 앞으로 전개될 냉전의 조기 신호였다. 포츠담 회담에 참석했던 미국인 조지 엘시는 당시 상황을 이렇게 회고했다.

> 대부분 미국에서 만든 소련의 트럭들이 자국 재건에 사용하기 위해 가져갈 수 있는 모든 물건을 담고 돌아가는 광경을 보았다. 회담이 열리는 궁전의 물건들도 가져갔다. 회담이 열리는 동안, 회담이 열리는 작은 영역을 제외하고는 배관을 비롯해 뜯어갈 수 있

는 모든 물자가 소련으로 향했다.[28]

　소련군이 독일에서 가져갈 수 있는 것은 사람이든 물건이든 모두 탈취해 간다는 목격담을 영국의 캐도건 외무차관도 증언했다. 그는 처칠에게 보내는 전문에서 이렇게 말했다.[●]

　소련은 모든 곳에서 가져갈 수 있는 모든 것을 가져갔다. 이 회담 (포츠담 회담)도 자국이 얻을 수 있는 것을 다 얻어가려는 기회로 삼았다. 나는 러시아의 패턴을 크게 우려한다. 그들의 대응방식이 날이 갈수록 점점 더 대담해지고 있다.[29]

　사실 포츠담 회담이 독일 문제를 의논하는 연합국의 마지막 회담이라고 예정하진 않았다. 연합국은 앞으로 또 다른 회담이 열리고, 그 회담에서 최종 평화조약을 체결하게 될 것으로 생각했다. 연합국 지도자들은 영국, 미국, 소련, 프랑스, 중국(중화민국)의 외무장관으로 구성된 외무장관위원회Council of Foreign Ministers가 평화조약 초안을 만들고, '평화조약 초안의 목적에 걸맞은 적절한 정부가 독일에 수립되면' 독일과 평화조약에 서명할 예정이었다.[30] 그러나 이러한 정부는 1990년 독일이 통일될 때까지 수립되지 않았다. 그래서 포츠담 회담에서 상정했던 '평화조약'은 체결되지 못했다. 유럽에서 제1차 세계대전을 끝냈을 때

● 포츠담 회담에 참석한 처칠은 영국 총선 결과를 확인하고자 런던으로 중도 귀국했다. 총선에서 패배하자 포츠담으로 돌아갈 수 없었고, 차석 대표였던 애틀리가 영국 대표로서 회담에 참여했다.

체결된 베르사유 조약 같은 종전 조약이 없었다는 뜻이다. 소련, 영국, 미국은 느리지만 신랄하게 분열했다. 삼국의 느릿한 분열은 독일이 서서히 분단된 과정을 상징했다.

물론 포츠담 회담 당시에는 동방과 서방이 완전하게 단절할지가 분명히 예측되지 않았다. 전쟁 종결 이후 2년 동안 스탈린이 어떻게 동유럽 국가들을 소련에 우호적으로 만들 것인지가 명확하지 않았기 때문이다. 그런데 1947년 미국이 동유럽 국가 몇을 선별하고, 해당 국가들에 원조를 제공하기로 결정하면서 동서의 관계에 결정적인 균열이 생겼다. 당시 미국 국무장관 조지 마셜의 이름을 따서 통상 '마셜플랜 Marshall plan'으로 불리는 이 유럽 부흥계획에는 자국 시장을 미국에 개방하는 나라들만 원조를 받을 수 있다는 조건이 달렸다. 스탈린은 동유럽 국가들이 경제원조를 받기를 원하긴 했으나 마셜플랜의 조건을 용납할 수 없었다. 그는 체코슬로바키아가 미국의 원조를 받고자 파리회의에 참가한 사건을 두고 특히 분노했다. 스탈린은 체코슬로바키아에 "당신들이 그 회동에 참석하기로 결정한 조치에 우리는 크게 놀랐다."라고 통고했다.

우리는 이 사안을 체코슬로바키아공화국과 소련 사이의 우호 관계의 문제로 이해한다. 당신들이 원하든 원하지 않든 당신들은 소련의 고립에 일조하고 있다.

스탈린은 "소련과 '우호적인 관계'를 갖기를 원하는 모든 국가는 미국의 계획에 참여하는 것을 자제해야 한다."라고 경고했다.[31] 스탈린은 소련과 국경을 접하는 '점령국가'와의 맥락에서 '우호성'이란 단어의 최종 정의를 내렸다. 스탈린은 1949년 1월, 경제상호원조회의(코메콘COMECON, Council for Mutual Economic Assistance)*를 구성하여 해당 국가들을 소련에 더욱 바짝 붙였다.

1953년 스탈린이 사망했을 당시, 경제 및 정치 부문에서 서독과 동독의 대조는 확연해졌다. 서독은 의회민주주의가 정착하고, 1948년부터 시작된 '라인강의 기적'을 구가하고 있었다.[32] 이에 반해 동독은 정치적 압제와 경제적 어려움을 겪었다. 소련이 부헨발트Buchenwald 나치 수용소 시설**을 1950년까지 폐쇄하지 않았던 것만 봐도 압제의 수위를 알 수 있다.[33] 소련이 부헨발트 수용소에 수감한 사람은 나치 정권에 유착한 관계자가 아니었다. 소련에 반대하는 사람이었다. 그들 중에는 나치에 저항한 사람들, 독일에 거주하는 외국인들도 포함되었다. 모두 합쳐 7,000명 이상의 수용자가 소련이 관장하는 '나치수용소'에서 목숨을 잃었다.[34]

스탈린이 서방과의 완전한 결별을 결정하자 동서 양측은 군비 경쟁을 시작했다. 소련 경제는 서방과의 군비 경쟁에서 이기기 위해 엄청난 자원을 소진해야 했다. 제2차 세계대전 동맹국들과 전후에 좋은 관계를 유지하지 못했던 점이 훗날 소련의 붕괴를 야기했다고 평가해도 과언은 아닐 테다. 군비 경쟁에 크나큰 지출을 하는데, 정작 소비재는 제대로 생산하지 못했기 때문이다. 스탈린은 이후 소련 지도자들이 걸

◆ 1949년 1월, 미국의 마셜플랜에 대항하기 위해 소련의 주도로 결성된 공산국가 경제협력기구다.
◆◆ 나치친위대가 1937년 7월 독일 바이마르 인근에 세운 수용소다.

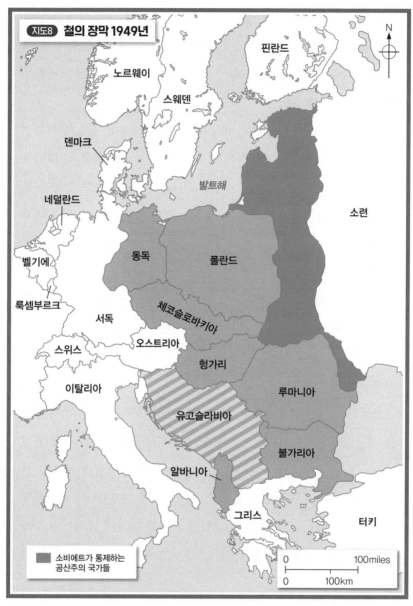

지도8 철의 장막 1949년

핀란드

노르웨이

스웨덴

덴마크

발트해

네덜란드

소련

벨기에

룩셈부르크

동독

폴란드

서독

체코슬로바키아

오스트리아

스위스

헝가리

이탈리아

루마니아

유고슬라비아

불가리아

알바니아

그리스

터키

■ 소비에트가 통제하는
공산주의 국가들

0   100miles

0   100km

스탈린은 동유럽 공산국가들을 위성국으로 삼고자 소련이 지정한 지도부가 해당 국가의 정권을 장악하도록 조치했다. 그런데 유고슬라비아의 지도자 '티토'는 소련의 도움 없이 독일과 싸운 공로를 국제적으로 인정받아 독자적인 공산주의 정권을 수립했다.

게 될 그 길을 앞서 걸었다.

　그러나 스탈린이 소련의 산업화에 성공하지 못했다면 군비 경쟁은 애당초 가능하지 않았을 것이다. 일례로 소련의 전기생산량은 1928년 부터 1940년 사이에 10배 늘어났다. 이전에는 농업이 경제의 중심이었던 산업구조에 이토록 거대한 변화가 생겼다. 1949년 소련이 원자폭탄 개발에 성공한 것은 소련의 산업화를 상징하는 하나의 사건이었다. 이러한 성취에 필요한 전제조건은 스탈린이 오로지 산업화에만 집중했기 때문이다. 스탈린은 이미 1931년에 "자본주의 정글의 법칙으로부터 소련을 방어하기 위해" 급속한 산업화가 필요하다고 강조했다.

> 뒤떨어져 있으면 약해지기 마련이다. 그래서 (뒤떨어져 나약해진) 당신이 잘못된 것이다. 당신은 타격을 받고 노예가 될 수 있다. 이것이 우리가 더는 뒤처지면 안 되는 이유다. 다른 길은 없다. 우리는 선진국보다 50년 또는 100년 뒤떨어져 있다. 우리는 10년 안에 이 격차를 좁혀야 한다. 우리가 그렇게 하지 않으면 적들이 우리를 분쇄할 것이다.[35]

　소련의 승전 이후 스탈린은 핵무기 개발이나 서방과의 관계 같은 거대한 국무에만 몰두하지 않았다. 그는 자신에게 아주 소중한 것, 즉 전쟁에서 거둔 본인의 명성에도 큰 신경을 썼다. 나치독일을 격파한 공을 독차지하고자 스탈린은 거의 어린아이처럼 자랑과 찬양을 공개적으로 갈구했다. 물론 이전에도 소련 당국은 스탈린을 향한 개인숭배를 조장했다. 그렇지만 과거의 스탈린은 자신을 위한 프로파간다를 보고 만족감을 느끼면서도 그 과정을 냉소적으로 바라보았다. 다만 자신이 소련의 유일한 구원자로 추앙받고자 했던 진지한 욕망만큼은 그때부터 확실히 존재했었다. "스탈린은 자신을 위한 개인숭배를 마다하다가 결국은 좋아하게 되었다."라고 평가한 몰로토프의 의견이 정확했다고 볼 수 있다.[36]

히틀러가 침공하기 전 스탈린은 군복을 입은 적이 없었다. 그러나 1943년부터 붉은군대의 원수 군복을 입기 시작한 스탈린은 그 복장을 마음에 들어 했다. 심지어 1945년 6월 28일에는 본인을 대원수Generalissimo로 승진시켰다. 대원수 계급은 나폴레옹과의 전쟁 이후에는 아무도 얻지 못했다. 그는 이제 나치독일을 파괴하는 작전을 모두 지휘한 유일한 지도자로 묘사되도록 상황을 조성했다. 하지만 소련의 선전기관도 이런 '허구'를 적극적으로 홍보하기 어려워했다. 여러 문제 중 하나는 바로 주코프 원수였다. 주코프 원수는 독소전쟁 중 군사적 업적을 세워 소련 언론에 많은 관심을 받았고, 그의 업적은 지우기 힘든 명백한 사실이었다. 특히 그가 1945년 6월 24일 붉은광장에서 진행된 승전 기념행사에서 백마를 타고 군대를 사열한 사건은 소련 인민에게 커다란 인상을 남겼다. 스탈린이 백마를 다룰 자신이 없는 나머지 주코프에게 이 역할을 넘겼다는 소문마저 돌았다.

이러한 배경 지식을 참고하면 스탈린이 주코프에게 반감을 느꼈다는 사실이 놀랍지 않다. 주코프의 동료였던 공군총사령관 알렉산드르 노비코프는 1946년 초에 체포되었다. 그리고 그는 "주코프는 권력을 아주 좋아하고, 자아도취에 빠진 인물이다. 명예, 존경, 상대의 굴종을 좋아하고, 적들에게 관용을 베풀지 않는 인물이다."라는 '고백'을 강요

히틀러와 스탈린

받았다. 이러한 비난을 받아야 할 사람은 바로 스탈린이었다는 사실이 가장 기괴한 역설이었다.

이러한 단점뿐만 아니라 "주코프는 스탈린에게 결정적인 죄를 저질 렀다."라고 노비코프는 '고백'했다. 바로 나치를 격파한 공을 독차지하려 했다는 것이다.

> 주코프는 자신이 전쟁에 기여한 공로를 과장하기를 두려워하지 않았다. 군사작전의 모든 기초 계획을 자신이 세웠다고 주장했다.[37]

1946년 7월, 주코프를 향한 고발이 스탈린이 주재한 회의에서 공식으로 논의되었다. 라브렌티 베리야는 "주코프의 문제는 자신의 업무에 관해서 스탈린에게 전혀 감사할 줄 모르는 것"이라고 비난했다. 그래서 베리야는 "주코프의 콧대를 꺾어야 한다."라고 발언했다. 몰로토프와 말렌코프도 베리야의 의견에 동의했다. 그러다 예상하지 못한 일이 일어났다. 베를린 점령 작전에서 주코프와 경쟁했던 코네프 원수가 의미심장한 말을 거론했다.

> 주코프가 '다루기 어려운' 사람이긴 하지만 '당'과 '스탈린'을 향한 충성심만큼은 확실하다.

소련 전차군을 지휘했던 파벨 리발코Pavel Rybalko 원수도 "주코프는 애국자"라고 말하며 코네프와 똑같은 의견을 피력했다.[38] 결국 스탈린은 주코프를 베리야의 고문실로 보내지는 않는 대신에 그를 모스크바에서 추방하기로 결정했다. 스탈린은 주코프를 모스크바에서 700마일 떨어진 오데사 군관구Odesa military district 사령관에 임명했다. 주코프는 훗날 시인 출신 종군기자 콘스탄틴 시모노프에게 이렇게 증언했다.

> 그들은 내가 스스로 포기하기를 원했다. 군관구 사령관으로는 하루도 버티지 못할 것이라는 그들의 생각을 나는 알고 있었다. 나는 그런 일이 일어나게 내버려둘 수 없었다. 물론 명성은 중요하다. 그러나 명성은 양날의 칼이라서, 어떤 때는 명성 때문에 베이기도 한다.[39]

스탈린이 주코프를 즉시 '파괴'하기로 결심하지 않았다고 해서, 주코프가 안전해졌다는 뜻은 아니었다. 스탈린은 희생자가 오랫동안 고통스러워하도록 명성을 천천히 훼손한 적이 많았다. 예를 들어, 니콜라이 부하린Nikolai Bukharin을 파괴한 과정*을 보면 스탈린의 수법을 알 수 있다. 이 유명한 볼셰비키 혁명가는 오랫동안 고통을 겪은 이후 결국에는 스탈린에게 살려달라고 청원했다. 스탈린은 그 청원에 대답하지 않았다. 니콜라이 부하린은 1938년 3월에 처형됐다.

부하린처럼 주코프도 몇 년에 걸쳐 스탈린의 핍박에 시달렸다. 그는 소련공산당 중앙위원회the Central Committee of the party에서 축출되었고, 독일에서 노획물을 착복했다는 혐의로 조사를 받았다. 전쟁 중 주코프와

◆ 니콜라이 부하린은 러시아 혁명을 이끈 볼셰비키 지도자 중 한 사람이다. 스탈린은 대숙청 기간 당시 부하린의 편지, 통화, 대화 내역을 입수해 그에게 소련 전복 혐의를 씌웠다. 형식적인 재판 이후 부하린은 처형되었으며 그의 가족은 유배되었다.

친밀했던 지휘관 몇 명도 체포되었다. 1948년 주코프는 모스크바에서 900마일 떨어진 오지, 우랄 군관구의 사령관으로 좌천되어 다시 한번 굴욕을 겪었다.[40]

제2차 세계대전에서 가장 유명했던 소련 군지휘관의 힘을 꺾었으니, 스탈린은 사실상 자신의 2인자로 통용되는 뱌체슬라프 몰로토프에게 시선을 집중했다. 몰로토프는 스탈린을 대신해서 충성스럽게 히틀러, 처칠, 루스벨트와 협상을 진행한 인물이었다. 스탈린은 몰로토프의 부인 폴리나 젬추지나의 특징을 이용해 몰로토프를 공격했다. 그녀는 유대인이었고, 유대인의 이상을 지지했으며, 해외에 유대인 친척들이 있었다. 폴리나 젬추지나의 모든 특징은 스탈린의 의심을 받기에 충분했다. 특히 1948년 유대인들의 모국 이스라엘이 건국되면서 스탈린은 더욱 폴리나 젬추지나를 의심했다. 그녀는 1948년 12월에 "유대인 민족주의자들과의 연대, 정치적으로 부적절하게 행동한 혐의"로 기소되었다. 정치국이 폴리나 젬추지나를 당에서 축출하는 안건을 투표에 부치자 몰로토프는 강력하게 저항했다. 그의 강력한 저항이란 바로 '기권'이었다. 그러나 나머지 정치국원은 그녀를 추방하기로 결정했다. 1949년 1월, 폴리나 젬추지나는 유배형을 언도받았다.[41]

몰로토프는 자신의 부인을 비난한 결정에 관해 곰곰이 생각했다. 몇 주 후 정치국 회의에서, 그는 자신의 잘못된 선택을 사죄한다는 뜻을 편지에 담아 스탈린에게 보냈다. 자신의 기권은 '실수'였고, 현재 그는 자신의 뜻을 바꾸어 부인을 당에서 추방하는 데에 찬성한다는 내용을 편지에 담았다. 스탈린은 다른 사람들을 굴복시킨 방식으로 몰로토프도 굴복시켰다.[42]

주코프나 몰로토프의 부인이 스탈린에게 거역하는 음모를 획책했다는 증거는 전혀 없다. 그래서 우리는 이런 사건들을 기억해야 한다. 극도로 의심이 많은 성격과 편견으로 가득한 마음 상태 때문에, 스탈린의 시선에서는 측근의 유대인 아내와 주코프 같은 군사 영웅이 잠재적인 위험 대상으로 보였다. 스탈린에게는 그들이 실제로 무엇을 했다는 사실보다 앞으로 어떤 일을 할 수도 있다는 가능성이 더욱 중요했다. 그래서 스탈린이 모든 실현 가능한 위협에 대비하기 위한 예방 공격을 하겠다고 작정하면, 그가 주시해야 할 사람의 범위는 바다처럼 넓어질 수 있었다.

스탈린은 자신만의 잔혹한 방법으로 전쟁 이후 급격히 바뀐 소련을 이끌었다. 그는 물리적으로 거대한 인명 및 재물 손실을 겪은 나라의 기반시설을 어떻게 재건할 것이고 나아가 전쟁이 소련 인민에게 끼친 심리적 악영향을 어떻게 해소할 것인지를 걱정했다. 한 저명한 러시아 역사학자는 스탈린이 당면한 과제를 이렇게 표현했다.

평생 철도를 본 적이 없고, 오지에서 나고 자란 수백만 명의 농민이, 갑자기 군대에 들어왔다. 그들은 유럽의 거대한 도시들을 보았다. 이전에는 순복할 줄만 아는 평범한 농민이었지만, (전쟁으로) 거대한 도시들을 찾아간 그들의 머릿속에는 새로운 것이 생겼다. 그들의 자신만의 의견을 갖게 되었다. 누구든 더는 그들에게 소리를 지를 수 없었다. 스탈린은 이런 상황에서 일종의 '이념적 해이'가 나타날까 염려했다. 그래서 그는 "상황을 잘못 판단할 수 있기 때문에 통제를 강화해야 한다."라고 말했다.[43]

히틀러와 스탈린

주코프와 몰로토프의 부인을 처리한 것은 이러한 전후 '통제 강화' 정책의 일부였다. 1940년 말부터 시작되어 1950년 수많은 당원을 처형하는 것으로 마무리된, 레닌그라드 지도부를 향한 공격도 마찬가지였다. 스탈린은 1941년부터 소련의 다른 지역과 차단되었던 레닌그라드의 관료들이 '독자적인 의견'을 형성할까 우려했다. 이러한 '배교자'들을 차단하기 위해 1950년에 처형된 사람 중에는 안드레이 즈다노프의 뒤를 이어 레닌그라드 도시위원회의 제1서기직을 맡았던, 알렉세이 쿠즈네초프Alexey Kuznetsov도 포함되었다. 그는 전쟁 중 레닌그라드의

사진51 **1953년 3월 5일 스탈린의 사망**
강철의 대원수는 74세의 나이에 사망했다. 오늘날 러시아는 그가 남긴 '유산'에 여전히 시달리고 있다.

행정을 책임졌다. 안드레이 즈다노프는 1948년에 석연치 않은 상황에
서 심장마비로 사망했다.[44]

스탈린은 계속 적을 찾았다. 실재하든 잠재적이든 상상 속의 적이든
가리지 않았다. 그가 숨을 거둘 때까지 색출은 계속되었다. 레닌그라
드 지도자들을 공격하고 3년이 지난 1953년 3월, 스탈린은 뇌출혈로
사망했다. 당시 그는 소련 의사들 중 '반역자'를 찾고 있었다. 그는 강
력한 반유대주의를 내세우며 관련된 의사들에게 "제국주의−시온주의
음모에 가담"했다는 혐의를 씌웠다. 스탈린의 죽음으로 숙청 작업도
끝났다.

스탈린은 살아온 방식대로 죽었다. 그는 자신 외에는 아무도 믿지
않았다.•

◆ 스탈린은 1953년 3월 1일 쿤체보(Kuntsevo) 별장의 침실에서 의식을 잃었다. 경호원에게 발견되어 치료를
받았으나 그해 3월 5일 사망했다. 그의 장례식은 3월 9일 치러졌다. 스탈린의 사인은 뇌출혈이었다. 그의 지시
없이는 아무도 침실에 들어올 수 없어서 뇌출혈 발생 이후 상당 시간 방치되었다. 일부 학자는 라브렌티 베리야가
스탈린을 죽게 하고자 일부러 방치했다고 주장했다.

히틀러와 스탈린

맺음말에서는 오늘날 사람들이 히틀러와 스탈린을 어떻게 인식하는지를 짧게 설명하겠다. 두 사람은 어느 역사적 인물보다도 대중의 의식 속에서 생생하게 살아있다. 이들의 범죄, 이들의 역사는 이들이 남긴 유산의 일부다. 따라서 우리는 희생자의 수치가 얼마나 되는지도 살펴보아야 한다. 동시에 전후에 생존한 사람들이 겪은 고통의 범위도 바라보아야 한다. 그런데 고통의 범위를 비교하기 위해 통계표를 만들기란 무척 어렵다. 이 책에 소개된 증언과 증거들이 알려주듯이 단순한 통계로는 인간이 겪은 고통의 진정한 면모를 전달할 수 없다. 다만 이러한 사실을 염두에 둔 상태에서 단순한 질문을 제기하는 것은 충분히 유의미하다.

두 폭군은 도대체 얼마나 많은 민간인을 죽였는가?

이 질문에 대답하기란 쉽지 않다. 일단 정확한 통계 수치를 얻기 어렵다. 남아 있는 기록들은 단편적이다. 의도적으로 변조된 자료들도

사진52 **1945년 소련 강제노동수용소**

제2차 세계대전에서 승리했음에도, 스탈린의 억압적 통치는 완화될 기미조차 보이지 않았다.

있다. 국경선의 변경, 논란이 되는 민족성(해당 피해자가 어느 민족 소속인가?), 정치적 목적에 따른 자료 변형이라는 문제가 있다. 따라서 실제로 죽은 사람의 수를 추산하기란 무척 어렵다. 그러나 광범위하고 대략적인 결론은 얻을 수 있다.[1] 무엇보다 히틀러와 스탈린에게는 상상을 초월한 만큼 거대한 죽음을 초래한 책임이 있다.

스탈린이 저지른 파괴행위 가운데 가장 악명 높은 사례 중 하나는 1930년대 대기근이다. 우크라이나 대기근이라 불리는 이 사건에서,

히틀러와 스탈린

최소한 500만 명이 희생되었고 우크라이나에서는 400만 명 가까이 희생되었다. 여기에 160~300만 명이 집단수용소에서 사망했다(이 사례의 피해자 규모를 추정하기가 가장 어렵다).[2] 100만 명 이상이 강제이주 과정 중 사망했고, 약 100만 명 또는 그 이상이 '반역자'나 '인민의 적'으로 몰려 희생되었다. 다른 여러 범주의 학살까지 고려하면 총합해서 900만 명 이상이 희생되었다는 결론을 얻는다. 집단수용소에 풀려나왔으나 수용소 수감 시기에 얻은 질병으로 사망한 사람들까지 포함하면 1,300만 명을 훌쩍 넘어선다.[3]

이런 수치를 히틀러의 파괴행위 수치와 어떻게 정확히 비교할 것인가? 일단 잘 알려진 대로 약 600만 명의 유대인이 홀로코스트로 희생되었다. 그들 대다수가 폴란드 또는 소련 국적의 유대인이었다. 약 200만 명의 비유대인 폴란드 국민이 나치가 폴란드를 점령한 탓에 사망했다. 이 희생자들은 주목을 받은 적이 없었다.[4] 거기에 나치는 소련 영토를 점령한 이후 유대인이 아닌 소련인 수천만 명을 학살할 계획을 세웠다.[5] 나치가 얼마나 많은 소련인을 살상했는지를 정확히 파악하기는 어렵다. 다만 700만 명 이상의 비전투원이 소련 땅에서 독일군이 저지른 직접적인 만행으로 희생되었다. 그들 중 200만 명은 유대인이었다(이 수치는 홀로코스트로 사망한 600만 명의 유대인에 포함되었다).[6] 여기에 최소한 20만 명의 집시, 압제의 대상이 된 다른 인종 집단의 민간인이 포함된다. 집시와 소수민족 출신 민간인들은 나치의 강제수용소를 포함한 여러 장소에서 살해되었다. 이를 종합하면, 1,400만 명의 비전투원이 나치 치하에서 희생되었다는 추정이 가능하다.

물론 이 추정치는 실제보다 적다. 이 수치는 일부 역사학자가 "뜨거운 피 또는 차가운 피"●7라고 부르는, 직접적이고 의도적인 살해로 희생된 사례만 계산한 결과다. 더군다나 수많은 소련인이 제3제국 영토 내에서 강제노동에 시달리다가 죽었다. 나치군이 점령한 소련 땅에서 수백만 명이 기근, 질병, 전쟁으로 촉발된 기타 이유로 사망했다. 이 수치까지 합하면 최소한 600만 명이 추가된다. 이 숫자를 1,400만 명에 더하면 최소한 2,000만 명이 희생되었다는 추산도 가능하다.[8]

홀로코스트로 희생된 600만 명의 유대인은 별도로 구분한다. 앞서 본 것처럼 히틀러는 별도의 인종 집단으로서 유대인을 구분했고, 유대인은 남녀노소를 가리지 않고 '멸절'하기로 결정했다. 그들의 대다수가 멸절 목적으로 건설된 죽음의 수용소에서 사라졌다. 역사 속 어느 인물도 이런 계획을 구상하고 실행하지는 못했다. 홀로코스트는 히틀러의 가장 악명 높은 유산으로 간주해야 타당하다.

홀로코스트가 특별한 이유는 1980년대 독일에서 진행한 '역사가 논쟁Historikerstreit'●●에서 제기된 내용과 밀접한 연관이 있다. 논란투성이였던 이 논쟁은 나치의 유대인 멸절 정책이 다른 잔혹 행위, 특히 스탈린 치하에서 벌어진 잔혹 행위와 어느 정도 달랐는지에 초점을 맞추었다. 이 책에서 자세히 다루지는 않았지만, 홀로코스트와 아우슈비츠 기록물을 향한 나의 견해는 더할 나위 없이 확고하다. 나는 앞 단락과 이 책의 머리말 및 서론에서 제시한 이유를 근거로 홀로코스트는 나치독일이 저지른 독보적인 잔혹행위라고 생각한다.[9]

◆ 순간적 충동·상황에 의한 살인, 그리고 계획 살인을 간접적으로 비교하는 표현이다.
◆◆ 1980년대 후반 서독 역사학계의 학자와 지식인 사이에서 나치독일과 홀로코스트 문제를 두고 논쟁한 사건을 가리킨다.

히틀러와 스탈린이 주도한 살상에는 또 하나의 핵심적 차이가 있다. 스탈린 때문에 희생된 피해자 대다수는 소련인이었다. 히틀러 때문에 희생된 피해자 대다수는 비독일인이었다. 두 지도자의 야망이 다르기에 이런 결과가 나온 것이다. 스탈린은 권좌에 앉은 시기에 대체로 소련 내에서의 압제에 집중했다. 히틀러는 새로운 거대 제국을 만들되 그곳에는 자신이 생각하기에 '적절하지 않은' 다양한 민족, 특히 유대인의 거주 공간을 용납하지 않았다. 이러한 맥락에서 독일 거주 유대인이 (나치독일 때문에) 희생된 피해자의 대다수를 차지한다는 발상은 일반적인 오해라 할 수 있다. 실제로, 전체 독일인 중 유대인이 차지한 비율은 1퍼센트 미만이었다. 대규모 유대인이 밀집한 지역은 독일군이 침공한 나라들이었다. 특히 폴란드, 헝가리, 소련이었다.

희생자의 지리적 분포에서도 두 폭군의 차이점을 알 수 있다. 히틀러가 생각하기에 독일이 장기적으로 생존할 수 있는 유일한 방법은 팽창이었다. 히틀러는 독일의 영토 팽창을 향한 욕구, 인종차별적 이념을 향한 확고한 신념으로 인해 중요한 세 가지 결정을 내렸다. 제2차 세계대전을 촉발한 폴란드 침공, 세계대전 중 가장 많은 유혈을 흘린 소련 침공(독소전쟁), 그리고 유대인 대량학살이었다.[10] 히틀러의 원대한 야망에 비하면 그가 주도한 살상 프로그램으로 희생된 피해자 규모는 일부에 불과하다. 그가 추구한 '식민지 계획'이 오롯이 실행되었다면 수백만 명은 더 희생되었을 것이다.[11] 스탈린의 경우, 그는 다른 나라로 혁명을 '수출'하겠다는 계획을 완전히 포기하지 않았기 때문에 히틀러와 달리 거대한 정복 계획을 구상하지 않았다. 1945년 이후 그의 수중에 들어온 동유럽 국가들은 히틀러의 패망 이후 스탈린의 혁명을

'수입'하는 운명을 겪었다. 그리고 1939년 스탈린이 약탈한 폴란드 동부와 다른 지역들은 나치와의 협상 결과로 획득한 것이었다.

두 독재자를 비교한 결과, 오늘날에는 전반적으로 히틀러가 스탈린보다 더욱 큰 악의 상징으로 여겨진다. 내가 만났던, 한때 열렬한 나치 추종자였고 지금도 나치 정권에 동정적인 시선을 보내는 사람들조차 홀로코스트의 수립과 실행을 추진한 히틀러를 쉽사리 외면하지 못한다. 그런데도 소수의 사람은 히틀러의 잘못을 외면하려고 시도했다. 첫 번째 전략은 홀로코스트가 일어난 적이 없다고, 가령 "홀로코스트를 촬영한 사진들은 위조된 것이다."라고 주장하는 방법이다. 두 번째

사진53 **연합군이 촬영한 베르겐-벨젠 나치 강제수용소**
히틀러 정권의 성격은 홀로코스트라는 독보적인 범죄 하나만으로도 정의할 수 있다.

전략은 "히틀러는 홀로코스트에 관해 전혀 알지 못했다."라고, "하인리히 힘러가 홀로코스트 문제를 본인만 알게 했다."라고 주장하는 방법이다. 그러나 두 평계는 곧장 반박당했다. 유대인 대량학살과 연합군의 민간인 공습이 대등한 범죄라는 주장도 설득력이 없다.[12] 아무리 역사를 위조하려고 노력해도, 진실은 사라지지 않고 그대로 남아 있다. 인간 히틀러는 가장 혐오스러운 전쟁범죄라는 유산을 남겼다. 그러나 불행하게도, 히틀러의 사상은 여전히 지구상에 남아 있다. 예를 들어, 광신적이고 불관용적인 민족주의는 아직도 많은 나라에서 사라지지 않았을 뿐만 아니라 확산하고 있다. 정치 담화는 갈수록 더욱 호전적으로 변하고 있다. 다른 인종이나 민족을 희생양으로 삼자는 사악한 발상도 널리 퍼지고 있다. 나치가 공격 대상으로 겨냥한, 법치주의와 언론의 자유는 한때 민주주의적 이상을 추구하던 나라들에서조차 위협을 받고 있다. 나는 이러한 상황에 심각한 우려를 제기한다.

오늘날 스탈린의 이미지에 관해 말하자면, 그를 향한 대중의 인기와 지지 양상은 히틀러보다 복잡하다. 특히 러시아에서 그렇다. 1956년에 권력을 확보한 흐루쇼프는 본인을 수없이 모욕한 스탈린에게 드디어 복수했다. 스탈린이 사망하고 3년이 지난 시점이었다. 흐루쇼프는 제20차 소련공산당 당대회에서 그토록 유명했던 '비밀 연설'을 이용해 스탈린을 비난했다. 그는 비밀 연설에서 스탈린이 무고한 사람들을 숙청했고, 히틀러와의 전쟁을 제대로 준비하지 못했다고 지적했다. 또한 수많은 소수민족이 부당하게 강제이주를 겪어야 했고, 전쟁 이후에도 소수민족을 계속 탄압했다고 비판했다.[13]

흐루쇼프는 이 연설을 이용해 공산당과 소련 내에 폭넓게 퍼진 스탈린의 명성에 타격을 입혔다. 스탈린의 명성이 타격을 받은 결과 중 하나로, 레닌 옆에 방부 처리된 채 누워있던 스탈린의 시체는 1961년 붉은광장의 영묘에서 치워졌다. 이윽고 크렘린 담장 밑의 공동묘지에 시체가 묻혔다. 살아생전 레닌의 그늘에 가려졌던 스탈린은 죽어서도 레닌의 그늘에 가려져야만 했다.

사후에 명예가 추락하긴 했으나 히틀러를 격파한 강력한 지도자로서의 명성은 쉽게 회복되었다. 평범한 러시아 국민 사이에서 스탈린의 인기는 여전히 높았다. 한 조사에 따르면, 러시아인의 70퍼센트가 스탈린을 긍정적으로 평가했다.[14] 다른 조사에서는 "세계사에서 가장 위대한 인물"로 평가받았다.[15] 스탈린 시기를 살았던 수많은 퇴역군인은 과거의 향수를 느끼면서 그때의 역사를 회고했다. 내가 만났던 퇴역군인들은 소련 시대의 강력한 지도력, 안보, 목적의식을 희구했다.

블라디미르 푸틴은 오늘날 러시아에서 스탈린을 긍정적으로 평가하는 시각을 조성하는 데에 일부 책임이 있다. 2015년 진행한 인터뷰에서, 그는 이런 주장을 펼쳤다.

나치즘과 스탈린주의를 같은 평면에 놓고 평가할 수는 없다. 나치는 직접적으로, 그리고 공개적이고 공식적으로 민족 전체를, 즉 유대인, 집시, 슬라브족 전체의 멸절을 정책적 목표로 선언했었다. 스탈린 정권의 모든 사악한 측면에도 불구하고, 모든 압제 정책과 소수민족 강제이주 조치에도 불구하고, 스탈린 정권은 민족 말살을 목표로 삼은 적이 없었다. 그래서 두 정권을 같은 잣대로 평가하는 것은 절대적으로 옳지 않다.[16]

푸틴의 주장 중 일부는 옳다. 스탈린은 "공개적이고 공식적으로 민족 전체를 멸절"하겠다고 말한 적이 없었다. 홀로코스트는 이 책에서 서술한 여러 이유를 고려한다면 전적으로 히틀러의 범죄다. 그러나 우리가 앞선 본 것처럼 칼미크인들을 서서히 멸절시키는 정책을 주도한 자가 스탈린이 아니라면 누구였는가? 칼미크인들은 '민족 전체'라는 범주에 해당하지 않는단 말인가?[17]

2019년 12월 연례 기자회견에서, 푸틴은 "당신은 스탈린주의와 전체주의를 싸잡아서 비난할 수 있고, 일부 측면에서 그 비난은 정당하다."라고 말했다. 그러나 기자회견 후반부에서 "프랑스와 영국 지도자들은 히틀러를 만나 협정에 서명했으나 스탈린은 히틀러와 직접 협정하지 않았다."라고 주장했다. 이 책의 1장에서 서술한 내용을 기준으로 푸틴의 주장을 평가하자면, 역사를 완전히 왜곡된 시각으로 바라보고 있다고 평할 수 있다. 프랑스와 영국 지도자들이 1938년 히틀러와 뮌헨 협정에 서명하긴 했으나 그들은 스탈린처럼 동유럽을 나누어 차지하자는 비밀협정에 서명한 적은 없었다. 스탈린은 협정을 맺기 위해 히틀러를 개인적으로 만난 적이 없다. 그렇다고 해서 스탈린의 손이 깨끗하다는 뜻은 아니다. 거기다 푸틴은 후에 소련군이 1939년 9월 폴란드를 침공한 적이 없다는, 믿을 수 없는 주장까지 펼쳤다.

> 당시 폴란드인들은 나라의 통제권을 잃었고, 소련군의 진입에 관해 협상할 사람이 아무도 없었다. 붉은군대는 폴란드를 침공한 것이 아니다. 독일군이 먼저 그 지역에 진입했다가 떠났고, 그 이후에 소련군이 들어갔다.[18]

푸틴이 히틀러와 비밀협정을 체결한 스탈린에게 면벌부를 부여하려는 이유는 분명하다. 불편한 진실이 나치를 정벌한 승리의 담론, 소련 역사의 영웅적 서사에 흠집을 내기 때문이다. 그래서 푸틴은 실제 역사를 뒤틀고 왜곡하는 방식으로 문제를 해결하려고 한다. 강력한 지도자가 이런 식으로 역사를 왜곡한다는 점이 거슬리지만, 이와는 별개로 실제 역사를 강조하는 것이 왜 중요한지를 알 수 있다.

끝으로, 나는 수백 명의 증인을 만난 경험에서 얻은 성찰을 고백하며 이야기를 마무리하겠다. 당시를 살았던 양측의 증인들을 조사하는 동안 나는 한 가지 사실을 깨달으며 놀랐다. 대다수 증인은 당시에 일어난 일을 합리화하고자 최선의 노력을 다했다. 히틀러와 스탈린의 역사는 두 개인의 생애보다 훨씬 큰 문제였다. 두 독재자를 파악하는 연구는 시간이 흐를수록 인간의 가단성可鍛性을 파악하는 연구가 되었다.[19]

지난 30년간 내가 만난 증인 중 상당수는 인간 행위의 우려스러운 면모를 보여주었다. 이런 맥락에서 내가 오래도록 기억나는 인물은 '타티아나 나니예바Tatiana Nanieva'다. 그녀는 제2차 세계대전 때 소련의 공산당원이자 간호사로 일했다. 그녀는 전쟁 전만 하더라도 "소련의 모든 것이 좋다."라고 생각했었다. 그런데 내가 1990년대 말 키예프 외곽에 자리한 그녀의 낡고 추운 아파트에 찾아갔을 때, 그녀는 스탈린을 향한 변치 않는 믿음과는 별개로 전쟁 이후 투옥된 경험을 폭로했다. 그녀가 저지른 '범죄'란 1942년 10월 전선에서 부상병을 치료하다가 '독일군에게 포로가 되도록 허용했다는 것'이다. 1945년 소련군의 도움으로 포로 신세에서 해방된 그녀는 심문을 받은 이후 강제노동수용소 6년형을 선고받았다. 이후에도 유형 생활을 해야 했다.

소련의 경비병, 소련의 민간 노동자가 바라보기에 우리는 인간이 아니었다. 우리는 창녀였다. 그들은 우리를 그렇게 불렀다. 누군 가 그렇게 부르면 다른 사람들도 모두 그렇게 불렀다. 그들은 우 리를 그 명칭으로만 불렀다. 만일 독일 포로수용소에서 살아남으 면 창녀가 되는 수밖에 없었다.[20]

그러나 자신이 당한 모든 부당한 고통에도 불구하고, 그녀는 스탈린을 여전히 '우리의 신'으로 생각했었다.

내게 장기 징역형이 선고되며 '조국의 배신자'라는 낙인이 찍혔을 때도, 1953년 스탈린이 사망했을 때도, 나는 울었다. 나는 아버지 가 죽었을 때보다 스탈린이 죽었을 때 더 많이 울었다. 나는 그 없 이 살아가는 미래를 상상할 수 없었다.

구원으로 이끌어주는 지도자를 향한 신앙을 지키려는 그녀의 열망은 너무도 강렬했다. 소련의 체계적인 폭력을 겪었음에도 그녀의 신앙은 여전히 불타올랐다.

히틀러와 스탈린은 모두 이러한 믿음을 불러일으켰다. 두 사람 모두 '엄격한 아버지' 같은 인물이었고, 자신들이 추구하는 유토피아에 철 저한 확신을 가진 채 다른 사람들에게 그 이상을 전파했다. 그들의 꿈은 지금 살아있는 사람들뿐만 아니라 앞으로 태어날 자녀들에게도 의미 있는 미래였다. 당신이 이러한 꿈에 매혹되었다면, 당신은 삶의 목적과 희망을 느낄 수 있었다. 두 지배자가 제시한 유토피아는 당신이 혼자가 아니라는 느낌을, 당신이 한 세기의 사명을 완수할 공동체의 구성원이라는 확신을 선사했다. 인간은 사회적 동물이다. 같은 꿈을 꾸게 만드는 사회의 압력은 거대하다. 거기다 히틀러와 스탈린은 자신들을 자발적으로 따르던 수많은 추종자에게 영광스러운 세상이 미래에 있음을 약속했다. 지금 당면한 문제는 내일의 유토피아를 위해 얼마든지 무시할 수 있었다. 그러나 '내일'은 결코 오지 않았다.

두 사람 사이의 많은 차이점이 존재하긴 하지만, 히틀러와 스탈린은 자신들의 꿈을 실현하기 위해 수백만 명의 사람을 얼마든지 죽일 수 있었다는 점에서 궁극적으로 동일하다. 두 사람은 이념이라는 잣대 하나만으로 성실하게 순종하는 사람조차 기꺼이 죽일 수 있었다. 이 책을 읽은 당신이 그 시절에 있었다면, 소련군에 입대해 용감하게 싸운 칼미크인 출신 알렉세이 바드마예프 같은 군인도 칼미크인이라는 이유로 죽는 광경을 볼 수 있다. 수많은 동료가 당신이 보는 앞에서 학대를 견디다 못해 죽는 광경을 목격할 수 있다. 당신이 나치독일에서 건실하게 생활했다더라도, 유대인으로 태어났거나 유대인으로 분류된다면 반드시 죽음의 수용소로 가야 했다.

유토피아를 추구하는 폭군은 세상을 파괴할 수 있다. 우리가 앞서 목격한 모든 공포스러운 참극은 이토록 중요한 역사 속 교훈을 영원토록 떠올리게 할 것이다.

히틀러와 스탈린

감사의 말

지난 30년 동안 나치즘, 스탈린주의, 제2차 세계대전사를 연구하며 정말로 많은 분께 큰 도움을 받았다. 공간의 제약으로 그분들의 성함을 이 지면에 전부 담을 순 없으나 여러 프로덕션팀에서 근무한 주요 조력자들은 다음과 같다. 발레리 아자리안크, 마르티나 발라조바, 발렌티나 갈자노바, 마르셀 조스, 마리아 케데르, 샐리앤 클라이벨, 완다 코스시아, 토마슈 라시카, 미하엘라 리히텐슈타인, 테오도르 마트베예프, 마리아 미쿠쇼바, 아냐 나린스카야, 스타니슬라프 레미조프, 엘레나 스몰리나, 프랑크 슈케 박사, 도미니크 슈터란트, 안나 타보르스카, 알렉산드라 우민게르, 엘레나 야코블레바가 많은 도움을 주었다. 특히 이 책을 출간하는 과정에서 두 명의 독일인 동료, 틸만 레메와 데틀레프 지베르트에게 감사를 표한다. 나는 오랫동안 두 사람과의 우정을 소중히 여겼다.

이 책의 집필을 돕고자 엘가 잘리테 박사는 스탠퍼드대학교의 후버 연구소에서 필요한 자료를 조사했고, 줄리아 피치는 독일의 문서보관서에서 중요한 자료를 제공했다. 줄리아 피치는 또한 책의 출간을 앞

두고 아주 유용한 조언도 알려주었다. 영국 방송국 BBC에서는 내가 과거에 TV 프로그램을 제작할 때 수집했던 증언들을 책에 인용할 수 있도록 허락해주었다.

아돌프 히틀러 연구 분야의 세계적인 석학, 이언 커쇼 교수는 초고를 읽은 후 소중한 조언을 귀띔해주었다. 지난 25년간 그에게서 받은 도움은 갚을 수 없을 만큼 막대하고, 그와의 우정은 무척 소중하다. 스탈린의 일생을 저술한 뛰어난 작가이자 12년 전 방영된 TV 프로그램 시리즈 「제2차 세계대전: 닫힌 문 뒤에서World War Two: Behind Closed Doors」 제작의 자문을 맡아준 로버트 서비스 교수도 출간 전에 원고를 읽고 스탈린과 소련에 관한 방대한 지식을 알려주었다. 특히 그 지식을 내가 활용할 수 있는 방법을 일러주었다. 오랜 세월 나의 친구로 지낸 줄리 알드레드는 초고를 읽은 후 많은 분량의 귀중한 비평을 해주었다. 그리고 옥스퍼드대학교에서 공부하고 있는, 재능있는 역사학자인 나의 딸 카밀라도 원고를 비평해주었다.

이토록 험난한 시대를 살아온 수많은 사람은 더는 우리와 함께 있지 않다. 그러나 그들이 어디에 있든 나는 그들에게 마음속으로 사의를 표한다. 나를 믿고 원고 편집의 모든 도움을 준 바이킹출판사의 출판인, 대니엘 크레웨에게 고마움을 전한다. 유능한 그의 동료들, 코너 브라운, 로즈 풀, 엠마 브라운, 올리비아 미드에게도 감사하다. 미국 뉴욕의 출판사, 퍼블릭어페어스를 이끄는 클라이브 프리들과 그의 동료단에게도 고마움을 금치 못한다. 나의 편집자 피터 제임스도 이 책에 매우 중요한 공헌을 했다. 30년에 육박하는 세월 동안 도와준 앤드루 누런버그 역시 나의 작업 생활에서 가장 중요한 사람이다.

히틀러와 스탈린

개인적으로 나의 가족, 아내 헬레나와 자녀 올리버, 카밀라, 베네딕트에게 가장 커다란 고마움을 전한다. 이 책을 이들에게 헌정한다. 내가 이 책을 쓰느라 시간을 보낼 때 그저 참고 기다려준 가족에게 한없이 감사하고 고마울 따름이다.

2020년 5월, 런던에서

로런스 리스 Laurence Rees

미주

머리말

1   나와 예피모프는 2006년 2월에 만났다.

2   이 증언은 '이전에 출간된 적이 없는 증언(Previously unpublished testimony)'이다. '이전에 출간 된 적이 없는 증언'이란, 이 책 이전에 출간된 도서에서 소개되지 않은 증언에 의미를 부 여하고자 만든 표현이다. 나는 지난 30년간 나치즘, 스탈린주의, 제2차 세계대전 관련 TV 프로그램 제작에 관여하면서 여러 증언을 확보했다.

3   *Goebbels, Master of Propaganda*, written and produced by Laurence Rees, transmitted on BBC2 on 12 November 1992.

4   가령, 1934년 히틀러는 나치돌격대의 지도자, '에른스트 룀'과 더불어 나치당과 경쟁하 는 반대파의 숙청을 지시했다. 이 일화를 들은 스탈린은 "얼마나 멋진 친구인가? 그는 얼 마나 멋지게 이 일을 완수했는가!"라고 감탄했다. 이와 관련해 본문의 162쪽을 참고할 것. 한편, 히틀러는 스탈린이 소련군 내 모든 반대파를 숙청하고 소련군에 패배주의적 경 향이 없도록 확실하게 조치한 것을 두고 "그가 부럽다."라고 말했다. 이와 관련해서 본문 566쪽을 참고할 것.

5   Alan Bullock, *Hitler and Stalin: Parallel Lives*, HarperCollins, 1991. 이 책 이후 출간된 도서 중 가장 눈에 띄는 것은 Richard Overy의 *The Dictators: Hitler's Germany and Stalin's Russia*(- published by Allen Lane in 2004)이다. 이 학술 도서는 히틀러와 스탈린이라는 연구 대상을 주 제 중심으로, 그리고 탈서사적으로 접근한다.

6   Laurence Rees, *Their Darkest Hour*, Ebury Press, 2007, pp. 89.

7   *A British Betrayal*, written and produced by Laurence Rees, transmitted on BBC2 on 11 January 1991.

8   Rees, *Their Darkest Hour*, pp. 225-228. Also see Nikolai Tolstoy, *The Minister and the Massa- cres*, Hutchinson, 1986, p. 133.

9   Rees, *Their Darkest Hour*, p. 229.

10 Ibid., p. 9.

11 본문 130~131쪽을 참고할 것.

서론

1 August Kubizek, *The Young Hitler I Knew*, Greenhill Books, 2006, p. 34.

2 Ibid., p. 157.

3 Balthasar Brandmayer, *Meldegänger Hitler 1914-18*, Buchverlag Franz Walter, 1933, pp. 71-72.

4 그는 1911년경부터 '스탈린'이란 이름을 쓰기 시작한 것으로 보인다. 많은 볼셰비키가 당국의 적발을 피하기 위한 하나의 수단으로 가명을 사용했다. 일례로, 몰로토프는 출생 후 '뱌체슬라프 미하일로비치 스크랴빈'이란 이름을 가졌지만, 러시아어로 '망치'를 의미하는 몰로토프라는 이름을 사용했다. 그리고 블라디미르 일리치 울리야노프는 오늘날 '레닌'으로 더 잘 알려졌다. 이 이름은 러시아의 큰 강인 '레나강'에서 따온 것이다.

5 See Max Weber, *Essays in Sociology*, Routledge, 1998, pp. pp. 245-64. Also Laurence Rees, *The Dark Charisma of Adolf Hitler*, Ebury Press, 2012.

6 Hans Frank, *Im Angesicht des Galgens*, Friedrich Alfred Beck, 1953, pp. pp. 39-42. Rees, Dark Charisma, p. 33.

7 Rees, Dark Charisma, p. 37.

8 Moshe Lewin, 'Bureaucracy and the Stalinist State', in Ian Kershaw and Moshe Lewin (eds.), *Stalinism and Nazism: Dictatorships in Comparison*, Cambridge University Press, 1997, pp. 623.

9 Ronald Grigor Suny, 'Stalin and His Stalinism: Power and Authority in the Soviet Union, 1930-1953', in Kershaw and Lewin (eds.), *Stalinism and Nazism*, p. 32.

10 Frank, *Im Angesicht des Galgens*, pp. 335-6.

11 대관구지휘자의 수는 오스트리아와 폴란드 등 여러 영토를 병합하며 더 늘었다.

12 Bundesarchiv (henceforth BArch), NS 19/389, fol. 4.

13 Previously unpublished testimony.

14 Previously unpublished testimony.

15 *Diaries of William Lyon Mackenzie King*, entry for 29 June 1937, https://www.bac-lac.gc.ca/eng/discover/politics-government/prime-ministers/william-lyon-mackenzie-king/Pages/item.aspx?IdNumber=18112&. See Laurence Rees, *The Holocaust: A New History*, Viking, 2017, pp. 130-2.

16 Entry in Mackenzie King's diary for 29 March 1938, https://www. bac-lac.gc.ca/eng/discover/politics-government/prime-ministers/william-lyon-mackenzie-king/Pages/item.aspx?IdNumber=18924&. But after the pogrom of Kristallnacht, King wrote in his

diary on 23 November 1938 that he had 'sympathy' for the Jews, https://www.bac-lac. gc.ca/eng/discover/politics-government/prime-ministers/william-lyon-mackenzie-king/ Pages/item.aspx?IdNumber=19622&.

17 Andrew Roberts, *The Holy Fox: The Life of Lord Halifax*, Phoenix, 1997, p. 70.

18 18. John Julius Norwich (ed.), *The Duff Cooper Diaries*, Phoenix, 2006, entry for 17 September 1938, p. 260.

19 Kubizek, *Young Hitler*, p. 182.

20 Hugh Gibson (ed.), *The Ciano Diaries*, Simon Publications, 2001, entry for 30 April 1942, pp. 478-9.

21 Laurence Rees, *War of the Century*, BBC Books, 1999, pp. 201.

22 Previously unpublished testimony.

23 Robert Service, *Stalin: A Biography*, Macmillan, 2004, p. 53.

24 Previously unpublished testimony.

25 Konstantin M. Simonov, *Glazami cheloveka moego pokoleniia*, Novosti, 1989, pp. 422-423. (interview with Admiral Ivan Isakov conducted in 1962), quoted in Stephen Kotkin, *Stalin*, vol. 2: *Waiting for Hitler 1929-1941*, Allen Lane, 2017, p. 888.

26 Previously unpublished testimony.

27 Previously unpublished testimony.

28 George F. Kennan, *Memoirs 19251950*, Atlantic Monthly Press, 1967, p. 279.

29 Robert Gellately, Lenin, *Stalin and Hitler: The Age of Social Catastrophe*, Vintage, 2008, p. 544.

30 제2차 세계대전이 끝나갈 때까지 스탈린은 군부의 원수 복장을 착용했다. 자세한 내용은 본문 715~716쪽을 참고할 것.

31 *Hitler's Table Talk 1941-1944*, Phoenix, 2002, entry for 31 March 1942, p. 386.

32 Ibid., 13 December 1941, p. 144.

33 자세한 내용은 본문 428~431쪽을 참고할 것.

34 Arthur de Gobineau, *Essai sur l'inégalité des races humaines* (1855), in English in *The Inequality of the Human Races*, William Heinemann, 1915. Rees, *Holocaust*, p. 6.

35 Alfred Ploetz, *Die Tüchtigkeit unsrer Rasse und der Schutz der Schwachen*, quoted in Peter Watson, *The German Genius*, Simon & Schuster, 2011, p. 434. Rees, *Holocaust*, p. 8.

36 Karl Binding and Alfred Hoche, *Die Freigabe der Vernichtung lebensunwerten Lebens. Ihr Maß und ihre Form*, Felix Meiner, 1920, pp. 49-50.

37 Rudolf von Sebottendorff, Bevor Hitler kam. *Urkundliches aus der Frühzeit der nationalsozial-*

istischen Bewegung, Deukula‑Verlag Graffinger, 1933, pp. 44, 48.

38 Ibid., pp. 57‑60.

39 Houston Stewart Chamberlain, *Foundations of the Nineteenth Century*, vol. I, Elibron Classics, 2005 (first published F. Bruckman, 1911), p. 350.

40 Adolf Hitler, *Mein Kampf*, Houghton Mifflin, 1971, p. 289.

41 Ibid., p. 305.

42 Ibid., p. 65.

43 Ibid., p. 288.

44 Gerhard L. Weinberg (ed.), *Hitler's Second Book: The Unpublished Sequel to Mein Kampf*, Enigma Books, 2003, pp. 113, 109.

45 Ibid., p. 113.

46 Ibid., p. 108.

47 Ibid., p. 130.

48 Hitler speech at the Nuremberg rally, in *Völkischer Beobachter*, Bayernausgabe, 7 August 1929, p. 1.

49 *Das Erbe* (1935), directed by Carl Hartmann.

50 BArch, R9361 III/514455, SS‑Führerpersonalakten, Joseph Altrogge, quoted in part in Tom Segev, *Soldiers of Evil: The Commandants of the Nazi Concentration Camps*, Diamond Books, 2000, p. 98.

51 See Karl Marx and Friedrich Engels, *Economic and Philosophic Manuscripts of 1844*, Wilder Publications, 2011.

52 그러나 서비스 교수가 지적한 것처럼 마르크스는 정확하고도 일률적인 일련의 단계에 관해 모호하게 설명했다. 이로 인해 마르크스주의자들이 오늘날까지 이를 두고 논쟁한다.

53 *New Statesman*, special supplement to the magazine, 27 October 1934, H. G. Wells interview with Stalin, online at https://www.newstatesman.com/politics/2014/04/h‑g‑wells‑it‑seems‑me‑i‑am‑more‑left‑you‑mr‑stalin.

54 Service, *Stalin*, p. 98.

55 *New Statesman*, special supplement to the magazine, 27 October 1934.

56 N. H. Baynes (ed.), *Speeches of Adolf Hitler: Early Speeches 1922‑1924*, and *Other Selections*, Howard Fertig, 2006, speech of 12 April 1922, pp. 15‑16.

57 Joseph Stalin, *Selected Writing*, Greenwood Press, 1970, pp. 469‑74.

58 Previously unpublished testimony.

59 Segev, Soldiers of Evil, interview with Johannes Hassebroek, p. 99.

1장 비밀협정

1 Previously unpublished testimony.

2 Hitler, *Mein Kampf*, pp. 660–61.

3 Ibid., p. 661.

4 Ibid.

5 Ibid.

6 Ibid., pp. 661-2.

7 Ibid., p. 654.

8 Alun Chalfont, *Montgomery of Alamein*, Weidenfeld & Nicolson, 1976, p. 318.

9 Stuart Andrews, *Lenin's Revolution*, Humanities–Ebooks, 2010, p. 67.

10 Dmitri Volkogonov, *Lenin: A New Biography*, Free Press, 1994, p. 230, quoting Lenin's pamphlet *'Left–wing' Communism: An Infantile Disorder*.

11 Borislav Chernev, *Twilight of Empire: The Brest–Litovsk Conference and the Remaking of Central Europe 1917–1918*, University of Toronto Press, 2017, p. 27.

12 1922년에 체결된 라팔로 조약에서, 소련과 독일은 영토 및 재정적 이견을 해소하는 합의에 도달했다. 양국은 다른 나라들로부터 피해를 받았다. 독일은 제1차 세계대전 이후 연합국이 강요한 베르사유 조약으로 동부 영토를 상실했고, 소련은 브레스트-리토프스크 조약과 폴란드와의 국경 전쟁 결과로 영토를 상실했다. 독일과 소련은 자국이 부당한 대우를 받았다는 피해의식을 공유하며 단결했다.

13 'Aufzeichnung ohne Unterschrift' (August 1936), in *Akten zur Deutschen Auswärtigen Politik 1918-1945*, Vandenhoeck & Ruprecht, 1977, Serie C: 1933–1936, Das Dritte Reich: Die Ersten Jahre, Band V, 2, 26. Mai bis 31. Oktober 1936, Dokumentnummer 490, pp. 793–801.

14 *International Military Tribunal (IMT)*, Der November 1945 1. Oktober 1946, Band XXXVI, Nürnberg, 1948, pp. 489ff.

15 Max Domarus, *Hitler. Reden und Proklamationen 1932-1945. Kommentiert von einem deutschen Zeitgenossen*, Band I: *Triumph, Zweiter Halbband 1935–1938*, R. Löwit, 1973, Hitler speech of 13 September 1937, pp. 728-9, 731.

16 Service, *Stalin*, p. 384.

17 Kotkin, *Stalin*, vol. 2: *Waiting for Hitler*, p. 682.

18 Harpal Brar, *Trotskyism or Leninism?*, H. Brar, 1993, p. 625, quoting a Trotsky essay in *Bulletin of the Opposition* of 1933.

19 Ibid.

20 Leon Trotsky, *The Stalin School of Falsification*, ed. Max Shachtman, MuriwaiBooks, 2018 (first published in English 1937), Kindle edn, location 2140.

21 Stalin, *Selected Writings*, p. 440.

22 Ibid., p. 441.

23 Ibid., p. 444.

24 Gabriel Gorodetsky (ed.), *The Maisky Diaries: The Wartime Revelations of Stalin's Ambassador in London*, Yale University Press, 2016, entry for 15 March 1939, p. 163.

25 내가 제작한 TV 프로그램 *Nazis: A Warning from History*의 세 번째 방송에서 나온 프랭크 로버츠 경의 인터뷰. 1997년 BBC2에 처음으로 방영됨.

26 James Mace Ward, *Priest, Politician, Collaborator: Jozef Tiso and the Making of Fascist Slovakia*, Cornell University Press, 2013, pp. 181 and 177.

27 Ibid., p. 183.

28 Previously unpublished testimony.

29 Ian Kershaw, *Hitler 1936–1945: Nemesis*, Allen Lane, 2000, p. 171.

30 David Dilks (ed.), *The Diaries of Sir Alexander Cadogan*, O.M., 1938–1945, Cassell, 1971, entry for 20 March 1939, p. 161.

31 Frank McDonough, *Neville Chamberlain, Appeasement and the British Road to War*, Manchester University Press, 1998, p. 78.

32 Hansard, 31 March 1939, vol. 345, cols. 2415–20, online at https://api.parliament.uk/ historic–hansard/commons/1939/mar/31/european–situation–1#S5CV0345P0_19390331_ HOC_226. 체임벌린은 1939년 3월 17일 버밍엄(Birmingham)에서의 연설에서 최초로 폴란드의 독립을 영국이 '보장'할 것을 제안했다.

33 Ibid.

34 Gorodetsky (ed.), *Maisky Diaries*, entry for 31 March 1939, p. 169.

35 Christopher Hill, *Cabinet Decisions on Foreign Policy: The British Experience, ctober 1938 June –1941*, Cambridge University Press, 1991, p. 49.

36 McDonough, *Chamberlain*, p. 82.

37 Ian Colvin, *The Chamberlain Cabinet*, Victor Gollancz, 1971, p. 200. The FO document is also quoted in Dilks (ed.), *Cadogan Diaries*, p. 175.

38 Richard Overy, 1939: *Countdown to War*, Allen Lane, 2009, p. 13.

39 Hill, *Cabinet Decisions*, p. 53.

40 Anita Prazmowska, *Britain, Poland and the Eastern Front*, 1939, Cambridge University Press, 1987, pp. 142, 143.

41 Dilks (ed.), *Cadogan Diaries*, entry for 19 April 1939, p. 175.

42 Hill, *Cabinet Decisions*, p. 59.

43 Gorodetsky (ed.), *Maisky Diaries*, entry for 4 August 1939, p. 212.

44 *Documents on German Foreign Policy 1918-1945*, Series D: *1937-1945*, vol. VI: *The Last Months of Peace, March August 1939*, United States Government Printing Office, 1956, Document 758, Ribbentrop to German Embassy in Moscow, 3 August 1939, p. 1048.

45 Chris Bellamy, *Absolute War: Soviet Russia in the Second World War*, Macmillan, 2007, p. 44.

46 히틀러는 볼셰비즘의 위험성을 알리는 연설에서 종종 "볼셰비즘이 유럽 문화를 말살할 것"이라 언급했다. Max Domarus, *Hitler. Reden und Proklamationen 1932-1945. Kommentiert von einem deutschen Zeitgenossen*, Band II: *Untergang, Erster Halbband 1939-1940*, R. Löwit, 1973, Hitler's speech to the Reichstag, 28 April 1939, p. 1164.

47 Ibid., pp. 1573, 1158.

48 Ibid., pp. 1574, 1159.

49 Ibid., pp. 1583, 1167.

50 다만 프랑스는 영국보다 이 타협이 원활하게 진행되는 데에 훨씬 관심이 많았던 것이 분명하다. Louise Grace Shaw의 *The British Political Elite and the Soviet Union 1937-1939*, Frank Cass, 2003, p. 139를 확인할 것.

51 Ibid., p. 138.

52 Gibson (ed.), *Ciano Diaries*, entry for 11 August 1939, p. 119.

53 Ibid., entry for 12 August 1939, p. 119.

54 Andreas Hillgruber, *Germany and the Two World Wars*, Harvard University Press, 1981, p. 69.

55 *Documents on German Foreign Policy 1918-1945*, Series D, vol. VII: *The Last ays of Peace, August 9 September 3, 1939*, United States Government Printing Office, 1956, pp. 200-204.

56 Ibid., pp. 205-6.

57 V. N. Pavlov (the Soviet interpreter), 'Avtobiographicheskii Zametki', *ovaya i Noveyshaya Istoria*, 2000, pp. 98-9.

58 Gustav Hilger and Alfred G. Meyer, *The Incompatible Allies*, Macmillan, 1953, p. 304.

59 Andor Hencke interrogation and his memorandum of the conversation of 23 August in Politisches Archiv, Berlin, ADAP DVII DOK 213.

60 Albert Resis (ed.), *Molotov Remembers*, Ivan R. Dee, 1993, p. 12.

61 Sergei Khrushchev (ed.), *Memoirs of Nikita Khrushchev*, vol. 1: *Commissar (1918 1945)*, Pennsylvania State University Press, 2004, p. 225.

62 Nevile Henderson, *Failure of a Mission*, Hodder & Stoughton, 1940, p. 266.

2장 폴란드 분할

1 Alexander B. Rossino, *Hitler Strikes Poland: Blitzkrieg, Ideology, and Atrocity*, University Press of Kansas, 2003, pp. 16, 66-7 and 129.

2 Jürgen Matthäus, Jochen Böhler and Klaus-Michael Mallmann, *War, Pacification, and Mass Murder, 1939: The Einsatzgruppen in Poland*, Documenting Life and Destruction: Holocaust Sources in Context, Rowman & Littlefield, 2014, Document 18, Post-war interrogation of Bruno G, former member of Einsatzkommando 2/IV, in connection with 'reprisals' in Bydgoszcz, p. 59.

3 Robert Gerwarth, *Hitler's Hangman: The Life of Heydrich*, Yale University Press, 2012, p. 153. Five thousand of this total were Jews.

4 Gorodetsky (ed.), *Maisky Diaries*, entry for 17 September 1939, p. 225.

5 Jan Gross, *Revolution from Abroad*, Princeton University Press, 1988, p. 11.

6 편의를 위해 이 책에서 나는 이 도시를 '르부프'라 불렀다. 이 도시의 폴란드어 명칭인 '르부프'는 제2차 세계대전 이전에 불리던 이름이기 때문이다. 이 도시는 현재 독립한 우크라이나 안에 있고, 우크라이나인은 이 도시를 '르비우(Lviv)'라 부른다. 이 도시를 점령한 독일인은 렘베르크(Lemberg), 소련인은 리보프(L'vov)라 불렀다. 그래서 이 도시는 20세기에 4개의 이름을 갖게 되었다. 명칭의 난잡함은 이 아름다운 도시가 겪은 격동적이고 때로는 비극적인 역사를 상징한다.

7 Charles Burdick and Hans-Adolf Jacobsen (eds.), *The Halder War Diary 1939-1942*, Greenhill Books, 1988, entry for 20 September 1939, p. 58.

8 Previously unpublished testimony.

9 Previously unpublished testimony.

10 Previously unpublished testimony.

11 Previously unpublished testimony.

12 Ingeborg Fleischhauer, 'Der deutschsowjetische Grenz-und Freundschaftsvertrag vom 28. September 1939. Die deutschen Aufzeichnungen über die Verhandlungen zwischen Stalin, Molotov und Ribbentrop in Moskau', *Vierteljahrshefte für Zeitgeschichte*, vol. 39, no. 3, 1991, pp. 447-70. Gustav Hilger's notes, 'Aufzeichnung. Betr. Moskauer Besprechungen des Herrn Reichsaußenministers(Ende September 1939)', pp. 453-70, here p. 458.

13 Karl Schnurre, *Aus einem bewegten Leben, Heiteres und Ernstes*, 1986, pp. 90-95, unpublished memoirs, Politisches Archiv des Auswärtigen Amts Berlin, Nachlass Karl Schnurre.

14 Yosef Govrin, *The Jewish Factor in the Relations between Nazi Germany and the Soviet Union 1933-1941*, Vallentine Mitchell, 2009, p. 34.

15 See Nikolaus Wachsmann's introduction to Margarete Buber-Neumann, *Under Two Dictators: Prisoner of Stalin and Hitler*, Vintage, 2013, Kindle edn, location 176-94.

16 Buber-Neumann, *Under Two Dictators*, Kindle edn, p. 44.

17 Ibid., pp. 3367.

18 Werner Präg and Wolfgang Jacobmeyer (eds.), *Das Diensttagebuch des deutschen Generalgouverneurs in Polen 1939-1945*, Deutsche Verlags-Anstalt, 1975, entry for 26/27 October 1939, p. 46.

19 Sergej Slutsch, '17. September 1939: Der Eintritt der Sowjetunion in den Zweiten Weltkrieg. Eine historische und völkerrechtliche Bewertung', *Vierteljahrshefte für Zeitgeschichte*, vol. 48, no. 2 (2000), pp. 219-54, here p. 231. Diary of the Soviet Delegation of the Russo-German Border Commission, in Foreign Policy Archive of the Russian Federation, Moscow, f. 011, op. 4, p. 27, d. 66, l. 22, entry for 27 October 1939.

20 Laurence Rees, *Auschwitz: The Nazis and the 'Final Solution'*, BBC Books, 2005, p. 44.

21 Jacob Sloan (ed.), *Notes from the Warsaw Ghetto: From the Journal of Emmanuel Ringelblum*, iBooks, 2006, entry for 12 February 1940, p. 19.

22 Previously unpublished testimony.

23 Michael Burleigh, *The Third Reich: A New History*, Pan Books, 2001, pp. 176-7.

24 Kotkin, *Stalin*, vol. 2: *Waiting for Hitler*, p. 595.

25 Elke Fröhlich (ed.), *Die Tagebücher von Joseph Goebbels*, Teil I: *Aufzeichnungen 1923-1941*, Band 7: *Juli 1939März 1940*, K. G. Saur, 1998, entry for 23 January 1940, p. 282.

26 *Documents on German Foreign Policy 1918-1945*, Series D, vol. VIII: *The War Years, September*

4, 1939–March 18, 1940, United States Government Printing Office, 1954, Document 190, pp. 206-7.

27 Previously unpublished testimony.

28 Previously unpublished testimony, and Laurence Rees, *Nazis: A Warning from History*, BBC Books 2005, p. 120.

29 이 도시의 독일어 명칭은 포젠이다.

30 Peter Longerich, *Heinrich Himmler*, Oxford University Press, 2011, pp. 443-4.

31 Rees, *Nazis*, p. 121.

32 Ibid.

33 Previously unpublished testimony.

34 Jeannette von Hehn, 'Als Landfrau im Warthegau 1940-1945', *Jahrbuch des baltischen Deutschtums*, 1960, pp. 90-93.

35 Previously unpublished testimony.

36 Previously unpublished testimony, but see Rees, *Nazis*, pp. 122-3.

37 *Concise Statistical Year-Book of Poland, September 1939–June 1941*, Polish Ministry of Information, 2nd edn, June 1944 (first published December 1941), pp. 910.

38 Christopher Browning, *The Origins of the Final Solution*, William Heinemann, 2004, p. 57.

39 Jeremy Noakes and Geoffrey Pridham (eds.), Nazism 1919-1945: *A Documentary Reader*, vol. 3: Foreign Policy, *War and Racial Extermination*, Exeter University Press, 1991, pp. 932-4.

40 마다가스카르 작전에 관한 부연설명은 본문 635~636쪽을 참고할 것.

41 Joshua D. Zimmerman, *The Polish Underground and the Jews 1939-1945*, Cambridge University Press, 2015, p. 20.

42 Christopher Browning, *Nazi Policy, Jewish Workers, German Killers*, Cambridge University Press, 2000, Hans Frank speech, 25 November 1939, p. 8.

43 Anne Applebaum, *Gulag: A History of the Soviet Camps*, Penguin Books, 2004, p. 64.

44 Previously unpublished testimony, and Laurence Rees, *World War Two: Behind Closed Doors*, BBC Books, 2008, p. 29.

45 Applebaum, *Gulag*, p. 111.

46 Previously unpublished testimony.

47 Previously unpublished testimony.

48 Previously unpublished testimony. Also see Katherine Bliss Eaton, *Daily Life in the Soviet Union*, Greenwood Publishing, 2004, p. 69.

49 A similar point is also made by Gustaw Herling, *A World Apart*, Penguin Books, 1996 (first published 1951), p. 150.

50 Applebaum, Gulag, pp. 383-4, calculation of Aleksandr Guryanov.

51 Previously unpublished testimony, and Rees, *Behind Closed Doors*, p. 52.

52 Presidential Archive, Moscow, f. 17, op. 162, d. 26, l. 119, document from Beria to Stalin dated 2 December 1939.

53 Rees, *Behind Closed Doors*, pp. 47-9.

54 Previously unpublished testimony.

55 Herling, *A World Apart*, p. 11. Also see Thomas Lane, *Victims of Stalin and Hitler: The Exodus of Poles and Balts to Britain*, Palgrave, 2004, p. 102.

56 Herling, *A World Apart*, p. 22.

57 Ibid., p. 18.

58 Rees, *Auschwitz*, p. 40.

59 Quoted in Danuta Czech, 'The Auschwitz Prisoner Administration', in Yisrael Gutman and Michael Berenbaum (eds.), *Anatomy of the Auschwitz Death Camp*, Indiana University Press, 1998, p. 364.

60 이에 관한 부연설명은 본문 97~98쪽을 참고할 것.

61 Herling, *A World Apart*, p. 65.

62 Segev, *Soldiers of Evil*, p. 28.

63 Rudolf Hoess, *Commandant of Auschwitz*, Phoenix, 2000, pp. 70-71.

64 적은 수의 폴란드인이 아우슈비츠에서 풀려나기도 했다. 일례로 1941년 부활절에 석방된 브와디스와프 바르토셰프스키(Władysław Bartoszewski)의 사례가 있다. 자세한 설명은 다음을 참고할 것. Rees, *Auschwitz*, pp. 46-8.

65 Herling, *A World Apart*, p. 33.

66 Maren Röger, 'The Sexual Policies and Sexual Realities of the German Occupiers in Poland in the Second World War', *Contemporary European History*, vol. 23, issue 1, February 2014, pp. 1-21.

67 Polish Ministry of Information, *The German New Order in Poland*, Hutchinson, 1943, pp. 408-9.

68 Previously unpublished testimony.

69 Christopher Browning, *The Path to Genocide: Essays on Launching the Final Solution*, Cambridge University Press, 1992, p. 23.

70 *Hitler's Table Talk*, entry for night of 1-2 August 1941, pp. 18-19.

71 Rees, *Nazis,* p. 129.

72 Kotkin, *Stalin,* vol. 2: *Waiting for Hitler,* p. 705.

73 George Sanford, *Katyn and the Soviet Massacre of 1940*, Routledge, 2005, p. 297.

74 히틀러는 1939년 장애인을 선별 살해하는 작전을 재가하는 서류에 서명했다. 이후 그는 자신이 이 정책에 너무 밀접하게 연루된 것은 실수라고 인정했다는데, 그가 실제로 이 발언을 했는지에 관해서는 논란의 여지가 있다. 이러한 관점에서 이른바 '최종 해결'에 의한 살해(대량학살)를 주도했지만, 영리하게도 자신의 명령이 문서로 남지 않게 조치했다. 다음 자료를 참고할 것. Rees, *Holocaust*, pp. 165-6.

3장 상반된 운명

1 1937년 인구조사 자료에 의하면 소련 인구는 당시 1억 6,200만 명으로 집계되었지만, 스탈린은 이 수치가 너무 작다고 여기며 자료의 출간을 중지했다. 1939년 3월, 그는 소련 인구가 1억 700만 명이라고 선언했다.

2 Overy, *Dictators*, p. 452.

3 H. G. Wells interview with Stalin, *New Statesman*, special supplement, 27 October 1934.

4 Kotkin, *Stalin, vol. 2: Waiting for Hitler*, p. 378.

5 Robert Gellately, *Stalin's Curse: Battling for Communism in War and Cold War*, Oxford University Press, 2013, p. 38.

6 William J. Spahr, *Stalin's Lieutenants: A Study of Command under Duress*, Presidio Press, 1997, p. 172.

7 Previously unpublished testimony.

8 Previously unpublished testimony, and 'Mark Lazarevich Gallay and the Mind of Josef Stalin', in Rees, *Their Darkest Hour*, pp. 197-203.

9 Dmitry Chernov and Didier Sornette, *Man-Made Catastrophes and Risk Information Concealment: Case Studies of Major Disasters and Human Fallibility*, Springer, 2016, p. 205. This episode is taken from the memoirs of Marshal Zhukov, and it is Zhukov who called Voroshilov a 'dilettante'.

10 Juho Kusti Paasikivi, *Meine Moskauer Mission 1939-41*, Holsten-Verlag, 1966, pp. 67-8.

11 Milovan Djilas, *Conversations with Stalin*, Penguin Books, 2014, pp. 50-51.

12 Väinö Tanner, *The Winter War: Finland against Russia 1939-1940*, Stanford University Press, 1957, pp. 67-8.

13 William R. Trotter, *The Winter War: The Russo-Finnish War of 1939-40*, Aurum Press, 2003, p. 17.

14 Khrushchev (ed.), *Khrushchev Memoirs*, vol. 1: Commissar, p. 249.

15 Gorodetsky (ed.), *Maisky Diaries*, entry for 27 November 1939, p. 240.

16 Kotkin, *Stalin*, vol. 2: *Waiting for Hitler*, p. 741.

17 Dmitri Volkogonov, *Stalin: Triumph and Tragedy*, Weidenfeld & Nicolson, 1991, p. 279. Beria's words were reported to Volkogonov by A. A. Yepishev.

18 Bellamy, *Absolute War*, p. 74. Voronov was told this by G. Kulik, a Commissar of Defence at a meeting also attended by General Meretskov.

19 Allen F. Chew, *The White Death: The Epic of the Soviet-Finnish Winter War*, KiwE Publishing, 2007, pp. 27-8.

20 Ibid., pp. 71-2.

21 Previously unpublished testimony.

22 Trotter, *Winter War*, p. 160.

23 Robert D. Lewallen, *The Winter War: The United States and the Impotence of Power*, Alyssiym Publications, 2010, p. 69.

24 Winston Churchill broadcast, 20 January 1940, online at https://winstonchurchill.org/resources/speeches/ 1940-the-finest-hour/the-war-situation-house-of-many-mansions/.

25 실제로, 소련군의 취약점에 관해서 체임벌린과 영국의 고위 장교들은 이런 시각을 견지했다. 이에 관해서는 본문 71쪽을 참고할 것.

26 Gorodetsky (ed.), *Maisky Diaries*, entry for 12 December 1939, pp. 244-5.

27 Ibid., entry for 21 February 1940, p. 257.

28 Khrushchev (ed.), *Khrushchev Memoirs*, vol. 1: *Commissar*, pp. 251-2.

29 Chew, *White Death*, p. 179.

30 Khrushchev (ed.), *Khrushchev Memoirs*, vol. 1: *Commissar*, p. 256.

31 Yuri Glazov, *The Russian Mind since Stalin's Death*, D. Reidel, 1985, p. 182.

32 Fröhlich (ed.), *Die Tagebücher von Joseph Goebbels*, Teil I, Band 7: *Juli 1939-März 1940*, entry for 11 November 1939, pp. 190-91.

33 Ibid., entry for 16 December 1939, pp. 233-4, here p. 233.

34 Ibid., entry for 6 December 1939, pp. 221-3, here pp. 221-2.

35 Heinz Boberach (ed.), *Meldungen aus dem Reich 1938-1945. Die geheimen Lageberichte des Sicherheitsdienstes der SS*, vol. 3, Pawlak, 1984, p. 524.

36 *Documents on German Foreign Policy*, Series D, vol. VIII: *The War Years, September 4, 1939-March 18,1940*, Document 663, The Führer and Chancellor to Benito Mussolini, 8 March 1940, pp. 871-80, here p. 877.

37 *Völkischer Beobachter*, Norddeutsche Ausgabe, 9 December 1939, p. 2.

38 *Documents on German Foreign Policy*, Series D, vol. VIII: *The War Years, September 4, 1939-March 18,1940*, Document 663, pp. 871-80, here p. 877.

39 Service, *Stalin*, p. 340.

40 *Völkischer Beobachter*, 3 July 1934.

41 *Deutsche Allgemeine Zeitung*, no. 302, 2 July 1934.

42 그러나 나치는 1933년 4월 '전문 행정 관리 복직에 관한 법'을 시행했다. 이 법은 유대인들과 공산주의자들을 행정 영역에서 축출하기 위해 시행됐다. 힌덴부르크 대통령의 강력한 요청으로 제1차 세계대전 때 전선에서 싸웠거나 해당 전쟁에서 일가친척을 잃은 사람은 축출 대상에서 제외됐다.

43 BArch, N 28/4, quoted in German in Klaus-Jürgen Müller, *General Ludwig Beck. Studien und Dokumente zur politisch-militärischen Vorstellungswelt und Tätigkeit des Generalstabschefs des deutschen Heeres 1933-1938*, Harald Boldt, 1980, pp. 498-501. Note that it is not certain who Beck intended this document for.

44 Hildegard von Kotze (ed.), *Heeresadjutant bei Hitler 1938-1943. Aufzeichnungen des Majors Engel*, Deutsche Verlags-Anstalt, 1974, pp. 67f. A copy of the diary is in the Institut für Zeitgeschichte, Munich (henceforth IfZ), ED 53.

45 Burdick and Jacobsen (eds.), *Halder War Diary*, entry for 3 November 1939, p. 76.

46 *Hitler's Table Talk*, entry for evening of 18 January 1942, p. 221.

47 Richard Giziowski, *The Enigma of General Blaskowitz*, Leo Cooper, 1997, p. 172.

48 Kershaw, *Nemesis*, pp. 269-70.

49 Domarus, Hitler. *Reden und Proklamationen*, Band II: *Untergang, Erster Halbbad 1939-1940*, Hitler speech of 23 November 1939, taken from notes subsequently found in the possession of the Wehrmacht High Command, pp. 1422-6.

50 Generalfeldmarschall Fedor von Bock, *The War Diary 1939-1945*, Schiffer, 1996, entry for 23 November 1939, p. 88.

51 Bericht zur innenpolitischen Lage (Nr. 15) 13 November 1939, in Boberach (ed.), *Meldungen aus dem Reich*, vol. 3, pp. 449-56.

52 Bock, *War Diary*, entry for 24 October 1939, p. 75.

53 Leonidas E. Hill (ed.), *Die Weizsäcker-Papiere 1933-1950*, Propyläen-Verlag, 1974, note from Ernst von Weizsäcker, 17 October 1939, p. 180.

54 Adam Tooze, *Wages of Destruction: The Making and Breaking of the Nazi Economy*, Penguin Books, 2007, p. 368.

55 Ernest R. May, *Strange Victory: Hitler's Conquest of France*, I. B. Tauris, 2000, p. 413.

56 Winston S. Churchill, *The Second World War*, vol. II: Their Finest Hour, Penguin Books, 2005, p. 38.

57 Gorodetsky (ed.), *Maisky Diaries*, entry for 15 May 1940, p. 278.

58 Tooze, *Wages of Destruction*, p. 370.

59 Bock, *War Diary*, entry for 25 June 1940, p. 181.

60 Elke Fröhlich (ed.), *Die Tagebücher von Joseph Goebbels*, Teil I: *Aufzeichnungen 1923-1941*, Band 4: *März-November 1937*, K. G. Saur, 2000, entry for 10 July 1937, p. 214.

61 Kershaw, Nemesis, p. 300; Wolfgang Benz, *Die 101 wichtigsten Fragen*. Das Dritte Reich, C. H. Beck, 2013, Kindle edn, location 1267.

4장 야합의 분열

1 Edward Crankshaw, *Khrushchev Remembers*, André Deutsch, 1974, pp. 156-7.

2 Khrushchev (ed.), *Khrushchev Memoirs*, vol. 1: *Commissar*, p. 266.

3 Sevket Akyildiz, ' "Learn, Learn, Learn!" Soviet Style in Uzbekistan: Implementation and Planning', in Sevket Akyildiz and Richard Carlson (eds.), *Social and Cultural Change in Central Asia: The Soviet Legacy*, Routledge, 2014, p. 16.

4 Geoffrey Roberts, *Stalin's General: The Life of Georgy Zhukov*, Icon Books, 2013, Kindle edn, location 1471-8.

5 Carl Van Dyke, 'The Timoshenko Reforms: March-July 1940', *Journal of Slavic Military Studies*, vol. 9, no. 1 (March 1996), p. 87. Also quoted in Richard Overy, *Russia's War*, Allen Lane, 1997, p. 58.

6 Marius Broekmeyer, *Stalin, the Russians, and Their War*, University of Wisconsin Press, 2004, p. 55.

7   Van Dyke, 'Timoshenko', pp. 69-96.

8   Previously unpublished testimony.

9   Alex Danchev and Daniel Todman (eds.), *War Diaries 1939-1945: Field Marshal Lord Alan-brooke*, Phoenix, 2002, entry for 23 May 1940, p. 68.

10 Gorodetsky (ed.), *Maisky Diaries*, entries of 20 May and 10 July 1940, pp. 279 and 296.

11 Friedrich Kellner, *My Opposition: The Diary of Friedrich Kellner*, ed. Robert Scott Kellner, Cambridge University Press, 2018, p. 79. 켈너(Kellner)는 독일 남부의 관료 출신으로, 비밀 일기를 기록한 사회민주당원이었다.

12 Previously unpublished testimony.

13 Previously unpublished testimony.

14 Burdick and Jacobsen (eds.), *Halder War Diary*, entry for 13 July 1940, p. 227.

15 General Franz Halder, 'Spruchkammeraussage', 20 September 1948, IfZ, ZS 240/6, pp. 23-4.

16 Burdick and Jacobsen (eds.), *Halder War Diary*, entry for 3 July 1940, pp. 220-21.

17 Kershaw, *Nemesis*, p. 307.

18 Burdick and Jacobsen (eds.), *Halder War Diary*, entry for 13 July 1940, p. 227.

19 Domarus, *Hitler, Reden und Proklamationen*, Band II: *Untergang, Erster Halbband 1939-1940*, Hitler speech to Reichstag, 19 July 1940, pp. 1553, 1558.

20 Burdick and Jacobsen (eds.), *Halder War Diary*, entry for 31 July 1940, pp. 241-6.

21 Ibid., entry for 6 August 1940, p. 246.

22 Previously unpublished testimony.

23 Bock, *War Diary*, entry for 12-13 August 1940, p. 187.

24 William L. Shirer, *End of a Berlin Diary*, Rosetta Books, 2016, entry for 2 November 1946, p. 140.

25 Rees, *Nazis*, p. 85.

26 Ibid.

27 Gibson (ed.), *Ciano Diaries*, entry for 13 May 1941, p. 351.

28 Burdick and Jacobsen (eds.), *Halder War Diary*, entry for 1 November 1940, pp. 272-3.

29 Ibid., entry for 4 November 1940, p. 279.

30 Hitler, Directive no. 18, 12 November 1940, in Gerhard L. Weinberg, *Germany and the Soviet Union, 1939-1941*, E. J. Brill, 1954, p. 137.

31 Ivo Banac (ed.), *The Diary of Georgi Dimitrov 1933-1949*, Yale University Press, 2003, entry

for 7 November 1940, p. 133.

32 Ibid., p. 134.

33 Valentin M. Berezhkov, *At Stalin's Side: His Interpreter's Memoirs from the October Revolution to the Fall of the Dictator's Empire*, Birch Lane Press, 1994, p. 7.

34 Ribbentrop and Molotov meeting, 12 November 1940, Memorandum of conversation, BArch, RM 41/40, online at http://www.worldfuturefund.org/wffmaster/Reading/Germany/Hitler-Molotov%20Meetings.htm.

35 Gabriel Gorodetsky, *Grand Delusion: Stalin and the German Invasion of Russia*, Yale University Press, 1999, p. 58.

36 Berezhkov, *At Stalin's Side*, p. 8.

37 Winston S. Churchill, *The Second World War*, vol. I: *The Gathering Storm*, Penguin Books, 2002, p. 121.

38 Kwok-sing Li, *A Glossary of Political Terms of the People's Republic of China*, The Chinese University of Hong Kong, 1995, p. 325.

39 Pavlov, 'Avtobiographicheskii Zametki', pp. 104-5.

40 Major Gerhard Engel, *At the Heart of the Reich: The Secret Diary of Hitler's Army Adjutant*, Frontline Books, 2017, entry for 15 November 1940, Kindle edn, location 1794.

41 Burdick and Jacobsen (eds.), *Halder War Diary*, entry for 16 November 1940, p. 283.

42 Jana Richter (ed.), *Die Tagebücher von Joseph Goebbels*, Teil I: *Aufzeichnungen 1923-1941*, Band 8: *April-November 1940*, K. G. Saur, 1998, entry for 18 November 1940, p. 425.

43 Ibid., entry for 14 November 1940, pp. 417-18.

44 Kotkin, *Stalin*, vol. 2: *Waiting for Hitler*, p. 764.

45 Ian Kershaw, *Fateful Choices: Ten Decisions that Changed the World, 1940-1941*, Allen Lane, 2007, p. 69.

46 *Documents on German Foreign Policy 1918-1945*, Series D, vol. XI: *The War Years, September 1, 1940-January 31, 1941*, United States Government Printing Office, 1960, Document 532, 18 December 1940, p. 899.

5장 절멸전쟁

1 International War Crimes Tribunal, Nuremberg, IMG, para 481 (statement of Erich von dem

Bach-Zelewski, 7 January 1946), https://avalon.law.yale.edu/imt/01-07-46.asp. 바흐-젤레프스키(Bach-Zelewski)는 회의 날짜를 1941년 초라고 잘못 기록했다. 힘러의 책상에서 발견된 그의 일기 내용을 통해 소련 침공 시기를 6월로 잡았다는 사실을 확인했다. See Peter Witte et al. (eds.), *Der Dienstkalender Heinrich Himmlers 1941/42*, Christians, 1999, pp. 171-2. 갈레아초 치아노의 이야기에 따르면, '3,000만 명'이라는 수치는 1941년 말의 괴링도 언급했었다. See *Les Archives secretes du Comte Ciano 1936-1942*, Librairie Plon, 1948, pp. 478-9. See also Peter Longerich, *Holocaust: The Nazi Persecution and Murder of the Jews*, Oxford University Press, 2010, p. 181.

2   Engel, Diary, entry for 18 December 1940, Kindle edn, location 1807.

3   Percy Ernst Schramm and Hans-Adolf Jacobsen (eds.), *Kriegstagebuch des Oberkommandos der Wehrmacht (Wehrmachtführungsstab)*, Band I: *1. August 1940-31. Dezember 1941*, Bernard & Graefe, 1965, entry for 9 January 1941, pp. 253-9, here p. 258.

4   Georg Thomas, *Geschichte der deutschen Wehr- und Rüstungswirtschaft (1918-1943/45)*, Harald Boldt Verlag, 1966, pp. 515-32. 이에 관해서는 학술적으로 여러 이야기를 의논하고 있다. See, for instance, Rolf-Dieter Müller, 'Von der Wirtschaftsallianz zum kolonialen Ausbeutung', in Militärgeschichtliches Forschungsamt (ed.), *Das Deutsche Reich und der Zweite Weltkrieg*, vol. 4.1: *Der Angriff auf die Sowjetunion*, Deutsche Verlags-Anstalt, 1983, pp. 98-326, here p. 126. Heinrich Uhlig, 'Das Einwirken Hitlers auf Planung und Führung des Ostfeldzuges', *in Vollmacht des Gewissens*, vol. 2, Alfred Metzner, 1965, pp. 147-286, here pp. 209-10. Christian Gerlach, *Kalkulierte Morde. Die deutsche Wirtschafts- und Vernichtungspolitik in Weißrußland 1941 bis 1944*, Hamburger Edition, 1999, p. 67.

5   Uhlig, 'Das Einwirken Hitlers auf Planung und Führung des Ostfeldzuges', pp. 210-11.

6   Kershaw, *Nemesis*, p. 345.

7   Bock, *War Diary*, entries for 31 January 1941 and 1 February 1941, pp. 196-8.

8   Ibid., entry for 3 December 1940, p. 193.

9   Max Domarus, *Hitler. Reden und Proklamationen 1932-1945. Kommentiert von einem deutschen Zeitgenossen*, Band II: *Untergang, Zweiter Halbband 1941-1945*, R. Löwit, 1965, Hitler speech 9 January 1941, p. 1653.

10   Gibson (ed.), *Ciano Diaries*, entry for 19 January 1941, p. 338.

11   Ibid., entry for 20 January 1941, p. 338.

12   David Stahel, *Operation Barbarossa and Germany's Defeat in the East*, Cambridge University Press, 2012, p. 73.

13 Kershaw, *Nemesis*, p. 146.

14 Bock, *War Diary*, entry for 14 December 1940, p. 195.

15 Winston S. Churchill, *The Second World War*, vol. III: *The Grand Alliance*, Penguin Books, 2005, p. 316.

16 Kotkin, *Stalin*, vol. 2: *Waiting for Hitler*, p. 841.

17 Gorodetsky, *Grand Delusion*, p. 53.

18 Bellamy, *Absolute War*, p. 141.

19 Previously unpublished testimony.

20 Evan Mawdsley, 'Crossing the Rubicon: Soviet Plans for Offensive War in 1940-1941', *International History Review*, vol. 25 (2003), p. 853. Also Kershaw, *Fateful Choices*, p. 280. And Roberts, *Stalin's General*, Kindle edn, location 1857-70.

21 Elke Fröhlich (ed.), *Die Tagebücher von Joseph Goebbels*, Teil I: *Aufzeichnungen 1923-1941*, Band 9: *Dezember 1940-Juli 1941*, K. G. Saur, 1998, entry for 7 May 1941, p. 296

22 Ibid., entry for 9 May 1941, p. 301.

23 Burdick and Jacobsen (eds.), *Halder War Diary*, entry for 30 March 1941, p. 346.

24 그 자리에 있던 사람들은 히틀러의 발언을 수용했다는, 발리몬트(Warlimont) 장군의 발언을 주목할 것. Kershaw, *Nemesis*, p. 356.

25 Previously unpublished testimony.

26 Gerd R. Ueberschär and Wolfram Wette (eds.), *Der deutsche Überfall auf die Sowjetunion. Unternehmen Barbarossa 1941*, Fischer Taschenbuch, 2011, p. 251. Original in BArch, RH 24-56/149.

27 Hans-Heinrich Wilhelm, *Rassenpolitik und Kriegführung: Sicherheitspolizei und Wehrmacht in Polen und in der Sowjetunion 1939-1942*, R. Rothe, 1991, pp. 133-40, here pp. 133-4, 138-9. Original in BArch, RH 20-18/71, AOK18/Ia Nr. 406/41, g.Kdos.

28 Bock, *War Diary*, entry for 7 June 1941, pp. 219-20.

29 Field Marshal Erich von Manstein, *Lost Victories, Zenith*, 2004 (first published Athenaum-Verlag, 1955), p. 180.

30 Benoît Lemay, *Erich von Manstein: Hitler's Master Strategist*, Casemate, 2010, Kindle edn, pp. 251-3.

31 Manstein, *Lost Victories*, p. 179.

32 Michael Burleigh, *Moral Combat: A History of World War II*, HarperPress, 2010, p. 239.

33 Bock, *War Diary*, entry for 14 June 1941, pp. 220-22.

34 Alex J. Kay, 'Germany's Staatssekretäre, Mass Starvation and the Meeting of 2 May 1941', *Journal of Contemporary History*, vol. 41, no. 4 (2006), pp. 685-9. Also see the work of Gerlach, *Kalkulierte Morde*.

35 본문 211쪽을 참고할 것.

36 Stenographic report of the meeting of Reich Marshal Göring with the Reich commissioners for the occupied territories and military commanders on the food situation; at the Ministry of Aviation, Thursday 6 August 1942, 4 p.m., Léon Poliakov and Joseph Wulf, *Das Dritte Reich und seine Diener*, Ullstein, 1983, pp. 471ff. Also in Document 170-USSR, *in Der Prozess gegen die Hauptkriegsverbrecher vor dem Internationalen Militärgerichtshof, Nürnberg, 14. November 1945-1. Oktober 1946*, Band XXIX, Sekretariat des Gerichtshofs, 1949, pp. 385ff. (Translation here is the official one used at the Nuremberg trials.)

37 Götz Aly and Susanne Heim, *Architects of Annihilation: Auschwitz and the Logic of Destruction*, Weidenfeld & Nicolson, 2002, p. 239.

38 Ibid., p. 242.

39 Ibid., p. 237.

40 Fröhlich (ed.), *Die Tagebücher von Joseph Goebbels*, Teil I, Band 9: *Dezember 1940-Juli 1941*, entry for 29 March 1941, pp. 209-11.

41 본문 31쪽을 참고할 것.

42 Rees, *Nazis*, p. 174.

43 Helmut Krausnick, Hans Buchheim, Martin Broszat and Hans-Adolf Jacobsen, *Anatomy of the SS State*, Collins, 1968, pp. 62-3.

44 Khrushchev (ed.), *Khrushchev Memoirs*, vol. 1: *Commissar*, p. 272.

45 Gorodetsky, *Grand Delusion*, p. 174.

46 Dilks (ed.), *Cadogan Diaries*, entry for 6 January 1941, p. 347.

47 Quoted in editorial comments in Gorodetsky (ed.), *Maisky Diaries*, pp. 361-2.

48 Ibid., entry for 18 June 1941, p. 363.

49 Presidential Archive, Moscow, f. 3, op. 50, d. 415, l. 1, 50-52. Here, Bellamy, *Absolute War*, pp. 146-7.

50 Broekmeyer, *Stalin, the Russians, and Their War*, p. 32.

51 Fröhlich (ed.), *Die Tagebücher von Joseph Goebbels*, Teil I, Band 9: *Dezember 1940-Juli 1941*, entry for 16 June 1941, pp. 376-80.

52 Previously unpublished testimony.

53 Bullock, *Hitler and Stalin: Parallel Lives*, p. 768.

54 Gibson (ed.), *Ciano Diaries*, entry for 21 June 1941, pp. 368-9.

55 Fröhlich (ed.), *Die Tagebücher von Joseph Goebbels*, Teil I, Band 9: *Dezember 1940-Juli 1941*, entry for 22 June 1941, pp. 395-6.

6장 침공

1 Previously unpublished testimony.

2 Hilger and Meyer, *Incompatible Allies*, p. 336.

3 Service, *Stalin*, p. 410.

4 Previously unpublished testimony, and Rees, Nazis, p. 170.

5 Kershaw, *Nemesis*, p. 393. Bellamy, *Absolute War*, pp. 172-7.

6 Bernd Bonwetsch, 'Stalin, the Red Army and the "Great Patriotic War"', in Kershaw and Lewin (eds.), *Stalinism and Nazism*, pp. 185-6.

7 Simonov, *Glazami cheloveka moego pokoleniia*, pp. 291-306, discussed in ibid., p. 193.

8 Khrushchev (ed.), *Khrushchev Memoirs*, vol. 1: *Commissar*, p. 311.

9 Previously unpublished testimony.

10 Previously unpublished testimony.

11 Antony Beevor and Luba Vinogradova (eds.), *A Writer at War: Vasily Grossman with the Red Army 1941-1945*, Harvill Press, 2005, p. 12.

12 Previously unpublished testimony.

13 Anastas Mikoyan, *Tak Bylo*, Vagrius, 1999, pp. 390-92.

14 Khrushchev (ed.), *Khrushchev Memoirs*, vol. 1: *Commissar*, p. 304.

15 Overy, *Russia's War*, p. 78, and Service, *Stalin*, pp. 414-15, are two examples of works that explore the possibilities.

16 Mikoyan, *Tak Bylo*, p. 390.

17 Sergo Beria, *Beria, My Father: Inside Stalin's Kremlin*, ed. Françoise Thom, Duckworth, 2003, p. 71.

18 *Pravda*, 19 December 1939; in English in Overy, *Dictators*, p. 98.

19 Heinz Guderian, *Panzer Leader*, Penguin Books, 2009, p. 158.

20 Burdick and Jacobsen (eds.), *Halder War Diary*, entry for 3 July 1941, p. 446.

21 Friedrich Kellner, *My Opposition: The Diary of Friedrich Kellner*, ed. Robert Scott Kellner,

Cambridge University Press, 2018, entries for 28 June 1941 and 30 June 1941, p. 127.

22 Gorodetsky (ed.), *Maisky Diaries*, entry for 27 June 1941, p. 368.

23 George Orwell, *Diaries*, ed. Peter Davison, Penguin Books, 2010, entry for 23 June 1941, p. 316.

24 Robert Sherwood, *Roosevelt and Hopkins: An Intimate History*, Enigma Books, 2001, Stimson to Roosevelt, 23 June 1941, pp. 204-5.

25 Online at https://www.jewishvirtuallibrary.org/secretary-of-state-welles-statement-on-germany-s-attack-on-the-soviet-union-june-1941.

26 Online at https://www.jewishvirtuallibrary.org/churchill-broadcast-on-the-soviet-german-war-june-1941.

27 Constantine Pleshakov, *Stalin's Folly: The Tragic First Ten Days of World War II on the Eastern Front*, Houghton Mifflin, 2005, p. 99.

28 Evan Mawdsley, *Thunder in the East: The Nazi-Soviet War 1941-1945*, Bloomsbury, 2nd edn, 2016, p. 61.

29 Oleh Romaniv and Inna Fedushchak, *Zakhidnoukrains'ka trahediia 1941*, Naukove tovarystvo im. Shevchenka, 2002, p. 155.

30 Previously unpublished testimony, and see Rees, *Behind Closed Doors*, p. 92.

31 Applebaum, *Gulag*, pp. 377-80.

32 This figure from Bellamy, *Absolute War*, p. 194. Also see Tomas Balkelis, 'Ethnicity and Identity in the Memoirs of Lithuanian Children Deported to the Gulag', in Violeta Davoliūt and Tomas Balkelis (eds.), *Narratives of Exile and Identity: Soviet Deportation Memoirs from the Baltic States*, Central European University Press, 2018, pp. 41-64. 토마스 발켈리스 (Tomas Balkelis)가 해당 저서의 45쪽에서 말하길, 1941년 6월에 소련군에 의해 약 5,500명의 어린이가 리투아니아에서 추방되었다. 그중 4세 미만 어린이가 900명 이상이었다.

33 Gellately, *Lenin, Stalin and Hitler*, p. 395.

34 https://www.jewishvirtuallibrary.org/stalin-speaks-to-the-people-of-the-soviet-union-on-german-invasion-july-1941.

35 Many of the interviewees I met who had lived through the war in the former Soviet Union certainly remembered.

36 https://www.jewishvirtuallibrary.org/stalin-speaks-to-the-people-of-the-soviet-union-on-german-invasion-july-1941.

37 Sarah Davies, *Popular Opinion in Stalin's Russia: Terror, Propaganda and Dissent 1934-1941*,

Cambridge University Press, 1997, p. 81.

38 Steven Merritt Miner, *Stalin's Holy War: Religion, Nationalism, and Alliance Politics 1941-1945*, University of North Carolina Press, 2003, p. 217.

39 *Hitler's Table Talk*, night of 5-6 July 1941, p. 5.

40 Ibid., evening of 17 September and night of 17-18 September 1941, p. 33.

41 Ibid., p. 34.

42 Previously unpublished testimony.

43 Previously unpublished testimony, but also see Rees, *Their Darkest Hour*, pp. 35-40.

44 Anne Applebaum, *Red Famine: Stalin's War on Ukraine*, Allen Lane, 2017, pp. 132-4.

45 Ibid., p. 227.

46 미국 홀로코스트기념박물관은 4,000명의 숫자를 제시하고, 크리스토퍼 브라우닝(Christopher Browning)은 5,000명을 제시한다: Browning, *Origins of the Final Solution*, p. 268.

47 Previously unpublished testimony.

48 Browning, *Origins of the Final Solution*, p. 268.

49 Rees, *Holocaust*, pp. 207-8.

50 Barry A. Leach, *German Strategy against Russia 1939-1941*, Oxford University Press, 1973, pp. 204-5.

51 Burdick and Jacobsen (eds.), *Halder War Diary*, entry for 11 August 1941, p. 506.

52 Schramm and Jacobsen (eds.), *Kriegstagebuch des Oberkommandos der Wehrmacht*, Band I: *1. August 1940-31 Dezember 1941*, pp. 1063-8.

53 Elke Fröhlich (ed.), *Die Tagebücher von Joseph Goebbels*, Teil II: *Diktate 1941-1945*, Band 1: *Juli-September 1941*, K. G. Saur, 1996, entry for 19 August 1941, pp. 261-2.

54 Ibid., p. 262.

55 본문 20~21쪽을 참고할 것.

56 Previously unpublished testimony.

57 Poul Grooss, *The Naval War in the Baltic 1939-1945*, Seaforth Publishing, 2018, p. 151.

58 Anna Reid, *Leningrad: Tragedy of a City under Siege 1941-44*, Bloomsbury, 2011, p. 70.

59 Korvettenkapitän Wehr, 'Die Minenschlacht vor Reval', *Marine Rundschau, Monatsschrift für Seewesen*, vol. 47 (October 1942), pp. 713-23.

60 Grooss, *Naval War*, p. 151.

61 Reid, *Leningrad*, p. 72.

62 Previously unpublished testimony, and Rees, *Nazis*, p. 185.

63 Roberts, *Zhukov*, Kindle edn, location 2088.

64 Ibid., location 2094-102.

65 Alexander Hill, *The Great Patriotic War of the Soviet Union 1941-45: A Documentary Reader*, Routledge, 2010, Document 33, Order of the Headquarters of the Supreme High Command of the Red Army Number 270, 16 August 1941, pp. 55-6.

66 Geoffrey Roberts, *Stalin's Wars: From World War to Cold War 1939-1953*, Yale University Press, 2006, p. 101.

67 Ibid., pp. 101-2.

68 Mawdsley, *Thunder in the East*, p. 78.

69 Khrushchev (ed.), *Khrushchev Memoirs*, vol. 1: *Commissar*, p. 315.

70 Ibid., p. 349.

71 Ibid., pp. 314-15.

72 Gorodetsky (ed.), *Maisky Diaries*, entry for 20 July 1941, p. 374.

73 Patrick J. Maney, *The Roosevelt Presence: The Life and Legacy of FDR*, University of California Press, 1992, p. 82.

74 Rees, *Behind Closed Doors*, pp. 128-9.

75 Ibid., p. 130.

76 Sherwood, *Roosevelt and Hopkins*, pp. 331-2. This quote is from an article Hopkins wrote after meeting Stalin.

77 Ibid., p. 317.

78 Ibid., p. 327.

79 Bellamy, *Absolute War*, p. 261.

80 Previously unpublished testimony.

81 Previously unpublished testimony.

82 Ernst Klee, Willi Dressen and Volker Riess (eds.), *The Good Old Days: The Holocaust as Seen by Its Perpetrators and Bystanders*, Konecky & Konecky, 1991, pp. 66-7.

83 Anatoly Podolsky, 'The Tragic Fate of Ukrainian Jewish Women under Nazi Occupation, 1941-1944', in Sonja M. Hedgepeth and Rochelle G. Saidel (eds.), *Sexual Violence against Jewish Women during the Holocaust*, Brandeis University Press and University Press of New England, 2010, pp. 94-107, here p. 99. Also see Rees, *Holocaust*, p. 220.

84 Previously unpublished testimony.

85 Previously unpublished testimony.

1   Fröhlich (ed.), *Die Tagebücher von Joseph Goebbels*, Teil II, Band 1: *Juli–September 1941, entry for 24 September 1941*, pp. 476–87, here pp. 481–2.

2   *Hitler's Table Talk*, evening of 17 September and night of 17–18 September 1941, p. 32.

3   Burdick and Jacobsen (eds.), *Halder War Diary*, entry for 17 May 1940, p. 149.

4   Also see Rees, *Dark Charisma*, pp. 271–4, for a discussion of this phenomenon.

5   Reid, *Leningrad*, p. 114.

6   Gorodetsky (ed.), *Maisky Diaries*, entry for 4 September 1941, p. 386.

7   Ibid., entry for 15 September 1941, p. 391.

8   Warren F. Kimball (ed.), *Churchill and Roosevelt: The Complete Correspondence*, 3 vols., Princeton University Press, 1984, vol. I, Churchill message of 5 September 1941, C–114x, p. 238.

9   David Stahel, *Operation Typhoon: Hitler's March on Moscow, October 1941*, Cambridge University Press, 2013, pp. 233–4.

10 Beevor and Vinogradova (eds.), *A Writer at War*, p. 43.

11 Niklas Zetterling and Anders Frankson, *The Drive on Moscow 1941: Operation Taifun and Germany's First Great Crisis of World War II*, Casemate, 2012, Kindle edn, location 1001–13.

12 Hans Schäufler (ed.), *Knight's Cross Panzers: The German 35th Tank Regiment in World War II*, Stackpole Books, 2010, p. 127.

13 Reid, *Leningrad*, p. 153.

14 Nicolaus von Below, *At Hitler's Side: The Memoirs of Hitler's Luftwaffe Adjutant 1937–1945*, Frontline Books, 2010, p. 114.

15 Domarus, *Hitler. Reden und Proklamationen*, Band II: *Untergang, Zweiter Halbband 1941–1945*, Hitler speech of 3 October 1941, pp. 1762–3.

16 Elke Fröhlich (ed.), *Die Tagebücher von Joseph Goebbels*, Teil II: Diktate 1941–1945, Band 2: *Oktober–Dezember 1941*, K. G. Saur, 1996, entry for 5 October 1941, pp. 57–63, here pp. 58, 60–62.

17 Rees, *Behind Closed Doors*, p. 108.

18 *Preussische Zeitung*, vol. 11, no. 281, 10 October 1941, p. 1.

19 *Völkischer Beobachter*, issue 283, vol. 54, 10 October 1941, pp. 1–2.

20 Fröhlich (ed.), *Die Tagebücher von Joseph Goebbels*, Teil II, Band 2: *Oktober–Dezember 1941*, entry for 10 October 1941, pp. 84–90, here pp. 87, 89–90.

21 Stahel, *Operation Typhoon*, pp. 77-8.

22 Previously unpublished testimony, but also see Rees, *Nazis*, pp. 186-7.

23 David M. Glantz, *Operation Barbarossa: Hitler's Invasion of Russia 1941*, The History Press, 2011, p. 145.

24 Previously unpublished testimony.

25 Beevor and Vinogradova (eds.), *A Writer at War*, entry for 4 October 1941, p. 48.

26 Rees, *War of the Century*, pp. 55-6.

27 Pavel Sudoplatov, *Special Tasks*, Warner Books, 1995, pp. 145-7.

28 Volkogonov, *Stalin: Triumph and Tragedy*, pp. 412-13.

29 Rees, *War of the Century*, Document 34 of the State Defence Committee, 15 October 1941, pp. 71-2.

30 Previously unpublished testimony.

31 Andrew Nagorski, *The Greatest Battle: Stalin, Hitler, and the Desperate Struggle for Moscow*, Simon & Schuster, 2007, Kindle edn, location 3176-82.

32 Mikhail M. Gorinov, 'Muscovites' Moods, 22 June 1941 to May 1942', in Robert W. Thurston and Bernd Bonwetsch (eds.), *The People's War: Responses to World War II in the Soviet Union*, University of Illinois Press, 2000, p. 124.

33 Previously unpublished testimony.

34 Banac (ed.), *Diary of Georgi Dimitrov*, entry for 15 October 1941, p. 197.

35 Previously unpublished testimony.

36 Beevor and Vinogradova (eds.), *A Writer at War*, p. 52.

37 Bock, *War Diary*, entry for 21 October 1941, pp. 337-8.

38 Ibid., entry for 31 October 1941, p. 347.

39 Klaus Schüler, 'The Eastern Campaign as a Transportation and Supply Problem', in Bernd Wegner (ed.), *From Peace to War: Germany, Soviet Russia, and the World 1939-1941*, Berghahn Books, 1997, p. 216.

40 Tooze, *Wages of Destruction*, pp. 498-9.

41 *Hitler's Table Talk*, evening of 17 October, pp. 69-70.

42 Ibid., night of 17-18 October 1941, p. 71.

43 Ibid., night of 21-22 October 1941, p. 83.

44 Ibid., p. 82.

45 본문 409~411쪽을 참고할 것.

46 Richard Overy, 'Statistics', in I. C. B. Dear and M. R. D. Foot (eds.), *The Oxford Companion to the Second World War*, Oxford University Press, 1995, p. 1060.

47 Previously unpublished testimony.

48 *Voenno-istoricheskii Zhurnal*, no. 10 (1991), pp. 335–41. Also see Rees, *War of the Century*, p. 73.

49 니콜라이 포노마리예프가 스탈린과 주코프의 당시 대화를 증언했다. *War of the Century*, pp. 70–71.

50 Roberts, *Zhukov*, Kindle edn, location 2494.

51 Lev Lopukhovsky, *The Viazma Catastrophe, 1941: The Red Army's Disastrous Stand against Operation Typhoon*, Helion, 2013, p. 488.

52 Previously unpublished testimony.

53 Bellamy, *Absolute War*, p. 304.

54 Stalin speech on 7 November 1941, online at https://www.ibiblio.org/pha/timeline/411107awp.html.

55 Gorinov, 'Muscovites' Moods', p. 126.

56 Bock, *War Diary*, entry for 5 November 1941, p. 350.

8장 세계대전

1 Domarus, *Hitler. Reden und Proklamationen*, Band II: *Untergang, Zweiter Halbband 1941–1945*, Hitler speech at the Löwenbräukeller on the evening of Saturday 8 November 1941, p. 1772.

2 Ibid., pp. 1773–9.

3 Ibid., pp. 1776–81.

4 Jean Ancel, *The History of the Holocaust in Romania*, University of Nebraska Press and Yad Vashem, 2011, p. 325.

5 Ibid., p. 356.

6 Browning, *Origins of the Final Solution*, p. 293.

7 Radu Ioanid, *The Holocaust in Romania: The Destruction of Jews and Gypsies under the Antonescu Regime 1940–1944*, Ivan R. Dee, 2008, Kindle edn, pp. 120–21.

8 Ancel, *Romania*, p. 361.

9 Ibid., p. 353.

10 Nicholas Stargardt, *The German War: A Nation under Arms 1939–45*, Vintage, 2016, pp. 174-5. 니콜라스 스타가르트(Nicholas Stargardt)의 의견처럼, 발터 폰 라이헤나우는 당시 독일 장군 중 가장 나치스러운 장군이었다. 다만 이 명령을 실제로 집행하고 휘하 병사들에게 재차 강조한 인물은 남부집단군을 이끈 룬트슈테트 장군이었다.

11 Peter Longerich, *Heinrich Himmler*, Oxford University Press, 2012, pp. 552-3.

12 Browning, *Origins of the Final Solution*, pp. 323-4.

13 Overy, *Russia's War*, p. 233.

14 Guderian, *Panzer Leader*, p. 247.

15 Ueberschär and Wette (eds.), *Der deutsche Überfall auf die Sowjetunion*, pp. 308-9. Original in BArch, Alliierte Prozesse 9/NOKW-1535.

16 Fröhlich (ed.), *Die Tagebücher von Joseph Goebbels*, Teil II, Band 2: *Oktober–Dezember 1941*, entry for 22 November 1941, pp. 331-47, here pp. 336-8.

17 Ibid., entry for 30 November 1941, pp. 392-404, here pp. 398, 400, 403.

18 Konrad Heiden, *The Fuehrer*, Robinson, 1999, pp. 90-91.

19 Walter Rohland, *Bewegte Zeiten. Erinnerungen eines Eisenhüttenmannes*, Seewald, 1978, pp. 75-8.

20 Previously unpublished testimony, and testimony from Rees, *War of the Century*, pp. 77-8.

21 Bellamy, *Absolute War*, pp. 317-18.

22 Bock, *War Diary*, entry for 5 December 1941, p. 381.

23 Previously unpublished testimony.

24 Rees, *Behind Closed Doors*, p. 114, and previously unpublished testimony.

25 Previously unpublished testimony.

26 Bock, *War Diary*, entry for 7 December 1941, p. 383.

27 Kershaw, *Fateful Choices*, p. 396.

28 Kershaw, *Nemesis*, p. 442.

29 General Walter Warlimont, *Inside Hitler's Headquarters*, 1939-1945, Presidio Press, 1991, pp. 207-8.

30 Gibson (ed.), *Ciano Diaries*, entry for 8 December 1941, p. 416.

31 Domarus, *Hitler. Reden und Proklamationen*, Band II: *Untergang, Zweiter Halbband 1941-1945*, Hitler speech, 11 December 1941, pp. 1794-8.

32 Ibid., pp. 1801-8.

33 Ibid., pp. 1808-9.

34 Jeremy Noakes and Geoffrey Pridham (eds.), *Nazism 1919–1945: A Documentary Reader*, vol. 1: *The Rise to Power 1919–1934*, University of Exeter Press, 1991, p. 16.

35 Kershaw, *Nemesis*, p. 387.

36 Rees, *War of the Century*, quote from Goebbels diary, entry for 16 June 1941, on frontispiece.

37 Fröhlich (ed.), *Die Tagebücher von Joseph Goebbels*, Teil II, Band 2: *Oktober–Dezember 1941*, entry for 22 November 1941, pp. 331–47.

38 Below, *At Hitler's Side*, p. 120.

39 Bock, *War Diary*, entry for 16 December 1941, p. 396.

40 Guderian, *Panzer Leader*, p. 264.

41 Ibid., pp. 265–6, 268.

42 Previously unpublished testimony.

43 Fröhlich (ed.), *Die Tagebücher von Joseph Goebbels*, Teil II, Band 2: *Oktober–Dezember 1941*, entry for 13 December 1941, pp. 498–9.

44 Präg and Jacobmeyer (eds.), *Das Diensttagebuch des deutschen Generalgouverneurs in Polen*, pp. 452–9.

45 Georgii Kumanev, *Ryadom So Stalinym* (Next to Stalin): *Otkrovennye Svidetelstva*, Bilina, 1999, pp. 272–3.

46 Previously unpublished testimony.

47 Bernd Bonwetsch, 'War as a "Breathing Space": Soviet Intellectuals and the "Great Patriotic War"', in Thurston and Bonwetsch (eds.), *The People's War*, pp. 145–6.

48 *The Crime of Katyn: Facts and Documents*, Polish Cultural Foundation, 1989, p. 87.

49 David Reynolds and Vladimir Pechatnov (eds.), *The Kremlin Letters: Stalin's Wartime Correspondence with Churchill and Roosevelt*, Yale University Press, 2018, Stalin to Churchill, sent 8 November 1941, received 11 November 1941, pp. 67–8.

50 Gorodetsky (ed.), *Maisky Diaries*, entry for 11 November 1941, pp. 402–4.

51 Oleg A. Rzheshevsky (ed.), *War and Diplomacy: The Making of the Grand Alliance, from Stalin's Archives*, Routledge, 2016, Document 7, meeting of 17 December 1941, pp. 28–35.

52 Dilks (ed.), *Cadogan Diaries*, entry for 20 December 1941, p. 423.

53 Anthony Eden (Rt Hon the Earl of Avon, KG, PC, MC), *The Eden Memoirs: The Reckoning*, Cassell, 1965, p. 302.

54 Quoted in Ben Pimlott (ed.), *The Second World War Diary of Hugh Dalton 1940–45*, Jonathan

Cape, 1986, entry for 13 January 1942, p. 348.

55 Dilks (ed.), *Cadogan Diaries*, entry for 17 December 1941, p. 422.

56 Gellately, *Stalin's Curse*, p. 103.

57 Eden telegram to Churchill, 5 January 1942, Public Record Office, Kew (PRO) PREM 3/399/7.

58 Churchill note to Eden, 7 January 1942 PRO FO 371/32864.

59 Eden, 17 December 1941, telegram to Churchill via Foreign Office, PROFO 371/29655.

9장 기아

1 For example, Reid, *Leningrad*, p. 3, suggests 750,000 as a single figure, and Cynthia Simmons and Nina Perlina, *Writing the Siege of Leningrad: Women's Diaries, Memoirs and Documentary Prose*, University of Pittsburgh Press, 2005, p. ix, suggest between 1.6 and 2 million in the 'Leningrad area' and 'no fewer than one million civilians' within the city.

2 *Stalin and the Betrayal of Leningrad*, produced by Martina Balazova, executive produced by Laurence Rees, transmitted on BBC TV in 2002.

3 Nadezhda Cherepenina, 'Assessing the Scale of Famine and Death in the Besieged City', in John Barber and Andrei Dzeniskevich (eds.), *Life and Death in Besieged Leningrad 1941-44*, Palgrave Macmillan, 2005, p. 52.

4 Reid, *Leningrad*, p. 106.

5 Antony Beevor, *The Second World War*, Weidenfeld & Nicolson, 2012, p. 203.

6 Militärgeschichtliches Forschungsamt (ed.), *Germany and the Second World War*, vol. IV: *The Attack on the Soviet Union*, Clarendon Press, 1998, pp. 644-6.

7 Burdick and Jacobsen (eds.), *Halder War Diary*, entry for 18 September 1941, p. 537.

8 Domarus, *Hitler. Reden und Proklamationen*, Band II: *Untergang, Zweiter Halbband 1941-1945*, letter from the Navy War Office to Army Group North, notifying them of Hitler's decision, 28 September 1941, p. 1755.

9 *Hitler's Table Talk*, night of 25-26 September 1941, p. 44.

10 Bellamy, *Absolute War*, letter to Leningrad authorities and Merkulov, 21 September 1941, pp. 356-7.

11 본문 80쪽을 참고할 것.

12 Reid, *Leningrad*, Lenin speech at All-Russian Food Conference in 1921, p. 166.

13 Sergey Yarov, *Leningrad 1941-1942: Morality in a City under Siege*, Polity Press, 2017, p. 43.

14 Ibid., p. 68. See also Alexis Peri, 'Queues, Canteens, and the Politics of Location in Diaries of the Leningrad Blockade, 1941-1942', in Wendy Z. Goldman and Donald Filtzer (eds.), *Hunger and War: Food Provisioning in the Soviet Union during World War II*, Indiana University Press, 2015, p. 196.

15 Simmons and Perlina, *Writing the Siege of Leningrad*, 'Diary of Anna Petrovna Ostroumova-Lebedeva, Artist', entry for 22 May 1942, p. 32.

16 Yarov, *Leningrad*, p. 231.

17 Elena Mukhina, *The Diary of Lena Mukhina: A Girl's Life in the Siege of Leningrad*, ed. and with a foreword by Valentin Kovalchuk, Aleksandr Rupasov and Aleksandr Chistikov, Pan Books, 2016, entry for 22 April 1942, p. 315.

18 *Stalin and the Betrayal of Leningrad*, BBC TV.

19 Simmons and Perlina, *Writing the Siege*, 'Diary of Vera Sergeevna Kostrovitskaia, Ballerina and Dance Teacher', April 1942, p. 51.

20 Reid, *Leningrad*, p. 287.

21 This figure from Reid, *Leningrad*, p. 288, but Bellamy, *Absolute War*, p. 380, quotes a figure of 1,500 arrested for cannibalism. Also note that there was no specific offence of 'cannibalism' under Soviet law so offenders were charged with other crimes like 'banditry'.

22 Elena Kochina, *Blockade Diary: Under Siege in Leningrad 1941-1942*, Ardis, 2014, entry for 7 February 1942, p. 86.

23 Dmitry S. Likhachev, *Reflections on the Russian Soul: A Memoir*, Central European Press, 2000, p. 244. Also quoted in Reid, *Leningrad*, p. 194. But see also Likhachev's memories of the siege, in *Reflections*, pp. 216-62.

24 Kochina, *Blockade Diary*, entry for 3 October 1941, p. 42.

25 Ibid., entry for 2 January 1942, p. 68.

26 Ibid., entry for 28 January 1942, p. 82.

27 Previously unpublished testimony.

28 Armee-Befehl des Oberbefehlshabers der 6. Armee, 28 September 1941, quoted in Jeff Rutherford, *Combat and Genocide on the Eastern Front: The German Infantry's War 1941-1944*, Cambridge University Press, 2014, p. 170.

29 Previously unpublished testimony.

30 Karel C. Berkhoff, *Harvest of Despair: Life and Death in Ukraine under Nazi Rule*, Harvard University Press, 2004, p. 166.

31 Previously unpublished testimony.

32 Tooze, *Wages of Destruction*, pp. 482-3.

33 Christian Streit, 'Soviet Prisoners of War in the Hands of the Wehrmacht', in Hannes Heer and Klaus Naumann (eds.), *War of Extermination: The German Military in World War II 1941-1944*, Berghahn Books, 2009, p. 82. Also Ueberschär and Wette (eds.), *Der deutsche Überfall auf die Sowjetunion*, pp. 308-9. Original in BArch, Alliierte Prozesse 9/NOKW-1535.

34 Gibson (ed.), *Ciano Diaries*, entry for 25 November 1941, p. 411.

35 Previously unpublished testimony.

36 Previously unpublished testimony.

37 Omer Bartov, *The Eastern Front 1941-45: German Troops and the Barbarisation of Warfare*, Palgrave, 2001, pp. 116-17.

38 Rees, *War of the Century*, p. 67.

39 Previously unpublished testimony.

40 Rees, *Auschwitz*, p. 57.

41 Ibid., p. 80.

42 Previously unpublished testimony.

43 Hoess, *Commandant of Auschwitz*, pp. 121-3.

44 Previously unpublished testimony.

45 Isaiah Trunk, *Łódz´ Ghetto: A History*, Indiana University Press, 2008, p. 109.

46 Browning, *Path to Genocide*, pp. 31-42. 1941년 이전에도 게토는 존재했다. 다만 게토의 수감자 수용량이 기하급수적으로 증가한 시점은 바로 이 시기였다.

47 Alan Adelson and Robert Lapides (eds.), *Łódz´ Ghetto: Inside a Community under Siege*, Penguin Books, 1989, pp. 182-3.

48 Browning, *Origins of the Final Solution*, p. 321.

49 Guderian, *Panzer Leader*, p. 266.

50 본문 262쪽을 참고할 것.

51 Applebaum, *Gulag*, p. 118.

52 Golfo Alexopoulos, *Illness and Inhumanity in Stalin's Gulag*, Yale University Press, 2017, Kindle edn, p. 4.

53 Ibid., p. 19.

54 Gustaw Herling, *A World Apart*, pp. 136, 131-2.

55 Ibid., p. 135.

56 Ibid., p. 136.

57 Rees, *Behind Closed Doors*, p. 49.

58 본문 392~397쪽을 참고할 것.

59 Previously unpublished testimony.

10장 과대망상

1 Overy, *Dictators*, p. 497.

2 Overy, 'Statistics', in Dear and Foot (eds.), *Oxford Companion to the Second World War*, p. 1060.

3 David Stahel, *Kiev 1941: Hitler's Battle for Supremacy in the East*, Cambridge University Press, 2012, pp. 38-9.

4 Gellately, *Stalin's Curse*, p. 65, Stalin's speech, 6 November 1941.

5 E. A. Rees, *Iron Lazar: A Political Biography of Lazar Kaganovich*, Anthem Press, 2012, p. 236.

6 Rees, *Nazis*, p. 207.

7 Mawdsley, *Thunder in the East*, Stalin speech, 23 February 1942, p. 137.

8 Reid, *Leningrad*, p. 321.

9 David M. Glantz, *The Battle for Leningrad 1941-1944*, University Press of Kansas, 2002, pp. 204 and 325.

10 Ibid., pp. 180-88.

11 Reid, *Leningrad*, p. 329.

12 *Schlacht am Wolchow. Herausgegeben von der Propaganda-Kompanie einer Armee*, 3. Buchdruckerei Riga, 1942, pp. 14 and 16.

13 Ibid., General of the Cavalry Lindemann's note of 28 June 1942, p. 7.

14 K. K. Rokossovsky, *Soldatskiy dolg*, Olma Press, 2002, pp. 170, 172-4, quoted in Bellamy, *Absolute War*, pp. 348-9.

15 Hill, *Great Patriotic War*, Document 62, Order of the Headquarters of the Supreme High Command Number 57 of 22 January 1942, signed by both Stalin and Vasilevsky, p. 86.

16 David M. Glantz, *Kharkov: Anatomy of a Military Disaster through Soviet Eyes, 1942*, Ian Allan, 2010, p. 41.

17 Previously unpublished testimony.

18 Aleksandr Vasilevsky, *Delo vsei zhizni* (Life's Work), Political Literature, 1971, p. 92, quoted in Glantz, *Kharkov*, p. 198.

19 Glantz, *Kharkov*, p. 52.

20 Previously unpublished testimony.

21 Previously unpublished testimony.

22 Alan P. Donohue, 'Operation *KREML*: German Strategic Deception on the Eastern Front in 1942', in Christopher M. Rein (ed.), *Weaving the Tangled Web: Military Deception in Large-Scale Combat Operations*, Army University Press, 2018, pp. 79, 84. 크렘린 작전은 5월 28일에 재가가 났지만, 이 기만전술은 이 날짜 이전에도 시행되는 중이었다는 사실에 유의할 것. see Glantz, *Kharkov*, p. 48.

23 Previously unpublished testimony.

24 H. Selle, 'Die Frühjahrsschlacht von Charkow: vom 12.–27. Mai 1942', *Allgemeine schweizerische Militärzeitschrift*, vol. 121, no. 8 (1955), pp. 581–602, here p. 602.

25 George Soldan, 'Zwischen zwei Schlachten', *Völkischer Beobachter*, no. 158, 7 June 1942, p. 3.

26 Kriegsberichter Herbert Rauchhaupt, 'Vom Abwehrkampf zur Vernichtungsschlacht. Kampfbilder aus der Schlacht um Charkow', *Völkischer Beobachter*, no. 168, 17 June 1942, p. 6; no. 169, 18 June 1942, p. 6; no. 170, 19 June 1942, p. 6.

27 Khrushchev (ed.), *Khrushchev Memoirs*, vol. 1: *Commissar*, pp. 372–80.

28 Roberts, *Zhukov*, Kindle edn, location 2671–736.

29 Previously unpublished testimony.

30 Sergei Shtemenko, *The Soviet General Staff at War 1941–1945*, Progress Publishers, 1986, p. 56, quoted in Earl F. Ziemke and Magna E. Bauer, *Moscow to Stalingrad: Decision in the East*, Center of Military History, United States Army, 1987, p. 282.

31 Khrushchev (ed.), *Khrushchev Memoirs*, vol. 1: *Commissar*, p. 383.

32 Ibid., p. 386.

33 Domarus, *Hitler. Reden und Proklamationen*, Band II: *Untergang, Zweiter Halbband 1941-1945*, New Year Proclamation to the German Volk, 1 January 1942, p. 1821.

34 Ibid., Hitler speech on 30 January 1942, at the Sportpalast in Berlin, pp. 1828–9.

35 *Hitler's Table Talk*, midday, 23 January 1942, pp. 235–6.

36 Ibid., midday, 27 January 1942, p. 257.

37 Hitler, *Mein Kampf*, pp. 96 and 248-9.

38 *Hitler's Table Talk*, midday, 8 February 1942, p. 304.

39 Ibid., at dinner, 9 April 1942, p. 419.

40 Ibid., midday, 23 April 1942, pp. 435.

41 Kershaw, *Nemesis*, p. 426.

42 Peter Löffler (ed.), *Bischof Clemens August Graf von Galen. Akten, Briefe und Predigten 1933-1946*, vol. 2: *1939-1946*, Matthias-Grünewald-Verlag, 1988, pp. 876-8.

43 Stargardt, *German War*, p. 162.

44 *Hitler's Table Talk*, midday, 8 February 1942, p. 304.

45 Robert Jay Lifton, *The Nazi Doctors*, Basic Books, 1986, p. 63.

46 Nikolaus Wachsmann, *Hitler's Prisons: Legal Terror in Nazi Germany*, Yale University Press, 2004, p. 210.

47 *Hitler's Table Talk*, midday, 8 February 1942, p. 303.

48 예를 들어, 장애 아동의 문제가 히틀러의 관심을 끌자 아동 안락사 계획이 입안되고 발전했다. See Rees, *Nazis*, pp. 72-4.

49 Wachsmann, *Hitler's Prisons*, p. 213.

50 Domarus, *Hitler. Reden und Proklamationen*, Band II: *Untergang, Zweiter Halbband 1941-1945*, Hitler's speech to the Reichstag, 26 April 1942, pp. 1874-5, 1877.

51 Elke Fröhlich (ed.), *Die Tagebücher von Joseph Goebbels*, Teil II: *Diktate 1941-1945*, Band 4: April-Juni 1942, K. G. Saur, 1995, entry for 27 April 1942, pp. 186-8.

52 Ibid., entry for 29 April 1942, pp. 198, 201.

53 Reynolds and Pechatnov (eds.), *Kremlin Letters*, pp. 111-12. This story was deleted by Churchill from his memoirs in the 1950s.

54 Rzheshevsky (ed.), *War and Diplomacy*, Document 15, record of talks with Churchill, 21 May 1942, p. 66.

55 Dilks (ed.), *Cadogan Diaries*, entry for 22 May 1942, p. 454.

56 Churchill note to Eden, 7 January 1942, PRO FO 371/32864. 본문 368~369쪽을 참고할 것.

57 Reynolds and Pechatnov (eds.), *Kremlin Letters*, pp. 113-14.

58 See, for example, Stephen R. Rock, *Appeasement in International Politics*, University Press of Kentucky, 2000, p. 80.

59 Kimball (ed.), *Churchill and Roosevelt*, vol. I, FDR to Churchill, 18 March 1942, R-123/1, p. 421.

히틀러와 스탈린

60 영국 총리의 별장, 체커스에서의 일화처럼, 몰로토프의 독특한 여행 습관은 미국 백악관에서도 웃음거리였다. 그의 가방을 연 직원은 가방 안에서 커다란 흑빵 한 덩어리와 소시지, 권총을 발견했다. 영부인 엘레노어 루스벨트는 당시를 이렇게 회고했다. "경호원들은 권총을 소지한 방문자를 환영하지 않았지만, 이때는 아무도 말을 하지 않았다. 몰로토프는 본인을 방어해야 한다고 생각했고, 아마도 그는 굶주릴 수도 있다고 생각한 듯했다."(Eleanor Roosevelt, *This I Remember*, Greenwood Press, 1975, p. 251.) 스탈린과 마찬가지로, 몰로토프는 철저한 혁명가였다. 여행 중인 볼셰비키가 자신의 '혁명'을 어떻게 인식하는지는 그의 가방 안 소지품을 보면 알 수 있다.

61 Rzheshevsky (ed.), *War and Diplomacy*, pp. 170-83.

62 Oleg A. Rzheshevsky, *Voina i Diplomatiia*, Nauka, 1997, p. 170. This version translated from the Russian. Also in Rzheshevsky (ed.), *War and Diplomacy*, pp. 179-80.

63 Hopkins memorandum, 29 May 1942, in Hopkins papers, FDR Presidential Library, Hyde Park, New York.

64 Rzheshevsky (ed.), *War and Diplomacy*, Document 72, talks on 30 May 1942, pp. 183-9.

65 Hopkins memorandum, 3 June 1942, in Hopkins papers, FDR Presidential Library, Hyde Park, New York.

66 Rzheshevsky, *War and Diplomacy*, Document 95, Molotov to Stalin, 4 June 1942, p. 220.

67 Kimball (ed.), *Churchill and Roosevelt*, vol. I, FDR to Churchill, 31 May 1942, R-152, pp. 503-4.

68 Rzheshevsky (ed.), *War and Diplomacy*, Document 99, Molotov to Stalin, received in Moscow 7 June 1942, p. 226.

69 Ibid., p. 221. Also see Professor S. H. Cross (the American interpreter), notes from 11 a.m. conference on Saturday 30 May 1942, Molotov Visit, Book 5, in FDR Presidential Library, Hyde Park, New York. 루스벨트의 통역가 크로스(S. H. Cross)가 당시 일화에 관해 추가로 증언하였다. 그 회의에서, 루스벨트의 질문을 받은 마셜 장군은 연합국이 제2전선을 형성할 준비를 하고 있다는 대답을 소련에 전하는 것에 대해 동의했다. 그러자 루스벨트는 "우리는 올해 제2전선을 형성할 것으로 기대한다."라고 스탈린에게 보고하는 것을 몰로토프에게 허락했다.

70 Hopkins memorandum, 3 June 1942, in Hopkins papers, FDR Presidential Library, Hyde Park, New York.

1   Previously unpublished testimony.

2   Previously unpublished testimony.

3   Testimony of Friedrich Paulus, Nuremberg War Trials, 11 February 1946, vol. 7, 56th day, https://avalon.law.yale.edu/imt/ 02-11-46.asp.

4   Previously unpublished testimony.

5   Stargardt, *German War*, p. 305.

6   Rees, *Nazis*, p. 248.

7   Previously unpublished testimony.

8   Previously unpublished testimony.

9   Previously unpublished testimony.

10   Burdick and Jacobsen (eds.), *Halder War Diary*, entry for 6 July 1942, p. 635.

11   Rees, *Nazis*, pp. 246-8.

12   Previously unpublished testimony.

13   Gorodetsky (ed.), *Maisky Diaries*, entry for 19 July 1942, p. 451.

14   Ibid., entry for 13 July 1942, p. 442.

15   Rees, *Nazis*, p. 94.

16   Bock, *War Diary*, entry for 31 July 1942, p. 539.

17   Domarus, *Hitler. Reden und Proklamationen*, Band II: *Untergang, Zweiter Halbband 1941-1945*, Directive Number 45, 23 July 1942, pp. 1899-900.

18   Burdick and Jacobsen (eds.), *Halder War Diary*, entry for 23 July 1942, p. 646.

19   Previously unpublished testimony.

20   Albert Speer, *Inside the Third Reich*, Phoenix, 1995, p. 332.

21   Hans Kehrl, *Krisenmanager im Dritten Reich. 6 Jahre Frieden-6 Jahre Krieg. Erinnerungen. Mit kritischen Anmerkungen und einem Nachwort von Erwin Viefhaus*, Droste, 1973, p. 278. 이 회담에 관한 Speer의 기록도 확인할 것. BArch, R 3/1505, minutes of the Führer meeting on 10, 11 and 12 August 1942.

22   Hill, *Great Patriotic War*, Document 74, Order of the People's Commissar of Defence of the USSR Number 227, 28 July 1942, Moscow, pp. 100-102.

23   Previously unpublished testimony.

24   본문 272~275쪽을 참고할 것.

25 Mawdsley, *Thunder in the East*, p. 152.

26 Previously unpublished testimony.

27 Martin Sixsmith, *Russia: A 1,000-Year Chronicle of the Wild East*, BBC Books, 2011, p. 344.

28 Antony Beevor, *Stalingrad*, Penguin Books, 1999, pp. 201–2.

29 Previously unpublished testimony.

30 Previously unpublished testimony. Also see Rees, *Behind Closed Doors*, pp. 151–2.

31 Prime Minister's minute to General Ismay, 17 May 1942, PRO D 100/2. Also see minutes of war cabinet meeting, 18 May 1942, PRO CAB 65/26.

32 Churchill Archive (CHAR) 20/78/ 26–8. Reynolds and Pechatnov (eds.), *Kremlin Letters*, pp. 124–7.

33 Stalin to Churchill, sent and received 23 July 1942, in Reynolds and Pechatnov (eds.), *Kremlin Letters*, p. 129.

34 Gorodetsky (ed.), *Maisky Diaries*, entries for 23 and 24 July 1942, pp. 453, 454.

35 Clark Kerr to Foreign Office, 25 July 1942, PRO FO 371/32911.

36 Lord Alanbrooke in BBC TV interview, broadcast 8 February 1957, https://www.bbc.co.uk/archive/ the-alanbrooke-diaries/zf2f2sg.

37 PRO CAB 66/28/3, p. 19.

38 Churchill to Attlee, 13 August 1942, PRO FO 800/300.

39 Lord Tedder, *With Prejudice*, Cassell, 1966, p. 330.

40 PRO CAB 120/65.

41 Lord Moran, *Winston Churchill: The Struggle for Survival 1940-1965*, Heron Books, 1966, entry for 14 August 1942, pp. 60–61.

42 PRO FO 800/300. And Pavlov, 'Avtobiographicheskii Zametki', pp. 98–9.

43 Clark Kerr to Cripps, 26 April 1942, PRO FO 800/300. Martin Kitchen, *British Policy towards the Soviet Union during the Second World War*, Palgrave Macmillan, 1986, p. 125.

44 Tedder, *With Prejudice*, p. 332.

45 Ibid., p. 337.

46 Kitchen, *British Policy*, p. 126.

47 PRO FO 800/300.

48 Charles Richardson, *From Churchill's Secret Circle to the B B C: The Biography of Lieutenant General Sir Ian Jacob*, Brassey's, 1991, p. 139.

49 Danchev and Todman (eds.), *Alanbrooke War Diaries*, entry for 13 August 1942, pp. 299–300.

50   Ibid., entry for 14 August 1942, p. 301.

51   PRO FO 800/300.

52   Burdick and Jacobsen (eds.), *Halder War Diary*, entry for 30 August 1942, p. 664.

53   Kershaw, *Nemesis*, pp. 532-3.

54   Below, At Hitler's Side, pp. 151-2.

55   Ibid., p. 152.

56   Burdick and Jacobsen (eds.), *Halder War Diary*, entry for 24 September 1942, p. 670.

57   Bernhard R. Kroener, *'Der starke Mann im Heimatkriegsgebiet: Generaloberst Friedrich Fromm. Eine Biographie*, Ferdinand Schöningh, 2005, pp. 460-61. 당시 사안과 관련된 프리드리히 프롬의 메모 사본은 현재 4개만 남아 있다. 크뢰너(Bernhard R. Kroener)는 당시 프롬의 메모를 읽었던 3명의 인물을 취재했고, 그들의 증언을 토대로 당시 사건을 재구성했다.

58   IfZ, ZS 1747, Werner Kennes, 'Beantwortung der Fragen zur Geschichte des Chef H Rüst und BdE, Munich', 15 August 1949, pp. 7-8.

59   프롬은 1944년 7월 22일에 폭탄 설치 사건 때 기소되었고, 1945년 3월 처형되었다.

60   Previously unpublished testimony.

61   Previously unpublished testimony.

12장 볼가강의 혈투

1   Richard Overy, *The Bombing War: Europe 1939-1945*, Penguin, 2014, pp. 210-12. 과거 통용되었던 4만 명 사망 통계의 경우, 현재에는 해당 수치가 지나치게 많다고 평가된다. 최대 2만 5,000명이라고 추산된 통계는 다음 자료에서 확인할 수 있다. Joel S. A. Hayward, *Stopped at Stalingrad: The Luftwaffe and Hitler's Defeat in the East, 1942-1943*, University of Kansas Press, 1998, p. 188. Hayward가 말하길, "신뢰할 만한 자료가 부족한 관계로, 사망자 추산은 어렵다. 그러나 이러한 무자비한 공격으로 인해, 연합군이 독일 도시에 유사한 규모로 폭격했을 때만큼 수많은 사상자가 발생했다. 예를 들어, 1944년 9월 11~12일 밤, 다름슈타트(Darmstadt) 공습 당시 영국 공군은 거의 900톤의 폭탄을 투하했고 1만 2,300명 이상의 시민을 살상했다. 스탈린그라드 사망자는 다름슈타트 때의 사망자보다 두 배 이상 많았다. 러시아 도시들의 방공호 시설이 훨씬 열악했기 때문이다.

2   Previously unpublished testimony.

3   Previously unpublished testimony.

4   Rees, *Nazis*, p. 252.

5   Previously unpublished testimony.

6   Previously unpublished testimony.

7   Beevor, *Stalingrad*, p. 62.

8   Warlimont, *Inside Hitler's Headquarters*, p. 258.

9   Beevor, *Stalingrad*, p. 135.

10 Khrushchev (ed.), *Khrushchev Memoirs*, vol. 1: *Commissar*, p. 402.

11 Rees, *Nazis*, p. 255.

12 Beevor and Vinogradova (eds.), *A Writer at War*, p. 70.

13 Previously unpublished testimony.

14 Beevor, *Stalingrad*, p. 207.

15 Previously unpublished testimony.

16 Previously unpublished testimony.

17 Domarus, *Hitler. Reden und Proklamationen*, Band II: *Untergang, Zweiter Halbband 1941-1945*, p. 1909.

18 Rees, *Dark Charisma*, pp. 355-6.

19 Domarus, *Hitler. Reden und Proklamationen*, Band II: *Untergang, Zweiter Halbband 1941-1945*, Hitler speech, 30 September 1942, pp. 1916-17, 1919, 1922.

20 Sönke Neitzel (ed.), *Tapping Hitler's Generals: Transcripts of Secret Conversations 1942-45*, Frontline Books, 2013, words of General Ludwig Crüwell, p. 67.

21 Previously unpublished testimony.

22 Previously unpublished testimony.

23 Beevor and Vinogradova (eds.), *A Writer at War*, p. 120.

24 Testimony from *Timewatch: Mother of All Battles*, produced by Dai Richards, executive produced by Laurence Rees, transmitted on BBC2 in 1993.

25 Previously unpublished testimony.

26 Beevor and Vinogradova (eds.), *A Writer at War*, p. 223.

27 Previously unpublished testimony.

28 Beevor, *Stalingrad*, p. 197.

29 Roberts, *Stalin's Wars*, Stalin telegram to Maisky, 19 October 1942, pp. 141-2.

30 Previously unpublished testimony.

31 Rees, *Nazis*, p. 261, testimony of Joachim Stempel.

32 Below, *At Hitler's Side*, p. 156.

33 Hartmut Mehringer (ed.), *Die Tagebücher von Joseph Goebbels*, Teil II: *Diktate 1941-1945*, Band 6: *Oktober-Dezember 1942*, K. G. Saur, 1996, entry for 9 November 1942, p. 259.

34 Gibson (ed.), *Ciano Diaries*, entry for 9 November 1942, p. 541.

35 Domarus, *Hitler. Reden und Proklamationen*, Band II: *Untergang, Zweiter Halbband 1941-1945*, Hitler speech, 8 November 1942, pp. 1937-8, 1940, 1944.

36 Ibid.

37 Fritz Wiedemann, *Der Mann, der Feldherr werden wollte*, blick + bild Verlag für politische Bildung, 1964, p. 69, quoted in Jeremy Noakes and Geoffrey Pridham (eds.), *Nazism 1919-1945: A Documentary Reader, vol. 2: State, Economy and Society 1933-39*, Exeter University Press, 1984, pp. 207-8.

38 Bellamy, *Absolute War*, pp. 526-7. Also see Rees, *Nazis*, p. 269, testimony of Makhmut Gareev, and Beevor, *Stalingrad*, pp. 220-21.

39 Roberts, *Zhukov*, Kindle edn, location 2929.

40 Rees, *Nazis*, p. 272.

41 Previously unpublished testimony.

42 Hill, *Great Patriotic War*, Document 80, Memoirs of Georgii Zhukov, p. 106.

43 Rees, *Nazis*, pp. 273-4.

44 Previously unpublished testimony.

45 Below, *At Hitler's Side*, pp. 158-9.

46 Previously unpublished testimony.

47 Kershaw, *Nemesis*, p. 543.

48 Previously unpublished testimony.

49 Previously unpublished testimony.

50 Previously unpublished testimony.

51 Previously unpublished testimony.

52 Beevor, *Stalingrad*, p. 281.

53 포위망에 갇힌 숫자와 최종적으로 소련군 포로가 된 숫자는 논쟁의 대상이다. 이 부분은 다음 자료에서 분석했다. Beevor in Appendix B of *Stalingrad*, pp. 439-40. 9만 명 조금 넘는 독일군과 그 동맹군 병사가 소련군의 포로가 되었다. 스탈린그라드 전투 마지막 시기에 많은 수가 독일 공군의 도움으로 그 지역을 빠져나갔지만, 스탈린그라드 전투 막바지의 전사자 수는 엄청났다.

54 Rees, *Nazis*, pp. 278-9.

55 Beevor, *Stalingrad*, pp. 342-5.

56 Ibid., p. 345.

57 Below, *At Hitler's Side*, pp. 162-3.

58 Previously unpublished testimony, together with testimony from Rees, *Nazis*, p. 281.

59 Helmut Heiber and David M. Glantz (eds.), *Hitler and His Generals: Military Conferences 1942-1945*, Enigma Books, 2004, pp. 61-2, 66.

60 Ibid., pp. 59, 61.

61 Ibid., p. 59.

13장 계속되는 전쟁

1 Domarus, Hitler. *Reden und Proklamationen*, Band II: *Untergang, Zweiter Halbband 1941-1945*, Göring speech, Reich Ministry of Aviation, 30 January 1943, pp. 1975-6.

2 UPI archives, dispatch by Robert Dawson of 30 January 1943.

3 Domarus, *Hitler. Reden und Proklamationen*, Band II: *Untergang, Zweiter Halbband 1941-1945*, Goebbels speech at the Berlin Sportpalast, 30 January 1943, pp. 1976-7.

4 'Nun, Volk steh auf, und Sturm brich los! Rede im Berliner Sportpalast', *Der steile Aufstieg*, Zentralverlag der NSDAP, 1944, pp. 167-204, Goebbels speech, 18 February 1943, online at https://research.calvin.edu/german-propaganda-archive/goeb36.htm.

5 Speer, *Inside the Third Reich*, p. 356.

6 Ibid., p. 358.

7 Louis Lochner (ed.), *The Goebbels Diaries 1942-1943*, Hamish Hamilton, 1948, entry for 2 March 1943, p. 197.

8 Ibid., p. 201.

9 Speer, *Inside the Third Reich*, p. 239.

10 Lochner (ed.), *Goebbels Diaries*, entry for 2 March 1943, pp. 197-8.

11 Ibid., entry for 9 March 1943, p. 214.

12 Ibid., entry for 9 March 1943, pp. 221-2. Also see Speer, *Inside the Third Reich*, pp. 362-3.

13 Speer, *Inside the Third Reich*, p. 366.

14 Lochner (ed.), *Goebbels Diaries*, entry for 2 March 1943, p. 200.

15 Elke Fröhlich (ed.), *Die Tagebücher von Joseph Goebbels*, Teil II: *Diktate 1941-1945*, Band 3: *Januar-März 1942*, K. G. Saur, 1994, entry for 27 March 1942, pp. 557-63.

16 Lochner (ed.), *Goebbels Diaries*, entry for 9 March 1943, p. 222.

17 Speer, *Inside the Third Reich*, pp. 362-3.

18 Elke Fröhlich (ed.), *Die Tagebücher von Joseph Goebbels*, Teil I: *Aufzeichnungen 1923-1941*, Band 1/II: *Dezember 1925-Mai 1928*, K. G. Saur, 2005, entry for 15 February 1926.

19 Ibid., entry for 19 April 1926.

20 Rees, *Dark Charisma*, p. 377.

21 Uriel Tal, 'Political Faith' of Nazism Prior to the Holocaust, Tel Aviv University, 1978, p. 30.

22 Guderian, *Panzer Leader*, p. 302.

23 Ibid., pp. 287-8.

24 Rees, *Dark Charisma*, p. 375.

25 Guderian, *Panzer Leader*, p. 304.

26 Stargardt, *German War*, German Foreign Office press and information unit, 2 February 1943, p. 338.

27 Ibid., p. 339.

28 Previously unpublished testimony.

29 Previously unpublished testimony.

30 Previously unpublished testimony.

31 Geoffrey Roberts, *Victory at Stalingrad: The Battle that Changed History*, Routledge, 2013, p. 135.

32 Rees, *Nazis*, p. 283.

33 Previously unpublished testimony.

34 Applebaum, *Gulag*, p. 391.

35 Tooze, *Wages of Destruction*, p. 482. Also see p. 185.

36 Roberts, *Victory at Stalingrad*, p. 135.

37 Mawdsley, *Thunder in the East*, p. 252.

38 James MacGregor Burns, *Roosevelt: The Soldier of Freedom*, Harvest Books, 2002, Stalin's telegram of 14 December 1942, p. 315.

39 Sherwood, *Roosevelt and Hopkins*, Stalin to Roosevelt and Churchill, 30 January 1943, p. 669.

40 Reynolds and Pechatnov (eds.), *Kremlin Letters*, Churchill to Stalin, sent 9 February 1943, received 12 February 1943, p. 211.

41 Gorodetsky (ed.), *Maisky Diaries*, entry for 5 February 1943, p. 475.

42   Ronald E. Powaski, *Toward an Entangling Alliance: American Isolationism, Internationalism, and Europe 1901-1950*, Greenwood Press, 1991, p. 100.

43   Thomas G. Paterson, *Meeting the Communist Threat: Truman to Reagan*, Oxford University Press, 1988, p. 7 (Paterson also uses the Truman quote, p. 8).

44   Kitchen, *British Policy*, p. 147.

45   Ibid., Oliver Harvey diary entry, 10 February 1943, p. 152.

46   Reynolds and Pechatnov (eds.), *Kremlin Letters*, Stalin to Churchill, sent and received 15 March 1943, pp. 220-21.

47   Gorodetsky (ed.), *Maisky Diaries*, entry for 31 March 1943, p. 502.

48   Reynolds and Pechatnov (eds.), *Kremlin Letters*, note by Christopher Warner, head of the Northern Department at the British Foreign Office, to Sir Archibald Clark Kerr, British Ambassador to the Soviet Union, 9 April 1943, p. 224.

49   Ibid., Churchill note to Eden, 18 March 1943, and cabinet meeting of the same day, p. 222.

50   Bellamy, *Absolute War*, p. 565.

51   Hartmut Mehringer (ed.), *Die Tagebücher von Joseph Goebbels*, Teil II: *Diktate 1941-1945*, Band 8: *April-Juni 1943*, K. G. Saur, 1993, entry for 9 April 1943, p. 81.

52   Ibid., entry for 17 April 1943, p. 115.

53   Ibid., entry for 9 April 1943, p. 81.

54   *War of the Century*, episode 3, *Crisis of Faith*, written and produced by Laurence Rees, first transmitted on BBC TV in 1999. Also see Rees, *War of the Century*, p. 182.

55   *Pravda*, 19 April 1943, front page.

56   Churchill to Eden, 28 April 1943, PRO FO 371/34571.

57   Churchill to Stalin, 24 April 1943, PRO CAB 66/36.

58   Stalin to Churchill, 25 April 1943, ibid.

59   Kitchen, *British Policy*, p. 156.

60   O'Malley report, 24 May 1943, PRO FO 371/34577.

61   Kimball (ed.), *Churchill and Roosevelt*, vol. II, Churchill to FDR, 13 August 1943, C-412/2, p. 389.

62   Alexander Etkind, Rory Finnin, Uilleam Blacker, Julie Fedor, Simon Lewis, Maria Mälksoo and Matilda Mroz, *Remembering Katyn*, Polity Press, 2012, report by Sir Alexander Cadogan, 18 June 1943, Kindle edn, p. 99.

63   Kitchen, *British Policy*, p. 154. Sir Archibald Clark Kerr, note to Foreign Office, 21 April

1943, PRO PREM 3, 354-8.

64 Rees, *Behind Closed Doors*, p. 394.

65 Mehringer (ed.), *Die Tagebücher von Joseph Goebbels*, Teil II, Band 8: *April-Juni 1943*, entry for 17 April 1943, pp. 115-16.

66 Ibid., entry for 8 May 1943, p. 233.

67 Stargardt, *German War*, p. 366.

68 *Mission to Moscow*, directed by Michael Curtiz, released in America by Warner Brothers, 22 May 1943.

69 William H. Standley, *Admiral Ambassador to Russia*, Henry Regnery, 1955, p. 368.

70 Joseph E. Davies papers, Manuscript Division, Library of Congress, Washington DC, entry for 20 May 1943.

71 *Foreign Relations of the United States* (henceforth *FRUS*), *The Conferences at Cairo and Tehran, 1943*, United States Government Printing Office, 1961, pp. 3-4.

72 Previously unpublished testimony. Also see Rees, *Behind Closed Doors*, p. 197.

73 Susan Butler (ed.), *My Dear Mr Stalin: The Complete Correspondence of Franklin D. Roosevelt and Joseph V. Stalin*, Yale University Press, 2005, dispatch of 2 June 1943, pp. 136-8.

74 Ibid., Stalin to Roosevelt, 11 June 1943, pp. 138-9.

75 Kitchen, *British Policy*, p. 161.

76 Kimball (ed.), *Churchill and Roosevelt*, vol. II, 20 June 1943, copy of telegram from Churchill to Stalin, sent to Roosevelt, C-322, pp. 266-8.

77 W. Averell Harriman and Elie Abel, *Special Envoy to Churchill and Stalin 1941-1946*, Random House, 1975, pp. 216-17.

78 Kimball (ed.), *Churchill and Roosevelt*, vol. II, Churchill to Roosevelt, 25 June 1943, C-3 28, pp. 278-9.

79 Ibid., Roosevelt to Churchill, 28 June 1943, R-297, pp. 283-4.

80 Ibid., Stalin's note of 24 June, forwarded by Churchill to Roosevelt on 29 June (though Stalin had separately copied Roosevelt in on the note on 24 June), C-335, pp. 285-90.

81 Rees, *Behind Closed Doors*, p. 200, report in *Nya Dagligt Allehanda*, 16 June 1943.

82 Kimball (ed.), *Churchill and Roosevelt*, vol. II, Churchill to Roosevelt, 28 June 1943, C-3 34, p. 285.

83 Joseph E. Davies papers, Library of Congress, entry for 20 May 1943.

84 Robert M. Citino, *The Wehrmacht Retreats: Fighting a Lost War, 1943*, University Press of Kan-

sas, 2012, Kindle edn, pp. 122-6.

85 Guderian, *Panzer Leader*, p. 307.

86 Manfred Kittel (ed.), *Die Tagebücher von Joseph Goebbels*, Teil II: *Diktate 1941-1945*, Band 9: *Juli-September 1943*, K. G. Saur, 1993, entry for 27 July 1943, p. 179.

87 Guderian, *Panzer Leader*, p. 309.

88 Kershaw, *Nemesis*, p. 579.

89 Mehringer (ed.), *Die Tagebücher von Joseph Goebbels*, Teil II, Band 8: *April-Juni 1943*, entry for 25 June 1943, pp. 531-2.

90 Bellamy, *Absolute War*, p. 566.

91 Previously unpublished testimony.

92 Citino, *The Wehrmacht Retreats*, Kindle edn, p. 134.

93 Previously unpublished testimony.

94 Previously unpublished testimony.

95 Previously unpublished testimony.

96 *Mother of All Battles*, BBC2, 1993.

97 Ibid.

98 Ibid.

99 Bellamy, Absolute War, p. 583.

14장 가상과 현실

1   로버트 시티노(Robert Citino)는 7월 5일 쿠르스크 전투가 개시된 시점부터 소련의 거센 저항과 연합군의 시칠리아 상륙으로 히틀러가 공세 중단을 명령한 7월 13일까지를 '세상을 뒤흔든 9일(nine days that shook the world)'이라고 불렀다. Citino, *The Wehrmacht Retreats*, Kindle edn, pp. 199-202.

2   Domarus, *Hitler. Reden und Proklamationen*, Band II: *Untergang, Zweiter Halbband 1941-1945*, p. 2023.

3   Philip Morgan, *The Fall of Mussolini: Italy, the Italians, and the Second World War*, Oxford University Press, 2007, p. 26.

4   Christopher Duggan, *Fascist Voices*, Bodley Head, 2012, pp. 387-8.

5 Kittel (ed.), *Die Tagebücher von Joseph Goebbels*, Teil II, Band 9: *Juli-September 1943*, entry for 27 July 1943, p. 169.

6 Overy, *Bombing War*, p. 329. Also see Max Hastings, *Bomber Command*, Pan Books, 1981, pp. 241-8.

7 Richard Holmes, *The World at War: The Landmark Oral History*, Ebury Press, 2008, p. 302.

8 Overy, *Bombing War*, pp. 334-5.

9 Kittel (ed.), *Die Tagebücher von Joseph Goebbels*, Teil II, Band 9: *Juli-September 1943*, entry for 29 July 1943, p. 190.

10 Holmes, *World at War*, p. 303.

11 Keith Lowe, *Inferno: The Devastation of Hamburg*, 1943, Penguin Books, 2012, Kindle edn, pp. 295-6.

12 Jeremy Noakes and Geoffrey Pridham (eds.), *Nazism 1919-1945: A Documentary Reader, vol. 4: The German Home Front in World War II*, University of Exeter Press, 2010, SD Report of 2 August 1943, p. 549.

13 Stargardt, *German War*, p. 374. See also Walter J. Boyne, *The Influence of Air Power upon History*, Pen and Sword, 2005, p. 219.

14 Kittel (ed.), *Die Tagebücher von Joseph Goebbels*, Teil II, Band 9: *Juli-September 1943*, entry for 25 July 1943, p. 160.

15 See, for example, the testimony of Karl Boehm-Tettelbach in Rees, *Their Darkest Hour*, pp. 236-8.

16 Stargardt, *German War*, pp. 375-6.

17 Ian Kershaw, 'The Persecution of the Jews and German Popular Opinion in the Third Reich', *Year Book of the Leo Baeck Institute*, vol. 26, 1981, p. 284.

18 Kershaw, *Nemesis*, p. 590. Also see Traudl Junge, *Until the Final Hour: Hitler's Last Secretary*, Weidenfeld & Nicolson, 2003, p. 88, and Erich Kempka, *I Was Hitler's Chauffeur*, Frontline Books, 2010, p. 174, Appendix 3 (extract from Christa Schroeder's *He Was My Chief*, Frontline Books, 2009).

19 Previously unpublished testimony.

20 Speer, *Inside the Third Reich*, p. 85.

21 Junge, *Until the Final Hour*, p. 63.

22 Speer, *Inside the Third Reich*, p. 145.

23 Ibid., p. 156.

24 Previously unpublished testimony.

25 Simon Sebag Montefiore, *Stalin: The Court of the Red Tsar*, Weidenfeld & Nicolson, 2010, Kindle edn, location 5559–84.

26 William J. Tompson, *Khrushchev: A Political Life*, Palgrave Macmillan, 1997, p. 86.

27 Kotkin, *Stalin*, vol. 2: *Waiting for Hitler*, pp. 108–10.

28 Peter Longerich, *Goebbels*, Vintage, 2015, pp. 157–60.

29 Svetlana Alliluyeva, *Twenty Letters to a Friend*, Harper Perennial, 2016, p. 166.

30 Service, *Stalin*, pp. 431–4.

31 Previously unpublished testimony.

32 Kershaw, *Nemesis*, p. 612.

33 Hill, *Great Patriotic War*, report of the Leningrad Headquarters of the Partisan Movement, 4 April 1944, Table 9.3, p. 210.

34 Karl-Heinz Frieser (ed.), *Germany and the Second World War*, vol. VIII: *The Eastern Front 1943-1944: The War in the East and on the Neighbouring Fronts*, Clarendon Press, 2017, p. 186.

35 Geoffrey P. Megargee, *War of Annihilation: Combat and Genocide on the Eastern Front, 1941*, Rowman & Littlefield, 2007, p. 65.

36 *Hitler's Table Talk*, evening of 8 August 1942, p. 621.

37 Timothy Patrick Mulligan, *The Politics of Illusion and Empire*, Praeger, 1988, p. 139.

38 Previously unpublished testimony.

39 Hill, *Great Patriotic War*, Document 134, Decree of the State Defence Committee 'On members of the families of traitors', No. GOKO-1926ss., 14 June 1942, p. 215.

40 Mawdsley, *Thunder in the East*, p. 211.

41 Rees, *Their Darkest Hour*, pp. 42–6.

42 Previously unpublished testimony.

43 Oleg V. Khlevniuk, *Stalin: New Biography of a Dictator*, Yale University Press, 2015, p. 227.

44 Butler (ed.), *My Dear Mr Stalin*, Stalin message to Roosevelt, 8 August 1943, pp. 150–51.

45 Ibid., Roosevelt to Stalin, 14 October 1943, p. 172.

46 Ibid., Roosevelt to Stalin, 8 November 1943, p. 181.

47 Churchill's doctor, the former Sir Charles Wilson, ennobled as Lord Moran in March 1943.

48 Moran, *Struggle for Survival*, entry for 25 November 1943, p. 131.

49 Ibid., p. 132.

50 *FRUS, The Conferences at Cairo and Tehran, 1943*, Bohlen minutes, pp. 482–6.

51 Moran, *Struggle for Survival*, entry for 28 November 1943, p. 134.

52 PRO CAB 99/25.

53 Brooke's views, quoted by Lord Moran, *Struggle for Survival*, entry for 28 November 1943, p. 135.

54 Danchev and Todman (eds.), *Alanbrooke War Diaries*, additional comments, later added by Brooke, to his entry for 28 November 1943, p. 483.

55 Charles E. Bohlen, *Witness to History 1929-1969*, W. W. Norton, 1973, p. 145.

56 PRO PREM 3/136/8, pp. 2-3 (also recorded in *FRUS, The Conferences at Cairo and Tehran, 1943*, Bohlen minutes, p. 512).

57 Churchill to Eden, 16 January 1944, PRO PREM 3/399/6.

58 Kitchen, *British Policy*, p. 177. Churchill to Eden, 7 January 1944, PRO PREM 3/355/7.

59 *FRUS, The Conferences at Cairo and Tehran*, 1943, pp. 594-6.

60 본문 369쪽을 참고할 것.

61 Bohlen, *Witness*, p. 152.

62 PRO PREM 3/136/9, pp. 12-13.

63 Dilks (ed.), *Cadogan Diaries*, entry for 17 January 1944, p. 597.

64 Moran, *Struggle for Survival*, entry for 29 November 1943, pp. 140-41.

15장 대량학살

1 Nikolai Bougai, *The Deportation of Peoples in the Soviet Union*, Nova, 1996, p. 58.

2 Rolf-Dieter Müller, *The Unknown Eastern Front: The Wehrmacht and Hitler's Foreign Soldiers*, I. B. Tauris, 2012, p. 248. Also see J. Otto Pohl, 'The Loss, Retention, and Reacquisition of Social Capital by Special Settlers in the USSR, 1941-1960', in Cynthia J. Buckley, Blair A. Ruble and Erin Trouth Hofmann (eds.), *Migration, Homeland, and Belonging in Eurasia*, Woodrow Wilson Center Press, 2008, p. 209.

3 Norman M. Naimark, *Fires of Hatred: Ethnic Cleansing in Twentieth-Century Europe*, Harvard University Press, 2001, p. 89.

4 Ibid., pp. 91-2.

5 Previously unpublished testimony.

6 Previously unpublished testimony.

7 Elza-Bair Guchinova, *The Kalmyks*, Routledge, 2006, Kindle edn, location 755-62.

8 Previously unpublished testimony.

9 Previously unpublished testimony.

10 Browning, *Origins of the Final Solution*, words of Alexander Palfinger, deputy administrator of the Łódz´ Ghetto, in a report of 7 November 1940, p. 120. 알렉산더 팔핑거(Alexander Palfinger)는 유대인의 죽음이 독일인에게 영향을 주지 않는다면 그들의 운명에 본인은 무관심했다고 밝혔다. 그는 전염병으로 죽는 유대인, 비전염 질병으로 죽는 유대인을 구별했다. 그의 입장에서, 전자는 '예방'해야 하지만 후자는 '무시'할 수 있었다. ibid., p. 460 n. 34. And BArch, R 138-II/18, kritischer Bericht, 7 November 1940, Palfinger.

11 Guchinova, *Kalmyks*, Kindle edn, location 990-97.

12 Ibid., location 872.

13 Previously unpublished testimony.

14 Guchinova, *Kalmyks*, Kindle edn, location 1041-66.

15 Browning, *Origins of the Final Solution*, pp. 69-70.

16 Yitzhak Arad, Yisrael Gutman and Abraham Margaliot (eds.), *Documents on the Holocaust*, University of Nebraska Press, 1999, Rademacher memo, 3 July 1940, pp. 216-18.

17 Ibid.

18 Browning, *Origins of the Final Solution*, pp. 69-70.

19 Previously unpublished testimony.

20 Rees, *Their Darkest Hour*, p. 19.

21 Previously unpublished testimony.

22 Previously unpublished testimony. But also see Rees, *Their Darkest Hour*, pp. 19-20.

23 Rees, *Auschwitz*, p. 171.

24 Previously unpublished testimony, and Rees, *Their Darkest Hour*, p. 19.

25 Previously unpublished testimony, but also see Rees, *War of the Century*, p. 195.

26 Previously unpublished testimony, but also see Rees, *War of the Century*, pp. 196-7.

27 Previously unpublished testimony,

28 Previously unpublished testimony,

29 There is ample testimony to demonstrate this in Rees, *Auschwitz*, and particularly in Jadwiga Bezwinska and Danuta Czech (eds.), *Amidst a Nightmare of Crime: Manuscripts of Prisoners in Crematorium Squads Found at Auschwitz*, Howard Fertig, 2013.

30 Previously unpublished testimony, and Rees, *Their Darkest Hour*, p. 21.

31 Previously unpublished testimony, and Rees, *Their Darkest Hour*, p. 21.

32 Testimony in episode 6 of *Auschwitz: The Nazis and the Final Solution,'* written and produced

by Laurence Rees, transmitted on BBC TV in 2005, and Rees, *Their Darkest Hour*, p. 23.

33 Previously unpublished testimony.

34 Previously unpublished testimony.

35 Rees, *Behind Closed Doors*, p. 252.

36 Applebaum, *Gulag*, p. 388.

37 Previously unpublished testimony. But also see Rees, *Behind Closed Doors*, p. 254.

38 Danuta Czech, *Auschwitz Chronicle, 1939-1945: From the Archives of the Auschwitz Memorial and the German Federal Archives*, I. B. Tauris, 1990, p. 627.

39 Rees, *Holocaust*, p. 393.

40 Rees, *Auschwitz*, p. 206, and previously unpublished testimony.

41 Kershaw, *Nemesis*, pp. 627-8.

42 Rees, *Holocaust*, pp. 381-2.

43 Ibid., pp. 385-6.

44 Hitler's address to generals and officers, 26 May 1944, quoted in Hans-Heinrich Wilhelm, 'Hitlers Ansprache vor Generalen und Offizieren am 26. Mai 1944', *Militärgeschichtliche Mitteilungen*, vol. 20, no. 2 (1976), pp. 141-61, here p. 156. In English in Peter Longerich, *The Unwritten Order*, Tempus, 2005, p. 212.

45 제1차 세계대전이 시작되면서 상트페테르부르크는 '페트로그라드'로 개칭되었다. 1924년 레닌이 사망하자 레닌그라드가 되었다. 1991년 가을, 소련이 붕괴하자 상트페테르부르크로 바뀌었다.

46 1956년 2월 '비밀 연설'에서 흐루쇼프는 "스탈린은 가능하다면 우크라이나인까지 강제이주시키려고 했으나 그들의 수가 너무 많았고, 그들을 강제이주시킬 장소가 없었기 때문에 그렇게 하지 못했다."라고 주장했다. Online at https://www.marxists.org/archive/khrushchev/1956/02/24.htm.

47 Dieter Marc Schneider (ed.), *Die Tagebücher von Joseph Goebbels*, Teil II: *Diktate 1941-1945*, 11: *Januar-März 1944*, K. G. Saur, 1994, entry for 4 March 1944, pp. 396, 399-400.

16장 두 도시의 봉기

1 본문 627쪽을 참고할 것.

2 Overy, *Russia's War*, pp. 242-3.

3   Paul Adair, *Hitler's Greatest Defeat*, Arms and Armour, 1994, Hitler directive, 8 March 1944, p. 66.

4   Frieser (ed.), *Germany and the Second World War*, vol. VIII: *The Eastern Front*. 카를-하인츠 프리저(Karl-Heinz Frieser)는 해당 저서의 520쪽에서, 히틀러의 '요새 거점' 전략이 제1차 세계대전 당시의 전술보다 후진적이라고 설명했다.

5   Earl Ziemke, *Stalingrad to Berlin: The German Defeat in the East*, US Army Historical Series, Office of the Chief of Military History, 1987, General Hans Jordan, June 1944, p. 316.

6   Previously unpublished testimony.

7   Previously unpublished testimony.

8   Rees, *War of the Century*, p. 222.

9   Previously unpublished testimony.

10 Previously unpublished testimony.

11 Ian Kershaw, *The End: Hitler's Germany, 1944-1945*, Allen Lane, 2011, p. 27. Quote in German in Andreas Kunz, *Wehrmacht und Niederlage. Die bewaffnete Macht in der Endphase der nationalsozialistischen Herrschaft 1944 bis 1945*, Oldenbourg, 2007, p. 61.

12 Churchill, *The Second World War*, vol. III: *The Grand Alliance*, p. 615.

13 Stargardt, *German War*, p. 434.

14 Kershaw, *Nemesis*, p. 672.

15 Randall Hansen, *Disobeying Hitler: German Resistance after Valkyrie*, Oxford University Press, 2014, p. 58.

16 Ibid., pp. 53-7.

17 Ian Kershaw, *The 'Hitler Myth'*, Oxford University Press, 2001, pp. 215-19.

18 Stargardt, *German War*, p. 453.

19 Kershaw, *The End*, pp. 46-7.

20 Domarus, *Hitler. Reden und Proklamationen*, Band II: *Untergang, Zweiter Halbband 1941-1945*, 24 September 1944, p. 2150.

21 Previously unpublished testimony, and Rees, *Nazis*, pp. 348-9. 전쟁 이후 '이동형 군사법원(Flying court martial)'에서는 페르나우(Fernau)의 역할, 지역 농부를 살해한 혐의로 6년 징역형을 선고했다. See Rees, *Nazis*, pp. 350-53.

22 Keith Sword, *Deportation and Exile: Poles in the Soviet Union 1939-48*, Macmillan Press, 1994, p. 151.

23 Previously unpublished testimony.

24 본문 607~609쪽을 참고할 것.

25 Sword, *Deportation and Exile*, p. 154.

26 Bellamy, *Absolute War*, p. 617.

27 Rees, *Behind Closed Doors*, p. 273.

28 Previously unpublished testimony.

29 Previously unpublished testimony.

30 Previously unpublished testimony.

31 Yohanan Cohen, *Small Nations in Times of Crisis and Confrontation*, State University of New York Press, 1989, pp. 159-61. The meeting was held on 11 June 1944.

32 Jan Karski, *The Great Powers and Poland: From Versailles to Yalta*, Rowman & Littlefield, 2014, p. 409.

33 Cohen, *Small Nations*, p. 161.

34 Jan Ciechanowski, *The Warsaw Rising of 1944*, Cambridge University Press, 1974, p. 285.

35 General Sikorski Historical Institute (ed.), *Documents on Polish-Soviet Relations 1939-1945*, William Heinemann, 1967, vol. 2: *1943-1945*, Document 180, p. 313.

36 Bellamy, *Absolute War*, p. 618.

37 Roberts, *Zhukov*, Kindle edn, location 3545.

38 Norman Davies, *Rising '44: The Battle for Warsaw*, Pan Books, 2004, p. 321.

39 Previously unpublished testimony.

40 Jeremy Noakes and Geoffrey Pridham (eds.), *Nazism 1919-1945: A Documentary Reader*, vol. 3: *Foreign Policy, War and Racial Extermination*, University of Exeter Press, 2006, Document 715, p. 388.

41 Charles de Gaulle, *The Edge of the Sword*, Faber & Faber, 1960, p. 55.

42 Ibid., p. 62.

43 Moran, *Struggle for Survival*, entry for 22 September 1944, p. 185.

44 Danchev and Todman (eds.), *Alanbrooke War Diaries*, entries for 8 July 1943, 3 February 1942 and 19 August 1940, pp. 427, 227, 101.

45 Moran, *Struggle for Survival*, entry for 22 January 1943, p. 80.

46 Robert Dallek, *Franklin D. Roosevelt and American Foreign Policy 1932-1945*, Oxford University Press, 1995, p. 459.

47 Moran, *Struggle for Survival*, entry for 22 January 1943, p. 81.

48 Julian Jackson, *France: The Dark Years 1940-1944*, Oxford University Press, 2003, p. 551.

49 Ibid., p. 552.

50 Matthew Cobb, *Eleven Days in August: The Liberation of Paris in 1944*, Simon & Schuster, 2013, p. 43.

51 Jackson, *Dark Years*, pp. 561-7.

52 Domarus, *Hitler. Reden und Proklamationen*, Band II: *Untergang, Zweiter Halbband 1941-1945*, p. 2143.

53 Cobb, *Eleven Days*, Kindle edn, location 3201-22.

54 Jackson, *Dark Years*, p. 565.

55 Davies, *Rising '44*, p. 348.

56 Winston S. Churchill, *The Second World War, vol. VI: Triumph and Tragedy*, Penguin Books, 2005, p. 118.

57 Previously unpublished testimony.

58 *World War Two, Behind Closed Doors*, episode 5, written and produced by Laurence Rees, first transmitted on BBC2 in 2008.

59 PRO PREM 3/434/2, pp. 4-5.

60 PRO PREM 3/66/7.

61 Russian minutes from the meeting with the London Poles, 13 October 1944, published in Oleg A. Rzheshevsky, *Stalin and Churchill*, Navka, 2004, pp. 444-8. And translation of Polish transcript, General Sikorski Historical Institute (ed.), *Documents on Polish-Soviet Relations*, vol. 2: *1943-1945*, pp. 405-15.

62 Translation from Polish, General Sikorski Historical Institute (ed.), *Documents on Polish-Soviet Relations*, vol. 2: 1943-1945, p. 423.

63 PRO PREM 3/66/7.

64 PM to war cabinet, 17 October 1944, CHAR 20/181 (CAC).

65 Mary Soames, *Clementine Churchill*, Houghton Mifflin, 1979, p. 361.

66 PM to war cabinet, 17 October 1944, CHAR 20/181 (CAC).

67 Sword, *Deportation and Exile*, p. 155.

68 Ibid., p. 157.

17장 패망의 나날

1 Stargardt, *German War*, pp. 470-72.

2   Kershaw, *The End*, pp. 114-18.

3   Domarus, *Hitler.Reden und Proklamationen*, Band II: *Untergang, Zweiter Halbband 1941-1945*, proclamation, 12 November 1944, p. 2164.

4   Kershaw, *Nemesis*, pp. 728-31.

5   Domarus, *Hitler.Reden und Proklamationen*, Band II: *Untergang, Zweiter Halbband 1941-1945*, pp. 2162-3.

6   Below, *At Hitler's Side*, p. 214.

7   Domarus, *Hitler.Reden und Proklamationen*, Band II: *Untergang, Zweiter Halbband 1941-1945*, p. 2171.

8   Below, *At Hitler's Side*, pp. 221-3.

9   Previously unpublished testimony.

10 Domarus, *Hitler.Reden und Proklamationen*, Band II: *Untergang, Zweiter Halbband 1941-1945*, pp. 2181-4, Hitler New Year Proclamation, 1 January 1945.

11 Tedder, *With Prejudice*, pp. 646-7.

12 Dilks (ed.), *Cadogan Diaries*, entry for 29 November 1943, p. 580.

13 Tedder, *With Prejudice*, p. 650.

14 David Reynolds, *From World War to Cold War*, Oxford University Press, 2006, Clark Kerr cable to Foreign Office, 13 August 1943, p. 243.

15 Tedder, *With Prejudice*, p. 649.

16 Jean Laloy (unofficial Russian-French interpreter), 'A Moscou: entre Staline et de Gaulle, Décembre 1944', *Revue des Études Slaves*, vol. 54, no. 1-2 (1982), p. 147.

17 Charles de Gaulle, *The Complete War Memoirs*, Carroll & Graf, 1998, pp. 756-7.

18 Ibid., p. 756.

19 Ibid., pp. 736-7.

20 Previously unpublished testimony.

21 Krisztián Ungváry, *Battle for Budapest*, I. B. Tauris, 2006, p. 286.

22 BFL XXV 4a 002645/1953, Budapest Capital Archive, and Ungváry, *Budapest*, p. 287.

23 Rees, *Behind Closed Doors*, pp. 326-7.

24 Previously unpublished testimony.

25 Milovan Djilas, *Conversations with Stalin*, Penguin Books, 1962, p. 76.

26 Beevor and Vinogradova (eds.), *A Writer at War*, p. 321.

27 Guderian, *Panzer Leader*, p. 383.

28 Ibid.

29 Ibid., p. 387.

30 Ibid., pp. 404-5.

31 Noakes and Pridham (eds.), *Nazism*, vol. 1: *The Rise to Power*, p. 16.

32 Rees, *Behind Closed Doors*, testimony of Hugh Lunghi, p. 334.

33 Ibid., p. 333.

34 Moran, *Struggle for Survival*, entry for 4 February 1945, p. 223.

35 Dilks (ed.), *Cadogan Diaries*, entry for 8 February 1945, p. 706.

36 David Reynolds, *Summits: Six Meetings that Shaped the Twentieth Century*, Allen Lane, 2007, p. 116, and Amos Yoder, *The Evolution of the United Nations System*, Taylor & Francis, 1997, p. 27.

37 *FRUS, The Conferences at Malta and Yalta, 1945*, United States Government Printing Office, 1955. Yalta discussions are at pp. 547-996.

38 Moran, *Struggle for Survival*, entry for 11 February 1945, p. 232.

39 Previously unpublished testimony.

40 Previously unpublished testimony.

41 Burns, *Roosevelt*, p. 572.

42 Fraser Harbutt, *The Iron Curtain: Churchill, America, and the Origins of the Cold War*, Oxford University Press, 1986, p. 93.

43 Danchev and Todman (eds.), *Alanbrooke War Diaries*, entry for 5 February 1945, p. 657.

44 Dilks (ed.), *Cadogan Diaries*, entry for 11 February 1945, pp. 708-9.

45 British war cabinet minutes, 19 February 1945, PRO WM (43) 22.1 CA.

46 Pimlott (ed.), *Dalton Diaries*, entry for 23 February 1945, p. 836.

47 George McJimsey (ed.), *Documentary History of the Franklin D. Roosevelt Presidency*, vol. 14: *The Yalta Conference, October 1944-March 1945*, University Publications of America, 2003, Document 144, p. 639.

48 드레스덴 폭격으로 인한 사망자 수치는 늘 논쟁의 대상으로 여겨졌다. 이 문제에 관한 논쟁은 다음 자료를 참고할 것. Appendix B in Frederick Taylor, *Dresden, Tuesday 13 February 1945*, Bloomsbury, 2004, pp. 503-9. 테일러(Taylor)는 포괄적으로 조사한 이후 (사망자 수를) 2만 5,000~4만 명으로 집계했다. Sinclair McKay also gives a figure of 25,000 in Sinclair McKay, *Dresden: The Fire and the Darkness*, Penguin Books, 2020, Kindle edn, p. xx. 그러나 다른 역사학자들은 테일러의 추정치와는 다른 추정치를 제시했다. 예를 들어, 앤드루 로버츠(Andrew Roberts)는 독일 자료를 인용하며 2만 명이라는 추정치를 제시했다. Andrew

Roberts, *The Storm of War: A New History of the Second World War*, Allen Lane, 2009, p. 456.

49 Taylor, *Dresden*, p. 272.

50 Below, *At Hitler's Side*, p. 228.

51 Rudolf Jordan, *Erlebt und Erlitten. Weg eines Gauleiters von München bis Moskau*, Druffel, 1971, pp. 253-4.

52 Baldur von Schirach, *Ich glaubte an Hitler*, Mosaik, 1967, p. 307.

53 Jordan, *Erlebt und Erlitten*, pp. 257-8. Also see Kershaw, *The End*, p. 245.

54 Domarus, *Hitler. Reden und Proklamationen*, Band II: *Untergang, Zweiter Halbband 1941-1945*, proclamation of 24 February 1945, p. 2206.

55 Kershaw, *The End*, p. 264.

56 Rees, *Dark Charisma*, p. 377.

57 Speer, *Inside the Third Reich*, p. 588.

58 Ibid., p. 538.

59 Kershaw, *The End*, Speer message of 3 April, p. 477 n. 146.

60 위의 자료 pp. 288-289에서는 슈페어가 이 시점 즈음에 쓴 두 번째 전문의 증거를 조사한다. 그 전문에서 슈페어는 오데르강-라인강 전선을 방어할 '극적인 조치'를 요구하고 있다. 그러나 전쟁 이후 슈페어는 이 전문을 다시는 언급하지 않았다.

61 Antony Beevor, *Berlin: The Downfall*, 1945, Viking, 2002, pp. 146-7.

62 Previously unpublished testimony.

63 Butler (ed.), *My Dear Mr Stalin*, 31 March 1945, 299, p. 310.

64 Reynolds and Pechatnov (eds.), *Kremlin Letters*, Churchill to Stalin, 1 April 1945, p. 569.

65 Butler (ed.), *My Dear Mr Stalin*, Stalin to Roosevelt, 7 April 1945, 303, p. 319.

66 John Le Rougetel, UK Political Representative in Romania, to Foreign Office, 2 April 1945, PRO FO 371/48552, quoted in Kitchen, *British Policy*, p. 255.

67 William E. Houstoun-Boswall, UK Minister in Bulgaria, to Foreign Office, 28 February 1945, PRO FO 371/48123, quoted in Kitchen, *British Policy*, p. 255.

68 본문 702~703쪽을 참고할 것.

69 Kimball (ed.), *Churchill and Roosevelt*, vol. III, Churchill to Roosevelt, 8 March 1945, C-905, p. 547.

70 Butler (ed.), *My Dear Mr Stalin*, Stalin to Roosevelt, 3 April 1945, 300, p. 312.

71 Ibid., Roosevelt to Stalin, 4 April 1945, 301, pp. 313-15.

72 Ibid., Stalin to Roosevelt, 7 April 1945, 302, pp. 315-17.

73 Reynolds and Pechatnov (eds.), *Kremlin Letters*, Stalin to Churchill, 7 April 1945, p. 580.

74 Beevor, *Berlin*, pp. 146-7.

75 Maximilian Gschaid (ed.), *Die Tagebücher von Joseph Goebbels*, Teil II: *Diktate 1941-1945*, Band 15: *Januar-April 1945*, K. G. Saur, 1995, entry for 21 March 1945, pp. 566-7, 572.

76 Ibid., entry for 28 March 1945, pp. 612-13.

77 Kershaw, *Nemesis*, p. 792.

78 Gschaid (ed.), *Die Tagebücher von Joseph Goebbels*, Teil II, Band 15: *Januar-April 1945*, entry for 28 March 1945, pp. 613-14.

79 Guderian, *Panzer Leader*, pp. 428, 414.

80 Previously unpublished testimony, and also testimony from Rees, *Behind Closed Doors*, pp. 359-60.

81 *War of the Century*, episode 4, Vengeance, written and produced by Laurence Rees, transmitted on BBC2 on 26 October 1999.

82 Previously unpublished testimony.

83 Previously unpublished testimony.

84 Norman M. Naimark, *The Russians in Germany: A History of the Soviet Zone of Occupation 1945-1949*, Belknap Press, 1995, p. 133. See also Beevor, Berlin, p. 410. He writes that 'at least 2 million German women are thought to have been raped.'

85 Rees, *Behind Closed Doors*, p. 361.

86 Gregor Dallas, *Poisoned Peace: 1945 - The War that Never Ended*, John Murray, 2005, p. 7.

87 Beevor and Vinogradova (eds.), *Writer at War*, pp. 341-2.

18장 승리와 패배

1 Jana Richter (ed.), *Die Tagebücher von Joseph Goebbels*, Teil I: *Aufzeichnungen 1923-1941*, Band 6: *August 1938-Juni 1939*, K. G. Saur, 1998, entry for 21 April 1939, p. 323.

2 *Völkischer Beobachter*, Norddeutsche Ausgabe, 20 April 1939, p. 1.

3 Kershaw, *Nemesis*, p. 798.

4 Below, *At Hitler's Side*, p. 235.

5 Junge, *Until the Final Hour*, p. 161.

6 Testimony of Bernd Freytag von Loringhoven in *Himmler, Hitler and the End of the Reich*,

produced by Detlef Siebert, executive produced by Laurence Rees, transmitted on BBC2 on 19 January 2001.

7   Longerich, *Himmler*, p. 730. The quote is from Hitler's political testament.

8   Heiber and Glantz (eds.), *Hitler and His Generals*, p. 59. 본문 526~528쪽을 참고할 것.

9   David Welch, *Propaganda and the German Cinema 1933-1945*, Oxford University Press, 1983, pp. 230-33.

10   *Goebbels, Master of Propaganda*, written and produced by Laurence Rees, transmitted on BBC2 on 12 November 1992.

11   Welch, *Propaganda*, p. 234.

12   *Goebbels*, Master of Propaganda, BBC2, 1992.

13   *Himmler*, Hitler and the End of the Reich, BBC2, 2001.

14   Max Domarus, *Hitler: Speeches and Proclamations 1932-1945*, vol. IV, Bolchazy-Carducci, 2004, Hitler's political testament, 29 April 1945, p. 3056.

15   Domarus, *Hitler. Reden und Proklamationen*, Band II: *Untergang, Zweiter Halbband 1941-1945*, pp. 2236-7, 2239.

16   가스처형실에 가득히 들어선 유대인의 비명을 들은 사람들의 증언이 존재한다. 이 증언은 "(가스처형실이) 사람을 죽이는 가장 '인도적인' 방법"이라는 히틀러의 주장이 거짓임을 확실히 증명한다. See testimony of Dario Gabbai in episode 1 of *Auschwitz: The Nazis and the 'Final Solution'*, written and produced by Laurence Rees, first transmitted on BBC2 in January 2005.

17   James Goodwin, *Eisenstein, Cinema and History*, University of Illinois Press, 1993, p. 184.

18   Maureen Perrie, *The Cult of Ivan the Terrible in Stalin's Russia*, Palgrave, 2001, p. 87.

19   Kershaw, *Nemesis*, pp. 618-19.

20   불에 탄 시신에서 치아 구조가 발견되었는데, 히틀러의 구강 건강기록을 통해 그 치아가 히틀러의 치아임이 증명되었다. See ibid., p. 831.

21   Anton Joachimsthaler, *The Last Days of Hitler: The Legends, the Evidence, the Truth*, Arms and Armour, 1996, pp. 249-50.

22   Ibid., p. 242.

23   James Byrnes, *Speaking Frankly*, Harper & Brothers, 1947, p. 68. Also see Hugh Trevor-Roper, *The Last Days of Hitler*, Palgrave, 1995, p. xlviii, and Joachimsthaler, *Last Days*, p. 250.

24   Stalin had first made this demand back at the Tehran conference in 1943. *FRUS, The Conferences at Cairo and Tehran*, 1943, p. 604.

25 Roberts, *Stalin's Wars*, p. 275.

26 *FRUS, The Conference of Berlin*, 1945, United States Government Printing Office, 1960, vol. 2, pp. 359-62. Churchill's use of 'iron curtain' was not original. Goebbels, for example, used the term in *Das Reich* on 25 February 1945.

27 *FRUS, The Conference of Berlin*, 1945, pp. 566-7.

28 Rees, *Behind Closed Doors*, p. 370.

29 Dilks (ed.), *Cadogan Diaries*, p. 765, Cadogan minute of 17 July 1945 to Churchill.

30 Potsdam Agreement, 1 August 1945, clause A. 3 (i), https://www.nato.int/ebookshop/video/declassified/doc_files/Potsdam%20Agreement.pdf.

31 Service, *Stalin*, p. 505.

32 David R. Henderson, *German Economic Miracle*, https://www.econlib.org/library/Enc/GermanEconomicMiracle.html.

33 Of the ten *Speziallager* (special camps) the Soviets established in occupied Germany, three were in former concentration camps: Buchenwald, Sachsenhausen and Jamlitz (former KZ Lieberose).

34 Rees, *Behind Closed Doors*, p. 385.

35 J. Stalin, *Problems of Leninism*, Foreign Language Publishing House, 1945, pp. 455-6, quoted in Martin McCauley, *Stalin and Stalinism*, Routledge, 4th edn, 2019, Kindle edn, pp. 139-40.

36 Sarah Davies, 'Stalin and the Making of the Leader Cult in the 1930s', in Balázs Apor, Jan C. Behrends, Polly Jones and E. A. Rees (eds.), *The Leader Cult in Communist Dictatorships: Stalin and the Eastern Bloc*, Palgrave Macmillan, 2004, p. 29.

37 A. N. Yakovlev and V. Naumov (eds.), *Georgii Zhukov: Stenogramma Oktiabr'skogo (1957 g.) Plenuma TsK KPSS i Drugie Dokumenty*, MFD, 2001.

38 Ibid.

39 Roberts, *Zhukov*, p. 247.

40 Ibid., pp. 247-50.

41 Rees, *Behind Closed Doors*, pp. 399-400. Y. Gorlizki and O. Khlevniuk, *Cold Peace: Stalin and the Soviet Ruling Circle*, 1945-1953, Oxford University Press, 2004, p. 198.

42 Rees, *Behind Closed Doors*, p. 400. Letter from Molotov to Stalin, 20 January 1949, in Russian State Archive of Social and Political History, f. 17, op. 163, d. 1518, l. 164. 스탈린은 1949년 3월 몰로토프를 외무장관직에서 해임했으나 그는 소련 장관회의 부의장직(Deputy Chairman of the Council of Ministers)은 유지했다.

43 Interview with Professor Vladimir Naumov in *Stalin and the Betrayal of Leningrad*, produced by Martina Balazova, executive produced by Laurence Rees, transmitted on BBC2 on 9 August 2002.

44 See ibid.

맺음말

1 See Timothy Snyder, 'Hitler vs. Stalin: Who Was Worse?', *New York Review of Books*, 27 January 2011. Robert Gellately, *Lenin, Stalin and Hitler*, Knopf, 2007, pp. 253-6. Applebaum, *Red Famine*, p. xxiv. Also see Manfred Hildermeier, *Die Sowjetunion 1917-1991*, 3rd edn revised and enlarged, Oldenbourg, 2016, pp. 35-41 and 129-32. Also Dieter Pohl, 'Nationalsozialistische und stalinistische Massenverbrechen: Überlegungen zum wissenschaftlichen Vergleich', in Jürgen Zarusky (ed.), *Stalin und die Deutschen. Neue Beiträge der Forschung*, Oldenbourg, 2006, pp. 253-63. Gunnar Heinsohn, *Lexikon der Völkermorde*, Rowohlt Taschenbuch, 1998, p. 294. Christian Hartmann, *Unternehmen Barbarossa. Der deutsche Krieg im Osten 1941-1945*, C. H. Beck, 2012, p. 115. And https://encyclopedia.ushmm.org/content/en/article/ documenting-numbers-of-victims-of-the-holocaust-and-nazi-persecution.

2 강제수용소 사망자 수에 관해서는 여러 이견이 있다. 예를 들어, "1,600~1,700만 명의 시민이 투옥되거나 강제노동에 투입되었다. 그중 10퍼센트는 수용소에서 죽었다."라는 주장이 있다. 이에 관해서는 다음의 자료를 참고할 것. Christian Gerlach and Nicolas Werth in their essay 'State Violence-Violent Societies', in Michael Geyer and Sheila Fitzpatrick (eds.), *Beyond Totalitarianism: Stalinism and Nazism Compared*, Cambridge University Press, 2009, write at p. 176. 이와 달리 "스탈린 시대를 통틀어 강제수용소에서 200~300만 명이 사망했다."라는 주장도 있다. 이에 관해서는 다음의 자료를 참고할 것. Timothy Snyder in his article 'Hitler vs. Stalin: Who Was Worse?', writes. 또 다른 사례로, "스탈린 시대 1929~1953년에 강제수용소와 강제이주 마을에서 사망한 사람의 수치는 문서고 자료로 확인할 수 있다. 그러나 그 수치를 산정한 역사학자들은 자료의 불완전성과 더불어 모든 유형의 수감자를 고려하지 않았다는 점을 지적한다. 따라서 마지못해 '274만 9,163명'이라 결론을 내리겠다."라는 주장도 있다. 이에 관해서는 다음의 자료를 참고할 것. Anne Applebaum in *Gulag* writes at p. 520. 아펠바움(Applebaum)의 지적은 '숫자'에 천착하는 것의 한계가 무엇인지를 알려준다.

3   Golfo Alexopoulos in *Illness and Inhumanity in Stalin's Gulag*, Kindle edn, writes at p. 16. "내가 보기에, 사망자 수치를 보수적으로 평가하더라도 강제수용소 사망자는 최소한 600만 명이다. 강제수용소 수감자 건강기록 내용을 고려할 때, 스탈린의 강제노동수용소를 거쳐 간 모든 사람의 3분의 1 이상이 '수용소에 수감된 탓에 사망'했다고 생각한다."

4   제2차 세계대전 중 유대인이 아닌 폴란드인이 정확히 얼마나 사망했는지는 계산하기 어렵다. 이 문제에 관한 전반적인 평가 중 하나로, 미국 홀로코스트 박물관에서는 이런 자료를 제시한다. "오늘날 독립 폴란드의 학자들은 180만~190만 명의 유대인이 아닌 폴란드인이 당시 폴란드를 점령한 나치독일의 정책과 전쟁의 여파로 사망했다. 이러한 대략적인 수치에는 처형된 사례, 그리고 감옥, 강제노동수용소, 집단수용소에서 사망한 사례까지 포함되었다. 또한 1944년 바르샤바 봉기 당시 사망한 22만 5,000명의 민간인 희생자도 포함되었고, 1939년 바르샤바 포위 중 사망한 5만 명 이상의 폴란드인과 1944~1945년 연합국 군사작전으로 사망한 민간인 사망자도 포함되었다." 다음의 자료를 볼 것. p. 24 in https://www.ushmm.org/m/pdfs/2000926-Poles.pdf.

5   본문 211쪽, 228쪽을 참고할 것.

6   John Barber and Mark Harrison, 'Patriotic War, 1941-1945', in Ronald Grigor Suny (ed.), *The Cambridge History of Russia*, vol. 3: *The Twentieth Century*, Cambridge University Press, 2006, pp. 217-42, here p. 226. 바버(Barber)와 해리슨(Harrison)은 좀 더 구체적으로 "740만 명의 소련인이 독일 점령 중 '냉혈과 온혈(in hot or cold blood)'로 사망했다."라고 주장한다.

7   The designation used by Barber and Harrison, ibid., p. 226.

8   Barber and Harrison give a specific estimate of 'premature deaths under [German] occupation' in the Soviet Union of 13.7 million, a total which includes 7.4 million killed in 'hot or cold blood' (see above): ibid.

9   본문 649쪽을 참고할 것.

10   Rees, *Dark Charisma*, p. 1.

11   본문 223~224쪽을 참고할 것.

12   본문 656~657쪽을 참고할 것.

13   Khrushchev's 'secret' speech to the Twentieth Party Congress of the Communist Party of the 25 February 1956, https://digitalarchive.wilsoncenter.org/document/115995.pdf?v=3c22b71b65bcbbe9fdfadead9419c995.

14   Reported in *Daily Telegraph*, 16 April 2019, https://www.telegraph.co.uk/news/2019/04/16/ record-70-per-cent-russians-approve-stalin/.

15   Reported in *Moscow Times*, 26 June 2017, https://www.themoscowtimes.com/2017/06/26/

stalin-named-worlds-most-remarkable-public-figure-poll-a58262.

16 Interview with Vladimir Putin on 'Direct Line' multichannel TV, 16 April 2015, quoted in Robert Service, *Kremlin Winter: Russia and the Second Coming of Vladimir Putin*, Picador, 2019, Kindle edn, location 704.

17 본문 633~635쪽을 참고할 것.

18 President Vladimir Putin's annual news conference, December 2019, http://en.kremlin.ru/events/president/news/62366.

19 Previously unpublished testimony, but also see Rees, *Their Darkest Hour*, pp. 101-6.

20 Rees, *War of the Century*, p. 235.

히틀러와 스탈린

히틀러와 스탈린

히틀러와 스탈린

독소전쟁을 다룬 책은 수없이 많고, 국내에 소개된 책도 꽤 있다. 그렇지만 기존 도서들과는 구별되는 이 책만의 차별점이 있다. 지은이 로런스 리스는 한때 영국 BBC 방송국에서 제2차 세계대전을 주제로 한 다큐멘터리를 제작한 프로듀서로 활동했고, 그 과정에서 전쟁생존자 수백 명을 만났다. 지은이는 이 책을 집필하는 과정에서 수많은 증언을 통해 전쟁의 다양한 양상을 분석했고, 전쟁의 승패를 결정지은 히틀러와 스탈린의 리더십 스타일을 선명하게 대조시켰다.

2024년에 한국어로 번역된 《컨플릭트》(허승철, 송승종 번역)의 지은이들은 30여 개의 전쟁을 분석해 전략적 리더십이 전쟁의 승패를 가르는 중요한 요소임을 강조하였다. 독소전쟁의 승패도 결국에는 지도자의 전략적 리더십, 인적·물적 자원의 동원력 차이에서 판가름 났다고 볼 수 있다. 제2차 세계대전 초기 프랑스를 전격적으로 점령해 '군사천재'라는 칭송까지 들은 히틀러는 무모한 소련 침공으로 패배하였다. 이와 달리 독소전쟁 초기에 끔찍한 오판과 무능한 대응으로 소련을 나락으로 떨어트릴 뻔했던 스탈린은 전쟁 후반부터 현장 지휘관들의 의견을 존중하고, 작전 수행에서 한 발 뒤로 물러서며 전쟁에서 승리하였다.

물론 스탈린을 뛰어난 전쟁 지도자라고 쉽게 평가할 수는 없다. 그가 직접 관여한 전투, 작전에서 소련군은 엄청난 피해를 받았다. 1920년 폴란드-러시아 전쟁, 독일군의 키예프 공격에 대응하는 작전, 하리코프 탈환전처럼 스탈린이 지휘할 때마다 소련군은 대체로 재앙과 같은 결과를 맞이했다. 스탈린그라드 전투, 키예프 탈환전에서는 소련군이 결국 승리하긴 했으나 사상자는 독일군의 두 배에 달했고, 베를린 점령전에서는 80만 명의 소련군이 전사했다.

이 책을 읽으면서 히틀러와 스탈린은 '누가 더 뛰어나게 전쟁을 지휘하는가?'로 경쟁했다기보다는, '둘 중 누가 더 많이 실수를 저지르고, 누가 더 많은 사람을 희생시키는가?'로 경쟁했다는 인상을 느꼈다. 병사의 인명을 경시하는 소련의 군사적 전통은 최근 우크라이나 전쟁에서도 크게 변하지 않은 듯하여 안타깝다. 독재자들이 일으킨 거대한 전쟁을 보면, 슈바이처 박사처럼 의인은 불과 몇백 명의 목숨을 구하지만 사악한 독재자는 수백만, 수천만 명의 목숨을 단기간에 희생시킬 수 있다는 현실이 부조리하게만 느껴진다.

과거에는 러시아의 국민 시인 '알렉산드르 푸시킨'이 부동의 1위를 지켰으나 최근 러시아에서 가장 존경받는 역사적 인물 1위로 스탈린이 선정됐다. 제2차 세계대전의 결과만 놓고 따진다면, 스탈린은 승리했고, 소련을 나치의 침공으로부터 구원했다. 그러나 그의 오판과 실책으로 수많은 인명이 희생되었다는 사실이 간과되고 있다. 제2차 세계대전의 승리와 함께 스탈린 시대가 미화되었고, 그로 인해 스탈린이 러시아인의 존경을 받는 인물로 거듭난 것이 아닌지, 그리고 몇 초 또는 몇분 뒤에 죽을 수 있는 최전선의 병사가 "조국을 위하여, 스탈린을 위하여!"라는 구호와 함께 돌격한 것이 무엇을 의미하는지 냉철하게 돌아볼 필요가 있다. 러시아에서는 이상하리만치 소련 붕괴의 원인이나 소련 시대를 향한 냉정한 평가가 드물고, 고르바초프나 서방의 공작에 모든 책임을 돌리는 경향이 강하다. 스탈린의 전쟁 수행방식을 포함한 스탈린 시대의 분석이 곧 소련 분석의 근간이 될 것이다.

제2차 세계대전이 끝난 지 80년이 지났지만, 두 독재자의 그림자는 여전히 우리 곁에 머물고 있다. 세계 곳곳에 이른바 '스트롱맨'이라 불리는 지도자들이 남아 있고, 새로운 스트롱맨이 권좌에 오르고 있으며, 많은 사람이 전체주의 체제의 그늘에서 벗어나지 못하고 있다. 이 책의 맺음말에 남긴 지은이의 지적은 독재 정치와 대중 선동이 다시금 거대한 힘을 발휘하는 현대사회에 커다란 울림을 선사한다.

> 두 지배자가 제시한 유토피아는 당신이 혼자가 아니라는 느낌을, 당신이 한 세기의 사명을 완수할 공동체의 구성원이라는 확신을 선사했다. … (중략) … 히틀러와 스탈린은 자신들을 자발적으로 따르던 수많은 추종자에게 영광스러운 세상이 미래에 있음을 약속했다. 지금 당면한 문제는 내일의 유토피아를 위해 얼마든지 무시할 수 있었다. 그러나 '내일'은 결코 오지 않았다.

히틀러와 스탈린

마지막으로 오랫동안 지니고 있던 번역 원고를 선뜻 받아서 출간한 페이퍼로드 최용범 대표와 박승리 편집자에게 깊은 사의를 표한다.

2024년 12월

옮긴이 허승철

히틀러와 스탈린
독소전쟁 4년의 증언들

초판 1쇄 발행   2025년 1월 24일

지은이   로런스 리스
옮긴이   허승철
펴낸이   최용범
편집기획   박승리
마케팅   강은선
디자인   김규림
관리   이영희
인쇄   ㈜다온피앤피

펴낸곳   페이퍼로드
paperroad
출판등록   제2024-000031호(2002년 8월 7일)
주소   서울시 관악구 보라매로5가길 7 1309호
이메일   book@paperroad.net
페이스북   www.facebook.com/paperroadbook
전화   (02)326-0328
팩스   (02)335-0334
ISBN   979-11-92376-48-6 (03920)